고려사회의 이모저모

고려사회의 이모저모

2017년 1월 07일 초판 인쇄
2017년 1월 20일 초판 발행

지 은 이   김호동
발 행 인   한정희
발 행 처   경인문화사
총 괄 이 사   김환기
편 집 부   김지선 나지은 박수진 문성연 유지혜
관리·영업부   김선규 하재일 유인순
출 판 신 고   제406-1973-000003호
주   소   파주시 회동길 445-1 경인빌딩 B동 4층
대 표 전 화   031-955-9300 팩 스 031-955-9310
홈 페 이 지   http://www.kyunginp.co.kr
이 메 일   kyungin@kyunginp.co.kr

ISBN 978-89-499-4241-4 93910
값 52,000원

고려사회의 이모저모

김호동 지음

景仁文化社

책머리에

　필자가 영남대학교 대학원 석사학위를 받은 주제는 「조선전기 京衙前 胥吏에 관한 연구」이다. 그렇지만 영남대학교 민족문화연구소에 재직하면서 「고려 무신정권하에서 경주민의 동태와 신라부흥운동」(『민족문화논총』 2·3합집, 1982. 7)을 쓰고, 조선시대의 논문을 쓰지 못하고 고려시대 논문을 여전히 썼었다. 그렇기 때문에 박사학위논문의 경우 「고려 무신정권시대 문인지식층의 연구」를 썼었다. 그 박사학위 논문을 경인문화사에서 『고려 무신정권시대 문인지식층의 현실대응』(경인한국학연구총서 12, 2003. 1)을 발간하였다. 『고려 무신정권시대 문인지식층의 현실대응』의 경우 2005년도 기초학문육성 우수학술도서로 선정되었다(대한민국학술원). 그 이후 『한국 고·중세 불교와 유교의 역할』(영남대학교 민족문화연구소 민족문화연구총서 34, 경인문화사, 2007. 7)을 발간하였다.

　고려시대의 남은 논문들은 『고려사회의 이모저모』의 제목을 잡아 '경인문화사'에서 지금 내놓게 된다. '제1편'의 경우 '고려시대 가문의 변화와 지역사회'를 잡아 「신라 말 고려 초 유불 경계를 넘나든 崔殷含-承老 가문」(『교남사학』 2, 영남대학교 국사학회, 1986. 7), 「고려·조선 초 언양김씨 가문의 관계진출과 정치적 위상」(『한국중세사연구』 30, 한국중세사학회, 2011. 5), 「羅末麗初 변혁기의 慶州地域」(『경주사학』 16, 경주사학회, 1997. 12), 「고려시대 안동의 모습과 역할」(『안동문화의 수월성과 종합성』 한국국학진흥원편·안동시, 2007, 12), 「고려시대 一善(善州)圈域의 변천과 지역사회의 동향」(『한국중세사연구』 22, 한국중세사학회, 2007. 4) 5편의 논문이 있다. '제2편'의 경우 '고려중기 지역사회의 동요'를 잡아 「고려 무신정권시대 지방통치의 일 단면 - 李奎報의 全州牧 '司錄兼掌書記'의 활동을 중심으로 -」(『교남사학』 3, 영남대학교 국사학회, 1987.7), 「桂陽都護府使 李奎報의 활동을 통해 본 고려 군현통치의 실상」(『한국중세사연구』14, 한국중세사학회, 2003. 3), 「군현제의 시각에 바라본 12·13세기 농민항쟁의 역사적 배경」(『역사연구』4, 역사학연구소, 1995. 7), 「명학소민의 봉기의 결과와 역사적 의미」(『한국중세사연구』15, 한국중세사학회, 2003. 10), 「고려 명종 23년의 '신라부흥운동' 사료 검토」(『신라사학보』26, 신라사학회, 2012. 12), 「이의민 정권의 재조명」(『경대사론』7, 경남대학교 사학회, 1994.7) 6편의 논문이 있다. '제3편'의 경우 '고려시대의 이모저모'를 잡아 「고려시대 풍수지리설의 특성과 그 원인」(『대구사학』109, 대구사학회, 2012. 11), 「고려시대 중앙-지방간 명령의 전달과 소통」(『한국중세사연구』39, 한국중세사학회, 2014. 8), 「고려시대의 지역주의」(『대구사학』66, 대구사학회, 2002. 3), 「『東國李相國集』의 사료적 가치」(새로운 논문), 「고려 율령에 관한 연구현황」(『민족문화논총』37, 영남대학교 민족문화연구소, 2007. 12), 「고려의 관료제 관련 법령에서의 唐令의 영향」(『중국고중세연구』27, 중국고중세사학회, 2012. 2) 6편의 논문이다.

『고려사회의 이모저모』전편을 통해 한국사회가 갖고 있었던 최대의 모순구조가 중앙에 대한 여타 지역의 종속성에 있음을 밝히고, 중앙으로부터의 종속화에 대한 지방의 상대적 자립성 확보의 한 원동력이었음을 지적하고자 하는데 있음을 인식하는 계기가 되었으면 하는 바람 때문이다.

마지막으로 출판사업의 어려운 여건에서 경인문화사 한정희 사장님, 그리고 편집을 맡아 애쓰신 편집진 등 여러분에게 고마움을 전하고자 한다.

2016. 11
영남대학교 민족문화연구소에서 김호동 씀

‖ 목차 ‖

제2편 고려 중기 지역사회의 동요

제3편 고려시대의 이모저모

제1편

고려시대 가문의 변화와 지역사회

제1장 신라 말 고려 초 유불 경계를 넘나든 崔殷含-承老 家門

Ⅰ. 머리말

신라왕조의 기본적인 조직 원리로서 신라사회를 지탱하고 규제해주던 骨品制度는 그 자체 모순에 의해 下代에 오면 여지없이 붕괴되어 신라의 멸망과 더불어 소멸해 버리고, 고려왕조가 신라를 흡수하여 한반도를 재통일함에 따라 새로운 지배세력으로서 門閥貴族이 형성되었다.[1) 문벌귀

---

1) 고려사회를 귀족사회로 규정하는 통설에 대하여 박창희가 M.Weber의 家産官僚制 개념을 인용하여 관료제설을 주장함에 따라 이에 관한 활발한 논의가 벌어져 고려 사회의 성격에 대한 연구가 심화되었다. 오늘날 학계에서는 대체로 고려귀족사회 설을 받아들이고 있다.
朴菖熙, 1973,「高麗時代 '官僚制'에 대한 考察」『歷史學報』58.
朴菖熙, 1977,「高麗時代 貴族制社會說에 대한 再檢討」『白山學報』23.
金毅圭, 1974,「高麗官人社會의 性格에 대한 試考」『歷史學報』58.
李基白, 1974,「高麗貴族社會의 形成」『한국사』4, 국사편찬위원회.
邊太燮, 1975,「高麗貴族社會의 歷史性」『韓國史의 再照明』讀書新聞社 ; 1978,『韓國史의 省察』三英社.
朴龍雲, 1977,「高麗家産官僚制說과 貴族社會說에 대한 檢討」『史叢』22·22합집, 高麗大 ; 1980,『高麗時代臺諫制度研究』, 一志社.
이상의 논문들을 묶어 정리한 것이 金毅圭(편), 1985,『高麗社會의 貴族制說과 官僚制說』, 知識産業社이다. 그 외 李基白·閔賢九(編著), 1984,『史料로 본 韓國文化史(高麗篇)』一志社 ; 朴龍雲, 1985,『高麗時代史(上)』一志社 ; 邊太燮, 1986,『韓

족은 近畿地域의 호족출신과 신라 육두품계열의 유학자를 근간으로 하여 형성되었다.[2] 이러한 점 때문에 신라 말 고려 초의 육두품 활동에 관한 연구는 질적인 면과 양적인 면에서 괄목할 정도의 성과가 축적되었다.[3] 그 결과 신라 하대 육두품은 골품제에서 자신의 출세, 진출이 제약받는 점과 관련하여 반골품제적이고, 심지어는 반신라적이기까지 하여 신라를 뛰쳐나가 선종의 승려가 되는가 하면 호족과 결합하거나 견훤, 혹은 왕건에게 귀부하게 되었다고 하였다.

 육두품의 이러한 현상은 신라 하대의 상황 속에서 단지 그들에게만 국한되는 것이 아니라 진골을 포함하여 신라사회의 전 계층에 걸쳐 일어나고 있는 현상이며, 육두품에 속하는 가문 중 반진골적·반신라적인 입장을 견지한 사람만이 고려의 문벌귀족이 되는 것은 아니다. 따라서 신라 하대 육두품이 고려의 지배세력으로 성장할 수 있었던 것을 반골품적·반신라적이냐 아니냐로 단순화시켜 이해하기 보다는 경주중심의 신라사회가 개경중심의 고려사회로 바뀌어져 가는 동안의 시대적 演變과정에 따라 육두품에 속하는 개개의 인간이 각기 어떤 의식형태를 가지고 이에 대처해 나가는가에 초점을 두고 좀 더 다양한 각도에서 살펴보아야 할 것이다.[4]

 國史通論』三英社 등의 개설류에서 고려사회를 귀족사회로 규정하고 있다.

 2) 李基白, 1976, 『韓國史新論(改訂版)』, 一潮閣, 136쪽 ; 邊太燮, 앞의 『韓國史通論』, 165쪽.

 3) 육두품에 관한 연구사적 정리는 金光洙, 1981, 「骨品體制의 崩壞」『韓國史研究入門』 ; 李基東, 1981, 「三國의 成立과 그 展開」『韓國史研究入門』 知識産業社 ; 李基白, 1983, 「高麗 門閥貴族社會의 形成과 展開」『韓國學入門』 學術院 ; 李鍾旭, 1985, 「新羅骨品制研究의 動向」『韓國古代의 國家와 社會』歷史學會編, 一潮閣 등이 있다. 그 뒤에 나온 논문은 本考를 진행하는 과정에서 언급하도록 하겠다.

 4) 이기동이 전게 육두품에 관한 연구사를 정리한 글에서 유교적 교양을 지닌 지식인들이 중앙집권적 귀족국가를 이상으로 하였던데 비해서 선종의 창시자들은 중앙집권적 체제에 반항하였다고 하면서 결국 골품체제 아래서 같은 신분층이라 하여도 그 의식형태에 따라 정치적 입장은 크게 다를 수 있다고 한 것이나(『韓國學研究入門』, 90쪽), 金哲埈이 「文人階層과 地方豪族」에서 下代 지식인의 동향을 ① 중앙정

본고에서는 이러한 시각에서 주로 신라에서 관직생활을 하였던 자들을 중심으로, 그중에서도 신라가 마지막 멸망하는 순간까지 경주에서 중앙의 관직을 역임한 최은함-승로 가문을 택하여, 과연 이 가문이 어떻게 고려의 문벌귀족으로 자리 잡아 나가는가를 추적해봄으로써, 신라 육두품 가문의 고려 문벌귀족화 과정의 한 예를 살펴보고자 한다.

본고의 이러한 시각 때문에 일찍부터 신라왕조에서 이탈하여 나간 육두품에 대해서는 여기에서 충분히 언급하지 못하게 될 것이다. 그것은 어디까지나 본고의 논리전개에 따른 체제상의 문제에서 기인하는 것이지 결코 그것을 과소평가하고자 하는 의도는 아니다.

II. 新羅 下代 六頭品의 동향과 崔殷含-承老 家門

최승로의 아버지 최은함은 경주지방에 토착적 기반을 지니고 있었던 육두품의 일원으로서 신라가 고려에 항복하자, 경순왕을 따라 개경으로 오게 되었다.[5] 그가 率眷하여 경주를 떠나 개경으로 오게 된 배경을 이해하기 위해서는 경주중심의 신라사회가 개경중심의 고려사회로 변모되는 시대적 상황을 당시의 지식인계층인 육두품들이 각기 어떻게 파악하고 대

쟁에 얽혀서 몰락하거나 도태되어 이전의 자기 근거지가 있던 곳이나 인연이 있는 곳에 은퇴하여 버리는 부류, ② 渡唐留學하여 아예 귀국하지 않는 부류, ③ 각 지방에서 성장하여 새로운 정치세력으로 등장하고 있는 지방호족 세력에 가담하여 활동한 부류, ④ 眞骨支配體制에 그대로 기생하면서 신라의 종국을 맞이한 부류로 나눈 것은(국사편찬위원회, 1978, 『한국사』 612~613쪽) 육두품의 이해에 상당히 중요하다고 하겠다.

5) 『三國遺事』 卷4, 塔像 三所觀音·衆生寺條, "殷誠隨敬順王 入本朝爲大姓." 및 『高麗史』 卷93, 列傳6, 崔承老傳, "崔承老慶州人 父殷含仕新羅至元甫." 그런데 『三國遺事』 에서는 '崔殷誠-承魯'로 되어 있는데 반해 『고려사』에서는 '崔殷含-承老'로 되어 있다. 본고에서는 『고려사』의 기록으로 통일하였다.

처해 나가는가 하는 것이 먼저 밝혀져야 한다.

신라의 육두품들은 중대 이래 그들의 개인적인 역량을 발휘하여 왕권과 밀착됨으로써 그 세력을 크게 성장시켜 나갔다. 그들은 중대왕실의 왕권강화 과정에서 이를 뒷받침하는 세력기반으로서, 國學이나 渡唐留學을 통해 익힌 학문적 지식이나 전문적 기술을 바탕으로 국정에 참여함으로써, 혹은 행정실무를 담당하는 위치를 차지하면서, 민중에 대한 실제적인 지도자로서 진골중심의 지배체제와는 별다른 대립이나 괴리감 없이 왕권과 결합하여 정치적 진출을 꾀하여 왔던 것이다.[6]

신라 하대 골품제도의 모순에 따른 진골귀족의 수적 증가와 그들에 의한 낮은 관직·관등의 점유는 진골귀족의 폐쇄성, 배타성과 문벌정치를 더욱 부채질하였고, 결국 육두품의 관직획득의 기회를 상대적으로 어렵게 만들었다.[7] 이것은 육두품 사이에 관직을 위요한 대립의 표출을 가져오게 되었을 것이다. 子玉의 수령직 제수를 둘러싼 논란에서 그들 내부의 갈등을 엿볼 수 있다.

> 9월에 子玉을 楊根縣 小守로 삼았다. 執事史 毛肖가 반박하여 말하기를 "자옥이 文籍으로 出仕한 자가 아니어서 지방관의 직을 맡길 수 없습니다."라고 하였다. 시중이 의논하여 말하기를 "비록 문적으로 출사하지는 않았으나 일찍이 入唐하여 학생이 되었으니, 어찌 쓰지 못하겠습니까."라고 하니 왕이 이에 따랐다.(『三國史記』卷10, 元聖王 5년 9월)

자옥의 수령직 임명을 둘러싸고 執事史 毛肖가 자옥이 文籍 출신이 아니므로 수령직에 임명할 수 없다고 반대한 사실에 대해 執事侍中과 왕이 도당유학생 출신임을 내세워 끝내 楊根縣 小守에 임명하였다. 우선 이 자

---

6) 李基白, 1971, 「新羅 六頭品 研究」 『省谷論叢』 2 ; 1974, 『新羅政治社會史研究』 ; 金哲埈, 앞의 논문 참조.
7) 李基東, 1980, 「新羅下代의 王位繼承과 政治過程」 『歷史學報』 85 ; 1980, 『新羅骨品制社會와 花郎徒』 ; 金哲埈, 앞의 논문 참조.

료에서 문적 출신이 수령에 임명되는 것이 원칙이었던 것을 알 수 있다. 따라서 '文籍'이 구체적으로 무엇을 뜻하는 것인가를 아는 것이 이 자료의 해석에 아주 중요한 의미를 지니지만 이에 관한 자료는 단지 이 한 예에 불과하다.

이기백은 '문적'은 국학을 의미하며 당시 수령직은 국학 출신만이 맡았다고 하면서 이것이 讀書三品科와 관련을 맺고 있을지 모른다고 하였다. 그러나 독서삼품과가 국학의 졸업시험과 같은 성격을 지니므로 결국 문적은 국학을 뜻하는 것이라 하였다.[8] 이에 반해 김세윤은 '문적'은 유학과 관련되는 文書書籍이 아닐까 하면서 자옥이 문적 출신이 아니어서 수령직에 임명할 수 없다고 한 것은 자옥이 국학 출신이 아니라기보다는 유학 지식을 갖춘 문인이 아니라는 데에 있는 것 같다고 하였다.[9] 김세윤의 견해는 일면 타당성을 지닌 듯하지만 혜공왕 대의 金巖이 당에서 음양학을 배워 귀국하여 良·康·漢州의 태수를 역임한 뒤 執事侍郎, 浿江鎭頭上이 된 것을 보면[10] 수령직이 유학지식을 거친 문인만이 임명되는 것이 아니므로 '문적'이 유학지식을 뜻하는 것이라고는 볼 수 없다. 또 원성왕대 이전에 이미 도당유학생 출신인 김암이 수령직을 역임한 것으로 보아 구태여 이때에 와서 이기백의 주장처럼 도당유학생을 '문적', 즉 국학 출신이 아니라고 수령직에 임명할 수 없다는 주장이 나올 까닭이 없다.[11] 따라서

---

8) 李基白, 1970, 「新羅統一期 및 高麗初期의 儒敎的 政治理念」『大東文化研究』6·7 합집, 147~148쪽 참조.

9) 金世潤, 1982, 「新羅下代의 渡唐留學生에 대하여」『韓國史研究』37, 164~165쪽 참조.

10) 『三國史記』卷43, 列傳, 金庾信 下, "允中庶孫巖 性聰敏 好習方術 少壯爲伊湌 入唐 宿衛 間就師 學陰陽家法 聞一隅則反之以三隅 自術造遁甲位成之法 呈於其師 … 大歷 中還國 爲司天大博士 歷良康漢三州太守 後爲執事侍郎浿江鎭頭上."

11) 金巖이 김유신의 증손으로서 진골의 신분으로 이 경우에 해당되지 않는다고도 할 수 있지만 김유신의 후손들이 中代이래 왕실에게서 배척받은 상황을 고려한다면 (李基白, 1958, 「新羅惠恭王代의 政治的 變革」『社會科學』2 ; 1975, 『新羅政治史 研究』) 도리어 육두품의 대우를 받았다고 볼 수 있다. 실제 이기백은 처음 김암을

'문적'은 바로 한 해전에 실시된 독서삼품과와 관련시켜 생각하여야만 이해할 수 있을 것이다. 우선 독서삼품과에 관한 자료를 예시하면 다음과 같다.

> 가-① 처음으로 讀書三品을 정하여 出仕케 하였다. 『春秋左氏傳』이나 혹은 『禮記』, 『文選』을 읽고 그 뜻에 능통하며 『論語』와 『孝經』에 모두 밝은 자를 上品으로, 『曲禮』와 『論語』, 『孝經』을 읽은 자를 中品으로, 『곡례』와 『효경』을 읽은 자를 下品으로 삼았다. 혹 五經, 三史, 諸子百家의 글을 널리 통달한 자는 등급을 뛰어넘어 발탁 등용하였다. 예전에는 오직 弓術로써만 사람을 선발하였으니, 이때에 이르러 이를 개정하였다.(『三國史記』 卷10, 元聖王 4年 春)
>
> ② 國學 … 諸生讀書 以三品出身 讀春秋左氏傳 … (같은 책, 卷38, 雜志, 職官 上)

자료 가-①에 나오는 독서삼품과의 내용이 자료 ②의 국학을 설명하는 기사에 삽입되어 있는데서 보다시피 독서삼품과는 국학과 밀접한 관련을 맺고 있었다. 그렇기 때문에 독서삼품과는 국학의 학생을 대상으로 한 졸업시험과 같은 것으로서, 독서의 성적에 따라 3등급으로 나누어 관리채용을 위한 일종의 국가시험제도로 파악되어 왔던 것이다.12) 그러면 이러한 독서삼품과가 원성왕 4년(788)에 굳이 나오게 된 까닭은 무엇일까? 그것은 아마도 국학이 관리채용으로서의 기능을 상실하였기 때문이 아닐까 한다. 주지하다시피 신라 하대에 오면 진골마저도 관직진출에 어려움을 겪는 상황 속에서 상대적으로 육두품의 경우 그 사정은 더욱 악화되기 마련이다. 이런 상황에도 불구하고 중대 말 하대 초에 오게 되면 국학출신의 누적현상과 함께 도당유학생출신 역시 크게 증가하였다. 이처럼 왕권이

진골로 파악하였지만(1964, 「新羅 執事部의 成立」 『震檀學報』 25·6·7합병호 ; 위 책, 159쪽 참조) 申瀅植이 육두품으로 추정하자(1969, 「宿衛學生考」 『歷史敎育』 11·12합집, 66~68쪽) 이에 동의하였다(「新羅下代의 執事省」 같은 책, 187쪽 참조). 그러나 김세윤은 前揭論文에서 진골로 간주하고 있다.

12) 李基白, 前揭 「新羅統一期 및 高麗初期의 儒敎的 政治理念」 148쪽 참조.

무너진 후 다분히 귀족연립적인 체제하에서, 관직수에 비해 관직후보자가
너무도 많은 상황 속에서 육두품의 문인들은 좁아진 관직으로의 길로 진
출하기 위해서는 유력 진골귀족과 사적인 인간관계를 맺어 그들의 門客
이 되는 길을 모색하지 않으면 안 되었다.13) 그런데 진골귀족과 사적인
문객 관계를 맺는 자들은 육두품의 경우 도당유학생출신보다는 주로 국학
출신이 아닌가 한다. 왜냐하면 도당유학생14)의 경우 국가, 즉 왕이 선발하
여 국가에서 유학경비를 조달해 주었으므로 학문이 선발기준이 되었겠지
만 자연 왕권에 친근하고 옹호적인 자들을 대상으로 하기 마련이며, 실제
귀국 후의 활동 역시 왕권강화에 이용되었다.15) 그러나 이들은 장기간 국
내에서 떠나 있었으므로16) 그만큼 국내 정세의 변화에 어두워 진골 귀족
들과 밀접한 유대관계를 맺지 못하였을 것이다. 이에 반해 국학출신들은
국내에서 수학하면서 국내의 진골간의 세력변동에 유의하면서 유력 진골
귀족과 사적 인간관계를 맺을 수가 있었을 것이다. 관직후보자의 누적현
상에 기인하여 사적 질서, 즉 개인적 차원에서 맺어진 귀족과 문객 사이의
주종관계에 의해 결집된 정치집단이 공적 질서를 압도, 혹은 대체해 나가
는 상황 속에서 이제 국학은 그 자체만으로 관리채용의 기능을 상실하게
되었다.17) 여기에 바로 독서삼품과의 설치목적이 있는 것이니 원성왕은
국학을 재정비하여 이에 바탕을 둔 독서삼품과라는 공적 질서를 회복시킴
으로써 왕권강화를 기도하였을 것이다. 독서삼품과가 설치됨으로써 국학

---

13) 盧泰敦, 1978, 「羅代의 門客」『韓國史研究』21·22합집, 23~27쪽 참조.
14) 도당유학생의 경우 관비, 사비의 경우가 있으나 이때까지는 사비유학생이 없는 것
    이 아니겠지만 관비유학생이 대부분일 것이다.
15) 李基東, 1978, 「羅末麗初 近侍機構와 文翰機構의 擴張－中世的 側近政治의 志向－」
    『歷史學報』77, 48쪽 ; 金東洙, 1982, 「新羅憲德·興德王代의 改革政治」『韓國史研
    究』38쪽 참조.
16) 관비유학생의 在唐 학업 연한은『東文選』卷47, 「奏請宿衛學生還蕃狀(崔致遠 撰)」
    에서 "今已限滿十年"이라 하였듯이 10년이었다.
17) 盧泰敦, 前揭論文, 23~27쪽 참조.

생들은 또 하나의 관문을 거쳐야만 관직에 등용될 수 있었고, 이들을 국가에서는 '문적'에 등재시켜 수령 등에 임명할 때 문적을 그 기준으로 삼았던 것이다. 이렇게 볼 때 독서삼품과는 일정한 관리 채용의 기능을 수행하였다고 볼 수 있으며, 다음의 자료는 그 방증이 되리라고 생각된다.

> 余那山은 雞林 境內에 있다. 세상에 전해지기를, 한 書生이 이 산에 살면서 글을 읽어 과거에 급제하여 世族과 혼인을 맺었다. 뒤에 科試를 주관하게 되어 잔치를 베풀자 혼인한 집에서 기뻐하여 이 노래를 불렀다. 그 뒤로부터 과시를 주관하는 사람이 잔치를 베풀 때에는 먼저 이 노래를 불렀다고 한다.(『高麗史』卷71, 樂志2, 俗樂 新羅)

이 자료는 구체적 연대를 알 수 없는, 그리고 세상에 전해 내려오는 俗樂을 후대에 정리하면서 나온 것이기 때문에 자료의 신빙성에 문제가 있으나 신라때 科試가 관리충원의 방법으로 상당히 활용되었으며, 그렇기 때문에 그에 관한 속악이 남아 전하게 되었다는 것을 알려주고 있다.[18] 그리고 書生이 공부를 해서 과시에 합격했다는 것으로 보아 자료 가-①에서 보다시피 '弓箭'으로 선발하던 것과는 다른 관리채용방식인 독서삼품과 실시 이후의 상황을 반영한 것이라고 볼 수 있다. 물론 이 독서삼품과가 진골귀족을 포함하는 전 관료의 채용을 대상으로 한 것이 아니라 국학출신을 대상으로 한 것으로서 중대 국학의 관리채용이 지니는 한계성을 그대로 지니고 있다. 이것은 어디까지나 당시의 개혁이 골품제의 논리위에서 중대의 전제왕권을 재확립하고자 하는 시도에서 비롯된 결과이다. 어쨌든 원성왕 4년 이후 국학출신들은 국학의 수학 그 자체만으로 관직에 나아갈 수 있는 것이 아니라 독서삼품과라는 관문을 거쳐 문적에 등재되

---

18) 이 자료는 후대 고려의 科擧制와 座主 門生의 관계가 성행하자 이것과 결부되어 과장 윤색된 점이 없지 않으나 俗樂이 남아 전하는 이상 사료적 가치가 있다고 할 수 있다.

어야만 관직에 나아가고, 특히 수령을 비롯한 특정한 관직의 경우 문적에 등재되어야만 하였다. 이 규정이 실시되자 문적 출신을 포함한 국학 출신들은 이 규정을 도당유학생의 경우까지 적용할 것을 주장하게 되었고, 반면 도당유학생들은 자신들이 국가에서 특별히 선발하여 당에 파견된 유학생이라는 점을 들어 이 규정의 적용대상에서 제외할 것을 주장하여 자옥의 수령직 제수를 둘러싸고 대립이 표면화되어 커다란 논란이 일어나게 되었던 것이다. 결국 양자의 대립은 사적 질서를 억압하여 왕권강화를 도모하고, 이를 위해 국내의 진골세력과 결부되지 않은 도당유학생을 필요로 하는 상황 속에서 자옥이 楊根小守에 임명됨으로써 도당유학생의 승리로 끝나고 말았다. 이것을 계기로 하여 도당유학생이 크게 증가되는 추세였을 것이며, 국내에서 도당유학생출신의 증가 누적 현상은 필연적으로 그들 내부에서의 경쟁을 낳게 되었고, 또한 국내에서의 관직획득의 축소와 함께 이에 따른 문적출신의 끊임없는 반발에 직면하게 되자[19] 賓貢科에 나아가 합격함으로써 보다 나은 자격요건을 구비하고자 하였다. 더욱이 사비유학생의 경우 관비유학생과는 달리 빈공과에 합격하지 않고서는 귀국 후 어떠한 관직도 보장받을 수가 없었다. 최치원의 부친이 12세 소년인 치원을 入唐求學시키면서 "10년 동안 급제하지 못하면 내 아들이 아니다."라고 한 것은 이러한 절박한 상황에서 나온 것이다.[20] 그렇기 때문

---

19) 자옥의 양근소수의 임명으로 문적 출신과 도당유학 출신 사이의 관직을 둘러싼 대립과 갈등이 끝난 것이 아니라 이를 계기로 더욱 본격화되었다고 볼 수 있다. 최치원이 "大唐을 섬길 때부터 동으로 고국에 돌아와서까지 모두 난세를 만나, 행세하기가 자못 곤란하고 또 걸핏하면 비난을 받으며 스스로 불우함을 한탄하였다(『三國史記』 卷46, 崔致遠傳.)"고 한 것은 단순히 진골귀족들로부터의 비난뿐만 아니라 도당유학 출신과 문적 출신의 대립 갈등에서도 빚어지는 것이었다. 이 당시의 이와 같은 의식의 차이에서 오는 대립은 뒷날 고려 光宗 年間에 徐弼이 投化漢人에 대한 우대를 반대한 것이라던가 그 뒤 최승로가 맹목적인 唐宋文化의 모방을 반대한 것과는 어떤 정신적 연속이 있을 수 있다고 생각된다(金哲埈, 앞의 「文人階層과 地方豪族」, 609쪽 참조).

에 사비유학생이 크게 증가하는 것은 신라에서 도당유학생에 대한 우대와 9세기 초 당에서 빈공과를 설치함으로써 가능한 것이었다. 신라 하대 도당유학생의 처지가 이와 같게 되자 그들 가운데서 귀국을 늦추거나 아예 귀국하지 않는 상황이 나타나게 되는 것이다.[21]

그나마 도당유학생 내지 빈공과출신들이 문적출신보다도 우대를 받을 수 있었던 것은 이들이 우선 신라보다 앞선 당의 문물·제도를 직접 견문하여 익혔기 때문에 신라의 문물·제도의 정비에 이들을 활용할 수 있다는 점과 羅唐間의 국제교섭분야에서 이들은 필요한 존재로서 事大外交의 문서를 작성하거나 실제 교섭사절로서 필요하였기 때문이다. 더욱이 빈공과 설치이후 이의 합격을 둘러싸고 신라와 발해 사이의 치열한 경쟁심이 나타나자 신라에서는 유학생의 학업을 장려하지 않을 수 없었고, 이들 빈공과 합격자에게 어느 정도의 관직보장을 약속하지 않을 수 없었다. 아울러 빈공과 출신들은 그 유학에 대한 지식 때문에 왕권강화를 위해서는 절대 필요한 존재였다.[22] 앞에서 언급한 것처럼 어떤 면에서 이들 도당유학생들은 근 10여년이나 국내를 떠나 있었기 때문에 국내의 정치세력과 밀접

---

20) 『三國史記』卷46, 崔致遠傳. 그 외 朴仁範이 「奇香嚴山睿上人」(『東文選』卷12)의 일절에서 "松月聯文已十年 自嘆迷津依闕下."라고 하여 10년 가까운 자신의 聯文이 나루를 찾지 못했다고 초조해 하다가 빈공과에 합격한 후 「早秋書情」(同上)에서 "堪知折桂心還暢 直到逢秋夢不驚."이라 하여 가을이 와도 꿈속에 놀라지 않게 되었노라고 한 것이나 崔匡裕가 「送鄕人及第還國」(『東文選』卷12)이라는 七言律詩의 일절에서 "同離故國郡先去 獨把空書寄遠家."라고 한 것 역시 賓貢科의 합격이 얼마나 절실한 것인가를 잘 보여준다(李基東, 1979, 「新羅 下代 賓貢及第者의 出現과 羅唐文人의 交驩」『全海宗博士華甲紀念史學論叢』638~639쪽 참조).

21) 『三國史記』卷11, 文聖王 2年條를 보면 "唐文宗勅鴻臚寺 放還質子及年滿合歸國學生 共一百五人."이라 하여 당시 기간을 넘기고도 체류하고 있는 학생이 무려 105인에 달하고 있으며, 『東文選』卷47에 보이는 진성여왕 대의 「奏請宿衛學生還蕃狀」에도 전례대로 10년 기한이 찬 학생을 放還시켜 줄 것을 청하고 있다.

22) 李基東, 前揭「羅末麗初 近侍機構와 文翰機構의 擴張 – 中世的 側近政治의 志向 –」 44~48쪽 참조.

한 연관을 맺고 있지 않았다는 점이 왕권강화에 적합한 인물들이었으며, 특히 관비유학생의 경우 국가에 의해 선발되고 유학경비가 조달되므로 그만큼 왕권에 대해 옹호적이기 십상이다.[23] 어떤 면에서 도당유학생은 그만큼 신라사회에서 특권을 누린 계층에서 대부분 나왔으며, 귀국 후 특권을 누릴 수 있는 계층이었을 것이다. 그러므로 그들이 당에서 비록 개방적인 사회를 보았다 하더라도 신라에서 그들의 특권이 계속 유지되는 한 특권계층으로서 안존하기 마련이었다.

육두품들은 신라 하대 진골귀족들의 族閥政治와 폐쇄성에 의해 어려움을 겪고 그들 내부에 알력관계를 갖고 있었지만 문적출신이나 도당유학생을 막론하고 정도의 차이는 있지만 진성여왕 전반기까지만 하더라도 신라왕조의 테두리 속에서 관직에 나아가 국가에 봉사하고 개인의 영달과 自己 家門의 위세를 유지시켜 나갈 수가 있었을 것이며, 설혹 거기에 미치지 못하더라도 진골귀족의 문객이 됨으로써 후일을 기약할 수 있었을 것이다. 물론 이 당시에 주지하다시피 육두품의 일각에서 관직에 전연 배제된 자들을 중심으로 사회·경제적으로 몰락해나가는 자들이 끊임없이 점증하고 있었지만 진성여왕 4년에 만들어진 「聖住寺朗慧和尙碑」에서 최치원이

國有五品 曰聖而 曰眞骨 曰得難 言貴姓之難得 文賦云 國求易而得難 從言六頭品 數多爲貴猶一命之九 其四五品不足言.(『朝鮮金石總覽』上, 「聖住

---

23) 이 점은 사비유학생의 경우도 정도의 차이가 있겠지만 마찬가지이다. 사비로 도당유학을 하기 위해서는 상당한 경제적 여력이 있어야 가능한 것인데, 진골귀족과는 달리 관직의 有無에 따라 경제적 기반이 크게 좌우되는 육두품들로서는 적어도 그의 父代까지 관직을 지니고 있어야만 도당유학이 가능할 것이다. 최치원이 사비로 도당유학을 할 수 있었던 것도 그의 부 肩逸이 경문왕대 崇福寺 건립에 참여하는 등 왕권과 상당히 밀착된 상태에서 경제적 여력이 있었기 때문에 가능한 것이다(「崇福寺碑」『朝鮮金石總覽』上, 128쪽). 최치원이 사비유학생이었다는 것은 비록 후대의 자료이지만 『擇里志』卷8, 全羅 靈岩郡條에 "崔致遠·崔承祐 附商船入唐 中唐制科."라고 한 것에서 알 수 있다.

寺郞慧和尙碑」)

이라고 하여 육두품을 '득난'이라 하면서 사·오품은 족히 말할 바가 못 된
다고 하여 자부심을 보인 것은 아직까지 육두품의 사회·경제적인 기반이
전반적으로 유지될 수 있었던 상황 속에서 나올 수 있는 말이다. 비록 진
성여왕 대에 들어오면 전과는 달리 王巨仁이나 최치원처럼 관직의 일각
을 담당했던 육두품들이 개혁을 주장하다가 失志하여 은거의 길을 밟지
만 그들마저도 어디까지나 도당유학 후 귀국하여 관직생활에 나아가고 있
으며, 또한 그들 스스로 적극적으로 반 신라적 태도를 취하며 수도 경주
를 뛰쳐나간 것이 아니라 그들의 개혁주장을 왕권이 더 이상 뒷받침할 수
없는 상황 속에서 반대세력에 의해 타율적으로 밀려나게 된 것이다.24) 그
렇기 때문에 비록 은거의 길을 밟는다고 하더라도 적극적으로 호족에게
나아가 결합하는 숫자는 일부에 지나지 않을 것이다. 왜냐하면 비록 그
자신 중앙정계에서 실지했다고 하더라도 그의 사회·경제적 기반을 완전
히 박탈당하지 않은 상황 속에서 만일 반신라적인 태도를 지닌 호족들과
결합하였다면 그들이 신라에서 여태껏 쌓아왔던 사회·경제적 기반은 일
시에 와해되지 않을 수 없을 것이며, 그 禍는 자기 가족, 나아가 그 一門
에까지 미치지 않을 수 없었던 것이며,25) 반면에 아직까지 호족들의 존재
가 신라에서의 그들의 사회·경제적 지위를 보상해 줄 만큼 강력한 실체가

---

24) 李培鎔은 王巨仁이 논공행상에 불만을 품은 진성여왕의 반대세력으로 진성여왕의
　　정치적 기반이 흔들리자 왕권에 도전하였던 무리 중의 하나로 추측하였고, 同王 8
　　년 최치원에게 阿湌의 벼슬을 내린 뜻은 反王權 세력을 견제하기 위한 조처라고 볼
　　수 있다고 하였다(1986, 「新羅下代 王位繼承과 眞聖女王」『千寬宇先生還曆紀念 韓
　　國史學論叢』356~358쪽 참조).

25) 이것은 왕거인이 失志한 후 신라의 통치권력이 미치는 大耶州에 은거하고(『三國史
　　記』卷11, 眞聖女王 2年條), 최치원이 끝까지 신라에 대해 충성을 보여준 것으로
　　미루어 짐작할 수 있으며, 후일 후삼국의 실체가 드러난 후 崔彦撝가 고려에 귀부
　　할 때 率眷해서 떠난 것은 그만큼 신라로부터의 후환을 두려워했기 때문일 것이다
　　(『三國史記』卷46, 列傳, 崔彦撝傳).

아니었다.[26] 더욱이 그들이 자신의 신분에 대해서 득난이라고 하면서
사·오두품과 비길 수 없다고 하는 자부심을 갖는 한 그들보다 한 단계
뒤떨어지는 호족들과 쉽사리 결합할 수 없었을 것이다.[27] 호족에 대한 최
치원의 생각은 진성여왕 9년(895)에 건립된 「海印寺妙吉祥塔記」[28]에 잘
나타나 있다.

> 唐十九帝興之際 兵凶二災西歇東來 惡中惡者無處無也 餓殍戰骸原野星排.

그는 견훤이나 궁예가 城主·將軍을 자칭하면서 반 신라적인 태도를 나
타냄에 따라 비참한 兵亂이 전개되는 상황을 황소난의 연장선상에서 파
악하여 '惡中惡'이 없는 곳이 없다고 하면서 이들 세력들을 도적의 무리나
마귀의 군대로 간주하고 신라에 대한 충성심을 보이며[29] 이들의 난이 종
국에는 황소의 난처럼 진압될 수 있는 것으로 보았다. 이것이 바로 진성
여왕 대를 전후한 시기까지 대다수의 육두품, 즉 도당유학생이나 문적 출
신을 막론하고 신라사회에 일정한 기반을 지니고 있었던 육두품들의 인식
의 한 단면이었다. 비록 이들이 신라 하대의 사회모순을 제나름대로 인식

---

26) 城主·將軍의 명칭은 진성여왕 8년 이후부터 보이고 있다는 것은 아직 호족의 위세
　가 아직 그렇게 크지 않음을 나타내 준다고 하겠다(尹熙勉, 1982, 「新羅下代의 城
　主·將軍」『韓國史研究』39, 58쪽).
27) 물론 호족중에서 진골 내지 육두품이 낙향하여 호족이 된 경우나, 지방관이 호족이
　된 경우는 다르겠지만 주로 오두품의 지위에 해당하는 村主 등이 호족으로 된 세력
　들에 대해서 아직 자신의 신분에 자부심을 가진 육두품이 결합한다는 것은 상당히
　어려울 것이다. 이것은 후술하겠지만 祖代이전에 중앙에서 지방으로 낙향한 가문에
　서 배출된 禪僧의 경우 그들의 부모의 혼인관계가 대개 진골 내지 육두품 이하의
　성씨로 내려가지 않는다는 것에서도 알 수 있을 것이다.
28) 이것은 李弘稙, 1968, 「羅末의 戰亂과 緇軍」『史叢』11·12합집, 高麗大 ; 1973, 『韓
　國古代史의 研究』新丘文化社에 소개되어 있다.
29) 崔致遠撰, 「新羅伽倻山海印寺結界場記」 ; 金福順, 1983, 「崔致遠의 佛教關係著述에
　대한 檢討」『韓國史研究』43, 166쪽 참조.

하고 그 타개방향을 모색하고 있었지만 신라 지배체제에 기생하는 귀족의
일원으로서의 속성을 지니는 한 그들의 개혁의 방안이란 신라 지배체제
내에서 그들의 활동을 증대시키는 선상에서의 개혁을 의미하는 것이지 결
코 지방호족 내지 기층사회의 광범한 기반위에서 신라와는 다른 새로운 사
회를 건설하는 주체세력으로서의 성장과는 질적으로 다른 것이었다. 이점
은 나말려초에 활약한 지방출신 禪僧들의 가문을 통해서도 잘 알 수 있다.

法名	生存其間	父系	母系	비고	전거
眞鑒禪師慧照	744~850	崔	顧	其先漢族…今爲全州金馬人也	『總攬』上 670000쪽
寂忍國師慧徹	785~861	朴	-	祖高尙其事 不歷公門 於朔州善谷縣 閑居	『總攬』上 77쪽
普照禪師體澄	804~880	金	-	宗姓金 熊津人也	『總攬』上 61쪽
圓郎禪師大通	816~883	朴	-	寄家通化府仲停里　歷代捨官爵之榮 近親紹朴素之△ 顯祖王孝△△△△△△氏族 本取城郡人也	『總攬』上 83쪽
澄曉大師折中	826~990	-	白	鵂嵒人也 其先因宦車城遂爲郡族	『總攬』上 157쪽
郎圓大師開淸	835~930	金	復寶	辰韓鷄林人也　祖守眞蘭省爲郎…宦遊康郡 早諧避地之心 流寓㖘鄕 終擲朝天之志	『總攬』上 141쪽
大鏡大師麗嚴	862~930	金	朴	其先鷄林人也…遠祖…居藍浦	『總攬』上 130쪽
先覺大師逈微	864~917	崔	金	其先博陵冠盖雄府棟梁　奉使鷄林流恩△郡　所以栖心雲水寓跡海壖今爲武州 △△人	『總攬』上 170쪽
眞徹大師利嚴	866~932	金	蘇	其先鷄林人也…遠祖世道凌夷　斯盧多難 偶隨萍梗 流落熊川 父章深愛雲泉 因寓富城之野 故大師生於蘇泰	『總攬』上 126쪽
了悟和尙順之	860년대	朴	昭	浿江人也 祖考並家業雄豪 世爲邊將 忠勤之譽 遺度在鄕	『遺文』93쪽 『祖堂集』卷20
法鏡大師玄暉	879~941	李	傅	祖初自聖唐…今爲全州南原人也	『總攬』

				父諱德順　尤明老易雅好琴詩…素無宦情	151쪽
靜眞大師兢讓	879~956	王	金	公州人也…州里稱長者之名　遠近聞賢哉之譽　況自高僧之世　咸推郡邑之豪戶	『總攬』197쪽
玆寂禪師洪俊	882~939	金	-	先辰韓茂族兎郡名家…今爲△州人也	『遺文』98쪽

　위 13명의 선승들의 가문이 대체로 지방으로 낙향하는 시기는 父 내지 祖代 이전에 이루어지며, 비록 名利와 관직생활에 뜻이 없어 낙향한다고 하지만 낙향직전까지 중앙에서 관직생활을 하거나 지방관으로 나왔다가 그대로 지방에 눌러 붙는 경우가 대부분이다. 이것은 낙향을 전후한 시기 까지 아직 그들의 사회·경제적 기반이 완전히 붕괴되지 않았음을 뜻하는 것이다. 이들의 父系姓氏를 살펴보면 김씨 5, 박씨 3, 최씨 2, 이·왕씨가 각 1명이고 미상이 1명이며, 모계는 김씨, 박씨 각 1명과 미상 4명을 제외 하고, 蘇, 昭, 復寶, 傅, 白氏 등이다. 그들 선조가 중국으로부터 來韓하여 정착한 것처럼 서술된 것은 가문을 고귀하게 하기 위한 撰碑文의 수식적 의도가 작용한 것으로 볼 수 있다. 父母兩系를 성씨별로 대비해 보면 兩 系同姓은 하나도 없지만 모계의 성이 대개 후대 유명 성씨와 연계되지 않은 것으로 보아 이러한 姓字는 『삼국사기』 소재 王母·王妃姓이 申氏· 叔氏·貞氏로 표기된 것과 동일한 성질의 것으로 同姓婚이라 할 수 있 다.[30] 이 점을 고려해서 부모의 혼인관계를 살펴보면 부모양성이 확실한 8명중 5명이 동성혼에 의해 이루어졌음을 알 수 있으며, 거개가 같은 골 품내에서 혼인이 이루어지고, 단지 육두품인 형미만이 부가 최씨이고 모 가 김씨임을 알 수 있다. 아울러 육두품인 혜소·현휘의 경우는 동성혼이 다. 신라 하대 중앙의 정치무대에서 배제되어 낙향하는 몰락진골 내지 육 두품들의 혼인관계에서 보다시피 대체로 그들의 혼인대상이 동성혼, 혹은

---

30) 李樹健, 1984, 『韓國中世社會史硏究』, 一潮閣, 116~118쪽 및 121쪽 참조.

육두품이하로 내려가지 않은 것으로 보아 이들의 자기신분에 대한 자부심을 엿볼 수 있으며, 또 호족과의 결합이 상당한 한계성을 갖고 있음을 잘 알 수 있다. 따라서 적어도 후삼국이 정립하기 이전까지 육두품은 신라에 대해 구심력을 여전히 지니고 있으며, 비록 원심력을 가지고 나아간다고 하더라도 아직 구심력이 원심력보다 강력함을 보여주고 있다.

그러나 성주·장군을 자칭하면서 세력 확장을 꾀하던 견훤과 궁예가 각기 왕을 자칭하고 設官分職하여 왕을 정점으로 하는 통치기구를 갖추어 중국과 사신교환을 하면서 본격적으로 한반도의 주도권 쟁탈을 벌이게 되어 후삼국이 정립하게 되자 신라는 커다란 변화를 강요받기에 이르렀다. 『삼국사기』에 의하면,

> 궁예가 병사를 보내 우리[신라] 변경 읍락을 침략하여 竹嶺 동북쪽에까지 이르렀다. 왕이 나라의 강역이 나날이 줄어든다는 소식을 듣고 깊이 걱정하였으나 막을 수 있는 힘이 없었다. 여러 城主에게 명하여 신중을 기해 출전하지 말고, 견고히 수비하도록 하였다.(『三國史記』 卷12, 孝恭王 9年 8月)

라고 하여 후백제와 후고구려의 영토 확장에 의해 신라는 그 영토가 크게 침식당하게 되지만 적극적 방책을 모색할 수 없는 사태에 이르러 단지 수세적인 태도를 취할 따름이다. 영토의 감축은 곧 재정수입의 감축을 뜻하며, 또한 수령직의 수가 그만큼 축소되는 것을 의미하는 것이다. 이에 특히 육두품 이하의 관료세력들이 더욱 위축을 받지 않을 수 없었다. 이들은 주로 관직을 통해 경제적 기반을 유지해 왔는데 재정수입의 감소는 그들에게 큰 영향을 미치기 마련이고, 수령직의 축소는 그만큼 관직획득의 기회를 축소시키기 마련이다.[31] 따라서 후삼국정립이후 신라의 관직생활에서 배제된 자들 뿐만 아니라 관료의 일각에서마저도 신라를 떠나 이웃

---

31) 子玉의 例에서 보다시피 수령직은 문적출신이나 도당유학 출신의 육두품이 주로 나아갔다.

나라로 빠져나가는 경우가 속출하게 되었다. 그 대표적인 예가 견훤에게 귀부한 崔承祐와 왕건에게 귀부한 崔彦撝를 들 수 있다. 우선 이들은 도당유학생이라는 공통점을 지니고 있는데, 이들의 입당시기가 호족들이 성주·장군을 자칭하면서 叛附가 상반하는 시기였지만 아직까지 후삼국이 본격적으로 정립하는 시점이 아니었기 때문에 입당목적은 귀국하여 신라에서 일정한 관직의 획득을 위한 것이며, 실제 귀국 후 관직생활에 나아가고 있다.[32] 그러나 그들이 입당하여 활동하고 있는 당시의 당의 상황과 최치원 등이 당에서 활동하고 있던 상황하고는 아주 다르다. 최치원이 당에서 활동하던 시기는 비록 황소의 난이 일어났지만 결국 진압당함으로서 당의 체제가 그대로 유지될 수 있었던 시기인데 반해 최언위 등이 활동하던 당의 상황이란 번진의 발호로 兵亂이 끊이지 않는 등 쇠미의 길을 치닫다가 마침내 910년에 멸망하고 만다. 이때를 전후해 입당하거나 귀국의 길을 밟고 있었던 도당유학생들로서는 唐末五代의 사태를 직접적으로 견문하게 되자 그들의 의식에 커다란 변화를 느끼게 되어 현실을 꿰뚫어 보면서 자신을 탈각하게 되었을 것이다. 이러한 상황 속에서 비록 귀국 후 신라에서 관직에 나아가지만 한반도에서 후삼국이 정립하여 주도권 쟁탈전을 벌이게 되자 이들은 신라의 영역을 과감하게 박차고 나가 견훤이나 궁예, 혹은 왕건에게로 귀부하게 되었던 것이다. 당의 멸망을 직접 견문한 이들의 눈에 비친 후삼국은 최치원 등이 인식하던 것과 같은 단순한 도적, 혹은 마귀의 군대가 아니라 왕을 정점으로 하는 완전한 통치조직을 갖추고 중국과 외교관계를 공식적으로 맺고 있는 나라이다. 따라서 후백제나 후고구려는 각기 이것을 뒷받침해 줄 새로운 관인층을 구하면서 그들에게 그에 상응하는 반대급부를 지급하였기 때문에 당말 오대의 사태를

---

32) 『三國史記』 卷46, 崔承祐·崔彦撝傳. 최승우가 신라에서 관직을 역임한 것은 알 수 없지만 이때 도당유학의 목적은 최언위의 경우처럼 아직 신라에서 관직을 얻는 것이라고 볼 수 있다.

직접 견문함으로써 국제적 감각을 익힌 도당유학출신들의 육두품들이 주로 신라를 이탈하여 갔던 것이다. 그 가운데에서 궁예는 신라에 대한 강렬한 적개심을 품고 있었기 때문에 육두품이 궁예에게 나아가는 것은 상당한 한계가 있었을 것이며,[33] 견훤 역시 백제부흥운동을 부르짖는 한 그것이 비록 민심을 얻기 위한 방편에서 나온 것이라 할지라도 신라의 지배세력의 일익을 담당하면서 관직에 나아갔던 육두품이 귀부하기에는 어느 정도의 갈등이 있었을 것이다. 대신 견훤은 당과의 교통에 유리한 서남방면에 기반을 두었기 때문에 국제적 감각을 익힐 수 있었으므로 주로 이곳을 통해 입당하거나 귀국하는 최승우와 같은 도당유학생들을 초치할 수가 있었을 것이다.[34] 반면 왕건은 이들과 달리 그 자신 문무를 겸비하여 유학에 대한 상당한 이해를 갖고 있으면서 새로운 유교적 통치이념을 제시하고,[35] 신라에 대한 우호적인 태도를 견지함으로써 고려의 건국을 전후하여 최언위처럼 신라의 관직생활을 박차고 고려로 귀부하는 자들이 줄을 잇게 되었던 것이다.[36] 그러나 여전히 신라의 지배논리를 탈각하지 못하고 진골지배체제에 그대로 기생하면서 무너져가는 신라사회에서 그들의 사회·경제적 기반을 침해받지 않으려고 왕실 및 진골과의 연결을 도모하

---

33) 『三國史記』卷50, 列傳, 弓裔, "令國人呼新羅爲滅都 凡自新羅來者 盡誅殺之."

34) 金哲埈, 1969, 「後三國時代의 支配勢力의 性格」『李相佰博士回甲紀念論叢』; 1975, 『韓國古代社會研究』知識産業社, 257~258쪽 참조. 최승우는 전라 영암지방에서 상선을 타고 입당하였다(註 23 참조).

35) 金哲埈, 上揭論文 참조. 태조 왕건은 후삼국을 통일한 직후인 19년 11월에는 '政誡' 1권과 '誡百寮書' 8편을 친히 지어 中外에 반포한 데 이어 23년에는 王師 忠湛碑文과 開泰寺落成華嚴法會疏文을 親製한 바 있으며(『高麗史』卷2, 太祖 19年 11月條 및 동왕 23年條), 26년 4월 임종을 앞두고 朴述希를 불러 訓要十條를 親授할 정도로 자기 나름의 治國經綸을 지닌 문·무를 겸비한 創業之主였다(위의 책, 卷2, 太祖 26年 4月條).

36) 『高麗史』卷92, 崔彦撝傳, "及太祖開國挐而來 命爲太子師傅 委以文翰之任 宮院額號 皆所撰定 一時貴遊 皆歸事之."; 『韓國金石文追補』「金之祐墓誌銘」, "其先新羅國元聖大王之後 … 初功臣仁允 仕太祖 統合三國有功 隨太祖入京家焉."

면서 신라의 멸망을 맞이하는 자들이 상당수 있었을 것이다.

이상으로 신라 하대 신라의 지배영역에서 아직 이탈하지 않은 육두품들의 동향을 주로 살펴보았다. 이를 바탕으로 하여 최은함가문이 신라 하대라는 시대적 연변과정에서 어떻게 대처해나가는가를 살펴보고자 한다.

> 신라 말기 天成 연간에 正甫 崔殷誠은 … 敬順王을 따라 本朝에 들어와 大姓이 되었다.(『三國遺事』卷3, 塔像, 三所觀音·衆生寺)

> 崔承老는 慶州 사람이다. 부친 崔殷含은 신라에서 벼슬하여 元甫에까지 이르렀다.(『高麗史』卷93, 崔承老傳)

최은함은 경주에 토착적 기반을 구축하고 있는 육두품의 일원으로서 도당유학의 경험을 갖고 있지 않은 것 같지만 신라에서 관직생활을 하고 있는 것으로 보아 아마도 국학에서 수학하여 독서삼품과를 거친 문적출신일 확률이 높으며, 신라에서의 관직이 전혀 나타나지 않고 다만 고려로 귀부한 뒤의 官階만이 나타나는 것으로 보아 신라에서 그렇게 높은 관직에 이르지 못하고 주로 말단 행정실무나 전문적 기술직에 임명되었을 것이다. 이것은 그 자신의 개인적 역량에 따른 결과이기도 하지만 육두품 내에서 도당유학 출신과 문적 출신 사이의 갈등이 표출된 상태에서 전자가 후자보다 우대받는 시대적 상황이 하나의 영향을 끼쳤을 것이다. 자연 최은함은 도당유학생에 대한 우대와, 이들에 의해 추구되는 당 문화의 일방적 모방에 대해서 비판적 태도를 견지하였을 것이며, 그의 유학에 대한 생각도 도당유학생처럼 왕권을 정점으로 하는 중앙집권적인 형태를 희구하는 사상체계[37]가 아니라 신라의 골품제 논리를 인정하는 형태의 사상체계, 즉 신라화된 유학의 형태를 의미하는 것일 것이다. 그리고 신라에

---

37) 李基白, 1970,「新羅統一期 및 高麗初期의 儒教的 政治理念」『大東文化研究』6·7 합집.

서 높은 관직은 아니지만 일정한 관직을 역임함으로써 이에 상응하는 경제적 기반을 경향간에 지니면서[38] 자신이 속한 육두품에 대한 상당한 자부심을 지니고, 전국 각지의 호족세력에 대해서는 자기의 사회·경제적 기반을 무너뜨리고, 나아가 신라왕조를 붕괴시키려고 하는 도적의 무리, 혹은 마귀의 군대로 인식하였을 것이다. 이러한 최은함의 생각은 후삼국의 정립이후에도 한동안 계속되어 주로 최승우나 최언위와 같은 도당유학출신의 관료세력이 국제적인 감각을 지니고 시세를 판단하여 신라를 빠져나가는 상황 속에서도 여전히 관직을 역임하면서 그러한 상황에 대해 비판적 견해를 계속 견지하였을 것이다.

최은함의 후삼국관은 견훤의 경주침입을 계기로 하여 바뀌었을 것이다. 견훤의 新羅王都 침입과 경순왕의 옹립은 신라 자체내의 지도역량에 대한 무력감을 인식시켜주고, 신라의 지배세력으로 하여금 신라멸망 이후의 사태를 생각게 하는 계기가 되어 미구에 닥칠지도 모르는 왕조의 멸망에 직면하여 자기들의 기득권마저도 완전히 상실하지 않을까하는 위구감을 불러 일으켜 이후 친신라적인 고려를 급속도로 끌어들이는 결과를 초래하고 말았다. 견훤의 경주침입 때 최은함 가문의 대처 모습은 다음 자료에 잘 나타나 있다.

> 백제의 甄萱이 서울을 습격하니 성 안이 크게 어지러웠다. 은함은 아이를 안고(崔承老 : 筆者) [이 절에] 와서 고하기를, "이웃나라 군사가 갑자기 쳐들어와서 사세가 급박한지라 어린 자식이 누가 되어 둘이 다 죽음을 면할 수 없사오니 진실로 大聖이 보내신 것이라면 큰 자비의 힘으로 보호하고 길러주시어 우리 부자로 하여금 다시 만나보게 해주소서."라고 하고 눈물을 흘려 슬프게 울면서 세 번 고하고 [아이를] 강보에 싸서 관음보살의 사자좌[猊座] 아래에

---

38) 경덕왕때의 寵臣 李純이 은퇴 후 地理山에 斷俗寺를 창건하고 살았다고 하는 것으로 보아 육두품 역시 지방에 상당한 경제적 기반을 장악하고 있음을 알 수 있다(『三國史記』 卷9, 景德王 22年 8月條). 이순이 육두품이라는 것은 李基白, 「景德王과 斷俗寺·怨歌」 『新羅政治社會史硏究』에 밝혀져 있다.

감추어 두고 뒤돌아보며 돌아갔다. 반달이 지나 적병이 물러간 후 와서 아이를 찾아보니 살결은 새로 목욕한 것과 같고 모습도 어여쁘고 젖냄새가 아직도 입에 남아있었다. [아이를] 안고 [집에] 돌아와 길렀더니 총명하고 은혜로움이 남보다 뛰어났다. 이 사람이 곧 丞魯이니 벼슬이 正匡에 이르렀다.(『三國遺事』卷3, 塔像, 三所觀音·衆生寺)

최은함은 견훤의 침입 때 경황 중에 그의 아들 승로를 중생사에 피신시켜 놓고 피난을 하였다. 견훤에 대한 최은함의 감정은 이로 인해 지극히 악화된데 반해 이를 계기로 친고려적인 성향으로 나아가게 되었고 마침내 경순왕이 고려에 항복을 논의할 때 군신들의 불가론이 분분한 가운데서[39] 항복에 결정적인 역할을 할 수 있는 지위에 있지는 못하였지만 항복에 찬동하는 입장을 취하였을 것이고, 이로 인해 경순왕을 따라 개경으로 갈 수 있었으며 고려의 지배세력의 일원으로 존재하게 되었을 것이다. 아울러 고려왕조에서는 현실적으로도 최은함과 같은 행정에 익숙한 관인이 필요하였다. 아직 고려의 통치체제가 완연히 갖추어지지 않은 상태에서 각종 제도·문물의 정비를 위해서는 종래의 무적 요소만으로 불가능한 것이며, 신라로부터 항복을 받음으로써 신라의 기반을 고스란히 인수받아 이를 고려의 통치에 그대로 이용할 수 있게 됨에 따라 경순왕이 귀부 시 가져온 각종 군현에 대한 자료와 조세공부를 재정리할 수 있는 능력을 지닌 신라에서 행정적인 업무에 숙달된 관료세력을 필요로 하였을 것이다.[40] 이것이 바로 최은함이 고려에서 관직생활로 나아갈 수 있었던 무기였던 것이다.

---

39) 『三國史記』卷12, 敬順王 9年 10月條.
40) 『三國遺事』卷2, 紀異, 金傅大王, "封府庫 籍郡縣 以歸之 其有功朝政."

Ⅲ. 高麗 門閥貴族社會의 형성과 崔殷含-承老 家門

앞장에서 살펴본 것처럼 최은함이 경순왕의 항복 때 이를 지지하고 경주에서 개경으로 와서 관직에 등용됨으로써 그의 가문은 고려에서 지배세력으로 인정을 받을 수 있었지만 다만 그의 官階가 元甫에 이르렀다고 한 것으로 보아 개경에서의 최은함의 관직생활은 크게 각광을 받지 못하였다고 볼 수 있다. 이것은 그가 경순왕의 항복 때 결정적인 역할을 담당할 정도의 뛰어난 학문적, 행정적 수완을 보여주지 못하였기 때문이라고 할 수 있다. 다만 이때 그의 아들인 승로가 학문에 뛰어나 태조가 친히 召見함으로써 그의 父子가 개경에 이름이 알려졌을 뿐이다.[41] 그렇기 때문에 그의 아들 최승로 대에 고려왕조에서 두각을 나타내어 일가를 이룬 것은 공신, 혹은 호족의 후예로서가 아니라 전적으로 자기의 학문적 실력에 의한 것이다.

그리고 이때의 공신 및 호족출신의 개경관료가 자신의 출신지에 강력한 在地的 基盤, 族的 유대와 경제적 기반을 구축하고 있음에[42] 반해 최은함-승로 부자는 개경에서 활약하는 동안 자신들의 출신지였던 경주와는 깊은 관련을 맺고 있는 것 같지는 않다.[43] 최은함은 신라에서 관직을 매개로 일정한 경제적 반대급부를 받았을 것이지만 왕조의 멸망으로 자연 상실하였을 것이고, 대신 개경에서 관직에 나아감에 따라 그에 상응하는 반대급부를 새로이 고려로부터 받았을 것이다.[44] 그리고 경주에 있으면

---

41) 『高麗史』 卷93, 崔承老傳.

42) 李樹健, 前揭書 참조.

43) 이기백은 『韓國史新論』(134쪽)에서 "최승로는 신라가 항복할 때에 고려의 신하가 된 사람으로서 호족과는 달리 지방에 자기의 근거지를 갖고 있지 않은 학자였다. 그러므로 그는 중앙의 관료로서 출세하는 데에 관심을 가지고 있었고, 이것은 자연 그의 정치적 견해를 집권적인 것으로 만들었다."라고 하였다.

44) 『三國史記』 卷12, 敬順王 9年 11月條, "(敬順)王率百僚 發自王都于太祖 … 侍從員

서 대대로 내려오는 사적인 토지를 경향간에 갖고 있었을 것이지만 신라 말의 혼란속에서 중앙의 통치권력이 지방에 전혀 미치지 못하자 지방에 갖고 있었을 경제적 기반은 상실당하고 말았을 것이다. 더욱이 최은함의 경우 신라가 마지막 종국을 맞이하기까지 신라의 관직을 지니면서 수도 경주에서 생활하였기 때문에 그는 골품제의 지배논리를 완전히 탈각하지 못한 채 오직 수도중심의 사고방식을 갖고 있었을 것이며, 이 상태에서 신라의 멸망으로 인해 경주중심의 사회가 개경중심의 사회로 바뀜에 따라 率眷하여 경주를 떠나 개경으로 옮겨가지 않을 수가 없었을 것이다. 물론 여기에는 경순왕의 항복논의 때 상당한 반대세력이 존재하였다는 것을 감안하면 신라의 천년사직을 내줄 때 동조한 것에 대한 비난의 소리를 경주에 남아서 그대로 듣느니보다 차라리 새로운 관직이 보장되는 개경으로 가려는 마음이 일면 작용하였을 것이다. 이런 상황 속에서 개경으로 온 최은함은 경주에 남아 있을 경제적 기반을 개경의 가까운 곳으로 대체해 나갈 가능성이 크며, 설혹 그렇게 하지 않았다고 하더라도 그 경제적 기반은 주로 경주에 남아 있을 그의 一族들에 의해 위탁 경영되었을 것이며, 이 경우 시간의 흐름에 따라 최은함의 영향력은 점점 약화되어 일족들이 점거해 나가는 상황이 전개되었을 것이다. 중생사에 관한 자료로서 최은함이 경주에 별다른 기반을 당시 지니고 있지 못함을 유추해 볼 수 있을 것이다.

　신라 말기 天成 연간에 正甫 崔殷誠은 오래도록 후사를 이을 아들이 없어

將 皆錄用之.";『高麗史』卷1, 太祖 18년 12월 壬申條, "於是拜金傅爲政丞 … 其從者並收錄 優賜田祿." 또 태조 23년에 役分田을 제정하였는데, 이는 신왕조 지지세력에 대하여 물질적인 기반을 제공해 주려는 의도로서 朝臣·軍士와 같이 주로 在京官僚勢力에게 지급된 것으로 후일 전시과의 전신이다(『高麗史』卷78, 食貨1, 田柴科, "太祖二十三年 初定役分田 統合時 朝臣軍士 視人性行善惡 功勞大小 給之有差.") 이때 최은함 역시 역분전을 지급받았을 것이다.

이 절(衆生寺 : 筆者)의 관음보살 앞에서 기도를 하였더니 태기가 있어 아들을 낳았다. 잉태한지 세 달이 못되어 백제의 甄萱이 서울을 습격하니 성 안이 크게 어지러웠다. 은함은 아이를 안고 [이 절에] 와서 고하기를 … 반달이 지나 적병이 물러간 후 와서 아이를 찾아보니 … 또 統和 10년(成宗 11, 992) 3월 절의 주지인 釋 性泰는 보살 앞에 꿇어앉아 아뢰기를, "제자가 오랫동안 이 절에 거주하면서 香火를 부지런히 하여 밤낮으로 게을리 하지 않았지만 절에는 밭에서 나는 것이 없으므로 香祀를 이을 수가 없는지라 장차 다른 곳으로 옮기려 하므로 와서 하직하려고 하나이다."라고 하였다.(『三國遺事』卷3, 塔像, 三所觀音·衆生寺)

상기 자료에 나오는 중생사는 이미 신라시대의 巨刹로서 널리 알려진 곳이며, 자식이 없던 최은함이 여기에서 기도하여 승로를 낳은 곳인 동시에 견훤의 침입 때 승로를 이곳에 피신시켜 무사히 화를 넘긴 곳이다. 이것으로 보아 신라 말 중생사는 최은함의 願刹이라고는 할 수 없지만 평상시 최은함이 단월의 하나로서 상당히 돈독한 관계를 유지하였을 것이다. 그러나 고려 성종 11년을 전후한 시기에 오면 논밭에서 나는 것이 없어 香祀를 계속할 수 없을 정도로 위축되고 있다. 이러한 사태는 단순히 이 때에 비롯된 것이라 할 수 없고 그전에 이미 그러한 상황이 전개 누적되어 온 결과일 것이며, 그 계기는 아마도 신라의 멸망과 유관한 것이라고 할 수 있을 것이다. 우선 신라 하대에 오면 성주·장군의 자립과 이에 따른 후삼국의 정립은 신라 재정의 압박과 함께 중앙귀족·세력의 지방의 경제적 기반을 송두리째 뒤흔들어 놓았을 것이며, 그 여파는 중앙귀족과 연결된 사원세력에게까지 미쳤을 것이다. 더욱이 경주중심의 신라사회가 개경중심의 고려사회로 바뀜에 따라 필연적으로 지배세력의 교체가 수반되었다. 특히 신라가 고려에 항복을 결정할 때 군신들 중에 항복을 반대하는 자들도 상당수 있었고, 太子 역시 忠臣義士를 규합하여 민심을 收合하여 싸울 것을 주장하는 등 상당수의 반대가 존재하였다.[45] 이때 항복에

---

45) 『三國史記』卷12, 敬順王 9年 10月條 ; 『三國遺事』卷2, 紀異2, 金傳大王條.

동의한 세력은 고려에서의 盛勢를 유지할 수 있었지만 반대한 가문은 그들의 지위를 유지시켜 나갈 수가 없었을 것이다. 경순왕이었던 金傅를 비롯한 일부 진골귀족과 얼마간의 육두품은 고려정부에 등용될 수 있었지만 실제 상당수가 신라의 항복으로 말미암아 고려정부에 의해 거세당하고 그들의 경제적 기반을 탈취 당하였을 것이다.[46] 아울러 이들과 연결되어 있었던 경주 주변의 사원들 역시 상당수가 크게 위축되지 않을 수 없었을 것이니, 그 편린들을 다음 자료에서 엿볼 수 있다.

> 나-① 신라시대 이래로 청도군의 사원 鵲岬寺 이하 중소 사원은 삼한의 병란 중에 大鵲岬, 小鵲岬, 所寶岬, 天門岬, 嘉西岬 등 5갑이 모두 훼손되어 5갑의 기둥만 모아 대작갑사에 두었다. … 이에 보양이 장차 폐사를 일으키려 북쪽 고개에 올라 바라보니 뜰에 5층의 황색 탑이 있었다. 내려와 그것을 찾으니 곧 흔적이 없었다. 다시 가서 바라보니 까치 무리가 땅을 쪼고 있으므로 이에 해룡이 한 작갑의 말을 기억하고는 그곳을 파보니 과연 남겨진 벽돌이 수를 셀 수 없을 정도로 있었고 그것을 모아 높게 쌓아 탑을 이루고 남긴 벽돌이 없었으니 이곳이 전시대의 가람터인 것을 알았다. 절을 창건하는 것을 마치고 주석하고 인하여 작갑사라 이름하였다. 얼마 지나지 않아 태조가 후삼국을 통일하고 법사가 여기에서 절을 창건하고 거한다는 것을 듣고 이에 5갑의 밭 5백결을 합하여 절에 헌납하였다. 淸泰 4년 丁酉에 편액을 내려 雲門禪寺라 하고 가사의 영음을 받들게 하였다.(『三國遺事』 卷4, 義解, 寶壤梨木)
>
> ② 중국 사신 樂鵬龜가 와서 보고 말하기를, "이 절(天龍寺)을 파괴하면 며칠 안에 나라가 망할 것이다."고 하였다. … 신라 말에 파괴된 지 이

---

46) 김호동, 1982, 「高麗武臣政權下에서의 慶州民의 動態와 新羅復興運動」 『民族文化論叢』 2·3합, 嶺南大學校 民族文化研究所, 266~267쪽 및 李樹健 前揭書 참조. 태조 왕건때 逆命不臣한 부류들은 노예로 전락하거나 海島에 유배되기도 하고 驛子·津尺·賤鄕·部曲民이 되기도 하였는데 경순왕의 귀부때 항복에 반대한 무리 역시 결국은 이러한 길을 걸었을 것이다(『太祖實錄』 卷1, 太祖 元年 8月 己巳條에 "前朝五道陽界驛子津尺部曲之人 皆是太祖時逆命者 俱當賤役."이라 하였고, 『高麗史』 卷93, 崔承老傳과 同書 卷93, 崔承老傳과 同書 卷122, 宦者 鄭誠傳에서 그와 비슷한 내용이 나온다.

미 오래되었다. 衆生寺의 (관음)大聖이 젖을 먹여 기른 崔殷諴의 아들 承魯가 肅을 낳고, 肅이 侍中 齊顔을 낳았는데, 제안이 바로 [이 절을] 중수하여 다시 일으켰다. 이에 釋迦萬日道場을 설치하고 조정의 뜻을 받았고, 겸하여 信書와 願文을 절에 남겨두었다. [그는] 죽어서 절을 수호하는 신이 되었는데, 자못 신령스럽고 이상한 일을 보여주었다.(같은 책, 卷3, 塔像, 天龍寺)

③ 신라의 太大角干 崔有德이 자기의 집을 희사하여 절로 삼고 이름을 有德이라고 하였다. [그의] 먼 후손인 三韓功臣 崔彦撝는 [유덕의] 진영을 걸어 모시고 이어 비를 세웠다고 한다.(같은 책, 卷3, 塔像, 有德寺)

자료 나-①의 五岬들은 후삼국의 정치적 혼란기에 쇠퇴·붕괴되었지만 고려 태조 왕건과 연결된 僧 보양에 의해 중건되어 마침내 후삼국을 통일한 후인 태조 20년(淸泰 4, 937)에 운문선사의 사액을 받고 원래 소유해 오던 500결의 寺院田에 대한 소유권을 이때 시납의 형식을 통해 고려에서 합법적으로 인정받음으로써 빼앗겼던 소유권을 다시 되찾을 수 있었던 것이다.[47] 자료 나-②는 천룡사는 신라라는 국가의 존망과 직결되었다는 이야기를 지니고 있는 한 그 성세가 유지될 수 있었을 것이며, 따라서 '羅季殘破'의 구체적 시기는 바로 신라 멸망의 시기로 볼 수 있다. 자료 나-③의 유덕사의 경우는 구체적 언급은 없지만 최언위가 고려의 건국 때 경주를 떠나 개경으로 감에 따라 그 일문의 원당이었던 유덕사는 존속할 수 없었을 것이며, 그 후 신라가 고려에 항복함에 이르러 다시 최언위가 이를 중수하여 眞影을 걸고 비석을 세우게 되었을 것이다. 이상의 자료를 통해 사원의 존립이 정치적 권력의 비호없이는 이루어질 수 없다는 것을 잘 알 수 있다. 특히 신라의 멸망으로 말미암아 새로운 정치세력과 연결되지 못한 경주 일원의 사원의 殘破가 두드러졌을 것이다. 중생사와 최은

---

47) 운문사와 보양과의 관계 및 500결의 사원전의 所從來에 관해서는 金潤坤, 1983, 「麗代의 雲門寺와 密陽·淸道地方」『三國遺事硏究』上(嶺南大學校 民族文化硏究所 編)의 논문에 구체적인 언급이 있다. 이 논문을 통해 사원의 존립이 정치적 권력의 비호없이는 그 존속이 어렵다는 것을 알 수 있다.

함가문의 관계로 보아 최은함이 경주에 강력한 재지적 기반을 구축하고 있었다면 중생사는 아마도 이만큼 쇠락의 단계에까지 이르지 않았을 것이다. 그후 성종조에 오면 최승로의 활동이 두드러짐에 따라 경주에 그 一門의 재지적 기반을 다시 구축할 가능성이 있지만 최승로가 그의 상소문에서 중앙집권력의 강화와 지방 향호의 억제를 강조한 것으로 보아[48] 그 자신 개경관료로서 경주에 대한 깊은 관심을 갖고 있지 않은 듯하며, 더욱이 그가 불교의 대사회적 기능에 대한 비판적 태도를 가지고 있었기 때문에[49] 설혹 경주에 이때쯤 다시 기반을 구축하였다고 하더라도 그것이 중생사에까지 미치지 않았을 것임으로 중생사의 위축은 개선되지 않고 계속되었다고 볼 수 있다. 이 점은 같은 경주를 출신지로 하는 최언위 가문과 전혀 다르다. 최언위는 일찍이 도당유학을 다녀와 신라에서 집사시랑의 관직을 역임하다가 고려의 개국과 동시에 경주를 떠나 개경으로 와서 太子大傅가 됨과 동시에 문한지임을 전담하여 당시 고승들의 탑비문도 奉敎撰하였고 宮院의 額號도 그가 정했는가 하면 國初의 在朝貴族들도 모두 그를 사사하였다.[50] 그러나 그가 신라를 떠남에 따라 경주에서 그의 一門이 쌓아왔던 사회·경제적 기반이 모두 박탈당하였을 것이다. 이것으로 인해 자료 나-②에서 구체적으로 언급은 없지만 그 일문의 願堂이었던 유덕사는 신라에서 유지되지 못하여 잔파되었을 것이고, 후일 신라가 고려에 귀부함에 따라 최언위가 이를 중수하여 崔有德의 진영을 걸고 비석을 세우는 등 다시 경주에 그의 재지적 기반을 부식하려고 적극적이었을 것이다. 반면 최치원은 그의 문인이나 경주를 출신기반으로 하는 최씨들이 고려에 來仕하여 達官한 자가 많았고, 또 그들로 인해 현종대 마침내 文廟에 배향되지만 끝끝내 신라의 臣民으로서 고려에 귀부치 않고 은거

---

48) 『高麗史』 卷93, 列傳, 崔承老傳.
49) 上同.
50) 註 36) 참조.

의 길을 밟았기 때문에 그 직계에서는 단지 5대손이 문종대에 錄用된 것을 제외하고는 이렇다 할 仕宦이 눈에 띄지 않는다.[51] 같은 경주를 기반으로 하는 육두품의 최씨 가운데서 이처럼 고려에서의 활동이 다른 것은 앞에서 살펴 본 것처럼 이들 사이에 어떤 혈연적인 유대와는 상관없이 학문수학의 장소의 차이, 또한 상대적으로 그만큼 고려사회가 왕조교체기에 있어서 고려왕조에 대한 태도의 차이에 따라 그 대우를 달리 했음을 뜻한다. 따라서 신라 말 고려 초 같은 지방의 같은 성씨라고 해서 그것을 일률적으로 함께 동질시하여 파악하는 것은 잘못된 것이라 할 수 있다.

최승로의 고려에서의 활동은 경주를 기반으로 하는 최언위 가문을 위시한 다른 일문의 도움은 물론 최은함 대의 가문적 배경이 크게 도움이 되지 못하였고, 오직 그의 학문적 실력을 바탕으로 관직에 나아갈 수밖에 없었다. 이점 武功으로 성장한 호족과는 다르게 광종조를 전후한 초기의 왕위계승전과 광종의 호족억압책에 연루되지 않게끔 되었으며, 성종조 이후 관인을 유교적 학문소양과 행정적인 기능을 갖춘 인물을 등용함에 미쳐 현달할 수 있었을 것이다.[52]

성종조 고려의 문벌귀족사회가 갖추어질 무렵 최승로가 문하시중에 이르고 사후에 종묘배향공신에 선정됨으로서 그의 일문은 顯達하게 된다.[53] 최은함-승로 부자의 일가직계의 世系를 『고려사』 및 『고려사절요』에 의해 정리하면 다음과 같다.

崔殷含(元甫)→承老(成宗朝, 侍中)→肅(穆宗朝, 侍中)→齊顔(文宗朝, 侍中)
        →繼勳(蔭補)
      繼游(侍郞)

---

51) 『高麗史』 卷9, 文宗 28年 9月 丙申條.
52) 李樹健, 前揭書, 201쪽·254쪽 참조.
53) 『高麗史』 卷93, 列傳, 崔承老傳.

최승로는 성종조 知貢擧를 역임하고 문하시중에까지 올라 목종 원년에 성종 廟庭에 배향되었고,[54] 그의 아들 肅 역시 시중을 역임하여, 현종 18년(1027)에 목종에게 배향되었고, 그의 손자 崔齊顔은 顯·德·靖·文宗의 四朝를 섬겨 太師門下侍中에 이르러 선종 3년에 문종 묘정에 배향되기까지 하였다.[55] 배향공신은 일반적으로 국가에 공로가 있고 평생에 대과없이 고관요직을 역임한 자로서 사망 당시의 국왕과 함께 배향되었으므로 당시 집권세력의 권력관계를 논할 때 외척가문과 科擧考試官인 '座主'를 역임한 자와 함께 논해질 수 있는 것이다.[56] 최은함-승로 가문은 최승로 →숙→제안의 3대에 걸쳐 문묘배향공신을 역임하여 당대 최대의 문벌을 자랑하며 그들의 자손들은 가장 비중 높은 門蔭의 혜택을 받았을 것이다.[57] 더욱이 과거를 통해 좌주와 門生이란 특별한 관계를 이루어 학벌을 형성하고 돈독한 정치적 유대관계를 지닌 문벌귀족사회에서 최승로가 성종 조 지공거를 역임하여 많은 문사와 인재를 선발하였으니, 이것은 곧 그 일문의 세력의 資가 되어 그의 자손들이 문벌로서의 세력을 유지시켜 나가는데 일익을 담당하였을 것이다.

경주를 출신지로 하는 최씨들은 신라 중대이래 진골귀족들이 家를 중심으로 독자적으로 분화해 온 것과 궤를 같이하면서 각기 개별적으로 분화하여 왔기 때문에[58] 나말려초의 활약 인물들 가운데서 一家直系가 아니면 동시대의 사람이라 하더라도 상호간에 族的 유대가 없이 그들의 의식형태에 따라 정치적 성향을 달리 하면서 전연 별개의 관계를 유지하였다. 그러나 성종조에서 문종조에 이르는 시기에 문벌귀족사회가 확립됨에 따라 문벌귀족들은 비록 그 원래의 거주지를 떠나 개경에 살지만 자신의

---

54) 『高麗史』 卷5, 顯宗 18年 4月 壬午條.

55) 『高麗史』 卷93, 列傳, 崔承老 附 齊顔.

56) 李樹健, 前揭書, 235쪽 참조.

57) 『高麗史』 卷93, 列傳, 崔承老 附 齊顔 ; 同書 卷75, 選擧3, 凡叙功臣子孫條 참조.

58) 盧泰敦, 前揭論文, 23~28쪽 참조.

출신지에 공고한 재지적 기반을 여전히 구축하면서 원래의 거주지명을 따서 본관으로 삼고, 이 본관으로서 서로를 구별짓게 됨에 따라,[59] 신라계의 관료세력이 중부지방 출신의 관료세력보다도 적은 상황 속에서[60] 최은함-승로계의 가문은 경주를 출자로 하는 최언위계 및 崔亮系 등과 함께 중앙정계에서 서로 資家 되면서 일족으로서의 동질성을 회복시켜 나감과 함께 신라계를 영도하면서 중부지방 출신의 관료세력과 대항하였다. 현종조 최치원의 문묘종사는 바로 이러한 배경에서 이루어진 것이며,[61] 태조의 훈요십조가 난리 중에 없어진 뒤 최제안이 崔沆의 집 서고에서 발견하여 바칠 수 있었던 것 역시 이들이 이때 일족으로서의 밀접한 관계를 지녔기 때문이다.[62] 이런 배경하에서 후일 최씨들은 각기 그들의 시조를 최치원에게서 찾게 되었으며, 또 六姓과 六部를 관련시키면서 최씨를 『삼국사기』에서는 沙梁部에, 『삼국유사』에서는 本彼部에 연결시켜 상이하게 말한 것은 신라 말 고려 초 경주를 기반으로 하는 최씨들이 각기 家別로 독자성을 지니다가 다시 고려 문벌귀족사회가 확립됨에 따라 동질성을 회복함에 따라 각기 문벌로서 영달한 일문들이 자기들이 경주에서 세거해 왔던 지역을 六姓과 관련시켜 이야기함에 따라 생긴 것이라 할 수 있다.

문벌귀족들은 본관을 매개로 하여 출신지에 강력한 재지적 기반(족적 유대와 경제적 기반)을 지니면서 京鄕이 연결되어 서로의 資家 되고 있었으므로[63] 성종 조 초기까지만 하더라도 지방에 별다른 재지적 기반을 갖

---

59) 金壽泰, 1981, 「高麗 本貫制度의 成立」 『震檀學報』 62 ; 許興植, 1981, 『高麗社會史研究』 ; 李樹健, 前揭書 참조.
60) 李樹健, 앞의 책, 232~233쪽 참조.
61) 金鎔坤, 1986, 「高麗 顯宗代의 文廟從祀에 대하여 – 崔致遠의 경우를 中心으로 – 」 『高麗史의 諸問題』, 三英社 참조.
62) 『高麗史節要』 卷4, 靖宗 12年 11月條.
63) 『高麗史』 卷79, 食貨2, 戶口條, "仁宗 13년 2월 判하기를, 개경에 거주하는 大小人員 자제가 徭役을 피하기 위해 각각 本貫의 친척 호적에 편입[類付]하여 호적 상 실제 거주인과 등재된 인원이 뒤섞여 있으니 금후로 개경 사람으로서 外籍에 붙이

지 못한 최은함-승로 가문으로서는 여타 문벌귀족들과 어깨를 나란히 하기 위해서는 그들의 일족이 남아 있는 경주에 그들의 재지적 기반을 적극 구축하지 않을 수 없었을 것이며, 그러한 움직임의 보다 구체화가 바로 천룡사의 重修로 나타났을 것이다.

東都의 南山 남쪽에 한 봉우리가 우뚝 솟아 있는데, 세상에서는 高位山이라고 한다. 그 산의 양지쪽에 절이 있는데, 속칭 高寺 혹은 天龍寺라고도 한다. 『討論三韓集』에는 다음과 같이 기록되어 있다. "鷄林의 땅에는 客水 두 줄기와 逆水 한 줄기가 있는데, 그 역수와 객수의 두 근원이 天災를 진압하지 못하면 천룡사가 뒤집혀 무너지는 재앙에 이른다." 俗傳에는 이르기를, "역수는 고을의 남쪽 馬等烏村 남쪽으로 흐르는 내가 이것이다"고 하였다. 또 "이 물의 근원이 천룡사에 이른다"고 하였다. 중국 사신 樂鵬龜가 와서 보고 말하기를, "이 절을 파괴하면 며칠 안에 나라가 망할 것이다"고 하였다. … 신라 말에 파괴된 지 이미 오래되었다. 衆生寺의 (관음)大聖이 젖을 먹여 기른 崔殷諴의 아들 承魯가 肅을 낳고, 숙이 侍中 齊顔을 낳았는데, 제안이 바로 [이 절을] 중수하여 다시 일으켰다. 이에 釋迦萬日道場을 설치하고 조정의 뜻을 받았고, 겸하여 信書와 願文을 절에 남겨두었다. [그는] 죽어서 절을 수호하는 신이 되었는데, 자못 신령스럽고 이상한 일을 보여주었다. 그 신서의 대략은 다음과 같다. "단월 內史侍郎 同內史門下平章事柱國 崔齊顔은 쓴다. 東京 고위산의 천룡사가 쇠잔하고 파괴된 지 여러 해가 되었다. … 석가만일도량을 개설하였다. 이는 나라를 위해서 이룩한 것이니, 官家에서 주지를 정하는 것도 역시 옳겠지만, [주지가] 바뀌어 교대될 때는 도량의 승려들이 안심하기가 어렵다. 희사한 토지로 사원을 충족하게 한 예를 보면, 公山 地藏寺 같은 곳은 入田이 2백 결이고, 毗瑟山 道仙寺는 입전이 20결이며, 西京의 사방에 있는 산사도 각기 20결씩이다. 모두 有職·無職을 막론하고 반드시 계를 갖추고 재주

___

는 것을 엄격하게 금지하라."라고 하였고, 같은 책, 卷99, 列傳, 廉信若傳, "廉信若은 字가 公可이며 峯城郡 사람이다. 仁宗 때 과거에 급제하고 廣州掌書記에 임명되어서는 바른 행실로 公務에 힘을 다하였다. … 염신약의 토지가 峯城에 있었는데, 정중부가 빼앗았다가 얼마 후에 돌려주었다."고 하였고, 같은 책, 卷127, 列傳, 金致陽傳 "金致陽은 洞州 사람으로 千秋太后 皇甫氏의 外族이다. … 또한 농민을 부려 洞州에 사당을 세우고 편액하기를 星宿寺라 하였다. 또한 궁성의 서북쪽 모퉁이에는 十王寺를 세웠다." 金壽泰, 앞의 논문, 54쪽 ; 李樹健, 앞의 책, 248쪽 참조.

가 뛰어난 이를 뽑아서 社衆의 衆望에 의하여 차례를 이어 주지로 삼아 焚修
함을 상례로 삼았다. 제자는 이 풍습을 듣고 기뻐하여 우리 천룡사도 역시 사
중에서 재주와 덕이 함께 뛰어난 大德을 골라 뽑아 棟梁으로 삼아 주지로 임
명하여 길이 분향수도하게 한다. 문자를 자세히 기록하여 剛司에게 맡기니, 당
시의 주지로부터 시작해서 留守官의 공문을 받아 도량의 여러 대중들에게 보
일 것이며, 각자 자세히 알아야 할 것이다. 重熙 9년 6월 일." [그리고] 관직을
갖추어 이상과 같이 서명하였다.(『三國遺事』 卷3, 塔像, 天龍寺)

상기 자료에서 보다시피 최제안이 신라 말에 잔파된 천룡사를 중수하
여 토지를 寄進하고 信書願文을 남겨 주지의 선임을 장악하거나 죽어서
護伽藍神이 되었다고 하는 것으로 보아 천룡사는 이후 최제안 가문의 원
당이었다고 할 수 있다.[64] 그러나 고려는 태조이래 원당의 건립을 금지하
면서 그 일환으로 사원의 주지 임명을 국가에서 장악하고 있었고, 그의
조부 최승로가 時務 28條에서 불교의 대사회적 기능에 대해서 비판적 태
도를 취하였기 때문에 최제안의 원당, 즉 천룡사 건립은 그만한 명분이
필요하였을 것이다.[65] 우선 천룡사는 討論三韓集이나 唐使 樂鵬龜의 말
에서 보다시피 호국가람으로서 이 절이 망하면 나라가 망한다는 이야기가
전해오므로 최제안은 이것을 성종 조 이후 누차 거란의 침입을 당하던 상
황과 결부시켜 '聖壽天長 民國安泰'의 명분을 내세워 마침내 朝旨를 받아
내어 중수케 되었던 것이다. 조지는 곧 원당의 건립을 국가에서 승인해
주는 것인 동시에 천룡사에 희사되는 토지에 대한 免稅의 특권을 부여해
주는 것이다. 우선 조지에 의해 천룡사의 중수가 이루어졌으므로 신라말
에 잔파됨으로써 상실했을 舊來의 토지를 다시 돌려 받았을 가능성이 크

---

64) 김윤곤은 「高麗郡縣制度의 硏究」(1983)에서 원당의 난립과 사원전의 사유화 경향
   을 설명하면서 원당으로서의 천룡사에 관해 상세한 설명을 하고 있다.
65) 특히 태조의 훈요십조에서 원당의 건립 금지와 주지 임명을 국가에서 장악할 것을
   명시하고 있었는데 난리중에 없어진 훈요십조를 최항의 집에서 찾아 바친 적이 있
   는 최제안으로서는 원당의 건립을 위해 그만한 명분을 제시해야만 했을 것이다.

며,(66) 또 최은함 대에 경주에 지니고 있었을 토지로서 그들이 上京함에 따라 경주에 남아 있는 그들의 일족들에 의해 위탁 경영됨으로써 세대가 내려감에 따라 그 영향력을 행사하기 어려웠을 토지를 비롯해 그들이 顯達한 후 京鄕에 구축해 왔던 막대한 토지들이 이곳에 기진되었을 것이다. 문벌귀족들의 사원, 특히 원당에의 토지시납은 국가로부터 면세의 특권을 누리기 위한 방편으로 이루어진 것을 보면 최제안의 천룡사에 대한 토지시납 역시 같은 의미를 지닌다고 하겠다. 천룡사에 기진된 토지를 효과적으로 경영하기 위해서는 주지임명권을 그들이 장악할 필요가 있었다. 고려에서의 사원의 주지임명은 원칙적으로 국가가 장악하는 것이었지만 천룡사의 경우 교대할 때를 당하여 도량의 僧衆이 안심하지 못한다고 하면서 관가로부터 주지임명을 배제하고 地藏寺 등의 入田에 따른 例에 의해 최제안이 토지 시납자로서 주지의 선임을 장악하고 이를 恒規로 삼았던 것이며, 형식적으로 留守官의 文通을 받음으로써 국가의 주지임명권의 명분을 세움과 동시에 이를 내외에 보임으로써 그들 일문이 계속 천룡사의 주지임명권을 장악해 원당으로 영속화시켜 나갈 수가 있었을 것이다. 물론 주지에는 그들 일문에서 배출된 승려들이 계속 임명되었을 것이며, 이를 통해 막강한 영향력을 행사하고 있던 불교계와 부단한 관계를 유지시켜 나갔을 것이다.(67)

구태여 개경 주위가 아닌 경주에 그를 가문의 원당이 이루어지는 것은 경주에 그들의 공고한 재지적 기반을 구축하기 위한 방안에서 나온 것인

---

66) 현재 천룡사의 遺址가 있는 곳은 고원지대에 상당히 넓은 평탄한 지대가 있는데, 이곳은 지금까지 농경지가 꽤 널려 있다. 그러므로 천룡사의 중수이후 이곳을 비롯한 천룡사가 원래 지녔던 토지 등이 朝旨에 의해 다시 천룡사에 소속되었을 것이다.

67) 문벌귀족의 자제가 승려가 되었다는 기록은 『高麗史』에도 자주 나오지만, 특히 高麗 墓誌를 통해 볼 때 고려시대 대표적인 명문대족으로서 자제 중 승려가 나지 않은 가문은 거의 없다. 이러한 현상은 고려가 법제적으로 인민에게 '四子中一子' 또는 '三子中一子'의 出家爲僧을 허용한데서 오는 당연한 결과이다(李樹健, 앞의 책, 241쪽). 최제안 가문 기록에는 보이지 않지만 많은 승려를 배출하였을 것이다.

동시에 최은함대 경주를 떠난 이래 소원해져 가기만 하는 그들 일족과의 관계를 개선하여 최제안과 천룡사를 정점으로 그들 一家直系의 규합을 위한 정신적 지주로 삼고자 함이다. 이를 위해 최제안의 천룡사 중수가 이루어졌고 사후 이곳의 護伽藍神이 되었던 것이다. 더욱이 그들 가문이 현달해짐에 따라 경주의 事審官에 임명됨으로써 원당을 비롯한 경주에서 그들이 구축한 재지적 기반을 계속 유지시켜 나갈 수 있는 토대로 삼았을 것이다.[68]

앞에서 살펴본 것처럼 최은함-승로 가문은 최은함 당대에는 비록 크게 활동을 하지 못하였지만 그의 아들 승로가 자신의 학문적 실력을 바탕으로 성종대에 두각을 나타냄으로써 그 일문이 현달하는 계기가 되었다. 특히 최승로는 지공거를 역임하여 당대 관인들을 배출하여 자기 일문의 영화를 이어줄 수 있는 세력의 資로 삼았고, 그의 3대, 즉 승로-숙-제안에 걸쳐 종묘배향공신을 배출하여 최고의 문벌을 자랑하면서 성종조 이후 중앙정계에서 경주를 出自로 하는 최씨들, 나아가 신라계와 유대관계를 유지하면서 중부지역출신의 관료세력과 대립적인 위치에 놓였는가 하면 성종조까지 소원했던 경주에 다시 세력을 부식해 나가면서 마침내 최제안 때에 천룡사를 중수하여 원당을 삼음으로써 그들의 재지적 기반, 경제적 기반과 그들 일족과의 族的 유대를 구축하는 토대로 삼는 동시에 이를 이용해 그들 일족을 불교계에 계속 내보냄으로써 사원세력과 유대관계를 유지시켜 나갈 수가 있었을 것이다.

그러나 성종조 이후 특정가문에서 외척이 대두하기 시작하여 마침내 문종대 이후 7대 약 7~80년 동안 仁州李氏의 외척이 정권을 농단하는 상황속에서 문종조까지 비교적 순탄하게 가세를 유지하였던 최은함-승로 가문은 后妃를 전혀 내지 못하고 고관요직에 진출하지 못함으로써 11세기

---

68) 李樹健, 앞의 책, 259쪽 ; 李純根, 1986,「高麗時代 事審官의 機能과 性格」『高麗史의 諸問題』 참조.

말부터 族勢가 급격히 쇠퇴하기 시작하였고 마침내 무신정권의 성립으로
종래의 문벌가문이 대타격을 받게 되자 크게 몰락하여 자기의 본거지인
경주에 낙향하였을 것이다.[69] 그러나 중앙정계에서 비록 그들이 실세하
였지만 천룡사를 중심으로 한 그들 일문의 관계는 간단없이 지속됨을 알
수 있다. 대구광역시 달성군 옥포면 반송동에 위치한 龍淵寺에 현재 보관
되어 있는『妙法蓮華經』은 조선 숙종 14년(1688)에 천룡사에서 開刊한
것인데, 이 책의 간행에 보시자로서 崔承哲이 나타나 있고 지금도 천룡사
遺址 근처에는 최씨의 묘가 남아 있다는 것은 양자 사이의 밀접한 관계를
단적으로 나타내 주는 것이라 할 수 있다.

IV. 맺음말

최은함-승로 가문이 경주중심의 신라사회에서 개경중심의 고려사회로
변모되는 상황 속에서 육두품의 일원으로서 고려의 문벌귀족의 일원으로
자리잡아가는 과정을 추적해 보았다. 이를 정리함으로써 결론에 대신하고
자 한다.

최은함은 아마도 文籍출신으로서 도당유학출신과는 대립의 위치에 있
으면서 신라왕조의 마지막 멸망까지 중앙에서 관직생활을 하였다. 그러므
로 끝까지 골품제의 논리를 탈각하지 못하고 오직 수도중심의 사고방식과
진골과 타협적인 태도, 신라적인 전통과 습합된 유교관을 견지하면서 도
당유학생들에 의해 추진되는 唐文化의 일방적인 모방 내지 왕권을 정점
으로 중앙집권적인 개혁에 대해 어느 정도 반대적인 입장을 취하고, 호족,
나아가 후삼국의 견훤, 궁예 등에 대해서 惡中惡이나 도적의 무리로 간주

---

69) 李樹健, 前揭書, 201쪽 참조.

하고, 지배층의 일부에서 신라를 이탈해 나가는 세력들에 대해서도 마찬가지 입장을 견지하였을 것이다. 그러나 견훤의 신라왕도 침입은 최은함에게 신라에 대한 무력감을 인식시켜주고 의식의 변화를 일으키게 하는 한 계기가 되어 이때를 전후해 신라왕정내에서 친고려적인 성향을 지닌 세력의 일부가 되었을 것이며 결국 경순왕의 항복논의 때 찬성의 입장을 취하게 되었을 것이다. 이로 말미암아 경순왕을 따라 率眷하여 경주를 떠나 개경으로 근거지를 옮겨 고려의 관직생활에 나아갔던 것인데, 여기에는 고려가 신라의 기반을 그대로 인수함에 따라 그것을 활용할 관료세력이 필요한데서 최은함의 이러한 점이 고려되었을 것이다.

최은함의 고려에서의 관직생활은 별로 두드러지지 못하였고 또한 호족 출신의 관료세력과는 달리 경주에 별다른 재지적 기반을 지니지 못하였기 때문에 그의 아들 최승로가 관직에 나아가는데 있어서 아무런 도움이 되지 못하였고 오직 자신의 학문적 실력만으로 최승로는 관직에 나아갔던 것이다. 이런 가문적 배경이 최승로가 鄕豪에 대한 억제와 강력한 중앙집권적 통치체제의 확립에 대한 주장, 일방적인 唐·宋文化의 모방에 비판적인 태도를 가져오게 하였을 것이다.

특히 최승로 이후 이 가문은 현달하여 최승로가 지공거를 역임하는가 하면 최승로-숙-제안의 3대에 걸쳐 문묘배향공신을 배출하여 최고의 문벌을 자랑하면서 성종조 이후 중앙정계에서 경주를 출자로 하는 최씨들, 나아가 신라계의 관료세력을 영도하면서 그들과 유대관계를 유지하였다. 그와 함께 성종조까지 별반 관계를 맺지 않았던 경주에 다시 세력을 부식시켜 나가면서 마침내 최제안 대에 경주에 천룡사를 중수하여 그들 일족을 규합하고 그들의 재지적 기반을 구축하는 토대로 삼는 동시에 불교계와의 유대를 맺는 통로로 활용하였다.

문종조까지 비교적 순탄하게 문벌로서의 위세를 유지해 왔던 최은함-승로 가문은 인주이씨의 외척, 특히 李資謙의 외척정치가 정권을 농단함에 따라 전혀 后妃를 배출하지 못한 상태에서 그의 자손들이 고위관직에 진출하지 못하여 族勢가 11세기말 이후부터 쇠약해 오다가 무신정권의 성립에 따라 크게 타격을 받게 되었던 것이다. 그러나 천룡사를 중심으로 구축된 그들 일문의 재지적 기반은 조선조에 이르기까지 간단없이 지속되었다.

【참고문헌】

1. 저서

김의규(편), 1985, 『高麗社會의 貴族制說과 官僚制說』, 知識産業社

김철준, 1975, 『韓國古代社會硏究』, 知識産業社

박용운, 1980, 『高麗時代臺諫制度硏究』, 一志社

朴龍雲, 1985, 『高麗時代史(上)』, 一志社

변태섭, 1978, 『韓國史의 省察』, 三英社

변태섭, 1986, 『韓國史通論』, 三英社

이기동, 1980, 『新羅骨品制社會와 花郎徒』

이기백, 1974, 『新羅政治社會史硏究』, 일조각

이기백, 1976, 『韓國史新論(改訂版)』, 一潮閣

이기백·민현구(편저), 1984, 『史料로 본 韓國文化史(高麗篇)』, 一志社

이수건, 1984, 『韓國中世社會史硏究』, 일조각

이홍직, 1973, 『韓國古代史의 硏究』, 新丘文化社

허홍식, 1981, 『高麗社會史硏究』, 아세아문화사

2. 논문

김광수, 1981, 「骨品體制의 崩壞」『韓國史硏究入門』, 지식산업사

김동수, 1982, 「新羅憲德·興德王代의 改革政治」『韓國史硏究』38

김세윤, 1982, 「新羅下代의 渡唐留學生에 대하여」『韓國史硏究』37

김수태, 1981, 「高麗 本貫制度의 成立」『震檀學報』62

김용곤, 1986, 「高麗 顯宗代의 文廟從祀에 대하여-崔致遠의 경우를 中心으로-」『高麗史의 諸問題』, 三英社

김윤곤, 1983, 「高麗郡縣制度의 硏究」경북대학교 박사학위논문

김윤곤, 1983, 「麗代의 雲門寺와 密陽·淸道地方」『三國遺事硏究』上, 嶺南大學校 民族文化硏究所

김의규, 1974, 「高麗官人社會의 性格에 대한 試考」『歷史學報』58

김철준, 1978, 「文人階層과 地方豪族」『한국사』, 국사편찬위원회

김철준, 1969, 「後三國時代의 支配勢力의 性格」『李相佰博士回甲紀念論叢』

김호동, 1982, 「高麗武臣政權下에서의 慶州民의 動態와 新羅復興運動」『民族文

化論叢』 2·3합, 嶺南大學校 民族文化硏究所

노태돈, 1978, 「羅代의 門客」 『韓國史硏究』 21·22합집

박용운, 1977, 「高麗家産官僚制說과 貴族社會說에 대한 檢討」 『史叢』 22·22합집

박창희, 1973, 「高麗時代 ‘官僚制’에 대한 考察」 『歷史學報』 58

박창희, 1977, 「高麗時代 貴族制社會說에 대한 再檢討」 『白山學報』 23

변태섭, 1975, 「高麗貴族社會의 歷史性」 『韓國史의 再照明』, 讀書新聞社

신형식, 1969, 「宿衛學生考」 『歷史敎育』 11·12합집

이기동, 1978, 「羅末麗初 近侍機構와 文翰機構의 擴張 - 中世的 側近政治의 志向 -」 『歷史學報』 77

이기동, 1981, 「三國의 成立과 그 展開」 『韓國史硏究入門』, 知識産業社

이기동, 1979, 「新羅 下代 賓貢及第者의 出現과 羅唐文人의 交驩」 『全海宗博士 華甲紀念史學論叢』

이기동, 1980, 「新羅下代의 王位繼承과 政治過程」 『歷史學報』 85

이기백, 1983, 「高麗 門閥貴族社會의 形成과 展開」 『韓國學入門』, 學術院

이기백, 1974, 「高麗貴族社會의 形成」 『한국사』 4, 국사편찬위원회

이기백, 1971, 「新羅 六頭品 硏究」 『省谷論叢』 2

이기백, 1964, 「新羅 執事部의 成立」 『震檀學報』 25-27합병호

이기백, 1970, 「新羅統一期 및 高麗初期의 儒敎的 政治理念」 『大東文化硏究』 6·7 합집

이기백, 1958, 「新羅惠恭王代의 政治的 變革」 『社會科學』 2

이순근, 1986, 「高麗時代 事審官의 機能과 性格」 『高麗史의 諸問題』, 삼영사

이종욱, 1985, 「新羅骨品制硏究의 動向」 『韓國古代의 國家와 社會』 歷史學會編, 一潮閣

이홍직, 1968, 「羅末의 戰亂과 緇軍」 『史叢』 11·12합집, 高麗大

제2장 고려·조선 초 언양김씨 가문의 관계진출과 정치적 위상

I. 머리말

충선왕 때 왕실과 통혼할 수 있는 15개 '宰相之宗'에 포함된 언양김씨는 무신집권시대에 무신으로 등장한 가문이다.[1] 언양김씨를 재상가의 반열에 올려놓은 인물은 金就礪이다. 그는 고종 3년(1216)에 거란의 침입을 격퇴하는데 공을 세워 벼슬이 시중에 이르렀고, 그의 아들 佺도 평장사에 올랐다. 김전의 아들인 김양감이 딸을 충렬왕에게 출가하면서 언양김씨는 더욱 번성하여 '재상지종'에 포함될 수 있었다. 그렇지만 조선 성종조의 成俔이 『慵齋叢話』(권10)에서 언급한 15세기의 대표적인 名門 '鉅族' 75개 성관에는 언양김씨가 포함되지 않으므로 고려조에 비해 조선시대에 그 정치적 위상이 떨어진 가문이다. 이수건이 성현이 열거한 75개 명문거족에 더하여 『新增東國輿地勝覽』 각 읍의 인물조와 『國朝榜目』 및 『國朝

---

1) 민현구는 「고려후기의 권문세족」(『한국사』 8, 국사편찬위원회, 1974, 28~29쪽)에서 宰相之宗에 포함된 가문은 ① 고려 초기 이래의 문벌귀족인 정안임씨·철원최씨·해주최씨·청주이씨·파평윤씨·경주김씨·경원이씨·안산김씨, ② 무신집권시대에 무신으로 등장한 언양김씨·평강채씨, ③ 무신정변 이후 새로운 관인층으로 대두하여 성장한 가문인 공엄허씨·당성홍씨·황려민씨·횡천조씨, ④ 대원관계의 전개 속에서 신흥세력으로 등장한 평양조씨로 분류한 바가 있다.

人物考』를 참고하여 조선 초기 名門巨族 121성관을 열거하였는데, 거기에는 언양김씨가 포함되므로2) 조선 초까지 명문거족의 범주에 포함시킬 수도 있을 것이다.

언양김씨는 조선 초기까지 재경세력은 족세가 크게 번성하여 서울 주변에 분포되었지만 본 현에 남은 김씨는 족세가 미약하여 재지세력으로서의 사족 또는 이족관계 자료에 등장하지 않는다.3)『世宗實錄』「地理志」 언양현조를 살펴보면

> 土姓이 2이니, 박·김이며, 來姓이 3이니, 玄·崔·金이다. 人物은 門下侍郎 平章事 威烈公 金就礪와 [고려 고종 때 사람] 그 아들 門下侍郎平章事 翊戴公 金佺, 그 손자 都僉議參理 文愼公 金賆 [충렬왕 때 사람] 그 증손 都僉議 左政丞 貞烈公 金倫 [충숙왕 때 사람]이다.

라고 하여 고려시대의 언양김씨인 김취려와 김전, 김변, 김륜만을 열거하고 있다.『新增東國輿地勝覽』의 언양현 '인물'조의 경우『世宗實錄』「地理志」에 실린 인물 외에 김취려의 손자인 金文衍이 추가되었고, 조선시대의 인물로서 金樗가 수록되었을 뿐이다. 조선후기에 만들어진『언양현 읍지』에서도 '인물'조에서『新增東國輿地勝覽』에 거론된 인물을 열거하고 '효자'편에 언양김씨인 金敬直과 金希祖를 추가하였지만 이들 역시 고려 때 활약한 인물들이다. 成俔이『慵齋叢話』에서 언급한 15세기의 대표적인 名門 '鉅族' 75개 성관 중에 언양김씨가 포함되지 않을 정도로 상대적으로 조선시대에는 두드러진 인물을 배출하지 못하였음을 알 수 있다.

이 글은「13세기 거란 유종의 고려 침략과 대응, 김취려 장군의 활약상」의 기획발표의 소주제로 집필된 것이다. 다른 소주제에서 김취려의 묘지명 분석을 통한 관련과 활동, 인물사적 평가가 이루어지기 때문에 중복을

---

2) 이수건, 1984,『한국중세사회사연구』, 일조각, 349~350쪽.
3) 이수건, 1979,『영남사림파의 형성』, 영남대 민족문화연구소, 43~44쪽.

피하기 위하여 본고는 시간적으로 원간섭기 이후에서 조선 초기까지의 김취려 아들 이후의 관계진출과 정치적 위상을 다루었다. 또 주어진 주제에 의해 주로 재경세력을 중심으로 논의를 전개하였다. 물론 여기에는 재지세력 자료가 전하지 않는 한계성 때문이기도 하다. 김취려의 아들대인 김전과 그 아들, 그리고 그 손자, 증손자대의 4대가 활약한 시기가 언양김씨 가문이 가장 정치적 위상이 높았던 시기였고, 우왕 이후 고려말 조선초의 시기는 언양김씨 가문의 정치적 위상이 축소되어가는 시기이다. 그런 점에서 전자에 해당하는 시기, 김전 이하 4대가 활동한 시기에 관한 논의를 '원 간섭기 언양김씨 가문의 관계진출과 정치적 위상'으로 하고, 후자의 시기에 관한 논의를 '조선초기 언양김씨 가문의 관계진출과 정치적 위상' 이라고 하여 살펴보고자 한다.

II. 원 간섭기 언양김씨 가문의 관계진출과 정치적 위상

1. 세속간의 출세

언양김씨는 무신정권에 起家하여 金富(생몰년 미상)와 金就礪 부자에 의해 무반 가문으로 성장한 가문이다. 金富는 명종 3년(1173) 동북면병마사 金甫當의 反 武臣亂 실패 직후에 많은 문신들이 살육당할 때 당시 낭장으로서 무신 집정자였던 鄭仲夫에게 문신과 무신 가문간의 통혼만이 서로의 알력을 해소하고 후환을 없애는 문제해결의 방안임을 건의, 살육의 화를 중지하게 하였다. 김부는 명종 16년(1186) 장군으로서 예부시랑을 겸하였다. 무신정변 이후 무신으로서 文翰을 관장하는 儒官職을 겸한 최초의 인물이다. 언양김씨를 재상가의 반열에 올려놓은 인물이 김부의 아들인 김취려이다. 그는 고종 3년(1216), 거란의 침입을 격퇴하는 데 공

을 세워 시중에까지 이르렀다. 그의 아들 佺도 평장사에 오르고, 손자 대
에 문반으로 옮기면서 문무를 겸비한 가문이 되고, 왕실과의 통혼을 계기
로 왕실의 외척이 되어 고려 원 간섭기를 대표하는 명문인 '재상지종'에
포함되었다.

『高麗史』김취려 열전에는 김취려의 아들 金佺만이 기록되어 있다. 「김
취려묘지명」4)의 경우 趙氏 부인(복야 趙彦通5)의 딸)과의 사이에 3남 1
녀를 두었다고 하였지만 그 이름을 밝혀 놓지 않았다. 족보에서는 아들인
김전과 丹兵, 그리고 사위 李之葳만 기록하고, 단병의 경우 연주 개평의
전투에 순절하였다고 기록하고 있다. 『益齋亂藁』(권6)「金就礪行軍記」
에 단병이 고종 3년(1216)에 거란과 싸우다가 전사하였음이 확인된다.6)
사위 이지위는 고종 39년(1252)에 侍郎으로 있으면서 추밀원부사 李峴과
함께 몽고에 사신으로 간 기록이 보이고7) 원종 3년(1262)에 상서 좌복
야,8) 원종 4년에 동추밀원사,9) 원종 7년(1266)에 형부상서10)가 된 기록
이 전한다. 족보에는 참지정사를 역임한 것으로 기록되어 있다.

3남 1녀 가운데 뚜렷한 행적을 보인 인물이 김전이다. 김취려 열전에
는 김전(?~1271)이 문하시랑평장사를 역임한 사실과 金良鑑, 金頵, 金仲
保, 金胼의 4남을 두었다는 기록이 있다.11) 김변의 묘지명에 의하면 김전
은 철원최씨인 崔宗梓(崔惟淸-誢-종재)의 딸과 결혼하였다. 김전은 위 4

---

4) 「김취려묘지명」 國立中央博物館(No. 本11941).

5) 趙彦通에 관한 기록은 찾을 수 없다.

6) 이익주, 2006, 「묘지명 자료를 통해 본 고려후기 관인의 생애 - 金胼(1248~1301)의
   사례 -」『한국사학보』 23, 135쪽.

7) 『高麗史節要』 권17, 고종 39년 정월 ; 『高麗史』 권24, 세가, 고종 39년 정월 병오일.

8) 『高麗史』 권26, 세가, 원종 3년 12월 정축일.

9) 『高麗史節要』 권18, 원종 4년 12월.

10) 『高麗史』 권26, 세가, 원종 7년 11월 신축일.

11) 『高麗史』 권103, 열전, 金就礪, "그(김취려=필자 주)의 아들 佺은 門下侍郎平章事로
    있었다. 김전의 아들은 金良鑑, 金頵, 金仲, 金保, 金胼이 있었다."

남 외에 족보에 의하면 승려 坦如란 아들 한 명을 더 두었고, 3녀를 두었
는데 그 사위는 李汾陽,[12] 金琿,[13] 金由祉[14]이다.

『高麗史』에 의거해 김전의 환력을 정리하면 다음과 같다. 고종 45년
(1258) 12월 임인일에 좌복야에 임명되었고,[15] 원종 3년(1262) 12월 정축
일에 추밀원사에 임명되었고,[16] 원종 4년(1263) 12월 병인일에 수사도지
문하성사에 임명되었다.[17] 원종 9년(1268) 11월 을축일에 참지정사인 김
전을 團練造兵都監判事에 임명하였다[18]고 한 것으로 보아 그 이전에 참
지정사가 된 듯하다. 그리고 원종 11년(1270년) 5월 갑자일에 평장사 김
전이 전 평장사 유경과 함께 강화도에서 나와 왕을 뵈었다[19]고 한 것으로
보아 김전은 그 이전에 문하평장사에 임명되었다는 사실과 강화도에서 개
경으로 출륙환도를 지지하는 입장이었음을 알 수 있다. 그 이듬해인 원종
12년 5월 문하평장사로 재직하다가 생을 마감하였다.[20] 『高麗史』의 경우
김전이 역임한 관직의 인사이동에 관한 이력만이 기록될 정도이고, 그의
정치적 입장이나 사상 등을 엿볼 수 있는 내용이 없다. 다만 그의 아들

---

12) 족보에 의하면 김양감의 사위 이분양은 연안인으로서 시랑을 역임하였고, 1남 2녀
　　를 두었다.
13) 김전의 사위인 김혼은 경주김씨로서 樞密院副使 金慶孫의 아들이다. 이 혼인에 대
　　해 이익주는 "개인적인 친분에 의한 것이라기보다는 家格이 비슷한 집안끼리의 통
　　혼한 사례로 보고 뒷날 충선왕이 복위교서에서 제시한 '宰相之宗' 가운데 '신라왕손
　　김혼일가'와 김변의 '언양김씨일종'은 나란히 이름을 올렸다"고 하였다(이익주,
　　2006, 「묘지명 자료를 통해 본 고려후기 관인의 생애 - 金賆(1248~1301)의 사례」
　　『한국사학보』 23, 138쪽).
14) 족보에 의하면 김양감의 사위 김유지는 광산인으로 재신을 역임한 것으로 나오지
　　만 사서류에서 확인할 수 없다.
15) 『高麗史』 권24, 세가, 고종45년 12월 임인일.
16) 『高麗史』 권26, 세가, 원종 3년 12월 정축일.
17) 『高麗史』 권26, 세가, 원종 4년 12월 병인일.
18) 『高麗史』 권26, 세가, 원종 9년 11월 을축일.
19) 『高麗史』 권26, 세가, 원종 11년 5월 갑자일.
20) 『高麗史』 권27, 세가, 원종 12년 5월 을해일.

賆과 허공의 딸과의 혼인 내력을 통해 그의 정치적 입장을 간접적으로 엿볼 수 있을 뿐이다.

> 당시 임연이 나라의 정권을 잡고 위세와 화복을 제멋대로 좌우하고 있어 그 아들 임유무로 하여금 허공의 딸과 결혼하게 하려고 하였는데 허공은 허락하지 않았다. 임연이 강요하였으나 허공은 굳이 거절하였다. 임연이 왕에게 그 사연을 고하였다. 왕이 허공을 불러다가 이르기를 "임연은 간사하고 흉악한 사람이니 그에게 반감을 사서는 안 될 것이다. 그러니 그대는 깊이 생각해서 처리하라!"고 하였다. 허공이 대답하기를 "제가 차라리 화를 입더라도 저의 딸을 역적된 신하의 집안에 감히 시집 보내지는 않겠습니다."라고 하니 왕이 그 뜻을 의롭다고 여기고 "그대가 잘 처리하도록 하라!"고 하였다. 허공이 물러 나와서 이내 그 딸을 평장사 金佺의 아들 賆에게 시집보냈다. 임연이 마음 속 깊이 이 일을 언짢게 생각하고 있었다.21)

무신집정 임연이 자기의 아들 임유무와 허공의 딸과의 결혼을 원하였음에도 불구하고 허공이 김전의 아들 김변에게 딸을 시집보냈다는 것을 통해 김전은 임연-임유무와는 달리 왕정복고와 함께 원과의 강화와 출륙환도를 지지하는 입장을 견지하였을 것이다. 그런 그였기 때문에 원종 11년 무신정권을 붕괴시킨 유경과 함께 강화도에 나와서 왕을 뵙는데 앞장을 섰다고 볼 수 있다. 이러한 그의 선택은 원 간섭기에 접어들어 언양김씨 가문이 정치적 권력을 유지시켜나가는데 일조를 하였을 것이다.

김전의 아들 가운데 김군과 김중보, 탄여는 사서에 거의 이름이 등장하지 않으므로 간략히 살펴보고, 사료가 비교적 많은 장남인 김양감과 막내아들인 김변계를 중심으로 관계진출의 과정을 살펴봄으로써 언양김씨의 정치적 위상을 가늠해보고자 한다.

김전의 둘째 아들인 金頵의 경우 충렬왕 7년(1281)에 충렬왕이 여원연합군의 일본 동정을 독려하기 위해 경상도에 가서 안동에 들렀을 때 安東

---

21) 『高麗史』 권105, 열전, 許珙.

府使로 있었다는 기록22)과 동왕 14년에 전법판사,23) 22년에 부밀직사사에 임명되었다24)는 기록이 보인다. 족보에 '匡靖大夫都僉議叅理'로 치사하였다고 하였다. 민종유의 아들인 閔頔에 관한 열전에서 "외조부 兪千遇가 그를 보고 기특하게 여겨 후일에 귀하게 되겠다고 하였으며, 재상을 지낸 이모부 金頵이 그 말을 듣고 자기 집에서 길렀다"25)고 한 것으로 보아 김군은 유천우의 딸과 혼인한 것을 알 수 있다.26) 김군은 족보에도 후사가 기록되지 않은 것으로 보아 민적을 자식 대신에 길렀다고 볼 수 있다. 민적의 아들인 민사평은 김군의 조카인 김륜(김변-김륜)의 사위가 되었다.27)

김전의 셋째 아들 仲甫의 경우 족보에 평장사를 지냈다는 기록과 伯綏(上將軍)·用綏(副令)의 두 아들이 있었다는 기록이 있지만 사서류에서 확인할 수 없다.

① 金良鑑系

김전의 첫째 아들인 김양감의 경우 『高麗史』 김취려 열전에 尉衛尹을

---

22) 『高麗史』 권29, 세가, 충렬왕 7년 8월 정축일.
23) 『高麗史』 권30, 세가, 충렬왕 14년 7월 을미일.
24) 『高麗史』 권31, 세가, 충렬왕 22년 2월 갑진일.
25) 『高麗史』 권108, 열전, 민종유 부 민적.
26) 김군의 장인인 유천우는 선대가 확인되지 않을 정도의 가문 출신이지만 고종 때 최우의 신임을 받아 출세했고, 원종 4년(1263) 무렵에는 "오랫동안 정권을 잡고 있었으므로 사대부들이 모두 붙좇았다(『高麗史』 권105, 열전, 兪千遇)."는 세평을 들을 정도로 권세를 누리고 있었다. 이 말처럼 사대부들이 유천우와 연결되고자 했을 때 혼인이야말로 가장 좋은 방법이었을 것이므로 김전의 아들 김군과 민황의 아들 민종유가 유천우의 딸과 결혼하였다. 언양김씨나 여흥민씨 등 당대의 명문이 家格의 차이를 무릅쓰고 유천우 집안과 혼인한 것은 유천우의 개인적인 능력에 대한 나름의 평가 때문이었을 것이다(이익주, 2006, 「묘지명 자료를 통해 본 고려후기 관인의 생애 – 金㫉(1248~1301)의 사례 –」 『한국사학보』 23, 138쪽).
27) 『高麗史』 권108, 열전, 민종유 부 민적.

역임하였고, 金文衍(미상~1314 ; 충숙왕 1)이란 아들과 淑昌院妃(충렬왕비)를 딸로 두었다는 기록만이 보인다.28) 그렇지만 족보에 의하면 김양감은 貞州鄭氏(태사 準의 딸)와 결혼하여 3남(光啓·光衍·文衍)과 5녀(사위 趙允溫·王誠·申汝柱·金光, 숙창원비)를 두었다. 그들 가운데 김문연의 행적을 사서를 통해 살펴보기로 한다.

> 김양감의 아들은 김문연이다. 김문연은 어려서 중이 되었다가 귀속하였으나 나이 30세가 넘도록 자기 힘으로 출세하지 못하였다. 그러다가 누이동생 淑昌院妃가 충렬왕의 총애를 받게 되자 그의 덕으로 左右衛散員으로 임명되었으며 벼슬이 여러 번 뛰어올라 僉議侍郎贊成事에 이르렀다. 그후 妃가 또 충선왕에게 총애를 받아 淑妃로 책봉되자 김문연을 僉議中護로 임명하였다. 원나라에서는 信武將軍, 鎭邊萬戶 벼슬을 주고 王珠虎符도 주었으며 본국에서는 彦陽君으로 봉하였다. 후에 禿魯花를 데리고 원나라로 갔는데 원나라에서 또 벼슬 鎭邊萬戶府 達魯花赤을 더 주었다. 그 후 충숙왕 원년에 귀국하던 도중에서 죽었다. 김문연은 위인이 활달하고 마음이 솔직하여 매양 숙비의 곁에 있는 사람들이 지나치게 사치하는 것을 볼 때마다 그리 못하게 억제하였다. 그의 시호는 榮信이라 하였고 아들은 없었다.29)

김문연의 경우 어렸을 때 승려였다는 점, 그리고 별다른 재능 없이 30세까지 지내다가 그의 여동생이 충렬왕의 비(淑昌院妃)가 되어 총애를 받음으로써 그 덕으로 左右衛散員이 된 후 충렬왕 28년 6월에 軍簿判書,30) 동 10월에 監察大夫,31) 29년 11월에 密直副使,32) 31년 2월에 平壤府使,33) 같은 해 8월에 同知密直司事에 임명되었고,34) 충선왕 2년(1310)에

28) 『高麗史』 권89, 열전, 后妃 淑昌院妃 金氏, "淑昌院妃 金氏는 尉衛尹으로 있다가 치사한 金良鑑의 딸이니 용모가 아름다웠다."
29) 『高麗史』 권103, 열전, 金就礪.
30) 『高麗史』 권32, 세가, 충렬왕 28년 6월 경진일.
31) 『高麗史』 권32, 세가, 충렬왕 28년 10월 신사일.
32) 『高麗史』 권32, 세가, 충렬왕 29년 11월 임신일.
33) 『高麗史』 권32, 세가, 충렬왕 31년 2월 을미일
34) 『高麗史』 권32, 세가, 충렬왕 31년 8월 갑오일.

僉議評理가 되었다.[35)]

　김문연의 누이인 숙창원비에 대한 후비열전을 살펴보면,

　　淑昌院妃 김씨는 尉衛尹으로 있다가 치사한 金良鑑의 딸이니 용모가 아름
　　다웠다. 일찍이 進士 崔文에게 시집갔다가 일찍 과부가 되었다. 제국공주가
　　죽자 세자로 있던 충선이 궁녀 無比가 충렬왕의 총애를 독차지하는 것을 밉게
　　보고 무비를 죽였다. 세자가 충렬왕의 마음을 위안하기 위하여 김씨를 맞아들
　　이게 하였다. 후에 숙창원비로 봉하였다. 충렬왕이 죽자 충선왕이 殯殿에서 제
　　사를 지내다가 비의 형 金文衍의 집으로 가서 비와 여러 시간 대면하고 있었
　　으므로 그때부터 사람들이 의심하기 시작하였다. 10여 일 후에 왕이 김문연의
　　집에 가서 유숙하면서 비와 불의의 관계를 맺었으며 얼마 후에 숙비로 봉하였
　　다. 그 후 비는 밤낮으로 갖은 아양을 다 부렸으므로 왕이 그만 혹하여 정사도
　　보살피려 하지 않았으며 드디어 八關會까지 정지하라고 명령하게 되었다. 원
　　나라 황태후가 사신을 보내 비에게 姑姑를 주었다. 고고라는 것은 몽고 부인들
　　이 머리에 쓰는 모자의 이름인데 당시 왕이 황태후의 총애를 받았으므로 그것
　　을 청한 것이다. 비는 고고를 쓰고 원나라 사신에게 연회를 베풀어 주었으며
　　재상 이하는 예물을 드려 비를 축하하였다. 한 번은 4월 8일에 등불(燈)을 후
　　원에 설치하고 불산(火山)을 만들었으며 풍악을 갖추고 스스로 즐기었는데 그
　　때 사용한 황색 발(黃簾)이며 수놓은 천막은 모두 왕이 사용하는 물건들이었
　　다. 구경꾼들이 많이 모여서 저자를 이루었으며 이렇게 3일간 계속하고 놀이를
　　파하였다. 비는 일찍이 모친상을 입고 있을 때에도 재상들을 초청하여 연회를
　　베풀었으며 또 銀字院에 가서 불공을 드렸으며 재상들도 함께 참석하였다. 이
　　때 왕은 원나라에 체재중이었는데 비는 원나라 사신들을 연회에 초대하기도
　　하고 혹은 박연으로 놀러 가기도 하였으며 혹은 사원에 가서 중들에게 음식을
　　먹이는 등 그의 출입이 절도가 없었고 차마와 복장이며 衣仗을 공주와 다름없
　　이 차렸다.[36)]

　위 기록에 의하면 충렬왕비인 제국대장공주가 죽자 충렬왕의 총애를 받던
무비를 죽이고, 김전의 딸을 맞이하게 하여 숙창원비가 되었다. 충렬왕이
죽은 직후 김문연의 집에서 충선왕이 숙창원비와 관계를 맺었다. 고려시

---

35)『高麗史』권33, 세가, 충선왕 2년 9월 을유일.
36)『高麗史』권89, 열전, 后妃 淑昌院妃 金氏.

대 임금은 신하들의 집에 유숙하는 것이 일반적이었다. 충선왕이 김문연의 집에 가서 숙창원비와 오랜 시간 대면한 것이 충렬왕 34년 충선왕 즉위년 10월 계사일이고,[37] 10여 일 후인 기유일에 김문연의 집에 가서 숙창원비와 간음하였으며, 얼마 후에 그를 淑妃로 책봉하였다.[38] 충렬왕이 33년(1307)에 원나라에서 돌아와 숙창원비의 저택에 처소를 정하였다고 한 기록으로 보아[39] 아마도 이것은 김문연의 집일 가능성이 많다. 왜 충렬왕이 원나라에 돌아와서 숙창원비의 저택에 처소를 정하고, 충렬왕이 죽은 직후 제사를 지내면서 빈번히 김문연의 집을 들락날락 거렸을까? 이에 대한 해답을 충렬왕의 원나라행과 귀국 전후 사이에 있었던 충렬왕과 충선왕의 권력투쟁을 통해 살펴보기로 한다. 원에서 충렬왕에게 입조하여 신년 축하의식에 참가하라고 요구한 것은 충렬왕 31년(1305) 7월이었다.[40] 10월에 충렬왕은 수강궁에서 숙창원비의 저택에 처소를 잡았고,[41] 11월 전왕(충선왕)의 비 홍씨의 집으로 처소를 옮겼다.[42] 그로부터 나흘 후에 충렬왕이 원나라로 출발하였는데, 왕의 손자들인 廣平公, 江陵侯 및 한희유,[43] 왕유소, 고세, 김문연, 한신, 송방영, 송린, 홍자번,[44] 최유엄, 유비, 김심, 김연수 등이 왕을 따라갔다.[45] 행성의 사업을 김전의 사위인

---

37) 『高麗史』권33, 세가, 충렬왕 34년 충선왕 즉위년 10월 계사일.

38) 『高麗史』권33, 세가, 충렬왕 34년 충선왕 즉위년 10월 기유일.

39) 『高麗史』권32, 세가, 충렬왕 33년 5월 정축일.

40) 『高麗史』권32, 세가, 충렬왕 31년 7월 갑자일, "상호군 秦良弼이 원나라에서 돌아왔는데 황제가 왕에게 입조하여 신년 축하의식에 참가하라 했다고 전하였다."

41) 『高麗史』권32, 세가, 충렬왕 31년 10월 정해일.

42) 『高麗史』권32, 세가, 충렬왕 31년 11월 갑인일. 충선왕의 비 홍씨는 충렬왕이 원나라에 간 이듬해 8월에 죽었다(『高麗史』권32, 세가, 충렬왕 32년 8월 신해일).

43) 한희유는 이듬해 7월 원나라에서 죽었다(『高麗史』권32, 세가, 충렬왕 32년 7월 신사일).

44) 홍자번 역시 충렬왕 32년 9월 원에서 죽었다(『高麗史』권32, 세가, 충렬왕 32년 9월 무자일).

45) 『高麗史』권32, 세가, 충렬왕 31년 11월 무오일.

우중찬 김혼에게 대리하게 하였다.[46] 충렬왕이 언양김씨의 일족인 숙창
원비의 집에 처소를 정하였고, 또 원나라에 갈 때 김문연을 대동하고, 숙
비를 잘 섬긴 김전의 사위인 김혼으로 하여금 행성의 사업을 잠시 대리하
게 한 것은[47] 충렬왕이 숙창원비, 언양김씨 일족에 기대고 있음을 보여준
다. 그런데 숙창원비와 김문연은 충선왕과 연결되어 있었다.

　　원 연경에서 충렬왕은 충선왕의 저택에 숙소를 정하였다. 충렬왕 32년
에 왕을 호종한 신하 가운데 왕유소, 송방영, 송린, 한신이 충선왕을 참소
한 사건이 발생하였는데, 그 진행의 과정을 보면 김문연은 전왕, 즉 충선
왕과 깊이 연결되고 있음을 알 수 있다.

　　　　이 해에 왕유소, 송방영, 송린, 한신이 전 왕을 왕에게 참소하였으며 또 황
　　후 및 좌승상 阿忽台, 평장 八都馬辛에도 참소하였는바 그들은 전왕의 머리를
　　깎아 중으로 만들려는 것과 瑞興侯 王琠에게 寶塔實憐 공주를 개가시키려는
　　음모였는데 최유엄 등이 중서성으로 가서 왕유소가 흉악한 반역 음모를 하고
　　있는 사실을 논증하였으므로 중서성의 관원이 왕유소 등을 체포하여 가두었
　　다. 그래서 고세, 김문연, 진양필이 왕에게 귀국하기를 권하니 왕이 그 제의를
　　거부하면서 말하기를 "내가 듣건대 전 왕이 사람을 보내 귀국하는 길가에서 기
　　다리고 있다가 나를 강물 속에 던져 넣으려고 한다. 내가 비록 늙기는 하였으
　　나 내 어찌 죽음을 두려워하지 않으랴!"고 하였다. 그래서 고세 등이 중서성에
　　글을 보내 왕유소의 죄상을 극론하고 왕을 모시고 귀국할 것을 요청하였더니
　　중서성의 관원들이 황제에게 이 일을 보고하고 왕이 빨리 귀국할 것을 독촉하
　　였다. 왕은 구실을 붙일 계책이 없어서 일부러 약을 마시고 痢疾이 생기게 하

----

46) 『高麗史』권32, 세가, 충렬왕 31년 11월 경오일. "왕이 원나라에 갔을 때에 김혼에
　　게 行省의 사무를 임시로 대리하게 하였다가 바로 파면하였다(『高麗史』권103, 열
　　전, 김경손 부 김혼)."고 한 기록을 통해 김혼은 곧 파면되었다

47) 충렬왕, 충선왕이 김혼을 총애하였는데 그 이유에 관해 "그는 敬順王后의 從弟인
　　관계로 충렬왕의 총애를 받았으며 또 淑妃와 連戚 관계가 있으므로 충선왕도 그를
　　총애하고 잘 대우하였다. 일찍이 그가 왕을 男山 서재로 청하여 잔치를 베푼 일도
　　있었으며 숙비를 대단히 근실하게 섬겼다. 그가 만년에 직위와 封君을 얻게 된 것
　　은 모두 숙비의 주선으로 된 것이다(『高麗史』권103, 열전, 김경손 부 김혼)."라고
　　하였다. 김혼이 숙비를 잘 섬긴 것은 충렬왕 때부터였을 것이다.

였다. 그리고 여름부터 가을에 이르기까지 자리에서 일어나지를 않았다. 公主
가 왕유소 등이 고소당하였다는 소식을 듣고 아주 노하여 김문연을 불러다가
곤장을 쳤으며 또 사람을 시켜 문을 지키게 하고 무릇 임명장을 가지고 왕의
서명을 받으러 오는 자는 왕의 처소에 출입하지 못하게 금지하였다. 이렇게 되
자 왕을 따라 갔던 신하들이 모두 흩어지고 다만 비서승 李兆年과 內竪 崔晉
두 사람만이 왕의 곁에 남아서 시중하였다.[48]

왕유소 등이 전왕을 참소하였고, 이때 공주가 왕유소 등이 고소당하였
다는 소식을 듣고 김문연을 불러 곤장을 쳤다는 것으로 보아 김문연은 전
왕, 즉 충선왕과 깊이 연결되었을 것이다. 이듬해인 충렬왕 33년 정월에
원 성종이 죽자[49] 충선왕은 3월에 김문연과 김유를 순군부에 보내 대규
모의 인사이동에 관한 결재(批判)를 전달하였는데 이때를 전후해 충선왕
은 이때 이미 국정을 장악하였다.[50] 서흥후 왕전, 왕유소, 송방영, 송린,

---

48) 『高麗史』 권32, 세가, 충렬왕 32년 11월 갑오일.
49) 충렬왕 33년 정월에 원의 성종이 죽자(『高麗史』 권32, 세가, 충렬왕 33년 정월 계
유일) 충선왕은 성종의 조카 懷寧王을 武宗으로 옹립하는데 일익을 담당하였다(『高
麗史』 권32, 세가, 충렬왕 33년 5월 신묘일). 충선왕의 원 무종 옹립과정에 관한
사료, "충선왕은 원나라에 가서 숙위한 지 대략 10년이었다. 그 사이 武宗과 仁宗은
아직 왕위에 오르기 전이라 충선왕과 더불어 침식을 같이 하면서 주야로 서로 떨어
지지 않고 지내다가 충렬왕 33년에 원나라 황제의 조카 愛育黎拔力八達太子와 우
승상 荅剌罕, 院使 別不花들이 충선왕과 더불어 定策하고 懷寧王 海山을 맞아들여
황제로 삼으려고 하였다. 그런데 좌승상 阿忽台와 平章 八都馬辛 등은 安西王 阿難
達을 황제로 삼으려는 음모를 가지고 난을 꾸미려 하였다. 팔달 태자가 그들의 음
모를 알아차리고 거사하기 하루 전에 아홀태 등을 체포하여 대왕 都剌와 원사 별불
화 및 충선왕에게 맡겨 심문하고 나서 이들을 처단하였다."(『高麗史』 권33, 세가,
충렬왕 34년 충선왕 즉위)고 한 기록을 통해 왕유소 등이 기대는 阿忽台와 平章 八
都馬辛 등이 원에서의 성종에서 무종으로의 왕위계승에 따라 처단되자 충선왕이
고려의 국정을 장악하게 되었고, 왕유소 등은 처단될 수밖에 없었다.
50) 『高麗史』 권32, 세가, 충렬왕 33년 3월 신묘일, "전왕이 동지밀직사사 김문연, 상호
군 金儒를 보내 밤중에 巡軍府로 들어가서 결재(批判)를 전달하였는바 그것은 최유
엄을 도첨의 중찬 판 전리 감찰사사로, 유비를 도첨의 찬성사 판 군부사사로, 이혼
을 도첨의 찬성사 판 판도사사로, 金深을 도첨의 참리 판삼사사로, 許評을 판밀직
사사로, 김연수와 김태현을 지밀직사사로, 김문연을 동지밀직사사로 … 夜先旦과

한신, 송균, 김충의, 최연이 사형당하였고,[51] 본국의 관료들 중 반심을 가진 자들은 모두 처벌된 것으로 보아 충렬왕이 귀국 후 숙창원비의 저택에 처소를 정한 것은[52] 김문연과 숙창원비가 충선왕과 깊이 연결되어 있었기 때문일 것이다. 충선왕이 충렬왕이 34년 7월에 신효사에서 죽었을 때 숙비의 저택에 빈전을 만들고[53] 김문연의 집에 거처를 잡은 것도 김문연·숙창원비가 충선왕의 복위를 깊이 모의하였다고 보아야 할 것이다.

충선왕은 즉위 직후 16개조에 달하는 개혁교서를 발표하였는데, 그 가운데 同姓不婚을 언급하면서 종친과 혼인할 수 있는 '宰相之宗'을 다음과 같이 열거하였다.

> 지나간 至元 12년에 원나라 세조가 阿禿因을 우리나라에 보내 聖旨를 전하였고 또 지원 28년에 내가 정가신, 유청신 등과 함께 원나라에 갔을 때에 紫檀殿에서 세조의 성지를 받았는바 "同姓 사이에 통혼하지 않는 것은 온 천하의 공통된 윤리이다. 하물며 당신의 나라는 文字를 알고 공자의 도덕을 실천하고 있으니 응당 동성간에는 혼인하지 말아야 할 것이다"라고 하였다. 당시에 李守丘가 유청신에게 이 뜻을 전달하였고 또 정가신에게도 통역하여 전달하였었다. 그런데 우리나라에서는 오늘 내일 하다가 속히 개혁하지 못하였다. 이제부터는 만일 宗親 중에서 동성끼리 혼인하는 일이 있다면 이는 성지를 위반하는 것으로 논죄할 것이니 금후는 여러 대를 내려오면서 재상을 지낸 가문의 딸과 혼인할 것이며 재상들의 자손은 종실의 딸들과 결혼할 것을 허락한다. 그러나 만일 그 집안이 한미하다면 반드시 그렇게 할 것까지는 없다. 신라 왕손 金暉의 일문은 역시 順敬 태후의 숙부 백부되는 가문이다. 彦陽김씨 일문과 定安 任태후의 일족, 그리고 慶源 이태후, 安山 김태후, 철원최씨, 해주최씨, 孔

洪承緖를 좌우 부승지로 임명한다는 것이었다. 그 밖에도 관직에 임명된 자가 80여 명이었다. 전 왕(충선왕)이 원나라 태자의 지시에 의하여 왕유소, 송방영, 송린, 한신, 宋均, 金忠義, 崔涓 및 그 일당인 악한들을 (전 왕의) 저택에 잡아 가두고 왕을 慶壽寺로 숙소를 옮기게 하였다. 이때로부터 왕(충렬)은 팔짱을 끼고 앉아 있게 되었고 국정은 모두 전 왕(충선)의 수중에 장악되었다."

51) 『高麗史』 권32, 세가, 충렬왕 33년 4월 갑진일.
52) 『高麗史』 권32, 세가, 충렬왕 33년 5월 정축일.
53) 『高麗史』 권32, 세가, 충렬왕 34년 7월 정축일.

岩허씨, 평강채씨, 청주이씨, 唐城홍씨, 黃驪민씨, 橫川조씨, 파평윤씨, 평양조씨 등은 모두 누대 공신, 재상의 친척으로서 대대로 혼인할 만하다. 남자는 왕실의 딸에게 장가들고 여자는 왕실의 妃로 삼을 것이며 문무 양반의 가문에서 동성 간의 혼인을 하지 말 것이다. 그러나 외가 사촌끼리는 구혼하는 것을 용인할 수 있다.

　재상지종의 경우 위 사료에서 보다시피 '모두 누대 공신, 재상의 친척'으로 규정하고 있는데, 교서에서 언급된 경주김씨 이하 안산김씨까지는 '태후'라고 언급하고 있다.54) 다만 그 사이 '언양김씨'의 경우 태후라고 하지 않고 '언양김씨 일문'이라고 한 것은 충렬왕비인 숙창원비와 충선왕과의 관계 때문에 그렇게 표현한 것이다.55) 따라서 '숙비'로의 책봉은 이 교서 발표 이후에 이루어졌을 것이다. 위 자료에서 지금까지 간과된 사실은 김문연의 집에 유숙한 날에 개혁교서를 발표하였다는 점이다. 그런 점에서 개혁교서의 경우 김문연과의 최종 검토가 있었다고 보아야 한다.

　김문연은 원나라에서는 信武將軍, 鎭邊萬戶 벼슬을 주고 王珠虎符도 주었으며 본국에서는 彥陽君으로 봉하였다.56) 충숙왕이 즉위한 직후 상왕인 충선왕이 김문연을 원나라에 보내 세자 王燾를 머물게 하여 禿魯花

---

54) '태후'의 사전적 의미는 임금의 살아 있는 어머니, 혹은 앞선 임금의 살아 있는 아내이다.

55) 감찰규정 우탁이 충선왕과 숙창원비의 간통사건에 대해 소복 입고 도끼 들고 집 방석을 메고 궁궐에 나아가 상소문을 올리자 좌우에 있던 자들이 놀라 떨고 왕은 부끄러운 기색을 지었다고 한 것으로 보아 충선왕과 숙창원비에 대한 비난이 적지 않았음을 알 수 있다.(『高麗史』 권109, 열전, 禹倬, "여러 번 승진하여 監察糾正이 되었다. 이때에 충선왕이 淑昌院妃를 간통하였으므로 우탁이 소복 입고 도끼를 들고 집 방석을 메고 궁궐로 들어가 상소문을 들어 대담한 말을 하였으므로 측근 신하가 상서문을 펼쳐 놓고 감히 읽지 못하였다. 우탁이 소리를 질러 말하기를 '그대는 近臣으로서 임금의 잘못을 바로 잡지 못하고 이와 같은 추악한 일을 저지르게 하였으니 그대는 자기의 죄를 아는가?' 라고 하였다. 좌우에 있던 자들이 놀라 떨고 왕은 부끄러운 기색이 있었다.")

56) 『高麗史』 권103, 열전, 金就礪 附 金文衍.

로 삼게 하였다.[57] 원나라에서는 김문연에게 鎭邊萬戶府 達魯花赤을 더 주었다. 그 후 충숙왕 원년에 귀국하던 도중에서 죽었다.[58]

충선왕대 숙비를 중심으로 언양김씨 가문이 결집하였을 것이다. 김전의 사위인 김혼이 숙비를 대단히 근실하게 섬겼고, 만년의 직위와 封君이 모두 숙비의 주선 때문이었다고 한 것이나,[59] 숙비의 조카 金之甲이 任瑞로부터 통행증이 탈취되는 사건에 관해 숙비가 신하들을 시켜 원나라 중서성에 제의한 것[60] 등을 통해 볼 때 충렬왕~충숙왕 대 언양김씨가 숙비를 구심점으로 하여 뭉쳤음을 알 수 있다.

② 金賆系

무신정권 때 외적의 침입에 공을 세운 무반가문으로서의 위치를 세운 김취려 가문은 충렬왕대에 외척가문이 되었고, 손자인 金賆으로 인해 무와 함께 문을 겸비하는 가문이 될 수 있었다. 당초 김변은 원종 4년(1263)에 문음으로 東面都監判官이 되었다. 동면판관은 사면도감의 갑과 권무직으로, 고려후기에 음직으로 권무직이 쓰이던 현실을 반영하는 것이다.[61] 그렇지만 김변은 원종 9년(1268)에 과거에 급제하였다.[62] 이때의 지공거는 柳璥과 金曎였고, 동문으로는 장원인 尹承琯을 비롯하여 朴全

---

57) 『高麗史』 권34, 세가, 충숙왕 즉위년 5월 병진일.
58) 『高麗史』 권103, 열전, 金就礪 附 金文衍.
59) 주 47) 참조.
60) 『高麗史』 권110, 열전, 金台鉉, "충선왕이 西藏으로 귀양가고 충숙왕 역시 원나라에 억류되자 국내에서는 당파가 생기고 首相은 왕을 따라 갔다. … 伯顔禿古思가 충선왕에게 위해를 가하려 하였고 그의 형 任瑞가 金之甲의 통행증을 탈취하는 등의 사건과 관련하여 淑妃가 신하들을 시켜 원나라 中書省에 제의하였을 때 김태현은 솔선하여 이에 서명하였으나 白元恒과 朴孝修는 구실을 붙여 서명하지 않았다." ; 『高麗史節要』 권24, 충숙왕 10년 9월.
61) 이익주, 2006, 「묘지명 자료를 통해 본 고려후기 관인의 생애 - 金賆(1248~1301)의 사례 - 」 『한국사학보』 23, 139~140쪽.
62) 「金賆墓誌銘」.

之와 李混이 찾아진다.63) 과거에 급제한 이듬해에 김변은 정7품 국자박
사가 되었고, 또 그 다음 해에는 참직인 합문지후가 되었다. 제술업 급제
자가 7품의 실직을 받는 것은 파격적인 超遷이었다.64) 김변의 동문 가운
데 장원급제한 윤승관은 행적이 밝혀지지 않고, 또 가문 배경이 대단하지
않았던 이혼은 급제한 직후에 외직인 廣州參軍으로 나갔다가 들어와 겨
우 정9품 국학학정이 되었고,65) 박전지의 경우 급제한 후 내시에 속하였
지만 관직은 비서성의 정9품 교서랑에 그쳤고 3년이 지난 뒤에야 종8품
대관승이 된 것과66) 비교하더라도 파격적이다. 김변이 음서를 거친 후 과
거에 급제함으로써 대단히 유리한 위치에서 관직생활을 시작했기 때문이
라고 볼 수 있다.67)

김변은 과거에 합격한 원종 9년(1268)에 21세였는데, 일곱 살 아래인
14세의 許珙의 딸과 혼인하였다.68) 이때 김전은 이미 재상의 지위였음에
도 불구하고 허공은 당시 36세의 나이로서 4~5품의 낭관에 불과하였다.
허공의 집안은 아버지 許遂가 추밀원부사까지 올랐지만 할아버지 許京은
종4품 예빈소경, 증조 許利陟은 종8품 典廐署丞일 정도로 김전의 집안과
는 비교가 안된다. 그럼에도 불구하고 이 결혼이 성사된 데는 김변의 처
부가 된 허공의 능력과 정치적 위상이 작용했던 것으로 보인다. 허공은
일찍부터 文才와 吏幹이 뛰어나다는 평가를 받아 유경의 천거로 정방에
들어가 일한 적이 있는 '能文能吏'의 문신관료였다. 그런 그는 고려전기
이래의 명문인 파평윤씨 尹克敏의 딸을 처로 맞아들였고,69) 자신의 딸을

---

63) 박용운, 1990, 『고려시대 음서제와 과거제 연구』, 일지사, 429~430쪽.
64) 박용운, 위의 책, 300쪽.
65) 『高麗史』 권108, 열전, 李混.
66) 「朴全之墓誌銘」.
67) 이익주, 앞의 논문 140~141쪽.
68) 『高麗史』 권105, 열전, 許珙 ; 「金㈼妻許氏墓誌銘」.
69) 「許珙墓誌銘」.

김전의 아들인 김변에게 혼인시킴으로써 당대 명문가와 중첩적 혼인관계를 맺음으로써 자신이 수상의 지위에까지 오르고, 그 가문이 '재상지종'에 이름을 올릴 수 있었을 것이다.

김변은 원종 11년(1270)에 禮部郎中이 되었고, 그 이듬해에 충렬왕이 세자로서 원나라에 갈 때 김변이 배행하였다. 원종 15년(1274) 8월에 충렬왕이 몽고에서 돌아와 즉위했을 때 김변도 함께 귀국하였다. 충렬왕은 원나라 공주와 결혼하여 작위를 받고 귀환한 후 김변의 공로가 제일 컸으므로 시종했던 사람들에 대한 포상을 할 때 2등공신에 책봉하면서 "그대의 공은 대단히 큰데 내가 준 상은 그보다 적다. 그대가 비록 앞으로 죄를 범하는 일이 있더라도 열 번에 아홉 번은 용서를 받을 것이며 자손의 대에 이르기까지 또 이와 같이 하리라!"고 기록한 誓券을 주었다.[70] 당시 충렬왕은 몽고에서 자신을 시종했던 사람들을 중심으로 측근세력을 육성했으므로 김변도 그에 포함되었을 것이다.[71] 그렇지만 충렬왕 즉위 이후 김변은 권력의 핵심에 들지 못하고 仁州·開城·安西 등의 지방관으로 전전하였다. 김변 묘지명에서는 이에 대하여 "젊은 나이에 중요한 직위를 맡았으므로 분수를 지키고 승진을 늦추고자 하여 외직에 보임해주기를 거듭 청하였다"고 하였지만 충렬왕 3년(1277)에 中道, 즉 충청도의 안렴사로 나간 기록 이후 충렬왕 11년(1285)에 3품직에 오르기까지 관력이 확인되지 않는 것으로 보아 다른 이유 때문일 것이다.

김변 묘지명에 의하면 충렬왕 11년 3품에 오른 뒤 전리판서와 寺·監의 판사를 거치면서 지제고를 겸하였다.[72] 그 가운데 충렬왕 16년(1290)에 판비서사로서 동지공거가 되어 지공거인 정당문학 鄭可臣과 함께 崔咸一

---

70) 『高麗史』 권103, 열전, 金就礪 附 金賆.

71) 이익주, 1988, 「고려 충렬왕대의 정치상황과 정치세력의 성격」 『한국사론』 18, 서울대 국사학과, 172~173쪽 ; 이익주, 2006, 앞의 논문 144~145쪽.

72) 「김변묘지명」, "至三十八乙酉 拜三品 歷吏卿 位至判諸曹 不離誥院."

등 31명을 선발하였다.[73] 김변의 고시관 역임은 언양김씨의 家格을 높이는데 큰 기여를 하였다고 할 수 있다. 고시관의 역임 이듬해에 판비서시사 문한시강학사 지제고가 되었고, 충렬왕 21년에 史館修撰官으로서 同修國史로서 치사하였던 任翊과 함께 원나라 世祖의 사적을 편찬하였다는 점을 특기할 만하다.[74] 뒤이어 右承旨로 임명되었다가 충렬왕 23년에 副知密直司使로 승진하여 재추의 반열에 올랐다.[75] 음서로 관직에 오른 지 34년, 과거에 급제한 지 29년만의 일이었다.

이듬해인 충렬왕 24년에는 충선왕의 개혁을 둘러싸고 충렬왕과 충선왕측의 대립이 격렬하게 전개되어 관리들에 대한 인사도 빈번하게 이루어졌기 때문에 김변 역시 여러 관직을 전전하였다. 김변묘지명에는 이 한 해 동안 봉익대부 부지밀직, 서북면지휘사, 감찰대부를 지낸 것으로 되어 있지만 이 밖에도 7월에 동지자정원사 의조판서 동수국사, 11월에 동지밀직사사가 된 것이 『高麗史』에서 확인된다.[76]

김변이 충렬왕과 충선왕의 대립에서 어떤 태도를 보였는지는 알 수 없다. 하지만 충렬왕이 복위한 뒤 충선왕을 지지했던 사람들에 대한 보복이 가해지는 가운데서도 김변은 오히려 판삼사사를 거쳐 지도첨의사사로 승진하여 재신의 반열에 올랐던 점이 주목된다. 충선왕 재위기간 중 3품 이상 관직에 올랐던 34명 가운데 20명 이상이 충렬왕 25년(1299) 3월 이후 파직되거나 스스로 물러났다.[77] 이때 김변의 매형인 김혼도 치사하였고,[78] 처남 허숭은 파직되었으며,[79] 동서인 김순은 사직하고 관직에 물러

73) 『高麗史』 권73, 선거지, 科目 충렬왕 16년 5월.
74) 『高麗史』 권103, 열전, 金就礪 附 金賆 : 『高麗史』 권31, 세가, 충렬왕 21년 3월.
75) 『高麗史』 권31, 세가, 충렬왕 23년 8월 신축일.
76) 『高麗史』 권31, 세가, 충렬왕 24,년 7월 무술·11월 경술.
77) 이익주, 2007, 「충선왕 즉위년(1298) '개혁정치'의 성격」 『역사와 현실』 7, 138쪽.
78) 『高麗史』 권31, 세가, 충렬왕 24년 11월 경술.
79) 『高麗史』 권31, 세가, 충렬왕 25년 5월 병술.

났다.[80] 그러한 속에서 김변이 관직을 유지한 것은 충선왕 지지파로 분류되지 않았기 때문이고, 다른 한편으로는 질녀, 즉 형인 김양감의 딸이 충렬왕 25년(1297) 충렬왕과 혼인하여 숙창원비가 되어 총애를 받았던 것과도 무관하지 않을 것이다.[81] 김변은 충렬왕 26년(1300)에 첨의참리 집현전대학사 동수국사에 오른 후 그 이듬해에 세상을 떠났다.[82]

김변의 경우 그 자신의 묘지명뿐만 아니라 부인, 아들 김륜과 며느리, 손녀와 손녀서 등 3대에 걸친 부부의 묘지명이 온전하게 남아 있기 때문에 이 집안 3대의 가족관계와 혼인관계를 살펴볼 수 있다. 『高麗史』 열전에 의하면 김변은 金倫과 金禑 두 아들을 두었는데 김륜은 별도의 열전이 있고, 김우는 지조가 청렴하고 代言 벼슬을 지냈다고 하였다.[83] 그렇지만 김변과 처 허씨의 묘지명에 의하면 김변은 4남 3녀를 두었다.[84] 김변의 장남 김륜(충렬왕 3 : 1277~충목왕 4 : 1348)은 충렬왕 20년(1294)에 최

---

80) 「金恂墓誌銘」.
81) 이익주, 2006, 앞의 논문 148쪽.
82) 『高麗史』 권103, 열전, 金就礪 附 金賆.
83) 『高麗史』 권103, 열전, 金就礪 附 金賆.
84) 「김변묘지명」, "공의 同腹으로는 누이 세 명과 형 네 명이 있다. 큰 누이는 御牽龍 行首 郞將 李汾陽에게 시집갔으나, 이공이 일찍 작고하여 홀로 되었다. 큰 형은 朝奉大夫 衛尉尹으로 벼슬에서 물러나 은퇴한 貯로, 일찍 작고하였으나 그 딸이 궁중에 들어가 淑昌院妃가 되었다. 둘째 누이는 重大匡 都僉議侍郞 贊成事 上將軍) 金琿公에게 시집갔는데, 무인년(충렬왕 4, 1278)에 작고하였다. 둘째 형은 匡靖大夫 都僉議叅理로 은퇴한 頵으로 기해년(충렬왕 25, 1299) 11월에 작고하였다. 셋째 형은 奉翊大夫 密直副使 版圖判書로 벼슬에서 물러나 은퇴한 仲甫로 지금 건강하게 생존해 있고, 넷째 형은 華嚴業의 僧統 坦如로 기해년(충렬왕 25, 1299) 8월에 입적하였다. 셋째 누이는 小府少尹 金由祉에게 시집갔다. 공의 후사는 모두 4남 3녀이다. 장남 牽龍行首 郞將 倫은 奉翊大夫 密直副使 文翰學士로 은퇴한 崔瑞공의 딸과 결혼하였고, 차남 近侍別將 禑는 奉翊大夫 知密直司事 版圖判書 文翰學士承旨 全昇公의 딸과 결혼하였다. 3남은 瑜伽業의 三重大師 玄抃이고, 4남은 어리다. 장녀는 近 前 朝奉大夫 李季珹에게 시집갔으나 경자년(충렬 26, 1300) 5월에 먼저 작고하였다. 차녀는 무자년(충렬왕 14, 1288)에 衣冠의 童女로 뽑혀 元으로 갔고, 3녀는 어리다. 공의 형제와 자손들인데, 손자와 조카들은 글이 번거로워 적지 않는다."

서의 딸과 결혼하였다. 당시 김륜은 18세, 부인 최씨는 16세였다. 장인인
최서는 고려전기 이래의 명문인 해주최씨 최충의 후손으로서, 이 집안 역
시 언양김씨와 함께 뒷날 '재상지종'에 포함된 가문이다. 김변이 1285년
이후 誥院을 떠나지 않았고, 최서 역시 1286년과 1290년 지제고를 겸하였
기 때문에 두 사람은 오랫동안 고원에서 함께 일하였다. 그런 인연으로
인해 통혼이 이루어졌을 가능성이 있고, 두 가문의 결혼은 가격이나 관직
등 여러 가지 면에서 대등한 집안끼리의 통혼이었다.

김변의 2남 김우는 전승의 딸과 결혼하였는데 전승의 본관은 천안이고
선대에 고위 관직에 오른 사람을 찾아볼 수 없지만 전승의 妻祖가 崔滋였
다.[85] 전승의 아들인 全信이 이창우의 딸과 결혼하였는데,[86] 이창우는
김변의 사위인 이계감의 아버지이므로[87] 결국 김변·전승·이창우 세 사람
이 자녀들의 혼인을 통해 서로 인친으로 연결되었던 것이다. 이러한 현상
은 통혼권의 폐쇄성을 보여주는 것으로서 고려시대에는 드물지 않은 현상
이기도 하다.

김변의 네 아들 가운데 3남과 4남은 출가하여 중이 되었다. 이에 대해
서는 별도로 다룬다.

김변의 세 딸 가운데 장녀는 李季瑊[88]에게 시집갔고, 2녀는 공녀가 되
어 몽고에 갔으며, 3녀는 元善之[89]에게 시집을 갔다. 둘째 딸이 공녀로
뽑혀 몽고에 보내진 것은 충렬왕 14년(1288), 김변이 41세였을 때였다.

---

85) 「全信墓誌銘」.
86) 「全信墓誌銘」.
87) 「李挺神道碑」.
88) 사위인 이계감은 김변묘지명에 近侍 前朝奉大夫라고 하였다. 그렇지만 조선 태종
때 세워진 아들 李挺의 신도비에 의하면 이계감의 본관은 청주였고, 조·부는 李粧
(전중감)과 李昌祐(판도총랑)이다. 이정이 29세에야 문음으로 팔관보관관이 된 것
으로 보아 이계감 당대에 그다지 번성한 집안은 아닌 것 같다(이익주, 2006, 앞의
논문 149~150쪽).
89) 『高麗史』 권107, 열전, 元傅 附 元善之.

당시 허공이 수상의 지위에 있었음에도 불구하고 외손녀를 공녀에서 빼지 못할 정도였다. 무신정권을 무너뜨리는데 결정적인 공을 세운 洪奎가 딸을 공녀로 보내지 않으려고 중을 만들었다가 발각되어 가혹한 형벌을 당하고 섬에 유배된 사건이 같은 해였기 때문에[90] 김변이 딸을 공녀에서 빼내기 더더욱 어려웠을 것이다.

김륜의 행적을 그의 열전과 묘지명, 처 최씨의 묘지명을 통해 살펴보면 다음과 같다.[91] 김륜은 충렬왕 16년(1290)에 원의 叛賊 哈丹이 쳐들어오자, 14세의 나이로 가족을 이끌고 강화도로 난을 피했다. 門蔭에 의해 鹵簿判官에 보임된 후 여러 번 전직 후에 神虎衛護軍이 되었다. 그리고 洪子藩의 추천에 의해 辨正都監副使가 되었고, 監察侍丞이 되었다. 김륜은 각종 소송사건을 맡아 처리하는데 이름을 떨친 사례가 그의 열전에 실려 있는 것으로 보아 법관의 자질을 갖고 있었다고 보아야 한다.

김륜이 일찍이 충렬왕을 따라 원에 갔을 때 충선왕이 날마다 왕에게 문안 오자 다른 사람은 위축되었으나 홀로 시중을 들어 충렬왕이 그 성의를 가상하게 여겼고, 충선왕도 그를 인사성 있게 대하였다. 충선왕 2년(1310)에 검교 평리 충주 목사가 되었고,[92] 충숙왕이 즉위한 직후 상왕인 충선왕이 김륜을 검교첨의평리로 임명하였다.[93]

충숙왕이 원에 5년간 머물러 있자 瀋陽王 暠를 고려왕으로 세우려는 무리들이 연판장에 서명을 강요하자, 김륜은 아우인 元尹 金禑와 함께 끝내 서명하지 않았다. 얼마 안 가서 경상, 전라 都巡問使로서 合浦를 진수하였다. 이때 그의 지휘와 명령이 엄격하고 명철하였으므로 관민이 단합하여 평온하게 지냈다. 후에 僉議評理, 商議會議都監事, 三司右使로 승

---

90) 『高麗史節要』권21, 충렬왕 14년 11월.
91) 『高麗史』권110, 열전, 金倫 및 金倫妻崔氏墓誌銘.
92) 『高麗史』권33, 충선왕 2년 9월 을유일.
93) 『高麗史』권34, 충숙왕 즉위년 9월 기유일.

진하였다.

曹頔이 난을 일으켰다가 처형된 후 충혜왕이 김륜으로 하여금 그들의 당파를 巡軍府에서 신문하게 하였다. 그 결과를 원나라에 통보하자 원 승상 伯顔이 조적의 무리를 비호하여 황제에게 말하여 충혜왕을 불렀다. 충혜왕이 도중에 김륜과 함께 가려고 불렀다. 그 이유는 조적의 난을 신문한 사람이 김륜이기 때문에 그 사건을 가장 잘 알고 있었기 때문이다. 이때 김륜은 나이 60이 넘었으나 수일간에 급히 달려가 압록강에서 따라 잡았다. 원나라에 도착한 즉 백안이 황제에게 말하여 1340년 정월 김륜을 옥에 가두고 5부(중서성, 추밀원, 어사대, 종정부, 한림원)의 관리를 시켜서 합석 심문하게 하였다.[94] 조적의 무리는 구변이 좋은 자가 많았으나 김륜은 단숨에 말로 그들을 꺾었는데 그 말이 간단하고 군군하였다. 5부 관원들은 놀라며 김륜을 가리켜 白鬚宰相이라 하였다. 1342년에 충혜왕이 귀국한 후 그의 공을 1등으로 평정하여 벽에 그의 초상을 그렸고 彦陽君을 봉하였으며 推誠贊理功臣의 칭호를 주었고 그의 부모에게 벼슬을 주었으며 처자에게 노비를 주었다.[95]

후에 원나라 황제가 高龍普를 보내 왕에게 의복과 술을 주었는데 뒤미처 타적(朵赤)을 보내 왕을 잡아 갔다. 김륜은 李齊賢과 함께 왕을 구출하기 위해 노력했으나 대신들이 협조하지 않아 실패했다.[96] 충목왕 즉위년 4월에 찬성사가 되었고,[97] 10월에 좌정승이 되었다.[98] 이때 그의 사위였던 민사평이 감찰대부로 임명되었다. 김륜은 언양부원군에 봉해졌고,

---

94) 원나라는 충혜왕을 형부에 가두고, 김인윤, 金倫, 韓宗愈, 홍빈, 李蒙哥, 李儆, 노영서, 安千吉, 손수경, 윤원우, 南宮信 등을 옥에 가두고 중서성, 추밀원, 어사대, 한림원, 종정부들에 명령하여 합동 심문하게 하였다(『高麗史』 권36, 충혜왕 경진후 원년 정월 신미일).

95) 『高麗史』 권110, 열전, 金倫 ; 『高麗史』 권36, 세가, 충혜왕 임오 후3년 6월 경자일.

96) 『高麗史』 권110, 열전, 金倫.

97) 『高麗史』 권37, 세가, 충목왕 즉위년 4월 계유일.

98) 『高麗史』 권37, 세가, 충목왕 즉위년 10월 갑자일.

충목왕 4년(1348)에 세상을 떠났다.[99]

金倫 열전에 의하면 "아들은 金可器, 金敬直, 金淑明, 金希祖, 金承矩
이며 아들 두 사람은 出家하였다"고 하였다. 익제 이제현이 쓴 김륜의 묘
지명에 의하면,

> 7남 2녀를 낳는데, 可器는 版圖摠郎金海府使로 먼저 졸하였고, 敬直은
> 重大匡陽城君이고, 宗炬은 출가하여 華嚴師가 되었고, 達岦은 역시 출가하여
> 禪師가 되었고, 淑明은 開城判官이고, 希祖는 典理判書藝文提學이고, 承矩
> 는 通禮門副使이다. 딸 하나는 驪興君 閔思平에게 출가하였고, 하나는 宗簿
> 令 金輝南에게 출가하였으나 또한 먼저 졸하였는데, 휘남은 化平 사람으로 공
> 과 같은 김씨가 아니다. 庶出의 아들은 穢迹이고 2녀는 출가하지 아니하였다.
> 내가 공의 알아줌을 입어 詩友가 되었었고, 희조는 또 나의 委禽이 되어 공의
> 묘갈명을 청하니 의에 저버릴 수 없으므로, 執義 李達衷이 지은 행장을 삼가
> 취하여 바로잡아 序를 쓰고 이어 辭를 지었다.[100]

김륜은 7남 2녀를 낳았다. 이제현의 묘지명을 통해 김륜과 이제현은 詩友
였고, 아마도 이런 인연으로 인해 김륜의 아들인 김희조가 이제현의 사위
가 될 수 있었을 것이다.[101] 김경직의 경우 趙仁規의 딸과 혼인하였다.[102]

김륜의 첫 아들인 김가기는 김륜의 묘지명을 통해서 볼 때 版圖摠郎金
海府使를 역임한 것을 마지막으로 하여 아버지인 김륜보다 먼저 세상을
버렸다. 일찍 요절하였으므로 그에 관한 기록은 『高麗史』 등의 다른 기록

---

99) 이제현, 『益齋集』; 『益齋亂藁』 권7, 「輸誠守義恊贊輔理功臣壁上三韓三重大匡彦
　　陽府院君 贈諡 貞烈公 金公 墓誌銘」.
100) 「金倫墓誌銘」.
101) 이색이 쓴 이제현의 묘지명에 의하면 "공(이제현)은 모두 세 번 결혼하였는데, 吉
　　昌國夫人 權氏는 2남 3녀를 낳았으니, 장남 瑞種은 봉상대부 종부부령이요, 다음
　　達尊은 봉상대부 전리총랑 보문각 직제교이며, 장녀는 정순대부 판사 복시
　　사 任德壽에게 시집갔고, 다음은 중정대부 전농정 李係孫에게 시집갔고, 다음은
　　은청광록대부 첨서추밀원사 한림원태학사 金希祖에게 시집가서 義和宅主에 봉하
　　였다(『東門選』 권126, 「鷄林府院君諡文忠李公墓誌銘」)."고 하였다.
102) 『稼亭集』 권3, 「趙貞肅公祠堂記」.

에는 보이지 않는다. 다만 족보에 의하면 仁川蔡씨인 정당문학 蔡允臣의 딸과 혼인하여 아들 受忠·受益을 낳았다. 수익은 나주정씨인 鄭弘義의 딸과 혼인하였고, 전라도 관찰사를 역임하였다.

김경직은 충정왕 원년(1349) 전 밀직 김경직이 왕에게 욕설하였다는 죄로 섬에 귀양갔다는 기사가 있지만[103] 신하인 김경직이 왕에게 욕설한 연유에 대한 언급이 없다. 다만 다음의 사료에 의하여 유추해본다면,

> 전 밀직 金敬直을 유배하고, 전 밀직 李承老와 代言 尹澤을 좌천시켰다. 전에 충숙왕이 燕京의 私邸에 있을 때, 澤이 나아가 뵈었는데, 충숙왕이 그를 한 번 보자 그 사람됨을 중히 여겨서 후사를 부탁하는 말이 있었는데, 그 뜻은 강릉군을 후계자로 삼으려는 데 있었다. 뒤에 충숙왕이 병들어 눕게 되어서 다시 전에 한 말을 당부하니, 그때 택이 꿇어앉아 아뢰기를, "聖慮를 번거롭게 하실 것이 없습니다." 하였다. 충목왕이 薨하고 백성의 신망이 강릉군에게로 돌아가자 택은 승로 등과 주창하여 곧 중서성에 글을 올려, 우리나라의 兄弟叔侄이 왕위를 계승한 故事와 어린 임금은 국무를 감당할 수 없다는 정상을 말하였는데, 이때에 와서 좌천되어, 택은 광양 감무가 되고 승로는 宣州句堂이 되었다. 경직 역시 일찍이 왕을 헐뜯었으므로 섬으로 유배되었는데, 경직은 金倫의 아들이다.[104]

윤택, 이승로와 함께 처벌을 받은 것으로 보아 강릉군, 즉 후일의 공민왕을 후계자로 세워야 한다는데 뜻을 같이 한 것으로 보인다. 충정왕 3년(1351)년 10월 공민왕이 즉위한 직후의 인사 때 김경직과 윤택이 함께 서용되었다는 것은[105] 두 사람이 충정왕의 즉위를 반대하고 공민왕을 왕으로 옹립하려고 한 것에 대한 보답의 의미가 있을 것이다. 이때 김경직이 '밀직부사'에 임명되었음을 『高麗史』에서 확인할 수 있다.[106] 진주 관노

---

103) 『高麗史』 권37, 세가, 충정왕 원년 7월 갑진일 : 『高麗史』 권110, 열전, 金倫 附 金敬直.
104) 『東史綱目』 권14, 기축년 충정왕 원년 7월.
105) 『東史綱目』 권14, 신묘년 충정왕 3년 (공민왕 즉위년) 11월.
106) 『高麗史』 권38, 세가, 공민왕 즉위년 11월 을해일.

의 손자인 姜融(본명 姜莊)이 충숙왕 때 端誠協戴功臣에 오르는 등 벼슬
이 찬성사에까지 이르러 晉寧府院君으로 봉해졌는데 공민왕이 그의 누이
가 원나라 승승 탈탈의 총희였기 때문에 밀직 김경직에게 명령하여 강융
의 비첩 소생인 강천유를 사위로 삼게 하였다. 강천유는 후일에 하성부원
군이 되었다.[107] 족보에 의하면 김경직은 3남 3녀를 두었는데, 둘째 사위
인 姜仁祐(晉州人贊成晉州君)가 바로 그 강천유일 것이다. 김변의 딸이
원 공녀로 뽑힌 사건과 이 혼인사건을 통해 언양김씨에게 드리워진 원간
섭기의 잔영을 볼 수 있다. 그렇지만 공민왕 3년(1354) 2월에 김경직을
첨의평리로 임명한[108] 직후에 그를 원에 보내 황제의 생일을 축하한 것
과[109] 연관시켜 보면 자신의 옹립을 주장한 김경직을 통해 원과의 원활한
관계 조성을 위한 적임자라는 판단 때문에 행해진 조처일 수도 있다. 김
경직은 이듬해 언양부원군으로 임명되었다. 이때 그의 동생인 김희조의
장인인 이제현 역시 김해부원군으로 임명되었다.[110]

　김경직은 공민왕 5년에 전라도 도순문사에 임명되었고,[111] 이듬해 2월
에 서북면도원수에 임명되었고, 3월에 守司徒 上柱國 彦陽伯에 임명되었
다.[112] 공민왕이 안동 몽진에서 개경으로 돌아와서 임시로 종묘의 신주를
彌陀寺에 봉안하였었는데, 태조·충선왕·충숙왕·충혜왕의 4실의 신주를
난리통에 유실하였으므로 새로 4실의 신주를 제작하려고 還安都監을 설
치하였는데 白文寶·金敬直에게 그 일을 주관하게 하여 9室의 神主를 도
로 태묘에 봉안하였다.[113] 그가 죽을 때의 벼슬은 檢校侍中이었다.[114]

---

107) 『高麗史』 권124, 열전, 폐행 鄭方吉 附 姜融.
108) 『高麗史節要』 권27, 공민왕 3년 2월.
109) 『高麗史』 권38, 세가, 공민왕 3년 3월 갑신일.
110) 『高麗史』 권38, 세가, 공민왕 4년 5월 무술일.
111) 『高麗史』 권38, 세가, 공민왕 5년 6월 을묘일.
112) 『高麗史』 권38, 세가, 공민왕 6년 2월 임자일·3월 신묘일.
113) 『東史綱目』 권14, 계묘년 공민왕 12년 4월.
114) 『高麗史』 권110, 열전, 金倫 附 金敬直.

김희조는 과거에 급제하고 여러 관직을 거쳐 都官佐郞이 되었다.[115]
충목왕 즉위한 직후 書筵을 설치하고 왕의 글 공부를 시독하게 하였는데,
여기에 김륜과 그 아들 도관정랑 김희조, 그리고 김희조의 장인인 이제현
이 포함되었다.[116] 그런 점에서 김희조의 학문 조예가 상당하였음을 알
수 있다. 김희조는 공민왕 초에 軍簿判書가 되었다. 공민왕 2년에 장인인
이제현이 지공거가 되어 을과에 이색이 포함되었는데,[117] 그 해 군부판서
인 김희조가 원에 들어가 태자 책봉을 하례하였을 때 이색이 서장관을 따
라 원에 가서 制科에 합격하였다.[118] 「목은시고」(권2)에서 이색은 "내가
京師에 會試를 보러 가려고 하는데, 마침 나라에서 판서 김희조를 경사에
보내어 東宮 책립을 하례하게 하므로, 내가 書狀官이 되어 함께 가는 도
중에 짓다"[119]라고 한 것으로 보아 김희조와 각별한 인연이 있었다. 이제
현과 이색은 좌주와 문생의 관계에 있었고, 이제현의 사위인 김희조와 함
께 원나라에 가서 이색이 제과에 합격하였기 때문에 두 사람은 각별한 관
계에 있었다. 김희조의 부인 이씨에 대한 아래와 같은 만사를 지을 수 있
었던 것은 이런 인연이 있었기 때문에 가능한 일이다.

金思亭의 부인 李氏에 대한 만사[120]

죽헌엔 이제 거문고 소리 끊어졌고	竹軒今絶響
김해는 예전부터 명성이 전해 왔네	金海舊流芳
돌이켜 생각하니 정은 끝이 없어라	回首情無極
외로운 사정엔 석양만 걸려 있구려	思亭掛夕陽

115) 『高麗史』 권110, 열전, 金倫 附 金希祖.
116) 『高麗史』 권37, 세가, 충목왕 즉위년 6월 을묘일.
117) 『高麗史』 권73, 선거지, 과목 공민왕 2년 5월.
118) 『高麗史節要』 권26, 공민왕 2년 10월.
119) 『牧隱集』 「牧隱詩稿」 권2, '詩'.
120) 思亭은 김희조의 호이고, 竹軒은 김륜의 호이다. 김희조의 아버지 김륜이 죽은 지
    오래이므로 "죽헌엔 이제 거문고 소리 끊어졌고"라고 읊은 것이다.

공민왕 5년에 김희조는 첨서추밀원사에 이르러[121] 이듬해에 동지공거가 되어 지공거 정당문학 이인복과 함께 진사를 뽑았는데, 염흥방 등 33명에게 급제를 주었다.[122] 김변이 충렬왕 16년(1290)에 동지공거가 된 이후 67년만인 공민왕 6년(1357)에 손자인 김희조가 동지공거가 된 것이고, 장인 이제현이 고시관이 된 4년 후의 일이다. 김희조의 경우 정동행성의 유학제거에 임명되기도 하였는데,[123] 이 당시의 정동행성의 중점적 기능이 대원외교에 있음을 감안할 때 그가 事大吏文에 밝은 인물이었기 때문에 이 직에 임명되었을 것이다.[124]

공민왕 8년(1359)에 김희조는 8월에 동지추밀원사에 임명되었다.[125] 그 해 12월에 西海道都指揮使에 임명되었는데, 그것은 홍건적의 고려 침입 때문이다. 홍건적이 침입으로 인해 어려움을 겪는 상황에 설상가상으로 이듬해 왜적이 전라도·양광도를 분탕질을 쳐서 경성에 계엄이 내려졌다. 이때 김경직, 김희조 형제는 전쟁에 대처하는 방법에 대하여 자신의 직분에 따른 입장 차이가 보임을 다음의 자료를 통해 확인할 수 있다.

> 5월에 왜적이 전라도 會尾·沃溝 등을 침범하고, 양광도 平澤·牙州·新平 등의 고을을 침범하였는데, 龍城 등 10여 고을을 불태우니, 경성에 계엄을 내리고, 전 평장사 柳濯을 京畿兵馬都統使로, 判樞密院事 李春富를 東江都兵馬使로, 判軍器監事이던 우리 桓祖를 西江兵馬使로 삼아, 坊里의 장정들을 뽑아서 군인을 삼고, 백관에게 전쟁을 돕게 하였다. 간관이 궁문에 나아가 절하고 하직하니, 參政 鄭世雲이 아뢰기를, "간관이 전쟁에 나가는 것을 옛날에 듣지 못하였으니, 나라의 체면이 무슨 꼴이 됩니까." 하니, 왕이 특별히 이를 면하여 주었다. 國子博士 등이 아뢰기를, "신 등은 공자의 廟庭을 모시고 있는

121) 김희조가 첨서추밀원사로 임명된 것은 공민왕 5년 7월 정해일이다(『高麗史』 권39, 공민왕 5년 7월 정해일).
122) 『高麗史』 권73, 선거지, 과목 공민왕 6년 4월.
123) 閔思平, 『及菴詩集』 권2, 「賀思亭金希祖受儒學提擧」.
124) 장동익, 1994, 『고려후기외교사연구』, 일조각, 79쪽.
125) 『高麗史』 권39, 공민왕 8년 8월 계해일.

데, 예부터 學官이 정쟁터에 나가는 예는 없었나이다." 하니, 시중 廉悌臣과
이암이 모두 말하기를, "네가 공자를 모시지 않으면 공자가 어디로 도망가느
냐." 하였다. 僉書 金希祖도 쟁론하였으나, 뜻대로 되지 못했다.126)

　　紅賊이 몰려오자 倭賊이 또 楊廣의 여러 고을에 침입하니 경성이 계엄 상
태에 있었다. 김경직이 왕궁에 갔을 때 재추들이 바둑을 두며 농담을 하는 것
을 보고 곧 발길을 돌려 집으로 돌아왔다. 그는 크게 탄식하기를 "나라가 장차
망하려는가 내 가슴이 불에 타는 것 같다. 시절이 비록 태평한다 하더라도 재
상은 농담을 하여서는 안 될 것이어늘 이제 전쟁의 피해와 기근을 구제하지 않
고 오락을 이렇게 하고 있으니 망하지 않으려 한들 될 수 있겠는가. 만일 내
아버지가 살아서 이 말을 들었다면 곧 죽으려고 하였을 것이다."라고 하였
다.127)

　왜구의 침입으로 인해 개경에 계엄이 내렸을 때 김희조는 학관이 전쟁
에 나가는 것을 반대하는 입장을 내세웠다. 그에 반해 김경직은 계엄상태
하에서 재상들이 바둑이나 두면서 농담을 하고 있는 장면을 목격하고 나
라가 장차 망하려는가 하면서 가슴이 불타는 것 같은 심정을 토로하고 있
다. 김희조의 경우 과거 출신자이고, 동지공거를 역임하였기 때문에 학관
등을 전쟁에 동원하는 것은 마땅하지 않는다는 입장을 견지하였을 것이
고, 김경직은 왜구 침입을 보다 심각하게 받아들였기 때문에 재추들이 전
쟁의 피해와 기근 구제에 골몰하지 않고 바둑이나 두며 농담하는 것을 못
마땅하게 여겼다.

　공민왕 10년에 김희조는 지추밀원사에 임명되었다.128) 공민왕 12년에
홍건적이 쳐들어오자 복주, 즉 안동으로 몽진 떠났을 때 김희조는 국왕을
따라 갔지만129) 공민왕이 안동에서 상주로 간 후 평장사 李公遂, 참정 黃

---

126) 『高麗史節要』 권27, 공민왕 9년 5월.
127) 『高麗史』 권110, 열전, 金倫 附 金敬直. 『高麗史節要』에서는 김희조의 사료 다음
　　에 김경직의 일화가 나오지만 내용이 『高麗史』의 기록이 보다 상세하므로 이것을
　　사료로 실었다.
128) 『高麗史』 권39, 공민왕 10년 11월 병인일.
129) 『高麗史』 권110, 열전, 金倫 附 金希祖.

裳, 추밀원사 金希祖를 보내어 경성을 지키게 하였다.[130] 김희조는 왕을 호종한 공로로 공 1등을 받았다.[131] 얼마 안 가서 사고로 인하여 順天府로 귀양갔다.[132]

德興君이 사변을 일으켰을 때 여러 州의 군대가 장차 서북면으로 가서 방어하기 위하여 경성 東郊에 집결하였다. 아직 군대가 출발하기 전에 平澤에 있는 군대가 반란을 도모하다가 처단되었다. 宰樞들이 토의한 결과 군대의 반란은 틀림없이 귀양갔거나 좌천된 재상들이 일으킨 것이라 하여 그들의 성명을 열거하여 극형에 처하려 하였다. 그때 李春富도 좌천되었었다. 왕이 말하기를 "김희조, 이춘부가 어찌 이러한 반란 도모를 하였겠는가?"라고 하고 명단에서 그들의 이름을 지워 버렸다. 비록 귀양갔지만 김희조는 이처럼 공민왕의 지우를 받았다.

金承矩는 공민왕 2년에 監察掌令에 임명되었다.[133] 이어 典議令으로서 江陵道存撫가 되었다. 그가 출발하기 전에 낭장 康伯顔과 싸우다가 그를 구타하였는데 강백안은 이전에 왕을 호종한 공로를 믿고 왕께 호소하였다. 왕이 노하여 김승구를 순군에 가두었다가 朴樹年의 청을 들어 용서해 주고 면직시키는 데 그쳤다. 후에 전라도 안렴사로 갔다가 병으로 돌아오는 도중에 죽었다. 김승구는 소행이 청렴결백하였다. 그러므로 중년에 일찍이 죽은 것을 사람들이 모두 애석하게 여겼다.[134]

목은 이색이 읊은 4수의 시가 언양김씨 가문을 잘 표현하고 있다.[135]

---

130) 『高麗史節要』 권27, 공민왕 11년 3월.
131) 『高麗史』 권110, 열전, 金倫 附 金希祖.
132) 『高麗史』 권110, 열전, 金倫 附 金希祖. 『高麗史』 권40, 공민왕 12년 5월 을미일 조에도 "밀직 상의 김희조를 순천으로 귀양 보내었다"라는 기록만이 있기 때문에 그 이유를 알 수 없다.
133) 『高麗史』 권38, 공민왕 2년 정월 무자일.
134) 『高麗史』 권110, 열전, 金倫 附 金承矩.
135) 李穡, 『牧隱集』 「牧隱詩稿」 권19, '金漁友求銘乃祖幽堂 因吟 四首.'

원나라 천자가 우리 고려를 돌볼 적에	大元天子撫桑墟
정렬공 가문이 처음 조서를 받들었으니	貞烈公家奉詔初
공 없는 여러 장수는 논하잘 것도 없이	諸將無功終不問
백 년 동안 태평이 여기서 비롯되었네	百年熙洽此權輿
시랑은 당시에 중서를 협찬하였거니와	侍郞當日贊中書
정렬공의 손자들은 여유작작도 하여라	貞烈諸孫裕有餘
술로 명칭 얻은 건 공의 아량 때문인데	以酒爲名公雅量
뭇사람 분주한 곳에 홀로 느긋했었네	衆奔馳處獨徐徐
찬성의 어진 아들은 한가한 삶을 즐기어	贊成令子樂閑居
늘그막엔 벼슬 버리고 초려에 누웠었네	到老休官臥草廬
내 일찍이 급암 댁에서 잠깐 뵈었었는데	曾向及菴叨半面
나도 이제는 벌써 백발이 성성해졌다오	吾今亦已鬢毛疎
찬성의 어진 손자는 옥호 청빙 같은 이로	賢孫淸潤玉壺如
성균관서 함께 놀던 꿈을 공허에 돌렸으니	泮水同游夢墮虛
급류에서 용퇴한 걸 나는 따를 수 없어라	勇退急流吾不及
어느 날 도롱이 입고 그대와 고기잡을꼬	綠簑何日伴君漁

위 시에 나오는 정렬공은 김륜을 가리킨다. 원나라 천자의 조서를 받들었다는 것은 김륜의 증조인 김취려를 말함이다. 그는 일찍이 수차에 걸쳐 契丹兵을 크게 격파하여 물리쳤고, 또 蒙古軍, 女眞軍과도 연합하여 거란병을 끝내 분쇄하기에 이르렀는데, 詔書를 받들었다는 것은 뒤에 東女眞이 사자를 보내어 김취려에게 말하기를, "과연 우리와 화호를 맺으려거든 의당 먼저 몽고 황제에게 멀리 禮拜하고, 다음은 우리 萬奴皇帝에게 예배해야 한다"고 하자, 김취려가 말하기를 "하늘에는 두 태양이 없고 백성에게는 두 임금이 없는 법인데, 천하에 어찌 두 황제가 있을 수 있단 말인가. 몽고 황제에게만 예배를 하고 만노에게는 예배하지 않겠다"고 하여, 바로 원나라의 前身인 몽고를 천자로 받들었던 데서 온 말이고, 백년 동안 태평이란 백여 년 남짓 되는 원나라의 歷年을 이른 말이다. 그리고 '시

랑'은 김취려의 아버지인 예부시랑 金富를 가리키는데 김부는 본디 무관
으로서 문관직인 예부시랑을 겸직하여, 고려시대에 무관으로 문관을 겸한
최초의 사례가 된 것을 지칭한 것이다.[136] '술로 명칭 얻은 건 공의 아량
때문인데'라고 한 것은 김륜이 매양 술자리마다 반드시 남보다 먼저 취하
여 갔다고 하였는데, 아마도 이것을 두고 한 말인 듯하다. '贊成'은 김륜의
아들로 벼슬이 첨의평리, 찬성사에 이른 김경직을 가리킨다. '及菴'은 김
륜의 사위인 閔思平의 호이다.

　고려의 문벌들을 살펴보면 누대 문벌을 유지한 가문은 3품 이상의 관
료들을 지속적으로 배출하고, 그에 인연하여 음서와 과거를 적절히 활용
하여 후손들이 계속 환로에 나서야만 한다. 그에 더하여 가세를 확장하기
위해서는 첫째, 고려 최고의 귀족인 왕실과의 통혼을 바라마지 않았다.
왕실이나 문벌의 입장에서나 상호간의 통혼을 바랐던 것이다. 왕권의 안
정과 왕실의 권위를 높이기 위해서는 당대의 최고 문벌을 골라 후비를 삼
으려 했던 것이며, 권귀의 입장에서는 왕실과의 통혼은 곧 家格을 높이고
정권을 장악하는 첩경이기도 했기 때문이다. 충선왕 때의 '宰相之宗' 역
시 그런 의미를 갖고 있었다. 언양김씨의 경우 김양감의 딸이 충렬왕비인
숙창원비가 됨으로써 외척 가문이 되었다. 그런데 외척으로 발전하기 위
해서는 먼저 왕의 후비를 내어야 하겠지만 후비가 된 다음에는 그 자녀가

---

136) '시랑'을 김부로 파악한 것에 대해 토론의 과정에서 시 첫 首에서 김취려를 읊고
　　난 뒤 두 번째 首에서 김취려의 아버지인 김부를 언급한 것은 잘못 해석한 것이라
　　고 하면서 시랑은 공민왕 관제 개혁 이후의 사정을 말하는 것이라는 지적을 받은
　　바가 있다. 공민왕 관제 개혁 이후의 상황을 담은 것이라면 세 번째 首에서 읊은
　　김경직, 혹은 다른 인물을 상정하여야 하는데 세 번째 首가 찬성의 아들, 네 번째
　　수가 찬성의 손자를 읊은 것으로 보아 김경직 등의 이력 등과 맞지 않는다. 그런
　　점에서 첫 번째, 두 번째 수에서 김륜의 조부와 그 증조부를 읊고, 세 번째, 네
　　번째 수에서 김경직의 아들, 손자를 읊은 시가 아닌가 한다. '시랑은 당시에 중서
　　를 협찬하였다'는 것은 고려시대에 무관으로 문관을 겸한 최초의 사례가 김부이므
　　로, 그것을 이색이 주목하여 읊은 것이라고 보는 것이 낫다는 생각이다.

다음 대의 왕이 되거나 후비가 되어야 한다. 역대 외척 가운데 국왕의 처가와 외가를 구비한 가문이 대표적인 외척가문이자 대표적인 문벌로 존재할 수 있었다. 그렇지만 원 간섭기에는 제1비가 원나라 공주이고, 거기에 난 자식이 다음 왕위에 올랐기 때문에 언양김씨를 비롯한 '재상지종'이 왕실의 외척으로서 고려 전기의 안산김씨와 인주이씨와 같은 권세를 누릴 수는 없었다. 둘째, 종묘배향공신을 배출하는 것 역시 가문의 위세를 확장시키는 것이다. 고려시대 인신으로서 최고의 영예는 국왕과 함께 종묘에 향사를 받는 禘祫功臣이 되는데 있다. 배향공신은 일반적으로 국가에 공로가 있고 평생에 대과없이 고관요직을 역임한 자로서 사망 당시의 국왕과 함께 배향되었다. 그러다보니 당대 집권세력의 권력관계를 논할 때 외척가문과 과거고시관인 '좌주'를 역임한 자와 함께 禘祫功臣을 들 수 있다. 언양김씨의 경우 김취려가 고종의 禘祫功臣이 되었고, 김변의 장인인 허공이 충렬왕의 禘祫功臣이 되었다. 고려후기 체흡공신 24명 가운데 조영인·조충 부자를 제외하면 한 가문에 2명 이상을 낸 가문은 없다는 점에서137) 언양김씨 가문이 이름을 떨칠 수 있었던 데 영향을 많이 미쳤을 것이다. 셋째, 가문을 유지하기 위해서는 과거고시관인 지공거를 배출하는 것이다. 앞에서 언급한 바와 같이 고려시대 과거는 사족의 등용문으로서 가장 선망의 대상이 되었고 또 고시관은 좌주와 문생이란 특별한 관계가 맺어지기 때문에 지공거에 선임되는 것은 문신으로서 최고의 영예였다. 지공거에는 일반적으로 당대를 대표하던 고급 문신이 선임되었는데, 예부상서·한림학사·지제고 등 문한직에 있는 자로서 지공거는 宰樞二府가, 동지공거는 卿監(3품)이 맡았다. 열전이나 묘지에서 개인의 이력과 공적을 기술할 때 반드시 지공거 역임을 기재하고 또 고시관으로서 많은 문사와 인재를 선발했다는 사실을 특기하고 있는 것은 科擧試官을 그만

---

137) 이수건, 1984, 『한국중세사회사연구』, 일조각, 235쪽.

큼 중시한 증거라 하겠다. 언양김씨의 경우 김변과 김희조가 동지공거를
배출하였다. 넷째, 고려시대의 경우 가문을 유지하기 위해서는 고승을 배
출하는 것이다. 고려왕조의 통치이념이 불교에 바탕을 두었다는 것은 재
론의 여지가 없지만 왕실과 문벌은 불교와의 상호보험적인 관계에 있었
다. 중세 사회에서 불교는 종교적 신앙의 대상일 뿐만 아니라 관혼상제의
일상예절마저 불교적 의식에 의해 치러졌다. 당시 사람들은 출생에서 죽
음에 이르기까지 일상의 삶을 불교에 기대고 있었다. 이런 연유로 불교는
교속 양권을 장악하고 있었다. 그런 점에서 왕실의 입장에서 왕권의 안정
은 교·속양계의 장악에 있었으니 왕자 중에 한쪽은 세속계로 나가고, 한
쪽은 출가하여 국사·왕사·대찰의 주지로서 불교계를 영도할 필요가 있었
다. 중앙의 문벌귀족과 재지세력들도 왕실과 마찬가지로 여러 아들 가운
데 한쪽은 출사하여 속권을 장악하고 다른 한쪽은 승려로 진출하였던 것
이다. 왕실과 마찬가지로 역대 지배세력들도 자기들의 세력기반을 구축하
기 위해서는 역시 교·속 양계로 진출하는 것이 소망스러웠던 것이다. 언
양김씨의 경우 이에 관해서는 절을 달리 해 살펴보기로 한다.

2. 出家와 불교계와의 관련성

고려시대 문벌귀족의 자제가 승려가 되었다는 기록은 『高麗史』에도
자주 발견되지만, 특히 고려묘지를 통해 볼 때 고려시대 대표적인 명문대
족으로서 자제 가운데 승려가 나지 않은 가문은 거의 없다. 고려가 법제
적으로 인민에게 '四子中一子' 또는 '三子中一子'의 出家爲僧을 허용하였
기 때문에 당연한 결과라 하겠다. 언양김씨의 경우도 예외 없이 출가하였
고, 이를 통해 불교계와 밀접한 관련을 맺고 있다.

김전의 다섯 아들 가운데 한 아들인 坦如가 출가하였음을 족보에서 확
인할 수 있다. 그렇지만 탄여의 경우 다른 사료에서 그 행적을 찾을 수

없다.

김전의 아들뿐만 아니라, 손자도 3명이나 출가하였다. 김양감의 아들인 김문연의 경우 어려서 중이 되었다가 환속하였다.[138] 그의 누이인 숙창원비도 다음의 기록에서 보다시피 보살계를 받았다.

> 왕이 중 紹瓊을 궁중에 불러다가 부처를 그리고 눈동자를 찍게 하였으며 華嚴經을 읽게 하였고 왕과 淑昌院妃가 菩薩戒를 받았는데 한희유는 승지 崔崇과 함께 "秘記에 이르기를 '임금이 남녘 땅 승려를 존경하면 반드시 나라가 망한다'는 말이 있으니 삼가하기를 바랍니다."라고 말하였더니 왕은 듣지 아니하고 갑자기 한희유를 좌중찬으로 삼았다.[139]

충렬왕과 숙창원비에게 보살계를 준 소경은 임제종 楊岐派의 고승인 鐵山이었다.[140] 일본의 靜嘉堂文庫에 소장된 「高麗國大藏移安記」(『天下同文』前集, 卷第7)의 기문에 의하면 철산화상이 고려의 산수가 아름답다는 소문을 듣고 관광하기를 바랐던 차, 고려 道俗의 요청이 있어서 충렬왕 30년(1304) 가을에 와서 3년간 머물면서 고려 왕실의 극진한 예우를 받으면서 檜巖寺, 금강산 楡岾寺 등 국내의 여러 사찰을 유람하였다.[141] 그러면서 江華 普門社에서 3권의 대장경을 보고, 그 가운데 許評의 부부가 봉안한 1본을 얻어서 江西 宜春縣의 大仰山으로 옮겼다.[142] 철산 소경은 충렬왕과 숙창원비에게 보살계를 준 것 뿐만이 아니라 사

---

138) 『高麗史』 권103, 열전, 金就礪 附 金文衍.

139) 『高麗史』 권104, 열전, 韓希愈.

140) "기묘일에 江南 지방의 중 紹瓊이 내조하였으므로 승지 安于器를 보내 교외에서 영접하게 하였다. 소경이 스스로 號를 鐵山이라 하였다. … 정해일에 왕이 여러 신하들을 인솔하고 예복을 갖추어 입고 소경을 수녕궁으로 맞아들이여 說禪을 들었다(『高麗史』 권32, 세가, 충렬왕 30년 7월)"고 한 기록을 통해 소경은 법명이고, 철산이라고 自號하였음을 알 수 있다.

141) 조명제, 2004, 『고려후기 간화선 연구』, 혜안, 163~164쪽.

142) 허흥식, 1986, 『고려불교사연구』, 일조각, 706~717쪽.

족 및 부녀자에 이르기까지 깊은 영향을 주었다. 權昍의 경우 그에게 출가까지 하였고,[143] 김변의 처인 허씨도 그에게 대승계를 받았다. 허씨는 말년에 출가하여 비구니가 되었고, 사후에 眞慧大師에게 추봉될 정도로 독실한 불교신자였다.[144] 김변과 허씨 사이에 난 네 아들 가운데 3남과 4남은 출가하여 중이 되었다. 3남 玄抃은 김변묘지명이 지어진 1301년 이전에 이미 출가하여 瑜伽業의 三重大師가 되어 있었고, 1324년에 지어진 김변처허씨묘지명에는 感恩寺의 주지가 되어 있었다. 4남 如璨은 김변묘지명에 '어리다[微少]'고 되어 있었지만 허씨 묘지명에는 가지산문에 투신한 후 首座에 네 번이나 뽑혔고, 상상과에 합격하여 명성을 떨쳤으며 선사에 임명되었음을 알 수 있다. 김변의 처 허씨, 김변의 두 아들만이 출가한데 그치지 않고, 김륜 묘지명에 의하면 "宗烜은 출가하여 華嚴師가 되었고, 達岑은 역시 출가하여 禪師가 되었다."고 한 것에서 보다시피 손자 두 명도 출가하여 각각 화엄사와 선사가 되었던 것은[145] 김변의 처 허씨의 독실한 불심의 영향뿐만 아니라 언양김씨 또한 불교계와 깊이 연결되었기 때문일 것이다. 앞에서 본 바와 같이 김문연은 어릴 적 승려였고, 그의 누이인 숙창원비의 경우 철산에게 보살계를 받았고, 충선왕 2년(1310)에 발원하여 畵師內班從事 金祐文에게 「楊柳觀音像」을 그리도록 하였다는 점에서[146] 언양김씨 가문은 불교와 깊은 관련을 맺고 있었다.

김변의 아들 종훤에 관해서는 정도전이 쓴 '화엄종사 우운을 전송한 시의 서'를 통해 그 행적을 알 수 있다.

---

143) 「權昍墓誌銘」 및 『高麗史』 권107, 열전, 權昍.

144) 「金賆妻許氏墓誌銘」.

145) 「金倫墓誌銘」.

146) 「楊柳觀音圖」(水月觀音圖)는 현재 일본 佐賀縣 唐津市 鏡町 大字鏡 鏡神社에서 所藏하고 있다. 일본에의 전래 경위에 대해서는 불명하지만, 덕성 2년(1391) 良賢이라고 하는 승려에 의해서 唐津市의 鏡神社에 봉납되었다고 전해진다.

送華嚴宗師友雲詩序 按 友雲은 珠公의 호이다. 濟生君을 봉받았다.

화엄종사 우운은 바로 시중 竹軒(金倫의 호임) 김공의 아들이며, 시중 息齋公(金敬直의 호)이 그의 형이다. 그는 어려서 화엄종에 투신하여 머리를 깎고서 賢首의 敎觀을 배웠다. 그 학이 통하자, 그는 압록강을 건너 遼東·瀋陽 등지를 경유하여 북으로 燕京에 들어갔다가 드디어 남으로 江浙에 노닐고 吳會까지 갔다. 몇 만리를 가고 오는 동안에 이르는 곳마다 尊宿들이 허여를 하고 儕輩들도 추앙하여, 以心傳心한 偈와 贈別한 시가 行裝 속에 가득 찼으니, 그는 善財童子의 기풍을 듣고 흥기한 자가 아니겠는가? 그는 귀국한 뒤로 아우 曹溪쑥公과 함께 이름이 있어서 공민왕의 知遇를 받아 이름난 사찰의 주지를 역임하다가 늙은 뒤에는 경주[鷄林]의 檀菴으로 물러가서 5~6년간 산수를 즐겼는데, 국가에서 억지로 그를 나오게 하여 八公山 符仁寺의 주지를 삼으니, 그 절은 실로 큰 사찰이었다. 얼마 안 가서 그를 松京 法王事로 맞이다 화엄종사로 삼아서 敎宗의 풍기를 부식시키고 후배들을 깨우치게 하였는데, 겨우 1년이 지나고는 떠나기를 간절하게 구하므로 국가에서는 부득이 그를 허락하였다. 그러자 한산 목은 선생이 시를 지어 그를 전송하니, 여러 사람들이 그를 이어 화답하는 자가 많았다. 그의 문인인 義砧이 선생의 명령을 가지고 와서 서문을 청하였다. 그러나 도전이 민첩하지 못하니 어떻게 지을 수 있겠는가? 김씨는 본디 三韓의 甲族으로 詩書·禮樂을 가정의 교훈으로 삼았으니, 공의 소양은 기본이 있다 하겠고, 華嚴은 법을 융화시켜 일체가 되고 이치에 통달하면 두 갈래가 없으니 공의 학문은 크다 하겠으며, 여러 곳을 두루 다니면서 널리 산천을 보고 많은 인물을 겪었으니 공은 觀感하여 얻은 것이 깊다고 하겠다. 이 세 가지를 가졌으니 어디에 간들 뜻을 얻지 못하겠는가? 그런데도 공은 더없이 순진하고 미련없이 돌아가며 담박하여 세상에서 구하는 것이 없으니, 그 행실이 높다 하겠다. 공이 물러가면 사람들은 나오게 하고, 공이 떠나가면 사람들은 생각하게 되는 것이 마땅하다고 하겠다. 이것이 제공들이 시를 노래하게 된 뜻이요, 도전이 감히 이로써 서문을 삼는다.[147]

위 사료에 의하면 화엄종사 友雲은 宗烜임을 알 수 있다. 그는 동생인 조계종의 선승 達쑥과 함께 공민왕의 知遇를 받아 팔공산 부인사 주지 등을 역임하였고, 개경의 법왕사에서 화엄종사로 활동하였다. 우운에 대하여 정도전은 시서·예악과 화엄의 이치를 통달하고, 널리 산천을 보고

---

147) 『三峯集』 권3, 「送華嚴宗師友雲詩序」.

많은 인물을 겪어 觀感하여 얻은 것이 깊다고 하였다. 鄭摠의 『復齋集』에 「題華嚴宗師友雲詩卷」이 있는 것이나,[148] 李詹(1345~1405)이 '游方袖有詩'로 평한 것으로 보아[149] 정도전의 평처럼 시에도 조예가 깊었음을 알 수 있다.

　김변은 충렬왕 27년(1301)에 향년 54세의 나이로 세상을 떠났는데, 장지가 대덕산 남쪽 기슭이었다. 불심이 깊었던 부인 허씨는 김변의 묘 근처에 感應寺를 지었다.[150] 김변의 묘와 감응사를 중심으로 자손들의 무덤이 모이기 시작하였다. 김변의 아들 김륜은 "대덕산 감응산 동남쪽 언덕의 문신공묘에 부장했다."고 하였고,[151] 김륜의 처 최씨의 경우도 "대덕산 감응사 동쪽에 있는 舅姑의 묘에 부장했다."고 하였다.[152] 이것은 고려후기가 되면서 부부·부자가 동일한 지역에 매장되는 경향이 보편화되어 갔으며, 그 결과 族墳이 형성되었다는 설명과[153] 부합하는 모습을 언양김씨 김변 가문에서도 발견할 수 있다.[154]

　언양김씨 가문을 통해 왕실과 마찬가지로 원 간섭기의 지배세력들도 자기들의 세력기반을 구축하기 위해서는 역시 교·속 양계로 진출하고, 불교계와 밀접한 관련을 맺고 있음을 확인할 수 있다.

---

148) 『復齋先生集』上, 「題華嚴宗師友雲詩卷」, "蟬聯胤冑自新羅 領首山門道氣多 飛錫曾遊燕塞雪 浮杯又亂浙江波 年垂八秩形如槁 法說三乘辯若河 擬向虎溪陪杖屨 秋風此別乃如何."

149) 『雙梅堂先生篋藏文集』권1, 「送華嚴宗師友雲還住所」, "玉泉曾駐錫 半面識當時 持戒心無累 游方袖有詩 野花初寂寂 園果正離離 雲向公山去 因之有所思."

150) 金賆妻許氏墓誌銘.

151) 金倫墓誌銘.

152) 金倫妻崔氏墓誌銘.

153) 김용선, 2004, 『고려 금석문 연구 - 돌에 새겨진 사회사』, 일조각, 188~197쪽.

154) 이익주, 2004, 앞의 논문, 152~153쪽.

Ⅲ. 조선 초기 언양김씨 가문의 관계진출과 정치적 위상

언양김씨는 무신정권시대 무신으로 득세하여 성장한 가문이었지만 김취려로부터 5대에 걸쳐 수상 내지 재상의 지위에 오른 사람만도 사위 3인을 합하여 모두 12명이나 되었고, 마침내 충렬왕 때 왕실과 혼인하여 왕실의 외척이 되었다. 그뿐만 아니라 당초 무반 가문이었음에도 불구하고 김변대부터 과거를 통해 관직에 진출하고, 과거고시관인 지공거까지 됨으로써 문무를 겸비한 가문으로 탈바꿈하였다. 이를 바탕으로 언양김씨는 당대의 명문인 해주최씨와 이중의 혼인을 맺은 것을 비롯하여 철원최씨·공암허씨·경주김씨·천안전씨·원주원씨·평양조씨·여흥민씨·성주이씨들과 혼인을 맺었다. 그 가운데에는 약간 성격이 다르거나 그렇게 떨치는 집안이 아닌 가문이 없지 않으나 대체적으로 당대의 명문으로 알려진 세족들이다.155) 당대의 세족가문과 왕실과의 혼인을 통해 혈연을 매개로 한 강력한 유대관계를 가진 언양김씨는 원 간섭기 명실상부한 '宰相之宗'으로서의 정치적 위상을 갖고 있었다.

언양김씨는 원 간섭기 '재상지종'으로서의 정치적 위상을 갖고 있었지만 원간섭기에 있었던 몇 차례의 개혁정치, 즉 충선왕의 개혁정치, 충숙왕의 개혁시도, 충목왕 대의 개혁운동, 공민왕의 개혁정치에 적극적으로 참여한 흔적이 거의 보이지 않는다. 그렇지만 공민왕 대까지만 하더라도 공민왕의 지우를 입었다. 그러나 우왕 이후 권문세족에서 신흥사대부에게로 권력의 중심이 바뀌어가는 상황 하에서 시대적 변천을 내다보고 앞선 활동을 한 인물을 배출하지 못함으로써 그 정치적 위상이 위축되었다고 볼 수 있다.

언양김씨 가운데 『高麗史』 열전 폐행에 이름을 올린 김취려의 증손인

---

155) 박용운, 2008, 『고려시대사』, 일지사, 605쪽.

金興慶은 아버지가 누구인지 알 수 없지만 어머니는 積善翁主 柳氏였다. 폐행이다보니 족보상에 김흥경이 등재되지 않았기 때문에 그 가계를 확인할 수 없다. 공민왕 때 선발되어 于達赤이 된 후 왕의 마음에 들어 內速古赤이 된 후 총애를 받아 三司左尹, 左右衛上護軍이 되었다. 공민왕이 子弟衛를 설치하여 김흥경으로 총관하게 하였다. "김흥경에 대한 왕의 총애가 극도에 달하고 온 나라의 권세가 그에게 집중되었다."고 할 정도였다. 우왕 즉위 후에 사형에 처해졌다.[156]

佺－良鑑－光啓－奕－用輝로 이어지는 가계에서 용휘와 그의 아들 金賞과 金穀이 고려 말 조선 초에 환로에 진출하였다. 金用輝의 경우 "김흥경이 代言에 임명되어 있을 때 상호군 金用輝가 김흥경에게 아부하였다"고 한 기록[157]으로 보아 김흥경의 도움을 받은 듯하다. 그렇지만 공민왕 때 왜구 격퇴에 공을 세운 무장이었기 때문에 김흥경이 제거되었음에도 불구하고 환로에 계속 있을 수 있었을 것이다. 우왕 2년에 密直商議로 양광·전라·경상도 助戰元帥가 되어 楊伯淵과 함께 班城縣에서 왜적을 무찌르는데 일조를 하였고,[158] 6년 3월에 왜적이 광주와 능성·화순현을 침범하자 김용휘 등이 나아가 막았다.[159] 그렇지만 8월에 왜적이 沙斤乃驛에 둔을 치자 원수 裵克廉 등과 함께 공격하였으나 패전하여 수경과 배언이 죽고, 죽은 장교와 군사가 5백여 명이나 되었다. 이로 인해 왜적이 드디어 咸陽을 도륙하였다.[160] 우왕 8년에는 북방의 定遼衛의 군대를 방비하기 위해 前知門下事商議 김용휘를 都按撫使 겸 부원수로 삼았다고 한 기록으로 보아[161] 그간 면직되었음을 알 수 있다. 우왕 9년에는 문하

---

156) 『高麗史』 권124, 열전, 폐행 金興慶.
157) 『高麗史』 권124, 열전, 폐행 金興慶.
158) 『高麗史』 권114, 열전, 楊伯淵 ; 『高麗史節要』 권31, 辛禑 5년 4월.
159) 『高麗史節要』 권31, 辛禑 6년 3월.
160) 『高麗史節要』 권31, 辛禑 6년 8월.
161) 『高麗史節要』 권31, 辛禑 8년 2월.

찬성사로서 서북면 도순찰사로서 변경을 방비하였다.162)

　김용휘의 경우 두 차례나 권력 다툼에 휩싸여 희생되었다. 첫 번째 사건은 우왕 5년의 양백연 숙청사건에 연루되었다. 양백연은 왜구의 격퇴에 공을 세워 그것을 믿고 교만하자 이인임, 임견미가 양백연이 몰래 처제를 간통한 것, 또 전 판사 李仁壽의 첩을 빼낸 것, 또 밤에 기병 수십 기를 보내 죽은 밀직 成大庸의 어머니 집을 포위하고 성대용의 별실로서 여승이 되어 절개를 지키는 여성을 강간한 것 등 사건을 규탄하게 하여 합주로 귀양보내었는데, 최영이 왕에게 말하기를 "상호군 全天吉이 일찍이 나에게 말하기를 '양백연이 두 시중을 모해하고 자기가 수상이 되려 한다'라고 하였으니 그 당파를 문초해 처벌하기 바랍니다"라고 한 것을 기화로 하여 고위 관직자들을 포함한 20명이 연루되어 죽임을 당하거나 관직에서 생겨난 사건으로 확대되었다.163) 이 사건의 경우 우왕이 양백연과 김도·홍중선 등을 자신의 후원세력으로 만들려고 하는 사실 때문에 이인임과 임견미, 최영이 불만을 품고 양백연 등을 숙청한 사건으로 여겨진다.164) 이때 판밀직사사였던 김용휘도 연좌되어 옥에 갇혔다. 그렇지만 김용휘는 양백연의 처형이었지만 양백연과 田民을 다투어 틈이 있었으므로 최영 등이 사건에 참여하지 않았을 줄로 인정하고 묻지 않고 석방되었다.165)

　한차례의 위기를 넘겼지만 결국 김용휘는 우왕 14년(1388)에 찬성사로 있다가 염흥방의 族黨으로 지목되어 죽임을 당하였다.166) 우왕 10년을 전후하여 범이인임세력과 무장세력의 공조가 임견미·염흥방 등이 지나치게 권력을 남용하면서 무장세력의 대표자격인 최영과 충돌하는 등의 일로

---

162) 『高麗史節要』 권32, 辛禑 9년 8월.

163) 『高麗史』 권114, 열전, 楊伯淵.

164) 이형우, 1999, 「고려 우왕대의 정치적 추이와 정치세력 연구」 고려대학교 박사학위논문, 103~117쪽.

165) 『高麗史』 권114, 열전, 楊伯淵.

166) 『高麗史節要』 권33, 辛禑 14년 정월 을유일.

인하여 점차 흔들리게 되었다. 더욱이 우왕이 외척과 측근의 양성을 통하여 후원세력을 다시 의욕적으로 양성하기 시작하였다. 그런 상황에서 임견미·염흥방 등의 불법이 가해지면서 우왕과 최영에 의해 숙청되었다.167) 이때 김용휘는 결국 염흥방의 족당으로 지목되어 죽임을 당하고 말았다.

김상은 「찬성공행장」에 의하면 무과에 급제하여 우왕 3년(1377)에 장령으로 이성계의 휘하에서 활약하였다고 한다. 그렇지만 고려시대에 무과가 시행된 것은 공양왕 3년이므로 이 기록은 의문이 간다. 권신 李仁任의 족질로 우왕 3년에 이인임과 池奫 사이에 틈이 생기자 이를 이간질하려 했다는 죄명으로 유배에 처해졌다.168) 그뒤 풀려나 우왕 13년(1387)에 밀직부사로서 全羅道助戰元帥로 임명되었다.169) 이것은 왜군이 전라도에 많이 출몰하였기 때문이다. 우왕 14년(1388) 요동정벌 때 조전원수로서 우군도통사 이성계의 우군에 속하였다.170) 그리하여 이성계의 위화도 회군에 참여하여 공양왕 3년에 회군공신을 수록하고 교서를 내렸을 때 교서에 "고 故領三司事 邊安烈 (중략) 진주등처병마절도사 金賞, 한양윤 金伯興 등은 그 몸은 죽었으나 그의 공을 잊어서는 안 되며"라고 한 기록171)을 통해 회군공신에 포함되었음을 알 수 있다. 그렇지만 김상은 왜적이 함양, 진주에 침입하자 절제사로서 구원하러 가서 왜적과 싸우다가 패배해 전사하였다.172) 왜구 격퇴에 공을 세웠던 김용휘-김상 부자의 죽음은

---

167) 이형우, 앞의 논문 204~211쪽.
168) 『高麗史』 권124, 열전 간신 池奫. 이에 관해서는 이형우, 1999, 앞의 논문 90~117쪽 참조.
169) 『高麗史』 권136, 열전, 辛禑 13년 11월.
170) 『高麗史』 권136, 열전, 辛禑 14년 4월 정미일.
171) 『高麗史』 권45, 세가, 공양왕 2년 4월 임인일.
172) 『高麗史』 권137, 열전, 신창 즉위년 7월 경유일, "왜적이 咸陽, 晉州에 침입하였으므로 節制使 金賞이 구원하러 가서 왜적과 싸우다가 패배 당하였다. 관군이 그를 구원치 않아서 김상이 말을 버리고 달아나다가 내장이 녹아서 죽었다. 그래서 體

언양김씨가 조선조에 들어와서도 거족으로서의 위상을 이어가지 못하였음을 상징적으로 보여주는 것이다.

김상은 「찬성공행장」에 의하면 조선 태조 조에 순성일대원종공신 태종백 좌찬성 언양군에 봉군되었다고 한다. 그렇지만 사서류에서 그것을 확인할 수 없다. 김상은 남원양씨 찬성 양관의 딸과 혼인하여 능성현령 金躍을 낳았다고 「찬성공행장」은 기록하고 있다. 金穀은 癸酉에 문과 급제하여 부사 소윤을 역임하였다고 하나 사서에서 확인할 수 없다.

金躍의 3자인 金季甫는 형제로 맏형 金孟甫와 둘째 형 金叔甫가 있다. 金季甫는 세종조에서 등과하여 刑曹都官正郞에 이르렀다. 단종이 폐위되고 세조가 왕위에 오르자 낙향하여 전라남도 곡성군 古達面 帶社里 鶊子江 나루터에 鰲戴亭을 짓고 세상을 피해 살았다. 은거하며 申叔舟의 동생인 歸來亭 申末舟와 가깝게 교유하였다. 단종이 승하하자 통곡하면서 말하기를 "지하로 上王을 따르리라" 하여, 근심하다가 병으로 죽었다. 오대정에서 읊은 시 몇 수가 전해진다.[173] 『신증동국여지승람』 함평현의 누정조에 觀政樓의 鄭麟趾 기문에 의하면 김계보가 함평의 수령으로 와서 관풍루를 지었다고 하였고, 김계보를 문무에 겸비한 인재라고 하였다.[174] 언양김씨의 김양감계가 지금까지 전라도에 많이 분포하게 된 계기

覆別監 李雍을 보내 국문하였던바 副鎭撫 河致東과 陪吏 波豆 등이 전일에 李蕡이 전사할 때에도 구원치 않았고 이번에도 또 구원치 않았으므로 그를 죽였다. 또 都鎭撫 河就東 등 13명에 대하여는 곧장 1백 도씩 때리었다."

173) 『용성속지』 ; 『전라문화의 맥과 전북인물』 ; 언양김씨대종회(http://unyang kim. or.kr/).

174) 『신증동국여지승람』 권36, 전라도 함평현 누정조, 觀政樓 鄭麟趾의 기문에, "누관을 짓는 것이 정치하는 데에 무슨 관계가 있으랴마는 국가가 다스려지고 문란한 자취나 고을이 창성하고 쇠퇴한 유래를 여기에서 엿볼 수 있다. 예전에 單襄公이 陳縣을 지나다가 숙박할 곳이 없자 진이 앞으로 망할 것을 알았고, 공자가 蒲에 들어가서 담과 집이 견고한 것을 보고 仲由(子路)의 선정을 알았다. 대체로 조정이 도리를 잃으면 정치와 법령이 가혹하고 아전이 용렬하고 백성이 원망하고 고을이 쇠락하고 피폐하게 되니, 어찌 누관이 설치되기를 바라겠는가. 반드시 조정

가 이 때문이라고 할 수 있을 것이다.

　조선시대에 언양김씨로서 『조선왕조실록』 등의 사서류에 이름을 뚜렷

　이 맑고 밝아서 정사가 닦여진 뒤에야 수령의 자리에 인재를 얻어 백성이 편안하고 재물이 풍부해져서 여러 가지 피폐한 것이 모두 부흥하여 주군이 창성하고 정치가 날로 융성해지는 것이다. 우리 국가는 밝은 임금과 어진 신하가 서로 만나서 안팎이 태평한 지 50년이 넘었다. 여러 고을의 수령은 모두 그 선발하여 임명함을 잘하였다. 더욱 함평은 바다 곁에 있고 토지가 비옥하다. 바다 곁에 있으므로 경비가 해이하지 않고, 토지가 비옥하므로 백성이 많으니, 반드시 문무를 겸비한 인재라야 비로소 수령이 될 수 있는데, 오늘날에 있어서는 金季甫가 바로 그 사람이다. 부임한 지 1년 만에 아전에게 위엄이 행해지고 백성에게 은혜가 더해지고 七事는 여러 고을 중에 으뜸이어서 일을 처결하고 사람에게 응접하는 것이 넉넉하고 여유가 있었다. 이윽고 마음속으로 생각하기를, '누각과 연못은 다만 놀고 구경하는 것일 뿐 아니라 번거로운 걱정을 씻고 성정을 즐겁게 하여, 침울함을 물리치고 시원함을 맞아들일 수 있는 것인데, 이 고을에는 그것이 없으니, 어찌 使命을 존경하여 접대하는 데에 하나의 결함이 되지 않으랴.' 하고, 곧 일이 없는 중들을 모아 재목을 벌채하고 기와를 굽고 객사 동쪽에 터를 잡아 계해년 정월에 일을 시작하여 몇 달이 지나서 낙성했다. 갑자년 여름에 단청하였는데, 사치하지도 누추하지도 않았으며, 재물은 관가에서 나오지 않았고 역사는 백성에게 미치지 않았는데, 발돋움한 듯이 높이 솟고, 새가 나는 듯이 펴졌으니, 고을 사람들이 보고 놀라며 신기하다고 하였다. 또 그 곁에 못을 파고 연을 심었는데 넓이가 두어 畝나 되니, 또한 한 누각의 좋은 경치이다. 아아, 김군이 정치할 줄 아는 사람이로다. 내가 상상하건대, 함평의 고을됨이 산세는 길게 잇달아 북에서 왔는데 소나무와 대나무가 울창하고, 넓은 들이 멀리 뻗어 남쪽이 틔었고 내의 흐름이 물을 대기에 적당하고 멀리 바라보면 잇달은 봉우리와 겹친 산이 구름 연기 자욱한 안개 사이에 감추었다가 비치고 나왔다가 들어가고 하여, 가을달과 봄바람에 기상이 천만가지로 다르다. 예전에는 사람은 사람대로 경치는 경치대로 있었는데 지금은 모두 헌함과 기둥, 책상 앞에 다 모였다. 이 누각에 오르는 사람이면 누구든 그 쇄락한 정신과 넓직한 도량과 활달한 기상과 한가로운 흥취를, 굽어보고 우러러 보는 사이에서 얻지 않겠는가. 밭 갈고 짐승 치고 고기 잡고 나무하는 사람들이 노래 부르고 서로 이야기 하며 허리 구부리고, 끊임없이 오고 가고, 새들이 날아다니고, 소 말이 흩어져 있는 것에 이르러서는 또한 일시의 즐거운 구경이다. 지금 知諫院 牟君이 내게 말하기를, '함평은 내 고향이요, 당신도 일찍이 구경하였는데, 기문과 시가 없을 수 없으니, 부디 나를 위해 지어 주십시오.' 하며, 아울러 이름을 붙여 주기를 청하니, 내가 사양해도 안 되어 관정이란 두 글자로 편액하노라." 하였다.

이 남긴 인물은 金赭이다. 그는 좌정승 부원군 김륜의 증손이고, 부사 金
可器의 손자이고, 고려 同知密直司事로서[175] 조선이 개국하여 原從功臣
에 서훈된 金受益[176]의 아들이며, 어머니는 鄭弘義의 딸이다. 태종 8년에
"李稷 등이 뽑은 김자 등 33인을 仁政殿에서 覆試하여 魚變甲으로 제일
을 삼고, 변갑에게 校書副校理를 제수하였다"는 기록을 통해[177] 김자가
과거에 급제하였음을 알 수 있다. 태종 12년(1412)에 김자는 承政院注書
로서 풍해도의 풍우 곡식 피해 사실의 실사를 위해 파견된 바가 있다.[178]

태종 16년(1416)에 문과 重試에서 이조정랑으로 장원을 하여 直藝文
館에 임명되었다.[179] 그 이듬해 장령 김자가 직관으로 있을 때 감찰방에
모여 술 마시고 上妓를 불렀다고 하여 避嫌하고 仕進하지 않았다.[180] 세
종이 즉위하여 경연을 처음 열었을 때 檢討官으로 경연에 나아가 『大學
衍義』를 강론하였고,[181] 백관을 거느리고 국학에 거동하여 명륜당에서
조용으로 하여금 『洪範』을 강하게 하니 김자 등이 정초와 곽존중, 권도와
함께 논란을 벌였다.[182] 그로 인해 세종 2년 집현전의 인원수를 정하고
관원을 임명할 때 김자는 종3품의 直提學에 임명될 수 있었고,[183] 사신이
성균관에 가서 문묘를 배알한다고 할 때 집현전 직제학인 신장과 김자를

175) 김수익은 고려 공양왕 4년(1392) 정월 기유일에 동지밀직사사로 임명되었다(『高
麗史』 권45, 세가, 공양왕 4년 정월 기유일).
176) 『太祖實錄』 권2, 태조 1년 10월 정사(9)일.
177) 『太宗實錄』 권15, 태종 8년 3월 신유(12)일.
178) 『太宗實錄』 권24, 태종 12년 8월 임술(10)일.
179) 『太宗實錄』 권32, 태종 16년 8월 병자(17)일. 성현이 찬한 『용재총화』에 의하면
   이때 "이조정랑 김자가 병조좌랑 양여공과 같이 과거장에 들어갈 새 양은 글에 능
   하고 김은 호걸스러웠다. 저녁에 글을 다 지으니 김이 양에게 이르기를 네가 시골
   내기로 병조랑관이 되었으니 그만하면 족하다 하고 즉시 시권을 빼앗아 이름을
   고쳐 써서 냈더니 김이 드디어 장원으로 뽑혔다"고 하였다.
180) 『太宗實錄』 권34, 태종 17년 8월 계사(10)일.
181) 『世宗實錄』 권1, 세종 즉위년 10월 계미(7)일.
182) 『世宗實錄』 권2, 세종 즉위년 12월 병자(1)일.
183) 『世宗實錄』 권7, 세종 2년 3월 갑신(16)일.

가사예로 삼고,[184] 원자에게 『소학』을 가르치게 한 것,[185] 그리고 세자 右輔德에 임명한 것[186] 등은 김자의 학문적 능력을 높이 평가함 때문일 것이다.

김자는 세종 4년에 同副代言에 임명되어[187] 누천하여 세종 8년에 우대언에 임명되었다.[188] 이듬 해 인정전 문과전시 때 대독관이 되었다. 뒤에 관직이 좌대언에 이르렀다.

김륜 – 김경직 – 金復生 – 金汶으로 이어지는 김문의 아버지 김복생은 「서헌공(김문)행적」황가선대부 공조전서를 지냈다고 하지만 실록 등에서는 확인되지 않는다. 김문(미상~세종 30년 : 1448)은 가난한 집안에서 태어났으나, 어려서부터 학문에 증진하여 세종 2년(1420) 식년문과에 병과로 급제, 성균관에 들어갔다. 세종 17년(1435) 文名으로 集賢殿修撰에 뽑히었고, 사신과의 강론을 대비하기 위해 注簿가 되었다.[189] 이듬해 집현전부교리, 그 이듬해 집현전직제학으로 승진하였다. 1446년에 집현전이 抗疏하여 時事를 논할 때와 鄭昌孫의 방면을 청하는 집현전의 모임에 참여하지 않아 비난을 받기도 하였다. 1448년 四書를 번역하는 사업을 주관한 공으로 陞資되면서 발탁이 예상되었으나 갑자기 죽었다. 1455년(세조 1)에 原從功臣에 추록되었다. 그의 학통은 정몽주에서 권근을 거쳐 그에게 이어졌다고 『東國文獻錄』에 실려 있다. 經史子集의 모든 분야에 밝았고, 특히 사학에 정통하여 궁중에 기거하면서 세종 때의 文運에 이바지하였다. 그러나 正音廳의 國文字 보급계획에는 崔萬理 등과 함께 반대하였다.[190]

---

184) 『世宗實錄』권8, 세종 2년 4월 기유(11)일.
185) 『世宗實錄』권11, 세종 3년 1월 을해(12)일.
186) 『世宗實錄』권13, 세종 3년 10월 을묘(26)일.
187) 『世宗實錄』권18, 세종 4년 12월 병신(13)일.
188) 『世宗實錄』권33, 세종 8년 9월 갑오(4)일.
189) 『世宗實錄』권67, 세종 17년 3월 계사(21)일.

김문은 세종이 義鹽의 法을 창립하려는 것에 대해 염법의 편의여부를
논의하자는 다음과 같은 상소문을 올렸다.

> 집현전 직제학 金汶 등이 上書하기를, "그윽이 들으니 국가에서 義鹽의 법
> 을 창립한다 하니, 국가를 유족하게 하고 백성을 편하게 하려는 것이나, 법이
> 서면 폐단이 생기는 것은 필연한 형세입니다. 이 법이 한 번 서면 어찌 다른
> 날에 소금을 전매하고 억지로 분배하는 폐단이 생기지 않겠습니까. 소금을 전
> 매하고 억지로 분배한 폐단은 前史에 갖추 실려 있고, 성상께서도 보시어 분명
> 히 아시는 것입니다. 하물며 국가에서 법을 세움에는 반드시 정부·육조·대간·
> 侍從으로 하여금 편안한 것을 익혀 살핀 연후에 행하는 것인데, 지금 큰 법을
> 세우면서 관장하는 提調에게만 의논하게 하시고 여러 사람에게 묻지 않으시
> 니, '정치를 도모할진댄 虞나라를 스승 삼아야 한다'는 뜻에 어긋남이 있습니
> 다. 더군다나 근년 이래로 수재·한재가 서로 겹치어 백성이 의뢰하여 살 수가
> 없는데, 금년에 더욱 심하니, 바로 백 가지 영위하는 일을 쓸어 없애고 흉년
> 구제에만 전심할 때를 당하였는데, 편하고 편하지 않은 것을 시험하고자 하여
> 別監을 나누어 보내어 각도에서 소금을 구우니 불가한가 하옵니다. 원컨대, 鹽
> 法의 편의 여부를 정부·육조·대간·시종으로 하여금 반복하여 상량 논의하게
> 하시면 심히 다행이고, 또 시험하는 일도 풍년든 한 곳에 한 사람을 보내어 시
> 험하면, 그 나머지도 알 수 있을 것입니다. 엎드려 聖上의 재가를 바랍니다."
> 하니, 임금이 말하기를, "내가 여러 대신으로 더불어 상량하고 의논한 것이 이
> 미 10여 년이니 여러 사람에게 묻지 않고 갑자기 행한 것이 아니다. 또 내가
> 이일을 옳다고 하여 억지로 행하려는 것이 아니고 우선 편하고 편하지 않은 것
> 을 시험할 뿐이다. 나는 원래 백성과 이익을 다투고 싶은 마음은 없다." 하고,
> 인하여 承政院에 이르기를, "집현전의 말이 옳다. 여러 도에서 농사가 조금 잘
> 된 한 고을[一邑]을 골라서 각각 별감을 보내게 하고, 여러 고을의 숨은 鹽戶는
> 수색하여 들추지 말게 하라."하고, 드디어 柳規를 경기에, 金浣之를 충청도에,
> 田稼生을 전라도에, 安質을 경상도에, 鄭之夏를 강원도에, 申自守를 황해도에
> 보냈다.191)

다음 날 세종은 김문 등에게 본궁 장리를 內需所義倉이라 고치어 다시

---

190) 『世宗實錄』 권103, 세종 26년 2월 경자(20)일.
191) 『世宗實錄』 권109, 세종 27년 9월 을해(5)일.

2, 3州郡에 설치하여 시험하고, 호조로 하여금 주장하게 하면 어떻겠는가
라고 묻자 "文公이 社倉을 두자는 古事에 의하여 士類로 하여금 주장하
게 하소서."라고 의견을 개진하였다.[192] 그리고 호조에서 楮貨를 쓰기를
청하니 이에 대한 古制를 상고하여 진언하였고, 세종이 鐵錢의 便否 여부
를 의논하게 하였다.[193] 이처럼 경제분야에 대해서도 자기 주관을 분명히
갖고 있었다. 또 부모의 喪期는 천자로부터 서인에까지 귀천의 구분이 없
음을 상서하였다.[194]

저서로는 세종 18년 왕명에 의해 이계전과 함께 펴낸 『資治通鑑訓義』[195]
및 辛碩祖 등과 함께 편찬한 『醫方類聚』가 있다.[196]

세종 30년 김문이 죽자 김문에 대한 평이 『世宗實錄』에 다음과 같이
실려 있다.

> 집현전 직제학 金汶의 葬事에 賻儀하는데 棺槨과 쌀 10석, 종이 70권을
> 썼다. 汶의 字는 潤甫인데, 세계가 본디 寒微하여, 사람들이 말하기를, "그 어
> 머니가 무당노릇을 하여 紺嶽祠에서 먹고 지냈다"고 하였다. 汶은 침착하고
> 重厚하여 말이 적고, 젊어서는 학문을 즐겨 하였다. 과거에 급제하여 성균관에
> 들어와서 여러 번 옮겨 注簿가 되었고, 을묘년에 集賢殿修撰으로 뽑혀 直提
> 學까지 승진하였다. 經書와 子史에 연구하여 궁달하지 않은 것이 없고, 그 학
> 문은 통달하면서도 고루하지 아니하며, 박학하면서도 능히 精深하여서, 義理
> 의 의심날 만한 것이나 典故의 상고할 만한 것을 묻는 자가 있으면, 즉시 대답
> 해도 문득 맞으므로, 당세가 모두 탄복했으며, 임금도 또한 중히 여겼다. 그러
> 나 능히 저술을 하지 못하여 무릇 글을 지으려면 반드시 동료에게 지어 달라고
> 하였다. 사람됨이 아집적이고 권모술수가 있어, 밖으로는 청렴하고 정숙한 것
> 같으나, 안으로는 실상 욕심이 많으며, 자기에게 아첨하는 사람은 좋아하고 아
> 부하지 않는 자는 미워하였다. 鄭麟趾가 일찍이 汶에게 대면하여 말하기를,

192) 『世宗實錄』 권109, 세종 27년 9월 병자(6)일.
193) 『世宗實錄』 권110, 세종 27년 10월 임자(11)일.
194) 『世宗實錄』 권111, 세종 28년 3월 계사(26)일.
195) 『世宗實錄』 권74, 세종 18년 7월 임술(29)일.
196) 『世宗實錄』 권110, 세종 27년 10월 무진(27)일.

"학문이란 心術을 바르게 함을 가장 귀히 한다." 하니, 汶이 부끄러워하고 한스럽게 여겨, 제자 梅佐를 데리고 뜰에 서서 하늘을 쳐다보며 밤새도록 자지 아니하였다. 병인년에 집현전에서 抗疏로써 시사를 하나하나 들어서 논할 적에 汶은 병을 핑계하고 나오지 아니하였으며, 또 執義 鄭昌孫 등이 言事로써 옥에 갇혔을 적에 온 집현전이 詣闕하여 용서해 주기를 청하였으나, 汶만이 홀로 참여하지 않았으므로, 당시의 여론이 비루하게 여겨 말하기를, "金汶은 六經을 통하였으나 아무짝에도 쓸모 없다." 하였다. 이에 이르러 汶을 명하여 四書를 譯述하게 하고, 특별히 자급을 승진시켜 바야흐로 장차 뽑아 쓰려고 하였는데, 中風으로 暴死하였다. 汶이 항상 禁中에 있을 적에 그 배운 것을 배우는 사람들에게 전해 주지 않으므로, 사람들이 자못 한스럽게 여기었다.197)

세종~성종연간에 활동한 金瓘은 『世宗實錄』, 『文宗實錄』, 『世祖實錄』, 『成宗實錄』, 『國朝榜目』에 이름을 남기고 있다. 이에 의거해 그 환력을 정리하면 다음과 같다. 세종 29년(1447) 사마시에 합격하고, 문종 1년(1451) 증광문과에 정과로 급제, 승문원정자에 임명되었으나, 처가 장사치의 무늬있는 비단을 절취한 사건에 연루되어 황해도 敬天站으로 귀양가서 그곳 驛吏가 되었다. 세조 2년(1456) 어머니 徐氏의 간청으로 귀양에서 풀려나게 되었다. 세조 7년(1461) 都官左郎으로 대마도경차관 金致元의 종사관이 되어 대마도에 다녀왔으며, 전라도경차관을 거쳐 세조 11년(1465)에는 예조정랑에 이르렀다. 세조 13년(1467) 李施愛의 난이 일어나자 龜城君 浚의 종사관으로 활약한 공으로 精忠出氣敵愾功臣 2등에 녹훈되고 宗簿寺正에 임명되었다. 이듬해 강원도관찰사로 있을 때, 낙산사의 조성비용을 민간에서 지나치게 거둬들였다는 혐의를 받아 부호군으로 좌천되었으나, 뒤에 낙산사의 조성공사가 무사히 끝나자 도리어 論賞되었다. 예종 1년(1469) 충청도관찰사를 거쳐 황해도관찰사로 전임되었으나 도적을 잡지 못하였다고 하여 체직되었다. 성종 6년(1475) 영안도관찰사를 역임하고, 성종 10년(1479) 동지중추부사로 천추사가 되어 명나라

197) 『世宗實錄』 권119, 세종 30년 3월 무술(13)일.

에 다녀왔으며, 이듬해 彦陽君에 봉해졌다. 성종 12년(1481) 전주부윤을 지내고, 성종 14년(1483) 謝恩使가 되어 다시 명나라에 다녀왔으며, 성종 15년에 전라도관찰사에 이르렀다. 전라도 금구의 六松祠宇에 모셨다.[198]

직장공 金湅의 아들인 金四知의 경우 『국조방목』에 성종 23년의 別試에서 병과 11등으로 합격하였음이 기록되어 있다. 성종조 사간원 正言으로 있으면서 환관과 의관에게 함부로 벼슬을 준 일에 대해 논계하고,[199] 홍복사의 불사를 수창한 자를 국문할 것을 청하는 등[200] 강직하였다. 金宗直의 문인으로 무오사화 때 교리 姜輯과 함경도 홍원으로 귀양을 가 살다가 별세하니 후손들의 入北祖가 되었다고 한다.[201]

金穀－金何遜－金石川－金自修로 이어지는 김자수는 『국조방목』에 의하면 중종 2년(1507)의 增廣試에서 병과 21등에 합격하였다. 중종 19년에 영천군수 재임중 탐오하다 하여 대간이 파직을 청했으나 풍문만으로 파직할 수 없다 하였다.[202] 그 후 영광군수로 옮겼다가 試官으로 입시하여 출제한 뒤에 파직되었다.[203]

이상에서 『조선왕조실록』 등의 사서류와 『국조방목』 등에 나오는 언양김씨의 환력을 살펴보았다. 언양김씨 족보에는 더 많은 인물이 관계에 진출한 것으로 되어 있지만 그것은 제외하였다. 고려시대에 비해 관계 진출이 훨씬 미치지 못하였다. 그래서 조선 성종조의 成俔이 『慵齋叢話』에서 언급한 15세기의 대표적인 名門 '鉅族' 75개 성관에는 언양김씨가 포함되지 않았다. 그런 점에서 언양김씨는 고려조에 비해 조선시대에 그 정

---

198) 『練藜室記述』 별집 권4, 祀典典故.
199) 『成宗實錄』 권288, 성종 25년 3월 병신(7)일.
200) 『成宗實錄』 권288, 성종 25년 4월 신미(13)일.
201) 언양김씨대종회(http：//unyangkim.or.kr/)
202) 『中宗實錄』 권51, 중종 19년 8월 을묘(23)일·8월 신유(29)일.
203) 『中宗實錄』 권51, 중종 19년 8월 신유(29)일, 『中宗實錄』 권52, 중종 19년 12월 계묘(13)일. 鄭士龍(1491~1571)의 『湖陰雜稿』의 「書金自修畵軸」이 언양김씨의 김자수라면 그림에 조예를 가졌다고 볼 수 있다.

치적 위상이 떨어졌다고 볼 수 있을 것이다.

IV. 맺음말

고려시대 언양김씨는 무신정권시대 무신으로 득세하여 성장한 가문이 었지만 김취려로부터 5대에 걸쳐 수상 내지 재상의 지위에 오른 사람만도 사위 3인을 합하여 모두 12명이나 되었고, 마침내 충렬왕 때 왕실과 혼인 하여 왕실의 외척이 되었을 뿐만 아니라 종묘배향공신도 배출하였다. 그 뿐만 아니라 당초 무반 가문이었음에도 불구하고 김변대부터 과거를 통해 관직에 진출하고, 과거고시관인 지공거까지 됨으로써 문무를 겸비한 가문 으로 탈바꿈하였다. 이를 바탕으로 언양김씨는 당대의 명문인 해주최씨와 이중의 혼인을 맺은 것을 비롯하여 철원최씨·공암허씨·경주김씨·천안전 씨·원주원씨·평양조씨·여흥민씨·성주이씨들과 혼인을 맺었다. 그 가운 데에는 약간 성격이 다르거나 그렇게 떨치는 집안이 아닌 가문이 없지 않 으나 대체적으로 당대의 명문으로 알려진 세족들이다. 당대의 세족가문과 왕실과의 혼인을 통해 혈연을 매개로 한 강력한 유대관계를 가진 언양김 씨는 원 간섭기에 명실상부한 '宰相之宗'으로서의 정치적 위상을 갖고 있 었다.

언양김씨 내에서 김양감 – 김문연의 가계는 주로 무적 능력을 구비하면 서 무장으로서의 활약이 두드러진 점이 있다. 그에 반해 김변 – 김륜 가계 는 상대적으로 문적 능력을 구비하면서 문인으로서 활약이 뛰어났다. 김 양감 – 김문연 가계에 비해 상대적으로 과거를 통해 관직을 획득하였고, 동지공거를 배출하는 등 문학적 자질을 갖고 있었다고 할 수 있다.

언양김씨는 원 간섭기 '재상지종'으로서의 정치적 위상을 갖고 있었지

만 원간섭기에 있었던 몇 차례의 개혁정치, 즉 충선왕의 개혁정치, 충숙왕
의 개혁시도, 충목왕대의 개혁운동, 공민왕의 개혁정치에 적극적으로 참
여한 흔적이 거의 보이지 않는다. 결국 고려말 권문세족에서 신흥사대부
로의 권력의 추가 바뀌어가는 상황 하에서 시대적 변천을 내다보고 앞선
활동을 한 인물을 배출하지 못함으로써 그 정치적 위상이 위축되었다고
볼 수 있다. 그것은 김전의 4대 이후에 언양김씨 가운데『高麗史』나 조선
조의『조선왕조실록』에 등장하는 인물이 현저하게 줄어들었음을 통해 확
인할 수 있다. 조선 성종조의 成俔이『慵齋叢話』에서 언급한 15세기의
대표적인 名門 '鉅族' 75개 성관에는 언양김씨가 포함되지 않았다. 그런
점에서 언양김씨는 고려조에 비해 조선시대에 그 정치적 위상이 떨어졌다
고 볼 수 있을 것이다.

【참고문헌】

1. 저서

김용선, 2004, 『고려 금석문 연구 - 돌에 새겨진 사회사』, 일조각
박용운, 1990, 『고려시대 음서제와 과거제 연구』, 일지사
박용운, 2008, 『고려시대사』, 일지사
이수건, 1979, 『영남사림파의 형성』, 영남대민족문화연구소
이수건, 1984, 『한국중세사회사연구』, 일조각
장동익, 1994, 『고려후기외교사연구』, 일조각
조명제, 2004, 『고려후기 간화선 연구』, 혜안
허흥식, 1986, 『고려불교사연구』, 일조각

2. 논문

민현구, 1974, 「고려후기의 권문세족」 『한국사』 8, 국사편찬위원회
이익주, 1988, 「고려 충렬왕대의 정치상황과 정치세력의 성격」 『한국사론』 18, 서울대 국사학과
이익주, 2006, 「묘지명 자료를 통해 본 고려후기 관인의 생애 - 金賆(1248~1301)의 사례 -」 『한국사학보』 23
이형우, 1999, 「고려 우왕대의 정치적 추이와 정치세력 연구」 고려대학교 박사학위논문

제3장 羅末麗初 변혁기 慶州地域

I. 머리말

고려왕조의 성립과 후삼국의 통일은 고대사회에서 중세사회로의 질적 전환, 혹은 중세사회 내부에서의 성립기(南北國時期)에서의 발전기로의 단계적 발전으로 이해되기도 한다.[1] 고대에서 중세사회로의 질적 전환으로 보던, 중세내부의 단계적 발전으로 보던 간에 전 시대에 비해 첫째, 정치참여층의 확대, 둘째, 사적 토지소유의 진전과 수취체제의 변화, 셋째, 사상·학문의 다원화, 넷째, 민족의 동질성 회복과 민족의식의 성장 등이 이루어졌다고 본다.[2] 이러한 역사 발전의 궤는 멸망의 비운을 맛본 앞 왕조, 특히 그 수도인 경주에 어떻게 작용하였는가? 본고는 이에 초점을 두고 한국사의 보편성 속에 각 지역사가 어떠한 특수성을 갖고 있는가를 추적해보고자 하는 의도에서 경주를 살펴보기로 한다.

---

1) 성립기에 비해 발전기의 경우, 첫째, 常耕農法이 보급되면서 소유권에 입각한 토지 지배의 발달과 함께 田柴科 제도가 실시되어 전보다 훨씬 체계적이고 일원적인 收租權 분급제도가 갖추어져, 중세 토지제도의 토대가 강화되었고, 둘째, 골품제가 해 체되고 良賤制가 정비되어 이를 매개로 농민지배가 이루어지고, 지배층 안에서 신 분적인 차별이 해소되면서 지방세력이 중앙권력에 참여하였고, 중앙집권이 강화되 었으며, 세째, 불교는 여전히 일상생활을 지배하면서 유교가 정치이념의 지위를 굳 혀갔다고 한다.

2) 『고려시대사 강의』 한국중세사학회, 늘함께, 1997.

신라의 멸망, 나아가 고려의 후삼국통일로 말미암아 한국사의 주도권이 경주를 중심으로 한 경상도 지역에서 개경을 중심으로 한 중부지방으로 옮겨감에 따라 경주는 돌연 일국의 수도의 위치에서 벗어나 오직 지방의 한 거점도시로서의 기능만을 지닌 채 수도 개경에 종속되어가면서 급격한 변화를 강요받았다. 그러나 한국사의 커다란 특징이 국가성립 이후 지금에 이르기까지 중앙집권적인 사회구조로 일관되어 왔기 때문에 이에 대한 주목보다는 신왕조의 지배세력이 어떻게 형성되어 전개되어 나가는 가에 초점이 두어져 왔다. 따라서 고려의 문벌귀족은 중부지역의 호족계 무사집단과 문적 능력을 갖고 있는 육두품계의 신라계를 축으로 하여 성립되었다는 점을 주목하면서 주로 이들에 대한 관심만을 보여주었다. 본고는 이러한 연구경향을 비판하고자 하는 의도에서 당초 집필을 시작하였다.

II. 신라말의 경주지역

진한의 한 소국인 사로국의 발상지인 경주는 사로국이 삼국의 하나로서, 나아가 통일신라로 발전해가는 과정에서 그 수도로서 번영을 구가하였다. 통일 이후 9주 5소경제를 근간으로 한 군현제의 정비는 왕경 위주의 사회구조를 지향하는 골품제와 더불어 경주의 발전을 더욱 촉진시켰다. 신라의 삼국통일로 인해 통일전쟁에 참여한 촌주층과 일반 민들에게 그 반대급부가 주어졌지만 골품제에 기반한 수도 경주 위주의 사회구조는 그 지배의 강도를 더욱 공고히 하였다 한창 때의 경주가 17만여 호가 되었다거나 35 金入宅이 있었다거나 숯으로만 밥을 지어 연기가 나지 않았다는 이야기는 경주의 번영의 정도를 짐작케 해준다. 그러나 이러한 경주의 융성은 왕경과 지방의 균형적 발전에서 비롯된 것이 아니라 어디까지나 지방민들로부터의 과도한 조세수취와 역역동원의 결과에서 비롯된 기형적 발전의 결과이다. 결국 신라 하대에 접어들면서 이에 대한 지방민들의 저항이 나타나게 되었다.

하대사회에 접어들어 치열한 진골귀족의 분열과 대립, 왕권쟁탈전으로 말미암아 통치질서가 붕괴되었고, 이에 따른 대지방통제의 어려움이 나타나게 되었다. 진성여왕대의 여러 군현의 조세거납은 그 단적인 예이다.[3] 이를 계기로 농민항쟁의 격화, 이를 빌미로 삼은 성주·장군들의 자립은 마침내 후삼국 정립을 가져오게 되었다. 그럼에도 불구하고 무너져가는 신라왕조에서 기득권을 유지하고자 발버둥을 치고 있었던 신라왕실을 비롯한 진골귀족 및 이에 기생하고 있었던 육두품 귀족들은 아직 신라의 부흥을 믿어 의심하지 않았다. 그 대표적인 예는 최치원에게서 찾아진다. 흔히 그는 가야산 해인사에 은거한 이후 반골품·반신라 태도를 보여주었다고 인식되고 있지만 그가 쓴 '海印寺妙吉祥塔記'(진성여왕 9년 ; 895년 건립)에서 최치원은 성주·장군으로 불리우는 호족, 나아가 후백제 견훤이나 태봉의 궁예에 의해 야기된 兵亂을 황소 난의 연장선상에서 파악하고, 이들을 '惡中惡', 도적의 무리나 마귀의 군대로 간주하고 있다. 이들의 난이 결국 황소의 난처럼 진압될 수 있는 것으로 여겼다. 이처럼 아직 대다수의 육두품을 포함한 신라인들은 신라왕조의 중흥에 매달려 있었다.[4]

이들에게 의식전환의 일대 계기를 제공한 것은 927년에 있었던 후백제 견훤의 경주 침입이었다.[5] 후백제와 고려의 틈바구니에서 줄타기를 계속하면서 비교적 약세인 고려에 대한 우호적 입장을 유지함으로써 그 존립의 기반을 확보하고자 하였던 신라의 태도는 후백제의 침공을 불러들였다. 후백제 견훤은 高鬱府(永川)를 공격하고, 내친 김에 경주로 내달아

---

3) 『三國史記』 卷11, 眞聖女王 3年, "三年 國內諸州郡 不輸貢賦 府庫虛竭, 國用窮乏 王發使督促 由是 所在盜賊蜂起."

4) 金晧東, 1986, 「崔殷含-承老 家門에 관한 硏究 - 新羅六頭品家門의 高麗門閥貴族化 過程의 一例-」 『嶠南史學』 2, 영남대 국사학회.

5) 『三國史記』 卷12, 景哀王 4년 11월조 및 『高麗史』 卷1, 太祖 10년 9월조 참조.

경애왕을 죽이고 경순왕을 즉위시킨 후 물러났다. 견훤이 경주에 머문 기
간은 거의 보름이나 되었지만 이에 대한 어떠한 저항도 없었고, 견훤이
물러간 후 그가 내세운 경순왕의 즉위에 대한 부당성의 제기도 전혀 없이
그를 용인하는 분위기였다. 여기에는 왕경의 함락을 듣고 달려온 고려 태
조 왕건이 공산전투에서 대패하여 겨우 단신으로 달아난 사건이 큰 영향
을 끼쳤을 것이다. 더욱이 공산전투 이후 고려는 후백제에게 거듭된 패배
를 겪는 상황하에서 신라는 위축되어 이에 대한 문제 제기의 형편에 있지
못하였다.[6]다만 이후 신라는 후백제와 고려가 신라의 영토 내에서 주도
권 쟁탈을 벌이는 동안 방관자적 입장에서 쳐다볼 뿐이었다. 이러한 일련
의 사태는 신라인에게 신라 자체의 역량의 한계성을 일깨워주기에 충분하
였다. 오직 좌절감과 패배의식에 사로잡힌채 이제 신라인들은 신라의 존
립 가능성에 대한 의문을 스스로에게 던지면서 생존을 위한 선택의 기로
에 서게 되었다.

930년의 고창전투 후 후삼국 쟁패의 주도권이 고려로 넘어가면서 자국
소속의 여러 군현들이 고려에 귀부하는 상황[7] 하에서도 신라는 이에 대

---

6) 甄萱이 金傅를 왕으로 세운 사실에 주목하여 견훤과 김부세력의 밀착설을 제기하면
  서 경애왕의 살해는 김부세력의 묵인 내지 내응에 의한 것으로 보고, 경순왕 즉위
  후의 신라정부는 견훤의 괴뢰정부로서 견훤의 영향력이 신라에 미쳤다고 보는 견해
  가 있다(曺凡煥, 1991,「新羅末 朴氏王의 登場과 그 政治的 性格」『歷史學報』129).
  이에 한 걸음 더 나아가 신라의 고려에로의 귀부에도 견훤이 일정한 역할을 담당한
  것으로 보기도 한다(申虎澈, 1993,「甄萱政權의 對外政策」『後百濟 甄萱政權 硏究』,
  일조각). 그러나 견훤의 경주 침공은 사전에 계획된 것이라기보다 갑작스럽게 이루
  어진 것 같고, 또 양자 사이에 밀착되었다는 정황도 보이지 않는다. 이에 대한 비판
  은 全基雄의『羅末麗初의 政治社會와 文人知識層』(혜안, 1996, 132~133쪽)에서 일
  부 지적되고 있다. 비록 견훤이 신라 왕경을 범하고 왕을 교체까지 하였지만 이에
  대한 사전 계획이 없이 갑작스럽게 이루어진 행위였기 때문에 이후의 사태에 대한
  어떤 구상도 없이 견훤은 물러났고, 더욱이 고려와의 계속되는 전투의 와중에서 신
  라에 대한 영향력의 행사를 별반 할 수 없는 상황 하에서 그나마 신라의 존립이 가
  능하였고, 또 경순왕의 견훤에의 경사 역시 나타나지 않는다고 보아야 할 것이다.
7) 고창 전투 이후 永安(永川), 河曲(河陽), 直明(安東), 松生(靑松) 등 30여 군현과 신

한 대책마저 수립할 수 없는 분위기였다. 이제 신라에 남아있는 경순왕 이하 지배층들은 자신의 기득권을 유지할 수 있는 유일한 방법은 고려에 자진 항복하는 길뿐이었다. 고창 전투 직후 태조가 사신을 보내어 승전을 알리니 경순왕이 교빙의 예를 답하는 동시에 서로 만나보기를 청하여 고려 태조 왕건이 경주를 방문하여 3개월가량이나 머물다가 돌아간 사실을 통해서 이미 신라의 국운이 다하였음을 알 수 있다. 그럼에도 불구하고 약 5년 후 신라의 항복이 이루어진 것은 항복의 조건을 둘러싼 양국의 지리한 줄 당기기의 계속 때문이기도 하지만 무엇보다도 후백제가 갖는 억지력[8]과 항복에 반대하는 세력들의 마지막 저항의 기세였기 때문이었을 것이다. 그 편린의 모습이 귀부를 최종 결정하는 군신회의의 모습에서 엿볼 수 있다.

> 群臣의 議論은 혹은 可하다고 하고 혹은 不可하다고 하였다. 왕자가 말하기를 "나라의 존망에는 반드시 천명이 있습니다. 오직 마땅히 忠臣 義士와 더불어 민심을 수합하여 스스로 굳게 지키다가 힘이 다한 후에 말 것이지 어찌 일천년 사직을 하루아침에 쉽게 남에게 내어줄 수 있겠습니까" 하였다. 왕은 "외롭고 위태함이 이와 같아 형세는 능히 온전히 할 수 없으니 기왕 강하지도 못하고 또 약하지도 못하여 무죄한 백성들로 하여금 참혹히 죽게 하는 것을 내가 차마 할 수 없다"하고, 侍郞 金封休로 하여금 國書를 가지고 가서 태조에게 歸附를 청하게 하였다. 왕자는 통곡하며 辭別하고 곧 皆骨山으로 들어가 바위에 의지하여 집을 짓고 麻衣와 草食으로 일생을 마쳤다.(『三國史記』卷 12, 敬順王 9年 10月)

마지막 군신회의에서마저 군신 및 태자의 반대가 있었다는데서 그간 이들의 저항이 만만찮았음을 짐작할 수 있다. 그러나 귀부가 결정된 후

라 동부의 溟州에서 興禮府에 이르는 110여 성이 고려에 항복하였다.

8) 후백제가 갖는 억지력은 935년 8월에 후백제에 내분이 일어나 견훤이 고려에 귀부하는 사태로 인해 더 이상 효력을 발휘할 수 없게 되었다. 이 사건은 신라가 항복을 결정하는 군신회의 개최의 촉매제로 작용하였을 것이다.

태자마저 저항의 길을 택하기보다는 개골산에 들어가 일생을 마쳤다는 기록을 통해 이들의 저항은 시간이 갈수록 현저히 약화되었음을 알 수 있다. 그러나 경순왕이 '무죄한 백성들로 하여금 참혹히 죽게 하는 것을 내가 차마 할 수 없다'고 한데서 그동안 고려로부터 집요하게 귀부에 대한 요구가 있었고, 그 막다른 골목이 바로 이 군신회의의 개최였음을 알 수 있다.

항복이 결정된 후 경순왕이 백료를 이끌고 경주를 출발하여 개경으로 향할 때 士庶들이 모두 따라 이들의 행렬이 30여리에 이르렀고 沿路 주현의 供億이 심히 盛한 상황9)하에서 귀부를 부정하는 어떠한 조직적인 저항도 기대할 수 없었다. 태자가 개골산에 들어가 일생을 마치고, 季子 梵空이 화엄종 승려가 되어 불문에 몸을 담을 수밖에 없었던 것은 이러한 현실에서 비롯된 것이다.10) 귀부에 반대한 세력들은 고려로부터 거세당하고 결국 신라에서 가졌던 모든 기득권을 내어놓지 않으면 안되었을 것이다.11)

비록 멸망한 국가의 군주였지만 경순왕은 納土歸附한 대가로 고려로부터 政丞의 자리, 고려 태자보다 높은 지위, 새로 지어준 神鸞宮, 해마다 천석의 祿을 받았다.12) 또 태조 왕건의 장녀인 樂浪公主와 혼인까지 하였다.13) 그를 따라온 侍從員將들도 모두 錄用됨으로써 이들은 고려 문벌귀족으로의 성장을 보장받았던 셈이다.14)

---

9)『高麗史』卷2, 太祖 18年 11月 甲午.

10)『三國遺事』卷2, 金傅大王.

11) "前朝五道兩界驛子津尺部曲之人 皆是太祖時逆命者 俱當賤役."(『太祖實錄』卷1, 太祖 元年 8月 기사)이라 하였는데, 이것은 楊水尺의 존재나 毅宗 때 申淑이 鄭誠의 先祖에 관한 언급을 하면서 "鄭誠之先 在聖祖開創之時 逆命不臣 錮充奴隷 區別種類."(『高麗史』卷122, 列傳, 宦者 鄭誠)라고 한데서 확인된다.

12)『高麗史』卷2, 太祖 18年 12月 壬申.

13)『高麗史』卷2, 太祖 18年 11月 甲午·癸卯·癸丑.

14)『三國遺事』卷2, 金傅大王 ;『高麗史』卷2, 太祖 18年 12月 壬申. 이때 귀부한 경순

경순왕과 그 侍從員將들이 納土歸附와 함께 황급히 경주를 떠난 후 그
들이 남겨둔 지역은 어떻게 되었는가를 다음의 자료를 통해 살펴보기로
한다.

1) 新羅를 고쳐 慶州라 하고 공의 食邑으로 삼았다.(『三國遺事』卷2, 金傅
   大王)
2) 태조 18년에 신라왕 金傅가 來降하였으므로 新羅國을 없애고 慶州로 삼아
   傅로 하여금 本州의 事審을 삼아 副戶長이하 관직 등의 일을 주관하게 하
   였다. 이에 諸功臣에게도 또한 이를 본받아 각각 그 본주의 사심으로 삼으
   니 事審官은 이에서 비롯되었다.(『高麗史』卷75, 選擧3, 事審官)
3) 太祖가 처음에 慶州를 두고 (金)魏英으로 州長을 삼았는데 富佾의 曾祖이
   다.(『高麗史』卷97, 金傅佾傳)
4) 天福五年庚子 廣平(評)省吏 白文色 以除羅號 爲安東大都護府 邑號, 慶
   州司都督府 大改差慶州堂祭拾.(『東都歷世諸子記』)

'신라를 고쳐 경주로 하였다'는 위 기록들은 이제 경주는 일국의 수도
로서의 위상을 떠나 이제 고려의 중앙통치조직의 하부단위인 군현조직체
계상의 한 단위로 자리매김되었음을 의미한다. 군현조직체계의 한 단위로
자리매김된 경주의 실질적 통치는 州長에 임명된 김위영을 통해 이루어
졌다. 이와 동시에 경주는 경순왕 김부의 식읍이 되었고, 이곳의 사심관
에 김부를 임명하였다. 이것은 경순왕 김부의 납토귀부에 대한 반대급부
의 성격을 지닌 것이지만 일면 경주에 대한 통치차원에서의 고도의 정치
적 고려 차원에서 이루어진 것이다. 경주를 김부의 식읍으로 삼았다고 하
지만 이 식읍은 고대의 인신적 지배의 장으로서의 성격이 형해화된 상태
에서 지급된 것으로 경주 자체가 수여된 것이 아니다. 김부가 식읍으로
경주를 받았다고 하지만 경주 전체를 그가 완전히 지배하고 수취한 것은

왕과 그 侍從員將에 관해서는 全基雄, 『羅末麗初의 政治社會와 文人知識層』(혜안,
1996, 130~160쪽)이 참조된다.

아니다. 실제 기록상에도 김부는 경주의 호 가운데 8,000호를 받았을 뿐이다.[15] 도리어 경순왕 김부의 사심관 임명이 주목된다. 앞에서 본 바와 같이 경주에 대한 통치는 김위영이 맡아보았다. 그에 대한 이력은 현재 전혀 알 수 없지만 진골귀족으로서 일정한 정치세력을 갖고 있었을 것이다. 이 점 때문에 고려 태조 왕건이 그를 경주의 주장으로 임명하였을 것이다. 그러나 일면 그의 세력이 확고하게 뿌리를 내려 자립성을 확보하게 된다면 고려정부로서는 부담이 되지 않을 수 없을 것이다. 그에 대한 견제의 필요성에서 사심관이라는 제도를 창안하고, 경순왕 김부를 이에 임명하게 되었을 것이다. 특히 여기에서 주목되는 것은 김부로 하여금 부호장 이하 관직 등의 일을 주관케 하였다는 것이다.[16] 결국 경주에 대해 경순왕 김부와 김위영을 대립시킴으로써 서로의 긴장과 갈등 국면을 이끌어 냄으로써 조화와 균형을 통한 효과적 경주 지배가 이루어졌던 것이다.

고려는 후삼국 통일을 완수하자 경순왕 김부와 김위영의 두 축을 통해 대립과 견제를 통해 경주를 통치해오던 방식에서 탈피하여 보다 직접적인 통치를 위한 조처를 단행하였다. 자료 4)에서 보다시피 廣評省吏 白文色의 주도하에 신라지역에 安東大都護府를 설치하고 경주를 慶州司都督府를 두고 堂祭 10명을 개차한 조처는 이러한 의도에서 이루어진 것이다. 위의 天福五年庚子는 태조 23년(940)에 해당한다. 태조 23년은 공신의 책정, 전국 군현의 명칭의 개정, 토성의 분정이 이루어진 해이다. 태조 23년의 군현제에 개편에 대해서는『高麗史』世家와 地理志 서문에서 단순히 주부군현의 이름을 고쳤다('改州府郡縣號',·'始改諸州府郡縣名')는 기록 만이 전할 뿐이고, 지리지 각 군현조에서는 16개 군현이 확인될 뿐이

---

15) 『高麗史節要』卷1, 太祖 18年 12月.
16) 성종 2년 정비된 향리직제로 인해 '副戶長' 이 등장한다. 경주의 경우 자료 4)에서 보다시피 堂祭의 칭호가 사용되었다. 따라서 자료 3)의 '부호장'은 후대의 자료가 이입된 것이다. 그러나 호칭의 문제와는 별도로 향리 등의 관직에 대한 장악은 경순왕 김부에게 있었다고 보아도 무방할 것이다.

다. 이 때문에 그에 대한 의미 부여가 주어지지 않거나 평가절하를 하고 있는 실정이다. 최근 윤경진은 고려 태조 23년의 군현 명호 개정은 신라의 군현제를 기반으로 하여 통일전쟁기의 변화를 수용한 것이라고 하면서, 우선 군현의 명호 개정은 성읍으로 분해된 지방사회를 다시 군현의 영역으로 획정하는 의미를 갖고 있으며, 군현의 운영체계 역시 신라의 군-영현체계에 따라 이루어지고 있다고 한 견해가 제시되었다. 이 견해에 따르면 고려사 지리지 초기 연혁의 '高麗初 更今名 來屬' 등의 사료를 군현 명호의 개정과 같은 하나의 시점으로 처리하여 현종대와 같은 내속이 시행된 것으로 볼 수 없고, 이 기록은 막연한 시점의 표현으로 명호개정과 내속은 별개 사건으로 보아야 한다고 하면서, 태조 23년의 명호 개정과 현종 9년의 내속이 혼합된 것으로 보고 있다.[17] 이 견해는 시사하는 바가 크지만 태조 23년의 군현제 개편에 대한 이와 같은 견해는 자료 4)의 경주에 안동대도호부를 설치하고 당제 10명을 개차한 사실과 결부시켜 볼 때 문제점을 안고 있다.

우선 改差된 慶州 堂祭 10명에 대해서는 현재 분명히 알 수 없지만 뒷날 군현 향리의 상층부를 이루고 있는 戶長·副戶長과 같은 존재들이 아닌가 한다. 현종 9년에 제정된 향리정원에 의하면 1,000丁 이상의 군현은 戶長·副戶長의 정원이 12명이었음을 감안하면 그러한 추정이 가능할 것 같다. 따라서 태조 23년 당시의 당제 정원 12명 가운데 10명을 교체한 것으로도 볼 수 있고, 또 당시의 정원이 10명이었다가 현종조에 이르는 동안 12명으로 확대되었다고도 볼 수 있을 것이다. 설혹 위의 '당제'가 호장들과 같은 존재들이 아니었다고 하더라도 중앙의 官人에 의하여 지방의 행정기구와 관리 등이 개편·통제되고 있었음은 분명한 사실이다. 이를 통해 태조 18년에 이곳의 주장으로 임명된 김위영의 권한이 중앙정부로

---

17) 윤경진, 1996,「고려 태조대 군현제 개편의 성격 – 신라 군현제와의 상관성을 중심으로 – 」『역사와 현실』 22, 한국역사연구회.

부터 부정되고 있음을 알 수 있다. 실제 사료상 김위영의 존재는 더 이상 찾아지지 않는다. 아마도 고려정부로부터 정치적으로 제거당한 때문이 아닌가 한다. 대신 이곳에는 안동대도호부가 설치되었다.

도호부는 원래 중국에서 새로 정복한 새로 정복한 변경의 이민족을 통치하기 위한 군사적 지방통치기구이다. 고려의 경우 개국과 동시에 처음 설치한 평양대도호부는 이 제도를 본따서 변경의 여진인을 통치하기 위하여 평양에 설치한 것이다. 태조의 영토적 야심이 있는 곳에 중앙군이 주둔하는 도호부와 도독부를 설치한 예는 태조 18년에 남방의 후백제에 대비하여 천안도독부를 설치한 것이 있으며, 후삼국을 통일한 후 후백제의 舊土와 舊民을 통치하기 위하여 태조 19년에 설치된 것으로 여겨지는 안남도호부는 새로 정복한 지방의 군사적 통치를 위한 필요에서 설치된 것이다. 안남도호부는 태조 23년에 전주로 개칭됨에 따라 없어지게 되었다.[18] 그러나 자료 4)의 安東大都護府, 혹은 慶州司都督府는 이와는 성격을 달리한다. 우선 경주에 설치된 것이 도호부와 도독부가 별개로 설치된 것은 아니고 양자는 둘중 어느 하나일 것이다.[19] 이때 이를 설치한 것에 대해 경주에 중앙군을 배치하여 새로 降附해온 新羅의 舊土와 舊民을 감시하려고 했던 것으로 추정하기도 하지만 경순왕의 납토귀부가 태조 18년에 이루어진 뒤 5년 뒤의 사실을 단순히 이렇게 단언하기는 문제가 있다. 더욱이 후백제의 구토와 구민을 통치하기 위해 설치된 안남도호부가 이때 없어진 점을 감안한다면 이 지역의 안동대도호부의 설치는 다른 각도에서 조망해볼 필요성이 있다. 이를 위해 다음의 자료를 음미해보기로 한다.

---

18) 李基白, 1965, 「高麗地方制度의 整備와 州縣軍의 成立」『조명기박사화갑기념불교사학논총』 ; 1977, 『고려병제사연구』, 일조각, 184~185쪽.
19) 이에 관해서는 앞의 이기백의 책 187쪽 참조.

5) (慶尙)道在高麗初 合慶尙·楊廣·全羅等三道 稱爲東南海道 置一都部署使
　　後以都部署使韓冲所報 東南海道廣 分爲三道 始置慶尙晋安東道按廉使
　　(『慶尙道地理志』)

6) 末王金傅降附於高麗太祖 以國都爲慶州 天福己亥 改爲安東大都護府 邑
　　號慶州司 始爲東南海都部署使本營

7) 太祖幷新羅百濟 置東南道都部署使 置司慶州(『高麗史』地理志, 慶尙
　　道序)

　　우선 자료 6)의 天福己亥年은 태조 22년이 아니라 자료 4)의 天福五年
庚子, 즉 태조 23년의 오기일 것이다. 5)~7)을 통해 알 수 있는 것은 고려
태조 왕건이 신라와 백제를 병합한 후 이곳을 통치하기 위해 東南(海)道
를 설치하고 都部署使를 두었다.[20] 그러나 도부서사는 자료 6)의 내용으
로 미루어 보아 처음엔 상주관원이 파견된 것은 아니었으며, 태조 23년에
접어들어 경주에 안동대도호부를 설치하고, 이곳을 도부서사의 본영으로
삼고 상주관원을 두었다고 볼 수 있다. 이로써 보면 아마도 안동대도호부
사와 도부서사의 직임은 겸직이었을 가능성이 크다. 결국 경주에는 중앙
군단이 상주하고 그 통솔 책임자로서 안동대도호부사겸동남해도부서사가
중앙에서 파견되었다고 볼 수 있다. 이를 바탕으로 경주의 재향세력으로
구성된 당제 10명이 개차되고 그 정점의 위치에 있었던 주장 김위영 역시
정치적으로 제거되었다고 볼 수 있다. 이것은 곧 경순왕의 경주에의 영향
력 또한 상대적으로 축소됨을 의미하는 것이고, 경주지역을 위시한 신라
지역, 나아가 후백제 지역이 이제 고려정부의 완전한 지방행정단위의 하
나로 자리잡았음을 말해주는 것이다.

---

20) 金南奎는 「高麗都部署考」(『史叢』11, 1966, 고려대 사학회)에서 '동남해도부서사는
　　경상도 지방을 중심으로 이 방면 해역을 관할하는 船兵都部署였다'고 하고, 그 도부
　　서사는 '후방에서 해상의 경비를 담당하고 있었다.'고 하였다. 반면 김윤곤은 「高麗
　　郡縣制度의 硏究」(경북대학교 박사학위논문, 1983)에서 '동남해도도부서사의 기능
　　은 단순히 해상의 경비만을 담당하고 있었던 것이 아니고, 그 지방의 행정적 통치
　　권까지 장악하고 있었던 것 같다'(76쪽)고 하였다.

경주의 경우 당제 10명의 개차에만 그친 것이 아니라 6부의 명칭도 고 쳤다.[21] 梁部를 中興部로, 沙梁部를 南山部로, 本彼部를 通仙部로, 習比 部를 臨川部로, 漢祇部를 加德部로, 牟梁部를, 長福部로 고친 것이 그 내 역이다. 그런데 이것은 당제 10명의 개차의 예로 보아 단순한 6부 명칭의 개편에 그 목적이 있었던 것이 아니라 고려 지방통치 질서의 확립을 위 한 새로운 6부 조직 편제의 차원에서 행해진 행정조직의 구조적 개편을 위한 조처일 것이다. 이것은 경주에 합속된 군현들을 통해서도 확인할 수 있다.[22]

『三國史記』地理志의 良州管內 郡縣 중에 '今合屬慶州' 즉 高麗時代 에 이르러 慶州에 合屬되었던 郡縣이 많다. 慶州에 合屬된 郡縣은 다음 〈표 1〉과 같다.

〈표 1〉 新羅 良州관내 군현의 고려 군현으로의 合屬관계

新羅 景德王 時		高麗時合屬處	摘 要
郡名	縣名		
東安郡		慶州	
	虞風縣	蔚州	
臨關郡		慶州	
	東津縣	蔚州	
	河曲(西)縣	蔚州	
商城郡		慶州	
	莫耶停	慶州	
	南畿停	慶州	
	中畿停	慶州	
	西畿停	慶州	

---

21) 『高麗史』地理志 東京留守官條를 살펴보면 동경유수관의 변천과정 기술 말미에 "경 주를 태조 23년에 대도독부로 승격시키고 그 州 6부名을 고쳤다."고 기록하고 있다.
22) 이하 경주에 합속된 군현들에 관한 언급 및 이후 경주의 연혁에 관해서는 김윤곤의 앞의 학위논문의 내용을 요약한 것이다.

	北畿停	慶州	
大城郡		清 道 郡	
	東畿停	慶州	
	約章縣	慶州	

〈표 1〉에서 볼 수 있는 바와 같이 新羅時代의 東安·臨關·商城 등 3郡과 虞風·東津·河曲(西)·約章 등 4縣 및 東·西·南·北·中畿·莫耶 등 6停 중에서, 虞風·東津·河曲(西) 등 3縣은 高麗時代에 이르러 蔚州에 合屬되고, 그 나머지 3郡·1縣·6停 등은 모두 慶州에 合屬되었다. 이것은 新羅時代의 郡縣體系가 高麗時代에 이르러 해체되어 새로운 지방조직 속에 어떻게 편제되어 나갔던가를 볼 수 있는 예이다. 高麗時代에 이르러 商城郡이 慶州에, 大城郡은 清道郡에, 각각 合屬됨에 따라 6停들도 해체되어 慶州에 合屬되고 말았다. 高麗時代 慶州에 合屬된 郡縣들의 지리적 위치에 대해서 金正浩는 『大東地志』에서 다음과 같이 밝히고 있다.

商城(郡) 西十里 本新羅高墟村地 爲西兄山郡 景德王十六年 改商城郡.(『大東地志』 卷7, 慶州 古邑)

臨關(郡) 東南四十五里 本毛伐郡 一云 毛火 一云蚊火關 景德王十六年 改臨關郡.(同上)

約章(縣) 東南三十五里 本新羅惡支 一云阿支 景德王十六年 改約章爲大郡領縣.(同上)

이에 의하면 商城郡은 경주에서 서쪽 10里에, 臨關郡은 동남쪽 45里에, 約章縣은 동남쪽 35里에 각각 위치하고 있다. 또 그의 「大東輿地圖」(제17장)에서도 각각 그 거리의 지점에 商城·臨關·約章 등의 古縣 표시를 그려 놓았다. 그 위치는 오늘날 행정구역상으로 商城郡은 乾川邑 一帶, 臨關郡은 外東面 一帶, 約章縣은 陽北面 一帶 등지에 해당한다. 따라서 신라시대의 군현 중에서 고려시대에 이르러 경주에 합속된 것은 대략 오늘날 慶州市의 인접지역 및 月城郡의 일부 지역 등지에 위치하고 있었던 군현들로 추정된다. 그리고 그 合屬의 시기는 太祖 23年에 慶州를 大都督府로 승격시키고 6部名을 고친 시기와 때를 같이 한 것이 아닌가 한다. 만약 이 추정이 용인된다면, 당시 6부명을 고친 것은 단순한 명칭만의 개칭이 아니라 慶州大都督府의 邑治구역을 확대 정비위한 개편작업이었다고도 할 수 있다. 따라서 고려 태조 23年에 경주대도독부의 6部개편과 당제 10명의 개차 등은 그 邑治구역의 정비작업과 管內郡縣의 효과적 통치를 위한 조처였다. 이제 경주지역은 중앙통치조직의 하부단위인 군현조직체계상의 한 단위로 자리매김됨으로써 커다란 변화를 맞이하게 된 것이다.

특히 여기에서 하나 음미해볼 점은 후백제를 무력으로 정복한 후 안남도호부를 설치하여 중앙의 군사력을 상주시켜 이 지역에 대한 직접적 지배를 추구한 고려정부가 태조 23년에 와서 도호부를 폐지하고 전주로 개칭함으로써 일반 행정적인 군현조직체계로 전환한데 반해 경주에 이와 달리 도리어 안동대도호부를 설치하고 있다는 점이다. 신라가 자진 항복을 하자 신라의 수도였던 경주에 대해서는 주장 김위영과 사심관 경순왕 김부를 상호 대립시켜 경주에 대한 간접지배를 하던 고려정부가 후백제를 멸망시킨 후 동남해도부서사를 설치한후 태조 23년에 와서 경주에 안동대도호부를 두고 동남해도부서사의 본영을 이곳에 둠으로써 간접 지배방식에서 직접 지배로의 전환을 시도하고 있다. 이것은 그간 후삼국 통일후 고려의 중앙통치권력이 안정화됨으로써 대지방통치능력의 제고로 인한 자신감에서 경주를 직접 통치하고자하는 의도에서 나온 것이다. 그간 경주는 경순왕의 자진항복으로 인해 일찍 고려의 영토가 되었지만 일면 이러한 현상은 신라의 구세력들이 잔존함으로써 이들을 통해 간접지배의 방식을 취하지 않을 수 없던 측면도 있었다. 바로 그 점이 경주통치의 어려움이기도 하였다. 그러나 태조 23년에 접어들면서 여기에 안동도호부를

설치하여 정면돌파를 시도하면서 주장 김위영을 제거함으로써 김위영을
정점으로 하는 이곳 지역민들의 세 결집 양상의 소지를 없앨 수도 있었을
것이다. 이제 경주의 통치는 경주민으로부터 중앙에서 파견된 외관의 손으
로 넘겨지고, 그 산하 행정실무를 담당하던 당제들도 중앙정부에 의해 개차
됨으로써 고려의 완전한 통치조직의 한 단위로 자리잡게 되었던 것이다.

그후 성종대에 이르러 안동대도호부는 東京留守官으로 개편되면서
〈표 2〉와 같은 조직체계를 갖추게 되었다.

〈표 2〉 東京留守官職制(『高麗史』 卷77, 百官志2, 外職條)

官職名	品 階	人員數	備 考
留守使	3品 以上	1	① 睿宗 11年에 判官을 少尹으로 개칭
副留守	4 〃	〃	② 忠烈王 24年에 東京을 雞林府로 고치고
判官	6 〃	〃	尹·判官·司錄·法曹 등을 두었다고 함.
司錄·參軍事	7 〃	〃	
掌書記	7 〃	〃	
法曹	8 〃	〃	
醫師	9 〃	〃	
文師	9 〃	〃	

이로 인해 경주에는 유수사 이하의 屬官이 중앙으로부터 파견됨으로써
이 지역민들의 지방통치에의 참여는 더욱 제한되었고, 오직 邑司의 조직
에만 참여하게 되었다. 이와 같은 동경유수관의 조직체계는 睿宗 11년
(1116)에 判官을 少尹으로 고쳤을 뿐 다른 변동은 거의 없이 忠烈王 34년
(1308)까지 이어진다.

成宗 14년에 慶尙道의 지역은 10도제의 실시와 더불어 東京留守使와
尙·晉州 節度使 등의 所管지역인 嶺東·嶺南·山南 등 3道로 분할되었다.
顯宗 3년에 留守使와 節度使의 제도가 폐지되면서 그 지역은 다시 安東
大都護府使의 所管 영역으로 통합되었으나, 그 하부기관으로 慶州防禦
使과 尙·晉州 按撫使 등이 설치되었으며, 또 후에 그 하부기관들은 각각

'牧'으로 개편되기도 했다. 그 기간은 顯宗 3년(1012)에 留守使・節度使 등의 제도가 폐지되고부터 同王 21년(1030)에 安東大都護府가 東京留守官으로 개편되기까지 18년간이다. 이 18년은 節度使의 制度로부터 按察使의 制度이 성립되기까지의 과도기에 해당하며, 그 기간동안 安東大都護府使가 慶州・尙州・晋州 즉 오늘날 慶尙道의 전역을 그 영역으로 한 按察使의 기능을 띠고 있었다고 볼 수 있다.

그간 안찰사의 기능을 수행하였던 안동대도호부사 내지 동남해도부서사의 본영은 경주에서 김해, 혹은 상주 등으로 옮겨 갔다. 이를 통해 볼 때 고려 태조 23년 이후의 경주가 갖고 있는 위상이란 어디까지나 중앙정부의 대지방통치의 차원에서 상주, 진주와 더불어 경상도지역 통치의 거점도시로서의 기능만을 수도 개경에 종속되어만 갔다.

III. 고려초의 경주지역

신라의 삼국통일이후 한국의 역사는 한동안 신라중심으로 발전하였다. 그러나 후삼국의 성립과 고려의 통일로 말미암아 한반도의 주도권이 경상도지역에서 개경 등의 중부지역으로 옮겨감에 따라 경상도지역은 중앙통치조직의 하부단위인 군현조직체계상의 한 단위로 자리매김됨으로써 커다란 변화가 일어나게 되었다. 오랫동안 왕경위주의 골품제에 길들여져 있었던 진골 및 그에 기생해온 육두품 귀족들은 경순왕의 納土歸附에 즈음하여 경순왕을 따라 고려의 수도인 개경으로 향하였다. 이들은 오랜 시간에 걸쳐 중앙지향적이고 권력지향적인 속성이 체질화되어 있었기 때문에 앞다투어 개경으로 향하였고, 그들이 신라의 통치조직의 운영에 참여하였던 행정실무의 능력 및 학문적 소양을 바탕으로 한 관료적 자질을 갖

고, 고려 국초의 제도 문물 정비에 일익을 담당함으로써 문벌귀족의 일원
으로 편입될 수 있었다. 지금까지 우리 학계에서는 이들의 존재와 더불어
신라의 멸망 이전에 신라를 떠나 고려로 간 인물들에 대한 추적에만 매달
려 있었다. 이들이 떠나간 이후 경주, 그리고 이곳에 남겨진 자들의 존재
는 우리의 역사에서 전혀 언급되지 않았다. 이것은 사료의 부족이 무엇보
다도 일차적 요인이겠지만 중앙위주의 사회구조로 일관된 우리의 역사적
경험과 무관하지 않다.

　신라의 멸망으로 인해 경주가 겪게 되는 구체적 사회경제적 변화에 대
해서는 무엇보다도 사료의 부족을 느낀다. 그러나 다음의 사료들을 통해
그 추세를 엿볼 수 있을 것이다.

8) 東都의 남산 남쪽에 한 봉우리가 우뚝 솟아 있는데 鄕俗에서는 高位山이라
　고 한다. 산의 남쪽에 절이 있으니 속칭 高寺, 혹은 天龍寺라고 한다. …
　중국 사자 樂鵬龜가 와서 보고 말하기를 이 절을 破하면 나라가 곧 망하리
　라고 하였다 한다. … 境地가 특이하여 수도가 잘되는 곳이었는데 신라말
　에 殘破하였다. 衆生寺의 大聖이 젖먹여 기른 崔殷諴의 아들 承魯가 肅을
　낳고 肅이 侍中 齊顔을 낳았는데 제안이 이 절을 중수하여 廢寺를 일으키
　고 釋迦萬日道場을 두고 朝旨를 받았으며 兼하여 信書願文까지 절에 남
　겨 두었다. 그가 죽어서 절을 지키는 神이 되어 대단히 靈異함을 나타내었
　다. 그 信書에 대략 말하되 "檀越인 內史侍郎同內史門下平章事柱國 崔齊
　顔은 書하노니 東京 고위산의 천룡사가 잔파한지 여러 해가 되었다. 제자
　가 특히 聖壽無彊과 民國安泰를 원하여 殿堂廊閣과 房舍廚庫를 이룩하고
　石造佛과 泥塑佛 數軀를 갖추어 석가만일도량을 개설하였다. 기왕 나라를
　위하여 중수하였으니 官家에서 主人을 차정함이 또한 옳은 일이다. 그러나
　교대할 때를 당하여서는 도량의 중들이 모두 안심하지 못한다. 側觀하건대
　入田으로 사원을 충족케 함이 公山 地藏寺에 들어온 田地 200結과 毘瑟
　山 道仙寺에 들어온 田地 20결과 西京의 西面 山寺에 들어온 각 田地 20
　결의 예와 같은데 모두 유직 무직을 물론하고 모름지기 戒를 지키고 재주
　가 뛰어난 자를 택하여 社中의 중망에 의하여 연차 주지를 삼아 梵修하는
　것으로써 恒規를 삼았다. 제자가 이 풍습을 듣고 기뻐하여 우리 천룡사도
　또한 절의 많은 중 가운데서 才德이 雙高한 大德으로 또한 棟梁이 될만한

자를 뽑아서 주인으로 차정하여 길이 梵修케 한다. 문자로 자세히 기록하여 剛司에게 부치니, 당시의 主人을 처음으로 삼아, 留守官의 公文을 받아 道場諸衆에게 보이니 각각 의당히 悉知하라." 하였다. 重熙 9년(靖宗 6=필자 주, 이하 同) 6월 일에 官銜을 갖추어 앞서와 같이 서명하였다.(『三國遺事』卷3, 塔像, 第4 天龍寺)

9) 羅末 天成年中에 正甫 崔殷誠이 늦도록 아들이 없어 이 절(衆生寺)의 부처님 앞에 와서 기도하였더니 胎氣가 있어 아들을 낳았다. 석달이 못되어 백제의 甄萱이 서울을 침범하니 城中이 크게 어지러웠다. 은함이 아이를 안고 와서 고하기를 "이웃 군사가 갑자기 쳐들어와 일이 급합니다. 어린 자식이 累가 되어 둘 다 면하지 못할 듯 하오니 진실로 大聖의 주신바일진대 大慈의 힘으로 護育하여 우리 父子로 하여금 다시 만나보게 해주소서." 하고 울며 슬퍼하되 三泣三告하고 기저귀에 아이를 싸서 獅子座 밑에 감추어 두고 억지로 떠나갔다. 반달을 지나 적병이 물러간 뒤에 와서 찾아보니 살결이 새로 목욕한 듯 하고 얼굴도 좋아지고 젖냄새가 오히려 입에 남아 있었다. 이 사람이 즉 承魯이니 位가 正匡에 이르렀다. 승로가 郞中 崔肅을 낳고 肅은 郞中 齊顏을 낳고 이로부터 代가 그치지 않았다. 은함은 경순왕을 따라 我朝(高麗)에 들어와 大姓이 되었다. 또 統和 10년(성종 11) 3월에 寺主 性泰가 보살 앞에 꿇어앉아 말하기를 "제자가 오랫동안 이 절에 거주하여 香火를 精勤히 하여 밤낮으로 게을리하지 않았으나 절의 토지에서 산출함이 없으므로 香祀를 계속할 수가 없어서 장차 다른 곳으로 옮기고자 하여 와서 하직하나이다."라고 하였다. 그날 어렴풋이 졸다가 꿈을 꾸니 大聖이 가로되 "法師는 아직 여기에 머물러 멀리 떠나지 말라. 내가 勸善으로 齋祀의 비용을 충당케 하리라."고 하였다. 그 후 13일에 홀연 두 사람이 말과 소에 짐을 싣고 문 앞에 당도하였다. 寺僧이 나가서 어디서 왔는가를 물으니 대답하되 "우리는 金州 地方 사람인데 일전에 한 중이 우리에게 와서 말하기를 나는 오랫동안 東京 衆生寺에 있는데 모든 것에 군색하여 勸善次 왔노라고 하기에 이웃 마을에 시주를 거두어 米 6石과 鹽 4石을 얻어 가지고 왔다" 하였다.(위의 책, 卷3, 塔像, 三所觀音 衆生寺)

10) 신라시대 이래 當郡(淸道郡)의 寺院과 鵲岬이하 中小寺院이 三國亂亡間에 大鵲岬·小鵲岬·所寶岬·天文岬·嘉西岬 등 五岬의 사찰이 모두 없어지고 오갑의 기둥을 합하여 대작갑사에 두었다. … 壞師가 廢寺를 일으키려고 하여 … 創寺를 마치고 거주하여 이름을 鵲岬寺라고 하였다. 얼마 안되어 태조가 삼국을 통일하여 師가 이곳에 절을 있다는 말을 듣고 五岬의 田地 500결을 합해서 이 절에 납부하였다. 淸泰 4년 丁酉에 사액하여 雲門

禪寺라 하고 裂裟의 靈蔭을 받들게 하였다.(위의 책, 卷4, 義解, 寶壤梨木)
11) 新羅의 大夫 角干 崔有德이私第를 희사하여 절을 만들어 有德(寺)이라고
이름하였다. 遠孫 三韓功臣 崔彦撝가 眞影을 걸어 안치하고 이어 碑를 세
웠다.(위의 책, 卷3, 塔像, 有德寺)

사료 8)~11)은 경주와 그 인근의 사찰들이 신라의 멸망과 더불어 잔파
되거나 香火를 이어나갈 수 없을 정도로 어려운 지경에 이름을 알 수 있
다. 11)의 유덕사는 나말에 잔파되었다는 기록이 없지만 그의 후손인 최
언위가 고려의 건국에 즈음하여 신라를 버리고 고려에 간 것을 감안하면
그 寺勢가 유지될 수 없거나 원당의 소유주가 바뀐 사찰들이 많았을 것이
다. 아마 경주와 그 주변의 사찰 중에는 이와 같은 이유로 잔파되거나 사
찰의 소유권이 다른 인물에게 넘어간 경우가 허다할 것이다. 유덕사의 경
우 신라의 납토귀부 이후 최언위에 의해 다시 중수되어 이를 밝히는 碑가
세워졌을 것이다.

고려왕조에서 불교는 敎俗兩權을 장악하고 있었다. 위로는 국왕으로부
터 아래로는 일반 평민 및 노비에 이르기까지의 관혼상제의 일상 예절이
불교적 의식에 의해 이루어졌기 때문에 개경을 비롯한 전국 각지에서 불
사가 그치지 않았다. 그러나 이곳 경주만은 신라의 왕실과 진골귀족들과
연결되어 융성을 유지하였던 사찰들이 신라의 멸망으로 인해 그 반대의
현상에 직면하게 되었다. 그나마 위의 사찰들은 최언위, 혹은 최제안 등
의 재경세력과 연결되거나(11, 8) 大聖의 영험이 나타나거나(9) 태조 왕
건과 연결된 보양의 중창으로 인해(10) 그 寺勢를 다시 이어나갈 수 있었
고, 그 사실이 사서에 실릴 수 있었던 것이다. 그러하지 못한 사찰들은
결국 寺勢가 기울거나 잔파되었고, 신왕조에서 새로이 등장하는 세력들에
의해 與奪의 대상이 되거나 끝내 이들과 연결되지 못하면 역사의 뒤안길
로 사라지고 말았다. 이 점에 있어서 최은함－승로가문과 중생사와 천룡
사의 관계는 주목된다.

자료 9)의 중생사 기록에서 보다시피 비록 최은함-승로 가문이 신라 육두품 가문에서 경순왕을 따라 개경으로 가 문벌귀족의 일원이 되었지만 개경문벌로 자리잡기 위해 여념이 없는 상황 하에서 최승로의 출생과 奇緣이 있는 중생사에 대한 지원을 해줄 수 없었다. 도리어 중앙지향적이고 권력지향적인 그들은 신라이래 경주에 갖고 있었던 토지 등의 경제적 기반을, 재경부재지주로서 소유하면서, 그 소출을 그들이 살고있는 개경으로 옮겨가기에 바빴기 때문에 도리어 이 지역의 경제력의 열악화를 가져오는데 일익을 담당하였을 뿐이다. 결국 중생사는 大聖의 영험에 의해 김해지역 사람들의 시주에 의해 명맥을 이어나가는 단서를 잡게 되었다. 후일 최승로의 손자 최제안이 천룡사를 중수하여 田地를 시납하고 주지 임명권을 장악한 것은 그들 일문이 다시 경주에 세력을 부식하기 위한 방편에서, 그리고 이 지역에 재경부재지주로서 갖고 있었던 그들의 경제적 기반을 보다 공고히 유지하기 위한 방편의 일환이기도 하다.23) 이러한 현상은 이미 고려국초부터 진행되어온 것이었다. 그 일례가 사료 11)의 최언위와 유덕사의 관계에서도 엿볼 수 있다.

경주를 떠나 개경으로 가서 문벌귀족이 된 가문들의 경주에 대한 田地와 사찰 등의 물적 기반에 대한 여탈이 가속화되어 재경부재지주화가 이루어지는 상황 하에서24) 경주에 남은 세력들은 대읍중심의 광역단위의 권역별 군현제가 성립되어가는 과정에서 계수관인 동경유수관의 향리조직체인 府司, 즉 邑司를 구성하여 향리세력으로 이어져 가면서25) 과거나

---

23) 이에 관해서는 金晧東, 「崔殷含-承老 家門에 관한 硏究 – 新羅六頭品家門의 高麗門閥貴族化過程의 一例 – 」(『嶠南史學』 2, 영남대 국사학회, 1986) 참조. 願堂에 관해서는 金潤坤, 「高麗郡縣制度의 硏究」(경북대 박사학위논문, 1983) 및 韓基汶, 「高麗時代 官人의 願堂」上·下(『大丘史學』 39·40, 1990) 등에 구체적으로 언급되어 있다.
24) 事審官 制度 역시 그 수단의 하나이다(金晧東, 1994, 「高麗 武臣政權時代 在地勢力과 農民抗爭」『한국중세사연구』 창간호, 144~145쪽).
25) 李樹健, 1987, 「高麗時代 '邑司' 硏究」『國史館論叢』 3, 국사편찬위원회.

軍功을 통해, 혹은 지방관에 인연하여,26) 또 '鄕吏三丁一子 入仕'의 규
정27)에 의해 중앙으로의 진출을 끊임없이 모색하고 있었다. 결국 이들의
상경종사가 이루어지면 이들은 率眷하여 개경으로 감으로써 부재지주의
땅이 더욱 늘어나는 등 대개경 종속화가 더욱 가속화되었다. 그나마 남은
세력들은 계수관인 경주의 府司 조직을 기반으로 하여 행정실무를 장악
하면서 그 영읍과 속읍들에 대한 수탈을 가함으로써 일반 민들을 어렵게
만들었다. 그리고 재경세력의 일족 및 그들과 선을 닿고 있었던 자들이
그 후광을 바탕으로 하여 경주의 府司를 장악하였기 때문에 개경 및 재경
세력에의 종속은 한층 심화되었다. 이러한 수탈구조 속에 일반 민들은 재
경세력과 그들과 상호 보험관계에 놓인 향리세력들에 의해 수탈을 당하면
서 중기이후 유리도산의 길을 걷기 시작하였다.

비록 후기의 자료이지만 白文寶가 "경상도의 토지는 다른 도와 같으나
漕輓의 비용이 세액의 배나 되므로 田夫의 먹는 것은 10분의 1 정도 밖에
안된다"28)고 한 것 역시 신라의 멸망, 나아가 고려의 후삼국 통일로 말미
암아 한국사의 주도권이 경주를 중심으로 한 경상도 지역에서 개경을 중
심으로 한 중부지방으로 옮겨감에 따라 경주 및 경상도가 겪게 되는 사회
경제적 변화의 한 편린이다.

IV. 맺음말

현재 한국사회 발전의 최대 걸림돌의 하나는 수도 서울과 다른 지역간

---

26) 李樹健, 1995, 「高麗·朝鮮時代 支配勢力 변천의 諸時期」 『韓國史 時代區分論』(한
림과학원총서 26).
27) 金晧東, 1984, 「朝鮮前期 京衙前 '胥吏'에 관한 研究」 『慶南史學』 창간호, 경남사
학회.
28) 『高麗史』 卷78, 食貨志, 租稅.

의 불균형적 발전, 즉 서울과 지방의 정치·사회·경제·문화적 격차라고 할
수 있다. 중앙에 대한 지방의 종속화에 기인하여 여타 지역민들은 상대적
박탈감을 느끼면서 강한 중앙지향적, 권력지향적 성향을 지니면서 서울에
편입되기를 갈망하기 마련이다. 일단 서울에 편입되면 그들은 출신지역의
재지적 기반을 송두리째 중앙으로 옮겨감으로써 중앙에 대한 지방의 종속
화를 더욱 심화시키는 존재로 탈바꿈하였다. 그럼에도 불구하고 그들은
서울에 자리잡기 위해, 확보한 기득권을 유지하기 위해 그 출신지역을 볼
모로 하여 그들 내부의 유대감을 구축하면서 배타적 성향을 드러내게 되
었다. 우리들이 혼히 이야기하는 지역감정은 바로 여기에서부터 형성되기
시작하였던 것이다. 그 결과 중앙과 지방의 엄청난 모순구조는 중앙집권
적 사회구조의 틀 속에 교묘히 은폐·매몰되어 버린채 서울을 제외한 여타
지역간의 갈등, 예를 들면 영·호남의 갈등과 같은 부차적 모순이 마치 전
부인양 인식되기에 이르렀다. 그것은 역사적으로 이러한 모순구조가 장기
간 지속되어 옴으로써 모두들 그것을 당연시해버린 결과에서 비롯되었을
것이다.

　필자는 한국사의 연구를 통해서 현실의 이러한 모순구조가 장기간 지
속 유지되어 왔음을 확인하고 중앙으로부터의 종속화에 대한 지방의 상대
적 자립성의 확보의 노력이 한국사의 한 발전의 원동력이었음을 밝혀내고
자 하는데 관심을 갖고 있다. 그리고 이러한 자율성의 확보의 노력은 결
국 해당 지역민의 중앙으로의 진출을 가져와 신진세력의 대두에 따른 중
앙의 보수화·폐쇄성에 제동을 걸고 활력소를 부여하였다는 점에서 주목
하고자 한다. 그러나 이들의 이러한 활동은 결국 중앙에 대한 지방의 종
속화를 더욱 가져옴으로써 그 모순구조가 지금까지 해소되지 못하는 원인
이 되었음을 아울러 주목하고자 한다. 이를 통해 현실의 중앙과 지방의
격차를 인식하고 해소시키려는 노력의 확산을 도모하고자 한다. 필자는
그러한 노력의 일환으로서 한국의 중세사회의 한 전형을 보여주고 있는

고려시대, 특히 나말려초, 무신정권기와 원간섭기, 그리고 고려 말 조선 초의 사회변혁기를 주된 연구 대상으로 하여 중앙에 종속화된 지방의 모습과 이를 탈각하려는 지역민들의 움직임을 살펴봄으로써 현실의 모순구조가 역사적으로 축적된 경험의 일부였음을 논하는데 앞으로의 연구의 초점이 두어져야 한다는 생각을 갖고 있다. 본고는 그 일단의 하나로서 중앙에 대한 지방의 종속화에 초점을 두고 쓰여진 것이다. 앞으로 자료의 보완을 통해 이를 더욱 밝혀냄과 동시에 중앙으로부터의 종속화에 대한 지방의 상대적 자립성의 확보의 노력을 밝혀냄으로써, 이러한 노력이 한국사의 한 발전의 원동력이었음을 담아내고자 한다.

【참고문헌】

1. 저서

이기백, 1977, 『고려병제사연구』, 일조각

한국중세사학회, 1997, 『고려시대사 강의』, 늘함께

2. 논문

김남규, 1966, 「高麗都部署考」 『史叢』 11, 고려대학교 사학회

김윤곤, 1983, 「高麗郡縣制度의 研究」 경북대학교 박사학위논문

김호동, 1984, 「朝鮮前期 京衙前 「胥吏」에 관한 研究」 『慶南史學』 창간호, 경남
사학회

김호동, 1986, 「崔殷含-承老 家門에 관한 研究 - 新羅六頭品家門의 高麗門閥貴族
化過程의 一例 - 」 『嶠南史學』 2, 영남대 국사학회

김호동, 1994, 「高麗 武臣政權時代 在地勢力과 農民抗爭」 『한국중세사연구』 창
간호

신호철, 1993, 「甄萱政權의 對外政策」 『後百濟 甄萱政權 研究』, 일조각

윤경진, 1996, 「고려 태조대 군현제 개편의 성격 - 신라 군현제와의 상관성을 중심
으로 - 」 『역사와 현실』 22, 한국역사연구회, 역사비평사

이기백, 1965, 「高麗地方制度의 整備와 州縣軍의 成立」 『조명기박사화갑기념불교
사학논총』

이수건, 1987, 「高麗時代 '邑司' 研究」 『國史館論叢』 3, 국사편찬위원회

이수건, 1995, 「高麗·朝鮮時代 支配勢力 변천의 諸時期」 『韓國史 時代區分論』,
한림과학원총서 26

전기웅, 1996, 「羅末麗初의 政治社會와 文人知識層」, 혜안

조범환, 1991, 「新羅末 朴氏王의 登場과 그 政治的 性格」 『歷史學報』 129

한기문, 1990, 「高麗時代 官人의 願堂」(上·下), 『大丘史學』 39·40

제4장 고려시대 안동의 모습과 역할

I. 머리말

　고려시대 안동지역이 주목의 대상이 된 시기는 후삼국쟁패 때 고려와 후백제가 안동에서 격돌한 시기와 고려 무신정권시대 김사미 효심의 봉기 및 신라부흥운동 때 안동이 그 진압의 선봉에 있었던 시기, 그리고 홍건적의 침입 때 공민왕이 안동, 즉 복주로 몽진하였다는 시기 등이 아닌가 한다. 지금까지 연구는 주로 이에 관해 집중되거나 안동지역 인물들의 중앙진출의 정황에 대한 연구를 중심으로 이루어졌다. 본고는 고려시대 「안동의 모습과 역할」이라는 주제를 갖고 후삼국쟁패시기 '안동부'의 설치의 의미를 짚어보고, 고려시대 군현행정에 있어서 안동의 역할이 어떠했던가를 살펴보고자 한다.

　지역사의 관점에서 군현행정의 변화를 다루는 경우 흔히들 해당지역의 명칭의 변화와 군현 등급의 승·하강에만 초점을 두고 있는 현실이다. 안동의 경우도 그 예외는 아니다. 본고는 고려시대의 군현조직이 주-속읍제를 근간으로 하는 계수관(대읍)중심의 광역단위의 군현제 하에서 안동이 어떤 모습으로 존재하였고, 그 속에서 어떤 역할을 담당하였던가의 문제를 다루고자 한다.

II. 후삼국 쟁패시기 '安東府' 설치의 의미

후삼국시대는 한반도의 주도권을 둘러싸고 고려 태조 왕건과 후백제 견훤이 일진일퇴의 격전을 벌이는 시기였다. 고려와 후백제의 전투는 신라의 외곽인 공산을 비롯하여 고창(안동)과 강주(진주) 등 경상도의 낙동강 서부지역에서 가장 치열하게 전개되었다. 927년(태조 10) 공산지역에서 진행된 전투에서 참담한 패배를 당한 고려는 이후 경상도지역에서의 활동이 과거에 비해 위축될 수밖에 없었다. 반면에 후백제는 공산전투의 승리를 통하여 경상도지역에서의 주도권을 확보하였으며, 이를 기반으로 하여 경상북도지역에서의 군사적 활동을 활발히 전개하였다. 특히 고려가 오어곡을 상실한 이후 고려는 종래의 죽령 또는 계립령을 이용한 경상도 진출이 용이하지 못하였다. 후백제는 이 틈을 타 의성에서 풍산, 문경지역을 공략하여 조령을 통한 고려의 남방진출로를 마저 차단하고자 하였다. 그래서 고려의 경상도 진출로는 개경에서 천안-청주-보은-옥천으로 이어지는 추풍령로와 廣州-이천-음죽-연풍-문경으로 이어지는 조령로 및 이와 인접한 계립령로는 거의 차단이 되었으며, 동쪽으로 훨씬 우회하는 죽령로를 택할 수밖에 없게 되었던 것이다. 풍기와 영주지역에 대한 왕건의 순행은 경상도진출을 위한 죽령로의 안정적 확보를 위한 것이었다고 할 수 있다.[1)

고려의 죽령로를 차단하기 위해 후백제는 가은현을 공격하였으나 실패하였다. 이에 후백제는 군사를 돌려 고창군(안동지역)을 포위하여 죽령로마저 차단하고자 하였다. 이는 고창군을 구하기 위해 禮安鎭에 이르러 여러 장수와 의논할 때, '싸우다가 이기지 못하면 장차 어떻게 하겠는가'라

---

1) 비록 사료에서 후백제가 오어곡을 확보하여 죽령로를 막았다고는 하나 이는 죽령
   그 자체를 차단한 것이 아니라 당시 후백제의 세력권인 군위 이남지역에 대한 고려
   의 진출을 차단하였다는 의미가 될 것이다.

는 태조의 질문에 大相 公萱과 洪儒가 대답하기를 '만약 이기지 못하면 마땅히 샛길로 갈 것이요, 죽령으로는 갈 수가 없습니다'고 한[2] 사실에서도 확인이 된다. 이러한 정세는 왕건이 직접 정예병력을 이끌고 참전하지 않을 수 없는 상황이었으며, 고창전투의 발생배경은 죽령로를 확보하기 위한 고려의 선택이었다.[3]

고창전투는 929년(태조 12년) 12월에 후백제군에 의해 포위된 고창지역을 구원하기 위한 고려의 원병 파견에서 비롯되어 이듬해 정월까지 약 두달 동안 계속되었다. 당시 전투의 진행과정을 살펴보기로 한다.[4]

가-1) 12월에 견훤이 고창군을 포위하였으므로 왕이 가서 이를 구원하려고 예안진에 이르러 여러 장수와 의논하기를, '싸우다가 이기지 못하면 장차 어떻게 하겠는가'하니 大相 公萱과 洪儒가 아뢰기를 '만약 이기지 못하면 마땅히 샛길로 갈 것이요, 죽령으로는 갈 수가 없습니다.'고 하였다. 유금필은 아뢰기를 '신이 들자옵건데 군사는 흉한 것이요, 전쟁은 위태로운 일이라 하니, 죽을 마음만 가지고 살려는 계책이 없으야만 최후의 승리를 얻을 수 있는 것인데, 지금 적군의 앞에 나아가 싸워보지도 않고 먼저 패배할 것을 염려함은 무슨 까닭입니까. 만약 급히 구원하지 않으면 고창군의 3천여 명을 그냥 적에게 주는 것이니 어찌 원통하지 않습니까. 신은 진군하여 급히 공격하기를 원합니다.' 하니 왕이 그 말에 따랐다. 이에 저수봉으로부터 힘껏 싸워서 크게 이겼다. 왕이 그 고을에 들어가서 금필에게 이르기를 '오늘의 일은 경의 힘이다.'고 하였다.(『高麗史節要』권1, 태조 12년 12월)

2) 왕이 친히 군사를 거느리고 고창군의 병산에 진을 치고 견훤의 군대는 석산에 있었는데, 서로간의 거리가 5백보 가량이었다. 드디어 서로 싸워서 견훤이 패하여 달아났다. 시랑 김악을 사로잡았으며, 죽인 자가 8천여명이었다.

---

2) 『高麗史節要』권1, 태조 12년 12월조.
3) 안동의 고창전투의 배경과 진행과정에 관한 본고의 내용은 류영철, 『고려의 후삼국 통일과정연구』(경인문화사, 2004)의 내용을 요약 정리한 것임을 밝혀둔다. 따라서 그 전거를 일일이 달지 않았다.
4) 『三國史記』본기와 견훤 열전 및 『三國遺事』의 후백제 견훤, 그리고 『高麗史』의 세가와 열전 등에도 고창지역에서의 전투내용이 빠짐없이 기록되고 있으나 『高麗史節要』의 내용이 가장 상세하게 기록되어 있다.

고창군에서 아뢰기를 '견훤이 장수를 보내어 순주를 쳐서 함락하고 人戶를 약탈하여 갔습니다.'하니 왕이 곧 순주로 가서 그 성을 수축하고 장군 원봉을 죄주었으며, 다시 순주를 강등시켜 하지현이라 하였다. 고창성주 김선평을 대광으로 삼고 권행과 장길을 대상으로 삼았으며, 그 고을을 승격시켜 안동부라 하였다.(『高麗史節要』권1, 태조 13년 정월)5)

위의 사료 가-1)은 견훤의 고창군 포위 후 유금필이 저수봉전투에서 승리하는 과정까지를 담고 있다. 우선 왕건의 고려군이 예안진까지 온 경로를 유추해 보면, 죽령을 넘어 풍기와 영주를 거쳐 봉화방면으로 진행한 것으로 짐작이 되며, 봉화에서 봉화군 명호면 및 명호면의 태자리를 거치고 또 안동시 도산면 운곡리를 경유하여 예안지역에 이른 것이 아닌가 한다.6)

한편 안동지역을 구원하기 위해 예안지역에 진출한 고려군은 왕건 자신과 고려 제일의 명장이라할 수 있는 유금필 및 고려 개국의 일등공신인 홍유가 참전하는 등 고려의 최정예병력이 출동한 것으로 보인다. 또 基州(풍기지역)의 知州諸軍事인 康公萱과7) 김선평을 비롯한 안동지역의 鄕軍 역시 고려의 지원세력으로 활동한 것으로 미루어 이들 외에도 여타 지역의 지원군 또한 합류하였을 가능성이 있다. 이것은 저수봉전투 승리

---

5) 『고려사』의 세가에도 같은 내용이 기록되어 있으나 『고려사절요』의 내용이 상대적으로 자세하다. 다만 『高麗史』에서는 병산에서의 전투를 930년 정월 병술일에, 김선평 등에 대한 논공행상을 같은 달 경인일에 기록하는 등 구체적 날짜를 명기하고 있을 뿐이다.

6) 이러한 진행경로의 유추는 우선 죽령을 넘어 고창(안동지역)으로 직행하지 못하고 먼저 예안진으로 향했다는 사료의 내용과 아울러 大王藪와 관련한 아래의 내용과 관련한 것이다. 즉, 『신증동국여지승람』에 "崔詵의 龍壽寺記에 龍頭山의 남쪽에 동네가 있으며, 동네의 입구에 숲[藪]이 있어 마을 사람들이 대왕수라 칭하였다. 우리 태조가 남방으로 땅을 경략할 때 이곳에 병력을 주둔하였으며, 3일 후에 갔다. … (『신증동국여지승람』예안군 고적)"한 것이 그것인데, 용두산은 현재 도산면 태자리와 온혜리 사이의 운곡리에 위치하고 있어 대왕수 역시 그 인근에 비정해 볼 수 있다. 따라서 위 사료를 신빙할 경우 고려군은 봉화에서 예안으로 진출하기 전에 이 대왕수가 있는 도산면지역을 경유하였을 것으로 여겨진다.

7) 「砥平 菩提寺 大鏡大師 玄機塔碑文」『朝鮮金石總覽』상, 132쪽.

후, 그리고 병산전투 직전에 고려에 귀부한 재암성 성주인 선필의 존재를 통해서도 추측할 수 있다.[8]

고려의 선봉군이 저수봉에 도착하여 후백제군을 격파함으로서 고창전투는 시작되었다.[9] 이 지역은 후백제가 고창지방을 포위했을 때, 그 세력권에 포함되어 고려의 고창군 진입을 막는 북쪽 방향의 전초기지 역할을 하였던 것으로 생각된다. 그러나 이 저수봉에서의 전투과정은 사료나 속전 등에서 그 흔적을 찾기는 어렵다. 다만 후술하겠지만 병산에서의 전투가 다음해 1월 21일에 있었는데, 12월에 저수봉전투에서의 승리 후 왕건이 이끄는 고려군의 본대가 병산지역에 둔치하기까지 소요된 시간으로 보아 저수봉전투 역시 치열한 것이 아니었던가 한다. 위의 사료 가-1)에서 왕건이 예안진에서 군사회의를 가지면서 '싸우다가 이기지 못하면 장차 어떻게 하겠는가'라고 한 것이나 이에 대해 공훤과 홍유가 '만약 이기지 못하면 마땅히 샛길로 갈 것이요, 죽령으로는 갈 수가 없습니다'고 한 것은 당시 후백제의 군세가 막강하여 승리를 장담할 수 없었던 사정을 보여준다. 저수봉전투의 승리 후 태조 왕건이 유금필에게 '오늘의 일은 경의 힘이다'고 한 표현은 이 저수봉전투의 승리가 가져다주는 의미를 짐작케한다. 따라서 이 저수봉전투에서의 승리는 고창지역 진입의 기반을 구축했다는 측면과 아울러 왕건이 후백제와 싸워 이길 수 있다는 자신감을 심어준 계기로 작용하였을 것이다.

저수봉전투에서 유금필이 이끄는 고려의 선봉대가 승리함에 따라 왕건의 본대도 곧 예안에서 고창으로 진행하게 되는데, 저수봉에서 패한 후백제병이 후퇴하여 石山에 둔치함에 따라[10] 고려의 주력부대도 그 맞은편

---

8) 『高麗史』 권1, 태조 13년 정월조.
9) 저수봉은 현재 安東市 臥龍面 西枝洞의 서남쪽에 위치한 봉우리로서 안동여중의 뒤편 쪽으로 바라보이는 곳에 위치해 있다(이형우, 1985, 「古昌地方을 둘러싼 麗濟兩國의 각축양상」, 『嶠南史學』 창간호, 65쪽).
10) 저수봉에서 패한 후백제군은 견훤이 이끄는 주력부대는 아닌 것 같다. 저수봉일대

의 瓶山에 둔치하게 되었다. 병산과 석산은 와룡면 서지리의 절골마을을 사이에 두고 위치해 있는데, 북편의 병산은 그 산 아래를 흐르는 가수천이 마치 호리병 모양으로 흘러 절골[寺洞]터널을 향하고 있으며, 이 가수천을 사이에 두고 사동터널 못 미친 곳에 또한 석산이 위치해 있다. 현재도 서지리를 중심으로 한 인근에는 당시 고려와 후백제간의 전투양상을 짐작케 하는 속전들이 전해지고 있는데, 이제 그 속전 중 '진모래전설'을 중심으로 당시 병산전투의 진행양상을 유추해보기로 한다.

> 나) 견훤은 원래 지렁이의 화신이었다고 하는데, 전시에는 모래땅에 진을 쳐 신변이 위태롭게 되면 모래속으로 들어가 웬만해선 그를 물리칠 수 없었다고 한다. 삼태사가 현재의 안동군 와룡면 서지동에 진을 치고 있을 때, 견훤은 그 동쪽 낙동강변 모래 땅에 진을 쳐 대전하였는데, 싸움이 수십번 계속되어도 끝이 나지 않고 견훤은 싸우다가 불리해지면 모래속으로 들어가니 어찌할 도리가 없었다. 이에 삼태사 군사들은 전략을 세워 흐르는 강을 막아 못을 만들어 물속에 소금을 수없이 넣어 염수를 만들어 놓고 접전을 했다. 그러나 어느 때보다 치열한 싸움이었다. 견훤은 싸움이 점점 불리해지자 당황하여 지렁이로 둔갑해서 모래 속으로 기어들었다. 삼태사군은 이때다 하여 염수의 못물을 터뜨렸다. 소금물이 흘러내리니 아무리 둔갑한 지렁이일지라도 견딜 재주가 없었다. 견훤은 겨우 목숨만 건져 패주하여 안동땅에서 물러갔다고 한다. 지금도 이 내를 소금물이 흘러갔다고 하여 간수내(가수내)라 부르고 견훤이 숨은 모래를 진모래(진몰개,긴모래)라고 한다. 지금은 안동댐 수몰로 모래를 볼 수 없다.(『경상북도 지명유래 총람』 63쪽)[11]

우선 위의 자료에서 견훤이 지렁이의 화신이었다는 표현과 계절적으로

를 중심으로 포진해 있던 후백제군이 고려의 선봉대에 패한 후 석산에서 견훤이 이끄는 본대와 합류하여 석산에 둔치한 것이 아닌가 추론된다. 다만 이 시기에 후백제군의 본대가 어디에 위치해 있었는지는 알 수가 없다.

11) 이 자료는 柳增善, 『영남의 전설』 227~228쪽 및 이형우, 앞의 논문 10쪽 ; 권진량, 「瓶山大捷考」(『安東文化硏究』 7, 1993, 156쪽) 등에도 인용되고 있다.

보아 물에 소금을 풀어 전쟁을 승리로 이끌었다는 표현은 신빙하기 어렵지만,[12] 다음의 몇 가지 사실은 주목된다. 첫째는 승리하였으나 어려운 싸움이었다는 것이고, 둘째는 김선평·권행·장길 등이 이끄는 鄕軍의 협조활동이며, 셋째는 그 전략이 지형을 활용한 것이었을 것이라는 점이다.

앞서 언급한 바와 같이 이 병산을 중심으로 한 전투는 왕건과 견훤이 출진한 양국의 주력군이 조우한 전투였으며, 사료 가-2)에서 전쟁에서 패한 후백제군의 전사자가 8천여 명이었다고 한 것으로 보아 얼마만큼 치열한 전투가 벌어졌는가를 알 수 있다. 특히 이 병산전투가 벌어진 시기가 930년 1월 21인데,[13] 고창지역에서의 마지막 전투라 할 수 있는 합전교전투가 끝나고 김선평 등에 대한 논공이 있었던 시기가 1월 25일로서[14] 그럴 경우 병산전투에서 후술할 합전교전투로 이어지는 과정까지 3~4일정도가 소요되었다는 계산이 가능해진다. 이러한 짧은 기간동안에 수천을 헤아리는 전사자를 내었다는 사실 또한 당시 전투의 치열성을 보여주는 한 예가 될 것이다.

또한 자료 나)의 내용으로 미루어 병산전투 당시에는 처음으로 향군의 활동이 보인다. 이것은 아마도 유금필의 고려 선봉대가 저수봉전투에서 승리하여 고창군을 포위하고 있는 외곽을 격파함으로서 고창군에 고립되어 외롭게 싸우고 있던 향군과 연결된 것이 아닌가 한다. 그런데 자료 나)를 포함하여 현재 안동지역에서 전해지는 설화들의 상당수는 오히려 삼태사를 중심으로 한 향군의 활동이 고려군의 활동보다 주도적인 것으로 표

---

12) 이형우는 1월의 혹심한 추위와 관련하여 염수를 이용한 전략은 계절적으로 신빙하기 어렵다는 견해를 표하였다(이형우, 앞의 논문 10쪽 참조).

13) 『고려사』에서는 왕건이 병산지역에 둔치한 것을 정월 丙戌조에 기록하고 있는데, 930년 1월 병술일은 진단학회편, 『韓國史年表』의 朔閏表에 따르면 1월 21일에 해당한다.

14) 이러한 내용은 『高麗史』 권1, 태조 13년 정월 경인조에 기록되어 있는데, 이 역시 『한국사연표』의 삭윤표에 따라 환산해 보면 1월 25일이 된다.

현되어 있다. 현재 주어진 사료만으로 향군과 고려군의 활동에 대한 경중을 가리기에는 한계가 있다. 또한 자신들의 고향을 지켜야 하는 상황과 추풍령과 조령·계립령으로의 경상도 진출로가 막힌 상황에서 죽령로 마저 잃을 수 없는 절박한 상황이라는 양측의 상황에서 모두가 전력을 기울였을 것이라는 측면을 고려한다면 경중을 논한다는 것 자체가 무의미한 것으로 생각된다. 다만 고창전투에서 승리한 후 김선평에게 大匡을, 권행과 장길에게 大相을 주었는데,15) 이는 고려에 귀부해 온 여타의 향호들에게 주어진 관직과 비교해 볼 때 극히 이례적인 고위직이다. 따라서 이들의 활동 덕택에 고려가 승리할 수 있었음은 부인할 수 없을 것이다.

또한 '밥박골의 안중할머니' 설화는 당시 향군 외에도 일반 고창지역민 또한 고려에 대한 협조가 적지 않았음을 보여준다. 즉, 가수천의 마을 위곧 아름달 들어가는 입구에 위치해 있는 '밥박골'이란 마을 이름은 안중할머니라는 분이 병산전투시 3태사군에게 밥을 지어 날라 주었다는데서 유래한다. 안중할머니는 고삼뿌리를 섞은 독한 술을 빚어서 이를 후백제군의 장수들에게 제공하여 대취하게 한 후, 이 사실을 삼태사군에게 통지하여 전쟁을 승리로 이끌었다는 것이다.16) 이러한 양상은 이 지역의 민심이 자기의 고장을 지키겠다는 애향심과 관련하여 고창지방을 공격한 후백제와 이를 구원할 목적으로 온 고려 사이에 어느쪽에 협조적으로 작용할지는 의문의 여지가 없으며, 『신증동국여지승람』의 권행에 대한 언급에서 권행이 후백제가 신라의 왕을 죽인 사실에 분격하여 후백제를 적으로 돌린 사실17)과 결부시켜볼 때 이 지역 민심이 고려 태조 왕건에게 쏠리고

---

15) 『고려사』 권1, 태조 13년 정월 경인조.

16) 이상의 내용은 권진량, 앞의 논문 158쪽 및 161쪽 참조. 한편 이 밥박골과 안중할머니이야기는 권진량이 답사과정에서 발굴 채록하였다.

17) 權幸 ; 本姓金 新羅大姓也 當羅季 守古昌郡時 甄萱入新羅弑王 幸謀於衆曰 萱義不共戴天 盖歸王公以雪 我恥遂降 高麗太祖喜曰 幸能炳기達權 乃賜姓權 陞安東郡爲府.
(『신증동국여지승람』 권24, 안동대도호부 인물조)

있었음을 알 수가 있다.

한편 병산전투에서 전사한 후백제의 전사자가 8천여 명을 헤아린다고
했을 때[18] 후백제군의 병력이 1만을 헤아리는 엄청난 규모였을 것이며,
고려군 또한 927년에 경주를 구원하기 위해 1만병이 출병하였다고 하고,
경주가 함락된 후 왕건이 직접 정병 5천을 거느리고 진출한 사실과 관련
하여 이때에도 5천 이상의 병력이 출병하였으리라 짐작된다. 또한 여기에
기주(풍기지역)의 공훤이 출진한 예와 저수봉전투와 병산전투 사이에 재
암성의 선필이 귀부한 예에서 처럼 고려를 지지하는 지방세력들이 적잖게
동참하였을 개연성이 있다.[19] 이 많은 병력이 3~4일의 짧은 기간에 승부
를 결했다면 수천명을 일거에 참살할 수 있는 비상한 전략이 동원되지 않
으면 안되었을 것이다. 이와 관련하여 상정해 볼 수 있는 가능성은 이 지
역의 지형적 조건이다. 이러한 지형적 조건과 관련하여 이형우는 "현재의
저수봉과 서지동 앞을 흐르는 냇물을 '가수내' 혹은 '간수내'라고 하며, 또
한 서지동 앞 중앙선 철도와 퇴계로의 교차점에서 서쪽 500m 지점에 가
수천을 東流에서 西流하게 하는 '진목'이 있다. 총 길이 200여m, 높이 약
10m로 흡사 인공으로 저수지를 만든 둑처럼 길게 동으로 뻗혀있는데, 부

---

18) 8천여명이라는 숫자의 표현은 혹 과장되었을 가능성도 배제할 수 없으나 전사자의
   규모가 그의 준할 정도로 적지 않았을 것임은 신빙하고 싶다. 다만 8천 여명의 전
   사자가 병산전투에서만 전사한 후백제군 전사자의 규모인지 저수봉전투와 합전교
   전투 등을 포함한 고창전투의 전 과정에서 전사한 후백제군의 규모인지는 명확히
   하기 어렵다.

19) 류영철은 앞의 책을 통해 유금필이 언급한 '만약 급히 구원하지 않으면 고창군의
   3천여 명을 그냥 적에게 주는 것이니 어찌 원통하지 않습니까'라고 한 표현(사료
   가)①)을 갖고 "시간의 경과에 따라 약간의 가감은 있었겠으나 당시 3천을 헤아리
   는 향군의 규모가 고려의 구원병이 오기 전까지는 후백제와 대치하여 싸웠으며, 고
   려의 구원병이 온 후에는 이들과 합세하여 공동전선을 형성하였던 것이다."라고 하
   였다. 그러나 이들을 모두 향군, 즉 군사로 보는 것은 문제가 있다. 아마 이들은
   안동에 당시 있었던 일반 민들까지를 모두 포함한 인원수로 보는 것이 타당하지 않
   을까 한다.

근 지형으로 보아 인공축조라기 보다는 자연적으로 형성된 것 같으며, 조금만 인공을 가하면 쉽게 호수를 이룰 만큼 유리한 지형적 특성을 갖고 있다. 또한 이 '긴목'의 맞은 편 산등성이를 이 지방 사람들은 '물불등'이라 하는 것은 '긴목'을 막음으로서 지금의 서지동 일대가 저수지로 변하여 물이 산등성이를 잠구어 붙여진 것으로 해석하여 볼 수 있다.[20] 이러한 해석에 근거하여 전쟁무기의 우열과 같은 조건을 고려할 수 없는 당시 상황에서 이 지역의 지형적 조건을 활용한 水攻이 행하여졌을 가능성을 상정할 수 있다. 또한 '역등'이라고도 하는 '물불등'은 그 지명의 유래가 막아 둔 물을 터뜨려 견훤의 군사들이 죽임을 당하였으며, 가수천 물이 쌓인 이들의 시체로 인하여 역수하여 물이 불은 산등성이라는데서 비롯되었다는 것에서도[21] 그것을 짐작할 수 있다.

한편 『東史綱目』에서는 다른 사료에서 보이지 않는 병산전투에서의 유금필의 활동상황을 기록하고 있다.

> 병술일에 麗王軍이 郡 북쪽의 병산(지금 안동군 북쪽 10리에 있다) 있고 견훤의 군은 석산에 있었는데, 서로 간의 거리가 5백보 가량되었다. 드디어 전투를 하였는데, 저녁에 이르러 금필이 저수봉으로부터 날랜 병사를 이끌고 와서 이를 격파하였다. 견훤이 패주하고 시랑 김악이 사로 잡혔으며, 후백제군의 죽은 자가 8천여 인이었다.(『동사강목』 권2 하, 경순왕 4년)

이 자료를 신빙할 경우 유금필은 저수봉에서의 승리 후 왕건의 주력부대가 병산에 둔치하였을 때도 ·여전히 저수봉에 주둔해 있었으며, 병산전투가 시작되자 저수봉에서 지근거리에 있는 병산으로 와서 고려의 승리에 크게 기여하였던 것으로 보인다.

병산과 석산을 사이에 두고 벌어졌던 이때의 전투는 고창지역 전투 중

---

20) 이형우, 앞의 논문 66~67쪽.
21) 권진량, 앞의 논문 157쪽 참조.

가장 치열했던 것이었으며, 여기에서 견훤의 주력군이 패퇴하여 가수천변
을 따라 낙동강 쪽으로 밀려간 것으로 보인다. 이는 자료 나)의 '진모래'
설화와 관련한 추론이다. 현재 진모래의 위치는 법흥동에서 안동댐 진입
로를 따라 2km쯤 올라가면 중앙선 철교가 보이고 그 철교 아래에 성낙교
가 있는데, 여기서부터 이 다리를 건넌 우측에 시멘트로 포장한 광장(헬
기장)과 연결된 잔디공원이 끝나는 지점까지이다.[22] 그래서 이 지점까지
는 병산전투의 戰場과 연계된 것으로 생각되며, 이 이후 고창지역에서의
마지막 전투라 할 수 있는 합전교에 이르는 과정까지는 그 진행로가 자세
하지 않다. 다만 진모래가 象牙里의 낙동강변에 위치해 있는 것으로 보아
낙동강변을 따라 法興里 방향으로 진행한 것으로 보인다.

서지리의 병산 아래에서 상아리의 낙동강변에 이르는 과정에서 병력의
상당부분을 상실하면서 패퇴하였던 후백제군은 합전교에서 고창지역에서
의 마지막 전투를 치르게 된다. 앞서 언급한 바와 같이 낙동강변을 따라
패주하던 후백제군과 고려의 추격군은 말구리재를 거쳐 합전교에 이르러
이를 사이에 두고 서로 대치한 것으로 보인다.[23]

929년 12월에 후백제가 고창군을 포위하고, 고려가 구원병을 파견함으
로서 비롯된 양국 간의 고창전투는 이 합전교에서의 전투를 마지막으로
고려의 승리로 막을 내리게 되었다. 고려는 이 전투에서의 승리로 말미암
아 927년 공산전투의 패배로 말미암아 약화된 전세를 일거에 만회하게 되
었으며, 나아가서 후삼국정립기의 운영을 주도하는 계기 또한 마련하게
되었던 것이다. 한편 후백제는 견훤이 직접 정예병을 이끌고 참여한 전투
에서 8천의 병력이 전사하는 등 심각한 타격을 입게 되어 향후 군사 활동에

---

22) 안동교육청, 1992, 『安東의 說話』 218쪽.
23) 말구리재는 현재 안동시 태화리의 삼거리에서 예천 통로로 가는 약 500m 지점에
위치해 있는 재로서 고개 이름은 견훤이 이곳에서 말에서 굴러 떨어졌다는 데서 유
래하고 있다(권진량, 앞의 논문 156쪽 참조).

많은 지장을 초래하게 되었으며, 안동지역을 확보함으로서 죽령로를 통한 고려의 경상도진출을 봉쇄하려던 계획 또한 수포로 돌아가게 되었다.

반면 고창전투에서 삼태사 등의 활약으로 인해 안동지역은 '안동부'로 승격되었다고 한다. 위에서 살펴본 일련의 전투과정의 검토에서 보다시피 『고려사』의 기록에 비해 속전 등에서 삼태사를 비롯한 안동지역민들의 고창전투에서의 공적이 두드러지게 드러나 보인다. 이러한 자료들에 입각할 때 삼태사 등의 공로 때문에 '안동부'로의 승격이 이루어졌다는 기존의 설들은 훨씬 설득력을 지닌다. 과연 '안동부'의 승격이 그들의 활동에 대한 우대에 진정한 목적이 있었는가를 이제 검토해보기로 한다.

통일신라시대의 안동, 즉 古昌郡은 直寧縣, 日谿縣, 高丘縣의 3읍을 영현으로 거느리고 있었다.[24] 그러나 고창전투가 있기 전 안동, 즉 고창군과 그 영현은 후삼국시대 역사의 무대에 나오지 않는다. 그러다가 태조 13년(930) 고창전투에서 태조 왕건이 김선평, 권행, 장길의 도움으로 후백제에 승리한 후 安東府를 설치하였다는 기록이 처음으로 등장한다. 안동부의 설치는 김선평, 권행, 장길의 활약에 대한 포상의 의미로 승격시킨 것으로 보고 있다.[25] 대부분의 연구자들은 안동부의 사례를 예로 들면서

---

[24] 『三國史記』 권34, 잡지3, 지리1 고창군조. "古昌郡은 본시 古陀耶郡인데, 경덕왕이 고창으로 개명하였다. 지금의 안동부이니, 領縣이 셋이다. ① 直寧縣은 본시 一直縣이던 것을 경덕왕이 직령으로 개명하였는데, 지금은 전대로 다시 되었다[안동의 일직 폐현]. ② 日谿縣은 본시 熱兮[泥兮라고도 함]縣이던 것을 경덕왕이 일계로 개명하였는데, 지금은 (그 위치가) 자세치 않다. ③ 高丘縣은 본시 仇火[高近이라고도 함]縣인데, 경덕왕이 고구]로 개명, 지금은 義城府에 합하였다(의성군의 북쪽)."

[25] 류영철은 앞의 책에서 이에 관해 다음과 같이 언급하였다. "930년의 고창전투에서 김선평·권행·장길 등이 이끄는 향군의 활동이 안동부 승격의 원인이었고, 그 시기도 고창전투에서의 승리 직후라는 것이다. 이처럼 각별한 포상은 당시 김선평 등 향군의 공이 컸다는 의미와 아울러 당시 전투의 중요성을 역설적으로 보여주는 예라고도 평가된다." 고 하였다. 한편 그는 "안동부는 그 지리적 중요성에도 불구하고 고창전투 이전까지는 고려에 귀부하였다는 기록을 찾아볼 수 없다. 그래서 종래 귀부의사를 표시하지 않은 안동지역이 고창전투시에는 고려의 승리에 큰 기여를 하

부의 설치는 호족의 향배의 결과에 의한 것이라고들 한다. 이에 대한 검
토를 하기 위해 후삼국쟁패시기의 부의 설립에 대해 살펴보기로 한다. 후
삼국 쟁패기에 고려는 지방제도상 州와 府를 설치한 것이 주목된다.

후삼국 쟁패기 고려의 주는 정치적·군사적 측면에서 지역 중심지를
삼는 조치로 이해되고 있다. 이 경우 지정학적 조건의 차이에 따라 무력
으로 확보한 후백제 지역은 고려가 중심지를 확보하여 주변 지역을 광
역권으로 편제하였던 반면, 성주들의 귀순과 협조를 통해 확보된 지역
에는 주를 집중적으로 설치하여 통합과 견제의 효과를 도모하였던 것으
로 본다.[26)

부의 경우 신라시대 5경에 설정된 부(중원부·김해부·서원부·남원부)
와 신라 금석문에 보이는 연혁미상의 부(정변부·통화부·△강부) 외에 후
삼국쟁패기에 새로이 등장하는 부가 있다. 그 가운데 고울부·홍려부·보
성부·경산부·의성부의 경우 통일전쟁기에 고려에 의해 개편이 이루어진
것으로 보기도 한다.[27) 보성부는 진보현과 진안현을, 홍례부(울주)는 하
곡현·동진현·우풍현을, 고울부(영주)는 임고군·도동현·임천현을 병합하
였는데,『고려사』지리지에서는 그 병합의 시기를 '고려초'로 기록하고 있

였다는 것이 고려의 태조를 더욱 고무시킨 측면이 되었을 것이며, 향후 이들의 계
속적인 지지와 충성을 기대하는 측면에서도 타 지역에 비해 이례적인 논공행상이
이루어졌다고 여겨진다. 이 안동부의 성립에서는 다른 부의 성립에서 보이는 군현
의 통합현상은 사료상 나타나고 있지 않다. 이는 안동부가 여타지역의 통합을 필요
로 하지 않는 巨邑이었을 가능성이나 인근 군현을 통합했음에도 사료상에 나타나
지 않았을 가능성, 그리고 고창전투가 있은 직후의 논공행상 과정에서 이루어진 관
계로 타 지역을 통합할 여건이 되지 못했을 가능성 등 어떠한 이유가 있었을 것이
나 확실하지 않다. 다만 안동부는 그 성립시기가 구체적으로 명기된 여타의 府와
비교할 때 그 성립시기가 가장 빠르며, 어쩌면 고창군을 안동부로 승격시키면서 이
후 지리적으로 중요한 거읍을 중심으로 지방행정 운용의 편의를 도모하기 위해 부
를 설치 설치한 것이 아닌가 한다."고 하였다.

26) 윤경진, 2000,「고려 군현제의 구조와 운영」서울대학교 박사학위논문, 44~54쪽.
27) 박종기, 1988,「고려 태조 23년의 군현개편에 관한 연구」『한국사론』19, 120~121쪽.

기 때문이다. 이와는 달리 이들 5부가 나타나는 시기인 고려 태조 6년에서 10년 경에 고려가 경상도 일원에 막 진출하기 시작한 상황으로서 군현을 병합할만한 지배력을 확보한 상태가 아니고, 해당 지역의 성주의 귀순과 함께 기록에 나타나는 것으로 보아 고려가 경상도 지역으로 진출하기 전에 신라에서 설치했을 가능성이 높다고 보기도 한다. 이 경우 신라가 동남쪽에 치우친 수도의 지정학적 약점을 보완하기 설치한 5경(5부)을 상실하면서 이를 보완할 조치로서 설치된 것으로 간주한다.28) 이렇게 볼 경우 부를 호족 내지 성주와 관련시켜 호족이 부를 자칭했다거나 신라가 유력 호족을 이용하기 위해 설치한 것이라고 단정하기 어렵다. 나아가서 성주, 장군 등의 호족이 고려에 귀부해옴으로써 고려왕조에서 부를 설치하여 우대하였다는 설 또한 성립하기에는 어렵다.

앞에서 열거한 부와 달리 고려에서 설치한 부로 확인되는 부에는 본고에서 살펴보고자 하는 안동부를 비롯하여 안북부, 천안부가 있다. 이에 관한 사료를 우선 살펴보기로 한다.

> 다-① (태조) 11년 2월에 大相 廉卿 能康 등을 安北府에 보내 성을 쌓게 하고 元尹 朴權으로 鎭頭를 삼아 개정군 7백 명을 거느리고 이곳에 주둔하여 지키게 하였다.(『고려사』 권82, 兵2, 鎭戍 태조 11년 2월)
> ② 이 해에 안북부와 강덕진을 쌓고 원윤 평환으로 진두로 삼았다.(『고려사절요』 권1, 태조 14년)
> ③ 安北大都護府 寧州. 원래 고구려의 彭原郡인데 태조 14년에 안북부를 설치하였고 성종 2년에 영주 안북대도호부라고 불렸으며 현종 9년에는 안북대도호부라고 하였다.(『고려사』 권58, 지리3, 안북대도호부)
> ④ (태조) 13년에 安北府에 성을 쌓으니 길이가 9백 10간, 문이 12, 성두가 스물, 하수구가 일곱, 차성이 다섯이었다.(『고려사』 권82, 병2, 성보)
> ⑤ 安東府. 원래 신라의 고타야군인데 경덕왕이 古昌郡으로 고쳤다. 태조

---

28) 윤경진, 2000, 「고려 군현제의 구조와 운영」 서울대학교 박사학위논문, 54~59쪽. 윤경진은 5경에 설치된 종래의 5부와 마찬가지로 이들 5부는 경주를 둘러싼 형태로 배치되어 있다고 하면서 이 5부를 '신5부'라고 하였다.

13년(930)에 후백제왕 甄萱과 이 군 지역에서 싸워 승리하였는데 그 때 이 군 사람인 金宣平, 權幸, 張吉 등이 태조를 도와 공로가 있었으므로 김선평을 大匡으로, 권행과 장길은 각각 大相으로 임명하고 군을 안동부로 승격시켰다가 후에 永嘉郡으로 하였다. 성종 14년에 吉州刺史라고 불렸다.(『고려사』 권57, 지리2, 상주목 안동부)

⑥ 天安府. 태조 13년에 東西兜率을 통합하여 천안부를 만들고 都督[세간에 전하기를 풍수쟁이 藝方이 태조에게 말하기를 "3국의 한 가운데 다섯 용이 구슬을 차지하려고 싸우는 형상이 있으므로 만약 이 곳에 높은 관리를 배치하면 곧 후백제가 스스로 투항하여 올 것입니다."라고 하였으므로 태조가 산에 올라 두루 살펴보고 처음으로 이곳에 府를 설치하였다고 한다.]을 두었다. 성종 14년에 환주도 團練使로 고쳤다가 목종 8년에 단련사를 폐지하였다. 현종 9년에 옛 명칭으로 복구하여 지부사로 되었다.(『고려사』 권56, 지리1, 청주목 천안부)

사료 다) ①~④는 안북부에 관한 자료이다. 안북부의 설치는 고려의 북방경략과 관계가 있다고 한다. 고려는 태조 원년에 평양을 복구하고 대도호부로 삼았다가 곧이어 서경으로 삼았다. 이어 태조 11년에 안북부까지 진출하여 축성하였다. 이 당시에는 진두를 두었다고 한 것으로 보아 진을 설치하였다고 볼 수 있다. 그 후 태조 14년에 비로소 안북부가 설치되는 것으로 본다. 이렇게 볼 때 고려는 북방으로 진출하면서 평양을 대도호부에서 서경으로 개편하는데 상응하여 전진기지로서 안북부를 설치한 것이 된다.[29] 이를 염두에 두면서 안동부의 설치에 대한 사료 다) ⑤를 검토해보기로 한다.

고려는 후백제와의 고창전투에서 승리한 후 고창군에 부를 설치하였다. 그 이유는 흔히들 전공을 올린 삼태사로 불리는 김선평, 권행, 장길 등이 태조를 도와서 전공을 세웠기 때문이라고 한다. 물론 그것이 하나의 요인으로 작용한 것을 부인할 수 없지만 그 보다도 안동부의 설치는 경상도 북부 내륙 지역에 대한 본격적 경략을 위한 의도에서 비롯된 것이라고

---

29) 윤경진, 앞의 박사학위논문 60~61쪽.

할 수 있다.[30] 그것은 자료 다) ⑥에서 보다시피 930년 고창 전투 직후에 왕건이 대목군에 행차하여 동·서도솔을 합하여 천안부라 하고 도독을 둔 것은[31] 천안부 지역이 지리적으로 남방진출의 요로에 위치하고 있었기 때문이다. 위 자료 세주의 '세간에 전해오는 이야기'와 거의 비슷한 기록 이『신증동국여지승람』에 '諺傳'으로 전한다. 술사 倪方이 태조 왕건에게 천안부 지역이 삼국중심의 오룡쟁주지세로서 만약 삼천호의 읍을 설치하고 그곳에서 병사를 훈련한다면 곧 후백제 스스로가 태조에게 항복할 것이라 하자 태조가 산에 올라 주위를 살피고서 비로소 천안부를 설치하였다고 한 것이 그것이다.[32] 이 기록들을 통해서 볼 때 천안부는 부의 설치와 더불어 도독을 두고 고려의 중앙군단을 파견하여 후백제 공략을 위한 전초기지로 선택하여 집중 육성하고자 하였음을 알 수 있다. 고려와 후백제 신검이 마지막 결전의 한 판 승부를 결한 선산의 일리천 전투의 시작은 천안부를 출발하면서부터 시작된다는 점을 생각하면 안동부의 설치는 경북 북부 내륙지방의 경략을 위한 군사적 거점으로 설치된 것이다.

고창지역의 전투에서 승리한 왕건의 고려군은 929년 7월 후백제에 함락된 바 있는 순주(풍산지역)까지 진출하여 성을 수축하는 한편 순주를 다시 하지현으로 강등시키고, 성주였던 원봉을 치죄하는 등의 문책을 단행하였다. 순주에서 하지현으로의 읍격의 하락과 성주인 원봉에 대한 문책이 행해졌다는 것은 후백제에 함락되었던 다른 지역의 경우에서는 찾아지지 않는 강경한 조치이다. 이러한 이례적인 강경조치는 과거 하지현이 고려에 귀부하였을 때, 순주로 이 지역의 읍격을 높이는 등 이 지역의 지리적 중요성과 관련하여 많은 관심을 기울였음에도 불구하고, 후백제의

---

30) 이러한 견해는 이미 윤경진의 앞의 박사학위논문, 60~62쪽에서 언급된 바 있다. 필자 역시 이에 뜻을 같이 한다.
31)『고려사절요』권1, 태조 13년 8월에 이 기록이 나온다.
32)『신증동국여지승람』권15, 천안부 형승조.

침공시 성주 원봉이 도망하는 등 별다른 저항 없이 쉽게 성을 포기한데 따른 문책과 타 지역에 대한 경계의 의미로 받아들여지고 있다.[33] 분명 그러한 의도이긴 하지만 고려 태조 왕건의 경상도 북부지역의 경략을 위한 고도의 책략이 그 속에 내포된 것이라고 볼 수 있다. 이 조치 직후 태조 왕건은 고창전투에서 고려의 편에 서서 전공을 세운 김선평에게 대광을, 권행과 장길에게 대상을 주었는데,[34] 이는 고려에 귀부해 온 여타의 향호들에게 주어진 관직과 비교해 볼 때 극히 이례적인 고위직이다. 이것은 이들의 활동 덕택에 고려가 승리할 수 있었다고도 볼 수 있지만 하지현과 안동부의 극명한 고려정부의 정책을 드러내줌으로써 아직 신라의 영토로서 잔존하면서 고려와 후백제에 대한 지지입장을 저울질하고 있었던 경상도 북부지역에 대한 군사적 압박을 위한 고도의 책략으로 볼 수 있다. 그리고 안동부의 설치에 따른 도독[35]과 중앙군단을 배치하여 경북 북부내륙지역에 대한 군사적 경략의 의도를 노골적으로 드러냈을 것이다.

고려 태조 왕건이 안동부의 설치를 통해 경상도 북부 내륙지역에 대한 선택의 강요 의지를 드러내자 즉각적으로 영안·하곡·직명·송생 등 30여 군현들이 고려에 귀부하였으며,[36] 다음달 을미일에는 동해연안의 여러

---

33) 류영철, 앞의 책 참조.

34) 『高麗史』 권1, 태조 13년 정월 경인조.

35) 안동·안북은 당제에서 모두 도호부의 명칭으로 사용되었으며, 변방경략을 위해 설치되었다. 이 때문에 필요에 따라 설치지역이 바뀌기도 하였는데 고려의 '안동'을 칭하는 지역이 시기에 따라 달라지는 것을 볼 수 있다. 여기서 고려초기 안동부 역시 도호부 역시 도독부의 성격을 띠고 있었음을 알 수 있다. 천안부는 태조 13년에 설치되면서 도독을 둔 것에서, 안북부는 그 명칭과 뒤에 안북대도호부로 개정되는 것에서 도독부·도호부에 해당하는 것을 알 수 있다(윤경진, 앞의 논문 60쪽). 따라서 태조 23년에서 성종 2년 사이에 상주에 안동도독부가 설치된 것으로 보아, 안동부의 경우 도독부였을 것이다.

36) 『고려사절요』 권1, 태조 13년 정월, "고창군 성주 김선평을 대광으로 삼고 권행과 장길을 대상으로 삼았다. 그 군을 승격하여 안동부로 하였다. 이에 영안·하곡·직명·송생 등 30여 군현이 차례로 내항하였다."

성들이 귀부하여 강릉지역에서 울산지역에 이르기까지 110여개의 성의 고려에 귀부한 바가 되었다. 그리고 같은 달 경자일에는 일어진에 행차하여 이곳을 신광진으로 개칭하였으며, 이즈음에 북미질부와 남미질부성의 귀부가 있었다. 이들의 귀부 시기가 고창전투가 끝난 후 10일을 크게 벗어나지 않는다는 사실을 통해서도 이것을 확인할 수 있다. 물론 여기에는 후백제가 고창전투에서 1만에 가까운 병력을 상실하는 참패를 당하여 대세를 상실했다는 판단이 작용하였을 것이고, 고창전투 이전에 이미 이들 귀부지역의 민심이 고려에 동조적이었다는 측면도 있을 것이다.[37] 그러나 그것보다는 고려의 경북 내륙 북부지역의 신라 영역에 대한 군사적 압박의 결과이다. 안동부 설치가 있은 그해 안북부에 성을 쌓고, 후백제의 접경지역에 천안부를 설치한 것은 부의 설치가 고려 태조 왕건의 군사적 의지의 산물임을 말해주는 것으로서 단순히 호족세력에 대한 포상의 의미에서 나온 조처가 아니었다고 볼 수 있다. 안동부의 설치를 통한 고려의 신라에 대한 강력한 군사적 의지의 표방으로 말미암아 강릉지역에서 울산지역에 이르기까지의 110여개 성이 고려에 귀부하자 당황한 신라는 서둘러 고려 태조 왕건을 신라 수도로 초치하였을 것이다.

고려 태조 왕건은 후삼국통일을 이룩한 후 태조 23년에 역분전의 지급과 군현 명호의 개편과 함께 고려의 건국과 후삼국 통일에 일정한 지지와 협조를 보낸 호족들을 공신으로 책정함과 동시에 토성을 분정하는 조처를 시행하였다. 이로 인해 경북 북부내륙지방 경략을 위해 설치한 도독부의 기능을 가진 안동부의 역할이 필요가 없게 되었다. 사료 다)⑤에서 보다시피 고창군을 태조 13년 안동부로 승격시켰다가 '후에 永嘉郡으로 하였으며 성종 14년에 吉州刺史라고 불렀다'고 하였다. 따라서 태조 13년과 성종 14년 사이의 어느 시점에 안동부는 영가군이 되었음을 알 수 있다.

---

37) 류영철, 앞의 책 참조.

대신 상주목에 관한 기록에 "태조 23년에 다시 尙州로 고쳤다가 그 후에 安東都督府로 고쳤으며 성종 2년에 처음으로 전국에 12개의 목을 설치하였을 때 이 주는 그 중의 하나로 되었다"고 한 것으로 보아[38] 태조 23년과 성종 2년 사이에 안동에 있었던 안동도독부가 상주로 옮겨갔고, 대신 안동은 영가군이 되었다고 볼 수 있다. 이러한 사실은 고창전투에서 활약한 삼태사에 대한 포상의 의미로 안동도독부가 설치된 것이 아니었음을 말해주는 것이다. 포상의 의미였다면 안동지역이 영가군이 되고 상주로 안동도독부가 옮겨갈 리가 없을 것이다. 결국 안동도독부의 이치는 중앙정부의 군사적 필요에서 이루어진 것임을 확인할 수 있다. 태조 13년 안동에 안동부가 설치되었을 때 도독에 누가 임명되었는지 알 수 없다. 삼태사에 관한 어떠한 자료에서도 태조 13년 이후의 김선평 등의 관직이 전혀 나오지 않는 것으로 보아 도독 등의 안동부의 지방관에 이들이 임명되지 않았고 대신 고려의 중앙정부에서 파견된 도독이 이곳에 있었다고 보아야 한다. 따라서 안동부의 승격은 삼태사의 우대를 위한 목적이 아니었다고 보아야 할 것이다.

III. 고려시대 군현행정에 있어서의 안동의 역할

앞 절에서 살펴본 것처럼 고려 태조 13년의 고창전투에서 승리한 태조

---

38) 『고려사』권57, 지리2, 상주목. 그후 안동도독부는 김해, 안동 등지로 옮겨가기도 하고 안동도호부로 개칭되기도 한다. 최승로의 상소문에서 안남도호부와 안동도호부를 통해 장리들을 검핵할 것을 건의한 '안동도호부'는 현재의 안동지역이 아니라 상주를 지칭한 것으로 보아야 할 것이다. 또 최승로의 상소문을 통해 고창에 있을 때의 안동부(도독부)는 군사적 거점의 성격이 농후한데 반해 상주로 이치한 후의 안동도독부(도호부)는 군사적 성격보다는 광역권의 운영을 담당하는 거점으로서의 상급행정기관의 성격이 강화되었음을 엿볼 수 있다.

왕건은 경북 북부 내륙지역의 신라영토에 대한 군사적 경략의 의지를 갖고 안동부, 즉 도독부를 설치하였다. 그러나 고려의 후삼국 통일 이후 경북 북부 내륙지역에 위치한 안동도독부의 군사적 의미가 경감되자 경상도 지역의 관문에 해당하는 상주를 태조 23년에서 성종 2년 사이에 안동도독부로 삼았다. 대신 안동은 일개 군현지역인 영가군이 되었다. 이로 말미암아 영가군은 성종 14년에 길주자사가 설치될 때까지 삼태사, 김선평, 권행, 장길과 그 후예들이 향직을 맡아서 위임 통치하였을 것이다. 신라의 군현제는 각급 군현을 군과 현으로 분류하고 군이 몇 개의 영현을 관할하는 방식으로 중간 운영단위가 구성되어 군사와 역역 등의 운영을 담담하였다. 이 점에 주목하여 고려 초기 군현제는 신라의 군현제를 준용하였을 가능성이 높다고 하면서 중간 운영단위를 구성하였다고 보기도 한다. 이 경우 성종 14년 이전까지 고려에서도 신라의 경우처럼 군이 중심이 되어 몇 개의 현을 관할하는 방식, 즉 군-영현 영속관계가 시행되었을 것으로 보기도 한다.[39] 실제 그러한 주장은 신라가 전쟁없이 '納土歸附'함으로써 신라의 대지방통치의 자료가 고스란히 고려에 전달될 수 있었기 때문에 가능성이 높은 주장이다. 또 현종조 이후의 고려 군현제가 주-속읍제를 근간으로 하는 권역별 지배를 특징으로 한다는 점을 고려할 때 그 계기적 이행의 연속성을 상정할 수 있기 때문에 보다 더 설득력을 가질 수 있다. 그렇게 볼 경우 영가군을 중심으로 몇 개의 현이 영속되는 중간 운영단위로서의 영가군의 역할을 상정할 수 있다. 그러나 신라의 군현제는 수령, 외관이 파견된데 반해 고려 초기의 군현에는 수령이 파견되지 않았다. 그럴 경우 고려 초기 군-영현 영속관계의 군현제에서 영가군 소속의 삼태사와 그 후예들이 주축이 된 재지관반들이 안동과 그 영현지역에 대한 지배력을 행사하여 영향력을 확대시켜 갔다고 볼 수 있을 것이

---

39) 윤경진, 앞의 박사학위논문 94~108쪽.

다. 그러나 고려 초기에 군-영현 체계를 준용하여 역역 운영을 위한 중간 운영단위의 구성이 구체적으로 입증되지 않은 상황에서[40] 영가군이 영속하고 있는 영현들이 몇 읍이고, 어느 지역인가, 나아가 삼태사 등의 역할을 논한다는 것은 무리이기도 하다.

안동도독부가 상주로 옮겨가고 영가군이 된 현재의 안동지역은 성종 2년의 12목의 설치 때 그 속에 포함되지 않아서 경상도 지역 내에서 거점도시로서의 역할을 담당하는 위치에 있지 않았다. 그 후 성종 14년에 접어들어 고려의 군현제는 대폭적으로 개편되었다. 당시 개편의 내용은 開州를 開城府로 고치고 赤縣 6개와 畿縣 7개를 관장하도록 하는 한편, 전국을 道로 구획하고 군현을 州와 縣으로 구성하여 節度使·團練使·刺史 등의 외관을 파견한 것이다. 이때 현재의 안동지역은 영가군에서 길주자사로 개편되어 영동도의 9개의 주의 하나로 존재하였다. 성종 14년의 군현제 개편은 浿西道의 鎭을 제외하면 종래 주·부·군·현으로 다양화되어 있던 읍격이 州와 縣으로 정리되었다. 성종 14년의 주-현 체계 시행은 기존 군-영현체계의 영속관계를 재편하고 상급단위로서 주를 설정하는 한편, 주 단위로 외관을 파견함으로써 체계적이고 강력한 지방지배를 구현하려는 것이었다.[41] 그러나 당시 집권력의 한계로 인해 실패로 끝났다. 따라

---

40) 윤경진의 경우도 "고려초기의 군현제가 신라의 것을 준용했다고 할 때 동일하게 '군-영현체계'로 지칭할 수도 있지만, 당시에 중앙정부와 연결되는 체계로서 완비되어 있었다고는 단정하기 어렵다. 따라서 여기서는 고려 초기에 군-현 영속관계가 설정되어 중간 운영단위로서 기능하였다는 점만 지적해두기로 한다."(앞의 박사학위논문, 95쪽 주)227)고 하여 이를 일반화하기에는 문제가 있음을 지적하고 있는 실정이다.

41) 윤경진, 앞의 박사학위논문, 123~141쪽 참조. 성종 14년 주가 개별적인 단위군현이 아니라 여러 개의 현으로 구성된 상위영역이었다고 보는 견해는 濱中昇, 「十世紀末における高麗州縣制の施行」(『朝鮮學報』 84, 1977)에서 제기한 바가 있다. 그러나 그 개편의 성격에 대해서 호족의 지배-복속관계를 전제로 한 제도라고 규정하고 있다. 그러나 태조 13년 호족의 향배에 따른 부의 승격을 부정하는 본고의 입장에서 성종 14년의 군현제를 그렇게 보는 것에는 동의하기 어렵다.

서 안동에 길주자사가 파견되어 길주와 그 영현으로 구성된 현의 상급단위로 설정되었다고 하지만 그 구체적 실상을 확인할 수 없다.

고려의 군현제는 목종 3년과 현종 3년의 군현제의 부분적 개편을 거쳐 현종 9년의 대대적 개편을 통해 제도적 완성을 보게 된다. 목종 3년과 현종 3년의 부분적 개편은 기존 외관의 축소가 주로 있었는데 안동지역은 아래의 사료 라)①에서 보다시피 현종 3년에 안무사가 파견된 것으로 보아 외관이 지속적으로 파견되었다. 현종 9년의 군현제 개편 때 안동은 지길주사가 되어 주읍의 위치를 확보하면서 속군 3, 속현 11, 도합 14개의 읍을 속읍으로 거느리게 되었고, 현종 21년에 안동부가 되었다. 현종 9년 군현제의 대대적 개편을 통해 고려시대의 군현제의 골격이 갖추어졌다.

현종 9년의 군현제는 소수의 州·府·郡·縣, 즉 '主邑'에 다수의 '屬邑(속군·속현)'과 鄕·所·部曲을 영속시키는 主-屬邑制를 근간으로 한 권역별 군현제로 편제되었다. 주읍 단위의 권역별 군현제는 신라시대와 같이 전국의 개별 군현을 직접 지배하는 방식과는 달리 주읍에만 수령을 파견하여 직접 지배하고, 그 속읍 및 향·소·부곡·처·장 등은 주읍을 통한 간접적인 지배방식을 채택하였다.[42)]

주읍인 안동과 그 속읍의 연혁을 『고려사』(권57, 지리2, 상주목 안동부)에서는 다음과 같이 기록하고 있다.

> 라-① 安東府. 원래 신라의 고타야군인데 경덕왕이 古昌郡으로 고쳤다. 태조 13년(930)에 후백제왕 견훤과 이 군 지역에서 싸워 승리하였는데 그 때 이 군 사람인 金宣平, 權幸, 張吉 등이 태조를 도와 공로가 있었으므로 김선평을 大匡으로, 권행과 장길은 각각 大相으로 임명하고 군을 안동부로 승격시켰다가 후에 永嘉郡으로 하였다. 성종 14년에 吉州刺史라고 불렀다. 현종 3년에 안무사로 하였고 9년에 知吉州事로 고쳤으며 21년에 지금 명칭으로 고쳤다. 명종 27년(1197)에 南賊 金三, 孝心 등이

이 주, 군을 점령하였으므로 정부는 군대를 파견하여 이를 진압하였는데 이 때 이 부가 공을 세웠다고 하여 도호부로 승격시켰다. 신종 7년에 東京別抄인 패좌 등이 농민들을 규합하여 폭동을 일으켰을 때 이 부는 폭동군을 격퇴한 공로가 있다 하여 대도호부로 승격시켰고 충렬왕 34년에 福州牧으로 고쳤다. 공민왕 10년에 왕이 홍두적의 침입을 피하여 남쪽으로 피난하여 이곳에 머물러 있었을 때 이 주 사람들이 정성껏 왕을 접대하였다고 하여 다시 안동대도호부로 승격시켰다[충렬왕은 加也鄕 사람인 護軍 金仁軌가 공을 세웠다고 하여 가야향을 春陽縣으로 승격시켰고 충선왕은 敬和翁主의 고향이라는 이유로 德山部曲을 才山縣으로 만들었다. 충혜왕은 내시 姜金剛이 원나라에 갔을 때 왕에게 특별히 수고한 공로로 하여 그의 고향인 退串部曲을 柰城縣으로 승격시켰으며 그 후 吉安部曲도 현으로 승격시켰다]. 綾羅郡, 地平郡, 石陵郡, 一界郡, 花山郡 또는 古藏郡[모두 신라 시기의 칭호이다] 등으로도 부르며 이 부에 소속된 군이 3개, 현이 11개 있다.

② 臨河郡. 원래 고구려의 屈火郡인데 신라 경덕왕이 曲城郡으로 고쳤다. 고려 초에 지금 명칭으로 고쳤으며 현종 9년에 본 부에 소속시켰다.

③ 安郡. 원래 고구려의 買谷縣인데 신라는 善谷으로 고쳐서 柰靈郡의 관할 하에 현으로 만들었다. 고려 초에 지금 명칭으로 고쳤고 현종 9년에 본 부에 소속시켰다. 신우 2년에 왕의 胎를 이 현에 묻었다 하여 군으로 승격시켰으며 얼마 후 다시 州로 승격시켰다. 공양왕 2년에 감무를 두고 宜仁縣을 여기에 소속시켰다.

④ 義興郡. 현종 9년에 본부에 소속되었다. 공양왕 2년에 여기에 감무를 두고 善州 관할 하에 있던 缶溪縣을 여기에 소속시켰으며 후에 義城縣에 이속시켰다. 龜山이라고도 부른다.

⑤ 一直縣. 원래 신라의 일직현인데 경덕왕이 直寧으로 고쳐서 古昌郡의 관할 하에 현으로 만들었다. 고려 초에 다시 옛 명칭으로 고쳤으며 현종 9년에 본부에 소속시켰다.

⑥ 殷豊縣. 원래 신라의 赤牙縣인데 경덕왕이 殷正으로 고쳐서 禮泉郡의 관할하에 현으로 만들었다. 고려 초에 지금 명칭으로 고쳤으며 현종 9년에 본 부에 소속시켰다.

⑦ 甘泉縣. 신라시기의 명칭은 알 수 없으며 현종 9년에 본부에 소속되었다.

⑧ 奉化縣. 원래 고구려의 古斯馬縣인데 신라 경덕왕이 玉馬로 고쳐서 내령군의 관할하에 현으로 만들었다. 고려 초에 지금 명칭으로 고쳤고 현종 9년에 본 부에 소속시켰으며 공양왕 2년에 감무를 두었는바 鳳城이

라고도 부른다.

⑨ 安德縣. 원래 고구려의 伊火兮縣인데 신라 경덕왕이 緣武로 고쳐서 曲城郡의 관할하에 현으로 만들었다. 고려 초에 지금 명칭으로 고쳤고 현종 9년에 본부에 소속시켰으며 공양왕 2년에 감무를 두었다.[공민왕 18년에 知道保部曲을 宜仁縣으로 승격시켜 안동에 소속시켰으며 공양왕 2년에 禮安에 이속시켰다.]

⑩ 豊山縣. 원래 신라의 下枝縣[下枝山이 있는바 豊岳이라고도 한다]인데 경덕왕이 永安으로 고쳐서 禮泉郡의 관할하에 현으로 만들었다. 태조 6년에 이 현 사람 元逢이 귀순한 공이 있으므로 하여 順州로 승격시켰고 13년에 甄萱에게 점령당하게 되자 다시 낮추어서 하지현으로 하였으며 후에 지금 명칭으로 고쳤다. 현종 9년에 본부에 소속시켰으며 명종 2년에 감무를 두었다.

⑪ 基州縣. 신라시기의 명칭은 알 수 없는바 혹은 基木鎭이라고 불렀다 한다. 고려 초에 비로소 지금 명칭으로 불렀고 현종 9년에 본부에 소속시켰으며 명종 2년에 감무를 두었다가 후에 다시 본부에 소속시켰다. 공양왕 2년에 또 감무를 두고 殷豊縣을 여기에 소속시켰는바 永定[성종이 정한 명칭이다] 또는 安定이라고도 부른다.

⑫ 興州. 원래 고구려의 及伐山郡인데 신라 경덕왕이 급산군으로 고쳤다. 고려 초에 지금 명칭으로 고쳤고 현종 9년에 본부에 소속시켰다가 후에 順安에 이속시켰으며 명종 2년에 감무를 두었다. 충렬왕 때에 이곳에 胎를 묻고 興寧縣令官으로 고쳤고 충숙왕 때에도 이곳에 왕의 태를 묻고 知興州事로 승격시켰으며 忠穆王 때에도 이곳에 태를 묻고 順興府로 다시 승격시켰다. 順政[성종이 정한 명칭이다] 이라고도 부르며 여기에는 小白山이 있다.

⑬ 順安縣. 원래 고구려의 柰己郡인데 신라 婆娑王이 탈취하였으며 경덕왕이 柰靈郡으로 고쳤다. 성종 14년에 剛州都團練使라고 불렀고 현종 9년에 본부에 소속시켰으며 인종 21년에 지금 명칭으로 고쳐서 현령관으로 하였다. 고종 46년에 衛社功臣 金仁俊의 內鄕이라는 이유로 知榮州事로 승격시켰는바 龜城[성종이 정한 명칭이다] 이라고도 부른다. 이 현에 馬兒嶺이라는 험준한 지대가 있다.

⑭ 義城縣. 원래 召文國으로서 신라가 이를 빼앗았으며 경덕왕은 聞韶郡으로 고쳤다. 고려 초에 義城府로 승격시켰고 현종 9년에 본 부에 소속시켰으며 인종 21년에 현령을 두었다. 신종 2년에 일찍이 적에게 강점되었었다는 이유로 낮추어서 감무로 하였고 충렬왕 때에 大丘에 병합되었

다가 얼마 후 다시 원래대로 고쳤다. "삼국사기"에는 "경덕왕은 仇火縣을 高丘縣으로 고쳤다가 후에 병합시켰다."라고 하였다.]이 현에 風穴과 氷穴[立夏후에 얼음이 얼기 시작하여 한창 더운 때면 더욱 굳어지며 겨울에는 따뜻하기가 봄 날씨와도 같다.]이 있다.

⑮ 基陽縣. 원래 신라의 水酒縣인데 경덕왕이 禮泉郡으로 고쳤다. 고려 초에 甫州라고 고쳤고 현종 9년에 본부에 소속시켰으며 명종 2년에 태자의 胎를 이곳에 묻고 지금 명칭으로 고쳐서 현령관으로 승격시켰다. 신종 7년에 南道招討兵馬使 崔匡義가 東京(경주) 농민군과 이 현 지역에서 싸워 크게 승리하였으므로 知甫州事로 승격시켰는바 淸河 또는 襄陽[성종이 정한 명칭이다]이라고도 부른다.

위 사료 라)①~⑮은 주로 해당 군현의 명칭 변경과 연혁의 변동을 설명하면서 안동의 속읍이 된 시기 등을 언급하고 있다. 따라서 태조 13년의 안동부가 후에 영가군으로 바뀐 사실은 확인할 수 있지만 안동도독부가 상주로 옮겨갔기 때문이라는 것은 물론 영가군을 중심으로 한 군-영현체계 및 성종 14년의 길주자사 당시의 주-영현체계의 실상을 보여주지 못하고 있다는 단점이 있다. 다만 '고려 초'에 '義城府'(⑭)와 '甫州'(⑮)의 존재, 그리고 순안현에 성종 14년에 '剛州都團練使'가 설치된 것만 확인할 수 있으므로 현종 9년의 지길주사(안동)의 14개 속읍지역이 고려 초부터 안동지역의 속읍지역으로 존재하였다고는 볼 수 없다. 그러나 영가군 당시의 군-영현체계와 길주자사 당시의 주-영현체계, 현종 9년의 주-속읍 체계를 거치면서 안동이 관할하는 군현의 단계적 확대가 있었고, 이에 따라 안동의 역할이 점증하였음을 확인할 수 있다. 의성부와 보주, 그리고 강주단련사가 모두 현종 9년에 길주, 즉 안동부의 속읍이 되기 때문이다. 현종 9년의 주-속읍제를 근간으로 한 권역별 군현제에서 안동은 속군 3개와 속현 11개를 거느렸지만 속군과 속현은 안동의 속읍이라는 점에서 동일하다. 주-속읍제하에서 군과 현은 상하위 개념이 아니라 수령이 파견된 주읍이냐 수령이 파견되지 않은 속읍이냐의 구분만이 중요하다. 한 예로 선산, 즉 일선현은 주읍이지만 그 속읍에 해평군이 속해 있을 정도로 군과 현의 상하위 개념은 존재하지 않는다.

속읍은 글자 그대로 '주읍에 소속된 군현'이란 뜻으로서 수령이 파견된 주읍에 행정적으로 예속되어 있다. 주읍과 속읍의 관계는 지방관이 파견된 곳인가 그렇지 않은가의 단순한 차이가 아니라 행정적으로 중앙정부의 행정명령을 직접 전달받아 독자적인 행정을 펼 수 있는 곳인가 그렇지 않은 곳인가의 행정적인 격의 차이가 더욱 주요한 기준이었다. 조세의 부과나 역역수취의 기본 단위는 개별군현인 속읍이지만 주읍 수령의 행정적 지배를 받고 있었기 때문에 그 결정권은 주읍 수령에게 있었다. 그런데 고려시대의 경우 수령이 파견된 주읍은 130 여개인데 반해 수령이 파견되지 않은 속읍은 390여개에 달하였기 때문에 이것을 외관 혼자 다 담당할 수 없었다. 따라서 주·속읍제를 근간으로 하는 권역별 지배를 효과적으로 하기 위해 수령의 업무를 보좌하는 屬官을 중앙정부에서 주읍에 파견하였고, 또 향리들을 군현 행정에 참여시켰다. 향리들은 수령이 임하는 관아와 별도의 조직체인 邑司를 구성하였는데, 고려시기 읍사는 외관의 印信과는 구분되는 독자적인 인신을 보유하고 있었다. 이 인신은 上戶長이 관리하였는데, 상호장은 호장 중에서 선임되는 보직의 성격을 띠고 있었으며, 그에 대한 수당으로 長田이 지급되었다. 그리고 호장에게는 중앙의 상서성에서 직첩이 발급되었으며, 공무 수행에 대한 반대급부로서 職田이 지급되었다. 읍사의 인신은 촌락에 대한 移文, 戶口傳准과 奴婢文券의 발급 등 문서행정 전반에 걸쳐 사용되었고, 읍사는 양안이나 호적(호적) 등 수취와 관련된 주요 장적을 보관 운용하였다.[43] 물론 수령이 파견되지 않는 속읍은 향리들이 읍사를 구성하여 자치행정을 하면서 주읍의 간접적 지배를 받았다. 그런 점에서 속읍은 단위군현으로서 수취를 비롯한 군현

---

43) 윤경진, 앞의 박사학위논문 329~330 참조.

제 운영에서 단위가 되었지만 조세수취와 역역동원은 주읍단위로 운영되었다는 점에서 주읍의 종속적 지배를 받았다. 읍사가 군현행정을 담당하는 관부적 성격을 가질 수밖에 없었던 것은 외관이 파견된 주읍에 비해 속읍의 숫자가 너무도 많은 상황에서 향리의 도움을 받지 않을 수 없기 때문이다. 그것은 곧 고려왕조의 건국과 후삼국통일이 성주장군으로 불리는 지방세력들에 이루어질 수밖에 없었기 때문에 중앙정부와 지방세력의 타협의 결과라고 볼 수 있다. 왕건이 견훤과 대치하고 있을 때 안동김·권·장씨의 3성 시조격인 삼태사(김선평·권행·장길)가 고려에 귀순하면서부터 3성은 안동의 향직을 세습하면서 사족과 이족으로 분화되어 갔다. 당시 지방호족으로서 '태조공신'에 참여한 자 중에는 그들의 자제 가운데 일부가 상경종사하여 재경관인이 될 수도 있었는데 삼태사의 경우에는 그런 흔적이 보이지 않는다. 비록 확실하지 않지만 삼태사의 묘가 본관지에 있다는 사실은[44] 자신들이 고려에 공신호를 받고도 그대로 출신지에 눌러 앉아 본읍을 실질적으로 지배하는 향직을 맡고 있었던 것을 보여주는 것이다.[45] 이로 인해 그 후손들은 고려 군현제의 정비과정에서 주읍 향리의 자격을 갖고 주읍은 물론 관할 속읍의 행정에까지 깊숙이 관여할 수 있게 되었을 것으로 보인다. 고려시대의 주읍 가운데 상당수 읍이 속읍을 전혀 거느리지 못하거나 기껏해야 2~3개의 속읍을 거느린 것에 비해 안동지역은 그 관할 속읍의 숫자가 무려 14개나 되었다. 그 속에서 안동지역의 향리들은 행정실무의 능력을 마음껏 익히며 그것을 통해 자기 성장을 할 수 있었을 것이다.

　고려의 군현제는 주-속읍제를 근간으로 하는 권역별 지배의 효과적 운영을 위해 몇 개의 주읍 단위의 권역을 다시 하나로 묶는 광역단위의 권

---

44) 『慶尙道續撰地理誌』 安東府條 ; 『新增東國輿地勝覽』 권24, 安東府 塚墓條.
45) 이수건, 1978, 「고려전기 토성연구」 『대구사학』 14, 55~57쪽 및 1979, 『영남사림파의 형성』 영남대학교 민족문화연구소, 52쪽 참조.

역별 지배방식을 취하였다. 이의 운영을 위해 광역단위의 권역별 영역 안에 있는 여러 주읍 가운데 가장 규모가 큰 대읍에 留守使, 都護府使, 牧使 등의 계수관을 파견하여 이들 주읍 단위의 권역을 領屬케 한 界首官 중심의 군현제, 즉 대읍중심의 광역단위의 권역별 군현제를 창안하였다.46) 성종조 12목의 설치를 거쳐 현종조에 와서 그 제도적 완성을 본 대읍중심의 광역단위의 권역별 군현제의 확립으로 말미암아 서경, 동경, 상주, 진주, 전주, 나주, 충주, 청주, 양주, 해주 등의 계수관인 대읍을 중심으로 하여 그 직할 속읍 및 그 관할하의 領邑을 포괄하면서, 작게는 주읍단위의 권역을 단위로, 보다 크게는 계수관단위의 광역권을 단위로 하여 각기 하나의 공동의 지역권을 형성하였다. 각 지역권은 하나의 정치·경제적 단위체로서, 혹은 공동 생활의 장으로서 사회·문화적 공감대를 갖고 있었다.47)

경상도 지역은 경주, 상주, 진주에 계수관이 파견되었고, 계수관이 파견된 대읍은 각기 직할 속읍과, 수령이 파견된 영군(영현)과 그에 속한 속읍을 관할하였다. 현재의 안동이 속한 상주목의 경우 고려사 지리지에 의하면 屬郡 7개, 屬縣 17개 領知事府 2개가 있었다.48) 영지사부인 경산부와 안동부는 각기 속읍을 15개, 14개를 갖고 있었다. 상주목의 영속관계를 살펴보면 〈표 1〉과 같다.

표에서 보다시피 상주목과 경산부, 안동부는 수령이 파견된 주읍으로서 각기 속읍을 거느리고 있었다. 상주목의 경우 신라시대부터 9주의 하나로서, 일찍부터 개발되었기 때문에 성종조 12목의 하나였고, 현종 9년

---

46) 金晧東, 1987,「高麗武臣政權時代 地方統治의 一斷面－李奎報의 全州牧 '司錄兼掌書記'의 活動을 중심으로－」『嶠南史學』3, 영남대 국사학회 ; 1995,「군현제의 시각에서 바라본 고려후기 농민항쟁의 역사적 배경」『역사연구』3, 역사학연구소.
47) 金晧東, 1987,「高麗武臣政權時代 地方統治의 一斷面－李奎報의 全州牧 '司錄兼掌書記'의 活動을 중심으로－」『嶠南史學』3, 영남대 국사학회.
48)『高麗史』권57, 地理志, 慶尙道 尙州牧.

의 계수관 중심의 광역단위의 권역별 군현제가 제도적 완성을 보았을 때 주읍으로서의 위상을 가짐은 물론 경상도 내에서 경주, 진주와 더불어 계수관이 되어 영군·현에 해당하는 지사부인 경산부와 안동부를 관할하였다. 상주의 영지사부인 경산부와 안동부는 나말려초 후삼국 통합의 과정에서 이총언의 귀부, 삼태사 등의 활약이 있었고, 고려초의 군-영현체계와 성종 14년의 주-영현체계를 거치는 동안 중간행정단위로서의 위치를 갖고 있었기 때문에 수령이 파견되는 주읍의 반열에 들 수 있었다.

〈표 1〉 상주목의 영속 군현[49]

계수관명	영군·현명	속군·현명
尙州牧		聞慶郡, 龍宮郡, 開寧郡, 報令郡, 咸昌郡, 永同郡, 海平郡, 靑山縣, 山陽縣, 化寧顯, 功城縣, 單密縣, 比屋縣, 安定縣, 中车縣, 虎溪縣, 禦海縣, 多仁縣, 靑理縣, 加恩縣, 一善縣, 軍威縣, 孝靈縣, 缶溪縣(24)
	京山府	高靈郡, 若木縣, 仁同縣, 知禮縣, 加利縣, 八莒縣, 金山縣, 黃澗縣, 管城縣, 安邑縣, 陽山縣, 利山縣, 大丘縣, 花園縣, 河濱縣(15)
	安東府	臨河郡, 禮安郡, 義興郡, 一直縣, 殷豊縣, 甘泉縣, 奉化縣, 安德縣, 豊山縣, 基州縣, 興州, 順安縣, 義城縣, 基陽縣(14)

주-속읍제를 근간으로 하는 계수관(대읍) 중심의 광역단위의 권역별 군현제도는 상주 외관이 적은 상황에서 향리들이 일선에서 수조권에 따른 행정을 원활하게 집행할 때 그 유지가 가능하도록 구축되어 있었다. 군현행정상 중앙의 정령을 향읍사회에 하달하고 지역주민으로부터 징세·조역과 공부 수납 등의 행정실무를 담당하였던 향리들은 중앙정부와 지방관청 또는 관아와 관원 사이를 연결하면서 실제 지방행정체계 상에서 매우 중요한 기능을 수행하고 있었다. 외관의 잦은 교체, 수령이 파견되지 않은

---

49) 『高麗史』 권57, 地理志, 慶尙道 尙州牧 각 군현조.

군현이 많음에도 불구하고 행정상의 공백과 혼란이 야기되지 않고 고려왕조의 지방통치체제가 유지될 수 있었던 것은 각 읍 戶長을 위시한 향리들이 邑司를 중심으로 군현행정 실무를 장악하고 있었기 때문이다.

향리층에게는 전시대의 말단 행정 담당자들에 비해 수적 증대와 함께 그들의 재량권도 많이 부여된 셈이다. 상주외관들의 감시 감독을 덜 받게 되었기 때문이다. 특히 대읍중심의 광역단위의 권역별 군현제 하에서 대읍을 위시한 주읍의 향리들이 활동을 할 공간은 그만큼 많이 확보된 셈이다. 또 외관이 파견되지 않은 속읍의 경우 향리가 사실상 수령의 역할을 담당하고 있었다. 그러나 대읍중심의 광역단위의 권역별 군현제는 향리층을 위한 것이 아니라 어디까지나 농민층에 대한 통제, 수취를 강화하기 위한 것인 동시에 지방세력의 성장을 막기 위한 제도적 장치였다. 이를 위해 일읍에 있어서 다수의 토성과 호장을 두어 어느 한 세력이 일읍을 농단하지 못하도록 하는 한편 재경세력을 사심관으로 임명하여 재지세력을 장악 견제토록 하였다. 특히 외관의 극소화와 향리의 숫적 극대화가 이루어진 대읍중심의 광역단위의 권역별 군현제하에서 대읍의 호장·부호장을 비롯한 향리세력들이 종횡으로 결합한다면 중앙정부는 큰 정치적 부담을 안을 수 밖에 없을 것이다. 이의 예방을 위해 고려왕조는 사심관, 기인제도를 창안함과 동시에 주읍을 비롯한 대읍에 수령을 보좌하는 判官, 司錄, 혹은 掌書記 등의 屬官들을 파견하여 上戶長 등과 함께 군현행정을 처리하도록 하는 한편, 이들로 하여금 관내 군현을 항례적으로 순찰케 하여 향리들의 결합을 방지하고, 군현의 행정을 감독케 하였다.[50] 속관들의 항례적인 관내 영읍 및 속읍의 순찰은 대읍중심의 광역단위의 권역별 군현제하에서 계수관, 혹은 주읍의 수령들이 그 관내 군현의 행정을 전부 처리할 수 없었기 때문에 나온 제도적 장치였음을 단적으로 말해주

---

50) 金晧東, 앞의 「高麗武臣政權時代 地方統治의 一斷面 － 李奎報의 全州牧 '司錄兼掌書記'의 活動을 중심으로 －」 참조.

는 것이다.[51]

　속관제는 대읍중심의 광역단위의 권역별 군현제의 효과적 운용을 위한 제도적 장치로 고안된 것이었다. 그렇기 때문에 경·목·도호부 등의 계수관이 파견된 대읍에 비교적 정연한 조직체계를 갖춘 속관들이 파견된 반면 그 관내의 영읍, 주읍은 소 단위지역을 관장하기 때문에 속관의 겸직 현상이 두드러진다. 반면 속읍에는 수령은 물론 속관들이 전혀 파견되지 않았다.[52] 이를 감안하면서 계수관인 상주목의 지방행정을 처리하기 위해 파견된 관속의 구성과 품질은 〈표 2〉를 통해 살펴볼 수 있을 것이다.

〈표 2〉 군현단위별 관속의 구성과 품질

	경	대도호부·목	중도호부	방어진·지주군	현·진
使	1인3품 이상	1인3품 이상	1인4품 이상	1인5품 이상	1인7품 이상
副使	1인4품 이상	1인4품 이상	1인5품 이상	1인6품 이상	1인8품
判官	1인6품 이상	1인6품 이상	1인6품 이상	1인7품	
司錄參軍事	1인7품 이상	1인7품 이상	판관 겸직		
掌書記	1인7품 이상	사록 겸직	판관 겸직		
法曹	1인8품 이상	1인8품 이상	1인8품 이상	1인8품 이상	
醫師	1인9품 이상	1인9품 이상			
文師	1인9품 이상	1인9품 이상			

---

51) 이것은 성종조 崔承老가 鄕豪의 폐단을 막기 위한 외관의 파견을 건의한 상서문의 내용, "我聖祖統合之後 欲置外官 盖因草創 事煩未遑 今竊見鄕豪 每假公務 侵暴百姓 民不堪命 請置外官 雖不得一時盡遣 先於十數州縣 幷置一官 官各設兩三貝 以爲撫字 (『高麗史』卷93, 列傳 崔承老)."을 통해서도 알 수 있다. 여기의 十數州縣은 곧 12 牧의 설치로 나타나게 되었는데 12牧은 지방의 거점도시의 역할을 갖고 있었다. 그 거점도시에 외관과 함께 파견된 2~3인의 관원은 외관이 '一時盡遣'되지 못한 지역의 효과적 지배를 위해 파견된 자들로서 외관을 보좌하는 屬官들로 구체화되어 갔다고 볼 수 있다.

52) 金晧東, 1987, 「高麗武臣政權時代 地方統治의 一斷面 - 李奎報의 全州牧 '司錄兼掌書記'의 活動을 중심으로 - 」『嶠南史學』3, 영남대 국사학회.

계수관인 상주목의 경우 외관으로 상주목사와 부사가 파견되지만 사와 부사 중 한 명만 파견되는 것이 관례였다.[53] 상주목사가 그 직할 속읍과 영군·현 및 그 속읍을 원활하게 다스릴 수 있도록 중앙정부에서는 속관으로 판관, 사록참군사겸장서기, 법조, 의사, 문사 등을 파견하였다. 그리고 상주목의 지사부에 해당하는 안동부는 주읍으로서 知府使와 副使가 파견되었지만 양자 중 한 명만 파견되었을 것이다. 또 안동부에는 속관으로 판관이 파견되어 안동부의 속읍 등의 관할 행정을 보좌하였다. 법조·의사·문사층은 재판·교육·질병구제 등 일종의 전문적인 기능을 수행한 속관층이며, 판관·사록참군사·장서기층은 수령을 보좌하면서 조세수취·역역징발 같은 대민업무와 군현의 일반행정업무에 종사하였지만 지사부에 해당하는 안동부에는 파견되지 않았다. 계수관인 상주목의 판관과 사록참군사겸장서기 등의 속관들은 봄에 관례로 상주목의 직할 속읍 24읍을 순시하면서 향리에게 맡겨진 속읍행정을 감시 감독하는 한편 그 지사부인 안동부와 경산부는 물론 그 속읍까지 왕명을 받들어 조세행정, 역역동원 등의 업무 수행을 하기도 하였다.

주-속읍제를 근간으로 하는 계수관(대읍)중심의 광역단위의 권역별 군현제도는 국가 ― 재지세력을 축으로 하는 대농민 지배방식을 채택하였기 때문에 국가, 재지세력의 민에 대한 불법적 수탈이 용이할 수 있는 구조적 모순을 안고 있었다. 또한 속읍보다는 주읍, 주읍 가운데 대읍에 권력집중을 초래하여 속읍 및 향소부곡 등에 부세수취의 부담이나 역역의 부담이 가중될 수밖에 없었다. 속읍의 주민들은 경제적으로 뿐만 아니라 신분적으로까지 불리한 처우를 받게 되어 주민의 이탈현상이 두드러지는 등 상대적으로 개발이 뒤떨어졌음에도 불구하고[54] 속읍과 주읍과의 관계

---

53) 邊太燮, 1971, 「高麗 按察使考」『高麗政治制度史研究』, 일조각.
54) 이것은 이규보가 전주목 사록겸장서기로 활동하면서 남겼던 '南行月日記' 등에 구체적으로 묘사되어 있다. 이에 관해서는 필자의 앞의 「高麗武臣政權時代 地方統治

는 마치 신하와 임금, 자식과 아버지, 비천하고 연소한 자와 지체 높고
나이 많은 자, 아내와 남편에 비유되면서 당연한 것을 받아지도록 강요되
면서 흔히 주읍의 이름으로 불려 지기까지 하였다.[55] 명종 17년 6월 안동
수령 李光實이 탐욕스럽고 잔인하게 재물을 긁어먹는 까닭에 주민들이
고통을 견디지 못하여 반역을 꾀하게 되었다는 것은[56] 안동 일읍의 문제
가 아니라 안동과 그 관할 속읍 전체에 대한 탐학에 따른 결과이며, 이로
인해 안동관내 전체가 반역을 꾀하게 되었다고 보아야 할 것이다.

고려 중기 이후 속읍 및 향소부곡을 중심으로 농민의 유망현상이 일어
나기 시작하였다. 예종 즉위의 무렵에 '유망이 서로 이어 열에 아홉 집이
비었을 정도'[57]라고 인식될 정도로 광범위한 민의 저항으로 인해 부세수
취와 역역동원에 커다란 문제점이 야기되자 '민의 유망을 막고 그들로 하
여금 산업에 종사할 수 있도록 하기 위해서' 현령·감무를 파견하기 시작
하였다.[58] 예종 원년에 속읍에 감무가 파견되기 시작하여 동왕 3년에 이
르기까지 67읍, 인종조에 20읍, 명종 2년에서 6년 사이에 66읍에 집중적
으로 현령·감무가 파견됨으로써 주·속읍제를 근간으로 하는 대읍중심의
광역단위의 권역별 군현제는 구조적 개편을 겪게 되었다. 유망을 막기 위
한 감무 파견지역이 계속 확대되었다는 것은 감무의 파견에도 불구하고
유민의 수가 계속 확대되었음을 뜻하는 것이다. 사료 라)의 안동부와 그
관할 속읍 14개 읍에도 인종 조 이후 현령·감무의 파견이 두드러지는데
특히 인종조의 속읍의 주읍화에는 안동이 속한 상주목에 집중되고 있음이

의 一斷面 - 李奎報의 全州牧 '司錄兼掌書記'의 活動을 중심으로 - 」; 「高麗 武臣政
權時代 文人知識人 李奎報의 農村現實觀」(『國史館論叢』 42, 1993) 참조.

55) 『고려사』 권71, 樂2, 三國俗樂 東京, "東京 頌禱之歌也 或臣子之於君父 卑少之於尊
長 婦之於夫 皆通 其所謂安康 卽鷄林府屬縣 而亦名東京 統於大也."

56) 『고려사』 권20, 세가, 명종 16년 윤7월 정유일.

57) 『高麗史節要』 卷7, 睿宗 元年 3月.

58) 『高麗史』 卷12, 睿宗 元年 4月 庚寅.

주목된다.

　인종 21년을 전후한 시기의 속읍의 주읍화가 단행되어 현령, 감무가 파견된 지역을 열거하면 다음과 같다

개성부		덕수현
광주목		이천군
청주목		부성현
동경유수관	울주	헌양현
	예주	송생현
상주목		일선현(해평군·군위현·효령현)
	경산부	대구현(화양현·하빈현)
		관성현
	안동부	의성현
		순안현(홍주)
전주목	남원부	구례현
		김제현
나주목		능성현
보성군		두원현
춘주		홍천현
동주		김화현

　위 변화에서 우선 주목되는 현상은 속읍의 주읍화가 이루어진 곳은 전국적으로 16개 읍에 이른다는 사실과 그에 따른 속읍 영속관계의 변화가 수반되었다는 점이다. 이를 합치면 총 22개의 읍에 변화가 있었던 셈이다. 특히 22개 읍 가운데 11개 읍이 상주목 관할 하에 있는 읍이란 점이 주목된다. 그것은 상주목의 경우 다른 계수관 지역에 비해 상대적으로 주읍이 거느리고 있는 속읍의 숫자가 많기 때문에 나타난 현상으로 볼 수 있다. 상주목은 24개의 속읍을 갖고 있는데 이것은 계수관 가운데 가장 많은 속읍을 거느린 경우이다. 또 상주목의 영지사부인 안동부의 경우 14 속읍, 경산부의 경우 15 속읍을 갖고 있는데 이 숫자는 다른 계수관이 파

견된 계수관(대읍)인 남경유수관 양주 9, 광주목 7, 충주목 7, 청주목 9, 동경유수관 경주 14, 진주목 8, 전주목 12, 나주목 16 등의 속읍과 비교하더라도 많은 수치이다. 따라서 인종 21년의 속읍의 주읍화에는 상주목과 그 영지사부의 속읍들이 상대적으로 많이 승격하였다. 그러나 속읍의 주읍화 현상에서 결코 간과해서 안될 사실은 당시 주읍이 되었던 속읍이 일정한 호구와 전결은 물론 수령의 공궤 등을 부담할 만한 재정규모를 가질 정도로 일읍의 생산력이 발전하였다는 점이다.[59] 12세기를 전후해 수리시설이 발달하고 연해안 저습지가 개발되어가는 농업환경의 변화와 더불어 시비술이 발전하고, 저습지뿐만 아니라 산간의 척박지에도 경종이 가능한, 즉 환경적응력이 뛰어난 새로운 종자가 출현하였다. 이로 인해 주읍은 물론 산간벽지 및 연해지가 비교적 많은 속읍 및 향소부곡지역의 개발 가능성의 길이 열림으로써 고려사회는 커다란 변화를 맞이하게 되었다.[60] 수령의 직할통치와 토성이민의 장악하에 있던 읍치지역인 대읍을 위시한 주읍보다 공권력의 침투가 미약하고 주민의 이탈현상이 그간 빈번하였던 속읍 및 향소부곡이 새로운 농업조건의 변화에 따라 토지사유화의 대상으로 떠오르게 되었다. 결국 12세기 이후의 농업생산력의 발전의 성과물이 속읍민에게 돌아가지 않고, 속읍에 대한 주읍의 착취가 가중되자 이의 개선을 위한 속읍민들이 유망 등의 형태로 광범위한 저항을 표시하게 되었다. 이에 중앙정부에서도 현령·감무 등을 파견하여 속읍민들의 저항을 완화시키지 않을 수 없었다.[61] 이런 의미에서 이 시기 속읍의 주읍

59) 金東洙는 「고려 중·후기의 監務 파견」(『全南史學』 3, 1989)을 통해 "置守에는 貢賦와 差役을 감당할 수 있을 정도의 人口와 토지, 人吏, 奴婢 등 어느 정도의 재정규모를 갖추어야 함은 물론 수령의 供饋라는 추가 부담이 주어진다."고 하였다.
60) 魏恩淑, 「12세기 농업기술의 발전」『釜大史學』 12, 부산대학교 사학회, 1988.
61) 고려 명종때 尙州牧 司錄 崔正份에 의해 수축된 恭儉池는 실제 그 속읍인 함창에 있는 것으로서 함창민의 땅과 힘으로 이루어진 것이지만 그 관개의 이로움이 상주민에게 돌아간다고 한데서 주읍 위주의 행정에 따른 속읍민들의 불만을 엿볼 수 있다(『新增東國輿地勝覽』 卷28, 尙州牧 山川條 恭儉池에 관한 기사 ; 같은 책 卷29,

화는 생산력의 발전을 바탕으로 한 속읍민들의 오랜 투쟁의 결과이기도 한 것이다. 예종조 현령·감무의 파견은 그간 중앙정부와 중앙관료의 수탈이 심한 경기지역을 중심으로 유민의 안집이 주 목적이었다면 인종 21년의 현령 감무의 파견이 전국적 현상임을 볼 때 특히 농업생산력의 발전에 따른 속읍의 성장에 짝한 현상일 것이다. 그 가운데 경상도 지역, 특히 상주목 관내의 농업생산력이 두드러졌기 때문에 이 지역의 주읍화가 많았을 것이다. 이를 입증할 구체적 자료는 없지만 인종 20년 11월 "8도에 사신을 파견하여 각 주현 관리의 능력 여부를 살펴 묻게 하였다"[62]는 사료로 유추해보건대 위 16개 읍의 성장이 두드러졌기 때문에 나타난 후속조처로 현령 감무의 파견으로 이어졌다고 볼 수 있을 것이다.[63]

속읍에 현령·감무 등의 파견을 통해 주읍에 의한 속읍의 침식, 越境地, 犬牙相入地의 조정을 일차적으로 기하여 속읍민들의 불만을 해소하는 한편 族徵·隣徵의 완화를 비롯하여 地品·節候 등에 맞추어 권농정책을 시행하기도 하고,[64] 堤堰의 신·중축을 통한 수리관개시설의 확충을 기하기도 하는가 하면,[65] 保組織 등을 통한 荒田의 개간 등을 꾀하고자 하였다.[66] 이로 인하여 농촌사회가 일보 진전될 수 있게 되었다. 속읍에 현령·감무가 파견됨으로써 향리층들의 재량권은 그만큼 축소되기에 이르렀고, 주읍에 의한 속읍의 수탈은 어느 정도 배제될 수 있었으며, 그러한

咸昌縣 山川條 洪貴達의 記文 참조) 결국 이곳은 명종 2년 감무가 파견되었다. 주읍과 속읍의 구체적 관계는 金晧東, 앞의 논문 ; 金東洙, 앞의 논문 등이 참조된다.

62) 『고려사절요』 권10, 인종 20년 11월.
63) 인종 21년의 주읍이 된 지역이 비교적 평야가 많은 고을임을 주목하면서 인종이 왕권 강화를 기한 '유신'과 관련이 있을까 하는 추측이 있다(이태진, 2002, 『의술과 인구 그리고 농업기술』 태학사).
64) 『고려사』 卷79, 食貨志2, 農桑, 仁宗 23年 5月.
65) 金龍善 編著, 1993, 「吳元卿墓地銘」『高麗墓地銘集成』 한림대학교 아시아문화연구소 ; 『新增東國輿地勝覽』 卷28, 尙州牧 山川 恭檢池.
66) 崔瀣, 「送安梁州序」『拙藁千百』.

과정에서 농촌사회의 전반적인 성장이 가능하였다. 외관 파견은 향리의 지위를 격하시키고 권한을 축소시킨 결과가 되기도 하였지만, 다른 한편에 있어서는 군현의 토성자제가 외관을 매개로 하여 중앙에 진출할 수 있는 기회가 제공되었다. 고려 초기 이래 군현의 승격과 속읍의 주읍화를 해당 읍의 토성이민이 갈망해 마지않은 이유 중의 하나가 바로 외관을 매체로 하여 그들 자제가 향공·상경유학생 등으로 쉽게 발탁되어 중앙에 진출할 수 있었기 때문이다.[67] 특히 인종 21년 주읍이 된 의성현의 경우 고려 초에 의성부가 설치된 바가 있었고, 순안현 역시 성종 14년 강주도 단련사로서 외관이 이미 파견된 지역이었기 때문에 안동부의 속읍 가운데 이때 주읍으로 승격할 수 있었을 것이다. 홍주는 라)⑫에 의하면 현종 9년 안동의 속읍이 되었다가 후에 순안에 이속시켰으며 명종 2년에 감무를 파견하였다고 한 것으로 보아 순안현의 속읍이 된 것은 인종 21년 순안현을 현령관으로 만들고 그 후속조처로서 홍주를 속읍으로 이속시킨 것일 것이다. 인종 21년이 되면 안동부의 속읍은 11개 읍으로 줄어들고, 명종 2년에 오면 기주현과 홍주현, 기양현에 감무가 파견됨으로써 8개의 속읍만을 거느리게 된다. 그런 점에서 안동의 속읍 지역이 축소되어 안동의 영향력이 그만큼 줄어들었다고 볼 수 있다.

　무신정권시대에 오면 전국적으로 농민항쟁이 일어나게 된다. 농민항쟁은 대읍중심의 광역단위의 권역별 군현제의 구조적 모순으로 인해 속읍 및 향소부곡 등지에서 촉발되어 다른 지역으로 확산되어 갔다.[68] 경상도 지역의 경우 동경유수관과 진주목 관내에서 대규모 농민항쟁이 일어났지만 상주목의 경우 앞에서 언급한 안동의 수령 이광실의 탐학에 따른 항쟁

---

67) 李樹健, 1984, 『韓國中世社會史硏究』, 일조각, 257쪽.
68) 김호동, 1994 「12, 13세기 농민항쟁의 전개와 성격」 『한국사』 6, 한길사 ; 1995, 「군현제의 시각에서 바라본 12·13세기 농민항쟁의 역사적 배경」 『역사연구』 4, 역사학연구소 참조.

의 조짐이 있는 것을 제외하고서는 농민항쟁이 거의 일어나지 않았다. 그것은 인종 21년 상주목의 경우 5개 읍을 주읍으로 승격시키고, 그 가운데 선산의 경우 3개의 속읍, 대구의 경우 2개의 속읍, 그리고 순안현에 한 개의 속읍을 영유케 하였고, 명종 2년 안동부의 속읍 2개에 감무를 파견하는 등, 상주목 관내의 군현 영속관계의 구조적 개편을 통해 대읍중심의 광역단위 군현조직의 모순을 상대적으로 해소시켰기 때문일 것이다.

도리어 무신정권시대 안동의 경우 사료 라)①에서 보다시피 명종 23년의 남적이라 불리우는 김사미·효심의 항쟁의 진압에 앞장을 서 안동도호부로 승격되었고, 신종조 고려왕조를 부정하는 신라부흥운동의 진압에 앞장을 섬으로써 안동대호부가 되었을 뿐만 아니라 경상주도의 명칭이 상진안동도로 바뀔 정도로 중앙정부로부터 반대급부를 향유하였다. 특히 앞 〈표 2〉에서 보다시피 도호부가 되기 이전에 안동에는 수령인 知府使(5품 이상) 혹은 副使 중 한 명 외에 속관으로 판관(7품) 만이 파견되었을 뿐이지만 안동도호부가 됨으로써 안동에는 都護府使(4품 이상)와 판관(6품 이상) 외에 법조(8품 이상)가 파견되었다. 또 대도호부가 됨으로써 도호부사(3품 이상) 외에 판관(6품 이상) 사록참군사겸장서기(7품 이상), 법조(8품 이상), 의사(9품 이상), 문사(9품 이상) 등의 속관을 두게 되었을 것이다. 이때의 속관의 숫자는 계수관인 상주목과 똑같이 파견되었다고 볼 수 있다. 따라서 안동대도호부와 그 관할 속읍은 강고한 하나의 권역별 단위체로서 문화적 공감대를 가질 수 있었을 것이다.

원간섭기가 되자 고려는 원의 부마국이 되었는데, 안동부와 경산부는 충렬왕비 제국대장공주의 湯沐邑(=식읍)이 되었다. 사료 라)①에서 보다시피 충렬왕이 加也鄕 사람인 護軍 金仁軌가 공을 세웠다고 하여 가야향을 春陽縣으로 승격시키고 충선왕이 敬和翁主의 고향이라는 이유로 德山部曲을 才山縣으로 만들고, 충혜왕이 내시 姜金剛이 원나라에 갔을 때 왕에게 특별히 수고한 공로로 하여 그의 고향인 退串部曲을 柰城縣으로 승격시키고, 吉安部曲도 현으로 승격시킨 일련의 조처는 안동부가 원 공주의 탕목읍이 된 것이 인연이 되어 일어난 현상일 것이다. 따라서 홍건적의 침입 때 공민왕이 노국대장공주와 더불어 복주목, 즉 안동으로 몽진을 올 수 있었을 것이다.

14세기 이후 휴한법의 극복에 따른 농업생산력의 발전 등으로 인해 여말 선초 속읍 및 향소부곡이 개발되었다. 대부분의 농지가 개간되어 군현과 군현 사이는 거의 개간농지로 이어지게 되어 속읍이 정리되어 조선초기 속읍 및 향소부곡을 포함한 임내지역이 겨우 72 읍에 불과할 정도로 각 읍은 거의 수령이 파견되었다. 그러한 앞선 조짐의 현상으로 안동부의 경우 사료 라)에서 보다시피 우왕 대에서 공양왕 대에 이르는 동안 속읍이었던 예안군, 의흥군, 감천현에도 감무 등이 파견되어 안동부로부터 분리 독립되었다. 그럼에도 불구하고 현종조 이후 읍 안동부를 정점으로 한 14개의 속읍은 하나의 공동의 지역권을 이루어 하나의 정치·경제적 단위체로서, 혹은 공동 생활의 장으로서 사회·문화적 공감대를 갖고 있었다.[69]

IV. 맺음말

통일신라시대의 안동, 즉 古昌郡은 直寧縣, 日谿縣, 高丘縣의 3 읍을 영현으로 거느리고 있었다. 그러나 고창전투가 있기 전 안동, 즉 고창군과 그 영현은 후삼국시대 역사의 무대에 등장하지 않는다. 그러다가 태조 13년(930) 고창전투에서 태조 왕건이 김선평, 권행, 장길의 도움으로 후백제에 승리한 후 安東府를 설치함으로써 역사의 무대에 등장한다. 안동부

---

69) 김호동, 2002, 「고려시대의 지역주의」『大丘史學』 66, 대구사학회.

의 설치는 삼태사인 김선평, 권행, 장길의 활약에 대한 포상의 의미로 승격시킨 것으로 흔히들 보아왔지만 실상은 군사적 거점인 안동도독부를 설치하여 경북 북부내륙지역의 신라 군현들에게 고려에 줄서기를 강요하는 군사적 경략의 의도를 노골적으로 드러낸 것이다. 이에 강릉에서 울산에 이르는 110여 성이 귀부하였고, 당황한 신라정부가 태조 왕건을 초치하는 등 유화적인 태도를 취한 것으로 보인다.

후삼국의 통일로 인해 군사적 거점으로서의 안동도독부의 역할이 끝남에 따라 안동도독부는 상주로 옮겨갔다. 대신 안동은 영가군이 되었다. 고려 초기 군-영현 영속관계의 군현제에서 영가군을 중심으로 몇 개의 현이 영속되는 중간 운영단위로서의 영가군의 역할을 상정할 수 있다. 그러나 신라의 군현제는 수령, 외관이 파견된데 반해 고려 초기의 군현에는 수령이 파견되지 않았기 때문에 군-영현 영속관계의 군현제에서 영가군 소속의 삼태사와 그 후예들이 안동과 그 영현지역에 대한 지배력을 행사하여 영향력을 확대시켜 갔다고 볼 수 있을 것이다. 안동지역은 성종 2년의 12목의 설치 때 그 속에 포함되지 않아서 경상도 지역 내에서 거점도시로서의 역할을 담당하는 위치를 갖고 있지 못하였고, 외관 파견도 없었다.

성종 14년의 주-현 체계 시행은 기존 군-영현체계의 영속관계를 재편하고 상급단위로서 주를 설정하는 한편, 주 단위로 외관을 파견함으로써 체계적이고 강력한 지방 지배를 구현하려는 것이었다. 안동은 이때 길주자사가 파견되어 처음 외관이 파견되고, 길주와 그 영현으로 구성된 상급 행정단위의 위치에 있었지만 당시 집권력의 한계로 인해 성종 14년의 주-현 체계의 시행은 실패로 끝나면서 안동지역에서의 그 실상의 전모를 전혀 확인할 수 없다.

고려 군현제가 제도적으로 완성되는 시기인 현종 9년의 군현제는 소수의 주·부·군·현, 즉 '주읍'에 다수의 '속읍'과 향·소·부곡을 영속시키는 주-속읍제를 근간으로 한 권역별 군현제로 편제되었다. 주읍 단위의 권역별 군현제는 신라시대와 같이 전국의 개별 군현을 직접 지배하는 방식과는 달리 주읍에만 수령을 파견하여 직접 지배하고, 그 속읍 및 향·소·부곡·처·장 등은 주읍을 통한 간접적인 지배방식을 채택하였다. 이때 안동은 현종 9년 지길주사, 현종 21년 안동부가 되어 수령이 파견되는 주읍의 반열에 서서 그 자체 14개의 속읍을 거느리게 되어 안동의 수령 및 안동의 향리들의 역할 또한 증대된다.

고려의 군현제는 주·속읍제를 근간으로 하는 권역별 지배의 효과적 운영을 위해 몇 개의 주읍 단위의 권역을 다시 하나로 묶는 광역단위의 권역별 지배방식을 취하였다. 이의 운영을 위해 광역단위의 권역별 영역 안에 있는 여러 주읍 가운데 가장 규모가 큰 대읍에 유수사, 도호부사, 목사 등의 계수관을 파견하여 이들 주읍 단위의 권역을 영속케 한 계수관(대읍) 중심의 광역단위의 권역별 군현제를 창안하였다. 대읍중심의 광역단위의 권역별 군현제의 확립으로 말미암아 작게는 주읍 안동과 그 속읍 14개 읍을 포함하는 권역을 단위로, 크게는 계수관인 상주목과 그 직할 속읍 및 지사부인 안동부와 경산부, 그리고 그 속읍 56 읍을 포괄하는 계수관단위의 광역권을 단위로 하여 각기 하나의 공동의 지역권을 형성하였다. 각 지역권은 하나의 정치·경제적 단위체로서, 혹은 공동생활의 장으로서 사회·문화적 공감대를 갖고 있었다.

인종 21년이 되면 안동부의 속읍은 11개 읍으로 줄어들고, 명종 2년에 기주현과 홍주현, 기양현에 감무가 파견됨으로써 8개의 속읍 만을 거느리게 된다. 그것은 일면 안동부와 그곳 향리들의 역할 축소의 의미를 갖고 있지만 안동부의 속읍의 입장에서 본다면 주읍인 안동으로부터의 수탈을 완화할 수 있는 기회였다고 볼 수 있다. 아마도 인종조 이후 안동부 관내의 속읍의 주읍화가 단행되었기에 무신정권시대 인근 동경유수관 경주와 진주목 관내가 농민항쟁의 소용돌이에 휩쓸릴 때에도 별 탈 없이 지나갔고, 도리어 인근 농민항쟁의 진압에 앞장을 서 안동도호부에서, 안동대호부로 승격되고, 나아가 경상도의 명칭이 경상주도에서 상진안동도로 바뀌는 등 중앙정부로부터 반대급부를 향유할 수 있었다고 볼 수 있을 것이다.

원간섭기 때 고려는 원의 부마국이 되었는데, 안동부와 경산부는 충렬왕비 제국대장공주의 湯沐邑(식읍)이 되었다. 이때 안동부의 가야향이 춘양현으로, 덕산부곡이 재산현으로, 퇴곶부곡이 내성현으로, 길안부곡이 길안현으로 승격될 수 있었던 것은 안동부가 원 공주의 탕목읍이 된 것이 인연이 되어 일어난 현상일 것이다. 홍건적의 침입 때 공민왕이 노국대장공주와 더불어 복주목, 즉 안동으로 몽진을 올 수 있었던 것도 이러한 인연 때문이다.

한반도의 주도권이 경주를 중심으로 한 경상도 지역에서 개경을 중심으로 한 중부지역으로 옮겨간 상황에서 수도로부터 멀리 떨어진 안동이 고려 태조 왕건과 고창전투에서 인연을 맺고, 공민왕이 홍건적의 침입으로 복주, 즉 안동으로 몽진을 맞이함으로써 두 임금을 가까이 하였다는 것은 안동의 입장에서 어쩌면 행운이고, 따라서 두 임금과 관련된 전설이 남아 전하며 점점 보태어 증폭된 점이 없지 않을 것이다. 따라서 안동의 모습과 역할을 논할 때 그 그림자를 걷어내어 보려는 자세가 필요하리라고 본다.

【참고문헌】

1. 저서

류영철, 2004, 『고려의 후삼국통일과정연구』, 경인문화사

이수건, 1979, 『영남사림파의 형성』, 영남대학교 민족문화연구소

이수건, 1984, 『韓國中世社會史研究』, 일조각

이태진, 2002, 『의술과 인구 그리고 농업기술』, 태학사

2. 논문

권진량, 1993, 「瓶山大捷考」 『安東文化研究』 7

金東洙, 1989, 「고려 중·후기의 監務 파견」 『全南史學』 3

김용선 편저, 1993, 『高麗墓地銘集成』, 한림대학교 아시아문화연구소

김호동, 1987, 「高麗武臣政權時代 地方統治의 一斷面 − 李奎報의 全州牧 ‘司錄兼
　　　掌書記’의 活動을 중심으로 − 」 『嶠南史學』 3, 영남대 국사학회

김호동, 1993, 「高麗 武臣政權時代 文人知識人 李奎報의 農村現實觀」 『國史館論
　　　叢』 42

김호동, 1994, 「12, 13세기 농민항쟁의 전개와 성격」 『한국사』 6, 한길사

김호동, 1995, 「군현제의 시각에서 바라본 고려후기 농민항쟁의 역사적 배경」 『역
　　　사연구』 3, 역사학연구소

김호동, 2002, 「고려시대의 지역주의」 『대구사학』 66, 대구사학회

박종기, 1988, 「고려 태조 23년의 군현개편에 관한 연구」 『한국사론』 19

변태섭, 1971, 「高麗 按察使考」 『高麗政治制度史研究』, 일조각

위은숙, 1988, 「12세기 농업기술의 발전」 『釜大史學』 12, 부산대학교 사학회

윤경진, 2000, 「고려 군현제의 구조와 운영」, 서울대학교 박사학위논문

이수건, 「고려전기 토성연구」 『대구사학』 14

이형우, 1985, 「古昌地方을 둘러싼 麗濟兩國의 각축양상」 『嶠南史學』 창간호

濱中昇, 1977, 「十世紀末における高麗州縣制の施行」 『朝鮮學報』 84

제5장 고려시대 一善(善州)圈域의 변천과 지역사회의 동향

Ⅰ. 머리말

현재의 구미시는 고려시대의 一善縣(崇善郡·善州), 海平郡, 仁同縣 지역이다. 고려시대 인종조 일선현이 주읍이 되었을 때부터 해평은 조선시대에 이르기까지 일선현(조선시대 善山都護府)의 속읍으로서 단일 지역권, 같은 문화권을 이루고 있었다. 그에 반해 인동은 고려시대 경산부의 속읍으로 줄곧 존재하는 등 일선 지역권과는 무관하였다. 근대 공업화의 과정에서 구미가 팽창하면서 칠곡군에서 구미에 합쳐진 곳이다. 도리어 고려시대에는 군위·효령·부계현이 해평군과 함께 수령이 파견된 주읍인 일선현의 속읍으로서 동일한 지역권을 형성하였다. 따라서 본고는 일선현의 성립과 그 관할 영역의 확대과정을 살펴보고, 일선권역의 지방사회의 동향을 살펴보고자 한다.

선산, 즉 일선현은 후삼국시대 고려 태조 왕건과 후백제 신검이 한반도 통일전쟁을 치룬 일리천 전투의 현장이었다. 이 전쟁 때 선산의 김선궁, 해평의 김훤술이 태조 왕건과 연결된 기록이 남아 전한다. 나말려초 사회 변혁의 주축인 호족의 존재를 논할 때 김선궁과 김훤술을 그 한 예로 거론하곤 한다. 그럼에도 불구하고 고려시대 선산과 해평은 상주로 통하는 교통로 상의 이점이 인정될 뿐이었으며, 중앙에 진출하는 기회를 가진 인물이 아주 적었다고 한다. 특히 고려시대 선산은 현급에 불과한 작은 고을로서, 조선시대에 속현으로 편성되는 해평이 오히려 군으로 한 등급 더 높게 평가된 때가 있을 정도로 선산의 지위는 낮았다는 평가마저 있다.[1] 고창전투가 있었던 안동지역이 고려시대 14개의 속읍을 거느리는 '安東府'라는 雄府가 된데 반해 일리천 전투가 있었던 선산, 해평 등의 구미지역은 김선궁, 김훤술과 같은 인물이 있음에도 불구하고 수령이 파견되지 않은 속읍으로 존재하고, 그들의 후손이 고려 전기에 별반 활동하지 못한 이유는 무엇인가? 또 해평이 선산보다 한 등급 더 높게 평가된 적이 있는가? 이런 의문을 던질 때 기존의 고려시대 일선 지역을 설명한 통설의 상당부분은 잘못된 것이다.

현종 9년(1020) 고려 군현제의 틀이 완성되었을 때 경상도 내에서 계수관이 파견된 상주목 관내 총 56읍 가운데 수령이 파견된 주읍은 상주목과 경산부와 안동부 3읍에 불과하다. 현재의 구미지역인 선산, 해평, 인동의 3개 읍은 수령이 파견되지 않은 속읍이었다. 인종 21년(1143)에 선산, 즉 일선현에 수령이 파견되면서 선산은 상주, 경산, 안동과 같은 주읍의 반열에 오르게 되었고, 해평군, 군위현과 효령현의 3개 읍을 속읍으로 거느리게 되었다. 고려시대의 경우 해평군이 군으로 한 등급 높게 평가된 적이 없었다. 구미지역의 경우 고려시대에 주목해야 할 사실은 인종 21년 선산이 주읍이 되면서 해평 등 3개의 속읍을 거느리게 된 역사적 사실이다. 왜 고려 무신정권시대에 전국적으로 농민항쟁이 일어났을 때 유독 이 지역에는 농민항쟁이 없었던가? 또 고려 말에 이 지역이 다른 지역에 비해 수십 년 앞서서 수전농업이 발달하고, 중앙에 인물을 많이 배출할 수 있었던가? 그것은 인종 21년 일선현이 주읍이 된 것에 그 원인이 있지 않을

---

1) 李泰鎭, 2000, 「朝鮮前期 善山地方의 사회변동과 水田農業 발달 - 『一善誌』 분석을 중심으로」 『民族文化論叢』 21, 영남대학교 민족문화연구소, 155쪽.

까? 이러한 시각을 갖고 고려시대 일선현의 위상을 살펴보고자 한다.

II. 후삼국 쟁패시기 일선권역 지역의 향배

후삼국시대는 한반도의 주도권을 둘러싸고 고려 태조 왕건과 후백제 견훤이 일진일퇴의 격전을 벌이는 시기였다. 고려와 후백제의 전투는 신라의 외곽인 공산을 비롯하여 고창(안동)과 강주(진주) 등 경상도의 낙동강 서부지역에서 가장 치열하게 전개되었다. 이때 선산 지역은 대체로 후백제와 가까운 입장을 견지하였지만 공산 전투와 고창전투, 그리고 일리천 전투를 거치면서 변화의 조짐이 있었던 것으로 보인다.

고려 태조 10년(927) 9월의 공산전투 때 왕건이 공산으로 향한 길은 대체로 충주를 거쳐 계립령을 넘어 문경으로 와서 점촌지방을 거쳐 상주-선산 방면으로 진행하는 길을 택한 것 같다.[2] 따라서 고려 태조 왕건이 선산을 지나 대구 팔공산으로 향한 것으로 보이지만 그에 관한 자료는 전하지 않는다. 다만 후백제가 경주를 공격하기 전에 상주를 공격대상으로 선택하고, 또 공산 싸움에서 승리한 후 성주와 칠곡을 공략한 것을 보아 일선군은 아마도 후백제와 가까운 입장이었을 것이다. 공산 전투에서 패한 고려군이 수세에 처하다가 고창전투에서 승리하여 낙동강을 넘어설 수 있는 거점을 확보한 것을 감안하면 선산권역은 후백제와 친근한 반면 고려와의 관계는 소원하였을 것이다. 이 때문에 고려와 선산과의 관계를 전하는 기록은 남지 않았을 것이다.

선산지역이 고려와 후백제의 후삼국쟁패전에서 역사의 무대에 떠오르는 것은 태조 19년(936) 9월 왕건이 이끄는 고려군과 신검이 이끄는 후백

---

2) 류영철, 2004, 『고려의 후삼국 통일과정연구』, 경인문화사, 112쪽.

제군이 일대 격돌을 한 一利川 전투였다. 일리천 전투의 상황에 관해서는 다음의 사료에 잘 나타나 있다.

A) 가을 9월에 왕이 三軍을 거느리고 천안부에 가서 병력을 합세하여 一善郡으로 나아가니 神劍이 무력으로써 이에 대항하였다. 갑오일에 一利川을 사이에 두고 양군이 진을 쳤다. 왕은 견훤과 함께 군사를 사열하였다. 왕이 견훤을 비롯하여 대상 堅權, 희술, 皇甫金山, 원윤 姜柔英 등은 기병 1만을 거느리게 하고 支天軍 대장군 원윤 能達, 奇言, 韓順明, 昕岳, 정조 英直, 廣世 등은 보병 1만을 거느리게 하여 좌익을 삼았으며 대상 金鐵, 洪儒, 朴守卿, 원보 連珠, 원윤 萱良 등은 기병 1만을 거느리게 하고 補天軍 대장군 원윤 三順, 俊良, 정조 英儒, 吉康忠, 昕繼 등은 보병 1만을 거느리게 하여 우익을 삼았으며 溟州 대광 王順式, 대상 兢俊, 王廉, 王乂, 원보 仁一 등은 기병 2만을 거느리게 하고 대상 庚今弼, 원윤 官茂, 官憲 등은 黑水, 達姑, 鐵勒 등 외족들의 정예 기병 9천 5백을 거느리게 하고 祐天軍 대장군 원윤 貞順, 정조 哀珍 등은 보병 1천을 거느리게 하고 天武軍 대장군 원윤 宗熙, 정조 見萱 등은 보병 1천을 거느리게 하고 杆天軍 대장군 金克宗, 원보 助杆 등은 보병 1천을 거느리게 하여 중군을 삼았으며 대장군 대상 公萱, 원윤 能弼, 장군 金舍允 등은 기병 3백과 여러 성들에서 온 군사 1만 4천을 거느리게 하여 삼군의 원병을 삼았다. 이와 같이 군사를 정비하여 북을 울리면서 전진하였다. 이때에 갑자기 창검 형상으로 된 흰 구름이 우리 군사가 있는 상공에서 일어 나 적진 쪽으로 떠갔다.
　백제 좌장군 孝奉, 德述, 哀述, 明吉 등 4 명이 우리의 병세가 굉장한 것을 보더니 투구를 벗고 창을 던져 버린 다음 견훤이 타고 섰는 말 앞에 와서 항복하였다. 이에 적측의 사기가 저상되어 감히 움직이지 못하였다. 왕이 효봉 등을 위로하고 神劍의 있는 곳을 물었다. 효봉 등이 말하기를 "신검이 중군에 있으니 좌우로 들이치면 반드시 격파할 수 있다."고 하였다.
　왕이 대장군 공훤에게 명령하여 곧추 적측의 중군을 향하여 삼군과 함께 일제히 나가면서 맹렬하게 공격하니 적병이 크게 패하였다. 그리 하여 적장 昕康, 見達, 殷述, 今式, 又奉 등을 비롯하여 3천 2백 명을 사로잡고 5천 7백 명의 목을 베었다. 적들은 창끝을 돌려 저희들끼리 서로 공격하였다. 우리 군사가 적을 추격하여 黃山郡까지 이르렀다가 炭嶺을 넘어 馬城에 주둔하였다. 신검이 자기 아우들인 菁州(경남 진주) 성주 良劍, 光州 성주 龍劍과 문무 관료들을 데리고 와서 항복하였다.3)

위 사료는 일리천 전투의 진행과정과 고려군의 숫자와 편성상황 등을 고려 측의 입장에서 설명한 것이다. 이 사료에 보이지 않지만 고려군이 천안에서 후백제의 도성 쪽으로 직행하지 않고 선산 방면으로 진행한 것은 신검이 이끄는 후백제의 주력부대가 고려군을 방어하기 위하여 선산으로 진출하였기 때문일 것이다. 아마도 신검이 이곳에서 고려와 일전을 벌일 생각을 하였던 것은 후백제의 도성에서부터 선산에 이르기까지의 후방이 후백제 편에 서서 그들의 우익이 될 수 있으리라는 판단이 섰기 때문일 것이다.4)

일리천의 위치에 대해 『東史綱目』에 다음과 같은 기록이 전한다.

> 왕이 삼군을 거느리고 천안에 이르러 병력을 합하여 崇善(즉 一善郡이다. 古基는 지금 餘次尼津의 동쪽 1리에 있다)으로 나아가는데, 신검이 군대로서 이를 막았다. 갑오에 一利川(지금의 여차니진으로 선산부의 동쪽 10리에 있다)을 사이에 두고 진을 쳤다.5)

위 사료에 의하면 일리천은 선산의 동쪽 10리 지점에 있는 여차니진이라고 하였다. 세종 7년(1425)에 편찬된 『경상도팔도지리지』에 의하면 여차니진은 선산부의 동쪽을 흐르는 큰 하천의 이름이었으며,6) 『東國輿地誌』에서는 선산부의 동쪽 11리에 있는 月波亭 밑의 월파나루가 여차니진이라고 하였다.7) 여차니진은 선산군 해평면 낙산동 원촌마을에서 선산읍

---

3) 『고려사』 권2, 태조 19년
4) 이에 관한 구체적 자료는 현재 없다. 다만 일리천 전투의 전후 전투의 과정의 분석을 통해 당시 선산지역이 후백제의 우익이었다는 견해를 표명한 류영철, 『고려의 후삼국 통일과정연구』(경인문화사, 2004)가 있으므로 이것을 참고하기 바란다.
5) 『東史綱目』 卷6 上, 丙申 高麗 神聖王 19년.
6) 『慶尙道地理志』 善山都護府 名山條. "大川二 一曰餘次尼津 流自洛東江歷于府東 二曰 甘川 出自知禮縣地所旨峴 歷府南入于餘次尼江."
7) 『東國輿地誌』 卷4下, 선산도호부 관량조. "月波渡 在府東十一里月波亭下 又名餘次尼津 洛東江津渡."

으로 가는 나루터인 지금의 여지나루(혹은 여진나루)를 가리킨다.8)여진이란 이름의 유래도 태조가 일리천에서 승리한 후 이 나루를 건널 때, 기쁨을 이기지 못하여 '나의 나루[余津]', 혹은 '고려의 나루[麗津]'이라 부른데서 비롯되었다고 전해지며, 낙산리라는 마을의 옛 명칭 자체가 '여진'이었다고도 한다.9) 이상의 자료들로 미루어볼 때 여차니진은 선산의 동쪽에 위치한 나루터의 이름이자 그 앞을 흐르는 낙동강의 이름이기도 했으며, 마을의 이름까지 여진이라 부르기도 하였다고 볼 수 있다. 그 때문에 그 위치에 대해서 선산부의 동쪽 10리(『동사강목』) 혹은 11리(『동국여지지』), 또는 5리라고도 하여10) 차이를 보였다.

　여차니진 일대에는 당시 고려와 후백제 양군의 전투와 관련된 지명들이 속전으로 전해지고 있다. 그것을 통해 해평과 선산 사이를 흐르는 낙동강을 사이에 두고 양 측이 설진하여 전투를 하였던 것으로 보인다. 여차니진과 동쪽으로 2리 정도를 격한 곳에 있는 冷山의 봉우리를 太祖峰이라 하는데, 이 태조봉에 있는 崇善山城이 당시 고려군이 후백제군과 일리천을 격하여 진을 친 곳이 아닌가 한다. 선산읍 新基里의 대지미[太祖尾]는 태조가 군사를 사열할 때 군사의 수가 많아 그 끝이 이곳까지 미쳤기 때문에 그렇게 불리워졌다고 한다. 해평면 洛山里의 七倉마을은 태조가 냉산 태조봉에 숭선성을 쌓고 후백제와 싸울 때 이곳에 일곱 개의 창고를 짓고 군량미와 병기를 비축하였다는 속전을 갖고 있다. 또 山東面 鳳山里의 미륵당에는 松林寺라는 큰 절이 있었는데, 이때의 전투로 인해 파괴되었다고 전한다. 高牙面 官心里의 어갱이[禦劍]라는 들은 신검과의 결전 때 고려군이 주둔한 곳이라는 속전이 있고, 발갱이[拔劍] 들은 후백

---

8) 『한국지명총람』 5, 한글학회편, 337쪽.
9) 경상북도·경북향토사연구협의회 편, 1991, 『경북마을지』(중) 800쪽(22장 5절 산산군 해평면).
10) 權近, 「月波亭記」『新增東國輿地勝覽』 권29, 선산도호부 누정조. "善州之東五里許有津曰餘次 自尙之洛水 而南流者也."

제의 주력군이 패한 곳이라고 한다.[11] 이로써 보건대, 이때의 전투는 선산 古基를 사이에 두고 낙동강의 동편에 있는 냉산, 즉 태조봉의 숭선성과 그 아래 마을에 형성된 七谷을 중심으로 고려군이 둔치하고 낙동강을 격하여 서편의 송림리 지역에 후백제군이 둔치한 것이 아닌가 한다. 이후 양군의 전투가 시작되면서 고려군은 여차니진을 건너 선산읍의 신기리의 태조산에 둔영한 후 왕건이 장군의 깃대를 세웠다는 속전이 전하는 將臺가 있는 院 1리를 거쳐 발갱이들에서 신검의 주력군을 격파한 것이 아닌가 한다.[12] 일리천 전투의 진행상황을 지도에 그려보면 〈그림 1〉과 같다.

〈그림 1〉 일리천 전투의 진행상황도

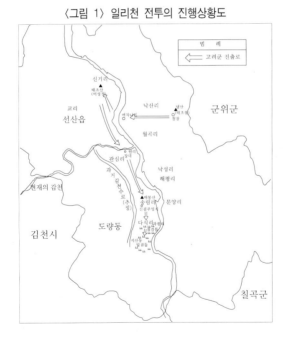

---

11) 경상북도·경북향토사연구협의회 편, 1991, 『경북마을지』(중) ; 류영철, 앞의 책 209~210쪽 참조.

12) 류영철, 앞의 책 210쪽 참조. 〈그림 1〉 일리천 전투의 진행상황도 역시 이 책의 것을 인용하였다.

앞의 『고려사』 일리천 전투에 관한 사료에 의하면 선산지역과 관련된 인물이 전혀 보이지 않는다. 그것은 당시 고려의 중앙정부에 이 지역 출신 인물이 진출하지 못하였기 때문이며, 또 이 싸움에 있어서도 양국의 전투에 결정적 역할을 한 현지민의 활동이 없었기 때문일 것이다.

당시 일리천 전투가 벌어졌던 일선지역의 향배에 대해서는 조선시대의 지리지류에 다음과 같은 기록이 전할 뿐이다.

> 김선궁: 태조가 후백제를 칠때 숭선에 이르러 종군할 사람을 모집하였는데, 선궁이 吏로 응모하였으므로 태조가 기뻐서 자기가 쓰던 활을 내려주면서 선궁이라는 이름도 함께 하사하였다. 뒤에 공으로써 대광문하시중이 되었고, 定宗이 대승을 추증하였으며, 시호를 순충이라고 하였다. 맏아들 문봉은 삼사우윤으로 고향에 돌아와 吏가 되었으며, 둘째 아들은 (아버지의 뒤를) 이어 시중이 되었다. 부의 사족 및 이족은 다 선궁의 후손들이다.(『신증동국여지승람』 권29, 선산도호부 인물조)
> 김훤술: 해평 사람인데 태조를 도와 공이 있었으므로 지위가 시중에 이르렀고, 시호는 장력이라 하였다.(위와 같은 조)

김선궁이나 김훤술에 대해서는 『삼국사기』나 『고려사』 등의 사료에 전혀 나타나지 않는다. 또 일선이나 해평지역이 고려에 귀부한 사실도 확인되지 않는다. 위의 기록이 후대의 자료인 관계로 두찬일 가능성이 많다.

김선궁에 관한 기록에서 고려 태조 왕건이 숭선에 이르러 종군자를 모병하였다는 것으로 보아 일선지역이 고려 측에 일방적으로 기울었다고 볼 수 없다. 고려나 후백제 양 측이 승리를 위해 선산지역의 민심을 잡기 위한 노력을 기울였다고 보아야 할 것이다. 다만 일리천 전투에서 고려군이 승리하고, 나아가 후삼국 통일의 대업을 달성함으로써 고려 측에 줄을 섰던 김선궁이나 김훤술이 그 이름을 전하고, 향후 향리로서 일선과 해평지역을 각기 지배하였을 것이다. 일선지역의 김선궁이나 해평의 김훤술이 자기 지역민을 단결하여 고려의 편에 서서 일사불란하게 후백제군의 격퇴에 임하였다면 굳이 태조 왕건이 숭선에 이르러 종군자를 모병하였다고 표현하지는 않았을 것이다. 그리고『고려사』등에 그 이름이 나오지 않을 리 없다. 후삼국시대 전후의 호족들이 '城主', 혹은 '將軍' 등을 칭하면서 그 지역민을 장악한 것과는 달리 그들은 '吏'. 혹은 '海平人'으로 표기되었을 뿐이다. 일리천 전투 후 고려에 의해 선산이나 해평 지역의 읍격 승격 등의 포상조치가 없었던 것은 선산지역민의 고려와 후백제군에 대한 향배가 개별적으로 달랐기 때문일 것이다. 고창전투의 경우 김선평, 권행, 장길의 삼태사가 안동지역민을 단결하여 고려 측에 서서 후백제의 격퇴에 앞장섰기 때문에 안동지역은 안동도독부가 될 수 있었다. 반면 공산전투를 전하는『고려사』기록이나 대구지역에 전하는 구전자료에도 대구지역의 향호들의 활동이 전혀 보이지 않는다. 그것은 대구지역에 별다른 향호가 없거나 아니면 후백제의 편에 줄을 섰기 때문일 것이다. 그 결과 대구의 경우 경산부의 속읍으로 편제되었다.

　전쟁이 한차례 휩쓸고 간 일선과 해평지역은 승자와 패자가 누구였던가에 상관없이 전쟁의 상채기만 남았다. 일리천 전투의 승자인 고려군이나 패배한 백제군은 이 전투에서 숱한 사망자를 내었다. 후백제군의 사망자가 무려 5천 7백 명이나 되었다고 한 것에서 전장터인 일선권역의 산과 들이 시체로 뒤덮였음을 짐작할 수 있다. 그 시체의 처리, 그리고 양국의 군대에 의해 무참히 유린되었을 들판과 마을을 복구하는데 숱한 세월을 필요로 하였을 것이다.그러나 고려의 김선궁이나 김훤술 등에 대한 개별적 포상의 흔적은 후대의 기록에라도 남아 있지만 일선이나 해평지역에 대한 어떠한 국가적 배려가 보이지 않는다. 고려와 후백제의 틈바구니에서 반부가 상반하였던 선산지역에 대한 고려 중앙정부의 국가적 배려가 없었던 결과 전쟁의 상채기를 복구하는 것은 오직 선산지역민의 몫이었을 것이다.

Ⅲ. 고려 초기 일선현의 성립과 계수관체제

현재의 구미시는 고려시대 일선현, 해평현, 인동현으로 구성되어 있다. 이들 지역의 연혁에 대해 『고려사』 지리지에는 다음과 같이 기록되어 있다.

> B-① 一善縣 : 본래 신라 一善郡으로 진평왕이 주로 승격하여 軍主를 두었고, 신문왕이 주를 폐지하고 경덕왕이 嵩善郡으로 고쳤다. 성종 14년에 善州刺史를 두고 현종 9년에 (상주목)에 來屬하였다가 인종 21년에 지금 이름으로 고치고 현령을 두고 나중에 승격하여 知善州事로 하였다.(『고려사』 권57, 지리지2, 경상도 상주목 일선현)
>
> ② 海平郡 : 현종 9년에 (상주목에) 내속하였다가 인종 21년에 일선현에 이속하였다.(『고려사』 권57, 지리지2, 경상도 상주목 해평군)
>
> ③ 仁同縣 : 현종 9년에 (경산부에) 내속하였다. 공양왕 2년에 감무를 두어 약목현을 여기에 소속시켰다. [『삼국사기』에는 "성산군 관할하에 있는 수동현은 원래 신라의 사동화현으로서 경덕왕이 고친 것인데 지금의 어디인지 알 수 없다."고 하였다. 이제 군, 현 경계 정형으로 미루어 보건대 수동을 인동으로 고친 것이 아닌가 한다.](『고려사』 권57, 지리지2, 경상도 상주목 경산부 인동현)

반면 조선시대에 편찬된 지리지에는 다음과 같이 기록되어 있다.

> C. 善山都護府 : 신라 눌지왕 때 처음으로 일선군이라고 칭하였다. 진평왕때 일선주로 승격하고 경덕왕 때 숭선군으로 고치고 뒤에 和義郡으로 고쳤다. 고려 때 다시 일선을 칭하고 현으로 강등하고 나중에 또 선주로 고쳤는데 그 연대는 자세치 않다. 본조(조선) 태종 때 영락 계사(1413)에 모든 군현을 주로 칭하고 山川 두 자로 대신하니 이에 선산군으로 고쳤다. 을미(1415)에 1,000호 이상으로 도호부로 승격하였다. 속현 하나 해평(『경상도지리지』 선산도호부)
>
> D-① 선산도호부 : 본래 신라 일선군으로 진평왕이 州로 승격하여 군주를 두었고, 신문왕이 주를 폐지하고 경덕왕이 숭선군으로 고쳤다. 고려 성종 14년에 선주자사로 고치고 현종 9년에 상주에 속했다. 인종 21년에 일선

현령으로 고치고 나중에 승격하여 지선주사로 하였다 본조(조선) 태종
때 지금 명칭으로 고쳐 군으로 하고 나중에 예에 따라 도호부로 승격하
였다. 속현 해평현(『신증동국여지승람』권29, 선산도호부 건치연혁)
② 해평현 : 파징이라고도 하며, 본부(선산도호부)의 동쪽 33 리에 있다. 본
래 신라의 병병현이었는데, 고려 초에 해평군으로 고쳐 복주에 소속시켰
고, 현종 때에는 상주에 속했다가 인종 21년에 (본부에) 속하였다. 그 남
면은 공산에 연접하였다.(『신증동국여지승람』권29, 선산도호부 속현)
③ 인동현 : 본래 신라의 사동화현이던 것을 경덕왕이 지금 이름으로 고쳤
다. 현종이 경산부에 소속시켰고, 공양왕이 감무를 두었으며 본조에서 예
에 의하여 현감으로 고쳤다.(『신증동국여지승람』권27, 인동현 건치연혁)

위 사료들에 근거해 고려시대 군현체계가 확립되는 현종조까지의 현재
의 구미지역의 연혁을 살펴보기로 한다.

일선현은 신라시대 눌지왕 때 일선군이 된 후에(B), 진평왕 때 군주가
파견되는 일선주(B, C, D)로 승격하였다가 신문왕 때 일선군으로 환원되
었다가 경덕왕 때 숭선군으로 개명하였다(B, C, D). 이때 숭선군은 효령
현, 이동혜현, 군위현을 영현으로 거느리고 있었다.[13] 신라의 군현제는
각급 군현을 군과 현으로 분류하고 군이 몇 개의 영현을 관할하는 방식으
로 중간 운영단위가 구성되어 군사와 역역 등의 운영을 담당하였다고 한
다.[14]

『고려사』지리지와『신증동국여지승람』에 의하면 경덕왕 때 숭선군이
되었다는 기록 다음에 고려 성종 14년(996)에 선주자사가 된 기록으로 바
로 이어진다. 그리고 현종 9년에 상주목의 속읍이 되었고, 인종 21년에
일선현으로 고쳐 현령을 파견하였다고 한다(B, D). 그러나 사료 A)에서

---

13)『三國史記』권34, 雜志2, 地理1, "嵩善郡 … 領縣이 셋이다. 孝靈縣 본래 芼兮縣인
　데, 경덕왕이 개명하여 지금도 그대로 일컫는다. 이 同兮縣 지금 未詳이다. 軍威縣
　본래 奴同覓縣(如豆覓縣이라고도 함)인데, 경덕왕이 개명, 지금도 그대로 일컫는
　다."
14) 윤경진, 2000,「고려 군현제의 구조와 운영」서울대학교 박사학위논문.

보다시피 태조 19년(936)의 일리천 전투에 관한 『고려사』 기록에 이미
'일선군'의 명칭이 나온다. 이 경우 고려 초기 군현제가 신라의 군현제를
준용하여 중간 운영단위를 구성하여 성종 14년 이전까지 신라의 경우처
럼 군이 중심이 되어 몇 개의 현을 관할하는 방식, 즉 군-영현 영속관계가
시행되었을 것이라는 견해를 받아들인다면15) 일선군과 그 영현 영속관계
를 상정할 수 있을 것이다. 그러나 신라 때의 영현이었던 효령현, 이동혜
현, 군위현이 그 영현이었는지 알 수 없다. 그리고 이 견해를 선뜻 수용하
기에는 『경상도지리지』(C)에서 "고려 때 다시 일선을 칭하고 현으로 강등
하고 나중에 또 선주로 고쳤는데 그 연대는 자세치 않다."고 한 기록이
걸린다. 이 자료는 일선군이 선주로 바뀌기 이전에 이미 일선군에서 일선
현으로 바뀌었음을 전해주기 때문이다. 그렇다면 일리천 전투 이전에 일
선군이 되었다가 그후 일선현이 되었고, 996년에 선주자사가 되었다고 보
아야 할 것이다. 일선군에서 일선현이 된 시기는 아마 고려 태조 때가 아
닌가 한다. 고려 태조는 후삼국 통일을 완성한 후 940년(태조 23)에 전국
군현의 명호를 개정하고, 공신을 책정하였다. 이 때문에 『고려사』 지리지
등에서 '高麗初' 혹은 '至高麗'라고 표현된 군현 개편과 관련된 시기는 대
체로 940년 내지는 그 전후를 지칭하는 것으로 학계에서 간주하고 있다는
점을 감안하면, 일선군이 940년에 일선현으로 개편되었다고 보아야 할 것
이다. 그러나 이 경우 조선시대에 만들어진 『경상도지리지』에 얼마만큼
사료적 가치를 부여할 것인가 하는 점이 부담스럽다.

한편 해평군은 『고려사』에서는 현종 9년에 상주의 속읍이 된 것만 언
급되었을 뿐이다. 그러나 『신증동국여지승람』에 의하면 본래 신라의 병
병현인데, 고려 초에 해평군으로 고쳐 복주의 속읍으로 삼았다가 현종 때
상주의 속읍이 되었다고 한다.

---

15) 윤경진, 2000, 「고려 군현제의 구조와 운영」 서울대학교 박사학위논문.

이에 반해 지금의 구미시에 포함된 인동현은 『고려사』에서 현종 9 (1020)년에 경산부(지금의 성주)의 속읍이 된 것만 기록되어 있다. 다만 그 세주에 "『삼국사기』에는 '성산군 관할 하에 있는 수동현은 원래 신라의 사동화현으로서 경덕왕이 고친 것인데 지금의 어디인지 알 수 없다.'고 하였다. 이제 군, 현 경계 정형으로 미루어 보건대 수동을 인동으로 고친 것이 아닌가한다"고 하였다. 그러나 『신증동국여지승람』을 편찬하면서 아예 경덕왕 때 수동현, 즉 사동화현을 인동현으로 고쳤다고 하였다.

이상의 연혁에서 지금까지 주목의 대상이 된 것은 일선현의 경우 신라 때까지도 군 이상의 등급이었으나 고려 초에 縣 급으로 강등되고 한때 상주목의 속현이 된 사실이다. 이에 근거하여 고려 초의 이러한 형세는 인접 해평보다도 열악한 것으로 파악되었다. 해평은 고려초에 해평군으로 그보다 더 지위가 높았던 것으로 확인된다고 하면서 일선현의 이러한 낮은 지위는 초기의 인물 배출이 부진했던 것과 거의 일치하는 것이라고 하였다.[16] 그러나 이러한 생각은 고려시대의 군현제의 실상을 잘못 파악한 견해이다. 고려시대의 경우 수령이 파견되는 주읍과 수령이 파견되지 않은 속읍이 있는데 속읍은 향리들의 자치에 의해 다스려지면서 수령이 파견되는 주읍의 지휘 감독을 받고 있었다. 따라서 주읍과 속읍이 서로 상하 예속의 관계에 있었다.[17] 주읍의 경우 현의 명칭이 있는가 하면 속읍의 경우에도 군의 명칭이 있다. 고려시대의 경우 주읍에서 속읍으로 된 것이 강등이고, 속읍이 주읍으로 된 것이 승격이었다. 고려시대 선산이

---

16) 이태진, 「朝鮮前期 善山地方의 사회변동과 水田農業 발달 -『一善誌』분석을 중심으로 -」『민족문화논총』21, 영남대 민족문화연구소 ; 2002, 『의술과 인구 그리고 농업기술 - 조선유교국가의 경제발전 모델 -』, 태학사.

17) 金晧東, 1987, 「高麗武臣政權時代 地方統治의 一斷面 - 李奎報의 全州牧 '司錄兼掌書記'의 活動을 중심으로 -」『嶠南史學』3, 영남대 국사학회 ; 1995, 「군현제의 시각에서 바라본 고려후기 농민항쟁의 역사적 배경」『역사연구』3, 역사학연구소 ; 박종기, 2002, 『지배와 자율의 공간, 고려의 지방사회』, 푸른역사.

현이었고, 해평이 군이었다고 해서 일선현이 해평군보다 지위가 낮았고, 그것이 초기 인물 배출이 부진했던 것과 거의 일치했다고 보는 견해는 그런 점에서 잘못된 것이다. 일선현에서 주목해야 할 사실은 사료 B-①)에 의하면 일선현의 명칭을 얻은 것이 인종 21년이지만 이때 현으로 강등되었다고 볼 수 없다는 사실이다. 도리어 상주의 속읍으로서 수령이 파견되지 않았던 상태에서 현령이 파견되는 주읍의 반열에 당당히 선 것이기 때문에 군현 등급의 승격으로 보아야 한다.

한편 해평군의 경우 앞에서 언급한 바와 같이 『고려사』에서는 현종 9년에 상주의 속읍이 된 것만 언급되어 있다. 반면 『신증동국여지승람』에 의하면 본래 신라의 병병현인데, 고려 초에 해평군으로 고쳐 복주의 속읍으로 삼았다고 하였다. 그러나 신라의 경우 병병현이 기록에 나오지 않는다. 또 해평군이 고려 초 복주, 즉 안동의 속읍으로 있었다고 하는데, 당시 안동을 복주라고 부르지도 않았다. 따라서 『신증동국여지승람』의 이 기록은 다른 자료의 뒷받침이 없는 한 별반 신빙성이 없다.

『고려사』에서 인동현의 경우 해평군과 마찬가지로 현종 9년에 경산부, 즉 지금의 성주의 속읍으로 된 것만이 언급되어 있을 뿐이고 그것이 신라시대의 사동화현, 즉 수동현을 고친 것으로 추정한 것은 『고려사』 지리지를 편찬할 조선시대에 그렇게 추정하여 기록한 것일 것이다. 이것을 감안하면 해평군 역시 『삼국사기』를 편찬할 당시인 고려 인종대를 전후한 시기에 인동과 마찬가지로 신라의 병병현과의 관련성을 모르는 상태가 아닌가 한다. 『삼국사기』 지리지의 경우 신라시대의 군현의 연혁을 언급하고 그것이 현재 어떤 지명이라는 것을 아는 경우 반드시 병기하고, 모르는 경우 '未詳'이라고 표현하고 있다. 고려시대 후백제군과 고려군의 최대의 격전지였던 일선지역은 『고려사』 지리지에서 경덕왕대의 기록에서부터 고려 996년(성종 14)의 선주자사가 된 시기까지 그 사이의 변화에 대한 기록이 없고, 해평과 인동은 신라시대의 군현과의 관련성이 언급되지 않은 채 현종 9년(1020)에 각기 상주목과 경산부의 속읍이 된 것만 언급되어 있다. 아마 이것은 태조 19년(936)의 일리천 전투에서 일선지역 일대에 고려와 후백제의 군사가 주둔하고 전투가 벌어지는 과정에서 이 지역 일대의 민들은 고려, 후백제 양국의 어느 한 쪽의 편에 서서 종군하거나, 그렇지 못한 노약자 등은 양 쪽 군사에 의해 소개되거나, 스스로 전장터를 피해 다른 지역으로 피난하였던 사실과 관련될 것이다.

앞 장에서 언급한 바와 같이 전쟁이 끝난 후에도 시체가 산과 들을 덮는 참혹한 상황 하에서 토지는 한동안 경작할 수 없을 정도로 황폐하였을 것이고, 각종 질병도 만연하였을 것이므로 사람들은 이곳을 등지거나 다시 이곳에서 한동안 생활의 터전을 일굴 수 없을 정도로 황폐해진 때문이 아닌가 한다. 오직 선산의 여차니진의 경우 상주를 거쳐 남쪽으로 가는 길목의 요충지이고, 고려 태조 승전을 기념하는 곳이었으므로, 읍으로서의 위세를 그나마 유지하여 일선현을 둔 것이 아닌가 한다. 그에 반해 해평이나 인동의 경우 사람이 살 수 없을 정도의 무인지경으로서 독립 읍이 설치되지 못할 정도가 아니었던가 한다. 이를 감안하지 않은 채 해평이 '군'의 명칭을 갖고 있다고 해서 선산, 즉 일선현 보다 지위가 더 높았다고 보는 견해는 잘못되었다고 할 수 있다.

선산의 경우 緋山·加德·藝能·高牙·熊谷, 그리고 해평의 경우 漆倉·道開·寶㫆·安谷·秩谷 등의 部曲이 있어 도합 10개의 부곡이 있었다. 이 수치는 다른 지역보다 부곡이 많은 경우에 해당한다. 고려 태조 왕건의 건국과 후삼국 통일에 끝까지 반대한 지역 가운데 부곡이 된 지역이 있음을 감안할 때, 이들 중 상당수는 일리천 전투로 인해 고려를 지지하는 입장에 있지 않았기 때문에 부곡이 되었을 것이다. 이것 역시 선산이나 해평 양 지역의 인물들의 순·역이 제각기 달랐기 때문일 것이다.

일선현은 성종조 선주자사가 파견된다. 성종 14년의 군현제 개편은 浿西道의 鎭을 제외하면 종래 주·부·군·현으로 다양화되어 있던 읍격이 州

와 縣으로 정리되었다. 성종 14년의 주-현 체계 시행을 기존 군-영현체계
의 영속관계를 재편하고 상급단위로서 주를 설정하는 한편, 주 단위로 외
관을 파견함으로써 체계적이고 강력한 지방 지배를 구현하려는 것이었
다.18) 이때 일선현이 선주가 될 수 있었던 것은 낙동강 상주에서 경산부
와 동경관내로 가는 길목에 위치한 요충지이기 때문이기도 하다. 성종이
10도제의 실시와 함께 12목을 설치하고 외관을 처음으로 파견하여 지방
의 거점도시를 육성한 것을 감안하면 상주에서 경산부, 동경관내 등을 연
결하는 요충지로서의 선산의 위치에 주목하여 선주자사를 두고 이 지역을
다시 개발하고자 하였을 것으로 보아야 할 것이다.19)

성종조 선주자사가 파견되었을 때 선산의 개발은 물론 선산의 주변지
역이었던 해평, 인동 등의 개발을 통해 인근 지역과의 교통로를 확보하고
자 하였을 것이다. 그 결과 해평과 인동이 개발이 되어 그곳에 사람들이
다시 모여들게 되었던 것으로 보인다. 그것은 현종 9년의 군현 개편 때

---

18) 윤경진, 2000, 「고려 군현제의 구조와 운영」 서울대학교 박사학위논문.
19) 상주목과 경산부 관내의 조세는 크게 두 가지의 운송경로를 통해 일단 尙州로 모였
   다. 상주목과 경산부 관내에는 오늘날의 보령군, 영동군, 옥천군 등 충북 내륙 지역
   까지 포함되어 있다. 이들 내륙지대를 관통하여 낙동강변의 상주로 연결하는 驛道
   가 바로 京山府道이다. 또한 상주목과 경산부 管內 대부분 지역은 낙동강을 사이에
   두고 위치하는 만큼 각 군현의 조세 운송에 낙동강 수운을 활용하였다. 이규보의
   南行詩에서 보이는 犬灘, 河豊江(津), 龍浦와 같은 상주 인근의 수운시설은 낙동강
   과 소백산지의 嶺路의 중간지점에 위치한다. 이외에도 낙동강을 따라 내려가면 많
   은 나루가 있었다. 『세종실록 지리지』에는 낙동강변의 주요나루로 善山 餘次尼津,
   仁同縣 漆津, 星州 東安津, 加利縣 茂溪津을 언급하고 있다(『세종실록 지리지』 경
   상도 서문) 그리고 東京 관내(속군 4, 속현 10)의 조세도 낙동강 수운을 이용하여
   尙州까지 이른 뒤, 위에서 언급한 경로를 통해 덕흥창으로 들어갔다. 慶州道를 이
   용하여 西進하여 신녕현에 위치하는 長守驛까지 운반하고, 여기서 다시 尙州道의
   조계역·상림역·연향역을 거쳐 낙동강변으로 이동하였다. 선산의 여차니진과 같은
   나루시설을 이용하여 낙동강을 거슬러 상주까지 이동하였을 것이다(한정훈, 「고려
   시대 13 조창과 주변 교통로 연구」 한국중세사학회 2007년 2월 23일 연구발표회
   논문 초록).

해평과 인동이 다시 하나의 읍의 단위를 가진 것으로 미루어 짐작할 수 있다. 이들이 하나의 독립 읍으로서의 읍세와 위상을 갖게 되자 상대적으로 선주 지역은 그만큼 위상이 축소되었다고 보아야 할 것이다. 그것은 현종 9년의 군현개편 때 선산은 해평, 인동과 마찬가지로 주읍의 위치를 유지하지 못한 채 상주의 속읍으로 강등되어 나타나기 때문이다. 선산 지역이 현종 9년 이후의 군현제에서 어떤 상태로 편제되어 존재하였는가의 이해를 위해 먼저 현종 9년에 제도적 완성을 본 고려 군현제를 살펴보고자 한다.

　현종 9년의 군현제는 소수의 州·府·郡·縣, 즉 '主邑'에 다수의 '屬邑(속군·속현)'과 鄕·所·部曲을 영속시키는 主-屬邑制를 근간으로 한 권역별 군현제로 편제되었다. 주읍 단위의 권역별 군현제는 신라시대와 같이 전국의 개별 군현을 직접 지배하는 방식과는 달리 주읍에만 수령을 파견하여 직접 지배하고, 그 속읍 및 향·소·부곡·처·장 등은 주읍을 통한 간접적으로 지배하였다. 고려시대의 경우 수령이 파견된 주읍은 130여개인데 반해 수령이 파견되지 않은 속읍은 390여개에 달한다. 속읍은 글자 그대로 '주읍에 소속된 군현'이란 뜻으로서 수령이 파견된 주읍에 행정적으로 예속되어 있다.

　고려왕조는 주-속읍제를 근간으로 하는 권역별 군현제의 효과적 운영을 위해 몇 개의 주읍 단위의 권역을 다시 하나로 묶었다. 그리고 주읍 가운데 가장 규모가 큰 대읍에 留守使, 都護府使, 牧使 등의 계수관을 파견하여 다른 주읍 단위의 권역을 領屬케 한 界首官 중심의 군현제, 즉 대읍중심의 광역단위의 권역별 군현제를 창안하였다.[20]

---

20) 고려시대의 주군·현을 중심으로 주변의 속군·현과 향소부곡 등을 하나의 행정단위로 묶은 영역지배의 형태는 흔히 '主屬縣體制'로 불리워졌었다. 최근 이를 '大邑中心體制'(金潤坤, 1983, 「高麗郡縣制度의 硏究」 경북대 박사학위논문 및 1984, 「麗代의 按察使制度 成立과 그 背景」『嶠南史學』 창간호, 영남대 국사학회), 혹은 '界首官體制'(朴宗基, 1986, 「高麗의 郡縣體系와 界首官制」『韓國學論叢』 국민대 한국

현종조에 와서 그 제도적 완성을 본 대읍중심의 광역단위의 권역별 군현제는 작게는 주읍단위의 권역을 단위로, 보다 크게는 계수관단위의 광역권을 단위로 하여 각기 하나의 공동의 지역권을 형성하였다. 각 지역권은 하나의 정치·경제적 단위체로서, 혹은 공동생활의 장으로서 사회·문화적 공감대를 갖고 있었다.[21]

경상도 지역은 경주, 상주, 진주에 계수관이 파견되었고, 계수관이 파견된 대읍은 각기 직할 속읍과, 수령이 파견된 영군(영현)과 그에 속한 속읍을 관할하였다. 현재의 구미가 속한 상주목의 경우『고려사』지리지에 의하면 屬郡 7개, 屬縣 17개, 領知事府 2개가 있다고 하였다.[22] 상주목의 영지사부인 경산부와 안동부 역시 각기 속읍을 갖고 있었다. 상주목의 영

학연구소)라는 용어로 지칭하기도 하였다. 그런데 전자의 대읍중심의 군현제도라는 용어에는 대읍과 중·소읍의 명확한 구별이 제시되어 있지 않다. 반면, 후자의 계수관체제라는 용어는 일반행정의 기본단위로 파악된 주현과 그 예하 속현으로 이루어진 계서적인 형태의 군현제 영역과 향·부곡·소 등의 부곡제 영역으로 보다 구체화되었는데(朴宗基, 1989,「高麗時代 郡縣 지배체제와 구조」『國史館論叢』4, 국사편찬위원회) ; 1990,「고려전기 향촌지배구조의 성립과 그 성격」『역사와 현실』3, 한국역사연구회) 여기에는종래 계수관으로 이해된 목, 도호부 등의 主牧과 그 관할 영군현관계가 충분히 반영되지 못하고 있다. 필자가 이규보의 전주목 사록겸장서기의 활동을 추적한 바에 의하면 주·속읍간의 계서적 질서는 양자 사이에도 관철되어 작게는 주·속읍관계가 하나의 지역권을 형성하고, 보다 크게는 종래의 계수관으로 일컬어져온 주목과 그 영읍관계가 하나의 지역단위로서 사회·문화적 공감대를 갖고 있음을 확인할 수 있었다(金晧東, 1987,「高麗武臣政權時代 地方統治의 一斷面 ─ 李奎報의 全州牧 '司錄兼掌書記'의 活動을 중심으로 ─」『嶠南史學』3, 영남대 국사학회 ; 1995,「군현제의 시각에서 바라본 고려후기 농민항쟁의 역사적 배경」『역사연구』3, 역사학연구소). 따라서 이 글에서는 대읍이라는 용어를 종래의 계수관(주목)이라는 용어에 한정하여 대읍은 주읍으로서 그 직할 속읍과 향소부곡을 갖는 한편 군현제 영역과 부곡제 영역을 포괄하는 주읍단위의 지역권을 영읍으로 거느리는 계수관 파견의 주목 단위를 지칭하는 것으로 사용한다. 아울러 이러한 고려 군현제를 '계수관, 혹은 대읍중심의 광역단위의 권역별 군현제'라고 명명한다.

21) 金晧東, 1987,「高麗武臣政權時代 地方統治의 一斷面 ─ 李奎報의 全州牧 '司錄兼掌書記'의 活動을 중심으로 ─」『嶠南史學』3, 영남대 국사학회.

22)『高麗史』권57, 地理志, 慶尙道 尙州牧.

속관계를 살펴보면 다음과 같다.

〈표 1〉 상주목의 영속 군현[23]

계수관명	영군·현명	속군·현명
尙州牧		聞慶郡, 龍宮郡, 開寧郡, 報令郡, 咸昌郡, 永同군,海平郡, 靑山縣, 山陽縣, 化寧顯, 功城縣, 單密縣, 比屋縣, 安定縣, 中牟縣, 虎溪縣, 禦海縣, 多仁縣, 靑理縣, 加恩縣, 一善縣, 軍威縣, 孝靈縣, 缶溪縣(24)
	京山府	高靈郡, 若木縣, 仁同縣, 知禮縣, 加利縣, 八莒縣, 金山縣, 黃澗縣, 管城縣, 安邑縣, 陽山縣, 利山縣, 大丘縣, 花園縣, 河濱縣(15)
	安東府	臨河郡, 禮安郡, 義興郡, 一直縣, 殷豊縣, 甘泉縣, 奉化縣, 安德縣, 豊山縣, 基州縣, 興州, 順安縣, 義城縣, 基陽縣(14)

위 표에서 보다시피 상주목의 경우 총 56개의 읍 가운데 수령이 파견된 읍은 계수관인 상주목과 그 영군·현에 해당하는 경산부와 안동부 3곳에 불과하다. 상주목은 계수관인 상주와 경산부, 안동부를 중심으로 한세 개의 주읍 단위의 권역을 중심으로 발전하였다. 그러나 현재의 구미지역은 위 표에서 보다시피 수령이 파견되지 않는 속읍으로 존재하였다. 따라서 해평군과 일선현은 주읍인 상주의 속읍으로서, 상주의 행정 지배를받았다. 그에 반해 인동현은 경산부의 속읍으로서 경산부의 행정 지배를받았다. 선산과 해평, 인동 등 상주목 관할 하의 속읍 52 읍은 수령이 파견되지 않기 때문에 그곳 향리들이 읍사를 구성하여 군현행정의 실무를장악하였다.

외관의 극소화와 향리의 수적 극대화가 이루어진 계수관중심의 광역단위의 권역별 군현제하에서 대읍의 호장·부호장을 비롯한 향리세력들이종횡으로 결합한다면 중앙정부는 큰 정치적 부담을 안을 수밖에 없을 것이다. 이의 예방을 위해 고려왕조는 사심관, 기인제도를 창안함과 동시에주읍을 비롯한 계수관이 파견된 대읍에 수령을 보좌하는 判官, 司錄, 혹

23) 『高麗史』 권57, 地理志, 慶尙道 尙州牧 각 군현조.

은 掌書記 등의 屬官들을 파견하여 上戶長 등과 함께 군현행정을 처리하도록 하는 한편, 이들로 하여금 관내 군현을 항례적으로 순찰케 하여 향리들의 결합을 방지하고, 군현의 행정을 감독케 하였다.[24)

속관제는 계수관중심의 광역단위의 권역별 군현제의 효과적 운용을 위한 제도적 장치로 고안된 것이었다. 그렇기 때문에 경·목·도호부 등의 계수관이 파견된 대읍에 비교적 정연한 조직체계를 갖춘 속관들이 파견된 반면 그 관내의 관할 영군현, 주읍은 소 단위지역을 관장하기 때문에 속관의 겸직현상이 두드러진다. 반면 선산, 해평, 인동 등의 속읍에는 수령은 물론 속관들이 전혀 파견되지 않았다.[25) 이를 감안하면서 계수관인 상주목의 지방행정을 처리하기 위해 파견된 관속의 구성과 품질은 다음 〈표 2〉를 통해 살펴볼 수 있을 것이다.

〈표 2〉 군현단위별 관속의 구성과 품질

	경	대도호부·목	중도호부	방어진·지주군	현·진
使	1인 3품 이상	1인 3품 이상	1인 4품 이상	1인 5품 이상	1인 7품 이상
副使	1인 4품 이상	1인 4품 이상	1인 5품 이상	1인 6품 이상	1인 8품
判官	1인 6품 이상	1인 6품 이상	1인 6품 이상	1인 7품	
司錄參軍事	1인 7품 이상	1인 7품 이상	판관 겸직		
掌書記	1인 7품 이상	사록 겸직	판관 겸직		
法曹	1인 8품 이상	1인 8품 이상	1인 8품 이상	1인 8품 이상	
醫師	1인 9품 이상	1인 9품 이상			
文師	1인 9품 이상	1인 9품 이상			

24) 金晧東, 1987, 「高麗武臣政權時代 地方統治의 一斷面 − 李奎報의 全州牧 '司錄兼掌書記'의 活動을 중심으로−」『嶠南史學』3, 영남대 국사학회 ; 박종기, 2002, 『지배와 자율의 공간, 고려의 지방사회』, 푸른역사 참조.
25) 金晧東, 1987, 「高麗武臣政權時代 地方統治의 一斷面 − 李奎報의 全州牧 '司錄兼掌書記'의 活動을 중심으로−」『嶠南史學』3, 영남대 국사학회.

  계수관인 상주목의 경우 외관으로 상주목사와 부사가 파견되지만 사와 부사 중 한 명만 파견되는 것이 관례였다.[26) 상주목사가 그 직할 속읍과 영군·현 및 그 속읍을 원활하게 다스릴 수 있도록 중앙정부에서는 속관으로 판관, 사록참군사겸장서기, 법조, 의사, 문사 등을 파견하였다. 그리고 상주목의 영군·현에 해당하는 경산부와 안동부는 주읍으로서 지부사와 부사가 파견되었고, 속관으로 판관이 파견되어 경산부와 안동부의 속읍 등의 관할 행정을 보좌하였다. 법조·의사·문사층은 재판·교육·질병구제 등 일종의 전문적인 기능을 수행한 속관층이며, 판관·사록참군사·장서기 층은 수령을 보좌하면서 조세수취·역역징발 같은 대민업무와 군현의 일반행정업무에 종사하였다. 상주목의 판관과 사록참군사겸장서기 등의 속관은 봄에 관례로 해평군과 일선현 등의 직할 속읍 24읍을 순시하면서 향리에게 맡겨진 속읍행정을 감시 감독하였다. 이러한 업무는 주읍으로서 그 관할 속읍의 행정을 챙기기 위한 조처라 볼 수 있다. 마찬가지로 지금의 구미지역의 하나인 인동현은 경산부의 속읍으로서 지방관이나 속관이 없이 향리에 의해 일읍 행정이 이루어지면서 그 주읍인 경산부의 간접적 지배를 받았다. 아울러 경산부를 관할하고 있는 계수관인 상주목의 속관들이 조세행정, 역역동원 등의 업무 수행을 위해 인동현까지 와서 지방행정을 챙기기까지 하였을 것이다.

  대읍중심의 광역단위의 권역별 군현제도는 국가－재지세력을 축으로 하는 대농민 지배방식을 채택하였기 때문에 국가, 재지세력의 민에 대한 불법적 수탈이 용이할 수 있는 구조적 모순을 안고 있었다. 또한 속읍보다는 주읍, 주읍 가운데 대읍에 권력집중을 초래하여 속읍 및 향소부곡 등에 부세수취의 부담이나 역역의 부담이 가중될 수밖에 없었다. 따라서 속읍지역인 해평군이나 일선현, 그리고 인동현은 개발이 주읍에 비해 뒤

---

26) 邊太燮, 1971, 「高麗 按察使考」『高麗政治制度史研究』, 일조각.

저 전결수나 호구수 등이 주읍에 비하여 적었을 것이며, 그를 바탕으로
한 향리들의 경제력 또한 어려웠을 것이다.

IV. 인종대 현령의 파견에 따른 일선권역의 확대

현종조 이후 주-속읍제를 근간으로 하는 대읍 위주의 광역단위의 권역
별 군현제 하에서 속읍으로 존재하고 있었던 선산·해평지역은 고려중기
인종조에 들어오면 커다란 변화를 맞이하게 된다. 그 변화의 양상을 다음
의 자료를 통해 살펴보기로 한다.

> 라-① 일선현 : 본래 신라 일선군으로 진평왕이 주로 승격하여 군주를 두었고,
>   신문왕이 주를 폐지하고 경덕왕이 숭선군으로 고쳤다. 성종 14년에 선
>   주자사를 두고 현종 9년에 (상주목)에 내속하였다. 인종 21년에 지금 이
>   름으로 고치고 현령을 두고 나중에 승격하여 지선주사로 하였다.(『고려
>   사』 권57, 지리지2, 경상도 상주목 일선현)
> ② 해평군 : 현종 9년에 (상주목에) 내속하였다가 인종 21년에 일선현에 이
>   속하였다.(『고려사』 권57, 지리지2, 경상도 상주목 해평군)
> ③ 軍威縣 : 원래 신라의 奴同覓縣인데 경덕왕이 지금 명칭으로 고쳐서 숭
>   선군의 관할 하에 현으로 만들었다. 현종 9년에 본 목에 소속시켰고 인
>   종 21년에 도로 일선군에 소속시켰으며 공양왕 2년에 감무를 두어 효령
>   현을 겸임케 하였다.(『고려사』 권57, 지리지2, 경상도 상주목 군위현)
> ④ 孝靈縣 : 원래 신라의 芼兮縣인데 경덕왕이 지금 명칭으로 고쳐서 숭선
>   군의 관할 하에 현으로 만들었다. 현종 9년에 본 목에 소속시켰으며 인
>   종 21년에 도로 일선현에 소속시켰다.(『고려사』 권57, 지리지2, 경상도
>   상주목 효령현)
> ⑤ 缶溪縣 : 현종 9년에 본 목에 소속되었으며 후에 선주에 이속되었는바
>   缶林이라고도 부른다.(『고려사』 권57, 지리지2, 경상도 상주목 부계현)

위 라-①)에 의하면 인종 21(1143)에 상주의 속읍이었던 선산을 일선현

으로 고치고 현령을 두었다고만 기록되었지만 그것은 실상 고려의 군현체계상 엄청난 변화이다. 수령이 파견되지 않은 속읍지역에서 수령이 파견되는 주읍이 되었을 뿐만 아니라 상주의 속읍이었던 주변의 속읍인 해평군, 군위현, 효령현을 속읍으로 거느리게 되었다(라-②~④). 인종 21년 일선현이 주읍이 되고 3개의 속읍을 거느린 시기에 다른 지역에서도 속읍의 주읍화가 단행되어 현령, 감무가 파견되었는데, 그 지역을 열거하면 다음과 같다

개성부		덕수현
광주목		이천군
청주목		부성현
동경유수관	울주	헌양현
	예주	송생현
상주목		일선현(해평군·군위현·효령현)
	경산부	대구현(화원현·하빈현)
		관성현
	안동부	의성현
		순안현
전주목		남원부 구례현
		김제현
나주목		능성현
	보성군	두원현
춘주	홍천현	
동주	김화현	

위 변화에서 우선 주목되는 현상은 속읍이 주읍으로 된 곳이 전국적으로 16개 읍에 이른다는 사실과 그에 따른 속읍 영속관계의 변화가 수반되었다는 점이다. 이를 합치면 총 21개의 읍에 변화가 있었던 셈이다. 특히 21개읍 가운데 10개 읍이 상주목 관할하에 있는 읍이란 점이 주목된다. 또 속읍으로서 주읍이 된 14개 읍이 전혀 속읍을 거느리지 않은데 반해

상주목의 일선현이 주읍이 되면서 해평군·군위현·효령현을 속읍을 거느리고, 상주목 관내의 경산부 속읍 대구현이 주읍이 되면서 화양현과 하빈현을 속읍으로 거느린다는 점 또한 커다란 특징이다.

고려 중기 속읍에 현령·감무가 파견되는 시기는 예종 조부터이다. 예종 즉위의 무렵에 '유망이 서로 이어 열에 아홉 집이 비었을 정도'[27]라고 인식될 정도로 광범위한 민의 저항으로 인해 부세수취와 역역동원에 커다란 문제점이 야기되자 '민의 유망을 막고 그들로 하여금 산업에 종사할 수 있도록 하기 위해서' 현령·감무를 파견하기 시작하였다.[28] 예종 원년(1106)에 속읍에 감무가 파견되기 시작하여 동왕 3년에 이르기까지 67읍, 인종조에 20읍, 명종 2년에서 6년 사이에 66읍에 집중적으로 현령·감무가 파견됨으로써 대읍중심의 광역단위의 권역별 군현제는 구조적 개편을 겪게 되었다.

예종 조 현령·감무의 파견은 그간 중앙정부와 중앙관료의 수탈이 심한 경기지역을 중심으로 유민의 안집이 주 목적이었다면 인종 21년의 현령 감무의 파견이 전국적 현상임을 볼 때특히 농업생산력의 발전에 따른 속읍의 성장에 짝한 현상일 것이다. 이를 입증할 구체적 자료는 없지만 인종 20년 11월 "8도에 사신을 파견하여 각 주현 관리의 능력 여부를 살펴 묻게 하였다"[29]는 사료로 유추해보건대 위 16개 읍의 성장이 두드러졌기 때문에 나타난 후속조처로 현령 감무의 파견으로 이어졌다고 볼 수 있을 것이다.[30]

속읍에 현령·감무 등의 파견을 통해 주읍에 의한 속읍의 침식, 越境地,

---

27) 『高麗史節要』 卷7, 睿宗 元年 3月.

28) 『高麗史』 卷12, 世家, 睿宗 元年 4月 庚寅.

29) 『高麗史節要』 권10, 인종 20년 11월.

30) 인종 21년의 주읍이 된 지역이 비교적 평야가 많은 고을임을 주목하면서 인종이 왕권 강화를 기한 '유신'과 관련이 있을까 하는 추측이 있다(이태진, 2002, 『의술과 인구 그리고 농업기술』 태학사).

犬牙相入地의 조정을 일차적으로 기하여 속읍민들의 불만을 해소하는 한 편 族徵·隣徵의 완화를 비롯하여 地品·節候 등에 맞추어 권농정책을 시행하기도 하고,31) 堤堰의 신·증축을 통한 수리관개시설의 확충을 기하기도 하는가 하면,32) 保 조직 등을 통한 荒田의 개간 등을 꾀하고자 하였다.33) 이로 인하여 농촌사회가 일보 진전될 수 있게 되었다. 속읍에 현령·감무가 파견됨으로써 향리층들의 재량권은 그만큼 축소되기에 이르렀고, 주읍에 의한 속읍의 수탈은 어느 정도 배제될 수 있었으며, 그러한 과정에서 농촌사회의 전반적인 성장이 가능하였다.

외관 파견은 향리의 지위를 격하시키고 권한을 축소시킨 결과가 되기도 하였지만, 다른 한편에 있어서는 군현의 토성자제가 외관을 매개로 하여 중앙에 진출할 수 있는 기회가 제공되었다. 고려 초기 이래 군현의 승격과 속읍의 주읍화를 해당 읍의 토성이민이 갈망한 이유 중의 하나가 바로 외관을 매개로 하여 그들 자제가 향공·상경유학생 등으로 쉽게 발탁되어 중앙에 진출할 수 있었기 때문이다.34) 일선현의 경우 인종 21년에 주읍으로 승격에만 그친 다른 군현과는 달리 해평군, 군위현, 효령현의 3개 속읍을 거느리게 됨으로써 일선현 향리는 수령과 함께 속읍에 대한 지배권을 가짐으로써 그 활동공간의 확대를 가져왔다. 고려시대의 주읍 가운데 상당수 읍이 속읍을 전혀 거느리지 못하거나 기껏 2~3개의 속읍을 거느린 것을 염두에 둘 때 이때 일선현이 주읍으로 승격하면서 한순간 3개의 속읍을 거느리게 되었다는 것은 이 지역의 경제적 발전의 결과에 의한 것일 것이다.

무신정권시대에 오면 전국적으로 농민항쟁이 일어나게 된다. 농민항쟁

---

31) 『高麗史』 卷79, 食貨志2, 農桑 仁宗 23年 5月.
32) 金龍善 編著, 1993, 「吳元卿墓地銘」 『高麗墓地銘集成』, 한림대학교 아시아문화연구소 ; 『新增東國輿地勝覽』 卷28, 尙州牧 山川 恭檢池.
33) 崔滋, 「送安梁州序」 『拙藁千百』.
34) 李樹健, 1984, 『韓國中世社會史研究』, 일조각, 257쪽.

은 대읍중심의 광역단위의 권역별 군현제의 구조적 모순으로 인해 속읍
및 향소부곡 등지에서 촉발되어 다른 지역으로 확산되어 갔다.35) 경상도
지역의 경우 동경유수관과 진주목 관내에서 대규모 농민항쟁이 일어났지
만 상주목의 경우 농민항쟁은 전혀 일어나지 않았다. 그것은 인종 21년
상주목의 경우 5개 읍을 주읍으로 승격시키고 , 그 가운데 선산의 경우
3개의 속읍, 대구의 경우 2개의 속읍을 영유케 하는 등, 상주목 관내의
군현 영속관계의 구조적 개편을 통해 대읍중심의 광역단위 군현조직의 모
순을 상대적으로 해소시켰기 때문이다. 더욱이 사료 라-①)에서 보다시피
인종 21년 이후 어느 시점에 선산은 지선주사로 승격되고, 부계현을 속읍
으로 거느리게 되어(라-⑤) 4개의 속읍을 갖게 된다. 그것은 선산지역의
성장에 따른 결과에 기인하는 것이라 할 수 있을 것이다.

  14세기 이후 휴한법의 극복에 따른 농업생산력의 발전 등으로 인해 여
말 선초 속읍 및 향소부곡이 개발되기 시작하였다. 이로 인해 대부분의
농지가 개간되어 군현과 군현 사이가 거의 개간농지로 이어지게 되어 조
선초기 속읍 및 향소부곡을 포함한 임내지역이 겨우 72 읍에 불과할 정도
로 각 읍은 거의 수령이 파견되었다. 이러한 추세 속에 선산의 경우 역시
속읍이었던 군위현에 공양왕 2년에 감무가 파견되어 효령현을 겸임하게
됨으로써 해평군 만을 속읍으로 거느리게 된다. 그러나 선산지방은 고려
말 이후 하천수를 관개수로 활용하여 水田을 확대하는 새로운 경제적 변
동 속에 그 모습을 바꾸어가게 됨으로써 전결과 호구의 증대 등을 기하게
되어 경제적으로 보다 안정된 조건 하에서 길재의 이곳 이주를 계기로 신
유학을 습득하여 여말선초 인물을 많이 배출하게 되었다.

---

35) 김호동, 1994, 「12, 13세기 농민항쟁의 전개와 성격」『한국사』6, 한길사 ; 1995,
    「군현제의 시각에서 바라본 12·13세기 농민항쟁의 역사적 배경」『역사연구』4, 역
    사학연구소 참조.

V. 일선권역의 토성의 동향

후삼국 통합전쟁을 수습한 고려왕조는 태조 23년에 군현을 단위로 토지와 민의 적을 작성하고, 고려의 건국과 후삼국 통일에 일정한 지지와 협조를 보낸 호족들을 공신으로 책정하고, 성씨를 부여하는 토성분정을 실시하였다.[36] 조선 초에 만들어진 『세종실록지리지』 성씨조에 나오는 토성은 이들 지리지가 편찬될 당시까지 고려시대이래 그 읍에 토착해 살고 있는 성씨로서 그 고을 읍사를 구성했던 향리들의 성씨였다.[37] 선산과 해평, 그리고 인동지역의 경우 『세종실록』「지리지」 성씨조에 다음과 같은 토성이 기록되어 있다.

선산부	토성 7 : 金·郭·文·林·沈·秦·白
해평속현	토성 5 : 金·尹·吉·全·孫
인동현	토성 5 : 張·兪·劉·沈·高

『일선지』 인물조에는 고려와 조선시대 선산도호부 즉 선산과 그 속읍 해평에 속한 인물들이 수록되어 있다. '先賢'조에 실린 고려시대 인물은 길재 한 명이고 주로 『일선지』 권2의 '勳業 文武 蔭仕 應薦'에 53명이 수록되어 있고, 그 외 숙행 3, 효자 1, 열녀 2 명이 수록되어 있어서, 도합 61 명의 고려시대 인물이 실려 있다. 이들의 대다수가 고려말 타 지역에서 이곳으로 들어온 몇몇을 제외하고 『세종실록지리지』에 나오는 선산과 해평의 토성에서 나왔다.

일선현은 속읍으로 존재한 고려전기에는 인물배출이 극히 부진하였고, 고려 인종 21년 선산이 주읍으로 승격하고, 이곳에 해평, 군위, 효령, 그리

---

36) 李樹健, 1984, 『韓國中世社會史研究』, 일조각.
37) 이수건, 2003, 『한국의 성씨와 족보』, 서울대학교 출판부, 280쪽.

고 뒷날 부계 등의 지역을 속읍으로 거느리면서 토착세력의 사회적, 정치
적 성장이 두드러지게 되었다. 그 결과 선산의 일선 金, 선산 林, 해평현
의 해평 尹, 해평 金, 해평 吉 등 5대 土姓 집단들이 고려 중기 이후 중앙
의 고위관료들을 배출하기 시작하였다.

고려 전기의 경우, 태조 대에 5인(김선궁·김문봉·김봉술·김선술·김선
필)의 인물이 나온 뒤 성종대의 김원숭 1인이 기록된 것이 전부이다. 태
조대의 5인은 모두 후삼국 쟁패기에 왕건을 도와준 공로로 이름이 남은
경우이다. 앞에서 살펴본 바와 같이 일선김씨의 시조인 김선궁과 그 두
아들 문봉과 봉술에 관한 기록과 해평인 김훤술에 관한 기록은『삼국사기』
나『고려사』등의 사료에 전혀 보이지 않는다. 또 선산지역이 고려에 귀
부한 사실도 확인되지 않는다. 따라서 후대의 자료인 위 기록들은 후손에
의한 두찬일 개연성이 없지 않다. 특히 김훤술은『일선지』에 '金宣述'로
나와 있으므로 그러한 가능성을 더더욱 갖고 있다. 그의 후손으로 확인되
는 최초의 인물은 일선지에 보이는 金均이다. "해평인 훤술 구대손"이라
고 한 것으로 보아 김균이 자신의 선조로서 김훤술을 내세움으로써 해평
김씨의 시조로서 김훤술이 알려지고, 결국『신증동국여지승람』에 그 이
름이 기록된 것이 아닌가 한다. 태조의 海良院夫人의 아버지 김선필이 해
평인으로 나오는 것으로 보아 김훤술(김선술)과 선필은 밀접한 관계에 있
을 것이나 양 자의 구체적 관계를알 수 없는 실정이다. 그것은 아마 해평
지역이 일리천 전투로 인해 무인지경이 되어 현종 9년에 이르기까지 일읍
으로서의 지위를 유지하지 못하였기 때문에 김훤술과 김선필에 관한 기록
이 옳게 전하지 못하였기 때문일 것이다.

그에 반해 선산지역의 김선궁의 후손인 일선김씨는 고려 초부터 재경·
재지세력으로 분화되어 갔다. 김선궁은 태조 왕건과 연결된 공로로 인해
태조 대에 시중의 지위에 올랐다가 定宗 대에는 대승으로 추증되고 순충
이라는 시호를 받았으며, 태조의 벽상공신이 되었다. 그런데 그의 두 아

들 중 장자인 문봉은 삼사우윤에 올랐으나 다시 고향인 선산으로 돌아와 향리가 되었고, 반면 차자인 봉술은 그 아버지의 직인 시중을 이어 받았고, 그리하여 선산의 "사족과 이족이 모두 선궁의 후손들이다"들이 되었다고 한다.[38] 태조를 도와 고려 건국에 큰 공을 세운 개국공신의 아들 중에 하나는 중앙으로 진출하여 귀족이 되고, 다른 하나는 지방에 그대로 남아 향족이 된 경우가 많다.[39] 그러나 고려 전기에 이들 가문 역시 침체하였다. 성종비 玄德宮主의 아버지 김원숭이 유일하게 사서에 이름을 보일 뿐이다. 그것은 선산지역이 고려전기 내내 상주의 속읍으로 존재하였던 것과 연관지어 설명할 수 있을 것이다. 그러나 속읍지역의 경우 주읍 수령의 간접적 지배를 받고 있지만 향리들이 읍사를 구성하여 속읍을 실질적으로 장악하고 있었다. 선산지역의 경우 김선궁이 선산 읍사의 건립에 택기를 내놓음으로써 선산을 장악할 수 있었음을 다음의 자료는 보여준다.

> 公(=김선궁)이 묜基가 좋지 않아 살던 宅基를 바치니 지금의 府司가 곧 이것이다. 읍인들이 공이 훈덕이 있다고 하여 사당을 세워 대대로 제사하였다.[40]

위 기록을 통해 일리천 전투로 인해 읍기 등의 선산지역이 초토화되었고, 이로 인해 김선궁이 택기를 바쳐 읍사를 만들었음을 유추할 수 있다. 김선궁 이하 일선김씨가 이 읍사를 중심으로 호장층을 장악하면서 선산을 실질적으로 장악할 수 있었던 것은 이 때문이다. 일선김씨가 선산의 호장층을 독점하면서 선산을 실질적으로 장악하였음을 『彛存錄』에 의거한 김종직의 선대가계의 분석을 통해서 확인할 수 있다. 일선김씨는 선산의 호

---

38) 『신증동국여지승람』 권29, 선산도호부 인물조 및 『경상도지리지』, 안동대도호부조.
39) 李樹健, 1979, 『영남사림파의 형성』, 영남대학교 민족문화연구소 ; 1984, 『한국중세사회사연구』, 일조각 ; 2003, 『한국의 성씨와 족보』, 서울대학교출판부 참조.
40) 『신증동국여지승람』 권29, 선산도호부 인물 김선궁조

장직을 세습하면서 그들의 통혼권도 동읍 토성이족에 한하며, 심지어 9대 가운데 7대가 같은 김씨인 족내혼을 하고 있다. 이것은 일선김씨가 선산을 실질적으로 장악하였음을 말해주는 것이다. 『신증동국여지승람』에서 "(선산)부의 사족 및 이족은 다 선궁의 후손들이다."고 하고, 또 『일선지』에서 "읍인들이 公이 훈덕이 있다고 하여 사당을 세워 대대로 제사하였다."고 할 수 있었던 것도 일선김씨가 선산을 실질적으로 장악하고 있었기 때문에 가능한 것이다.

인종 21년 선산이 주읍으로 승격하면서 인근의 해평군과 군위현, 효령현, 그리고 뒷날 부계현까지 속읍으로 거느림으로써 일선김씨는 주읍의 호장으로서 그 활동무대를 속읍으로까지 확장하여 지방통치의 경험을 축적하였다. 이러한 경험이 김종직의 5대조 김연대에 발현하여 이들 가문이 사족으로 성장하는 계기를 가져다주었을 것이다. 선산의 호장직을 세습하던 김종직 선세는 정조호장을 역임한 5대조 김연의 아들 대에 와서 사족과 이족으로 분화하였다. 이족에서 사족으로 성장할 디딤돌을 마련했다고 볼 수 있는 김연은 선산부의 首戶長으로 재임하면서 덕망이 있었고 고려 말에 왜구가 본읍을 침구했을 때에는 군민을 금오산성에 입보시키고 文籍을 戰火로부터 보존시킨 공로로 인해 일읍의 칭송을 받는 동시에 사족으로 발돋움할 계기를 마련하였는데.[41] 그것이 가능하였던 것은 선산이 주읍으로서의 위치를 갖고 있었기 때문이다. 이를 위해 『일선지』의 다음 자료를 검토해보기로 한다.

> 마-① 고려 李得振 : 홍무 계해(우왕 9, 1383) 5월 왜구가 함부로 들어와 州廨를 불태웠다. 득진이 지주사로서 官心坪을 지키고 왜구가 물러가자 읍성을 쌓아 지키니 왜구가 다시 이르지 않아 읍인들이 그를 덕이 있다고 하여 진상을 그려 제사하였다.(관수 제사 읍쉬)

---

41) 『彛存錄』上, 선공보도제일. 정조 (김)연조. 그러나 이 자료는 일선김씨인 김종직에 의해 작성된 것이기 때문에 김연 개인에 관한 언급만이 보인다.

② 읍성 : 토축, 고려 말에 지군 이득진이 쌓았다. 둘레 2740척, 안에 9개의 샘과 3개의 못이 있다.(성단)

③ 金延 : 본주의 吏로 염근하여 덕망이 있었다. 여말에 왜구가 선주에 침입하여 廨舍를 불태우자 지주사 이득진이 관심평으로 달려가 지키면서 방어하니 연이 首吏로서 건의하여 村塢의 민호를 몰아 금오산성에 들어가게 하고 암혈 중에 丈籍을 수장했다. 이로 말미암아 경내에 포로가 된 자가 없었다. 향인들이 지금도 그 공을 칭송한다.(권3, 인물)

마)의 기록은 다 같이 왜구가 우왕 9년(1383)에 선산에 침입하여 주의 관아 건물을 불태운 사실, 이에 지주사 이득진이 관심평에 달려가 이를 지키는 한편, 왜구가 물러가자 읍성을 쌓았다는 사실 등을 전한다.[42] 인종 21년에 선산이 주읍으로 승격하지 않았다면 왜구가 침범하였다면 선산을 속읍으로 거느리고 있었던 상주목 위주의 왜구 침법에 대한 대응책이 강구되었을 것이고, 선산을 지키기 위한 관심평에서의 방어막 구축, 그리고 읍성의 수축 또한 없었을 것이다. 선산이 수령이 파견되는 주읍이었기 때문에 선산을 지키기 위한 지주사 이득진과 호장인 김연의 협조가 있었다. 왜구의 침입에 주읍의 호장이었던 김연이 그 방어책을 이득진에게 즉각 건의할 수 있었고, 그것이 받아들여 금오산성에 신속히 민호를 옮길 수 있었을 것이다. 당시 선산이 상주의 24 속읍의 하나였다면 속읍의 향리였던 김연의 건의가 상주목사에 의해 얼마만큼 받아들여져 신속한 대응이 있었을지 의문이다. 지금까지의 연구는 왜구 침구에 대한 김연의 개인적 공로에 초점을 두고 일선김씨가 침체를 벗고 사족으로 성장할 수 있다는 점에만 주목하거나 고려 말 이후 하천수를 관개수로 활용하여 수전을 확대하는 새로운 경제적 변동에 주목하여 고려말 중앙관인의 배출을 주목하였다.[43] 그러나 그것이 가능하였던 것은 선산지역이 주읍으로 승격하

---

42) 1383년에 선산에 왜적이 쳐들어왔다는 기록은 『高麗史』에 다음과 같이 기록되어 있다. "왜적이 大丘, 京山, 善州, 仁同, 知禮, 金山 등지에 침입하였다."(『高麗史』 권 135, 列傳, 辛禑 9년 7월)

였기 때문에 나타난 결과였다. 이득진과 같은 외관들이 선산지역에 파견되어 권농을 통한 농업생산력의 확대와 외적 침입에 대한 자구책 확보를 위한 나름대로의 노력을 기울였기 때문에 선산지역의 경우 공민왕 이후 왜구의 격퇴, 그리고 왜구의 침입과 같은 피란이 계속되는 가운데도 지방유력자들이 수리조건이 좋은 지역을 찾아 거주지를 옮겨 자신을 성장시켜 많은 중앙관인을 배출할 수 있었던 것이다.[44]

고려 말에 오면 주읍인 일선현은 지선주사로 승격되고 왜구의 침입 때 김연이 일정한 공을 세움으로써 이족에서 사족으로 성장할 디딤돌을 마련하였다. 김연의 아들 대에 와서 사족과 이족으로 분화되었는데 전처(대정 김익정의 딸)의 소생은 사족으로, 후처(나주 정계의 딸)의 소생들은 향직을 계속 맡았다. 그 자신은 호장의 신분이지만 그의 두 처가는 이족에서 겨우 사족으로 발돋움하고 있던 가문이다. 이러한 가문의 배경에서 생장한 김연의 둘째 아들 金光偉가 고려 말에 명법업으로 급제하면서부터 비로소 향직에서 이탈할 수 있었다. 주읍의 향리 가문에서 조세행정, 형정 등의 행정실무에 익숙한 환경에 있었기 때문에 그의 급제가 가능하였을 것이다. 더욱이 선산이 지선주사, 즉 지주사가 되면서 수령의 속관으로서 법조가 파견되었기 때문에[45] 김광위는 그에게 법에 관한 지식을 많이 습득하여 명법업에 합격할 수 가 있었을 것이다. 그런 점에서 속읍 등이 주읍으로의 승격에 많은 관심을 갖고 있었던 것이다.

김광위는 출사 후 양온령에 올랐고, 그의 처가는 사족 영산신씨였다. 그의 후손은 족세가 번창하여 다방면으로 진출하였는데, 혹은 생원과 진사를 거쳐 외관을 역임하고 혹은 무과를 거쳐 무반과 잡직으로 나아갔다.

---

43) 이태진, 2000, 「조선전기 선산지방의 사회변동과 수전농업 발달」 『민족문화논총』 21, 영남대학교 민족문화연구소, 134쪽.

44) 이태진, 앞의 논문 146쪽 참조.

45) 『高麗史』 권80, 食貨志3, 祿俸 外官祿.

또 별시위·충찬위 등 군직을 갖기도 하였고, 출가하여 승려가 되기도 하였다.[46]

김종직의 선대, 즉 김연의 정근공파는 일선김씨 가운데에서 비교적 늦게 중앙으로 진출한 가문이고, 金元老-金濟·金澍 부자를 배출한 일선 김씨 '간의공파', 金成美-金壽貞 부자를 배출한 일선김씨 '우윤공파', 尹君正-萬庇 부자를 배출한 해평윤씨, 林堅味-林樸 부자를 배출한 선산임씨 등은 이미 충선왕 이후 과거 합격자나 관직자를 배출하여 중앙으로 진출하고 있다. 그들의 성장 계기 역시 선산 지역의 주읍의 승격에 기인하여 강력한 족세를 유지할 수 있었기 때문일 것이다. 임견미의 선산 임씨는 고려 말 선산의 최고 가문이었다. 그러나 일선김씨를 제외한 다른 성씨들은 사족화하면서 대개 본 읍을 떠나 타읍으로 이주한데 반해[47] 일선김씨는 고려이래 조선조까지 선산을 중심으로 강력한 족세를 유지하였기 때문에 일선김씨의 시조인 김선궁을 위해 진민사를 건립하여 제사를 받들 수 있었다.

> 鎭民祠 : 읍성 내 객관의 서편에 있었다. 옛날에 김선궁, 이득진이 백성들에게 훈덕이 있어 부사 동편에 立廟하여 춘추로 제사하였다. 그후에 폐지하였다.(『일선지』 질사 제6, 단유)

고려시대 지방사회는 군현 단위로 향리들이 집단지배체제를 형성하여 연등회, 팔관회 등 고을의 수호신에 대한 祀神 행위를 통해 공동체적 결속을 다지면서 군현민을 통솔하였다. 그런 공동체적 결속은 향도란 이름으로 남아 있는 경우가 많다.[48] 수호신은 산천신이던가 인물신으로 택해

---

46) 이수건, 앞의 영남사림파의 형성과 전개에 관한 글, 105쪽 참조.
47) 이수건, 앞의 영남사림파의 형성과 전개에 관한 글, 102쪽 참조.
48) 이태진, 1972,「醴泉 開心寺 石塔記의 分析 -고려전기 香徒의 一例-」『歷史學報』
53·54합집호 ; 채웅석, 1995,「高麗時期 '本貫制'의 시행과 지방지배 질서」, 서울대

졌는데, 위 진민사의 김선궁은 후자에 해당하는 것이다. 우왕 때의 왜구 격퇴의 공이 컸던 이득진을 진민사에 모신 것은 추가적으로 이루어진 것으로 원래는 김선궁만 모셨다.

선산의 속읍인 해평군의 경우 주읍인 선산지역이 공민왕 이전까지 별다른 인물을 배출하지 못한 것과는 달리 명종 조에서 공민왕에 이르기까지 해평윤씨 가문에서 중앙에 인물을 배출하고 있다. 이때에 이르러 해평군에서 인물을 배출할 수 있었던 것도 상주의 24 속읍의 하나로서 존재하기 보다는 바로 지역적으로 근접한 선산의 속읍으로 존재함으로써 주읍의 수탈을 상대적으로 적게 받으면서 나름대로의 성장을 할 수 있었기 때문일 것이다. 무신정권기에 해당하는 이 시기에 전국적으로 농민항쟁이 일어나고, 그 농민항쟁의 진원지가 주로 속읍지역이었음을 감안할 때 해평군 지역에서의 인물의 배출은 결국 속읍 해평지역의 성장을 가능하게 하였을 것이고, 이들 가문이 있음으로써 주읍인 선산으로부터 다른 속읍에 비해 침탈을 덜 받았을 것이다. 그러나 인종 21년 이후 주읍인 선산 중심의 지방행정이 이루어졌었기 때문에 속읍 해평의 성장은 일정한 한계를 갖고 있었고, 권농 등의 노력 또한 지방행정계통의 조직을 통한 거군적 차원에서 보다는 해평 지역의 한 가문, 한 개인의 노력에 의해 추진될 수밖에 없었다. 다음의 자료는 그 한 예이다.

> 해평에는 江水와 風沙의 患이 있다. 고려 말에 尹政丞 碩이 植藪하여 이를 차단하여 寶川에서 龍首巖까지 沿江 10리가 翠滯처럼 울창하여 縣民이 의뢰하였다. 그 후손 尹公 根壽, 그 외손 任公 悅이 서로 이어 감사가 되어 禁法을 申明하여 현 사람들이 立約을 준수하여 지금도 폐지하지 않았다.

해평지역의 江水와 風沙의 근심을 윤석 개인의 식수 노력에 의해 차단

박사학위논문.

하였다는 기록을 통해서 만약 해평에 수령이 파견되어 주읍이 되었다면 그러한 재난은 관민의 노력에 의해 훨씬 일찍 극복할 수 있는 문제였을 것이다. 해평지역은 14세기 이후의 속읍 및 향소부곡지역이 전국적으로 적극 개발되는 시점에 해평윤씨 가문 개인에 의해 그런 재난이 극복될 수밖에 없었다. 상대적으로 고려초 태조 왕건과 연결되었던 해평김씨의 경우 다음 자료에서 보다시피

> 侍中祠 : 해평 城隍祠를 일명 시중사라고 한다. 현인들이 莊烈公 金宣述이 공덕이 있어 (그의) 石像을 만들어 제사하였는데 나중에 淫祀라고 하여 폐지하고 제사하지 않았다.(『일선지』 질사 제6, 단유)

성황사에 김선술, 즉 김훤술의 석상을 만들어 고을의 수호신으로 떠받들고 사신 행위를 통해 공동체적 결속을 다지면서 군현민을 통솔하였지만[49] 속읍의 향리로 지족하면서 별반 인물을 배출하지 못하였다. 그러다가 속읍지역이 전반적으로 개발되는 고려 말에 金洙(문과, 개성윤)가 등장하면서 조선조 영남사림파에 속하는 인사가 나왔다. 海平吉氏의 경우 역시 그러한 경우에 속한다. 해평길씨는 본래 縣吏에서 과거로 진출한 가문이다.

吉再의 행장에 의하면 그의 세계는 '吉時遇(성균생원)→甫(산원동정)·元進(지금 주사)→再(문하주서)'로 이어지는 고려 말의 신흥사대부 계열에 속한다. 정통성리학의 학통을 계승한 길재가 선산에 낙향하여 지방자제에게 성리학을 강수하자 문풍이 크게 진작되어 여말선초 선산지역의 인물 배출이 두드러지게 될 수 있었던 것이다.

---

49) 이태진, 앞의 논문 145쪽 참조.

Ⅵ. 맺음말

본고의 작성 뒤 한국중세사학회의 논문 심사에서 본고에 대한 좋은 의견을 제시해 주었다. 그것을 가능한 수용하고자 하였으나 자료의 한계 등으로 다 반영할 수 없었다. 맺음말에서 그에 대한 의견을 밝히는 걸로 대신하고자 한다. 본 논문의 당초 제목은 '고려시대 구미지역의 존재양태'라고 하였다. 한 심사자가 "고려시기에는 '구미'라는 지역은 없고, 일선현과 인동현이 있을 뿐이다. 현재의 구미시 지역은 고려시기의 경우 一善縣 (崇善郡・善州), 海平縣, 仁同縣지역이고, 구미시로 영역이 확정된 것은 1978년 선산군 구미읍과 칠곡군 인동면이 합쳐지면서 이루어졌다. 또한 현재의 지역명칭인 '龜尾'도 그 지명유래를 살펴본다면 조선시기 이후 나타난다. 물론 현재의 지명으로 전시기를 연구하는 것은 불가능하다고 할 수는 없겠으나, 구미의 지명유래 등 여러 가지 측면을 고려해 볼 때 '선주권(지역)' 또는 조선시기의 명칭을 이용하여 '선산권'으로 칭하는 것이 더 타당하지 않을까 한다. 실제로 인동지역은 고려시대 행정구역 상으로는 京山府에 속해있던 것은 사실이지만, 고려말 이후 인동지역의 인물들은 선산지역과 밀접한 관련을 맺고 혼인 등을 통해서 교유하였다. 그러므로 넓게 보아 인동지역도 선산권에 포함될 수 있으므로 인동을 선산권에 포함시켜 서술하는 것도 불가능한 것도 아니다"라고 하면서 제목과 목차를 수정하였으면 하였다. 필자 역시 이에 공감을 표하고 그 충고를 적극 받아들여 제목을 「고려시대 一善(善州)圈域의 변천과 지역사회의 동향」이라고 고치고 목차도 손질하였다.

또 "고려와 후백제의 최후의 격전이 벌어진 곳이 일리천이라면, 그곳은 여러 측면에서 중요하였을 것이다. 그것에 대한 설명이 있어야 할 것이다. 후백제의 주력부대가 왜 구미지역에 있었으며, 왜 왕건과의 격전을 구미지역에서 전개한 것인가가 분명했으면 한다. 아마 일리천 인근 지역은 후백제가 가장 믿을 수 있고, 또 견실한 방어진지가 구축된 곳으로 여겨진다. 한두 명(김선궁·김훤술)이 왕건에 가담한 것이 확인되지만 대부분의 토호들은 친후백제적인 성향을 보이는 곳이었을 것이다. 아마도 후백제군의 주력부대의 구성원이나 장수가 이곳 출신이었을 가능성도 배제할 수 없을 것이다. 그렇기 때문에 고려 초 군현재정비 과정에서 높은 대우를 받을 수 없었을 것이다. 고창(안동)이 대우받는 것과는 자못 다른 대우를 받은 것으로 보인다. 대구지역도 고려시기에 높은 대우를 받지 못했을 것(공산전투와 관련)이다"는 지적을 하였다. 물론 필자도 그런 생각을 갖고 있지만 일리천 전투에 관한 사료는 본문에서 제시한 사료 A) 뿐이고, 구전자료 또한 후백제와 관련된 것이 전하지 않으므로 더 이상 필자로서는 해명할 수 없다. 이에 관한 연구는 류영철,『고려의 후삼국 통일과정연구』(경인문화사, 2004)에서 어느 정도 이루어져 있으므로 주에 그것을 명기하였을 뿐이다. 그리고 "일리천 전투 이후 폐허화되었다는 것은 자료의 제시가 없어 의문스럽다. 당시 전투가 있었던 다른 지역을 사례로 제시할 수 있다면 설득력이 있을 것이다"라고 하였으나 다른 지역의 사례가 뒷받침되지 않는다. 본문에서 지적한 바와 같이 후백제군의 사망자가 무려 5천 7백 명이나 되었다고 한 것에서 전장터인 일선권역의 산과 들이 시체로 뒤덮였음을 충분히 짐작할 수 있을 것이다.

"토성의 진출부분에 대하여 선산지역의 토성들의 중앙진출은 이 논문에서도 언급하고 있듯이 고려말에 본격적으로 이루어지고 있으며, 해평지역은 이미 무신정권기 중앙진출이 이루어지고 있다. 이 논문에서는 해평지역 토성의 중앙진출이 일찍 이루어지고 있던 사실에 대하여 주읍인 선산의 수탈을 덜 받을 수 있었기 때문이라고 표현하였다. 하지만 주읍화된 선산지역보다 해평지역의 중앙진출이 더 일찍 이루어지고 또 더 성하였던 것을 설명하기에는 미흡하다. 이 부분에 대한 보강이 있었으면 한다"는 지적을 받았으나 이에 관한 사료가 전혀 없으므로 현재 더 이상 보강을 하지 못하였다.

"기존의 성황신앙에 관해서는 연구가 이루어진 바 있고, 고려 초 군현 개편에 관해서도 많은 연구가 축적되어 있는데, 이것을 인용·활용하지 않은 것은 아쉽다. 속관에 관한 기존의 연구도 적극 참고했으면 한다."는 지적에 관해서 공감을 표한다. 그리고 "자료가 없는 경우 후대에 편찬한 자료를 적극 활용할 수밖에 없고, 지명이나 지형, 지리적 조건 등을 적극 고려해야 할 것이다. 그리고 다른 지역의 사례를 적극 참고해야 한다."는 관점에서 "구미(선산·해평·인동) 인근의 고려시기 고을을(향·부곡·소 포함) 지도에 표시하고 작업하는 것, 대동여지도 등을 통한 당시의 교통망을 표시하는 것도 연구를 위해 필요한 작업이 아닐까 한다."거나 "인종 21년 감무 파견지역, 농업생산력의 발전에 따른 속읍의 성장에 짝한 현상 : 구체적인 내용을 제시하거나, 다른 지역의 예를 제시해야 설득력이 있을 것"이라는 주장에 대해서도 공감을 표한다.

【참고문헌】

1. 저서

경상북도·경북향토사연구협의회 편, 1991, 『경북마을지』(중)

김용선 편저, 1993, 『高麗墓地銘集成』, 한림대학교 아시아문화연구소

류영철, 2004, 『고려의 후삼국 통일과정연구』, 경인문화사

이수건, 1979, 『영남사림파의 형성』, 영남대학교 민족문화연구소

이수건, 2003, 『한국의 성씨와 족보』, 서울대학교출판부

이수건, 1984, 『韓國中世社會史硏究』, 일조각

2. 논문

김윤곤, 1983, 「高麗郡縣制度의 硏究」 경북대 박사학위논문

김윤곤, 1984, 「麗代의 按察使制度 成立과 그 背景」 『嶠南史學』 창간호, 영남대 국사학회

김호동, 1987, 「高麗武臣政權時代 地方統治의 一斷面 - 李奎報의 全州牧 '司錄兼 掌書記'의 活動을 중심으로 - 」 『嶠南史學』 3, 영남대 국사학회.

김호동, 1995, 「군현제의 시각에서 바라본 고려후기 농민항쟁의 역사적 배경」 『역 사연구』 3, 역사학연구소

박종기, 1989, 「高麗時代 郡縣 지배체제와 구조」 『國史館論叢』 4, 국사편찬위원회

박종기, 1990, 「고려전기 향촌지배구조의 성립과 그 성격」 『역사와 현실』 3, 한국 역사연구회

박종기, 2002, 「지배와 자율의 공간, 고려의 지방사회」, 푸른역사

변태섭, 1971., 「高麗 按察使考」 『高麗政治制度史硏究』, 일조각

윤경진, 2000, 「고려 군현제의 구조와 운영」 서울대학교 박사학위논문

이태진, 1972, 「醴泉 開心寺 石塔記의 分析 - 고려전기 香徒의 一例 - 」 『歷史學 報』 53·54합집호

이태진, 2000, 「朝鮮前期 善山地方의 사회변동과 水田農業 발달 - 『一善誌』 분석 을 중심으로」 『民族文化論叢』 21, 영남대학교 민족문화연구소

채웅석, 1995, 「高麗時期 '本貫制'의 시행과 지방지배 질서」 서울대 박사학위논문

한정훈, 「고려시대 13 조창과 주변 교통로 연구」 한국중세사학회 2007년 2월 23일 연구발표회 논문 초록

제2편
고려 중기 지역사회의 동요

제1장 고려 무신정권시대 지방통치의 일 단면
- 李奎報의 全州牧 '司錄兼掌書記'의 활동을 중심으로 -

Ⅰ. 머리말

군현제는 전국에 동일한 政令을 가지고 행정구획을 정하여 중앙정부에서 임명한 지방관으로 하여금 중앙정부의 지휘감독 아래 지방주빈을 지배하기 위해 설정된 행정구획이다. 고려의 군현제 역시 집권적 중앙권력을 뒷받침시켜주는 하부지배조직으로서 중앙으로부터 외관이 파견되어 전국을 일원적으로 파악 지배하고자 하였다. 『고려사』 지리지에 의하면 고려의 군현은 道-主牧-領郡縣-屬郡縣의 관계로 되어 있다. 이러한 고려의 군현제에 있어서 그 상부구조로 알려져 왔던 10道制나 5道·兩界 등에 대한 비판적 검토가 행해져 성종 때에 실시된 10道는 행정구획이 아니라 순찰구획으로서 道 長官이 장관이 설치되지 않았으며, 종래 고려 초기에 설치된 것으로 알려졌던 갔고 있지 않았다는 주장이 나온가 하면, 이와 반대로 종래의 통설을 보다 발전시켜 10道制의 행정구획설, 按察使의 5道長官說을 적극 주장하기도 한다. 고려 군현제에 대해 이와 같은 상반된 견해가 주장되는 것은 고려 군현제가 그 자체 지니고 있는 양면성 때문이 아닌가 한다. 이러한 양면성을 인정하지 않고 각기 어느 한 일방에서의 성격만을 강조하다 보니 서로 상반된 견해를 낳게 된 것이다.

본고는 이규보가 전주목 사록겸장서기로 부임하여 일하는 가운데 지은
「南行月日記」를 위시한 각종 詩·文을 분석함으로써 당시 전주목이 실제
어떻게 통치되었는가를 밝혀 고려 무신정권시대 지방통치의 일 단면을 살
펴보고자 한다. 「南行月日記」를 비롯한 詩·文에는 主邑과 屬邑과의 관
계, 主牧, 즉 界首官과 그 領郡縣과의 관계를 위시해 계수관과 안찰사와
의 관계를 밝혀주는 자료의 편린들이 비교적 많다. 이를 통해 고려의 군
현제가 지는 양면성에 주목하고자 한다.

II. 全州牧 統治의 實際

이규보가 전주목 사록겸장서기로 보임되기까지의 과정을 살펴보면 다
음과 같다. 그는 1189년(명종 19년, 22세) 司馬試에서 제1위로 합격하고,
다음 해 禮部試에 뽑혔으나 오랫동안 宦路에 나서지 못하였다가 1197년
(명종 27, 30세)에 趙永仁·任濡·崔詵·崔讜 등에 의해 外寄에 추천되어
임금의 允可를 얻었으나 掌奏承宣의 저지로 결국 임명되지 못하였다.[1]
이러한 상황 속에서 이규보는 조영인에게 보낸 求官의 글에서

> 군현을 맡기는 것이라면, 국가의 成例를 고찰하건대, 무릇 登科한 사람을
> 年紀에 제한받지 않고 바로 외방 소임에 보임하였기 때문에 중고 이래로 黃紙
> 이상은 그해로 외방에 보임된 사람이 있고, 그 다음도 3, 4년이 못 되어 보직되
> 었습니다. 다만 근래에 文吏가 올바르지 않게 빨리 진출하는 사람은 매우 많
> 고, 맡길 주현은 증가되지 않기 때문에, 어리석게 마냥 기다리기만 하는 사람
> 은 거개 진출하지 못하고 밀리어 앞길이 막힌 채, 30년 혹은 28, 29년이 되도
> 록 임명되지 못하는 사람이 있으니, 제가 이들의 자취를 그대로 밟으며 차례를
> 헤아려 기다리기로 한다면, 비록 머리가 희어지더라도 기약할 수 없을 것입니
> 다. … 나이 30이 되도록 오히려 한 군현의 소임도 맡지 못하여 苦孤한 모든

---

1) 李奎報, 『東國李相國集』 年譜의 己酉·庚戌·丁巳條.

정상이 말할 수 없으니, 앞일을 벌써 알 만합니다.(李奎報, 『東國李相國集』
권26, 「上趙太尉書」)

라고 하여 登科者가 年紀에 제한을 받지 않고 바로 외방소임에 보임되던
국가 成例와는 달리 근래에는 文吏가 올바르지 않게 빨리 신출하는 사람
은 매우 많고 맡길 주현은 증가되지 않기 때문에 등과자의 인사적체 현상
이 나타난다고 하면서 그 자신 역시 30세가 되도록 오히려 한 군현의 소
임도 맡지 못해 고고한 정상이 말할 수도 없다고 하였다. 고려시대에 있
어서 州縣外補는 文科 출신의 仕路에 반드시 경유해야하는 것이며 外補
를 거치지 않고는 중앙관료로의 진출이 불가능하였다. 그러나 무신정권기
에 오면 文武交差制를 실시하여 武人 집권자들은 及第者를 파견되었던
지방권을 무인으로 교체시킴으로써 지방까지 무신지배를 공고하게 다짐
에 따라[2] 문관의 사로가 막혀 이들의 사환이 순탄하지 못하였던 것이다.
더욱이 최씨정권기에 오면 座主와 門生의 관계강화와 더불어 반드시 최
씨정권과 밀착된 인물들의 천거와 최씨의 발탁이 있어야만 사로의 길이
열렸다.[3] 이런 상황 속에서 이규보는 구차스러울 정도로 조영인 등에게
求官을 하였지만 뜻을 이루지 못하다가[4] 1199년(신종 2, 32세) 5월 최충
헌의 집에 초대되어 千葉榴花의 시를 짓게 됨에 따라 宦路의 길이 열리게
되어[5] 6월 頒政에 전주목 사록겸장서기에 보임되어 9월 전주에 부임하였

---

2) 外官의 文武交差制 창안은 실로 무신들이 그 직을 독차지하기 위한 것이었다. "自
庚癸以來 權臣柄國 倡爲文武交差之例 每以武官補外."(『고려사』권75, 選擧志3, 凡
選用守令, 충렬왕 원년 6월). 변태섭, 1961, 「고려조의 문반과 무반」『사학연구』11 ;
『고려정치제도사연구』1971 ; 김윤곤, 1983, 「고려군현제도의 연구」 경북대학교 박
사학위논문, 72~74쪽.
3) 김당택, 1987, 『고려무인정권연구』, 새문사, 106~111쪽.
4) 李奎報, 『東國李相國集』권26, 「上趙太尉書」「上閔上侍湜書」.
5) 이규보, 같은 책, 권9, 「謝知奏事相公見喚命賦千葉榴花幷序」. 이때 이규보는 처자
가 자기를 다시 보고 朋友가 서로 하례하여 비로소 선비가 귀한 것을 알았고 다시
공부할 마음을 채찍질하였다고 하여 크게 고무되어 있었다고 하였다.

다. 사록겸장서기는 등과자들이 대체로 바로 나아가는 직6)이었음에 불구
하고 이규보는 과거 합격 후 근 10년만에야 겨우 나아갈 수 있었고, 그
과정에서 초영인 등의 추천과 최씨의 발탁으로 획득하였던 것이니 그간의
고고한 정상이란 실로 말할 수 없는 것이었다.

그의 부친이 관직을 역임하였고 전래의 家田이 향리인 黃驪에 있었지
만 오랫동안 관직을 지니지 않은 서울생활로 말미암아 구차함을 면할 수
가 없었다.7) 그러므로 전주목으로의 부임에 따른 제반준비에 있어서 남
의 도움을 받지 않을 수 없었다. 그가 회찬수좌에게 보낸 글에 의하면

> 제가 근간 完山幕府로 가려는데… 저의 행장 챙기는 일을 일일이 남들에
> 게 청탁하게 되어, 너무도 浮屠들이 기쁘게 귀의할 사람을 구하는 것처럼 되었
> 으나, 또한 분수대로 구별하여 이미 떠날 날짜까지 정하였습니다.(이규보,『동
> 국이상국집』권26,「寄懷璨首座手書」)

浮屠들이 隨喜할 사람을 구함과 같이 행장 챙기는 일을 비록 일일이
남들에게 청탁하게 되었으나 분수대로 구별하였다고 하는 것으로 보아 지
방관료들의 부임 시 행장 마련에 소요되는 제반경비는 먼저 남에게 청탁
하여 조달하였으리라 생각된다. 도움을 받는 대상자는 알 수 없지만 이를
분수대로 구별하였다고 하는 것으로 보아 단순한 가까운 친지들의 도움만
이 아닌 것 같다. 여기에는 아마도 해당 출신지역의 在京者들이 외관들을
장중에 넣어 그들의 재지적 기반의 원활한 유지를 꾀하고자 하는 의도에

---

6) 이것은『韓國金石文追補』의「韓惟忠墓誌銘」(114~116쪽),「尹知墓誌銘」(118쪽),「鄭
   知源墓誌銘」(118~119쪽),「王沖墓誌銘」(151~152쪽),「喬桐縣君高氏墓誌銘」(157쪽),
   「崔祐甫墓誌銘」(160~161쪽) 등에서 확인할 수 있다.
7)『동국이상국집』에 의하면 이 당시의 생활을 이야기하면서 "글은 천권 남짓 읽었건
   만 주머니엔 동전 한 푼 없구려(讀書千卷强 苦缺一錢囊)."(권7,「冠成置酒朴生園餞
   梁平州公老得黃字」)라고 하고, 또 "식탁에 고기 없구나 고기 없어, 칼 두드리며 부
   르는 서글픈 노랫소리 격절도 하네, 가을배추와 나물로 겨우 뱃속 채우니 가시 많
   은 잔고기도 얻을 수 없네."(권9,「彈鋏歌」)라고 하였다.

서의 도움도 있었으리 생각된다. 그러한 추측을 가능하게 하는 것은 후일
이규보와 그의 출신지역인 黃驪縣宰와의 유착관계이다.

선정의 명성은 바람에 날린 것보다 빨라	政聲飛到迅風翎
감당의 은혜 널리 듣고 소송 처리 잘한다지	飽聽甘棠聽訟明
완민들의 나쁜 구습만 바로잡을 뿐이랴?	不獨頑民湔舊染
汚吏들도 그릇된 걸 깨우쳤네	更敎貪吏解狂醒
내가 난 조그만 고을이라 부끄럽긴 하지만	予生小邑雖懷恥
[황려는 곧 내가 난 고을이다.]	
다행히 어진 관원 만나 자세히 사정 말하네	幸遇賢官細說情
寬과 猛을 알맞게 응용하면 어찌 해가 있으랴	寬猛得中庸有害
떠날 때의 이 한마디 길이 간직하기 바라오	臨行此語請深銘
[내가 그를 餞別하면 이 말을 하였다.]	

(이규보, 『동국이상국집』 권18, 「次韻黃驪縣宰柳卿老見」)

이규보가 고향인 황려현의 수령을 부임하는 柳卿老를 전별하면서 寬과
猛을 알맞게 응용할 것을 말하였다고 하지만 이규보는 지기 향리의 재지
적 기반의 유지를 부탁하고 이에 상응하는 전별금을 주었을 가능성이 크
다. 황려현의 수령은 재임 중 이규보의 시에 화답하기도 하고, 꿩 등을
보내주기도 하여 이규보와 깊이 유착되어 있음도 그러한 추측을 가능케
한다.8) 이 점은 다음의 자료에 의해 더욱 뒷받침될 수 있을 것이다.

> 명종 18년(1188) 3월 制書를 내리기를, "무릇 주현에는 각각 서울과 지방의
> 양반과 군인의 家田이나 永業田이 있는데, 간사하고 교활한 吏民들이 권세가
> [權要]에게 의탁하려고 망령되이 閑地라고 칭하면서 문서로 써서 그 집의 것으
> 로 붙이면, 權勢 있는 자도 또한 우리 집의 토지[我家田]라고 칭하면서 공문서
> [公牒]를 요구하여 가지고, 즉시 심부름꾼을 보내서 글을 통하여 부탁하면 그
> 州의 관원들은 〈권력자들의〉 부탁을 피하지 못하고 사람을 파견하여 징수한

---

8) 이규보, 『東國李相國後集』 권2, 「黃驪縣宰柳卿老寄書 標籤爲四宰 予時爲三宰 初疑
不受 及發見 實寄予書也 戱以一絕奉寄」·「次韻黃驪縣宰和前詩見寄賀」·「又謝雉」.

다. 한 토지에서의 징수가 이에 두세 번에 이르러 민이 그 고통을 감당하지 못하나, 나가서 하소연할 곳이 없으니, 원통함과 분함이 하늘을 찌르고 있다."(『고려사』 권78, 食貨志1, 田制 田柴科)

권세자인 중앙관료가 자신의 출신지인 외관에 촉탁하고, 이를 외관들이 피하지 못하는 것은 중앙관료로서의 권력 외에도 외관의 부임전 이들의 경제적 도움이 개재되었기 때문일 것이다. 특히 과거급제 후 근 10년간 관직없이 처자식을 이끌어 나온 이규보로서는 전주목으로 부임에 따른 행장 챙기는 일을 남에게 의존하지 않을 수 없을 것이고, 이것은 이규보에게만 국한된 것이 아닐 것이다.

이규보의 전주목으로의 부임에는 전주출신의 在京者를 위시하여 외관 경력이 있는 자들로부터 전주에 대한 사전 지식을 위시하여 고을을 다스리는 요령 등을 자문 받았을 것이다.9) 6월 반정 후 3개월간 이러한 제반 준비를 갖추어 9월 13일 마침내 率眷하여 개경을 출발,10) 23일 전주에 도착하여 목사에게 狀을 올려 부임을 고하였다.11)

이규보가 전주에 부임할 당시의 전주목의 구조는 아래 〈표 1〉과 같다.

---

9) 후일 金州書記로 부임하는 李中敏이 이규보에게 글을 보내 지방관으로 있을 때의 表·牋 등을 구하고 고을을 다스리는 요점을 자문 구한 것이나(이규보, 『동국이상국집』 권27,「與某書記書」), 이규보가 황려현의 수령으로 부임하는 柳卿老에게 寬과 猛을 알맞게 응용하도록 말한 것으로 보아(이규보, 『동국이상국집』 권18,「次韻黃驪縣宰柳卿老見」) 이규보 역시 이러한 준비를 갖추었을 것이다. 실제 同年 劉沖祺는 이규보에세 酒色을 주의하라는 당부의 글을 주고 있다(이규보, 『동국이상국집』 권27,「劉同年沖祺見和次韻答之」).

10) 이규보, 『동국이상국집』 권9, "九月十三日 發長安將赴全州臨津江松上 典晋公度韓韶相別." 그가 率眷 부임한 것은 "全家來寄碧山傍."(같은 책, 권9,「寓居天龍寺有作」)이라고 한 것이나, "莫嘗爲州樂 … 妻恚嗔難解 兒飢哭不休."(같은 책, 권9,「莫嘗爲州樂 四首」)라고 한데서 알 수 있다.

11) 이규보, 『동국이상국집』 권9,「九月二十三日 入全州馬上書懷」; 같은 책, 권32,「入州日呈太守遠狀」.

〈표 1〉 全州牧의 구조(『고려사』 권57, 지리지2, 전라도)

界首官	領郡縣	屬郡縣	監務縣
全州牧		金馬郡·馬靈縣·鎭安縣·雲梯縣·高山縣·礪陽縣·朗山縣·伊城縣·利城縣·紆州縣(10)	沃野縣·咸悅縣(2)
	南原府	長溪縣·赤城縣·居寧縣·九皐縣·長水縣·雲峯縣·求禮縣(7)	任實郡·淳昌郡(2)
	古阜郡	井邑縣·尙質縣·高敞縣(3)	扶寧縣「兼保安縣」·大山郡·仁義縣(3「1」)
	臨陂縣	會尾縣·富潤縣·沃野縣(3)	萬頃縣(1)
	進禮縣	淸渠縣·珍同縣(2)	富利縣·茂豐縣「兼朱溪縣」(2「1」)
	金堤縣	平皐縣(1)	
	金溝縣	巨野縣(1)	
1	6	27	10「2」
총계			46

이러한 전주목을 통치하기 위해서 파견된 외관들은 다음 〈표 2〉와 같다.

〈표 2〉 전주목 관내 외관 파견 상황(『고려사』 권77, 백관지2, 外職)

전주목		남원부·고부군		임피·진례·김제·금구현		옥야현 등 10현
牧使	3품 이상	使	5품 이상	縣令	7품 이상	
副使	4품 이상	副使	6품 이상	縣尉	8품 이상	
通判	6품 이상	判官	7품 이상			
司錄兼掌書記	7품 이상	法曹	8품 이상			監務
法曹	8품 이상	醫學				
醫師	9품 이상	文學				
文師	9품 이상					

〈표 1〉, 〈표 2〉와 같은 활동을 통해 전주목의 통치구조를 가진 전주목의 사록겸장서기로 임명된 이규보의 활동을 통해 전주목 통치의 실제를 구체적으로 살펴보기로 한다.

이규보가 임명된 사록겸장서기는 중국에 있어서도 나타나는데 이를 살펴보면 다음과 같다. 당의 경우 京兆·河南·太原 등 府에 司錄參軍이 파견되었는데, 그 명칭은 主簿→錄事參軍事→司錄으로 변경되어 온 것이다.12) 사록 대신 대도독부 이하 州의 경우 녹사참군사가 파견되었는데, 이들의 職掌은 "掌勾稽省書鈔目 監符印"이라 하였다.13) 그리고 諸曹參軍이 있어서 각기 사무의 分掌이 이루어져 있었고, 중도독부 이하 州에 이르기까지 參軍事가 별도로 있어서 "掌出使贊導"하였다. 그리고 掌書記는 兵馬元帥에 소속되어 "掌朝覲 聘問 慰薦 祭祀 祈祝 法與 號令升紬之事"하였다.14) 그러나 고려의 군현조직이 당의 경우처럼 그렇게 복잡하지 않기 때문에 그 직무 또한 같다고 할 수 없다. 실제 〈표 2〉에서 보다시피 사록겸장서기는 전주목과 갖은 牧과 대도호부의 경우 使·副使·通判의 하위직으로 7품의 품계를 갖고 1명이 존재할 뿐이고, 동경유수관의 경우 司錄, 參軍事, 掌書記가 각 1명이 파견되었고, 중도호부의 경우 6품의 判官이 掌書記를 겸한 반면 사록, 참군사는 보이지 않는다. 이 경우 각기 이들의 직무가 어떻게 나뉘어져 있었는지 전혀 알 수 없다. 다만 본고에서는 이규보의 전주목에서의 활동을 통해 사록겸장서기의 직무를 살펴보고자 한다.

이규보의 맡은 바 임무는 우선 현종 9월 2월의 '諸州府員奉行六條'15)의 실현이 그 기초적 임무인 것이다. 이것은 ① 民庶의 疾苦를 살필 것, ② 黑綬長吏의 能否를 살필 것, ③ 盜賊·姦猾을 살필 것, ④ 민중 중에서 法禁을 범한 자를 살필 것, ⑤ 민중의 孝弟·廉潔을 살필 것, ⑥ 향리들의 錢穀 散失을 살필 것을 내용으로 하고 있다. 이를 토대로 하여 이규보는 다음과 같은 구체적 임무를 수행하였다.

---

12) 『新唐書』 권49 下, 백관지, 4下 外官, "武德初改州主簿曰錄事參軍事 開元元年改曰 司錄."
13) 『舊唐書』 권44, 직관지3, 州縣官員.
14) 『新唐書』 권49 下, 백관지, 外官.
15) 『고려사』 권115, 선거지3, 銓注 凡選用守令.

A-① 멀리 서울로 가는 손님 전송하고서(遠餞朝天客) ⋯ 參軍이 쉬는 날을 틈
타서(參軍乘暇日).(『동국이상국집』권9,「二月日 餞太守政滿朝天 夜宿
永寧寺」)

② ⋯ 부끄럽구나 옛날 한가히 놀던 사람이(可愧昔年閑放客) 參軍과 掌記
를 지내고 또 監倉도 하는구나(參軍掌記又監倉).(같은 책, 권9,「朗山縣
監倉後有作」

③ ⋯ 술 마시고 스스로 醉參軍이라 이름하네(擧杯自號醉參軍).(같은 책,
권10,「偶書」)

④ ⋯ 의롭고 여윈 참군 보기 난감할 텐데(參軍孤瘦難堪見) ⋯.(같은 책,
권10,「再入臨陂郡」)

⑤ 호위군 인솔하니 영광을 자랑할 만하지만(權在擁軍榮可詫) 작목관이라
부르니 수치스럽기만 하네(官呼斫木辱堪知) [작목사라고 부르므로 한
말이다(呼爲斫木使故云] 변산은 예부터 천부라 일컫는데(邊山自古稱天
府) 좋은 재목 가리어 동량으로 쓰리라(好揀長村備棟樑).(같은 책, 권9,
「十二月日 因斫木初指扶寧郡邊山 馬上作 二首」)

⑥ 온 하늘에 눈은 어지럽게 내리는데(滿空飛雪落紛紛) 비호같은 무리 활
과 칼을 차고 따르네(弓劍相磨貔虎群) 팔천여 보의 거리를 내왕하고(來
往八千餘步地)[전주에서 부령까지 거리가 8천 보이다(自全州到扶寧八
千步)] 사십육주의 군사를 지휘했네(指麾四十六州軍) ⋯.(같은 책, 권9,
「正月十九日 復到扶寧郡有作」)

⑦ ⋯ 붉은 깃발 불꽃 같고 말은 용 같아라(紅旗如火馬如虯) 남산의 백액후를
사냥해 얻었구려(獵得南山白額侯)[남산에 큰 호랑이가 자주 나와 사람
을 해치므로 내가 군사를 거느리고 가서 사로잡았다(聞有南山大虎頻出
害人予率軍擒之] ⋯.(같은 책, 권9,「自貽雜言 八首」)

⑧ ⋯ 어제와 오늘 아침 관기를 벌주면서(昨日今朝連罰妓) 서기들에게 풍
류놀이 말라 할 뿐이네(但言書記勿風流) ⋯.(같은 책, 권9,「自貽雜言
八首」)

⑨ 고을살이 즐겁다 마오(莫導爲州樂) 고을살이 도리어 걱정뿐일세(爲州乃
反憂) 공정은 시끄럽기 저자 같고(公庭喧似市) 산더미처럼 쌓인 송사의
문서(訟牒委如丘) 가난한 마을에 세금 차마 부과하겠나(忍課殘村稅) 감
옥에 가득한 죄수들 안타깝구려(愁看滿獄囚) 입엔 웃음 띨 날 없는데(也
無開口笑) 더구나 태평하게 놀러다닐까(況奈事遨遊).(같은 책, 권9,「莫
導爲州樂 四首」)

⑩ 고을살이 즐겁다 마오(莫導爲州樂) 고을살이 걱정만 점차 새로워(爲州

憂轉新) 성낸 얼굴로 고을 아전 꾸중하고(怒顔訶郡吏) 무릎 꿇고 왕사에
게 인사드리네(曲膝拜王人) 속군을 봄마다 순찰하고(屬郡春行慣) 영사
에 기우제도 자주 지냈네(靈祠乞雨頻) 잠시도 한가할 때 없으니(片時閑
未得) 어떻게 몸 빼낼 생각하리요(何計暫抽身).(같은 책, 권9, 「莫導爲
州樂 四首」)

⑪ … 삼복에 송사 없어 일찍 쉬니(三伏早休民訟少).(같은 책, 권9, 「寓居
天龍寺有作」)

⑫ 이 몸이 나찰도 염라대왕도 아닌데(身非羅刹與閻王) 날마다 죄수를 다
루니 창자가 끊어지는 듯(日閱累囚謾斷腸) 젓대와 피리 소리도 자주 들
으면 싫은데(笙笛慣聞猶或厭) 곤장 소리 들으면 어찌 상심하지 않을까
(況聽楚毒不無傷).(같은 책, 권9, 「自貽雜言 八首」)

⑬ 임금의 온화한 말씀 사람 살리길 서두르니(紫殿溫言急活人) 황사 기운
흩어져 좋은 봄빛 되누나(黃沙喜氣散爲春) 이 길로 나가 새장 속의 새를
모두 놓아주어(此行盡放籠中鳥) 동서에 자유로운 몸 되게 하리라(遣作
東西自在身).(같은 책, 권9, 「奉宣旨 省屬郡冤獄」)

⑭ 자갈[鑣]이 달도록 쪼이는 더위에 비소(非所 감옥(監獄))의 죄수를 순찰
했다 하여 깨끗한 비단에 좋은 글로 분에 넘치는 인사를 멀리 보내 주셨
습니다. 붓으로 다 말씀드릴 수 없기에 대강 써서 진사(陳謝)합니다(火
鑣烘暑 巡觀非所之纍 氷繭擒辭 遠辱過涯之問 筆無舌巧 書以膚陳).
(같은 책, 권32, 「六月 巡屬部監獄 答諸官遠狀」)

⑮ 옥함에 승두표를 넣어 봉해 놓고(玉函封了蠅頭表) 비단 자리에서 봉미
생 부는 소리 들었지(綺度聞吹鳳尾笙)[전날에 봉표하는 잔치를 생각하
여 기록한 말이다(記前日封表宴).] … 천문에 가서 금계로 놓아 줌 하례
코자 하니(天門欲賀金鷄赦) 기쁜 기운 얼굴에 감도누나(已覺眉頭喜氣
浮).(같은 책, 권9, 「庚申五月 奉賀赦表朝天 遞馬參禮驛有作」

⑯ … 하늘의 못[澤]은 오직 용왕의 주도하는 바라, 용왕의 간청이라면 하늘
이 어찌 듣지 않으랴. 이때에 비를 얻는 것은 관리의 효험이 아니고, 바
로 용왕의 공입니다. 이해가 흉년이 되지 않는다면 어찌 그 보답의 제사
가 풍부하지 않으리까(天之澤惟龍所導 龍之請天豈不從 在斯時而得雨
非吏之效 而乃龍之功 歲不至於飢歉 何報祀之不豐).(같은 책, 권37, 「全
州祭龍王祈雨文」)

⑰ 모년 모월 모일에 某官은 삼가 同年進士 黃敏仁을 보내어 山鹿 한 마리
와 맑은 술 등 제수를 갖춰 거듭 마포대왕의 영전에 제사 지내노라(維年
月日 某官謹遣同年進士黃敏仁致山鹿一首兼淸酌之奠 申祭于馬浦大

王之靈).(같은 책, 권37, 「全州重祭保安縣馬浦大王文」)

⑱ … ㉠11월 기사일에 비로소 屬郡들을 두루 다녀 보았더니 … ㉡12월에 朝勅을 받들어 邊山에서 伐木하는 일을 맡아보았다. 변산이란 곳은 우리나라의 材木倉이다. 宮室을 수리 영건하느라 해마다 재목을 베어내지만 아름드리 나무와 치솟는 나무는 항상 떨어지지 않는다. 내가 벌목하는 일을 항시 감독하므로 나를 '斫木使'라고 부른다. 나는 노상에서 장난삼아 다음과 같은 시를 지었다. '군사 거느리고 권세부리니 그 영화 자랑할 만한데 벼슬 이름 斫木사라 하니 수치스럽기 그지없네' 이는 나의 맡은 일이 擔夫·樵者의 일과 같기 때문이다. … ㉢윤12월 정미에 또 조정의 영을 받아 여러 고을의 冤獄을 감찰하게 되어 먼저 進禮縣으로 향하였다. 산이 매우 높고 들어갈수록 점점 깊숙하여 마치 딴 나라의 별경을 밟는 듯하여, 마음이 울적하고 무료하였다. 낮이 지나서야 비로소 郡舍에 들어가니, 縣令과 首吏가 모두 부재중이었다. 밤 2경(更) 무렵에 현령과 수리가 각기 8천 보 밖에서 헐떡거리면서 달려왔다. … ㉣경신년 춘3월에 또 바다를 따라 배를 조사할 때 水村·沙戶·漁燈·鹽市를 遊閱하지 않은 곳이 없었다. 萬頃·臨陂·沃溝에 들러 며칠을 묵고 떠나 長沙로 향하였다.(같은 책, 권23, 「南行月日記」)

사료 A-①~④에서 보다시피 이규보가 사록겸장서기로서 행한 중요한 임무는 參軍이라 할 수 있다. 그것은 전주목과 똑같은 외관이 파견된 안서대호부에 김부식이 '사록참군사'로 파견된 기록이나,[16] 진주목에서 공민왕 3년 崔瀣의 『拙藁千百』을 편집하면서 이 책의 말미에 편집인의 관직과 성명을 밝히고 있는데, 거기에 '司錄參軍兼掌書記'라고 한 것은 이규보가 참군의 임무를 겸하였음을 나타내주는 것이다. 그러나 참군의 구체적 임무에 관해서는 『고려사』 백관지 등에서 전혀 확인할 길이 없지만 그 명칭상, 그리고 千午衛에 錄事參軍事가 포함되어 있는 것으로 보아[17]

---

16) 『고려사』 권98, 열전, 金富軾.
17) 이규보의 경우 1212년 千午衛 錄事參軍事에 임명되었다. 그런데 『국역 동국이상국집』 Ⅱ(민족문화추진회, 1980, 고전국역총서 167)의 「再入臨陂郡」(본문 자료 ②)의 參軍 註에 참군을 "고려 때 개성부의 정7품 벼슬이었는데, 이규보가 천오위의 녹사참군으로 있었기 때문에 이렇게 자칭한 것이다."(103쪽)라고 하였는데 이것은 外方

군사적 임무와 관련된다고 볼 수 있다. 실제 자료 ⑤, ⑥, ⑦, ⑱-ⓛ에서
보다시피 군사적인 임무를 수행함을 알 수 있다. 자료 ⑦은 호랑이가 인
명을 살상하자 군사를 거느리고 이를 잡은 경우이고, ⑤, ⑥, ⑱-ⓛ은 材
木倉인 邊山에서 朝旨를 받들어 군대를 동원하여 伐木에 종사한 것인데,
여기에는 전주목을 포함한 管內 46州의 군대가 동원되었음을 알 수 있다.
이와 관련하여 아래의 기록을 살펴보자.

> A-⑲ 처음에 全州司錄 陳大有가 자못 자기의 맑고 고결함을 믿고 형벌을 가
> 혹하게 집행하는 바람에 백성들이 매우 고통스러워했다. 나라에서 精勇
> 軍·保勝軍을 파견하여 官船을 건조하게 하자, 진대유가 上戶長 李澤民
> 등과 함께 공사를 가혹하게 닦달하였다. 旗頭인 竹同 등 6인이 난을 일
> 으켜서 官奴와 많은 불순분자들을 불러 모아서 진대유를 山寺로 쫓아내
> 고 이택민 등 10여 명의 집에 불을 질렀다. 향리들이 모두 도망가서 숨어
> 버리자 判官 高孝升을 위협하여 전주의 향리를 교체하게 하였으므로 고
> 효승은 단지 임명장을 줄 뿐이었다. 안찰사 朴惟甫가 전주로 들어오게
> 되자, 반란 적들은 군사 대오를 성대히 갖추고 늘어서서 진대유의 불법
> 행위를 열거하며 고하였다. 그러자 안찰사는 마지못해 진대유를 형틀에
> 채워 서울로 압송하게 하고, 한편으로 반란 적들에게는 禍와 福을 설명
> 하면서 「항복하라고」 회유했으나 듣지 않았다. 이에 道內의 모든 병력을
> 동원하여 토벌에 나서자 반란 적들은 성문을 닫고 굳게 지켰다. 그래서
> 이 사건이 알려졌다. 여름 4월 무신 閣門祗侯 裴公淑, 郎將 劉永 등을
> 파견하여 전주에 가서 竹同 등이 반역한 이유를 조사하게 하였다. 배공
> 숙 등이 전주성에 들어가 一品軍의 隊正【기록에 그 이름이 나와 있지 않
> 음】을 설득하여 반란군의 주모자를 제거할 계획을 짰다. 계획이 거의 이
> 루어질 무렵 배공숙은 참소를 받아 파면되고, 郎中 任龍臂와 낭장 金臣
> 穎이 대신 부임하였다. 안찰사가 보낸 관군이 성을 공격하였으나 항복을
> 받지 못하고 40여 일이 지났는데, 일품군 대정이 승려들과 함께 죽동 등
> 10여 인을 죽여서 반란이 평정되었다.(『고려사』 권20, 세가, 명종 12년
> 3월 경인)

參軍의 존재를 간고한 것임과 이규보의 천오위녹사참군 임명이 훨씬 후일의 일이
므로 잘못된 주이다.

우선 전주사록 진대유가 호장 이택민과 함께 주현군 소속의 정용·보승군을 동원하여 官船을 제조하고 있음을 알 수 있다.[18] 그러나 죽동 등이 난을 일으킨 후 배공숙 등이 일품군 대정 某를 說諭했다거나 일품군 대정이 승도와 함께 죽동 등을 죽였다고 하는 것으로 보아 관선 제조에 노동부대인 일품군이 동원되었음을 추측할 수 있다.[19] 여기에서 구태여 사록이 정용·보승군을 동원하였다고만 한 것은 전투 내지 치안유지가 주 임무인 그들을 국가, 즉 朝旨에 의해 동원하였기 때문이고, 또한 반란을 일으킨 자들이 정용·보승에 소속된 죽동 등이었기 때문이다. 이 자료 A-⑲의 예에서 보다시피 이규보는 변산의 벌목을 위해 전주목 관내의 46주의 정용·보승·일품군을 동원하였을 것이며, 이 공역에는 아마다 村留 二·三品軍도 당연히 포함되었을 것이다. 『고려사』 병지에 실려 있는 전주목 관내주현군의 지방별 및 군별로 된 병원수는 다음 〈표 3〉과 같다.

<표 3> 전주목 관내 軍事道 兵員數[20]

軍事道	保勝	精勇	一品	계
全州牧道	150	1,214	867	2,231
南原道	205	800	636	1,641
古阜道	54	610	545	1,209
臨陂道	-	341	200	541
進禮道	-	211	152	363
계	409	3,176	2,400	5,985

고려의 주현군이 중앙에서 파견되는 지방행정구획을 단위로 배치되었다는 기왕의 설[21]에 반하여 전주목 관내에서 이때 현령파견지역인 김제

---

18) 본 자료의 정용·보승군이 州縣軍 소속의 군대임을 지적한 논문은 이기백, 1965, 「고려 주현군고」 『역사학보』 29 ; 1968, 『고려병제사연구』 211쪽 註 14)가 있다.

19) 일품군에 관해서도 이기백, 앞의 논문 220~225쪽 참조.

20) 이기백, 앞의 논문 참조.

21) 이기백, 앞의 논문 206쪽.

현, 금구현과 감무 파견지역에 주현군이 배치되어 있지 않았다. 김제, 금 구현의 경우 예외적 현상. 혹은 자료의 불립로 돌릴 수 있으나[22] 김제현 이 인종 21년, 금구현이 의종 24년에 현령관으로 승격된 것을 생각할 때[23] 상기 병지의 주현군 조사 시점에 양 현이 속읍으로 존재할 당시의 것이기 때문이 아닌가 한다,[24] 이렇게 생각할 때 이규보가 전주목 사록겸 장서기로 있을 무렵에는 軍事道가 5이 아니라 7이 되지 않았을까 한다. 아무 감무관 파견지역까지 합치면 〈표 1〉에 의거해 17 軍事道가 될지 모 르지만 감무관 파견지역이 군사도로 나온 예가 전혀 없는 것으로 감무관 까지 군사도가 확대되는 않았을 것이다. 7개의 군사도는 평상시에는 군사 도, 즉 주현군이 설치된 단위 행정구획의 장관이 지휘하였겠지만 朝旨에 의해 전주목의 사록겸장서기가 그 지휘권을 지닐 수가 있었던 것이다. 이 러한 주현군의 지휘도 주현군이 병농일치제에 입각한 농민 그 자체이기 때문에 행정관으로서의 지휘도 이규보가 지니는 군사적 임무인 것이다. 주현군은 병농일치의 원칙에 선 民兵이기 때문에 자료 ⑤, ⑱-ⓛ에서 보 다시피 혹한기이지만 농한기인 12월에 벌목이 시작된 것이다, 벌목의 감 독을 위해서 몇 차례나 변산을 찾고 있는 것으로 보아 전주목에 주어진 중요한 임무의 하나가 바로 여기에 있음을 알 수 있다.

---

22) 이기백 앞의 논문에서는 이를 예외적 현상으로 지적하고, 이러한 예외적 현상 가운 데서 전라도지방이 반 이상을 차지하고 있는데, 이것은 이 지방에 대한 지리지의 기록이 가장 불비한 사실과도 관계가 있을지 모른다고 하였다.

23) 『고려사』 권57, 지리지2, 전라도 김제현·금구현.

24) 물론 이것은 『고려사』 병지, 주현군조의 병원에 관한 내용이 어느 시대의 것이냐 하는 문제가 확연이 드러난 뒤에야 이야기 할 수 있는 것이다. 현재 이에 관해서는 다음과 같은 이설들이 있다(이기백, 앞의 논문, 205쪽 주)3 참조).

(a) 신종 7년(1204)~고종 2년(1215)설 : 천관우, 1985, 「閑人考」『사회과학』 2, 25쪽.

(b) 인종 14년(1136) 이후설 : 末松保和, 1962, 「高麗式目形止案について」『朝鮮學 報』 25, 131쪽.

(c) 인종 14년(1136)~인종 21년(1143)설 : 江原正昭, 1963, 「高麗の州縣軍に關する 一考察」『朝鮮學報』 28, 37쪽.

참군의 임무와 함께 이규보가 수행한 임무의 하나는 掌書記이다. 자료 ②, ⑧에서 보다시피 각종 실무를 분장하는 여러 記官들을 통제, 장악하는 임무를 사록겸장서기는 지녔던 것이며, 이와 관련하여 記官만이 아니라 전 향리들을 장악하였을 것이며(⑩), 官妓에 대한 처벌 등의 권한도 지녔다(⑧). 掌記의 임무에는 각종 表文 및 祭文의 작성까지도 포함하는 것이다(⑮~⑰). 그와 함께 屬郡縣에 대한 監倉(②) 및 租稅 부과 임무를 맡아 보았다(⑨). 대민업무로서 民訟의 처리(⑨, ⑪)와 함께 각종 刑獄을 다루고 있다. 外獄囚의 監檢을 위해 관내 領郡縣을 순찰하고 있으며(⑭, ⑱-ⓒ), 中外의 獄囚를 減하라는 중앙의 명에 의해25) 속읍을 순찰하여 冤獄을 감하고(⑬), 이에 대한 賀赦表를 바치기 위하여 상경하고 있다(⑮). 城隍, 龍王, 馬浦大王 등에 관한 祭祀 및 祈雨祭 등을 직접 주관하기도 하고(⑩, ⑰), 경우에 따라서는 進士 등을 보내어 제사를 주관케 하기도 하였다(⑰). 이규보는 또한 전주목 관내의 바다를 따라 배를 조사하면서 水村·沙戶·漁燈·鹽市를 遊閱하였다(⑱-ⓒ). 그 외 王使의 접대(⑩), 안찰사와의 관련사 처리26) 등의 임무를 갖고 있었다. 또한 冬至賀狀과 正旦賀狀을 중앙의 고위층과 안찰사 등에게 올리고 있다.27) 이것이 바로 전

---

25) 『고려사』권21, 세가, 신종 3년 정월 기유, "崔忠獻奏減外獄囚 又計流人年月久近及老少原免."

26) 『동국이상국집』권9, 「次韻高先生抗中獻廉察尹司業威 幷序」, 「走筆賀高先生宅成兼敍廉察命搆之意」. 안찰사는 경우에 따라 사록겸장서기에게 직접 명령을 내려 일을 처리하였다(『신증동국여지승람』권28, 尙州牧 名臣 鄭云敬, "龍宮監務가 뇌물을 받았다고 무고하는 자가 있으매, 안렴사가 云敬을 보내어 국문하게 하였다. 운경이 용궁에 이르러 물어 보지도 않고 돌아와서 말하기를, '관리가 탐하고 더러운 것이 비록 惡德이라고는 하지마는, 재주가 족히 법을 농간하고 위엄이 족히 사람을 두렵게 할 만한 자가 아니면 하지 못하는 법인데, 지금 감무가 늙고 또 임무를 감당하지 못하니, 누가 뇌물을 주려 하겠는가' 하였다. 안렴사가 과연 거짓인 것을 알고 탄식하여 말하기를, '근래에 관리들이 가혹한 것을 숭상하는데, 사록은 참으로 長者로다' 하였다").

27) 『동국이상국집』(권32)에는 이규보가 전주에서 지은 冬至賀狀인 '上延昌侯', '廣陵

주목 사록겸장서기의 임무인 동시에 전주목서, 즉 계수관의 임무인 것이다.

전주목에는 앞 〈표 2〉에서 보다시피 목사, 부사, 통판 등이 사록겸장서기 위에 있다. 그렇지만 고려시대에는 州府의 장관은 使, 副使 중 한 명이임명되는 것이 보통이었다.[28] 실제『동국이상국집』跋尾에 校讎 책임자로서 진주목 부사만이 나오고,[29] 崔瀣의『拙藁千百』의 끝의 편집인 역시각수를 제외하고 안렴사, 목사, 판관, 사록참군사겸장서기가 나온 것은 그예이다(B-⑤). 전주에서 지은 이규보의 글에 부사에 관해서 전혀 언급이없는 것은 목사 외에 부사의 파견이 없었기 때문이다. 따라서 이규보의상관으로서는 목사 외에 통판이 존재한다. 통판은 원래 판관으로 호칭되었는데 예종 원년에 와서 통판으로 그 명칭이 바뀌게 되었다.[30] 통판, 즉판관의 활동을 몇 개 살펴보면 다음과 같다.

> B-① 除金州判官 勸農 輕徭役 一介不取於民.(『韓國金石文追補』156쪽,「金臣璋墓誌銘」)
>
> ② 庚戌歲調補交州防禦判官下車 △△布政頒條洗手奉職 勤恤人隱 考滿除秘書省校勘 後數年交州管內吏民百 錄公之嘉續告于監稅使.(같은책, 157쪽,「喬桐縣君高氏墓誌銘」)
>
> ③ 五月制 諸道州郡 民多肌歉 流移失業 令諸州通判以上官吏 巡行存問發義倉賑之.(『고려사』권80, 식화지3, 문종 8년 5월)
>
> ④ 判外獄囚西京則分臺 東西州鎭則各兵馬使 關內西道則按察使 東南海則都部署 其餘各界首官判官以上 無時監行推撿 輕罪量決 重囚則所囚年月日 具錄申奏.(같은 책, 권84, 형법지1, 職制)

侯', '昌化伯', '趙平章永仁', '寄平章洪壽'가 있고, 正旦賀狀으로서 "上延昌侯', '廣陵侯', '寧仁伯', '趙平章', '寄平章', '崔參政說', '賀正廉察使'가 있다.

28) 변태섭, 1968,「고려안찰사고」『역사학보』40 ; 1971,『고려정치제도사연구』171쪽.

29)『동국이상국집』발미에 교수 책임자로서 "晉州牧副使兵馬轄試尚書工部侍郎全光宰使"라고 한 것은 목사가 파견되지 않음을 이야기 해준다.

30)『고려사』권77, 백관지2, 外職 대도호부조에 의하면 "睿宗十一年改大都護府判官爲通判."이라 하였다.

⑤ 色 戶長正朝 鄭吉
   刻手 正連·行明·思遠·高淸烈
   司錄參軍事兼掌書記 通仕郎典校寺校勘金乙珍
   判官 通直郎版圖正郎兼勸農使 李臣傑
   牧使 中正大夫版圖正郎兼管內勸農使 崔龍生
   按廉使 奉善大夫內書舍人禮文應敎知製敎兼春秋館編修官 郭忠守.(崔
   瀣, 『拙藁千百』)
⑥ (庾碩)爲安東都護副使 時巡問使宋國瞻移牒於碩 令修山城 又牒與判
   官申著同議 著素貪汚 碩恥與共事 所牒事皆委著.(『고려사』 권121, 열
   전, 良吏 庾碩)
⑦ (七月 大司憲趙浚等上書曰) 兼幷之家收租之徒 稱兵馬使副使判官 或
   稱別坐 從者數十人騎馬十匹 陵轢守令 推折廉使.(같은 책, 권78, 식화지1,
   田制 祿科田 신우 14년 창왕즉위 9월)

B-①에서 보다시피 통판, 즉 판관은 '勸農桑 輕徭役'의 임무를 지니고
있으며, 조세에 관련된 일(②, ⑦)을 맡아보고 있으며, 救恤의 임무까지도
지니고 있다(③). 이는 판관이 권농사를 겸하고(⑤), 또 권농사의 기능이
勸農, 救恤, 수취에 있음을 생각할 때[31] 당연한 것이라 하겠다. 그 외 판
관은 外獄囚의 監檢(④), 산성축조(⑥) 및 군사적 임무의 수행을 하고 있
다.[32] 이것으로 보아 판관, 즉 통판의 직무 역시 사록겸장서기의 그것과
거의 같음을 알 수 있다. 그런데 B-③, ④, ⑦의 자료에서 보다시피 일의
처리를 판관, 즉 통판이상으로 한정하고, B-⑤에서 목사와 함께 권농사를
겸하고, B-⑥에서 부사와 판관이 동의토록 한 것은 통판이상과 사록이하
가 뚜렷이 구별됨을 뜻하는 것이다. 이것은 A-⑲에 의해 더욱 확연히 드
러난다. 사록 陳大有가 官船 제조에 督役함이 심하여 竹同 등의 난이 일
어나자 이들이 진대유를 축출하고 판관 高孝升으로 하여금 主吏를 바꾸

---

31) 김남규, 1996, '권농사와 그 기능'「고려양계지방사연구」 단국대학교 박사학위논문,
   117~125쪽.
32) 『고려사』 권106, 열전 金晅傳 嚴守安傳 ; 김윤곤, 「삼별초의 대몽항전과 지방군현
   민」 『동양문화』 제20·21합집, 영남대학교 동양문화연구소.

게 하고 授印케 했다는 것은 양자 사이에 한 획이 그어짐을 뜻하는 것이라 하겠다. 이와 관련해 이규보가 「自貽雜言 八首」에서 태수가 병 때문에 오랫동 휴가에 있으니 "貳車多懶稀衙"[33]라고 한 것은 통판을 지칭하는 것이고 통판은 목사 부재 시 그 직을 대신하는 貳車임을 알 수 있다. 따라서 자료 A와 B에 의해 살펴본 것처럼 목사 및 통판은 지방통치조직 내에서 관리직으로서의 임무를 주로 한데 반해 사록겸장서기는 목사, 통판 밑에서 관리직과 향리를 연결하고, 호장과 함께 향리들을 거느리면서 대민업무의 실질적 수행자로서 행정실무직에 보다 더 종사하였음을 알 수 있다. 이렇게 볼 때 A-⑲의 사록 진대유가 독역함이 심하였다고 하는 것 역시 바로 이러한 임무수행의 결과에서 기인하는 것이라 볼 수 있다. 결국 사록겸장서기는 수령의 대민 방패막이의 입장에 있었던 것이다. 이규보는 사록겸장서기로서의 임무수행을 위해 부임한 3개월만인 11월 처음 屬邑을 순찰하였는데(A-⑲-㉠), 이때의 속읍 순찰은 「南行月日記」에 의하면 馬靈縣→鎭安縣→雲梯縣→高山縣→禮陽縣 →朗山縣→金馬郡→伊城縣의 순서로 순찰하고 있다.[34] 자료 A-⑩에 "屬郡春行慣"이라 하여 그 이듬해 봄에 또 속읍을 순찰하였는데, 봄의 속읍 순찰은 하나의 관례였음을 알 수 있다. 그리고 자료 A에서 보다시피 이규보는 왕명을 받들어 영군현과 그 속읍을 순찰하고 있다. 이규보의 이러한 활동을 통해 主邑과 屬邑과의 관계를 비롯하여 主牧과 그 領郡縣과의 관계를 해명할 수 있다. 우선 전주목과 그 속읍의 관계를 살펴보자.

　　　C-① 全州는 完山이라고도 일컫는데 옛날 百濟國이다. 인물이 번창하고 가옥이 즐비하여 故國風) 있었다. 그러므로 그 백성들은 질박하지 않고 아전

---

33) 이규보, 『동국이상국집』 권9, 「自貽雜言 八首」.
34) 『동국이상국집』 권23, 「南行月日記」. 여기에 伊城縣·紆州縣은 나오지 않으나 "무를 내가 지난 곳에 기록할만한 것이 없으면 적지 않았다"고 한 것으로 보아 伊城縣·紆州縣은 반드시 거쳤을 것이다.

들은 모두 점잖은 士人과 같아, 행동거지의 신중함이 볼 만하였다.(『동국이상국집』권23, 「南行月日記」)

② 11월 기사일에 비로소 屬郡들을 두루 다녀 보았더니, 馬靈·鎭安은 山谷間의 옛 고을이라, 그 백성들이 질박하고 미개하여 얼굴은 원숭이와 같고, 杯盤이나 음식에는 오랑캐의 풍속이 있으며, 꾸짖거나 나무라면 형상이 마치 놀란 사슴과 같아서 달아날 것만 같았다. 산을 따라 감돌아 가서 雲梯에 이르렀다. 운제에서 高山에 이르기까지는 높은 봉우리와 고개가 만 길이나 솟고 길이 매우 좁으므로 말에서 내려 걸어갔다.(같은 책, 권23, 「南行月日記」)

③ 쓸쓸한 옛 고을 산 밑에 있는데 대하는 사람이란 원숭이 모양의 아전일세(같은 책, 권9, 「十一月二十日 出宿屬郡馬靈客舍 重臺堂頭携酒來訪以詩贈之」)

④ 운제는 내가 전에 다스리던 完山의 屬郡이다. 그 고을이 巖谷 사이에 있어 산이 높고 험하기로는 다른 군에 비하여 으뜸이다.(같은 책, 권11, 「七月三日 聞雲梯縣爲大水所漂」)

⑤ 다음날 伊城에 들어가니, 民戶가 凋殘하고 籬落이 蕭條하여 客館도 草家요, 아전이라고 와 뵙는 자는 4~5인에 불과하였으니, 보기에 측은하고 서글펐다.(같은 책, 권23, 「南行月日記」)

⑥ 나와서 맞는 郡吏 늙은 원숭이 같고, 마을 백성 도망치니 놀란 노루 같구려.(같은 책, 권9, 「朗山縣監倉後有作」)

C-①~⑥은 전주목과 그 직할 속읍에 관한 내용으로서 전주목은 인물이 번호하고 가옥이 즐비하여 故國風이 남아 있으며, 그 백성들은 질박하지 않고 아전들은 모두 점잖은 士人과 같아, 행동거지의 신중함이 볼 만하였다하고 한다(①). 전주목의 속읍인 馬靈·鎭安은 山谷間에 있고(②, ③), 雲梯縣은 巖谷間에 있어 山의 높이가 험하기로는 다른 군에 비해 으뜸이고(④), 雲梯에서 高山에 이르기까지는 높은 봉우리와 고개가 만 길이나 솟고 길에 배우 좁아 말에서 내려 걸을 정도로(②) 그 입지조건이 하나같이 나쁘다. 이처럼 전주 속읍은 내륙산간벽지에 위치한 입지조건 때문에 상대적으로 일반 백성들의 생활형편도 대조적이어서 馬靈·鎭安은 농민들이 질박하여 야만스러워 얼굴이 원숭이 같고, 더러운 냄새도 나서

만맥풍이 있으며(②), 伊城縣의 民戶는 凋殘·耗損하고 울타리는 蕭條하며(⑤), 朗山縣의 村民은 마치 놀란 사슴과 같은 모습이다(⑥). 전주와 그 속읍의 서로 대조적인 생활모습은 일반 민들 사이에서만 격차가 아니라 향리의 세계 역시 마찬가지이다. 전자의 향리는 衣冠士人과 같고 행동거지도 상밀하여 가히 볼만한데 반해 후자의 향리는 피로하고 여윈 모습의 4·5인에 불과하며, 마치 늙은 원숭이 같아 보기에도 측은할 지경이었다. 입지조건의 우열, 人戶이 繁耗·民度의 隆替, 향리의 대조적인 양상은 비단 전주와 그 속읍지방에서만 나타나고 있었던 것이 아니라 거의 전국적 현상이었을 것이다.[35] 더욱이 주읍 관원의 속읍 순찰은 그 원래의 의도와는 달리 속읍민에게 왕왕 가혹한 수탈과 부담을 가져다주는 것이어서 속읍의 민들은 주읍의 관원을 맞이할 때 마치 놀란 노루의 형상을 취하곤 하였다(⑥). 주읍과 속읍의 차이를 극명하게 나타내주는 것이 다음의 예이다.

> D-① 고려 명종 때에 司錄 崔正份이 옛터를 따라서 쌓았는데, 둑의 길이가 8백60보이고 둘레가 1만6천6백47척이다. 그 못이 실상은 咸昌에 있는데, 상주 백성들이 灌漑의 이익을 독차지한다.(『신증동국여지승람』 권28, 尙州牧 山川 恭檢池)
>
> ② 『신증』 洪貴達의 기문에 … 관개의 이익은 상주 백성들만이 누리고, 咸昌 백성들은 땅을 내어주고 그 물을 모아서 남에게 줄 뿐이니, 이해의 치우침이 어찌 이러하랴.(『신증동국여지승람』 권29, 咸昌縣 山川 恭檢池)

상주목 고려 명종 사록 최정빈에 의해 수축된 공검지는 함창에 소재하였음에도 불구하고 그 관개의 水利가 상주에 돌아가고 있다. 이는 바로 주읍 위주의 지방행정이 이루어짐을 의미한 것임과 동시에 상대적으로 속읍이 수탈 받고 있음을 말해주는 것이다.

주읍과 속읍의 차이를 살펴보기 위해 『세종실록』 「지리지」에 나오는

---

35) 김윤곤, 1985, 「려대의 안찰사제도성립과 그 배경」 『교남사학』 창간호, 100~101쪽.

전주목의 호구 및 墾田數를 〈표 4〉에 작성해 보았다. 고려 신종 대에서
『세종실록』「지리지」가 만들어지기까지 그간 몽고의 침입, 삼별초의 전
라도 장악, 왜구의 침입, 여말선초 이 지역에 대한 개발사업의 전개 등으
로 인해 전주목이 겪는 변화란 실로 다대할 것이지만 전체적으로 그 변화
의 궤는 같은 것이기 때문에 이러한 시도는 그 나름대로 일정한 의미를
지닌다고 하겠다.

〈표 4〉『세종실록』「지리지」 전주목 호수·구수·간전수

郡縣名	戶數	口數	墾田數	郡縣名	戶數	口數	墾田數
全州牧 △ 沃野縣 紆州縣 利城縣 伊城縣	1,565	5,829	18,669	古阜郡	357	1,592	6,601
				△ 扶寧縣 保安縣	323	1,662	7,140
				△ 大山郡 △ 仁義縣	247	1,526	5,304
馬靈縣 鎭安縣	169	722	2,772	井邑縣	130	858	2,658
				尙質縣	216	1,051	3,134
高山縣 雲梯縣	260	2,028	3,116	高敞縣	164	974	2,235
				臨陂縣	396	1,949	6,447
朗山縣 礪良縣	312	1,419	4,362	會尾縣 沃溝縣	257	1,194	4,444
△ 咸悅縣	288	1,384	3,298	△ 萬頃縣	172	715	3,502
金馬郡	319	1,623	3,726	進禮縣 △ 富利縣	452	1,890	3,452
南原府 居寧縣	1,300	4,912	12,508	△ 茂豐縣 朱溪縣	172	715	1,501
△ 任實郡 九臯縣	138	803	5,392	珍同縣 淸渠縣	114	514	1,207
△ 淳昌郡 赤城縣	317	1,092	5,724				
長水縣	320	812	1,773	金堤縣 平皐縣	409	2,065	7,281
雲峯縣	139	515	1,776				
求禮縣	137	677	1,735	金溝縣 巨野縣	262	1,207	3,729
長溪縣	—	—	—				

〈표 4〉에서 보다시피 주읍과 속읍 사이의 戶口數, 墾田數의 차이는 대조적임을 알 수 있으며,[36] 감무가 파견된 지역 역시 속읍보다는 호구수 혹은 전결수가 대체적으로 우세함을 알 수 있다. 아울러 주읍과 감무 파견지역은 속읍보다 교통요지에 위치하고 있다.

다음으로 계수관인 전주목과 그 영군현과의 관계를 살펴보자. 변태섭은 고려 전기의 경우 일반 행정사무는 중앙에서 州縣으로 直牒하는 행정체계를 이루고, 主牧은 모든 행정사무에 있어서 主縣을 관할하여 中央官司에 연결하는 상급행정기관이 아니고 上表陳賀·鄕貢選上·外獄推撿 등 한정된 부문에 있어서만 중간기구로서의 기능을 가졌던 것이라 하여 계수관이 중앙과 수령 사이의 중간적인 행정관의 위치에 있지 않았다 하면서 중앙관사와 州縣의 직첩관계는 점차 주현에 외관이 증치됨에 따라 어려움이 더해가, 이제는 주현 중 그 지방의 중심이 되는 大邑으로 하여금 한정된 중간기구의 기능을 대행케 한 종래의 主牧制로는 도저히 집권적인 지방통제의 실을 거둘 수 없게 主牧制에 대신하여 새로이 道의 안찰사제가 중간적 기구로 등장하여 인종기를 고비로 主牧의 계수관은 사료에서 그림자를 감추게 된다고 하였다.[37] 그러나 이규보의 활동을 살펴보년 무신정권 당시에는 반드시 그렇게만 말할 없을 것이다, 사료 A-⑭, ⑱-㉡은 領郡縣에 관한 外獄囚의 推獄은 고려 초기에는 일률적으로 主牧의 계수관이 하다가 문종 후년에는 지역에 따라 關內西道는 안찰사, 東南道는 都部署, 그 밖의 지방은 계수관이 하다가 인종조에는 전적으로 안찰사가 監

---

36) 속읍 가운데서 金馬郡의 경우 호구수나 간전수가 金溝縣을 훨씬 능가하고 주읍의 평균수치에 필적한다. 이는 금마군에서 명종 2년 민란이 일어난 지역으로서 그후 읍세가 팽창하더라도 감무 등의 파견이 이루어지지 않았다고 볼 수 있다. 반면 금구현은 호구수 등에 뒤떨어지더라도 현령관이 된 것은 의종 24년 李義方의 外鄕이었기 때문이다(『고려사』 권57, 지리2, 전라도 全州牧 金溝縣).

37) 변태섭, 1968, 「고려전기의 외관제 – 지방구조의 행정체계 – 」『한국사연구』; 1971, 『고려정치제도사연구』.

行하게 되었다고 하면서, 이것은 고려의 주현통제가 계수관에서 안찰사로 넘어가는 과정을 가장 명확하게 표시하는 것이다[38]라고 하였지만 이규보는 進禮縣·南原府 등의 領知事府郡縣들의 冤獄을 감찰하고 있으며, 이 때 진례현의 경우 부재중인 현령과 현위가 밤 2경에도 불구하고 8,000여 보를 급히 달려와 지성으로 받들고 있다.[39] 더욱이 이들 諸官들이 그 후 전주목으로 이규보에게 監獄에 관한 건으로 인사의 글을 올리고 있는 것으로 보아[40] 主牧은 여전히 중간기구로서의 기능을 갖고 있음을 알 수 있다. 또 A-⑥, ⑱-㉝에서 보다시피 扶寧縣의 감무가 겸임하는 保安縣의 邊山에서 부령현 감무가 杞梓를 가려 보고한 바에 의해[41] 전주목 관내 46州의 州縣軍을 이끌고 伐木에 종사한 것이나 同年進士 黃敏仁을 보내어 보안현의 馬浦大王에게 제사지내면서 "내가 다스리는 完山은 한 지방의 중심이고, 대왕이 맡은 馬浦도 완산의 소속이라, 장관의 관리로서 下邑의 귀신에 대해 절을 하지 않고 揖하는 것이 禮에 있어서 마땅하리"[42]라고 한 것 역시 主牧과 領郡縣 사이의 상하 예속관계가 지속되지 않은 데서도 나올 수 없는 것이다. 이러한 관계 때문에 이규보가 임피현 등의 영군현과 그 속읍들 및 감무가 파견된 만경현 등을 지나면서 바다를 따라 배의 척수계산 및 水村·沙戶·漁燈·鹽市를 遊閱하였던 것이다(A-⑱-㉣). 主牧과 領郡縣의 상하관계, 즉 중간기구로서의 主牧의 역할이 여전히 유

---

38) 변태섭의 앞의 안찰사에 관한 논문 참조.

39) 이때 현령은 이규보와 같은 7품의 품계를 갖고 있음에도 불구하고 이규보를 깍듯이 대하였다.

40) 『동국이상국집』 권32, 「六月 巡屬部監獄 答諸官遠狀」, "자갈[鑕]이 달도록 쪼이는 더위에 非所 監獄의 죄수를 순찰했다 하여 깨끗한 비단에 좋은 글로 분에 넘치는 인사를 멀리 보내 주셨습니다. 붓으로 다 말씀드릴 수 없기에 대강 써서 陳謝합니다."

41) 『동국이상국집』 권32, 「斫木行次 答屬部遠狀」, "산과 골짜기를 모조리 뒤져 千章(많은 수목을 뜻한다)의 杞梓(좋은 목재를 말한다)를 가릴 적에 筆墨을 챙겨 종이에 가득 주옥같은 글을 보내셨는데, 갈 길이 총총해 답서가 초초합니다."

42) 『동국이상국집』 권37, 「全州重祭保安縣馬浦大王文」.

지되었기 때문에 나주목의 영현인 綾城의 현령이 나주목사 부임에 대해
이규보에게 글을 부탁하면서까지 賀狀을 보내어 인자하신 그늘의 비호를
빌면서 상관만 바라며 생사를 위엄스러우신 덕화에 맡긴다고 한 것이
나,[43] 某 縣令이 太守의 도임의 賀狀에서 자신을 하향 고을 관원으로 있
어 명령이 상관에게 달렸다고 한 것[44]은 비록 과장된 문식상의 표현이라
할지라도 主牧이 영군현에 대해 상당한 지휘감독권을 갖고 있기에 가능
한 것이다. 이규보가 후일 南京留守官 揚州의 관할하에 있는 桂陽의 수
령에 임명되어 주고받은 狀이 양주관내의 현령 내지 감무에 국한된다는
것[45] 역시 主牧 단위의 지방행정이 여전히 이루어짐을 뜻한다.

　계수관과 領州府郡縣의 관계는 三別抄의 반란이 일어났을 때 東京留
守官과 그 관하의 영군현과의 관계에서 더욱 극명하게 드러난다. 삼별초
의 난 때 동경유수관의 관할인 金州의 수령으로 있던 李柱가 두려워 도망
을 가자 동경의 판관 嚴守安이 權知金州事가 되어 민심을 수습한 것이
나,[46] 다음 해인 원종 12년 1월 동경관내의 밀성군인들이 삼별초에 호응
하기 위해서 同郡 副使 李頤와 청도감무 林宗 등을 살해하고 진주·상주
등지에 향응해줄 것을 요청하자 金州防禦使 金旦는 保勝兵을 출동시켜
먼저 賊路를 차단하고 동경의 판관 엄수안에게 연락을 취해 그가 이르자
함께 군사를 동원하여 안렴사 李淑眞에게 고하여 討賊할 계책을 세웠다
고 한 것에서[47] 계수관은 관내 영군지역의 비상사태가 발생하면 그것을

---

43)『동국이상국집』권32,「爲陵城倅賀羅州大守到官狀」(代作), "… 저는 째째하고 용렬
　　한 사람으로, 인자하신 그늘의 비호 비는데, 스스로 생각하건대, 정사에 졸렬하여
　　事機의 緩急에 어둡기로, 상관만 바라며 生死를 위엄스러우신 덕화에 맡깁니다."
44)『동국이상국집』권32,「爲某縣令賀仰部大守初到官狀」.
45)『동국이상국집』권32, 桂陽所著狀 참조.
46)『고려사』권106, 열전, 嚴守安, "… 삼별초가 반란을 일으켜 珍島를 근거지로 하자,
　　州縣)에 격문을 보내고 민이 모두 진도에 들어가게 하였다. 또 소리 높여 말하기를,
　　'별초를 가둔 자는 죄를 줄 것이다.'라고 하므로 金州守令 李柱가 무서워하여 도망
　　가니, 엄수안이 權知州事가 되어 민심을 위로하고 안정시켰다."

수습하고, 주현군을 동원하여 叛軍을 진압하고 있음을 알 수 있다.[48] 이
와 같은 主牧과 영군현의 엄밀한 지휘계통에 불구하고 여기에 안렴사의
지휘감독이 개재되어 있다. 따라서 계수관과 안찰사와의 관계가 어떻게
이루어졌는가를 살펴보자.

앞에서 살펴본 바와 같이 계수관은 변태섭의 주장처럼 上表陳賀·鄕貢
選上·外獄囚推擽 등의 한정된 부문에서만 중간기구로서의 기능을 가진
것만도 아니고. 또 인종 조를 전후해 계수관이 사료에서 그림자를 감춘
것도 아니라 主牧의 계수관은 다방면의 부문에서 무신정권기, 나아가 고
려 전시기에 걸쳐서 영군현과 그 속읍에 대해 상당한 권한을 갖고 있었
다. 이 상태하에서 자칫하면 계수관의 권력의 비대화를 초래할 여지가 있
는 것이다. 이에 方面을 專制하고 수령을 黜陟하는 임무,[49] 좀 더 구체적
으로 ① 守令 賢否의 黜陟, ② 問民疾苦, ③ 列獄의 審治, ④ 租賦의 收
納, ⑤ 軍事的 機能을 지닌 안찰사로 하여금 이를 지휘 감독케 함으로서
계수관의 권한을 견제하여 억제하였던 것이다. 그 한 예가 앞에서 살펴본
주현군 동원에 있어서 안찰사의 지휘감독권이다. 계수관에 대한 안찰사의
지휘감독권의 원활한 구사를 위해 안찰사 자신은 道內를 순찰하지만 도
내의 가장 큰 主牧에 按察使營을 두고[50] 少卿을 두었던 것이다.[51] 이런
상황 속에서 계수관인 전주목의 사록겸장서기인 이규보는 안찰사에게 賀
正하고,[52] 안찰사 尹威를 수행하기도 하고,[53] 안찰사가 沃溝縣의 高抗中

---

47) 『고려사』 권106, 열전, 金晅傳 嚴守安傳 ; 김윤곤, 「삼별초의 대몽항전과 지방군현
   민」 『동양문화』 제20·21합집, 영남대학교 동양문화연구소.
48) 김윤곤, 앞의 안찰사에 관한 논문, 102~103쪽.
49) 『고려사』 권77, 백관지, 外職, "按察使 專制方面 以行黜陟."
50) 변태섭, 앞의 안찰사에 관한 논문, 176~181쪽.
51) 『동국이상국집』 권9, 「謝按部李少卿徹許赴華筵 明日以鹿髓見惠」. 전라도의 경우
   안찰사영은 전주목에 있었다(李達衷, 「全州觀風樓記」『東文選』 권71). 이규보가 전
   주에 부임한 직후 按部少卿 李徹이 華筵을 베풀었다고 하는 것으로 보아 소경은 안
   찰사영에 둔 관원이라고 할 수 있다.

이란 친구를 위해 지어 준 집의 낙성을 축하함과 동시에 그 연유를 시로
나타내기까지 하고 있다.54) 혹은 앞에서 살펴본 것처럼 안찰사는 사록을
직접 지휘하기까지 하였던 것이다. 이로 인해 도리어 안찰사 기능의 비대
화가 상재적으로 노정될 가능성이 있으므로 3품 이상의 계수관보도 품계
가 낮은 侍從·郎官의 5·6품의 微官으로 안찰사를 임명하였다. 안찰사의
경우 이처럼 官秩은 낮으나 권한을 무겁게 한 것은 능히 스스로 격앙하여
다스림이 있게 하기 위한 것이기도 하지만55) 官秩이 낮은 안찰사와 또
이보다 높은 외관을 상하관계로 하여 상호 모순되게 해 놓은 것은 그들의
사이에 수평적 야합을 예방하고, 서로 대립·감시를 통하여 소기의 목적을
달성하자는데 그 근본적인 뜻이 있었을 것이다.56) 그와 함께 중앙에서는
일면 일반 행정상에서의 중앙과 주현의 직첩관계를 유지하고, 일면 그간
에 계수관으로 하여금 지휘감독토록 하고, 또 안찰사로 하여금 지휘통제
케 하는 한편, 일면 그 관질을 낮게 하여 다기한 지방관계를 가짐으로서
그들을 서로 대립시켜 상호 견제하였다. 그 속에서 조화를 이루어 어느
일방의 권력 비대화를 방지함으로써 효과적인 지방통치를 가능케 하고자
하였다. 따라서 이러한 지방통치의 다기성을 간과하고 어느 한 면만을 보
게 됨에 따라 혹자는 계수관 중심의 군현제, 혹자는 안찰사 중심의 군현
제를 이야기하는가 하면 고려 군현제의 미숙성을 이야기하기까지 하였다.
　　이러한 전주목의 통치구조 속에서 이규보가 어떠한 태도를 갖고 전주

---

52) 『동국이상국집』 권32, 「賀正廉察使」.
53) 『동국이상국집』 권9, 「次韻高先生抗中獻廉察尹司業威 幷序」, "어저께 廉按學士께
　　서 고 선생이 보낸 長篇을 보이고 화답하라 했는데 다 짓기도 전에 또 지휘를 받았
　　다. 臨陂郡에서 비를 만나 客館에 머물 때 비로소 한 수를 지었기에 그의 行軒으로
　　보냈다."
54) 『동국이상국집』 권9, 「走筆賀高先生宅成 兼敍廉察命搆之意」.
55) 정도전, 『三峯集』 권10, 「經濟文鑑」 下 監司條, "前朝之監司 或稱按察 或稱按廉 皆
　　以侍從郎官爲之 其秩卑權重 能自激昂而有爲."
56) 김윤곤, 앞의 안찰사에 관한 논문 95쪽.

목의 통칭 임했는가를 다음의 자료를 통해 살펴보자.

> 감히 대략 한마디로써 말씀드리자면, 무릇 고을을 다스리는 요점은 관대(寬)와 엄함(猛)을 알맞게 하는 데서 벗어나는 것이 아닙니다. 지난번에 제가 全州를 다스릴 적에 자못 가혹하다는 소문이 들릴 때가 많았는데, 도리어 이렇게 말씀드리니 진실로 내가 다스리던 대로의 상태가 아닙니다. 그러나 정사란 한 가지 법만으로 하는 것이 아니라, 반드시 먼저 백성의 성질을 본 다음에, 緩急을 참작해서 하는 것이니, 이보다 더 좋은 방법은 없는 것입니다. 전주는 옛날의 백제 땅으로, 그 성질이 아주 사나워 관대한 정사로는 다스릴 수 없기 때문에, 억지로 형벌을 쓰게 된 것이요, 본심으로 한 것이 아닙니다. 그러나 속을 모르는 사람들이 오히려 가혹하다는 이름을 붙였습니다. 만일 전주 같은 데가 아닌 지방에서 한결같이 엄하면, 백성이 부대끼어 떠나갈 것이요, 한결같이 관대하면 백성이 방자해져서 완만할 것입니다. 오직 그 관대함과 엄함을 섞어서 쓴 뒤에야, 신명(神明)같이 두려워하고 부모같이 사랑하게 될 것이니, 백성이 이러하고서 다스려지지 않는 법은 있지 않는 것입니다.(『동국이상국집』 권27, 「與某書記書」)

이규보는 고을을 다스리는 요점을 民性에 따라 '寬'과 '猛'을 알맞게 하는데 있다고 하면서 전주는 옛 백제 땅으로 그 성질이 아주 사나와 관대한 정사로는 다스릴 수 없기 때문에 가혹하다는 평을 들을 만큼 用刑하였다고 하였다. 이규보의 전주관은 아마도 태조의 훈요십조 이래의 전주관의 연장선상이라 하겠다. 이것은 1011년 전주절도사 趙容謙이 와서 그들을 맞이하지 朴暹이 "전주는 곧 옛 백제로서 聖祖(太祖)도 싫어한 곳이다"라고 한데서 잘 알 수 있다.[57] 더욱이 전주목의 경우 1176년(명종 6)과 그 이듬해에 걸쳐 전주목의 속읍인 금마군에서 미륵산을 중심으로 민란세력이 창궐하였고,[58] 1182년(명종 12)에 전주에서 竹同의 난[59]이 있었기 때문에 이규보의 부임당시 전주에 대한 인식은 극히 나쁜 것이었고,

---

57) 『高麗史節要』 권3, 현종 2년 정월 신사.
58) 앞의 책, 권12, 명종 7년 2월.
59) 앞의 책, 권12, 명종 12년 3월.

이로 인해 '猛'에 기준을 두어 전주목 통칭 임하였던 것이다.
　이규보는 '猛'을 구사하면서

　　　　任棠이 와서 부추 둘 때 기다리지 않고 용기를 내어 직접 强豪한 자를 쫓
　　　아내리라.(『동국이상국집』 권9,「詠懷」
　　　　此君(대나무)이 창 앞에서 어린아이를 데리고 있어 任棠이 외로운 사람들
　　　돌보아주길 권하는 듯 ….(같은 책, 권9,「詠所居舍後竹筍」)

청렴, 호족 억제, 문호개방에 힘쓴 任棠의 고사를 본받아60) 이규보는
전주목 통치를 하고자 하였다. 그 가운데서 특히 청렴과 强豪 억제에 중
점을 두고자 하였다. 청렴에 관해서는 시문의 곳곳에서 읊고 있으며,61)
强豪의 억제에 관해서도 앞의 자료 외에도

　　　　죄수를 불쌍히 여기는 심정이 자주 측은해 오고 强豪를 꺾자니 힘이 부족
　　　하네.(『동국이상국집』 권9,「次韻高先生抗中獻廉察尹司業威 幷序」)

이라 하였다. 이규보가 억제하고자 하는 '强豪'란 다름 아니라 '豪右',62)

---

60) 任棠은 後漢 때 上邽 사람으로 숨어 살면서 후진을 가르쳤다. 태수 龐參이 처음으
　　로 부임하여 그를 찾았는데, 당이 그와 말하지 않고 큰 부추 한 포기를 뽑아오고
　　물 한 사발을 창문 앞에 놓았다. 그리고 아이를 안고 창 아래에 와서 엎드리니 방삼
　　이 그 뜻을 알고 "물은 나를 청렴[淸]하게 하려는 것이고, 큰 부추는 나에게 호족을
　　억제시키려 한 것이며, 아이들을 안고 창 앞에 엎드린 것은 내가 문호를 개방하여
　　외로운 사람들을 돌보아주게 하려 한 것이다."고 감탄했다는 고사가 있다.
61) 이규보는「自貽雜言 八首」(『동국이상국집』 권9)를 위시하여 전주에 파직 후 읊은
　　「自嘲入京後作」(『동국이상국집』 권10) 등에서 청렴을 고집한 때문에 죄를 입었다
　　고 하였다.
62)『고려사』 권93, 열전, 崔承老, "근래에는 사람들이 尊卑와 상관없이 단지 재력만
　　있으면 모두 집 짓는 일을 우선으로 하고 있습니다. 이로 말미암아 여러 주·군·현
　　및 亭·驛·津·渡의 豪右들이 경쟁하듯 큰 집을 지어 제도를 위반하게 되니, 이는 다
　　만 한 가문의 힘을 다하는 것 뿐 아니라 실로 백성들을 괴롭게 하는 것으로, 그 폐
　　단이 매우 많습니다."

혹은 '鄕豪'63), '豪富'64), '大姓'65)이라고 불리우는 토착세력으로서의 土
姓吏民이다. 이들 토착세력들은 지방의 유력자로서 존재함과 동시에 그
들의 일족이 중앙관료에 포진되는 경우도 있어 외관들로서 이들을 제어하
기란 쉽지 않은 것이었다. 더욱이 전주는 大邑으로서 土姓勢가 강하여
柳·崔·李氏 등에서 계속 상경종사하여 끊임없이 중앙관료를 배출하고 在
地土姓들은 후대까지 邑司를 장악하고 있었던 것이다.66) 이곳 출신의 李
義方이 실각함에 따라 그의 동생인 李隣이 전주로 퇴거하였는데, 그의 손
자 李社 代에 이곳 지방관과 대립하여 결국 전주를 떠나 삼척→영홍으로
옮겨 갈 때 600~700家가 그를 따라간 것으로 보아 전주의 토착세력의 규
모를 가히 짐작할 수 있다.67) 그러므로 앞 자료에서 보다시피 이규보는
强豪를 억제코자 하나 힘이 부친다고 하였던 것이다. 더욱이 전주에 재지
적 기반을 갖고 있는 중앙관료들이 사심관을 매개로 혹은 지방관을 掌中
에 넣어 재지적 기반을 유지하려고 하였을 것이기 때문에68) 관리직이 아
닌 행정실무의 사록겸장서기의 임무를 지닌 이규보로서는 청렴하고자 하
여도 뜻대로 되지 않아 도리어 繞指柔가 된 듯 했던 것이다.69) 그러한

---

63) 앞의 책, 권93, 열전 崔承老, "이제 제가 보건대 鄕豪들이 늘 公務를 빙자하여 백성
　　들을 침해하고 학대하므로 백성들이 명령을 감당하지 못하니, 요청하건대 외관을
　　두시옵소서."
64) 앞의 책, 권85, 형법지2, 禁令.
65) 최해, 『拙藁千百』권1, 「忠順閔公墓誌」, "靑道邑 多大姓 而監務秩卑 俱與之無禮 素
　　號難治."
66) 이수건, 1984, 『한국중세사회사연구』, 일조각, 311~314쪽.
67) 허홍식, 1984, 「고려말 이성계(1335~1408)의 세력기반」, 『역사와 인간의 대응 : 고
　　병익회갑기념사학논총』.
68) 이것은 앞의 이규보의 황려현의 수령인 柳卿老의 관계에서 미루어 짐작할 수 있다.
69) 『동국이상국집』권9, 「自貽雜言 八首」 "도가 곧으면 사람마다 원수 되니 처음엔 수
　　십 일도 벼슬에 있으려 않았네 금년 가을도 반쯤이나 지났으니 내가 繞指柔된 것이
　　우습기만 하구나." 繞指柔는 손가락에 두를 수 있다는 말로 지극히 유약함을 말한
　　다. 『文選』에 「劉琨贈盧諶詩」에 "어찌 생각했으랴, 백 번 달군 강철이 손가락에 두
　　를 수 있도록 부드러워짐을(何意百鍊鋼 化爲繞指柔)"고 하였다.

어려움 속에서 이규보의 전주 생활에 결정적 타격을 가져다 준 것은 通判과의 알력이었다. 목사의 경우 이규보가 부임한 다음해 2월 전임관이 만기가 되어 새로이 목사가 부임하였는데[70] 前任의 목사와는 별다른 문제없이 원만한 관계가 유지된 듯하다.[71] 그러나 후임의 목사는 오랫동안 病中에 있어 휴가 중이므로 부관인 通判마저 아문을 비워버리기 일쑤였다.[72] 목사가 부재 시 통판이 책임자로서의 위치에 처함에 따라 이규보와 통판의 알력은 극도에 달하였으니,[73] 이에 관해 이규보는 세태 따라 처신하지 못하고 아첨을 배우지 못하여 한갓 자신의 쓸데없는 淸白만 가지고 長官을 업신여기어, 公事를 논쟁하며 뜻을 거스려 매양 범의 꼬리를 건드리다가 도리어 참소와 모함에 뒤얽혀 파직되었다고 한 것으로 보아[74] 통판과의 알력은 일차적으로 관리직과 행정실무직과의 관계에서 비롯된 것이라 할 수 있다. 군현조직 내부에서는 이러한 관리직과 실무직과의 알력뿐만 아니라 使(副使)와 판관(통판)사의 관리직 내부의 불협화음도 그치지 않았다.

---

70) 『동국이상국집』 권9, 「二月日 餞太守政滿朝天 夜宿永寧寺」.
71) 이는 이규보가 太守의 善政을 노래하고 있음에서 알 수 있다. "백제 옛 나라의 명승지로 일컫는데 두 하늘에 人政의 賢侯 만났네 송사가 없어 棠陰이 고요하니 관청서 벗어나 술로 논들 어떠리."(『동국이상국집』 권9, 「戲呈太守」). 이것이 전임목사에 관한 칭송으로 보는 근거는 「二月日 餞太守政滿朝天 夜宿永寧寺」의 앞에 위치해 있기 때문이다. 왜냐하면 全州所製 古律詩의 경우 같은 권에 있는 것은 시간의 추이에 따라 싣고 있기 때문이다.
72) 『동국이상국집』 권9, 「自貽雜言 八首」, "태수가 병 때문에 오랫동안 휴가에 있으니 貳車들도 게을러져 아문에 있는 이 드물구나 어릿어릿하는 하나의 아전과 함께 방을 두드리며 세월을 보내노라."
73) 통판과의 알력은 「詠懷」(『동국이상국집』 권9)를 위시한 全州所製 詩文 및 파직 후 읊은 시 등에서 거침없이 토로되고 있다.
74) 『동국이상국집』 권10, 「十二月十九日 被讒見替 發州日有作」·「路上有作 示甥壻韓 詔 詔自京師 至全州迎去」·「二十九日 入廣州 贈晉書記公度」; 같은 책, 권27, 「答李允甫手書」.

D-① 충주의 官奴가 반란을 일으켰다. … 충주의 判官 庾洪翼이 사자를 보내 회유할 것을 요청하자, 곧 注書 朴文秀와 前 奉御 金公鼎을 임시로 安撫別監)으로 삼아 보냈다. 이에 앞서 충주의 副使 于宗柱는 매번 장부를 처리할 때마다 유홍익과 불화가 있었는데, 몽고군이 장차 다다른다는 것을 듣고, 성을 지킬 것을 의논했는데 의견이 달랐다. 우종주는 兩班別抄를 거느리고, 유홍익은 奴軍雜類別抄를 거느리고서 서로 원망하고 미워하였다.(『고려사절요』 권16, 고종 19년 정월.)

② (庾碩은) 뒤에 安東都護副使로 있을 때, 당시 巡問使 宋國瞻이 유석에게 공문을 보내어 산성을 수축케 하였고, 또 判官 申著와 같이 의논하여 처리하라고 지시하였다. 신저가 평소에 貪汚하였기 때문에 유석은 같이 일하는 것을 수치스럽게 여겨 지시 받은 일을 모두 신저에게 맡기고 날마다 儒士들과 어울려 시나 지으며 지냈다. 신저가 이를 불평하여 崔怡에게 참소하기를, "성을 수축하는 일은 나라의 대사임에도 副使가 뜻을 기울이지 않으니 오랑캐가 들이닥치면 반드시 패할 것입니다."라고 하였다.(『고려사』 권121, 열전, 良吏, 庾碩)

D-①은 충주목의 부사 우종주와 판관 유홍익이 매양 符書 처리에 틈을 보이고, 몽고병 침입에 대한 修城策을 의논할 때도 의견을 달리하고, 서로 시기하였다는 내용이고, D-②는 산성 수축을 둘러싸고 부사 유석과 판관 신저의 알력에 관한 내용이다. D-①, ②의 자료는 고종조에 일어난 것이고 이규보의 통판과의 대립은 신종조의 사건이다. 외관들 상호간의 분열 대립상이 이전에도 없지는 않았을 것이지만 무신정권시대의 자료에 집중되어 나타난다는 것은 이 시기의 외관 임명의 방법 변화에서 기인하는 것이라고 볼 수 있을 것이다. 무신정권기의 州縣外補 임명에 있어서의 커다란 변화는 바로 文武交差制의 실시이다. 그러므로 군현조직 내부에서의 외관 상호간의 분열 대립상의 가장 주된 원인은 문무교차제의 실시에서 찾지 않을 수 없다.[75] 문무교차제의 실시로 인해 새로이 외관에 보임

---

75) 이러한 시각은 이미 김윤곤, 1983, 「고려군현제도의 연구」(경북대학교 박사학위논문, 73~74쪽)에서 나타난다.

된 무신들은 자신과 중앙의 집권무신들의 입지와 경제적 기반의 구축을 위해 노력하였을 것이고, 이로 인해 여타의 외관과의 대립 갈등이 크게 노정되었을 것이며, 이는 군현통치의 난맥을 가져와 농민항쟁의 격증을 가져오는 요인으로 발전하였을 것이다.76) 그와 함께 문·무의 길을 달리하여 성장해온 외관들은 지방통치의 방법을 모색하는데 있어서 그 접근방법을 달리하였을 것이므로 외관 상호간의 대립은 무시정권의 문무교차제 실시로 크게 촉발되었을 것이다. 또 한 가지는 몽고의 침략을 받게 되자 군현조직이 전쟁수행을 위한 비상사태로 전환되지 않을 수 없었기 때문이다. 무신출신의 외관이 그 품계와 상하와는 상관없이 영향력을 증대시켜 나갔을 것이기 때문에 외관들의 상호간 대립 갈등이 생겨나기도 했을 것이다.

문무교차제의 실시에 따른 외관 상호간의 갈등, 관리직과 실무직과의 갈등이 어우러져 통판 某와 사록겸장서기인 이규보 사이에는 상당한 알력이 존재하였다. 그나마 전주목에서의 생활은 다만 안찰사 尹威와 任實郡의 감무만이 그의 뜻에 부합할 뿐이고,77) 그가 거느리고 있는 향리들마저도 풍류만을 즐기며 자신의 뜻에 전혀 들지 않을 뿐이었다.78)

그러한 가운데서 이규보는 외관으로서의 직무수행에 깊은 회의에 빠지게 된다. 우선 그가 처리해야 할 공문서는 너무도 많아 잠시 몸을 빼낼 수 없는 지경 속에서 관권에 의한 농민에 대한 가혹한 課稅, 옥에 가득한 죄수는 그 자신의 행정 처리의 능력과 적성에 깊은 회의를 가져다준데 반해 보수는 너무도 적어 수시로 옷을 전당잡힐 정도였다. 이에 이규보는

---

76) 무신정권시기에 오면 전국 각지에서 농민항쟁이 극심하게 나타나는데, 그 농민항재의 원인들의 상당수가 지방관의 탐학에서 비롯되었다. 이런 현상은 문무교차제의 실시에 따라 파견된 무신 출신의 외관 작폐가 큰 비중을 차지하였을 것이다.

77) 『동국이상국집』 권9, 「次韻高先生抗中獻廉察尹司業威 幷序」·「贈任實郡宰」; 같은 책, 권37, 「國子司業尹公哀詞」.

78) 『동국이상국집』 권9, 「自貽雜言 八首」.

벼슬을 내놓고 백운으로 가고 싶어 하는가 하면 일면 방을 두드리며 부질
없는 세월만을 보내는 나락 속으로 빠져들기까지 하였던 것이다.[79]

그런 속에서 이규보의 전주생활은 결국 통판과의 알력 속에서 동료의
中傷에 의해 임기 전에 파면되고 말았다.[80]

III. 맺음말

이상으로 이규보의 전주목 사록겸장서기로서의 활동을 중심으로 하여
무신정권기의 지방통치의 일 단면으로 살펴보았다, 이를 요약함으로써 결
론에 대신하고자 한다.

무신정권하에서 登科者에 대한 집권무신의 측근 천거와 최종적인 崔
氏의 발탁, 그리고 州縣外補에 대한 文武交差制 실시로 인해 登科者 출
신의 관직 진출이 어려운 상황 속에서 이규보는 등과한지 근 10년 만에
전주목 사록겸장서기으로서의 임무수행에 들어가게 되었다.

사록겸장서기로서 이규보는 參軍의 임무, 즉 군사적으로 관내 46읍의
주현군의 지휘와 이들을 동원한 工役을 수행하고, 記官 등의 향리를 거느
리고 각종의 簿書의 처리, 民訟의 해결, 監倉의 임무 수행 및 租稅 부과
의 임무, 外獄囚의 監檢, 각종 表文 및 祭神文의 작성, 祈雨祭 · 城皇神에
대한 제사 등의 임무를 수행하였다. 또 관내 해변의 배를 조사하고 水村 ·
沙戶 · 漁燈 · 鹽市를 遊閱하였다. 그 외 王使 및 안찰사의 접대 및 관련사
처리 등을 행하고, 冬至賀狀과 正旦賀狀을 작성하여 중앙의 집권층과 안

---

79)『동국이상국집』권9, 「自貽雜言 八首」.
80) 이규보의 파면 직후의 失意에 관해서는 박창희, 「이규보의 본질에 대한 연구 – 그의
   30대에서의 관료지향성에 대하여 –」(『외대사학』창간호, 1987)에서 상세히 언급하
   고 있다.

찰사 등에게 올리기도 하였다. 관리직인 使(副使), 通判과는 달리 향리를 일선에서 거느렸다. 上記의 맡은 바 직무를 직접 주관하면서 관리직과 향리를 연결하고, 대민업무의 실질적 수행자로서 행정실무를 장악하면서 수령의 대민 방패막이로의 역할마저도 수행하였다. 임무수행을 위해 속읍과 관내 領郡縣 및 그 속읍을 항상 순찰하면서 이를 지휘 감독하였다.

이러한 이규보의 활동을 통해 主邑과 屬邑은 그 입지조건의 현격한 차이, 호구수, 전결수의 차이에 따른 人戶의 繁耗, 民度의 隆替, 향리의 대조적인 모습을 알 수 있었고, 또한 주읍의 속읍에 대한 가혹한 수탈 속에서 속읍 희생을 강요당하였음을 알 수 있었다.

더욱이 이규보의 활동을 통해 고려 중기 이후 主牧의 界首官이 중간기구로서의 역할을 상실하고 사료에서 그림자를 감추었다고 한 변태서의 주장과는 달리 무신정권시기에도 여전히 主牧의 계수관이 영군현에 대해 군사적 지휘권, 즉 주현군 지휘권을 행사하고, 外獄囚의 監檢, 영군현의 諸神에 대한 祭祀의 기능까지 지니고 있다. 그 외 배의 척수·水村·沙戶·漁燈·鹽市를 遊閱 등의 임무까지 지녀 主牧이 영군현을 여전히 지휘 통제하는 위치에 있음을 알 수 있다. 그러한 속에서도 안찰사의 기능이 계수관의 권한을 제약하고 있음을 알 수 있다. 결국 중앙의 입장에서 일반 행정상에서 중앙과 州縣의 職牒關係를 유지하면서, 일면 계수관으로 하여금 지휘 감독하도록 하고, 일면 안찰사로 하여금 지휘 통제케 하여 다기한 지방관계를 가짐으로써 그들을 서로 대립시켜 상호 견제하고, 그 속에서 조화를 이루어 어느 일방의 권력 비대화를 방지함으로써 효과적인 지방통치를 행하고자 하였다. 더욱이 官秩이 낮은 안찰사와 이보다 높은 외관을 상하관계로 하여 상호 모순되게 해놓음으로써 그들 사이의 수평적 야합을 예방하고 서로 대립·감시를 통해 소기의 목적을 달성하고자 하였다. 그러나 무신정권기에는 文武交差制의 실시로 말미암아 외관 상호간에 관리직과 행정실무직, 등과출신과 무신출신의 외관 사이에 대립·갈등이 표출되었다. 이 때문에 이규보 역시 그 임기를 마치지 못하고 결국 면직되고 말았던 것이다.

【참고문헌】

1. 저서

김당택, 1987, 『고려무인정권연구』, 새문사
변태섭, 1971, 『고려정치제도사연구』, 일조각
이기백, 1968, 『고려병제사연구』, 일조각
이수건, 1984, 『한국중세사회사연구』, 일조각

2. 논문

김남규, 1996, 「권농사와 그 기능」『고려양계지방사연구』, 단국대학교박사학위논문
김윤곤, 1983, 「고려군현제도의 연구」경북대학교박사학위논문
김윤곤, 1985, 「려대의 안찰사제도성립과 그 배경」『교남사학』창간호
김윤곤, 「삼별초의 대몽항전과 지방군현민」『동양문화』제20·21합집, 영남대학교
　　　동양문화연구소
末松保和, 1962, 「高麗式目形止案について」『朝鮮學報』25
박창희, 1987, 「이규보의 본질에 대한 연구 - 그의 30대에서의 관료지향성에 대하
　　　여 - 」『외대사학』창간호
변태섭, 1968, 「고려안찰사고」『역사학보』40
변태섭, 1968, 「고려전기의 외관제 - 지방구조의 행정체계 - 」『한국사연구』
변태섭, 1961, 「고려조의 문반과 무반」『사학연구』11
이기백, 1965, 「고려 주현군고」『역사학보』29
천관우, 1985, 「閑人考」『사회과학』2
허흥식, 1984, 「고려말 이성계(1335~1408)의 세력기반」『역사와 인간의 대응 : 고
　　　병익회갑기념사학논총』
江原正昭, 1963, 「高麗の州縣軍に關する一考察」『朝鮮學報』28

제2장 桂陽都護府使 李奎報의 활동을 통해 본 고려 군현통치의 실상

I. 머리말

한국의 중세사회는 서구사회와는 달리 국왕을 정점으로 하는 중앙집권제 사회로 일관하였다. 따라서 수도를 제외한 여타의 지역은 군현제라는 틀 속에서 중앙정부의 지배의 공간이었고, 이를 위해 중앙정부에서는 일선 군현에 수령을 파견하였다. 그 결과 지금까지 중앙의 행정력이 어떻게 지방으로 침투되어 가는가에 초점이 주어지면서 이를 관철하는 과정에 대한 제도사 연구가 많이 이루어졌다. 그러나 최근 지방사회는 민을 지배하기 위한 지배의 거점이자, 지방사회 고유의 특성과 원리가 구현된 자율의 공간이라는 전제하에 지배와 자율의 두 측면을 고려한 연구가 바람직하다는 논의까지 일어나기에 이르렀다.[1] 그러나 이러한 논의 역시 제도사 차원을 벗어난 것은 아니다. 제도란 어디까지나 인간이 만든 것이고 그것을 만든 인간이 어떻게 운영하여나가느냐에 따라 다양한 형태로 전개되어 나간다. 본고는 이러한 시각에서 중세, 혹은 고려의 군현행정을 담당하였던 수령이 어떠한 생각을 갖고 군현민을 통치해나가는가 하는 것을 살펴보고

---

1) 그러한 연구성과로서 박종기의 『지배와 자율의 공간, 고려의 지방사회』(푸른역사, 2002)를 들 수 있다.

자 한다. 이를 위해 고려 무신정권시대 계양도호부사로서 지방 행정을 한
때 책임졌던 이규보의 예를 통해 수령이 과연 어떤 생각을 갖고 일선 지
방 행정을 집행해나갔는가를 살펴보기로 하였다. 이러한 사례 연구가 축
적된다면 지방사회가 얼마만큼 지배와 자율의 공간이었던가를 추적해나
갈 수 있을 것이다.

II. 계양도호부사로서의 이규보의 수령 활동

고려의 성립은 지방세력이 세운 국가였지만 문벌귀족사회의 확립과 더
불어 고려시대의 관료들은 대체적으로 중앙관료로 진출한 이후 개경으로
그 기반을 옮겨가며 지방으로 낙향하는 경우가 거의 없다. 이러한 점은
이규보 역시 예외는 아니었다. 그것은 그만큼 그들이 중앙지향적이고 권
력지향적인 속성을 갖고 있었음을 말해주는 것이다. 이러한 인식을 갖고
있었을 이규보가 계양도호부사로서 부임하기 전까지 어떤 경로를 통해 지
방을 접하게 되었는가를 우선 살펴보기로 한다.

이규보는 1189년(명종 19: 22세) 司馬試에서 제1위로 합격하고 다음
해 예부시에 뽑혔으나 오랫동안 환로에 나서지 못하다가 1199년(신종 2:
32세) 6월의 頒政에서 全州牧 司錄兼掌書記에 보임되었다. 고려시대의
과거 관료 합격자는 지방 수령의 속료로서 수령을 보조하는 관원인 판관,
사록, 장서기, 법조, 의사, 문사 등에 발령을 받아 지방의 실정을 파악하
고, 지방세력을 통제하는 임무를 수행함으로써 행정실무의 능력을 갖추게
된다. 1199년 9월 전주에 부임하여 이듬해 12월 파직당할 때까지 약 1년
3개월 동안 사록겸장서기로서의 이규보는 參軍의 임무, 즉 군사적으로 管
內 46邑의 주현군의 지휘와, 이들을 동원한 工役을 수행하고, 記官 등의
향리를 거느리고 각종의 簿書의 처리, 民訟의 해결 및 外獄囚 監檢 등의

刑獄, 監倉의 임무, 租稅 부과의 임무, 각종 表文 및 祭神文의 작성, 기우제·城隍神에 대한 제사 등의 임무를 수행하였다. 또 관내 바다의 배를 조사하고 水村·沙戶·漁燈·鹽市를 遊閱하였다. 그 외 안찰사를 위시한 王使의 명령을 받들어 일을 처리하고, 冬至賀狀과 正旦賀狀 등을 작성하여 중앙의 要路 및 안찰사 등에게 바치기도 하였다. 이처럼 그는 관리직인 牧使와 通判 밑에서 戶長과 함께 향리들을 일선에서 거느리면서 행정실무를 장악, 대민업무의 실질적 수행자로서 관리직의 對民 방패막이로서의 역할을 수행하였다. 이를 위해 전주의 직할 속읍과 관내 영군현 및 그 속읍을 순찰, 지휘 감독하였다.2) 그의 전주목에서의 지방관의 속료로서의 활동은 통판과의 갈등 속에 임기 3년을 채우지 못하고 1년 3개월 만에 면직당하고 만다.

전주에서 파직당한 후 개경에서 복관을 기대하며 실의에 빠진 채 이규보는 1202년(신종 5)에 동경관내에서 신라부흥운동이 일어나자 진압군인 征東軍의 일원인 修製員에 충당되어 근 3년간 현지에서 민심 수습과 회유를 위한 효유문 및 檄文, 祭文, 醮禮文, 祝願文의 작성에 나섬으로써 경상도 지역으로 나가 지방의 실정을 보는 기회를 갖게 되었다.

그 후 이규보는 간관으로서의 직무를 수행하다가 고종 6년 봄에 간관으로의 직무수행의 결과로 인해 탄핵, 면직당하고 고종 6년 5월에서부터 이듬해 6월까지 남경유수관 양주 관할하의 계양의 수령으로 부임하였다.

이규보는 계양의 수령으로 임명되어 祖江을 건널 때 길제사를 지내며 지은 시에서 계양행을 '운명이 기박하여 귀양살이를 가는 것'으로 표현하고 마음은 서울로 향해 있음을 토로하고 있다.3)

---

2) 金晧東, 1987,「高麗 武臣政權時代 地方統治의 一斷面－李奎報의 全州牧 '司錄兼掌書記'의 活動을 중심으로－」『嶠南史學』3, 영남대학교 국사학회.
3) "저문 산, 어두운 연기에 잠기고 강물은 넘쳐흐르고
   험한 여울 세찬 바람에 건너기 어렵네
   운명이 기박하여 이제 귀양살이 가는 길이지만

그가 수령으로 파견된 계양은 본래 고구려의 主夫吐郡이었는데 통일신라시대 경덕왕 때 長堤郡으로 고쳤다가 고려 초에 樹州로 불리게 되었다. 성종 14년에 이곳에는 團練使를 두었다가 목종 8년에 파하고 현종 9년에 知州事를 두었다. 의종 4년에 安南都護府가 되었다가 고종 2년에 桂陽都護府로 고쳤다. 이규보가 고종 6년 5월에서부터 이듬해 6월까지 계양의 수령으로 있었다는 것은 곧 계양도호부사로 파견된 것이라고 볼 수 있다. 그후 계양은 충렬왕 34년에 吉州牧으로 승격되었으나 충선왕 2년 諸牧을 없앨 때 富平府로 강등되었다. 이곳에는 고려사 지리지에 의하면 계양은 衿州, 童城縣, 通津縣, 孔巖縣, 金浦縣, 守安縣 등 6개의 속읍을 갖고 있었으나 금주와 김포현, 수안현에 명종 2년에 감무가 파견되었기 때문에[4] 이규보가 계양 수령으로 올 무렵에는 동성현, 통진현, 공암현의 3 읍만이 속읍으로 존재하고 있었기 때문에 계양도호부의 경우 그 읍세가 상당히 약해진 상태에 있었다. 이규보가 "이 고을이 비록 이름난 곳이나 쇠잔하고 파괴되어 옛날에 비하기 어렵네[5]"라고 한 것은 아마 속읍의 분리 독립으로 인한 계양의 읍세의 위축에 따른 현상을 말함일 것이다.

이규보는 계양도호부사로 근무하는 동안 다음과 같은 글을 『동국이상국집』에 남기고 있다.

　　　『東國李相國集』 권15, 고율시 桂陽所著
　　　(1) 退公無一事 七首
　　　(2) 示通判鄭君 二首
　　　(3) 太守示父老
　　　(4) 父老答太守

　　그래도 서울 향한 마음 버리기 어렵구려
　　(李奎報, 「示通判鄭君 二首」『東國李相國集』 卷15)
4) 『高麗史』 권56, 地理1, 衿州, 童城縣, 通津縣, 孔巖縣, 金浦縣, 守安縣條. 그 가운데 김포현은 신종 원년 국왕의 胎를 이곳에 묻었기 때문에 縣令官으로 승격하였다.
5) 李奎報, 「管記李君以公事免官 略」『東國李相國集』 卷15.

(5) 籠中鳥詞望江南令
(6) 無酒
(7) 玄上人饋桃以詩謝之
(8) 與玄上人遊萬日寺次云壁上
(9) 玄上人見和復用前韻
(10) 贈書記兼簡貳車二首
(11) 謝衿州退老姜大丈惠酒
(12) 次韻金承宣良鏡和陳按廉湜三首
(13) 與玄上人遊壽量寺記所見
(14) 管記李君以公事免官將歸予不能無悲以詩送之
(15) 次韻廉按使金郎中戲贈文學
(16) 次韻皇甫書記雨中獨詠
(17) 次韻謝皇甫管記贈扇墨
(18) 復和
(19) 皇甫書記見和壽量寺留題復用前韻
(20) 題南山茅亭
(21) 上崔相國幷序
(22) 童城客舍次壁上諸賢韻
(23) 書衿州倉壁上
(24) 雨中觀耕者贈書記
(25) 衿州客舍次孫舍人留題詞韻
(26) 孔巖江上吟
(27) 病中示文學宋君
(28) 偶吟示官僚
(29) 予以事到守安縣西華寺小酌(中略)住老請詩爲留一篇
(30) 與忠原崔書記仁恭遊紫鷰島濟物院亭用板上諸公韻賦之
(31) 崔書記讅和復題四首
(32) 與寮友諸君遊明月寺
(33) 次韻宋文學
(34) 祖江別
(35) 萬日寺謝寮友諸君爲老夫辰齋聖殿仍置酒見慰
(36) 分行驛次板上韻憶舊
(37) 楊梓驛次板上韻
(38) 復遊茅亭次韻皇甫書記

(39) 次韻皇甫書記用東坡哭任遵聖詩韻哭李大諫眉叟
(40) 任上厥復與寮友遊茅亭走筆
(41) 七月二十五日善法寺堂頭設饌見邀乞詩
(42) 發州有作示餞客
(43) 入京有作

그가 '계양에서 지은 狀'을 살펴보면 다음과 같다.

『東國李相國集』 권32, 桂陽所著狀
(44) 初到官上按察使狀
(45) 答江華縣令崔將軍狀
(46) 答金浦縣令狀
(47) 答安山監務同前狀
(48) 答喬桐監務同前狀
(49) 答屬郡賀冬至狀
(50) 答江華尉初到官狀

이규보의 위의 (1) ~ (43) 까지의 글 대부분은 통판 혹은 서기 등의 寮友에게 증정한 시이거나 客舍나 驛, 사찰 등의 壁上韻에 차운한 시들이 대부분이다. 거기에는 주로 자신이 중앙정계에서 억울하게 참소당하여 이곳으로 귀양 온 죄인임이 강조되어 있고, 목을 길게 서울로 내뽑은 채 하루빨리 이 쇠잔한 읍을 벗어나고자 하는 감정이 토로되고 있을 뿐이다.[6)]

6) 퇴근하여 아무 일 없으니
적막하기 孤村 같구나
머리엔 鹿胎幘을 비스듬히 쓰고
몸에는 犢鼻褌을 입었네
호랑이는 오히려 대낮에 나타나고
모기는 해지기 전에 무누나
우스워라 殘城을 지키는 사람
부질없이 궁궐만 꿈꾸네

퇴근하여 아무 일 없으니

북헌에 높이 누워 바람 쐬네
무너진 벽엔 뱀 껍질 남아 있고
거친 섬돌엔 벌레 끄는 개미라
졸고 나도 힘없는 눈만 감기고
병환 뒤에 흩어진 머리털만 떨어지네
우스워라 잔성을 지키는 사람
얼굴이 틀림없이 野翁일세

퇴근하여 아무 일 없으니
더러운 기운 부질없이 사람을 찌네
오래 읊조리니 巾이 비스듬하고
잠이 많으니 몸에 대자리 못 박히네
바둑판이 한가로우니 毒手가 놀고
술이 다 되니 입도 다물었네
우스워라 잔성을 지키는 사람
생애에 늙은 몸 다시 가난일세

퇴근하여 아무 일 없으니
묵묵히 앉아 玄王만 생각하네
주린 쥐는 서가에 오르고
산골의 새는 印床에 드누나
긴 해를 보내기 무료하여
斜陽을 바라보며 기뻐하노라
우스워라 잔성을 지키는 사람
옛날의 광기도 부릴 수 없네

퇴근하여 아무 일 없으니
白首로 외로이 간힘과 같네
벼슬의 즐거움 알지 못하고
부질없이 임금 뒤따른 것만 생각하네
조정은 하늘과 함께 먼데
일월은 물따라 흐르네
우스워라 잔성을 지키는 사람
벼슬을 탐내어 물러갈 줄 모르네
퇴근하여 아무 일 없으니
문 밖에 吏들도 드물구나

구체적으로 살펴보면 공청에서 퇴근하여 읊은 시에 의하면 자신이 殘城을 지키고 있음이 우습다고 말하면서 부질없이 서울만 바라보면서 궁궐만 꿈꾸고 어느 때 만기 되어 집으로 돌아갈 것인가를 생각하고 있음을 토로하고 있다.[7] 그는 통판 정군에게 보인 시에서 강남 벽지에 외로운 죄인되어 갇힌 새 되어 자유롭지 못하다고 하는가 하면[8] 새장 안에서 몇 천번이나 돌아 비록 울 수 있는 부리는 있으나 사방에 충돌하여 깃 꺾이었

듣는 귀 고요하니 매미 소리 시끄럽고
몸을 구속 받으니 나는 새가 부럽다
집이 낮으니 머리 부딪치고
땅이 좁으니 손 휘두르기 어렵네
우스워라 잔성을 지키는 사람
어느 때 만기되어 집으로 돌아갈까

퇴근하여 아무 일 없으니
산발하고 자유로이 산책하도다
손에겐 나물 삶아 드리고
아이 불러 藥苗에 물 주라 하네
얼굴엔 세상 변한 것 싫어하는 빛이고
머리 돌려 서울을 바라보네
우스워라 잔성을 지키는 사람
늙으니 강한 마음도 약해지네
(李奎報,「退公無一事 七首」『東國李相國集』卷15)
7) 同上.
8) 江南 벽지에 외로운 죄인 되어
   갇힌 새 자유롭지 못함과 같네
   嵐瘴이 熏蒸하여 얼굴 점점 검어지니
   옛 친구 만나면 부끄러워지리

사람이 순박하고 일 적어 기쁘기는 하나
땅 박하고 백성 쇠잔하여 차마 볼 수 없네
공무를 마치고 관아에 앉아 아무 일 없으니
官人은 무사하나 더욱 편하기 어렵네
(李奎報,「示通判鄭君 二首」『東國李相國集』卷15)

음에 비유하면서9) 깊은 좌절감과 상실감에 사로잡혀 있었다. 수령이 이러한 심리적 상태에 직면해 있을 때 수령으로서의 본연의 임무를 자각하고 대민업무에 적극적으로 임할 수 있을지 의문이다.

그는 계양의 수령 생활이 서울의 벼슬살이 때보다 월급이 적음을 끊임없이 한탄하고 쫓겨난 신하되었으니 기갈 들었고,10) 궁향의 수령살이가 벼슬은 지방장관이나 실재로 在陳之厄이라 하여 아주 빈핍하여 양식이 떨어질 정도라고 비유할 정도였다.11) 다만 이규보는 이곳 계양에서 玄上人과 각별한 교유관계에 있으면서 그와 함께 萬日寺와 壽量寺에 들러 노닐기도 하였는데 수량사를 구경하고 지은 시에 다음과 같은 소회를 토하고 있다.

　　지난날 폐하에 추종하면서

---

9) 새장 안의 새 몇 천번이나 돌았나
　비록 울 수 있는 부리는 있으나
　사방에 충돌하여 깃 꺾이니
　어찌하랴 굶주려 더욱 슬픈데
　하늘을 돌아보니 꿈같이 아득한데
　다시 鳳池에 들고자 하네
　새 어사 어찌 준마가 없을까
　다시 때가 되어 오길 기다리네
　(李奎報,「籠中鳥詞望江南令」『東國李相國集』卷15)
10) 李奎報,「無酒」『東國李相國集』卷15.
11) 滿朝의 卿相들이 왕명을 맡고 있으나
　궁벽한 골에 뉘 國恩에 젖었나
　초나라 사람 귀양 와서 국화 먹으며 고생하고
　劉郎 떠난 후 심은 복숭아 새롭기만 하네
　궁궐을 연연하여 潁水에 가지 못하고
　벼슬은 지방 장관이나 실제론 在陳之厄이라오
　청운의 벗이 있지 않았던들
　이제는 이미 隱士가 되었으리라
　(李奎報,「次韻金承宣良鏡和陳按廉湜三首」『東國李相國集』卷15)

아침마다 임금님 모신 생각 떠오르네
배척당해 귀양 오니 마음이 멍멍해
시름 속에 앉았으니 수염만 바람에 휘날리네
넉넉한 지방에 살고 있어
바야흐로 울적한 수심을 몰아내네
운명이 기구하여 비록 귀양 왔으나
하늘의 도움 또한 넉넉하도다
야채 삶아 안주함이 무엇이 나쁘랴
산 막걸리 걸러 마심도 해로울 것 없네
강산이 다 뜻에 맞으니
薪水도 충족하게 구하겠네
반평생 이 낙을 어겼으니
뜬 명예 이것이 나의 원수로세
괴롭게도 눈에는 티끌만 들고
앉아서 머리에 흰 털만 더하누나
녹이 적으나 어찌 더 바라리요
벼슬은 미미해도 오히려 좋다
종신할 장소를 알았더라면
집 지어 일찍 경영을 꾀했으리라
다만 돌아옴이 늦을까 염려하거니
어찌 자녀들의 혼사를 애쓰리요[12]

이규보는 이 시에서 다른 시에서처럼 자신이 임금 모신 생각을 떠올리
며 배척당해 이곳에 귀양 왔음을 토로하고 있지만 일면 넉넉한 지방에 살
고 있어 울적한 수심 없어지고 벼슬과 녹이 미미해도 오히려 좋다고 하기
까지 하였다. 그러나 이것은 마음에 맞는 현상인과 함께 수량사의 산수
풍경에 순간적으로 취하여 시흥을 일으켜 감흥을 읊은 것에 불과하다.

위 시와 같은 맥락에서 이규보는 수령으로서의 최소한의 계양민의 궁
한 삶의 모습을 보고 안타까움을 토로하고 있음을 볼 수 있다. 通判 鄭君
에게 보인 2수의 시에서

---

12) 李奎報, 「與玄上人遊壽量寺記所見」 『東國李相國集』 卷15.

江南 벽지에 외로운 죄인 되어
갇힌 새 자유롭지 못함과 같네
嵐瘴이 熏蒸하여 얼굴 점점 검어지니
옛 친구 만나면 부끄러워지리

사람이 순박하고 일 적어 기쁘기는 하나
땅 박하고 백성 쇠잔하여 차마 볼 수 없네
공무를 마치고 관아에 앉아 아무 일 없으니
官人은 무사하나 더욱 편하기 어렵네[13]

'사람이 순박하고 일 적어 기쁘기는 하나 땅 박하고 백성 쇠잔하여 차마
볼 수 없네.'라고 하여 안타까움을 토하기도 하고, 또 官記 李君이 公事로
인해 免官되어 고향으로 돌아갈 때 지어 보낸 시에서

내 옛날 처음 자네를 알 때
完山의 천만 리를 오고 갔네
뜻밖에 계양 고을에 와서
자네와 근심을 같이 하였네
자네는 이미 얼음보다 결백하거늘
내 또한 청렴함을 생각하였네
魯衛는 형제국이라 정치에 시기 없어
진심으로 시종을 같이하고자 하네
무슨 뜻으로 홀연히 지탄을 받았는가
돌아갈 뜻은 조금도 그치지 않으리라
내 처음 듣고는 슬퍼하여
자세히 생각하니 자네를 축하함직 하였네
이 고을이 비록 이름난 곳이나
쇠잔하고 파괴되어 옛날에 비하기 어렵네
백성이 주려 다 菜色이니
하루인들 어찌 차마 보리요
내 이미 묶인 죄수와 같아

---

13) 李奎報,「示通判鄭君 二首」『東國李相國集』卷15.

　　　틀림없이 장독에 걸려 강가에 죽으리라
　　　그댄 많은 복을 받아
　　　당당하게 훌훌 떠나는구나
　　　다만 평화로운 천하에서
　　　도리가 미태를 다투는 일 한이로세
　　　이때에 날 버리고 돌아가니
　　　나는 하늘이 버리는가보다[14]

“이 고을이 비록 이름난 곳이나 쇠잔하고 파괴되어 옛날에 비하기 어렵네 백성이 주려 다 菜色이니 하루인들 어찌 차마 보리요”라고 하여 농민의 처지에 대한 관심을 보여주고 있다. 그러나 그는 이 시 귀에 이어서 자신이 묶인 죄수와 같아 장독에 걸려 강가에 죽으리라고 하면서 관기에서 면관된 이군을 도리어 ‘복을 받아 당당하게 훌훌 떠나는구나’라고 하여 자신이 이 궁벽한 고을을 떠나지 못하는 처지를 슬퍼하고 있다. 위 시에서 보이는 계양민들의 삶의 처지에 대한 언급은 수령으로서의 일읍의 행정을 책임지고 있다는 관리자로서의 최소한의 관심에서 나온 것도 아닐뿐더러 농민의 처지를 이해하고 농민의 삶을 개선해보겠다는 의지는 더더욱 보여주지 않는다. 이러한 상황 하에서 계양의 공론을 주도하고 있었던 부로들에게 보인 시에서

　　　나는 원래 서생으로
　　　스스로 태수라 일컫지 않네
　　　이 말 고을 사람에게 부치노니
　　　나를 늙은 농부로 여기고
　　　억울하면 곧 와서 호소하여
　　　어린 아이 어미 젖 찾듯이 하라
　　　비 내리지 않고 오래 가무는 것
　　　이 또한 나의 죄로다

---

14) 李奎報, 「管記李君以公事免官將歸予不能無悲以詩送之」 『東國李相國集』 卷15.

> 은근히 부로에게 사과하노니
> 속히 사직함만 같지 못하리로다
> 내가 떠나면 너희들 편하리니
> 어찌하여 이 늙은이를 기대하는가[15]

라고 하여 父老들에게 나를 늙은 농부로 여기고 억울하면 곧 와서 호소하라고 하였지만 속히 사직함만 같지 못하다고 하여 한시바삐 계양을 벗어나고 싶은 심정을 토로할 따름이었다. 이에 父老들은 마음을 부치지 못하고 방황하는 태수가 마음를 부쳐 선정을 베풀어주기를 바랄 뿐이었다.[16] 善政을 염원하는 桂陽民의 바람에도 불구하고 이규보는 薄俸과 무료함에 대한 불만을 늘어놓을 뿐이었다. 단지 세월의 흐름에 따라 뽕잎이 없어지면 누에고치 생기고 벼 풍년 들면 수많은 소가 고생했음을 연상할 뿐이다.[17]

그는 雨中에서 농사짓는 사람을 보고,

> 나라가 잘되고 못되는 건 民力에 달렸고
> 만인의 생사는 벼 싹에 매였네
> 다른 날 옥 같은 곡식이 일천 창고에 쌓이리니
> 청컨대 땀 흘린 오늘의 공을 기록하소[18]

나라가 잘되고 못됨은 民力에 달렸고, 만인의 생사는 벼 싹에 매였음을 읊고 있다. '토지가 비옥함은 못 물이 적서 줌'[19]이라고 하면서도 수령으

---

15) "我是本書生 不自稱太守 寄語州中人 視我如野耆 有蘊卽來訴 如我索母乳 久旱天不雨 是亦予之咎 慇懃謝父老 不如速解綬 何須此老醜."(李奎報,「太守示父老」『東國李相國集』卷15)
16) "太守厭吾儕 意欲解腰章 吾州雖瘠薄 地稅龍軒昻 於茲剖符者 不月被徵黃 願公忍須臾 乍復舍甘棠 當有九天使 邀入紫微堂."(李奎報,「父老答太守」『東國李相國集』卷15)
17) 李奎報,「皇甫書記見和壽量寺 略」『東國李相國集』卷15.
18) "一國瘠肥民力內 萬人生死稻芽中 他時玉粒堆千廩 請記今朝汗滴功."(李奎報,「雨中觀耕者贈書記」『東國李相國集』卷15)

로서의 자신이 해야 할 일을 나름대로 제시하지 못하고 있다. 다만

> 늙어서 고을 맡아 책임 다하기 어려워
> 부끄러움이 심중에 쌓여 이마에 땀이 나네
> 창고의 곡식으로 빈민 구제하자 연해 비 오니
> 하늘이 백성 사랑함을 비로소 알겠도다[20]

"자신이 빈민 구제하자 연해 비오니 하늘이 백성 사랑함을 비로소 알겠도다"고 하면서 창고의 곡식을 열어 빈민을 구제할 줄은 알았지만 民의 생활을 개선하거나 그들과 공감을 나누고자 하는 의도는 전혀 없이 고식적인 대민관에 의지할 뿐이었다. 그렇기 때문에

> 龔黃도 異人은 아니야
> 힘써 배우면 이를 수 있으리라
> 다만 천성이 워낙 성글기에
> 두각이 오래도록 나타나지 못했소
> 달게 먹고 잠 잘 자고요
> 민의 송사는 까마귀 울음 소리에 맡겼네
> 일찍 그 완악함을 벌하지 않았고
> 그 도둑도 꾸짖지 않았소
> 누각에 누워 한가히 노닐면서
> 술 있으면 곤드레 취하였네
> 인정이 각각 같지 않으니
> 늙어서 망령했다 말하지 마오
> 잔민을 급히 다스리기 어려우니
> 무애할 뿐 폭력을 써서는 안 되리[21]

---

19) "(上略)皐沃膏潤賴潭池 俗習雖同齊土緩 居民多似老臺熙 肌飽卜安危."(李奎報,「書
倉壁 上」『東國李相國集』卷15)

20) 李奎報,「書衿州倉壁上」『東國李相國集』卷15.

21) "龔黃非異人 力學行可到 但緣天性疎 稜角久未露 民訟任鴉噪 不曾罰其頑 亦不詰其
盜 臥閣自逍遙 有酒卽醉倒 人情各不同 莫道老而耄 殘民難急理 可撫不可暴."(李奎

漢나라 때의 善政을 베푼 循吏인 龔遂와 黃覇를 힘써 배우면 이를 수 있으리라고 하면서도 성근 천성에 기대어 잘게 먹고 잠 잘 자고, 민의 송사는 까마귀 울음 소리에 맡기고 완악함을 벌하지 않고 도둑도 꾸짖지 않는다고 하면서 잔민에게 무애할 뿐 폭력을 써서는 안된다고 하였다. 그는 남들이 자신을 늙어서 망령되었다고 보리라는 인식을 할 정도로 자신의 수령으로서의 도리를 스스로 하지 못함을 자인하고 있었다.

그는 잔성에 귀양 온 자신의 수령생활을 고달파하면서 중앙관료 및 안렴사들의 글에 차운한 시를 통해 자신의 존재를 알리고자 하였다. 承宣 金良鏡이 按廉使 陳湜에게 화답한 시에 차운하여 쓴 시에서 "임금님 뵙고 맑은 잔치에 말 묻거든 동갑 중에 한 궁한 사람 잊지를 마오"[22] 라고

報,「偶吟示官僚」『東國李相國集』卷15)

22) 오년이나 중서성에서 왕언을 출납했고
   군막의 참모 몇 해였던가[공이 일찍 兵馬寮佐를 지냈다.]
   丹漢에 홀연히 오르니 돌아갈 길 평탄하고
   白沙에 제방 축조하니 발걸음 새롭도다
   功은 북쪽 변방에 높아 벼슬 귀함이 마땅하고
   몸은 왕 앞에 있으니 道를 진언하리로다
   임금님 뵙고 맑은 잔치에 말 묻거든
   동갑 중에 한 궁한 사람 잊지를 마오

   滿朝의 卿相들이 왕명을 맡고 있으나
   궁벽한 골에 뉘 國恩에 젖었나
   초나라 사람 귀양와서 국화 먹으며 고생하고
   劉郎 떠난 후 심은 복숭아 새롭기만 하네
   궁궐을 연연하여 潁水에 가지 못하고
   벼슬은 지방 장관이나 실제론 在陳之厄이라오
   청운의 벗이 있지 않았던들
   이제는 이미 隱士가 되었으리라

   공청에서 물러나온 쓸쓸한 한 늙은이
   窮鄕의 차가운 날 봄보다 길구나
   세상과 관리의 인심 가을 구름같이 얄팍하고

부탁하는가 하면 廉按使 金郞中에게 차운한 시를 통해 "일개 잔성의 수령
이 평생의 속마음을 사신에게 바쳤네"[23]라고 할 정도로 그들과 자신의 옛
관계를 드러내고 안렴사들이 자신의 고과성적을 높이 올려 주리라는 염원
을 내비치고 있다. 그는 보다 적극적으로 진강공의 사자인 최상국에게 보
낸 시를 통해

> 저는 본래 관리로서의 능력이 모자라는 자질로 군수가 되었는데, 임기가 만
> 료되기도 전에 급급하게 부임할 사람을 구하는 것은 너무 이른 듯 합니다. 그
> 러나 제가 省에 있은 지 5년 만에 홀연히 非罪로 인하여 有司의 탄핵을 받은
> 바 있었으나 합하께서 힘을 다하여 구출하심에 힘입어 散地에 떨어지지 않고
> 이 고을의 책임을 맡게 되었습니다. 이제 합하는 나라 일을 맡아서 무릇 내외
> 관료들 간에 이름이 청렴하지 못한 자를 이미 모조리 징계하였습니다. 대저 淸
> 한 것은 탁함의 반대이니 그 탁함을 배격하면 반드시 그 청렴을 추어올릴 의논
> 이 있을 것이니, 나같이 절개를 지켜 奉公하는 자는 비록 큰 상을 받지는 못할
> 망정 또한 어찌 3년 후에 교대시킬 필요가 있겠습니까. 양지하시기 바랍니다.

병들고 시름에 찬 수염은 섣달 눈같이 희었구나
脯같이 여윈 몸 숨결조차 미약하거니
불 꺼진 재 같은 마음으로 무슨 할 말 있으랴
하늘을 우러러 통곡하니 형상이 쓸쓸하여
黃堂에서 印 찬 사람 같지 않구료
(李奎報, 「次韻金承宣良鏡和陳按廉湜三首」 『東國李相國集』 卷15)
23) 일찍 이 紗籠으로 護像한 사람인데
조리하느라 무어 다시 經申을 빌랴
기구한 강산을 두루 다녀도
부귀한 사람에겐 남장이 침입 못해
令은 엄숙하여 파발이 번개같이 가는데
음식은 청렴하여 식탁도 감해 차렸네
고독하고 빈한한 일개 잔성의 수령이
평생 속마음을 사신에게 바쳤네
  …
襃獎하는 한 마디 천금같이 중하기에
너무 기뻐 쫓겨난 신세를 잊었도다
(李奎報, 「次韻廉按使金郞中戲贈文學」 『東國李相國集』 卷15)

일찍 깊은 은혜 입어 鳳地에 들었다가
홀연 橫議로 강가에 떨어졌네
죄 아닌 귀양을 공은 일찍 알아서
힘써 구제함은 세상이 아는 바라
쑥이 더부룩하니 사슴과 같이 살고
園墻이 소루하니 이리떼 함부로 엿보네
송사하는 법정에선 주린 백성 근심스럽고
공석에선 교활한 吏 모습 역겹기도
고을의 봉급은 근래 깎이어 적고
전답의 조세는 지고 신고 운반하네
두루 보조하여 해 넘길 양식도 어려운데
하물며 겨울 추위 막을 의복을 마련함이랴
옛날에 밟던 藥階는 하늘같이 멀어졌고
같이 놀던 친구들 驥尾를 따르기 어려워라
고달픈 문서 처리에 몸이 매이니
詩情이 크게 감퇴됨을 어찌하랴
벼슬에 참여한지 오년에 아직도 육품이라
쇠잔한 시골살이 하루가 삼년 같네
합하께서 깨끗한 절개를 채택하신다면
교대를 어찌 임기까지 기다리겠소
「이듬해 起居注로 부름을 받았다.」[24]

　　쇠잔한 시골살이 하루가 삼년 같음을 호소하며 3년의 임기 이전에 하루빨리 중앙정부에서 자신을 불러줄 것을 바라고 있다. 결국 그의 나이 53세 때인 고종 7년(1219) 7월 崔瑀로부터 起居注의 부름을 받자 자신을 배웅하는 전송객에게 주어진 시에서 너희 고을이 나를 괴롭게 하여 두 해가 백년과 같다고 할 정도였다.[25]

---

24) 李奎報, 「上崔相國并序」, 『東國李相國集』 卷15.
25) 태수가 처음 올 때엔
　　父老들이 도로를 메웠고
　　그 사이 부녀자들도
　　머리 나란히 하여 울타리에서 엿보았네

이규보를 위시한 대다수의 지방 수령들은 자신들이 중앙정계에서 지방 수령으로 보임된 것을 마치 귀양 온 것으로 여기고 民의 생활을 개선하거나 그들과 공감을 나누고자하는 의도를 보여주지 못하고, 어서 빨리 임지에서 벗어나 중앙정계로의 복귀를 염원하였을 것이다. 무신정권시대의 농민항쟁은 이러한 점에서 결코 숙질 수 없는 것이었을 것이다.

이제 이규보가 계양 수령을 한 동안 지은 글을 통해 당시의 군현행정의 영속관계가 어떻게 운영되어가고 있었던가를 유추해보기로 한다.

계양은 남경유수관 양주의 영읍이다. 계양이 속한 남경유수관의 군현 영속관계는『고려사』지리지에 의하면 다음과 같이 정리되어 있다.

```
南京留守官 楊州        屬郡3 屬縣6 領都護府1 知事郡1 縣令官2
   都護府 安南都護府 樹州   屬縣6
   知事郡 仁州          屬郡1 屬縣1
      水州          屬縣7
```

그러나 앞 계양의 예에서 보다시피 이규보가 계양에 갈 무렵『고려사』지리지의 남경유수관 양주와 그 관할 군현의 영속관계는 상당한 변화가

내 모양을 보려는 것이 아니라
은혜를 얻고자 원함이었지
이 고을에 와서 만약 혹독히 하였다면
그 눈을 씻고자 하였으리라
내 생각컨대 아무 일도 한 것 없어
떠나려 하니 瓦全이 두렵네
어찌하여 길을 가로막는고
가는 수레 앞에 누우려는 듯
잘 가리니 멀리 따라오지 말라
내 행차 닫는 냇물처럼 빠르네
너희 고을이 나를 괴롭게 하여
두 해가 백 년 같구려
(李奎報,「發州有作示餞客」『東國李相國集』卷15)

있었다. 당시의 계양이 속한 양주 관내의 군현 영속관계의 현황을 조사해
보면 다음과 같다.

계수관		영군현	속군현
南京留守官 楊州			交河郡 見州(顯宗九年來屬 後置監務) 幸州 高峯縣 深嶽縣 豊壤縣(顯宗九年仍屬之 後移屬抱州) 沙川縣
영 속 관 계	영도호부	安南都護府 樹州	童城縣 通津縣 孔巖縣
	지사군	仁州	載陽縣(顯宗九年稱今名 屬水州任內 後來屬)
		水州	安山縣(顯宗九年來屬 後置監務) 永新縣 雙阜縣 龍城縣 貞松縣
		江華縣	鎭江縣 河陰縣(高麗更今名仍屬 後屬開城縣)
	현령관 감무 파견지역	군현명	이전 소속	현령관 감무 파견시기
		抱州	楊州	명종2년 감무 파견
		峯城縣	〃	〃
		衿州	樹州	〃
		金浦縣	〃	명종2년 감무, 신종원년 현령관으로 승격
		守安縣	〃	명종 2년 감무 파견
		唐城郡	仁州	〃
		振威縣	水州	명종 2년 감무 파견, 후 현령관으로 승격
		陽城縣	〃	명종 5년 감무 파견
		喬桐縣	江華縣	명종2년

위 표에서 보다시피 명종 2년 수도 개경이 가까운 지역인 양주 관내 속읍에 감무가 파견되어 대대적으로 주읍으로 승격되고 있다. 이것은 명종 2년 6월 무신정권의 정치적 경제적 기반의 구축 및 논공행상을 위해 李義方의 형인 李俊儀가 53개의 속읍에 대한 감무의 파견을 주청하여 취해진 조처[26]와 연계되는 것으로 양주 관내의 군현 가운데 8개 군현에 감무가 파견되었고, 특히 이규보가 파견된 계양지역의 속읍 6읍 가운데 3읍에 감무가 파견되었다. 앞에서 언급한 바와 같이 원래『고려사』지리지에 의하면 계양은 衿州, 童城縣, 通津縣, 孔巖縣, 金浦縣, 守安縣 등 6개의 속읍을 갖고 있었으나 금주와 김포현, 수안현에 명종 2년에 감무가 파견되었기 때문에[27] 이규보가 계양 수령으로 올 무렵에는 동성현, 통진현, 공암현의 3읍만이 속읍으로 존재하고 있었기 때문에 계양도호부의 경우 그 읍세가 상당히 약해진 상태에 있었다. 이규보가 "이 고을이 비록 이름난 곳이나 쇠잔하고 파괴되어 옛날에 비하기 어렵네"라고 한 것은 바로 속읍의 분리 독립으로 인한 읍세의 감소를 말하는 것일 것이다.

이규보가 계양도호부사로 있을 당시 계양의 속읍인 동성현의 객사에 들어가 壁上의 諸縣의 韻에 차운하여 시를 지은 적이 있고[28] 공암 강가

---

26)『高麗史』권19, 세가, 明宗 2년 6월 임술. 李樹健, 1984,『韓國中世社會史研究』, 일조각, 370~371쪽 참조.

27)『高麗史』권56, 地理1, 衿州, 童城縣, 通津縣, 孔巖縣, 金浦縣, 守安縣條. 그 가운데 김포현은 신종 원년 국왕의 胎를 이곳에 묻었기 때문에 縣令官으로 승격하였다.

28) 우뚝 솟은 賓館 귀신의 솜씨로 이루었으니
　　그대는 이를 殘城이라 말하지 마오
　　한 잔 술에 기쁨이 오히려 만족하니
　　넉넉히 인간 분외의 영광 얻었네

　　달 구름 자료 삼아 시 짓기에 습성이 되어
　　말 머리에 읊조리며 江城으로 드는구나
　　다시 鳳省에 돌아갈 길은 없으나
　　조개 받치고 봄놀이 또한 영광이네

에서 시를 읊조린 적이 있다.29) 통진현의 경우 그 이름이 거명되지 않지
만 祖江에서 개경으로 돌아가는 처자를 송별한 시가 있는데30) 『新增東國
興地勝覽』에 의하면 통진현의 북쪽 10리에 祖江津이 있는데 개성으로 통
한다고 기록된 것이 있으므로31) 자신의 관내인 통진현까지 나가 처자
를 배웅하였다고 볼 수 있다. 이규보가 계양의 수령으로 임명되어 祖江을
건널 때 길제사를 지낸 것은32) 바로 계양도호부의 관내에 들어와 행한
지방관으로서의 첫 임무 수행의 하나였다고 볼 수 있을 것이다. 위 속읍

(李奎報,「童城客舍次壁上諸賢韻」『東國李相國集』卷15)
29) 목욕한 새는 날기를 게을리 하고
　　밭 갈고 난 소는 한가로이 누웠구나
　　겹친 봉우리는 산중의 성곽이요
　　닫는 배는 물 위의 역마로세

　　강상의 경치를 어여삐 여겨
　　남몰래 강 가에 왔네
　　태수는 너에게 힐책 않으리니
　　어옹은 마음 놓고 낚시질이나 잘하라
　　(李奎報,「孔巖江上吟」『東國李相國集』卷15)
30) 아내 떠나고 남편은 머무르니 이 무슨 연유인가
　　너 나를 속박치 않건만 난 죄수 같구나
　　배는 가고 사람은 멀어지니 마음도 따라가고
　　바다는 조수를 보내오니 눈물이 함께 흐르네
　　한 강만이 막혔건만 물결은 넓고 넓어
　　도리어 천리 길 인양 유유도 해라
　　지척의 곡산을 가지 못하니
　　말 위에서 짐짓 졸며 머리 돌리기 겁내네
　　(李奎報,「祖江別」『東國李相國集』卷15)
31) 『新增東國興地勝覽』권10, 通津縣 津.
32) 저문 산, 어두운 연기에 잠기고 강물은 넘쳐흐르고
　　험한 여울 세찬 바람에 건너기 어렵네
　　운명이 기박하여 이제 귀양살이 가는 길이지만
　　그래도 서울 향한 마음 버리기 어렵구려
　　(李奎報,「示通判鄭君 二首」『東國李相國集』卷15)

에서 지은 시들은 이규보가 그 관내 속읍에 대한 공무 수행의 과정에서
곁들여 나온 시들의 일 편린이라고 불 수 있을 것이다.

그런데 계양도호부의 속읍이었다가 명종 2년 감무가 파견된 금주에서
읊은 시가 주목된다. 금주의 객사에 써 놓은 孫舍人의 시에 차운한 시가
있는 것으로 보아[33] 금주에 그의 발길이 미치고 있음을 알 수 있다. 이것
은 단순한 이규보가 유람하다가 지은 시에 불과한 것인가? 다음의 衿州倉
의 벽상에 쓴 시를 살펴보면 그것만은 아닌 것 같다.

> 늙어서 고을 맡아 책임 다하기 어려워
> 부끄러움이 심중에 쌓여 이마에 땀이 나네
> 창고의 곡식으로 빈민 구제하자 연해 비오니
> 하늘이 백성 사랑함을 비로소 알겠도다[34]

고 한 것에서 보다시피 계양도호부사인 이규보가 衿州倉의 곡식을 열
어 빈민을 구제하고 있다. 이것은 비록 금주에 명종 2년 감무가 파견되었
다고 하더라도 수주, 즉 계양도호부사의 관할권이 미치고 있었음을 알 수
있다. 이규보가 楊梓驛에서 板上韻에 차운한 시가 있는데, 『新增東國輿
地勝覽』 果川縣의 驛院條에 양재역은 현 동쪽 15리 지점에 있다고 하였
다. 그런데 과천현의 건치연혁조에 의하면 과천현은 서쪽으로 금천현까지

---

33) 금주의 좋은 봄경치 어이 그리 기이한가
　　작약은 애교 많아 아양 잘 떨고
　　해당은 졸음 많아 비스듬히 드리웠는데
　　술 잔 잡고 꽃다운 시절 감상하네
　　토지가 비옥함은 못 물이 적셔 줌이라
　　습속은 비록 제나라 사람같이 완만하나
　　백성이 다 태평 세대 늙은이 같아서
　　주리고 부른 것으로 안위를 삼네
　　(李奎報, 「衿州客舍次孫舍人留題詞韻」 『東國李相國集』 卷15)
34) 李奎報, 「書衿州倉壁上」 『東國李相國集』 卷15.

의 경계가 20리라고 하였고, 조선 태종 13년에 두 읍을 합하여 衿果縣으로 한 적이 있는 것으로 보아 이규보가 계양도호부사로 있을 당시 양재역은 금주현의 소속이었다고 볼 수 있으므로 양재역의 행차 또한 계양도호부사의 금주에 대한 공무 수행과 관련지어 설명할 수 있을 것이다. 이런 점에서 볼 때 이규보가 일이 있어 守安縣 西華寺에 도착하여 지은 시35) 역시 그냥 유람 차원의 행사였다고 볼 수 없고 금주현의 경우처럼 명종 2년에 감무가 파견되었지만 여전히 계양에서 그 군현행정을 맡고 있었음을 말해주는 한 사례라고 볼 수 있을 것이다.

물론 이규보의 시에는 分行驛의 누에 기생을 데리고 가서 연회를 베풀고 板上韻에 차운한 시가 있다.36) 분행역은 광주의 속읍으로 있다가 명종 2년에 감무가 파견된 지역이다. 그렇다면 위의 논리대로라면 죽주에도 계양도호부의 수령권이 적용되었다고 보아야 하지 않겠는가란 질문을 던질 수 있다. 그러나 이 경우는 유람의 차원으로 보아야 하지 않을까 한다. 忠原의 書記 崔仁恭과 紫鷰島의 濟物院亭에 놀며 板上 諸公의 운을 따서 시를 지은 것도37) 마찬가지라고 보아야 할 것이다.

이규보가 계양에서 지은 狀을 살펴보면 계양에 부임한 직후 안찰사에게 올린 장이 있고, 江華縣令·金浦縣令·安山監務·喬桐監務·江華尉에게 答한 狀이 있다.38) 이 가운데 강화·김포·안산·교동 등의 읍들은 모두 양주 관내의 군현들이다. 이것은 양주 관내의 영군현들이 계수관인 양주를 중심으로 한 계수관 단위의 광역단위의 군현제의 지방행정이 작동하고 있

---

35) 李奎報,「予以事到守安縣西華寺小酌(中略)住老請詩爲留一篇」『東國李相國集』卷15.
36) 李奎報,「分行驛次板上韻憶舊」『東國李相國集』卷15.
37) 李奎報,「與忠原崔書記仁恭遊紫鷰島濟物院亭用板上諸公韻賦之」『東國李相國集』卷15.
38) 李奎報,「初到官上按察使狀」·「答江華縣令崔將軍狀」·「答金浦縣令狀」·「答安山監務同前狀」·「答喬桐監務同前狀」·「答屬郡賀冬至狀」·「答江華尉初到官狀」『東國李相國集』卷32.

었기 때문에 나타난 현상일 것이다.[39] 계수관과 그 영군현의 상하관계가
유지되고 있었기 때문에 나주목의 영현인 능성의 현령이 나주목사의 부임
에 대해 글 잘하는 이규보에게까지 대작을 부탁하여 하장을 보내면서 인
자하신 그늘의 비호를 빌면서 상관만 바라며 생사를 위엄스러우신 덕화에
맡긴다고 한 것이나,[40] 모 현령이 태수 도임의 하장에서 자신은 하향 고
을 관원으로서 명령이 상관에게 달렸다고 한 것은[41] 계수관 단위의 광역
별 군현제의 틀이 유지되고 있었음을 말해주는 것이다.

III. 맺음말

이규보는 고려 고종 6년 5월에서부터 이듬해 6월까지 남경유수관 양주

---

39) 이러한 계수관 단위의 광역단위의 군현제가 지방 행정의 단위였음을 논한 것으로
는 졸고 「고려 무정권시대 지방통치의 일단면 - 이규보의 전주목 '사록겸장서기'의
활동을 중심으로 - 」(『교남사학』 3, 1987) ; 「군현제의 시각에서 바라본 12·13세기
농민항쟁의 역사적 배경」(『역사연구』 4, 역사학연구소, 1995)가 있는데 이 글은 이
러한 시각을 보완해주리라고 본다.

40) "萬乘의 근심을 분담하여 백성의 부모가 되고, 한 지방의 명령을 전제하여 몸이 하
늘노릇하십니다. 삼가 생각하옵건대 某官께서는 宮門에서 왕명을 받아 百里城을 전
담하시니 潁川의 비 만들어 傅說의 장마비 노릇함이 해롭지 않으실 것이요, 南國의
茂堂에 앞으로 公孫弘처럼 閤을 세우시게 될 것이니, 州符로 잠시 좌천되셨으나
台階가 마땅히 펴이시게 될 것입니다. 저는 쩨쩨하고 용렬한 사람으로, 인자하신
그늘의 비호 비는데, 스스로 생각하옵건대, 정사에 졸렬하여 事機의 완급에 어둡기
로, 상관만 바라며 생사를 위엄스러우신 덕화에 맡깁니다."(李奎報, 「爲陵城 倅賀羅
州太守到官狀」 『東國李相國集』 卷32.

41) "紫闥에서 소임을 분담하여 黃堂에서 王化를 펴시니 仁風이 펼치는 곳에 만물의 생
기가 봄과 같습니다. 삼가 생각하옵건대 某官께서는 정승의 가문에서 출생하여 갖
추 조정의 반열을 지내시되, 金蟬冠을 머리에 쓰고 世家의 영화를 이어받으시며,
銀兎符를 허리에 차고 잠시 方伯의 소임을 맡으셨습니다. 저희들은 하향 고을 관원
으로 있어 명령이 상관에게 달렸으니, 태산같이 의지하며 時雨같은 덕화 내리기 바
랍니다."(李奎報, 「爲某縣令賀仰部太守初到官狀」 『東國李相國集』 卷32)

관할하의 계양의 수령으로 부임하였다. 계양의 수령으로서 활동하면서 이규보는 詩와 記, 그리고 狀 등 53편의 글을 남기고 있다. 그 글의 대부분은 통판 혹은 서기 등의 寮友에게 증정한 시이거나 客舍나 驛, 사찰 등의 壁上韻에 차운한 시를 비롯한 記文, 狀들이다. 거기에는 주로 자신이 중앙정계에서 억울하게 참소당하여 이곳으로 귀양 온 죄인임이 강조되어 있고, 목을 길게 개경으로 내뽑은 채 하루빨리 이 쇠잔한 읍을 벗어나고자 하는 감정이 토로되고 있을 뿐이다. 그는 강남 벽지에 외로운 죄인이 되어 갇힌 새 되어 자유롭지 못하다고 하는가 하면 새장 안에서 몇천 번이나 돌아 비록 울 수 있는 부리는 있으나 사방에 충돌하여 깃 꺾이었음에 비유하면서 깊은 좌절감과 상실감에 사로잡혀 있었다. 수령이 이러한 심리적 상태에 직면해 있을 때 수령으로서의 본연의 임무를 자각하여 대민업무에 적극적으로 임할 수 있을지 의문이다.

"땅 박하고 민이 쇠잔하여 차마 볼 수 없네"라고 하거나 "민이 주려다 菜色이니 하루인들 어찌 차마 보리요"라고 하여 민의 처지에 대해 안타까움을 토하기도 하고, 계양민들의 삶의 처지에 대한 언급은 수령으로서의 일읍의 행정을 책임지고 있다는 관리자로서의 최소한의 관심에서 나온 것에 불과한 것이지 농민의 처지를 이해하여 농민의 삶을 개선해 보겠다는 의지는 보여주지 않는다. 父老들에게 나를 늙은 농부로 여기고 억울하면 곧 와서 호소하라고 하였지만 속히 사직함만 같지 못하다고 하여 한시바삐 계양을 벗어나고 심정을 토로할 따름이었다. 이에 父老들은 마음을 부치지 못하고 방황하는 태수가 마음을 부쳐 선정을 베풀어주기를 바랄 뿐이다. 선정을 염원하는 계양민의 바람에도 불구하고 이규보는 박봉과 무료함에 대한 불만을 늘어놓을 뿐이었다. 단지 세월의 흐름에 따라 뽕잎이 없어지면 누에고치 생기고 벼 풍년 들면 수많은 소가 고생했음을 연상할 뿐이다.

쇠잔한 시골 살이 하루가 삼년 같음을 호소하며 3년의 임기 이전에 하루빨리 중앙정부에서 자신을 불러줄 것을 바라기만 하던 이규보가 고종 7년(1219) 7월 최우로부터 기거주의 부름을 받아 개경으로 돌아가면서 자신을 배웅하는 전송객에 주어진 시에서 '너희 고을 나를 괴롭게 하여 두 해가 백년과 같다'고 할 정도였다고 토로하고 있는 것으로 보아 그가 계양의 수령으로서 얼마만큼 부로, 그리고 만과 공감대를 갖고 지방행정에 임할 수 있었을 것인가하는 물음을 던져볼 필요가 있을 것이다.

원래 『고려사』 지리지에 의하면 계양은 衿州, 童城縣, 通津縣, 孔巖縣, 金溝縣, 守安縣 등 6개의 속읍을 갖고 있었으나 금주와 금구현, 守安縣에 명종 2년에 감무가 파견되었기 때문에 이규보가 계양 수령으로 올 무렵에는 동성현, 통진현, 공암현의 3읍만이 속읍으로 존재할 정도로 그 읍세가 상당히 약해진 상태에 있었다. 그런데 계양도호부사로서의 이규보는 주읍인 계양과 그 속읍인 동성현, 통진현, 공암현의 3읍에 대한 통치행위를 하고 있을 뿐만 아니라 계양의 속읍에서 감무가 파견되어 분리 독립한 금주 창고를 열어 빈민을 구제하는 등 위 3읍의 감무 파견지역에 대해서도 일정한 행정을 맡고 있었음이 확인된다.

이규보가 계양에서 지은 狀을 살펴보면 계양에서 부임한 직후 안찰사에 올린 장이 있고, 江華縣令·金浦縣令·安山監務·喬桐監務·江華尉에게 답한 狀이 있다. 이 가운데 강화·김포·안산·교동 등의 읍들은 모두 양주 관내의 군현들이다. 이것은 양주 관내의 영군현들이 계수관인 양주를 중심으로 한 계수관 단위의 광역단위의 군현제의 지방행정이 작동하고 있었기 때문에 나타난 현상일 것이다. 나주목의 영현인 능성의 현령이 나주목사의 부임에 대해 글 잘하는 이규보에게까지 대작을 부탁하여 하장을 보내면서 인자하신 그들의 비호를 빌면서 상관만 바라며 생사를 위엄스러우신 덕화에 맡긴다고 한 것이나, 모 현령이 태수 도임의 하장에서 자신은 하향고을 관원으로서 명령이 상관에게 달렸다고 한 것은 계수관 단위의 광역별 군현제의 틀이 유지되고 있었음을 말해주는 것이다.

【참고문헌】

1. 저서

박종기, 2002,『지배와 자율의 공간, 고려의 지방사회』, 푸른역사

2. 논문

김호동, 1987,「高麗 武臣政權時代 地方統治의 一斷面－李奎報의 全州牧 ‘司錄
　　兼掌書記’의 活動을 중심으로－」『嶠南史學』3, 영남대학교 국사학회

제3장 군현제의 시각에서 바라본 12·13세기 농민항쟁의 역사적 배경

Ⅰ. 머리말

고려사회는 12세기에 들어서면서부터 생산력의 발전에 편승한 중앙귀족층과 재지토호들에 의한 민의 토지탈점과 수조지의 소유화로 인해 토지소유관계의 모순이 노정되기 시작하였다. 이로 인한 지배층 내부의 갈등과 농민들의 조세저항 및 유망현상이 역사의 표면에 드러나면서 결국 무신쿠데타를 맞이하게 되었다. 무신정권의 성립은 일면 새로운 사회변혁의 가능성을 열어놓았지만 권력의 계급적 본성을 변경시키지 않은 상층부의 전복에 불과한 것이었기 때문에 변혁에 대한 올바른 전망을 세우지 못하고 그 자체 치열한 권력쟁탈전의 소용돌이에 휩싸이게 되었다. 이로 말미암아 당시의 집권세력은 변혁보다는 반동적 성격을 띠면서 오직 힘의 논리를 통해 기존사회체제를 유지하고자 하였다. 이에 내적 모순이 더욱 심화되었지만 국가권력은 이를 수렴하지 못하고 도리어 허구화됨으로써 결국 國家 – 在地勢力(鄕吏層) – 民의 상호관계가 무너져 갈등과 대립 속에 광범위한 민의 항쟁이 야기되었다.

12·13세기의 농민항쟁은 재지세력간의 갈등, 在京勢力과 在地勢力의 갈등, 鄕所部曲 등의 부곡제 지역과 노비층의 저항, 豪族人과 雜族人과의

대립을 비롯한 영역내 제계층간의 갈등, 그리고 영역간의 갈등 등과 결합하여 강한 정치적 지향성을 드러내면서 '正國兵馬使'·'改國兵馬使' 등을 자칭하거나 삼국부흥운동을 부르짖기까지 한다. 고려왕조가 군현제를 바탕으로 하는 중앙집권적 사회구조를 갖고 있었기 때문에 그 속성상 강한 정치적 지향성을 내포할 수 밖에 없었다. 더욱이 이들 항쟁은 토지소유의 모순과 계급 간의 대립이 그 근본 원인이었다. 그러나 토지지배가 군현조직과 밀접한 관련을 맺으면서 전개되었기 때문에 조부공역의 부과단위인 군현제도의 구조적 모순과 결합되면서 외견상 地方官과 鄕吏 및 在地土豪들의 과도한 수탈이 농민항쟁의 원인이 되었다. 그렇기 때문에 중앙정부 역시 농민항쟁의 와중에 지방관과 향리 및 재지토호들의 작폐를 열거하면서 이들에게 책임을 전가하여 처단함으로써 항쟁의 열기를 누그러뜨리고자 하였다.

고려후기 농민항쟁을 일으켰던 일반 민들은 중앙행정조직의 하부단위인 군현조직체계 속에 구조적으로 편재된 군현민이다. 국가의 토지지배 및 조부공역의 수취체계는 결국 군현조직을 통해서 구현되기 마련이다. 이를 고려할 때 고려 군현조직의 형성과정과 그 조직체계를 살펴봄으로써 고려 군현행정 운영상의 구조적 모순이 무엇이며, 그것이 어떻게 국가·재지세력·민의 관계를 대립, 갈등의 모순관계로 치단게하여 농민항쟁을 불러일으키게 하였는가를 추적할 수 있을 것이다. 이러한 접근방식은 이 시기 농민항쟁을 이해하는데 조그마한 보탬이 되리라고 생각된다.

II. 고려 대읍중심의 광역단위의 권역별 군현제의 특징

고려의 군현조직의 형성과정은 신라 군현조직의 구조적 모순을 해결하려는 의도에서 비롯된 것일 것이다. 신라는 9州 5小京制를 근간으로 하는

군현제를 실시하면서 郡·縣이 설치된 소규모 행정단위에 이르기까지 중
앙에서 외관을 파견하여 조부공역을 효과적으로 수취하고자 하였다. 중앙
과 지방의 개별적인 수직적 결합관계를 기반으로 한 신라의 군현제도는
지방 군현의 농민층을 중앙에서 직접 파악·지배하기에 매우 효과적인 제
도였지만 중앙의 행정력이 뒷받침되지 않을 때 문제점이 생기기 마련이었
다. 소규모 단위의 군현조직 속에 편재된 농민이 일단 流亡하면 중앙통치
권력의 대지방통제가 여의치 않은 신라하대의 상황 속에서 그 추적이 불
가능하였다. 그 부담은 결국 같은 군현조직내의 민에게 전가되어 族徵·
隣徵의 강화로 귀결될 수 밖에 없었다. 이처럼 신라 군현조직의 구조적
모순에 따른 조부공역의 연대적 수취, 族徵·隣徵의 강화는 민의 유망을
더욱 격화시켜 심각한 농민저항을 야기시켰다.

　신라말 고려초의 농촌사회는 농민층의 유망으로 인해 많은 逋戶들이
존재하였다. 포호의 증대로 인해 장적 및 현거주지가 각각 다른 농민이
생겨나고, 거주지와 농경지가 군현을 달리하게 되자 소읍단위의 신라의
군현제도는 더 이상 그 역할을 수행할 수가 없었다. 후삼국은 각기 이러
한모순을 해결하기 위해서 군현개편작업을 나름대로 단행하였으나 城主·
將軍들의 이해관계에 따른 향배의 변화가 무쌍하였기 때문에 그 명칭마
저 난마와 같이 엉키게되는혼란에 빠져들게 되었다.[1] 이러한 후삼국시대
의 혼란을 경험한 고려왕조는 逋戶를 본래의 田里로 환집시키는 정책 및
그 상태를 현실적으로 인정한 바탕 위에서 그들을 파악 지배할 수 있는
제도적 장치가 필요하였다. 요컨대 나말려초에 광범하게 발생했던 逋戶,
즉 帳籍 및 現 거주지가 각각 다른 농민층, 거주지와 농경지가 군읍을 달
리한 경우 등을 통일적으로 파악 지배하는데에는 소읍을 단위로 하는 것
보다 여러 군읍을 단일적으로 파악지배하는 것이 훨씬 편리하였을 것이

---

1) 金潤坤, 1983, 「高麗郡縣制度의 硏究」 경북대 박사학위논문.

다. 그렇다고 무한정 여러 개의 군읍을 통폐합해버릴 수 없었다. 그것을 통폐합하게 되면 이해관계를 달리하는 세력들의 반발이 생기게 마련이다. 귀순한 城主·將軍 및 새 왕조의 창건을 지지 협찬한 제세력의 이해를 저버리지 않는 범위에서 새로운 군현제를 모색하지 않을 수 없었을 것이다. 신라의 군현제를 바탕으로 하고 후삼국시대 각 지역세력과의 力 관계를 고려하면서, 徵稅·調役과 같은 농민지배를 보다 효과적으로 하기 위한 제도적 장치로서의 대읍중심의 광역단위의 권역별 군현제의 창안이 나올 수 밖에 없었던 역사적 조건은 바로 여기에 있었다. 고려시대의 군현제도의 특징으로 거론되는 다수의 속읍을 주읍에 속하게 한 역사적 배경을 간과한 채 이를 중앙집권력의 침투의 한계로 거론하면서 고려 군현제의 미숙성을 말하는 것은 후대의 입장이 반영된 것이라고 할 수 있다.[2]

신라 소읍단위의 군현조직의 구조적 모순에서 파생되는 문제점 및 후삼국시대 군현개편에 따른 혼란을 경험하였던 고려왕조는 그 해결책으로서 소수의 州·府·郡·縣, 즉 '主邑'에 다수의 '屬邑'과 鄕·所·部曲을 영속시키는 主-屬邑制를 근간으로 한 권역별 군현제를 실시하였다. 주읍단위의 권역별 군현제는 신라시대와 같이 전국의 개별 군현을 직접 지배하는 방식과는 달리 주읍에만 수령을 파견하여 직접 지배하고, 그 屬邑 및 鄕·所·部曲·處·莊 등은 주읍을 통한 간접적인 지배방식을 채택하였다. 나아가 이의 효과적 운영을 위해 몇 개의 주읍단위의 권역을 하나의 광역단위의 권역으로 묶고, 그 가운데의 大邑에 留守使, 都護府使, 牧使 등을 파견하여 이들 주읍단위의 권역을 領屬케 한 界首官 중심의 군현제, 즉 대

---

[2] 고려의 군현제를 설명하면서 신라의 그것과 단절시킨 채 군현의 편성과 領屬관계를 단지 고려의 성립기에 태조 왕건과 호족, 또는 대소 호족과의 역관계와 지배복속관계에서 보려는 시각, 혹은 국초의 정권을 호족연합정권 내지 외관 설치 이전의 지방통치가 호족에게 일임되었다는 시각은 시정되어야 할 것이다. 이에 관한 비판은 金潤坤, 앞의 박사학위논문 ; 李樹健, 「高麗時代「邑司」硏究」(『國史館論叢』 3, 1989) 참조 바람.

읍중심의 광역단위의 권역별 군현제를 창안하였다.[3] 주-속읍 관계를 근간으로 하는 대읍중심의 광역단위의 권역별 군현제는 라말려초에 광범위하게 발생하였던 逋戶로 인한 帳籍 및 현거주지가 다른 농민층, 거주지와 농경지가 군읍을 달리할 경우, 일반행정과 조세행정의 구역이 상호 일치하지 않을 경우의 이해관계를 효과적으로 파악 지배하여 조정할 수 있었다[4]. 물론 가급적 이의 일치를 위해 土姓의 분정 등을 비롯한 본관제의 실시를 통해 田丁과 戶口의 각 본관의 영역내로 규제하기 위한 제도적 장치를 강구하였다.[5] 이처럼 고려의 대읍중심의 광역단위의 권역별 군현

---

3) 고려시대의 주군·현을 중심으로 주변의 속군·현과 향소부곡 등을 하나의 행정단위로 묶은 영역지배의 형태는 흔히 '主屬縣體制'로 불리워졌었다. 최근 이를 '大邑中心體制'(金潤坤, 1983, 「高麗郡縣制度의 硏究」 경북대 박사학위논문 ; 1984, 「麗代의 按察使制度 成立과 그 背景」『嶠南史學』 창간호, 영남대 국사학회), 혹은 '界首官體制'(朴宗基, 1986, 「高麗의 郡縣體系와 界首官」『韓國學論叢』, 국민대 한국학연구소)라는 용어로 지칭하기도 하였다. 그런데 전자의 대읍중심의 군현제도라는 용어에는 대읍과 중·소읍의 명확한 구별이 제시되어 있지 않다. 반면, 후자의 계수관체제라는 용어는 일반행정의 기본단위로 파악된 주현과 그 예하 속현으로 이루어진 계서적인 형태의 군현제 영역과 향·부곡·소 등의 부곡제 영역으로 보다 구체화되었는데(朴宗基, 1989, 「高麗時代 郡縣 지배체제와 구조」『國史館論叢』 4, 국사편찬위원회) 및 1990, 「고려전기 향촌지배구조의 성립과 그 성격」『역사와 현실』 3, 한국역사연구회) 여기에는종래 계수관으로 이해된 목, 도호부 등의 主牧과 그 관할 영군현관계가 충분히 반영되지 못하고 있다. 필자가 이규보의 전주목 사록겸장서기의 활동을 추적한 바에 의하면 주속읍간의 계서적 질서는 양자 사이에도 관철되어 작게는 주-속읍관계가 하나의 지역권을 형성하고, 보다 크게는 종래의 계수관으로 일컬어져온 주목과 그 영속관계가 하나의 지역단위로서 사회·문화적 공감대를 갖고 있음을 확인할 수 있었다(金晧東, 1987, 「高麗武臣政權時代 地方統治의 一斷面－李奎報의 全州牧 '司錄兼掌書記'의 活動을 중심으로－」『嶠南史學』 3, 영남대 국사학회). 따라서 이 글에서는 대읍이라는 용어를 종래의 주목이라는 용어에 한정하여 대읍은 주읍으로서 그 직할 속읍과 향소부곡을 갖는 한편 군현제 영역과 부곡제 영역을 포괄하는 주읍단위의 지역권을 그 영읍으로 거느리는 것으로 사용함과 동시에 이러한 고려 군현제를 '대읍중심의 광역단위의 권역별 군현제'라고 명명하였다.

4) 김윤곤, 앞의 논문 및 「羅·麗 郡縣民 收取體系와 結負制度」『民族文化論叢』 9(영남대 민족문화연구소, 1988) 참조.

제는 신라의 군현제를 그 바탕으로 하고 후삼국시대 각 지역세력의 力 관계를 고려하면서 徵稅·調役과 같은 농민지배를 보다 효과적으로 하기 위한 제도적 장치로서 창안된 것이다.

대읍중심의 광역단위의 권역별 군현제는 태조 23년의 군현조직의 구조적 개편을 시작으로 해서 성종조 12牧의 설치를 거쳐 현종조에 와서 그 제도적 완성을 보았다. 대읍중심의 광역단위의 권역별 군현제의 추구로 말미암아 西京, 東京, 尙州, 全州, 羅州, 忠州, 淸州, 良州, 海州 등의 大邑을 중심으로 하여 그 직할 屬邑 및 그 관할하의 領邑을 포괄하면서, 작게는 주읍단위의 권역을 단위로, 보다 크게는 대읍단위의 광역권을 단위로 하여 각기 하나의 공동의 지역권을 형성하였다. 각 지역권은 하나의 정치·경제적 단위체로서, 혹은 공동 생활의 장으로서 사회·문화적 공감대를 갖고 있었다.6) 대읍중심의 광역단위의 권역별 군현제도의 구조적 특징은 후술하겠지만 고려시대의 농민항쟁을 일면 증폭시키고 일면 규제하는 역할을 하였다.

중앙에서 파견된 상주외관의 극소화와 향리층의 수적 극대화가 이루어진대읍중심의 광역단위의 권역별 군현제도하에서 귀족관인의 물질적 토대였던 전시과제도는 향리들이 일선에서 수조권에 따른 행정을 원활하게 집행할 때 그 유지가 가능하도록 구축되어 있었다. 군현제도와 전시과제도의 발전과정에서 향리층은 귀족관인층의 위세와 후광을 업고 그 자신들의 세력기반을 공고히하여 귀족관인층의 아류로서의 위치를 확고히 할 수

5) 蔡雄錫, 1986,「高麗前期 社會構造와 本貫制」『高麗史의 諸問題』삼영사 참조. 채웅석 씨는 이 논문에서 나말려초 지방출신 선승들의 俗籍과 土姓과의 일치여부를 분석한 결과 광종조 이전까지는 대체로 양자가 일치하지 않지만 광종 조 이후에 오면 양자가 대체로 일치하게 된다고 하였다. 바로 이러한 모습은 고려 초 고려의 군현제가 대읍중심의 광역단위의 권역별 지배방식을 추구하지 않을 수 없었음을 말해주는 것이다.
6) 金晧東, 1987,「高麗武臣政權時代 地方統治의 一斷面－李奎報의 全州牧 '司錄兼掌書記'의 活動을 중심으로－」『嶠南史學』3, 영남대 국사학회.

있었다.[7] 군현행정상 중앙의 政令을 향읍사회에 하달하고 지역주민으로부터 徵稅·調役과 貢賦 수납 등의 행정실무를 담당하였던 향리들은 중앙정부와 지방관청 또는 官衙와 관원 사이를 연결하면서 실제 지방행정체계상에서 매우 중요한 기능을 수행하고 있었다. 외관의 잦은 교체, 수령이 파견되지 않은 군현이 많음에도 불구하고 행정상의 공백과 혼란이 야기되지 않고 고려왕조의 지방통치체제가 유지될 있었던 것은 각 읍 戶長을 위시한 향리들이 邑司를 중심으로 군현행정 실무를 장악하고 있었기 때문이다.

향리층은 전시대의 말단 행정 담당자들에 비해 수적 증대와 함께 그들의 재량권도 많이 부여된 셈이다. 그만큼 상주외관들의 감시 감독을 덜받게 되었기 때문이다. 특히 대읍중심의 광역단위의 권역별 군현제 하에서 대읍을 위시한 주읍의 향리들이 활동을 할 공간은 그만큼 많이 확보된셈이다. 또 외관이 파견되지 않은 속읍의 경우 향리가 사실상 수령의 역할을 담당하고 있었다. 결국 대읍중심의 광역단위의 권역별 군현제도는 향리들이 구조적으로 활동하기에 편리한 터전이었으며, 그들의 세력기반을 구축하기에 좋은 여건을 제공해 주었던 것이다.

그러나 대읍중심의 광역단위의 권역별 군현제는 향리층을 위한 것이아니라 어디까지나 농민층에 대한 통제, 수취를 강화하기 위한 것인 동시에 지방세력의 성장을 막기 위한 제도적 장치였다. 이를 위해 일읍에 있어서 다수의 土姓과 戶長을 두어 어느 한 세력이 일읍을 농단하지 못하도록 하는 한편 在京勢力을 事審官으로 임명하여 在地勢力을 장악 견제토록 하였다. 특히 외관의 극소화와 향리의 숫적 극대화가 이루어진 대읍중심의 광역단위의 권역별 군현제하에서 대읍의 戶長·副戶長을 비롯한 향리세력들이 종횡으로 결합한다면 중앙정부는 큰 정치적 부담을 안을 수

---

7) 金潤坤, 앞의 논문 참조.

밖에 없을 것이다. 이의 예방을 위해 고려왕조는 事審官, 其人制度를 창
안함과 동시에 주읍을 비롯한 대읍에 수령을 보좌하는 判官, 司錄, 혹은
掌書記 등의 屬官들을 파견하여 上戶長 등과 함께 군현행정을 처리하도
록 하는 한편, 이들로 하여금 관내 군현을 항례적으로 순찰케 하여 향리
들의 결합을 방지하고, 군현의 행정을 감독케 하였다.[8] 屬官들의 항례적
인 관내 영읍 및 속읍의 순찰은 대읍중심의 광역단위의 권역별 군현제하
에서 계수관, 혹은 주읍의 수령들이 그 관내 군현의 행정을 전부 처리할
수 없었기 때문에 나온 제도적 장치였음을 단적으로 말해주는 것이다. 이
것은 성종조 崔承老가 鄕豪의 폐단을 막기 위한 외관의 파견을 건의한
상서문을 통해서도 알 수 있다.

> 我聖祖統合之後 欲置外官 盖因草創 事煩未遑 今竊見未遑 每仮公務 侵
> 暴百姓 民不堪命 請置外官 雖不得一時盡遣 先於十數州縣 幷置一官 官各
> 設兩三員 以爲撫字.[9]

여기의 十數州縣은 곧 12牧의 설치로 나타나게 되었는데 12牧은 지방
의 거점도시의 역할을 갖고 있었다. 그 거점도시에 파견된 2~3인의 관원
은 외관이 '一時盡遣'되지 못한 지역의 효과적 지배를 위해 파견된 자들
로서 외관을 보좌하는 屬官들로 구체화되어 갔다고 볼 수 있다. 이처럼
속관제는 대읍중심의 광역단위의 권역별 군현제의 효과적 운용을 위한 제
도적 장치로 고안된 것이었다. 그렇기 때문에 경·목·도호부 등의 계수관
이 파견된 대읍에 비교적 정연한 조직체계를 갖춘 속관들이 파견된 반면
그 관내의 영읍, 주읍은 소 단위지역을 관장하기 때문에 속관의 겸직현상
이 두드러진다. 반면 속읍에는 수령은 물론 속관들이 전혀 파견되지 않았

---

8) 金晧東, 앞의 「高麗武臣政權時代 地方統治의 一斷面-李奎報의 全州牧 '司錄兼掌
書記'의 活動을 중심으로-」 참조.
9) 『高麗史』 卷93, 列傳, 崔承老.

다.[10] 그렇기 때문에 고려중기 이후 현령·감무의 파견으로 인한 속읍의 주읍화, 향소부곡의 소멸, 안찰사의 기능 강화는 대읍중심의 광역단위의 권역별 군현제에 의해 잉태된 외관속관제를 축소시킬 수 밖에 없었다.

대읍을 중심으로 상호 연대책임에 의한 지역권이 형성되면서 국가는 대읍민으로 하여금 그 영읍을, 또 주읍으로 하여금 그 속읍을 연대적으로 맡긴 광역단위의 권역별 군현제는 주읍, 그리고 계수관이 파견된 대읍으로의 권력집중을 초래할 가능성을 갖고 있었다. 이것을 방지하기 위해 주읍과 임내의 구분에 상관없이 주·부·군·현·진의 행정구역의 기본단위를 세분화시켜 각기 토성이민을 두어 개별성과 독자성을 유지시킴과 동시에 부세수취의 기본단위로 삼아 안찰사 위주의 징세조역을 함으로써 가급적 계수관의 개입을 배제시키고자 하였다.

아울러 대읍위주의 지역권을 상호 병립시켜 대항관계를 유지케 함으로

---

10) 필자의 「高麗武臣政權時代 地方統治의 一斷面 - 李奎報의 全州牧 '司錄兼掌書記'의 活動을 중심으로 - 」(『嶠南史學』 3, 1987)는 외관보좌의 屬官인 判官, 司錄, 掌書記 등의 활동의 분석을 통해 외관의 극소화·향리의 숫적 극대화를 특징으로 하는 대읍중심의 광역단위의 권역별 군현제가 어떻게 운영될 수 있었던가를 추적한 것이다. 이 논문이 발표된 후 朴宗基는 한국중세사연구회 주최 제3회 전국 학술대회(1992. 7.30, 동아대학교 승학캠퍼스 교수회관)에서 발표한 「高麗時代 外官 屬官 硏究」 그리고 「高麗時代 外官 屬官制 硏究」(『震檀學報』 74, 1992)를 통해 判官, 司錄參軍事, 掌書記, 法曹, 醫師, 文師 등을 '屬官'으로 명명하여 이들의 기능을 체계적으로 살피고 있다. 필자 역시 이들을 '속관'으로 통칭하는 것은 적절하다고 본다. 그러나 속관제를 바라보는 시각은 그와 다르다. 그는 군현제를 보는 시각이 대읍중심의 광역단위의 권역별 군현제와는 달리 중간기구로서의 계수관의 존재를 부인하면서 주읍단위의 군현제 영역과 부곡제 영역을 기본단위로 설정하고 있다. 따라서 속관제의 성립과정을 언급하면서 '성종 2년 12목의 외관 파견은 고려초기 이래 官班體制하에 해당 지역의 토호세력을 외관과 그 屬官으로 삼아왔던 관행을 폐기하고 중앙관료로서 외관과 그 屬官에 충당하여 국가의 대민지배를 보다 효과적으로 수행하는 취지였다.'고 정리하였다. 그는 '외관 속관제는 주현 아래의 속현과 부곡지역에 대한 효과적인 지배를 실현하려는 제도장치'라는 시각을 갖고 있었기 때문에 속관제의 성립을 대읍중심의 광역단위의 권역별 군현제의 특성에서 구하고자하는 필자의 의도와는 상당한 거리가 있다.

써 효과적인 통치를 기하고자 하였다.[11] 이의 효과적 운용을 위해 按察使를 파견하여 지휘 통제케 하였다. 안찰사의 파견은 계수관의 전횡을 막기 위한 효과적 장치였지만 상대적으로 안찰사의 또 다른 전횡을 가져올 수 있는 소지를 갖고 있었다. 이에 계수관보다 관질이 낮은 안찰사를 파견하여 상호 모순된 상하관계를 설정해두었다. 이는 상호 견제와 대립 속에 조화를 이루어 어느 일방의 권력비대화와 수평적 야합을 방지하고자 하는 의도에서 나온 것이다.[12] 대읍을 중심으로 한 광역단위의 권역 내에서 몇 개의 주읍을 서로 병립시킨 것이나 주읍 내에 다수의 속읍을 병립시키고, 일읍 내에서 다수의 土姓과 戶長을 둔 이유도 어디까지나 상호 견제와 대립을 통한 효과적인 지방통치의 의도에서 비롯된 것이다. 그 결과 고려시대에는 중앙정부와 필적할 정도의 지방세력의 성장은 그만큼 불가능하였다. 어떤 강력한 지반세력이나 수령 또는 반란세력에 의한 跨州包郡하여 여러 고을을 연합하여 하나의 강력하고도 체계적인 지휘계통을 갖춘 세력이 형성되기란 그만큼 어려운 것이었다. 이러한 이유 때문에12, 13세기를 전후한 시기에 전국적인 농민항쟁세력이 창궐하였지만 결국 스러지고 말 수 밖에 없었다.

---

11) 이것은 거란의 침입 때 현종의 몽진을 들러싼 全州와 羅州가 보여준 대립상에서 엿볼 수 있다. 또한 무신정권기 이규보가 전주목의 司錄兼掌書記로 있을 때 지은 祭文 중에 "생각하건대, 이 남방이 두 경계로 갈라졌으니 羅州가 변두리를 둘렀고, 全州가 그즈음을 연결했는데 어찌 나주엔 비를 주고 우리 전주만 가물게 하는고? 하늘이 무슨 사사로움이 있어 그러하랴? 자못 우리들이 정치를 잘못한 것이 그 원인이라."(李奎報,「全州祭龍王祈雨文」『東國李相國集』卷37)고 한 것에서 지방관들의 지역적 이기성을 엿볼 수 있다. 그 이면엔 바로 지역권을 바탕으로 한 대립 갈등 구조가 도사리고 있다고 하겠다.

12) 金晧東, 앞의 논문 참조.

Ⅲ. 군현제의 시각에서 본 농민항쟁의 역사적 배경

1. 대읍중심의 광역단위의 권역별 군현제의 구조적 모순

　고려 전기에는 강력한 국가권력의 바탕위에서 국가 - 재지세력을 축으로 한 여러 갈래의 지방통제정책의 효과적 운영으로 인해 군현행정이 서로 모순없이 경쟁과 견제, 조화와 균형을 이룸으로써 농업생산력의 발전과, 이에 기반을 둔 징세조역이 별 문제없이 수행될 수 있었다. 그러나 12세기이후 대읍중심의 광역단위의 권역별 군현제에 편재된 일반 민들이 피역저항, 항조운동과 더불어 유망을 하게 됨으로써 대규모 농민봉기가 일어나게 되었다. 이는 기본적으로 중앙권귀들의 대토지겸병으로 인한 전시과제도의 몰락과 같은 사회경제적 모순관계의 발현에서 비롯된 것이지만 부세수취와 역역동원의 단위체인 대읍중심의 광역단위의 권역별 군현제도가 더 이상 사회의 발전에 정합적이지 못하였기 때문이기도 하다.

　국가 - 재지세력을 축으로 하는 대읍중심의 광역단위의 권역별 군현제 속에 편재된 일반 민들은 현실적인 세력에 따라 신라말 이래 생산력의 발전을 주도적으로 수용한 정호층과 그렇지 못한 자소작농으로서의 백정층으로 구분되었다. 호별편제에 의한 민의 통제를 실시하고자 하였던 고려왕조는 부세수취의 안정적 확보를 위해 군현별로 일정한 정호층을 확보하고자 하였다. 이런 상황 하에서 비록 국가가 권농기능의 비중을 소농민의 안정에 두고, 빈민구제와 진휼정책을 구사하였지만 아직까지 불안정한 수준의 경영조건을 갖고 있었던 소농민의 경영은 경작조건의 변화에 민감하여 정착도가 약할 수 밖에 없었기 때문에 유망화의 가능성은 얼마든지 있었다. 그러나 대읍중심의 광역단위의 권역별 군현제에 따른 지역연대제 하에서 본관제의 실시를 통한 민의 수평적 이동의 금지, 속인주의에 입각한 수취체제의 운영13)으로 인해 그 모순은 별로 노정되지 않았다.

도리어 안정된 국가적 기반위에서 국가와 민의 생산력 발전을 위한 투쟁의 결과 개간장려정책이 추진되어 농지의 양적확대가 이루어지는 등 12세기를 전후한 시기에 오면 전반적으로 농업생산력의 발전이 이루어지게 되었다. 그 결과 陳田의 경우 진전으로 남아있는 기간이 단축되고, 平田에서의 상경화 추세가 보편화되어 집약적 농업의 발전이 끊임없이 추구되어 농민가계의 보전과 안정이 가능하게 되었다. 특히 수령의 직할통치와 토성이민의 장악하에 있던 읍치지역은 비교적 넓은 농경지면적을 보유하고 있었고, 그 위치가 대개 하천의 중·하류유역에 위치하여 토질이 비옥하였다. 그리하여 고려초 이래 농업생산성 향상을 위한 관민의 노력이 경주된 결과 오지·벽지에 위치한 속읍이나 향소부곡보다 개발이 훨씬 앞섬으로써 자연촌 중심의 촌락발달이 나타나기까지 하였다.14)

그러나 12세기를 전후해 수리시설이 발달하고 연해안 저습지가 개발되어가는 농업환경의 변화와 더불어 시비술이 발전하고, 저습지 뿐만 아니라 산간의 척박지에도 경종이 가능한, 즉 환경적응력이 뛰어난 새로운 종자가 출현하였다. 이로 인해 주읍은 물론 산간벽지 및 연해지가 비교적 많은 속읍 및 향소부곡지역의 개발 가능성의 길이 열림으로써 고려사회는 커다란 변화를 맞이하게 되었다.15) 수령의 직할통치와 토성이민의 장악하에 있던 읍치지역인 대읍을 위시한 주읍보다 공권력의 침투가 미약하고 주민의 이탈현상이 그간 빈번하였던 속읍 및 향소부곡이 새로운 농업조건

---

13) "判 神步班屬諸白丁 願受內外族親田者 田雖在他邑 名隷本邑 許令充補."라는 기록에서 田地가 비록 다른 읍에 있다 하더라도 田籍은 현지에 등록되는 것이 아니라 소유자의 本邑에 등록되었음을 알 수 있다. 이를 '屬人主義'에 입각한 지배방식으로 이름할 수 있을 것이다(이 용어는 金潤坤, 앞의 박사학위논문에서 처음 사용되었다).

14) 李樹健, 1987, 「古文書를 통해 본 朝鮮朝社會史의 一研究」『韓國史學』9, 한국정신문화연구원.

15) 魏恩淑, 1988, 「12세기 농업기술의 발전」『釜大史學』12, 부산대학교 사학회.

의 변화에 따라 토지사유화의 대상으로 떠오르게 되었다. 山田이나 新田 개간, 특히 저습지나 연해지 개간 등은 조직적인 노동편성을 요하는 것이었다. 이는 개인이나 가족노동력의 범위를 초월한 것으로서 국가권력이나 재지유력층의 경제력에 의존하거나 농민들의 역부담으로 이루어질 수 밖에 없었다. 그 결과 농업경영조건이 열악한 속읍민들이 개발의 성과를 획득하기 보다는 개별 자연촌락의 성장을 바탕으로 비교적 높은 생산력을 유지하였던 주읍의 在地吏屬層을 위시한 富强兩班, 富戶들이 속읍지역의 새로운 농업조건의 변화에 편승하여 임내인 속읍이나 부곡 등의 지역으로 침식하여 들어가는 역사적 현상이 나타나게 되었다. 그 과정에서 흉년과 가혹한 부렴 및 負逋로 인해 토지로부터 이탈해가던 농민들이 관권과 지주들의 수탈을 피하고 자기생산의 확충을 위해 신규 개간이 가능한 땅을 찾아 옮겨감으로써 토지를 소유할 수 있는 가능성을 지니게 되었다.[16] 이 때 반드시 땅이 좁은 협향의 사람이 땅이 넓은 관향으로 옮겨가는 것은 아니었지만 주읍에서 속읍으로의 이동이 이 시기의 농업조건의 변화에 따른 보편적 현상이었을 것이다. 그러나 이들의 이동은 이들이 그간 경작해 오던 토지의 진전화를 가져올 수 있는 것이었기 때문에 국가 및 지배층들은 이를 달가와하지 않았다. 바로 12세기 중엽 이후 국가가 현령·감무의 파견을 통해 유망민의 억제와 本鄕으로의 還本을 꾀하고자 하였던 이유는 바로 여기에 있었다. 12세기를 전후해 일면 수조권이 설정된 토지로부터의 경작민의 이탈과 부족현상, 일면 진전개발에 대한 지배층의 관심은 바로 이러한 역사적 상황하에서 나올 수 있는 현상이었다.

　이 시기에 광범위하게 발생하는 인간의 이동은 본관제에 바탕한 속인주의 지배방식으로 인해 어디까지나 비공식적으로 진행되는 것이며 元籍을 떼어 현주소로 가져가는 것은 아니었다. 대읍중심의 광역단위의 권역

---

16) 채웅석, 1990, 「12, 13세기 향촌사회의 변동과 '민'의 대응」 『역사와 현실』 3, 한국 역사연구회, 50~53쪽 참조.

별 군현제하에서 유망의 경우가 아닌 자발적인 경지확대나 신개간지에의
정착자들은 원적지로부터 추적되어 원적지 - 본읍에 대한 주민으로서의
의무를 종전과 같이 부담해야 하였다. 본읍은 월경해 간 인간을 계속 지
배할 뿐만 아니라 그 인간이 경작하는 토지마저 지배하였다.[17] 대읍중심
의 광역단위의 권역별 군현제가 확립된 이후 이러한 越境地 및 犬牙相入
地가 도처에 생겨나 결국 주읍에 의한 속읍의 잠식현상이 두드러지게 되
었다. 12세기 이후의 농업생산력의 발전은 속읍성장이라는 외피를 갖고
있지만 그 발전의 수익이 현지민에게 돌아가는 것이 아니라 결국은 외지
민에게 돌아가기 마련이었다. 이로 인한 속읍민들의 생활조건은 도리어
악화되어 결국 속읍민의 광범위한 유망이 일어나게 되었고, 마침내 대규
모 무력을 동원한 농민항쟁으로 이어지게 되었다.

무엇보다도 이 시기 농업생산력의 발전은 중앙권귀들의 토지소유 욕구
를 증대시켰으며, 이로 인한 대토지소유가 확대되어감으로써 전국의 땅이
개경의 권세가 - 부재지주의 손에 들어가 지방의 중앙에의 종속화 현상이
심화되어 갔다. 중앙의 권귀들은 지방관 내지 재지유력자와의 결탁,[18] 사
심관제도의 활용, 사원에의 은닉 등을 통해 대토지겸병을 확대시킴과 아
울러 이렇게 확대한 농장에 유망농민층을 초집하여 국가권력을 '배제하고
사적 권력에 의한 직접 지배를 하게 되었다. 군현조직을 통한 收租가 부
정되고 사적 권력에 의한 직접 收租현상이 보편화되자[19] 군현제를 매개
로 하여 유지되어온 전시과제도는 그 수혜자인 왕실 및 귀족 관료들의 손

---

17) 李佑成, 1983, 「李朝時代 密陽古買部曲에 대하여 - 部曲制의 발생 형성에 관한 一試
論 - 」 『震檀學報』 56.
18) 『高麗史』 卷78, 食貨1, 田柴科, "明宗十八年下制 凡州縣 各有京外兩班軍人家田永業
田 乃有姦黠吏民 欲託權要 妄稱閑地 記付其家 有權勢者 又稱爲我家田 要取公牒 卽
遣使喚 通書囑託 其州目僚 不避干請 差人徵取 一田之徵 乃至二三 民不堪苦 赴訴無
處 冤忿衝天 灾沴間作 禍源在此 捕此使喚 枷械申京 記付吏民 窮極推罪."
19) 金潤坤, 1988, 「羅麗郡縣民 收取體系와 結負制度」 『民族文化論叢』 9.

에 의해 부정되기에 이르렀다. 특히 이러한 중앙권귀들의 토지소유 확대 또한 관권의 침투력이 보다 약한, 그리고 개발의 여지가 있는 속읍지역에 조직적으로 행해지기 마련이었다.[20] 특히 이 시기의 대토지겸병은 관직을 매개로 하면서 국가권력을 등에 업고 자행되었기 때문에 지방관이나 향리들이 이를 억지한다는 것은 사실상 어려웠다. 도리어 그들은 이를 기화로 하여 자신의 이익을 챙기기까지 하였다. 그 과정에서 나타난 수령이나 서리의 중간수탈은 기본적 모순은 아니었지만 조세수취체계의 현장에서 농민에게 보다 직접적으로 가해지는 것이었기 때문에 농민에게 중요한 모순으로 인식되지 않을 수 없었다. 이러한 점 때문에 농민항쟁의 와중에서 이들은 농민들의 일차적 타도의 대상이 되었고, 중앙정부 또한 이를 기화로 이들의 작폐와 중간수탈을 지적함으로써 항쟁의 열기를 누그러뜨리고자 한 경우도 있었다.

　12세기이후 생산력 발전의 성과물을 두고 국가, 부재지주로 등장한 중앙의 권귀 및 재지토호세력과 민의 대립 갈등이 첨예해지면서 속읍지역의 새로운 경작지의 확대와 생산력 증가 등의 성과물은 국가 및 중앙권귀 및

---

20) 松廣寺의 '國師當時大衆及維持費'의 분석에 의하면 송광사에 기진된 토지의 소유자는 부재지주로서 나타나며, 특히 권귀들이 기진한 토지 가운데 국가의 공전체계에 포함되지 않은 사유지가 부곡에 치중되어 있다는 점이 주목된다(朴宗基, 1981, 「13세기 초엽의 村落과 部曲」『韓國史研究』33). 그리고 12세기 중반을 거치면서, 특히 무신정권의 성립을 계기로 기성관인들의 낙향생활이 보편화됨으로써 토착향리·장리들의 장악하에서 미개발된 상태로 있던 임내지역이 개발의 가능성을 갖게 되었다. 그러나 이들의 낙향생활은 15세기 이후의 재지사족과는 달리 본관·처향·외향을 택하여 일시 피난을 목적으로 서울을 떠나거나 일시 棄官歸農하였다가 다시 상경하기도 하였다(李樹健, 1987, 「古文書를 통해 본 朝鮮朝社會史의 一研究」『韓國史學』9, 한국정신문화연구원). 이들의 움직임은 결국 재경부재지주의 양산에 따른 지방의 중앙에 대한 종속성의 강화를 뜻하는 것이다. 명종조 청주에서의 '係京籍而退去者'와 토착의 州人과의 알력(『高麗史節要』卷12, 明宗 8年 3月)은 바로 이러한 모순구조의 표출에서 비롯된 것일 것이다. 비록 이것은 주읍에서의 양자의 대립이지만 속읍지역의 개발의 이익을 둘러 싼 이들의 대립은 전국적 현상일 것이다.

재지유력층에 의해 독점되었다. 반면에 일반 농민들의 가계는 이로 인해
정체 내지 더욱 축소를 강요당하기에 이르렀다. 더욱이 지역권을 바탕으
로 상호 연대책임을 지게 한 대읍중심의 광역단위의 권역별 군현제도는
외관의 극소화, 향리층의 숫적 극대화 속에서 국가 - 재지세력을 축으로
하는 대농민 지배방식을 채택하였기 때문에 국가, 재지세력의 민에 대한
불법적 수탈이 용이할 수 있는 구조적 모순을 안고 있었다. 또한 속읍보
다는 주읍, 주읍가운데 대읍에 권력집중을 초래하여 속읍 및 향소부곡 등
에 부세수취의 부담이나 역역의 부담이 가중될 수 밖에 없었다. 속읍의
주민들은 경제적으로 뿐만 아니라 신분적으로까지 불리한 처우를 받게 되
어 주민의 이탈현상이 두드러지는 등 상대적으로 개발이 뒤떨어졌음에도
불구하고21) 속읍과 주읍과의 관계는 마치 신하와 임금, 자식과 아버지,
비천하고 연소한 자와 지체 높고 나이많은 자, 아내와 남편에 비유되면서
당연한 것을 받아지도록 강요되면서 흔히 주읍의 이름으로 불리워지기까
지 하였다.22) 대읍중심의 광역단위의 권역별 군현제의 모순에 따른 속읍
지역 및 부곡지역의 민들이 일단 유망하면 본관제의 토지긴박과 속인주의
에 입각한 수취구조 아래서 남은 지역의 민들에게 族徵, 隣徵 등의 형태
로 그 부담이 전가되었다. 나아가 지역연대제의 대읍중심의 광역단위의
권역별 군현제 아래서 마침내 주읍에까지 그 부담이 돌아오게 되어 이제
이들마저 소농으로서의 기반을 잠식당하고 저항하게 되는 구조적 모순에
빠져들게 되었다. 그 결과 국가, 재지세력을 축으로 민에 대한 직접적 지
배를 관철하려는 국가적 수취질서와 그 매개체로서의 대읍중심의 광역단

---

21) 이것은 이규보가 전주목 사록겸장서기로 활동하면서 남겼던 '南行月日記' 등에 구
   체적으로 묘사되어 있다. 이에 관해서는 필자의 앞의 「高麗武臣政權時代 地方統治
   의 一斷面-李奎報의 全州牧 '司錄兼掌書記'의 活動을 중심으로-」;「高麗 武臣政
   權時代 文人知識人 李奎報의 農村現實觀」(『國史館論叢』42, 1993) 참조.
22) 『高麗史』卷71, 樂2 三國俗樂 東京, "東京 頌禱之歌也 或臣子之於君父 卑少之於尊
   長 婦之於夫 皆通 其所謂安康 卽鷄林府屬縣 而亦名東京 統於大也."

위의 권역별 군현제는 더 이상 농민층을 장악할 수 없게 되어 농민층의 離村流亡을 가져오게 되었다. 예종 즉위의 무렵에는 '유망이 서로 이어 열에 아홉집이 비었을 정도'라고 인식될 정도로심각한 사회문제를 가져다 주었다.[23] 향촌공동체에서 이탈한 유망민들은 일부 개간을 통한 토지획득을 하거나다수는 다시 농장에 흡수되고 전호화됨으로써 생산활동에 재차 투입되었다. 그러나 중앙집권적인 사회구조 하에서 지방도시의 지지부진한 발달과 유통경제의 미발달로 인해 유망민들은 대부분 생산현장에 흡수되지 못하고 일부는 群盜나 遊手無賴 등의 형태로 존재하면서 점차 그 세력을 키워 나가고 있었다.[24]

광범위한 민의 저항으로 인해 부세수취와 역역동원에 커다란 문제점이 야기되자 고려왕조는 마침내 '민의 유망을 막고 그들로 하여금 산업에 종사할 수 있도록 하기 위해서' 현령·감무를 파견하기 시작하였다.[25] 예종 원년에 속읍에 감무가 파견되기 시작하여 동왕 3년에 이르기까지 67 읍, 인종조에 20 읍, 명종2년에서 6년 사이에 66읍에 집중적으로 현령·감무가 파견됨으로써 대읍중심의 광역단위의 권역별 군현제는 구조적 개편을 겪게 되었다. 유망을 막기 위한 감무 파견지역이 계속 확대되었다는 것은 감무의 파견에도 불구하고 유민의 수가 계속 확대되었음을 뜻하는 것이다.

여기에서 결코 간과해서 안될 사실은 당시 주읍화하였던 속읍이 일정한 호구와 전결은 물론 수령의 公궤 등을 부담할 만한 재정규모를 가질 정도로 일읍의 생산력이 발전하였다는 점이다.[26] 속읍지역의 이러한 사

---

23)『高麗史節要』卷7, 睿宗 元年 3月.
24)『高麗史』卷79, 食貨2, 農桑, 仁宗 6年 3月 ; 같은 책 卷100, 列傳, 盧永淳 ;『高麗史節要』卷14, 熙宗 6年 4月 ; 같은 책 卷15, 高宗 11年 4月.
25)『高麗史』卷12, 世家, 睿宗 元年 4月 庚寅.
26) 金東洙는「고려 중·후기의 監務 파견」(『全南史學』3, 1989. 12)을 통해 "置守에는 貢賦와 差役을 감당할 수 있을 정도의 人口와 토지, 人吏, 奴婢 등 어느 정도의 재정규모를 갖추어야 함은 물론 수령의 供饋라는 추가 부담이 주어진다."고 하였다.

회경제적 변화에도 불구하고 속인주의에 입각한 군현지배방식의 특성상
에서 생겨난 越境地, 犬牙相入地 등으로 인해 그 수익의 성과물이 속읍민
에게 돌아가지 않았다. 그럼에도 불구하고 속읍에 대한 주읍의 착취가 가
중되자 이의 개선을 위한 속읍민들이 유망 등의 형태로 광범위한 저항을
표시하게 되었다. 이에 중앙정부에서도 현령·감무 등을 파견하여 속읍민
들의 저항을 완화시키지 않을 수 없었다.27) 이런 의미에서 이 시기 속읍
의 주읍화는 생산력의 발전을 바탕으로 한 속읍민들의 오랜 투쟁의 결과
이기도 한 것이다.

　속읍지역을 중심으로 한 농민층의 유망으로 인해 대읍중심의 광역단위
의 권역별 군현제의 모순이 노정되자 중앙정부는 현령·감무 등의 파견을
통해 越境地, 犬牙相入地의 조정을 일차적으로 기하여 속읍민들의 불만
을 해소하는 한편 族徵·隣徵의 완화를 비롯하여 地品·節候 등에 맞추어
권농정책을 시행하기도 하고,28) 堤堰의 신·증축을 통한 수리관개시설의
확충을 기하기도 하는가 하면,29) 保組織 등을 통한 荒田의 개간 등을 꾀
하고자 하였다.30) 이로 인하여 농촌사회가 일보 진전될 수 있게 되었다.
속읍에 현령·감무가 파견됨으로써 향리층들의 재량권은 그만큼 축소되기
에 이르렀고, 주읍에 의한 속읍의 수탈은 어느 정도 배제될 수 있었으며,
그러한 과정에서 농촌사회의 전반적인 성장이 가능하였다.

---

27) 고려 명종때 尙州牧 司錄 崔正份에 의해 수축된 恭檢池는 실제 그 속읍인 함창에
　있는 것으로서 함창민의 땅과 힘으로 이루어진 것이지만 그 관개의 이로움이 상주
　민에게 돌아간다고 한데서 주읍위주의 행정에 따른 속읍민들의 불만을 엿볼 수 있
　다(『新增東國輿地勝覽』卷28, 尙州牧 山川條 恭檢池에 관한 기사 및 같은 책 卷29,
　咸昌縣 山川條 洪貴達의 記文 참조) 결국 이곳은 명종 2년 감무가 파견되었다. 주
　읍과 속읍의 구체적 관계는 金晧東, 앞의 논문 ; 金東洙, 앞의 논문 등이 참조된다.
28)『高麗史』卷79, 食貨志2 農桑 仁宗 23年 5月.
29) (「吳元卿墓地銘」『高麗墓地銘集成』金龍善 編著, 한림대학교 아시아문화연구소,
　1993 ;『新增東國輿地勝覽』卷28, 尙州牧 山川 恭檢池.
30) 崔瀣,「送安梁州序」『拙藁千百』.

일면 속읍의 주읍화는 민에 대한 억압과 수취강화의 기도를 위한 국가적 의도와도 맞물려 있었다. 대읍중심의 광역단위의 군현제와 이에 바탕한 속인주의에 입각한 군현지배방식은 월경지, 견아상입지 등의 광범위한 발생으로 인해 생산력의 발전에 따른 개간지의 확대, 인구의 수적 변화나 지역적 이동을 제 제때 호적대장과 토지대장 등에 반영할 수가 없었다. 난숙한 귀족문화의 유지를 위해 세액 증대의 필요성이 필요하였던 국가 및 지배층은 농촌사회의 일보 전진이라는 시대적 상황하에서 현령, 감무의 파견을 통한 수취강화를 시도하였다. 이런 의미에서 유민의 안집이 이루어졌다는 것은 실상 월경지, 견아상입지의 조정을 통하여 인구의 지역적 이동으로 인해 파생된 누락 호구를 적발하든가, 또는 유망민을 그 지역에 안집시킨 것에 불과한 것이다. 여기에는 필연적으로 量田이 다시 실시되어 누락된 田地 및 신개간지를 토지대장에 올리는 작업이 수반되었다. 이 시기 국가의 이러한 일련의 정책은 결국 그 무렵부터 현저해지는 토지탈점, 농장의 확대현상과 함께 생산력의 발전을 농민에게 빼앗는 결과를 가져와 농민가계의 보전과 성장조건을 저해하여 그들의 저항을 유발하는 요인이 되었을 것이다. 국가와 지배층의 수취압박은 常貢 외의 徭役이나 관영창고의 고리대적 운영, 別貢, 횡렴 등의 형태로 가중되었다. 뿐만 아니라 수공업이나 상업을 통하여 소농민들이 잉여를 축적할 가능성도 권귀, 사원, 지방관, 향리 등의 강제적 상행위에 의해 축소를 강요당하였다. 그것은 후기에 이르르면 抑賣買, 互市, 反同의 형태로 나타나 방납행위와 함께 직접생산자층의 잉여축적과, 그에 기반하는 유통경제의 발전을 크게 억제하였다. 결국 이로 인해 일반 민들은 생산력의 발전에 따른 수익을 향유할 수 있는 기회를 빼앗기고 재생산기반의 파괴를 당함으로써 무력항쟁의 길로 접어들지 않을 수 없었다.[31]

---

31) 채웅석, 앞의 논문 참조.

외관이 없던 속읍에 수령이 새로이 파견될 때에는 군현통치권이 향리에서 수령으로 인계됨에 따라 군현행정의 중심이 종전의 邑司에서 官衙로 옮겨가게 된다.[32] 이는 그간 읍사를 중심으로 그 지역을 지배해왔던 향리들의 반발을 초래하기도 하였을 것이다. 이것이 무신정권시대의 농민항쟁에 재지세력이 가담하고, 농민항쟁을 증폭시키는 한 요인이기도 하였다.

현령 감무의 파견으로 인한 대읍영속관계의 구조적 변천은 주읍위주의 행정에서 비롯된 속읍민들의 저항에서 비롯된 것이다. 이는 대읍중심의 광역단위의 권역별 군현제가 당시의 농업생산력의 발전과, 이로 인한 속읍의 성장에 정합적이지 못하고 도리어 질곡의 대상이 되었음을 말해주는 것이다. 그러나 이의 시정을 위한 근본적 개혁조처는 강구되지 않았다. 단지 미봉책으로서 수령의 작폐를 금하거나 속읍지역에 대한 현령 감무의 파견을 통해 유망현상을 공권력으로 억지하고자 하였을 뿐이다. 결국 중앙정부는 현령 감무의 파견을 통해 안정적인 수취의 확대를 꾀함으로써 궁극적으로 농촌사회의 진일보와 속읍의 성장을 저해하였을 뿐이다. 그렇기 때문에 당시의 속읍이 모두 주읍화의 길로 나아간 것이 아니라 당시 농업생산력의 발전이 두드러진 극히 일부분의 속읍만이 그 혜택을 입은 것에 불과하였다. 아직도 상당수의 지역이 여전히 속읍으로 남아 있으면서 비교적 호구수와 전결수가 충실한 지역이 그 주읍의 영역권 내에서 빠져나간 상태하에서 주읍으로부터 더 가혹한 수탈에 빠져들게 됨으로써 속읍을 중심으로 광범위한 농민항쟁이 일어나게 되었던 것이다.[33]

그나마 예·인종 대의 현령·감무의 파견은 유망민의 안집과 해당지역의 농업생산력의 발전이라는 가시적 성과가 지역에 따라 나타났었지만[34] 무

---

32) 李樹健, 1989, 「高麗時代 「邑司」 研究」 『國史館論叢』 3, 66~67쪽 참조.

33) 毅宗朝 洪州의 屬邑 산곡간을 중심으로 盜賊, 즉 농민봉기가 일어난 것은 그 한 예에 불과한 것이다(金龍善 編著, 1993, 「李文著 墓地銘」 『高麗墓地銘集成』 234~235쪽, "毅廟天德四年 出守洪州 先是此州屬縣諸△谷間 盜賊蜂起 爲害△甚.")

34) "경인일에 아래와 같은 조를 내렸다. 요전에 서해도의 儒州·安岳·長淵 등 縣의 人

신정권의 성립 이후 이루어진 현령·감무의 파견은 그 의미가 자못 다르다. 무신쿠데타가 성공을 거둔 후인 명종 2년(1772)에서 6년 사이에 58개 속읍에 감무가 새로 설치되었다. 당시 감무의 설치는 명종 2년 6월 李義方의 형인 李俊儀의 건의에 의해 이루어진 것으로서35) 무신권력의 확대와 관련되는 것이다. 무신정권은 이를 통해 자기 세력의 지방 布置와 함께 신설 감무를 통해 지방의 조세·공물의 징수와 역역자원을 확보함으로써 자신의 정치적·경제적 기반 구축이 가능했던 것이다.36) 무신쿠데타이후 모주로 추대되었던 정중부가 서해도 군현을 자기 출신지인 海州牧에 이속시키는 등 자기 본관에 대한 배려를 함과 동시에 서북면 병마사에 자기의 사위인 宋有仁을 파견함으로써 여타의 서북면 지역에 대한 영역간의 갈등의 격화와 가혹한 수탈을 가져오게 한 사실이 있었다.37) 또 이의방은 그 외향인 金溝에 현령을 둔 바 있는데,38) 『世宗實錄』 「地理志」의 金溝縣의 (그 속읍인 巨野縣과 합한) 戶口數나 墾田數를 고려해볼 때 전주목 관내의 주읍의 평균치에 미치지 못하였다. 이는 이의방 당시에 있었던 금구현의 주읍화가 토지의 광협과 호구수의 다소를 고려한 것이 아니라는 것을 말해주는 것이다. 명종 3년 10월에 3京·4都護·8牧을 비롯하여 郡·縣·館·驛의 任에 이르기까지 모두 무인으로 대치시킨 것이나39) 동왕 8년에는 무산계에 간단한 시험을 거쳐 외관에 보임한 사실 등과 결부시켜

物이 流亡하여 비로소 監務官을 차정하여 안무케 하였더니 드디어 流民이 점차 돌아와 産業이 날로 성하게 되었다. 지금 牛峯·兎山 등 24縣의 인물 또한 점차 流亡하니 儒州例에 따라 감무를 두어 招撫하라고 하였다(『高麗史節要』 卷7, 睿宗 元年 4月).

35) 『高麗史節要』 卷12, 明宗 2年 6月, "左承宣李俊儀 奏請置諸州任內五十三縣監務 命群臣議 以俊儀勢重 性且猜險 無敢異同."

36) 李樹健, 1984, 『韓國中世社會史硏究』, 일조각, 370쪽.

37) 『高麗史』 卷128, 列傳, 鄭仲夫 ; 『高麗史節要』 卷12, 明宗 2年 6月.

38) 『高麗史』 卷57, 地理2, 全羅道 全州牧 金溝縣.

39) 『高麗史』 卷12, 明宗 3年 10月.

볼 때 명종 2년에 한꺼번에 50 여명의 감무를 파견한 것은 집권무신의
논공행상과 경제적 기반의 확보를 위한 것이었기 때문에 당시 집권무신들
의 휘하나 문객 중에서 주로 발탁되었다. 명종 8년에 武人 宋有仁·李光
挺 등의 건의에 10 道에 察訪을 파견하고 외관을 출척한 결과 坐贓落職
者가 8,9 백여명에 달하였고, 이들이 경대승 집권기에 사면을 받았다는
사실40)에서 그간 외관의 임명이 집권무신들의 권력의 확대와 관련되어
전개되었다는 사실과 또한 이들의 대다수가 그 기본 소임을 다하지 못하
였음을 추측할 수 있다. 이들은 대개 탐오한 외관이 되기 마련이어서 당
시 농민봉기의 타도의 대상으로 나타날 수 밖에 없었다.41)

　인위적이고 작의적인 군현영속관계의 개편은 그로부터 불이익을 받게
된 지역과 오랫동안 주읍의 수탈을 받으면서도 생산력의 증가를 통해 성
장하고 있었던 속읍들의 커다란 반발을 사게 되었을 것다. 이것이 바로
농민항쟁의 중요한 원인의 하나가 되었을 것이다. 더욱이 대읍영속관계의
변천은 인구의 지역적 이동으로 생겨난 犬牙相入地, 飛地 등으로 불리우
는 越境地의 귀속문제를 둘러싸고 새로운 영역간의 갈등을 불러일으키게
됨으로써 농민항쟁은 더욱 격화될 수 밖에 없었다.42)

　무신정권의 성립은 일면 새로운 사회변혁의 가능성을 열어놓았지만 그

---

40) 『高麗史節要』 卷12, 明宗 8年 正月 ; 『高麗史』 卷20, 明宗 11年 9月 丙子.
41) "庚癸政亂 이후로 市井에서 짐승 잡고 술 팔던 무리와 활을 당기던 군사들 중에
　　부당하게 외직의 수령에 참여한 자가 많았다. 저 光允의 무리들은 평일에 송곳끝
　　만한 이익과 한 되 한 홉의 이익을 다투어 약탈하는 것과 속여서 매매하는 것으로
　　서 좋은 계책으로 삼았으니, 이러한 때에 어찌 염치가 나라의 기강이 되고 백성이
　　나라의 근본이 됨을 알겠는가. 하루 아침에 한 고을의 수령이 되어 주고 빼앗는 권
　　한을 가지게 되면 재물을 몹시 탐내고 이익을 취하는 것은 당연한 일이다. 아 ! 벼
　　와 기장 밭에 소와 말을 놓아 두고 꿩과 토끼가 있는 곳에 매와 사냥개를 풀어 놓
　　고서 그 짐승들이 뜯어 먹고 물어 뜯는 것을 금하고자 하면 그것이 되겠는가."(『高
　　麗史節要』 卷13, 明宗 18年 8月)
42) 金晧東, 1994, 「12, 13세기 농민항쟁의 전개와 성격」 『한국사』 6, 한길사, 182쪽
　　참조.

자체 치열한 권력쟁탈전의 소용돌이에 휩싸임으로써 반동적 성격을 띠면
서 오직 힘의 논리를 통해 기존사회체제를 유지하고자 하였다. 이러한 무
신정권의 반동적 체제로 인해 가혹한 부세수탈과 세정문란이 이어짐으로
써 내적 모순이 더욱 심화되었지만 국가권력은 이를 수렴하지 못하고 도
리어 사적 권력의 도구로 전락되어 허구화되어 버렸다. 결국 국가-재지
세력-민의 상호관계가 무너져 향촌사회 내에서마저 '富益富 貧益貧'현
상 등의 농촌사회의 분화, 농민층분해가 두드러지면서[43] 국가 대 민, 지
배층과 피지배층, 富者와 貧者의 갈등과 대립으로 인해 광범위한 농민항
쟁이 일어나게 되었다.

2. 군현지배의 인적 구성원의 문제

12·13세기의 농민항쟁은 대읍중심의 광역단위의 권역별 군현제의 구조
적 모순에 따른 주읍에 의한 속읍의 수탈, 속인주의의 지배방식에 따른 월
경지, 견아상입지의 발생, 대읍영속관계의 변천에 따른 이들 지역의 여탈

---

43) 명종조에 한 영역내에서 富强兩班, 혹은 富戶와 貧弱百姓이 대비되고 있다(『高麗史』
   권79, 食貨2, 借貸). 더욱이 노비인 平亮이 '務農致富'하여 免賤한 뒤 산원동정의 직
   까지 얻은 예가 있다. 眞覺國師 慧諶이 "況富者多不爲仁 或約倍長 或約半長 而腹剩
   收其利 故富者益富 貧者益貧 此亦爲政者之所同矔也"(『無衣子詩集』 卷下, 「常住寶
   記」『韓國佛敎全書』 6책, 65쪽 下)라고 한 것, 李奎報가 「望南家吟」에서 "남쪽 집
   은 부자요 동쪽 집은 가난한데, 南家에선 가무가 들려오고 東家에선 곡성만 애절토
   다. 노래와 춤은 어찌 저리도 즐거운가, 손님이 마루를 메우고 술도 만 섬이 넘네,
   통곡하는 소리는 왜 저리도 구슬픈가, 냉랭한 부엌에는 이래동안 연기 한 점 안 오
   르네, 동쪽 집 아이들 남쪽 집 바라보니, 고기 씹는 소리 마치 대 쪼개듯 요란하
   네."(『東國李相國集』 卷2)라고 읊은 것에서도 이미 '富益富 貧益貧' 현상이 보편화
   되어 갈등과 대립의 관계가 상당하였음을 알 수 있다. 이것은 고려중기 이후의 사
   회적 생산력의 발전이라는 조건에서 비롯되는 것이지만 특히 무신쿠데타이후의 내
   외적 모순의 심화와 중첩화로 인해 한 영역 내의 계층간 혹은 계층내의 빈부의 격
   차가 더욱 심해졌기 때문이다.

을 둘러싼 영역간의 갈등 등의 요인에 의해 일어나기도 하였다. 특히 이것
은 지방행정 운영의 인적 구성원의 변질에 의해 더욱 격화되기도 하였다.

지방분권적 사회인 서구 중세사회의 경우 농민항쟁은 봉건영주와 농민
과의 계급적 대립구조를 기본 축으로 하고 있다. 이에 반해 고려사회의
경우 중앙집권적 사회구조의 틀 속에서 군현제를 통한 국가–재지세력
(향리층)을 축으로 하는 대농민지배방식을 취하고 있었기 때문에 농민항
쟁은 국가 대 민의 모순관계가 기본적으로 관철되고 있었다. 특히 상주외
관의 극소화와 향리층의 수적 극대화를 바탕으로 한 고려시대의 군현제는
국가–재지세력(향리층)을 축으로 하는 대농민지배방식을 채택하였기 때
문에 국가 및 재지세력의 민에 대한 불법적 수탈이 용이할 수 있는 구조
적 모순을 안고 있었다. 12, 13세기에 등장하는 대규모 토지탈점과 농장
의 확대발달은 중앙집권적 사회구조 아래서 중앙의 權貴를 중심으로 하
여 일어난 것이었지만 이것 역시 국가권력을 등에 업고 지방관과 향리를
매개로 하여 조직적으로 행해진 것이었기 때문에 대토지소유자와 몰락 영
세농민간의 대립과 같은 계급대립의 요소도 표면적으로는 지방관 및 在
地吏屬의 가혹한 수탈로 비쳐지게끔 되어 있었다. 그 결과 농민항쟁의 타
도의 대상은 일차적으로 지방관과, 그에 기생하는 향리층을 위시한 재지
토호였다는 점은 일면 당연하다. 더욱이 무신정권 이후 중앙에서 지방으
로 파견된 외관 상호간의 분열과 대립이 노정되자 군현행정이 파국을 맞
이하게 되었다. 이로 인해 농민항쟁은 격화될 수 밖에 없었다.

대읍을 중심의 광역단위의 권역별 군현제는 주읍, 그리고 계수관이 파
견된 대읍으로의 권력집중을 초래할 가능성을 갖고 있었다. 이것을 방지
하기 위해 대읍위주의 지역권을 상호 병립시켜 대항관계를 유지케 함으로
써 효과적인 통치를 기하고자 하였다. 이의 효과적 운용을 위해 按察使를
파견하여 지휘 통제케 하였다. 안찰사의 파견은 계수관의 전횡을 막기 위
한 효과적 장치였지만 상대적으로 안찰사의 또 다른 전횡을 가져올 수 있

는 소지를 갖고 있었기 때문에 계수관보다 관질이 낮은 안찰사를 파견하
여 상호 모순된 상하관계를 설정해두었다. 이는 상호 견제와 균형 속에
조화를 이루어 어느 일방의 권력 비대화와 수평적 야합을 방지하고자 하
는 의도에서 나온 것이다. 대읍을 중심으로 한 광역단위의 권역 내에서
몇 개의 주읍을 서로 병립시킨 것이나 주읍 내에 다수의 속읍을 병립시키
고, 일읍 내에서 다수의 土姓과 戶長을 둔 이유도 어디까지나 상호 견제
와 균형을 통한 효과적인 지방통치의 의도에서 비롯된 것이다. 그러나 무
신정권의 성립 이후 가혹한 부세수탈과 세정문란이 나타남에도 불구하고
국가권력은 이를 수렴하지 못하고 도리어 사적 권력의 도구로 전락, 허구
화되고 말았다. 상호 견제와 균형 속에 조화를 이루어 어느 일방의 권력
비대화와 수평적 야합을 방지하고자 한 안찰사제는 대읍중심의 광역단위
의 권역별 지배는 갈등과 대립의 모순구조로 치달으면서 군현행정을 파행
으로 몰고 감으써 군현민에게 이중·삼중의 지배를 가져다 주었다. 이의
개선을 위해 중앙정부는 찰방사, 권농사, 계점사, 교정수획원 등을 파견하
였지만 이것은 도리어 이들의 중첩적 파견으로 인한 군현행정의 난맥현상
을 더욱 부채질하여[44] 농민항쟁을 더욱 격화시키는 요인이 되었다.

　외관의 극소화, 향리의 수적 극대화를 특징으로 하는 대읍중심의 광역
단위의 권역별 군현제를 효과적으로 운용하기 위한 제도적 장치로 설정된
외관 속관제는 어디까지나 계수관 혹은 수령들이 그 관할하의 군현행정을
전부 관장할 수 없는 상황 하에서 나온 것이다. 그들은 관내 영읍 및 속읍
을 외관을 대신하여 항례적으로 순찰토록 하였다. 따라서 이들의 업무를
굳이 세분하여 分掌시킬 필요가 없었다.[45] 이것은 서로의 대립과 갈등을

---

44) 金潤坤, 앞의 안찰사에 관한 논문 및 군현민 수취체계에 관한 논문 참조.
45) 박종기는 앞의 속관제에 관한 논문에서 『高麗史』 등의 판관, 사록 등의 사료를 검
　　토해 이들의 직임이 별 차이가 없다고 하면서도 굳이 중국측의 사료를 검토하여 이
　　들의 직임을 구분하여 설명하고 있다. 그러나 고려의 관제 등이 중국의 명칭을 받
　　아들여 사용하였지만 그 실제는 중국의 그것과 커다란 차이가 있었다는 감안하지

낳을 소지를 그 자체 안고 있었다. 무신정권의 성립 이후 文武交差制의
실시는 그 모순을 극도로 노정시켜 갈등과 대립을 야기시키게 되었다.

　외관 상호간의 분열 대립상이 전시대에 없었던 것은 아니지만 무신정
권시대 이후 더욱 증가되었다. 그 원인은 여러가지 측면에서 상고할 수
있겠지만 그 가운데 하나로서 문무교차제를 우선 열거할 수 있을 것이다.
무신정권시대에 있어서 외관 임명의 가장 큰 변화는 문무교차제의 실시이
다. 무신정권의 성립이후 文科출신의 仕路였던 州縣外補에 文武交差制
가 실시됨에 따라 군현조직 내부에서의 외관 상호간의 분열 대립의 양상
이 나타나게 되었다. 문무교차제의 실시로 인해 새로이 외관에 보임된 무
인들은 자신과 중앙의 집권무신들의 입지와 경제적 기반의 구축을 위해
노력하였을 것이고, 이로 인해 다른 외관과의 대립 갈등이 크게 노정되어
군현통치의 난맥상을 가져와 농민항쟁의 격증을 가져오게 되었다. 더욱이
몽고의 침략을 받게 되자 군현조직이 전쟁수행을 위한 비상사태로 전환하
지 않을 수 없었기 때문에 무인출신의 외관이 그 품계의 상하와는 상관없
이 영향력을 증대시켜 나갔을 것이기 때문에 외관 상호간의 대립 갈등이
더욱 증폭되었을 것이다. 수령 및 州縣外補의 자리를 두고 文·武 상호간
의 첨예한 대립양상은 그 자신들의 이해관계 때문이며, 농민층의 이익을
위한 대립은 결코 아니었다.46)

　외관의 극소화를 추구하였던 대읍중심의 광역단위의 권역별 군현제는
고려중기 이후 군현행정의 개혁의 방향이 중앙집권화를 위하여 按察使－
守令制를 근간으로 한 군현제를 모색하게 됨에 따라 커다란 변화를 겪게
되었다. 그 과정에서 현령·감무 등의 파견으로 인한 수령의 증대는 광역
단위의 권역별 군현제하에서 계수관이 파견된 대읍과 주읍 등에 파견되어

　　않으면 안될 것이다. 반면 필자는 앞의 이규보의 전주목 사록겸장서기의 활동을 분
　　석하여 관관을 관리자로서, 사록을 행정실무가로서의 성격을 갖고 있다고 보았다.
46) 金晧東, 앞의 「高麗 武臣政權時代 地方統治의 一斷面」 108쪽 참조.

활동공간을 보장받았던 判官, 司錄 등의 속관의 역할 축소를 가져오게 하
였다. 결국 이들은 '民少官多'의 폐단을 야기하는 존재로 부각되면서 개
혁의 대상으로 내몰리게 되었다.[47] 더욱이 군현행정의 실질적 행정실무
자로서 수령의 대민방패막이였던 사록 등의 속관은 그간 농민항쟁을 야기
시키는 존재로 흔히 부각될 수 밖에 없었기 때문에[48] 속관제의 축소 주장
의 당위성은 그 勢를 얻을 수 밖에 없었다. 속관제의 축소는 대읍중심의
광역단위의 권역별 군현제가 해체의 길에 접어들었음을 단적으로 보여주
는 것이다.[49]

대읍중심의 광역단위의 권역별 군현제 속에서 광활한 활동무대를 갖고
있었던 향리층 역시 문벌귀족의 폐쇄성 및 농업생산력의 발전과 대읍영속
관계의 변천으로 인해 계층분화가 현저하게 나타나게 되었다. 12세기 이
후의 농업생산력의 발전은 일면 재지토호층들의 경제적 기반의 확대에 기
여하였지만 결과적으로 전시과체제의 붕괴와 농장제의 확대를 가져옴으
로써 전시과체제하에서 보장받았던 향리들의 기득권은 축소되지 않을 수
없었다. 특히 향리층의 인적 기반의 확대에도 불구하고 현령·감무 등의
외관의 파견으로 인한 대읍영속관계의 변천은 향리들의 활동공간을 크게
위축하였기 때문에 광범위한 계층분화가 나타날 수 밖에 없었다. 그리고
무신정권의 성립후 각종 반란세력의 도전에 직면한 무신정권이 이들을 진
압하기 위하여 현지의 토착세력을 회유 내지 등용함으로써 향리자제가 크

---

47) 朴宗基는 앞의 외관 속관제에 관한 글에서 14세기 충렬왕을 전후한 시기에 속관제
가 축소되었다고 하였다. 이것은 "중앙정부의 지배능력이 크게 신장되어 이제 속관
의 필요성이 그만큼 없어졌기 때문이다. 그러나 보다 근본적인 원인은 군현에 많은
관원이 파견됨으로써 민에 대한 폐단과 함께 군현자체의 피폐화를 가져다 주었기
때문이었다."(45~46쪽 참조)라고 하였다.

48) 金晧東, 앞의「高麗 武臣政權時代 地方統治의 一斷面」;「12, 13세기 농민항쟁의
전개와 성격」참조.

49) 高宗 43年(1256)에 '諸縣尉'의 혁파(『高麗史』卷77, 百官2, 外職 諸縣條) 역시 이러
한 맥락에서 찾을 수 있다.

게 진출하였지만, 이는 향리의 대립과 분열을 조장하고 계층분화를 더욱 촉진시키는 결과를 가져오기도 하였다. 이로 인한 일읍의 주도권을 둘러 싼 이들의 갈등관계가 표출되기 시작하여 표면적으로는 향리층이 여전히 읍사조직을 통해 국가지배체제의 말단에 위치하여 재지지배력을 유지하 더라도 향읍사회를 주도하지 못하고 향역부담층으로 서서히 전락해가기 시작하였다. 이제 국가와 민의 관계를 조절하는 완충제로서의 역할보다는 권귀들의 농장확대에 편승하거나, 고리대 행위를 통해 사리를 도모하고 소농민들의 토지를 침탈하는 등 공을 해치고 사적 이익을 도모한다는 수 탈자적 성향을 보이게 되었다. 이 시기 농민항쟁세력의 일차적 타도의 대 상이 될 수 밖에 없었던 것은 바로 이러한 이유때문이었던 것이다. 한편 으로 일읍의 주도권 쟁탈전에서 탈락한 향리층은 도리어 체제에 대한 비 판의식을 지니고 은근히 변혁을 희망하기까지 하였던 것이다. 특히 무신 쿠데타이후 몰락한 문벌귀족들의 낙향 및 중앙권력과 연줄을 맺지 못하고 귀향한 관인과 동정직 소유자들의 반체제적인 움직임이 학문을 매개로 이 들에게까지 확산되면서 향촌사회에서 변혁의 의지를 지닌 지식인들이 나 타나기 시작하였다. 지역에 따라서는 이러한 변혁의 의지를 지닌 지식인 들의 일부가 농민적 기반을 가지고 농민항쟁에 적극 참여하게 되자 자연 발생적인 群盜형태는 보다 조직적이고무장된 형태의 농민항쟁으로 탈바 꿈하게 되었던 것이다.50)

IV. 맺음말

12·13세기의 농민항쟁은 항쟁의 범위 면에서 다른 어느 시대의 농민항

---

50) 이에 관해서는 필자의 「高麗 武臣政權時代 在地勢力과 農民抗爭」(『한국중세사연구』 창간호, 한국중세사연구회, 1994) 참조.

쟁보다도 광범위하게 전개되었다. 이것은 고려시대의 군현제의 특성, 즉 대읍중심의 광역단위의 권역별 군현제의 특성에서 비롯된 것이다. 대읍중심의 광역단위의 권역별 군현제하에서의 역역동원은 일읍 외에 주읍단위, 혹은 대읍을 중심으로 한 광역단위의 권역을 단위로 한 것이 많았다. 결국 이 역역의 장을 통해 광범위한 민의 불만이 결집되어 표출됨으로써 일읍을 뛰어넘어 여러 군현을 포괄하는 농민항쟁이 가능하였다. 결국 대읍중심의 광역단위의 권역별 군현제는 농민항쟁을 증폭시키는 역할을 하기도 하였다.[51] 그럼에도 불구하고 대읍중심의 광역단위의 권역 내에서 경쟁관계에 처한 읍들의 대립과 갈등에 따른 영역간의 갈등이 내재함으로써 한 지역권 전체가 항쟁에 나서는 경우도 있지만, 때로는 그 지역권내의 일부 군현이 도리어 항쟁의 진압에 앞장서기까지 하였다. 또한 대읍중심의 광역단위의 권역별 군현제의 병렬적 구조의 특징에서 오는 것으로서 그 지역권을 넘어서서 다른 지역권, 나아가 전국을 하나의 단위로 하는 계획적, 조직적 항쟁은 그만큼 어려운 것이다. 그렇기 때문에 국가에서는 농민항쟁이 일어났을 경우 그와 경쟁 내지 대립관계에 위치한 지역권의 지방군을 동원하여 우선 토벌에 임하였고, 농민항쟁을 진압한 후에는 군현등급의 승·하강 혹은 대읍영속관계의 변천을 통하여 항쟁의 재연을 막

---

51) 全州牧 관내 영현인 古阜郡의 속읍 扶寧縣에 위치한 邊山은 고려시대 材木倉이었다. 이 변산의 벌목에 전주목의 司錄兼掌書記인 李奎報가 斫木使로서 전주목 관내 46 州의 군대를 동원한 예가 보인다. 그런데 이 46 州는 대읍 전주목 관내의 영읍과 속읍 전부를 합친 숫자이다. 이 역역의 장을 통해 대읍중심의 광역단위의 권역에 위치한 농민들의 불만이 하나로 결집되어 농민항쟁으로 발전하였음을 알 수 있다. 명종 12년 3월, 全州에서 정용·보승군을 동원하여 관선제조를 하는 과정에서 旗頭 竹同 등이 官奴 및 群不逞의 무리들과 함께 봉기를 일으킨 사건은 위의 에로 보아 변산의 벌목에서부터 관선제조의 과정에서 동원된 전주 관내 46 읍의 농민들이 이 역역의 장을 통해 조직적으로 결집하여 일으킨 농민항쟁으로 볼 수 있다.(金晧東, 앞의 「高麗 武臣政權時代 地方統治의 一斷面」 ; 「12, 13세기 농민항쟁의 전개와 성격」 참조).

고자 하였다.[52]

그럼에도 불구하고 자연발생적이고 일회적, 분산적으로 일어난 농민항쟁이 지속적으로 일어나면서 자연경제에 의한 조건과 군현제에 규정된 지역권을 극복하여 지역적으로 다른, 또는 구체적 투쟁목적이 다른 세력끼리도 힘을 합쳐 활동하게 된 것은 주요한 발전이었다.

대읍중심의 광역단위의 권역별 군현제의 구조적 모순으로 인해 농민항쟁은 촉발되었다. 따라서 농민항쟁의 진행과정 및 그 결과로 인해 대읍중심의 광역단위의 권역별 군현제는 커다란 변화를 맞이하게 되었다. 속읍의 주읍화, 향소부곡의 소멸 및 월경지·견아상입지에 대한 與奪을 둘러싼 갈등에 따른 대읍영속관계의 변화, 속관제의 축소, 본관제적 질서에 기반한 屬人主義의 수취방식에서 貢戶制의 실시 등을 통한 屬地主義의 수취방식으로의 전환은 그 한 예이다.

---

52) 이에 관한 구체적인 예는 金晧東, 앞의 「12, 13세기 농민항쟁의 전개와 성격」 참조.

【참고문헌】

1. 저서

이수건, 1984, 『韓國中世社會史硏究』, 일조각

2. 논문

김동수, 1989, 「고려 중·후기의 監務 파견」『全南史學』 3

김윤곤, 1983, 「高麗郡縣制度의 硏究」, 경북대 박사학위논문

김윤곤, 1984, 「麗代의 按察使制度 成立과 그 背景」『嶠南史學』 창간호, 영남대 국사학회

김윤곤, 1988, 「羅·麗 郡縣民 收取體系와 結負制度」『民族文化論叢』 9, 영남대 민족문화연구소

김호동, 1987, 「高麗武臣政權時代 地方統治의 一斷面 – 李奎報의 全州牧 '司錄兼掌書記'의 活動을 중심으로 – 」『嶠南史學』 3, 영남대 국사학회

김호동, 1993, 「高麗 武臣政權時代 文人知識人 李奎報의 農村現實觀」『國史館論叢』 42

김호동, 1994, 「12, 13세기 농민항쟁의 전개와 성격」『한국사』 6, 한길사

박종기, 1981, 「13세기 초엽의 村落과 部曲」『韓國史硏究』 33

박종기, 1986, 「高麗의 郡縣體系와 界首官制」『韓國學論叢』, 국민대 한국학연구소

박종기, 1989, 「高麗時代 郡縣 지배체제와 구조」『國史館論叢』 4, 국사편찬위원회

박종기, 1990, 「고려전기 향촌지배구조의 성립과 그 성격」『역사와 현실』 3, 한국 역사연구회

박종기, 1992, 高麗時代 外官 屬官制 硏究」『震檀學報』 74

위은숙, 1988, 「12세기 농업기술의 발전」『釜大史學』 12, 부산대학교 사학회

이수건, 1987, 「古文書를 통해 본 朝鮮朝社會史의 一硏究」『韓國史學』 9, 한국정신문화연구원

이수건, 1989, 「高麗時代 「邑司」 硏究」『國史館論叢』 3

이우성, 1983, 「李朝時代 密陽古買部曲에 대하여 – 部曲制의 발생 형성에 관한 일시론 – 」『震檀學報』 56

채웅석, 1986, 「高麗前期 社會構造와 本貫制」『高麗史의 諸問題』, 삼영사

채웅석, 1990, 「12, 13세기 향촌사회의 변동과 '민'의 대응」『역사와 현실』 3, 한국 역사연구회

제4장 명학소민의 봉기의 결과와 역사적 의미

Ⅰ. 머리말

공주 명학소 망이 망소이의 봉기에 관해서는 旗田巍, 「高麗の明宗神宗時代に於ける農民一揆(1)」(『歷史學研究』 2-4, 1934)를 비롯하여 무신정권시대 농민항쟁을 다루는 글 등에서 많이 언급되었다. 특히 이에 관해서는 李貞信, 「高麗時代 公州 鳴鶴所民의 蜂起에 대한 一研究」란 전론적 연구가 있어 자료를 통해 밝힐 수 있는 전모는 거의 밝혀진 셈이다.[1] 그가 쓴 『한국민족문화백과사전』 7(한국정신문화연구원, 1991)의 '망이망소이의 난'에서 "이 난은 천민집단의 특수행정구역인 所에서 일어났다는 점에서 일반 농민반란과 구별된다. 망이·망소이 등이 봉기한 원래 목적은 천민신분에서 탈피해 국가의 직접적이고 과도한 수취를 모면하려는 데 있었다. 그러나 명학소민만으로 이 같은 대규모의 봉기가 가능했다고 보기는 어려우며, 난의 발발 초기에 공주 관아를 습격할 때부터 이미 주위의 일반 농민들도 적극 호응했을 것으로 여겨진다. 따라서 망이·망소이의 난은 천민집단의 신분해방운동과 농민반란의 두 가지 성격이 결합된 것이었다. 그리고 이 난은 비록 실패했지만, 고려사회 신분질서를 타파하려는

---

1) 이 논문은 그의 저서 『高麗 武臣政權期 農民·賤民抗爭 研究』(고려대학교 민족문화연구소, 1991)에 보완 수록되어 있다.

천민들의 신분해방운동이라는 점에서 그 선구적인 의미가 인정되며, 실제로 이후 소 등 천민집단의 소멸에도 영향을 끼쳤을 것으로 평가된다"고 한 것은 지금까지의 명학소민의 봉기에 대한 대체적인 시각이라고 볼 수 있을 것이다.[2]

본 발표는 이러한 기존의 연구 성과를 바탕으로 하면서 공주 명학소민 봉기의 전개과정을 통한봉기의 결과와 역사적 의미를 살펴보고자 한다.[3]

II. 명학소민 봉기의 전개과정과 결과

고려중기에 들어서면서부터 항조운동, 피역저항, 유망, 도적의 형태로 저항을 하던 농민들은 점차 무력항쟁의 형태를 띠면서 구체적인 저항을 시작하였다. 의종 6년(1152) 무렵 홍주(홍성)에서는 산곡간에 유리한 유망농민층이 중심이 되어 봉기하였다. 그 후 의종 9년을 전후해 완산(전주) 경내에서, 의종 16년에는 황해도와 강원도의 여러 지역에서, 의종 17~18년에는 경상도를 비롯한 남부지방에서 산골짜기로 몰려든 유망농민을 중심으로 농민항쟁이 일어났다. 이러한 항쟁은 수령이 지방군을 동원하여 곧 진압했기 때문에 큰 문제를 야기한 것은 아니었지만 이러한 농민들의 저항의 분위기를 에너르기로 삼아 무신정권이 성립될 수 있었다.

무신정권의 성립은 일면 새로운 사회변혁의 가능성을 열어놓았지만 그

---

2) 공주 명학소 망이·망소이의 저항 원인에 대해서 농민반란과 부곡 천민들의 신분적 반항의 두가지 성격이 합한 것이라는 견해(邊太燮, 1973, 「農民·賤民의 亂」『한국사』7)와 부곡제로 편적된 주민은 군현인에 비해 가혹한 수취를 당하였기 때문에 저항이 촉발되었다고 보는 견해(朴宗基, 1990, 「12, 13세기 農民抗爭의 原因에 대한 考察」『東方學志』69)로 대별되는데 이정신은 전자의 견해와 궤를 같이하고 있다.

3) 이 글은 대전대학교 지역협력연구원과 한국중세사학회가 공동으로【고려 무인정권과 명학소민의 봉기】라는 제목의 전국학술회의(2003년 10월 11일 대전대학교 지산도서관 6층 국제회의실)에서 발표한 글을 약간 보완한 글이다.

자체 치열한 권력쟁탈전의 소용돌이에 휩싸임으로써 반동적 성격을 띠면서 오직 힘의 논리를 통해 기존사회체제를 유지하고자 하였다. 이러한 무신정권의 반동적 체제로 인해 가혹한 부세수탈과 세정 문란이 이어짐으로써 내적 모순이 더욱 심화되었지만 국가권력은 이를 수렴하지 못하고 도리어 사적 권력의 도구로 전락되어 허구화되어 버렸다. 결국 국가 – 재지세력 – 민의 상호관계가 무너져 '富益富 貧益貧' 현상 등의 농촌사회의 분화, 농민층분해가 두드러지면서 국가 대 민, 지배층과 피지배층, 부자와 빈자의 갈등과 대립으로 인해 광범위한 농민항쟁이 일어나게 되었다.

무신정권이 권력을 장악한 후 그들의 손발이었던 무신들에 대한 논공행상과 자기세력의 지방포치의 의도하에 속읍지역에 감무를 파견함과 아울러 외관 文武交差制를 실시함으로써 농민항쟁은 전국에서 동시 다발적으로 일어나기 시작하였다. 이때 외관에 임명된 집권무신의 부하나 문객들은 대개 수령으로서의 자질보다는 오직 자신과 집권무신의 입지와 경제적 기반의 구축에 힘을 쏟아 외관 사이의 갈등과 민에 대한 수탈을 가중시킴으로써 농민항쟁의 촉발을 가져오는 요인이 되었다.[4] 서북면 지역의 창주·성주·철주의 봉기는 이에 의해 일어난 것이고 趙位寵과 그 餘衆의 봉기 역시 이러한 분위기를 틈타 일어날 수 있었고, 이 때문에 서북면지역의 재향세력과 농민들이 광범위하게 가담하게 되었다.

이와 더불어 무신정권기 농민항쟁을 촉발한 것은 문신들에 의한 반무신란인 김보당의 난과 조위총의 난이 항쟁을 촉발시키는 한 계기가 되었다고 볼 수 있다. 더욱이 이들 두 정변이 지방을 무대로, 지방관이 주축이 되어 중앙정부의 전복을 기도하였다는 점에서 지방의 재지세력과 일반 민들의 저항을 촉발하게 되었다고 볼 수 있을 것이다. 특히 趙位寵과 그 餘衆의 봉기에 서북면지역의 농민들이 재지세력과 농민들이 가담함으로써

---

4) 김호동, 1995, 「군현제의 시각에서 바라본 12·13세기 농민항쟁의 역사적 배경」『역사연구』 4, 역사학연구소.

농민항쟁의 분위기는 성숙되었다고 볼 수 있다. 이 무렵 남부지역에서도
'南賊'이라고 통칭되는 농민항쟁이 곳곳에서 일어날 수 있었던 것은 이러
한 제반 요인에 의해 나타난 현상이라고 볼 수 있다. 서북면 지역과 충
청·전라지역을 중심으로 농민항쟁이 동시다발적으로 이곳저곳에서 일어
나자 무신정권은 그들을 '西賊', 혹은 '南賊'으로 통칭하여 부르게 되었을
것이다. 이의 이해를 위해 명학소민의 봉기가 있었던 시기를 전후하여 '남
적'으로 통칭되는 항쟁에 관한 사료를 우선 살펴보기로 한다.

(1) 산업급제 팽지서가 승선 송지인, 진사 진공서를 참소하여 몰래 남적 석령
    사와 더불어 반란을 일으킬 음모를 한다고 하므로, 왕이 내시 이존장과 낭
    장 차약송에게 명령하여 국문하게 하니 체포 구금된 자가 매우 많았다. 다
    시 내시 윤민첨과 상장군 최세보에게 명하여 검찰 심문하게 하여 진범이고
    아니고를 불문하고 다 바다의 섬으로 귀양 보내고, 또 성문을 닫고 대대적
    으로 음모한 자를 색출하였다. 태부소경 이상로가 참소를 당하여 바다의 섬
    으로 귀양 가게 되니 모든 관원들이 비록 그 冤抑함을 알았으나 두려워하
    고 겁이 나서 감히 말하는 자가 없었으며, 수일 동안 일을 보지 못하였다.
    (『高麗史節要』 권12, 명종 5년 8월)
(2) 어떤 사람이 重房에 허위 보고하기를 "朝官들이 남적들과 변란을 일으킬
    음모를 하고 있다."고 하였다. 이날 都校丞 金允升 등 7명을 섬으로 귀양
    보내고 병부상서 李允修를 巨濟縣令으로 강직시켰다. 조관이란 문관을 가
    리키는 말이었다.(『高麗史』 권19, 명종 5년 11월 임자)
(3) 公州 鳴鶴所民 亡伊·亡所伊 등이 黨輿를 규합하여 山行兵馬使를 자칭하
    고 공주를 공격하여 함몰시켰다.(앞의 책, 동왕 6년 정월 기사)
(4) 祗候 蔡元富·郎將 朴剛壽 등을 시켜 南賊을 선유하게 하였으나 그들은
    순종하지 않았다. 왕이 편전에서 여러 신하들을 불러 놓고 적을 칠 계책을
    물었다.(앞의 책, 동왕 6년 정월 갑술)
(5) 壯士 3천 명을 초모하여 大將軍 丁黃載·將軍 張博仁 등에게 명령하여 그
    들을 거느리고 남적을 치게 하였다.(앞의 책, 동왕 6년 2월 정해)
(6) 南賊執捉兵馬使가 아뢰기를 "적과의 싸움에서 실패하여 군사의 대부분이
    상실되었사오니 중들을 초모하여 군사의 수효를 보태게 하기 바랍니다."라
    고 하였다.(앞의 책, 동왕 6년 3월 을묘)
(7) 亡伊의 고향인 鳴鶴所를 忠順縣으로 승격시키고 內園丞 梁守鐸을 縣令

으로, 내시 金允實을 縣尉로 임명하여 그 고을을 무마하게 하였다.(앞의 책, 동왕 6년 6월 병술)

(8) 장군 朴純과 형부낭중 朴仁澤을 파견하여 南賊을 타이르게 하였다.(앞의 책, 동왕 6년 9월 을사)

(9) 南賊이 예산현을 쳐서 함락시키고 監務를 죽였다.(앞의 책 동왕 6년 9월 신해)

(10) 良醞同正 盧若純과 主事同正 韓受圖가 거짓으로 平章事 李公升, 尙書 右丞 咸有一,內侍將作少監 獨孤孝 등의 명의로 된 편지를 위조하여 망이에게 보내 결탁하여 반란을 일으키려 하였다. 망이가 그 사자를 붙잡아 按撫別監 盧若冲에게로 이송하였으므로 노약충이 그 자에게 큰 칼을 씌워 서울로 압송하였다. 왕이 承宣 文章弼에게 지시하여 국문케 하였더니 노약순 등이 진술하기를 "지금 주상을 시해한 역적들이 요로에 서서 대관이 되었으므로 우리들이 분함을 참지 못하여 지방의 반란 적을 끌어 그들과 합력하여 적을 제거하고자 하였습니다. 그러나 우리들은 이름이 미미하여 도적이 좇지 않을까 염려하여 공승 등이 평소에 명망이 있기 때문에 그들의 편지라고 속였을 뿐입니다"라고 하였다. 왕이 이 말을 듣고 의롭게 생각하였으나 重房에서 그들의 처형을 청하여 죄인들의 이마에 모두 자자하여 먼 섬으로 귀양 보냈다. 노약충은 노약순의 형으로서 연좌되어   겨 났다.(『高麗史節要』 권12, 명종 6년 9월)[5]

(11) 南賊의 두령 孫淸이 兵馬使를 가칭하였다.(『高麗史』 권19, 명종 6년 11월 임인)

(12) 대장군들인 鄭世猷와 李夫를 處置兵馬使로 임명한 다음 左道, 右道로 파견하여 남적을 치게 하였다. 세유 등이 開國寺 정문 앞에 모여서 한 달이 넘도록 훈련을 한 뒤에 출발하였다.(앞의 책, 동왕 6년 12월 경자)

(13) 망이, 망소이 등이 항복하여 왔다. 그들에게 국고의 곡식을 주었으며 감찰어사 金德剛을 시켜 그들을 자기 고향으로 호송하게 하였다.(앞의 책, 동왕

---

[5] 『高麗史』 권99, 咸有一 열전에는 구체적 연대가 제시되어 있지 않고, 이와 대동소이한 내용이 기록되어 있다. 다만 함유일의 열전인 관계로 함유일에 관해 "中書門下에서도 함유일의 죄과를 왕에게 보고하여 왔으므로 그를 내시의 籍에서 제명하였다"고 한 기록이 첨언되어 있다. 그러나 여기에서 중요한 사실이 언급되어 있는데 "양온령 동정 盧若純과 동정 韓受圖란 자들이 함유일과 平章事 李公升,內侍郞將少監 獨孤孝 등의 명의로 된 편지를 위조하여 忠州에 있는 반란적 망이에게 보내 그와 결탁하여 반란을 일으키려 하였다"고 하여 당시 망이 등이 충주에 있었음을 알 수 있다.

7년 정월 기유)

(14) 全羅州道 안찰사가 彌勒山賊이 항복하였음을 보고하였다.(앞의 책, 동왕 7년 3월 정축)

(15) 망이 등이 다시 반란을 일으켜 伽耶寺를 쳤다.(앞의 책, 동왕 7년 3월 경진)

(16) 南賊이 황려현을 공격하고 또 진주를 쳤다.(앞의 책, 동왕 7년 3월 기축)

(17) 우도병마사가 伽耶山 적의 두령 孫淸과 그의 도당을 잡아 죽였다.(앞의 책, 동왕 7년 3월 기해)

(18) 망이 등이 弘慶院에 불을 지르고 그 절에 있는 중 10여 명을 죽인 다음 住持를 위협하여 요지가 다음과 같은 글을 가지고 서울로 가게 하였다. "우리 고향을 현으로 승격시켰고 수령까지 배치하여 백성들을 안무하게 하더니 이내 군사를 보내 우리 고을을 치고 우리 어머니와 처를 잡아 가두니 그건 무슨 까닭인가? 차라리 싸우다가 죽을지언정 끝까지 굴하지 않을 것이며 반드시 서울까지 가고야 말겠다."(앞의 책, 동왕 7년 3월 신해)

(19) 좌도병마사가 적의 우두머리 李光 등 10여 명을 생포하였다.(앞의 책, 동왕 7년 3월 무오)

(20) 南賊이 牙州를 함락하였다. 이때에 淸州牧 관하의 郡, 縣들이 모두 적에게 함락되었는데 청주만은 굳게 지키고 있었다.(앞의 책, 동왕 7년 4월)

(21) 별감을 宣旨使로 파견하여 南賊制置左右道兵馬使의 戰功 다소를 심사하였다.(앞의 책, 동왕 7년 5월)

(22) 조서를 내려 忠順縣의 현호를 삭제하였다.(앞의 책, 동왕 7년 5월 신해)

(23) 南賊 우두머리 망이가 사람을 보내 항복을 청했다.(앞의 책, 동왕 7년 6월 신묘)

(24) 南賊處置兵馬使 鄭世猷 등이 적의 우두머리 망이, 망소이 등을 체포하여 청주 옥에 가두고 사람을 보내 승전을 보고하였다.(앞의 책, 동왕 7년 7월 정사)

(25) 南路捉賊左道 병마사 梁翼京이 돌아왔다. 양익경은 이르는 곳마다 탐오 행위를 감행했으므로 아전과 백성들이 고통을 견디지 못하였으며 모두 양익경의 해독이 적보다 심하다고 하였다.(앞의 책, 동왕 7년 11월 임오)

(26) 명종 6년에 이 주(공주)의 鳴鶴所 사람 망이가 그 도당들을 모아서 이 주를 공격 함락하자 정부에서는 명학소를 忠順縣으로 승격시키고 令尉를 파견하여 농민군을 무마하였고 그 후에 망이 도당이 항복하였다가 얼마 후 다시 반항하자 이 현을 폐지하였다.(앞의 책, 지리지, 공주조)

사료상 남적이 가장 먼저 등장하는 것은 명종 5년(1175) 8월 남적 석령
사의 난을 문신의 일각에서 연계하고자 하였다는 고변사건(1)과 그 해 11
월 조정에서 남적과 도모하여 난을 일으키고자 한다는 고변이 중방에 접
수된 것을 시작으로 하여 명종 6년(1176) 정월, 公州 鳴鶴所의 亡伊·亡所
伊의 항쟁이 일어나자 남적 토벌을 논의하였다는 기사나 가야산의 孫淸
과 李光의 봉기를 남적으로 칭하고 있는 것으로 보아 '南賊'은 어느 한
농민항쟁 세력을 지칭하는 것이 아니라 중·남부지역에서 일어난 농민항
쟁을 통칭하는 것이다.

공주 명학소의 망이 망소이의 경우 뚜렷한 봉기 지역이 나오지만 다른
남적의 지도자들의 출신 지역에 대해서는 알 수 없다. 현재 이들에 관한
연구에 의하면 남적 석령사의 경우 그와 난을 도모하려고한 진사 진공서
에 주목하여 충주지방의 토성에 石氏와 秦氏가 나오는 것으로 보아 충주
지방에 상당한 세력을 가진 토호로 추측하기도 하고, 금산군 대곡소에 석
씨가 나오고 이웃 익산군의 토성에 진씨를 제외하고 이에 연루된 성씨가
전부 나타남과 동시에 이곳에 미륵산적이 봉기하였다는 점과 관련시켜[6]
석령사를 미륵산적과 연결시킬 수 있다는 가능성도 지적되고 있다.[7]

사료 (9)에 나오는 예산을 함락시킨 남적의 경우 공주를 함락시킨 후
공주의 동북쪽 방면인 충주지역으로 나아가고 있었던 망이가 아니라 가야
산적의 손청으로 보고 있다. 손청에 관해서는 가야산이 예산과 서산의 경
계에 있고, 또 예산현의 토성에 孫氏가 있는 것으로 보아 예산에 근거를
둔 토호라고 보고 있다. 따라서 이곳에서 일정한 세력을 확보하고 있던
손씨 등의 토호들은 중앙에서 감무를 파견하자 주도권의 이전을 거부하다
가 충돌이 생겼고, 이에 토호들은 탐학한 지방관에 의해 고통을 받고 있던
농민들과 합세하여 예산현의 관아를 점령하고 감무를 살해하였다고 한다.[8]

---

6) 미륵산은 금마군(현 익산)에 있는 산이다.
7) 이정신, 앞의 책 110~113쪽 참조.

사료 (16)에 나오는 황려현(여주)과 鎭州(鎭川)를 공격한 남적은 망이가 여주를 치고 진천을 친다는 것은 양 지역의 거리와 도로여건을 고려할 때 9일 만에 무리라는 점에서 망이가 이끄는 주력부대가 진천을 공략하고 이광이 이끄는 또 다른 부대가 여주로 갔다고 보아야 할 것이라는 견해가 있다.9) 그렇게 볼 때 이광을 망이의 예하 한 두령으로 파악한 듯하지만별도의 한 세력으로 봄이 어떨까 한다. 따라서 이 사료의 해석은 중앙정부의 입장에서 남적이라고 통칭되는 적당들에 의해 여주도 공격당하고, 진천도 공격당하였다 보면 좋을 듯하다. 그간 남적에 관한 연구가 '남적'이라는 단어에 너무 집착하여 망이 망소이를 중심으로 공동 연합전선을 형성하고 그 우두머리에 망이를 두고, 그 휘하에 손청이나 이광 등이 예속된 것으로 파악하려한 점이 있지 않은가 한다. 이제 이것을 염두에 두고 공주 명학소 망이 망소이의 봉기를 살펴보기로 한다.

사료 (3)에서 특징적인 것은 공주 명학소에서 봉기가 일어났다는 점과 당여를 규합하여 '산행병마사'를 자칭하고 공주를 함락시켰다는 점이다. '所'에서 망이·망소이의 봉기가 일어나자 위무와 무력 진압을 통한 시도가 일단 수포로 돌아가자 이에 대해 아래 사료 (7)에서 보다시피 명학소를 충순현으로 승격시키고 현령과 현위를 파견하여 그 고을을 무마시키게 하였다는 점에서 명학소의 농민봉기는 주목의 대상이었다. 이에 대해 이번 학술대회의 2, 3번 주제에서 소에 대한 언급이 있으리라 예상되므로 이에 대한 논의는 그만 두고 다만 기존 명학소민의 항쟁에 관한 연구 성과에서 '향·부곡의 조세수취체계가 그곳이 속하는 군·현 지방관의 임무로 되어 있는데 비해 소는 국가의 직접 수취대상이었다는 점이 지적되었는데,10) 그렇다고 한다면 공주에 대한 이들의 공격의도가 무엇인지 해명하

---

8) 이정신, 앞의 책 95~97쪽 참조.
9) 이정신, 앞의 책 103쪽 참조.
10) 北村秀人, 「高麗時代の所制度について」, 『朝鮮學報』 50, 5~8쪽 ; 이정신, 앞의 책 82쪽.

기가 힘들다. 소가 국가가 필요한 물품을 조달하는 지역이었지만 그것의
수취 또한 그 관할 주읍에서 하였을 것이다. 그것은 『파한집』에 의하면
이인로가 맹성의 수령으로 가서 墨所의 조세수취를 지휘 감독하고 있는
데서 유추할 수 있다.[11] 아마도 명학소민이 봉기를 일으킨 후 공주를 공
격한 것은 명학소에 대한 공주의 수령의 과도한 수탈이 하나의 요인이었
을 것이다. 공주의 경우 4개의 속군(德恩郡·懷德郡·扶餘郡·蓮山郡), 8개
의 속현(市津縣·德津縣·鎭岑縣·儒城縣·石城縣·定山縣·尼山縣·新豊縣)
과 6개의 부곡, 7개의 소(鳴鶴所, 今丹所, 甲村所, 村介所, 樸山所, 金生
所), 1개의 處가 있었다.[12] 공주는 한때 백제의 수도로서, 또는 통일신라
시대 9주의 하나로서 웅부의 명맥을 후대까지 지니고 내려와 고려시대 12
개의 속읍과 14개의 부곡제 영역을 갖고 있었지만 고려시대 土姓勢는 미
약했다는 것이 하나의 특징으로 나타난다. 7개 토성 가운데 고려시대 명
문으로 성장한 것은 하나도 없다. 그렇게 된 연유는 아마 공주라는 역사
적 배경에서 찾아보아야 할 것 같다. 백제가 공주(웅천)에서 부여로 천도
할 때 토착세력의 유산이 심했던 것이며 신라 하대 웅주도독 김헌창의 반
란으로 인해 그곳이 도륙당함으로써 재지세력의 성장이 늦어졌을 것으로
생각된다. 후삼국시대 공주장군 홍기가 궁예에게 귀부한 적은 있으나 곧
이곳이 견훤의 세력권이 되었으므로 왕건과 연결된 강력한 호족이 존재하

---

11) 北村秀人에 의하면 소는 금·은·동·철·자기 등 국가 중앙정부가 필요로 하는 각종
   의 물품을 전문적으로 생산하여 공납하는 기구였으며, 소의 주민은 전문적인 물품
   을 생산하였다는 점에서 그 신분적 범주는 工匠이었고, 이들의 신분은 천업종사자
   들로서 양민보다 낮은 지위에 놓여 있었다고 한다(北村秀人, 앞의 논문). 이에 반해
   박종기에 의하면 고려정부는 각 군현으로 하여금 소속된 소의 물품생산을 직접 생
   산 관리하게 하였고, 소에서의 생산물품은 군현 지배체제를 통하여 수취하였으며,
   또한 소의 주민들은 소속 지역의 특성에 따른 특정의 역까지도 부담하여 苦役化 되
   었고, 역을 짊어지는 이외의 기간은 대부분 본래의 생업인 농업생산에 주력하였다
   고 한다(박종기, 1990, 『高麗時代 部曲制 硏究』 서울대학교 출판부).
12) 『新增東國輿地勝覽』 권17, 公州牧.

지 않았고, 이로 인해 유력한 토성이 성장하지 못한 것 같다. 태조 26년 (943)의 절중탑비문에 나오는 공주군리 송암은 공주토성 송씨라 생각되며, 공주박씨와 이씨는 고려말에 겨우 사족으로 나타날 뿐이다. 한편 공주 속읍 가운데는 신풍현 백씨가 고려중기에 출사하였고, 명학소에는 성씨가 기재되어 있지 않다.13) 따라서 공주의 경우 명종 2년에 회덕군과 부여군, 석성현의 3곳에 감무가 파견된 것은14) 해당 지역의 어떤 재지세력들의 영향력에 의한 결과보다는 무신정권의 성립 후의 논공행상과 관련된 것일 가능성이 크다. 무신쿠데타가 성공을 거둔 후인 명종 2년(1772)에서 6년 사이에 58개 속읍에 감무가 새로 설치되었다. 당시 감무의 설치는 명종 2년 6월 李義方의 형인 李俊儀의 건의에 의해 이루어진 것으로서15) 무신권력의 확대와 관련되는 것이다. 무신정권은 이를 통해 자기 세력의 지방 布置와 함께 신설 감무를 통해 지방의 조세·공물의 징수와 역역자원을 확보함으로써 자신의 정치적·경제적 기반 구축이 가능했던 것이다.16) 무신쿠데타이후 모주로 추대되었던 정중부가 서해도 군현을 자기 출신지인 海州牧에 이속시키는 등 자기 본관에 대한 배려를 함과 동시에 서북면 병마사에 자기의 사위인 宋有仁을 파견함으로써 여타의 서북면 지역에 대한 영역간의 갈등의 격화와 가혹한 수탈을 가져오게 한 사실이 있었다.17) 또 이의방은 그 외향인 金溝에 현령을 둔 바 있는데,18) 『世宗實錄』「地理志」의 金溝縣의 (그 속읍인 巨野縣과 합한) 戶口數나 墾田數를 고려해볼 때 전주목 관내의 주읍의 평균치에 미치지 못하였다. 이는

---

13) 李樹健, 1984, 『韓國中世社會史硏究』, 일조각, 290~291쪽 참조.
14) 『高麗史』 권56, 地理1, 公州.
15) 『高麗史節要』 권12, 명종 2년 6월, "左承宣李俊儀 奏請置諸州任內五十三縣監務 命群臣議 以俊儀勢重 性且猜險 無敢異同."
16) 李樹健, 1984, 『韓國中世社會史硏究』, 일조각, 370쪽 참조.
17) 『高麗史』 권128, 列傳, 鄭仲夫 ; 『高麗史節要』 권12, 명종 2년 6월.
18) 『高麗史』 권57, 地理2, 全羅道 全州牧 金溝縣.

이의방 당시에 있었던 금구현의 주읍화가 토지의 광협과 호구수의 다소를
고려한 것이 아니라는 것을 말해주는 것이다. 명종 3년 10월에 3京·4都
護·8牧을 비롯하여 郡·縣·館·驛의 任에 이르기까지 모두 무인으로 대치
시킨 것이나[19] 동왕 8년에는 무산계에 간단한 시험을 거쳐 외관에 보임
한 사실 등과 결부시켜 볼 때 명종 2년에 한꺼번에 50 여명의 감무를 파
견한 것은 집권무신의 논공행상과 경제적 기반의 확보를 위한 것이었기
때문에 당시 집권무신들의 휘하나 문객 중에서 주로 발탁되었다. 명종 8
년에 武人 宋有仁·李光挺 등의 건의에 10 道에 察訪을 파견하고 외관을
출척한 결과 坐贓落職者가 8·9백 여명에 달하였고, 이들이 경대승 집권
기에 사면을 받았다는 사실[20]에서 그간 외관의 임명이 집권무신들의 권
력의 확대와 관련되어 전개되었다는 사실과 또한 이들의 대다수가 그 기
본 소임을 다하지 못하였음을 추측할 수 있다. 이들은 대개 탐오한 외관
이 되기 마련이어서 당시 농민봉기의 타도의 대상으로 나타날 수밖에 없
었다.[21]

　따라서 공주의 경우 중앙의 관권의 대행자인 수령에 대한 견제 역할을
할 만한 재지세력의 성장이 별반 없는 가운데 이 지역에 파견된 수령들의
과도한 수탈이 자행될 소지가 다른 어느 지역보다 높았을 것이며 이것은
결국 명학소의 봉기가 일어났을 때 이곳 농민들의 적극적 가담이 있었을

---

19) 『高麗史』 권12, 명종 3년 10월.
20) 『高麗史節要』 권12, 명종 8년 정월 ; 『高麗史』 권20, 명종 11년 9월 병자.
21) 『高麗史節要』 권13, 명종 18년 8월, "庚癸政亂 이후로 市井에서 짐승 잡고 술 팔던
　무리와 활을 당기던 군사들 중에 부당하게 외직의 수령에 참여한 자가 많았다. 저
　光允의 무리들은 평일에 송곳끝 만한 이익과 한 되 한 홉의 이익을 다투어 약탈하
　는 것과 속여서 매매하는 것으로서 좋은 계책으로 삼았으니, 이러한 때에 어찌 염
　치가 나라의 기강이 되고 백성이 나라의 근본이 됨을 알겠는가. 하루 아침에 한 고
　을의 수령이 되어 주고 빼앗는 권한을 가지게 되면 재물을 몹시 탐내고 이익을 취
　하는 것은 당연한 일이다. 아! 벼와 기장 밭에 소와 말을 놓아 두고 꿩과 토끼가
　있는 곳에 매와 사냥개를 풀어 놓고서 그 짐승들이 뜯어 먹고 물어 뜯는 것을 금하
　고자 하면 그것이 되겠는가."

가능성을 점쳐볼 수 있다. 아울러 공주의 속읍 12개 가운데 25%에 해당하는 3개 지역이 분리 독립됨으로써 남은 속읍지역에 대한 공주의 과도한 수취가 전가되었을 것이기 때문에 속읍 및 향소부곡의 부담은 더 가중되었을 것이다. 더욱이 공주의 경우 6개의 부곡과 7개의 소, 1개의 처가 있었기 때문에 명학소에서 봉기를 하였을 때 쉽게 '당여'를 모을 수 있었을 것이다. 이것이 명학소의 봉기를 일으키는 주요한 요인으로 작용하였을 것이다. 그렇기 때문에 명학소의 항쟁세력이 곧바로 공주를 함락시켰을 것이다. 『新增東國輿地勝覽』에 의하면 공주의 토산이 동과 철이었다고 기록된 것으로 보아 명학소 등의 생산물이 이와 관련이 있을 것이다. 이에 대해 당시 서북면 지역의 저항에 대처하기 위해 무기류의 생산 등 전투에 소용되는 물품의 수요가 비등해질 수밖에 없었고, 명학소민의 저항은 소 지역의 수취체제의 부담이 작용하였을 것으로 본 견해가 있다.[22]

한편 고려시대의 경우 본관제에 의해 주민이 긴박되어 있기 때문에 한 지역의 주민이 다른 지역으로의 이주는 극도로 제한되어 있었고, 다른 지역으로 이주가 이루어지더라도 그 주민은 원래의 군현에서 관장하고 있었다. 이로 인해 월경지나 견아상입지 현상이 두드러지게 나타났는데 이러한 현상은 주읍에서 속읍으로 진행되는 양상으로 전개되었다.

예·인종조를 전후한 시기부터 농민의 이촌유망 현상이 두드러지게 나타나는데, 특히 속읍 및 향소부곡에서의 그러한 현상이 두드러졌다. 반면 12, 13세기 농업기술의 발달에 따라 종래의 산간지대나 해안지대의 농토가 개간되기 시작하였다. 그러한 현상에 짝하여 이촌유망이 두드러진 속읍 및 향소부곡에서 진전이 된 땅으로 주읍민들이 개간을 앞세워 잠식하는 현상마저 나타났을 것이다. 특히 소의 주민들의 여타 읍으로의 이동이

---

22) 申安湜, 2002, 『高麗 武人政權과 地方社會』, 경인문화사, 188쪽. 신안식은 이 견해에 보태어 이에 보태어 가중되었던 집권 무인세력과 지방관들 탐학, 그리고 재지세력의 폐단에서 명학소의 봉기가 비롯되었다고 할 수 있다고 하였다(188~189쪽).

극도로 제한된 반면 이 시기 농업기술의 발달에 따른 다른 지역 주민의 소에로의 월경 등은 가능한 것이었다. 비록 그들이 소 지역에 들어와 살지만 그들의 조세수취와 부적은 원래의 지역에서 이루어지므로 새로운 농업조건을 따라 소 지역으로의 월경 및 두입 현상은 얼마든지 있었을 것이다. 이것은 결국 농업에 유리한 조건이 가능한 지역을 중심으로 전개되었을 것이므로 소 지역 주민들의 불만의 대상이 되었을 것이다. 명학소민이 봉기와 더불어 공주를 공격한 것은 이러한 요인들이 작용하였을 것이다. 명학소의 봉기에 대해 중앙정부가 명학소를 충순현으로 승격시키고 현령과 현위를 파견하여 무마하게 하였다[23]는 것은 바로 이러한 문제를 인식하였기 때문이다.

　명학소 망이 망소이의 봉기군이 공주를 함락시킨 후 3월에 南賊執捉兵馬使가 이끄는 군대를 격파하는 등 기세를 떨치자[24] 6월에 중앙정부는 망이의 고향인 명학소를 충순현으로 승격시키고 현령과 현위를 파견하여 사태를 해결하려고 하였다. 그럼에도 불구하고 명학소의 봉기는 수그러들지 않았다. 수령의 과도한 수탈과 주읍민들의 속읍 및 향소부곡의 농지침탈로 인해 토지로 이탈한 유망농민층들이 주변의 산으로 들어가 세력을 형성하자 망이 등이 봉기를 일으키면서 '산행병마사'를 자칭하여 이들을 규합하여 세력의 資로 삼았기 때문에 명학소 하나를 현으로 승격시키는 것으로 사태를 해결할 수는 없었을 것이다.

　망이 등은 토지로부터 이탈한 유망농민층을 규합하여 공주를 공격한 후 공주의 동북쪽 방향으로 진출하여 충주로 향한 듯 하다. 수령의 가혹

---

23) 『高麗史』 권19, 명종 6월 병술, "亡伊의 고향인 鳴鶴所를 忠順縣으로 승격시키고 內園丞 梁守鐸을 縣令으로, 내시 金允實을 縣尉로 임명하여 그 고을을 무마하게 하였다."
24) 『高麗史』 권19, 명종 6년 3월 을묘. "南賊執捉兵馬使가 아뢰기를 '적과의 싸움에서 실패하여 군사의 대부분이 상실되었사오니 중들을 초모하여 군사의 수효를 보태게 하기 바랍니다'라고 하였다."

한 수탈을 견디지 못하여 일어난 항쟁이었다면 당연히 공주를 공격하고
난 후 공주를 관할하고 있었던 계수관 지역인 청주로 향하여야 하겠지만
충주로 향한 것은 앞에서 언급한 바와 같이 충주 지역에는 이미 명종 5년
8월경 남적 석령사의 존재가 보이는 것으로 보아 이들과 연결하려는 의도
였을 것이다. 아마도 이들 남적 석령사의 무리들은 충주의 주변 산곡간에
웅거하고 있었기 때문에 망이 등이 '산행병마사'를 자칭한 것이 아닐까 한
다. 그리고 현실적으로 양광도에 설치된 군사수를 살펴보더라도 청주지역
이 가장 강력한 군대를 보유하고 있었고,[25] 이것은 사료 (20)에서 보다시
피 망이 망소이의 2차 봉기때 청주목 관하의 군, 현들이 남적에게 함락되
었지만 청주지역만은 그 예외였다고 한 것에서도 확인된다.

정부에서 명학소를 현으로 승격시켰으므로 그들의 목표는 일단 이루어
져 더 이상 진격할 의욕을 상실한 상태였고, 정부는 이 시기를 놓치지 않
고 박순·박인택을 보내어 회유하였고, 이에 대해 망이 등이 정부의 진정
한 의도가 어떤 것인지, 정말 현으로 승격시켜 주는 것이 확실한지 반신
반의하며 소강상태를 유지하고 있었다는 지적이 있지만[26] 그러한 상태였
다면 농민들로 이루어진 대오가 몇 달간 계속 유지될 수 있을지 의문이
며, 중앙관료의 일각에서 이들을 끌어들여 정변을 일으키려고 하지는 않
았을 것이다. 이의 해명을 위해 다음의 자료를 살펴보기로 한다.

---

25) 고려사 병지 소재 주현군 일람표를 보면 양광도의 경우 다음과 같이 주현군이 있었다.

	보승	정용	일품	합계
충주목도	241	357	520	1,118
청주목도	538	708	850	2,096
공주도	326	553	527	1,406
홍주도	338	497	713	1,548
가림도	98	51	201	550

26) 이정신, 앞의 책 98쪽 참조.

(27) 여러 領府의 군인들이 익명으로 방을 붙이기를 "시중 정중부, 그의 아들 균, 사위 복야 송유인이 정권을 제멋대로 휘두르는 것이 횡포하고 방자하다. 남적이 일어난 것은 그 근원이 이로 말미암은 것이다. 만약 군사를 동원하여 (남적을) 토벌하려면 먼저 이 무리들을 제거한 뒤에 하는 것이 옳다"고 하였다.(『高麗史節要』 권12, 명종 6년 8월)

위 사료는 남적을 토벌하기 위해 대대적 중앙군의 파견이 결정된 뒤이에 동원된 군인들의 불만이 표출되어 나온 것으로 볼 수 있으며, 그 불만의 근저에 남적의 창궐에 대한 두려움이 내포되어 있다고 보아야 할 것이다. 따라서 아마 이들의 불만이 점증하자 군대의 파견이 미루어진 채 9월 박순 등의 회유가 있었다고 볼 수 있다. 이러한 분위기에 편승하여 양온동정 노약순과 주사동정 한수도가 거짓으로 평장사 이공승, 상서우승 함유일, 내시장작소감 독고효 등의 명의로 된 편지를 위조하여 망이에게 사자를 보내 결탁하여 정변을 일으키려 하였을 것이다. 중앙관료의 일각에서 남적을 끌어들여 정변을 도모하고자 한 시도는 사료 (1), (2)에서 보다시피 이미 명종 5년 승선 송지인, 진사 진공서 등이 남적 석령사와 더불어 반란을 일으키려는 시도가 있었고 , 11월 朝官, 즉 문관들이 남적과 변란을 일으키려 한다는 고변이 중방에 접수되어 도교승 김윤승 등 7명이 섬으로 귀양을 간 적이 있다. 중앙관료의 일각에서 정변을 기도하면서 연결하고자 하였던 남적 석령사가 충주지역을 기반으로 한 재지세력이었다면 명종 6년 9월, 중앙관료 일각에서 충주관내에 머물고 있었던 망이 등을 끌어들이려고 하였다는 것은 한번 깊이 생각하여 볼 문제다. 더욱이 망이가 그 노약순 등이 보낸 사자를 붙잡아 안무별감 노약충에게로 이송하였는데 노약충은 노약순의 형이다. 지금까지 양온동정 노약순과 주사동정 한수도에 주목하여 동정직 소유자들의 불만에서 주목하였지만 각도를 달리하면 안무별감으로 파견된 노약충에 의해 망이 망소이 등의 동향이 중앙정계에 전달되어 이들과 연결하여 정중부 정권을 타도하고자 하는 움

직임이 일어나 노약순을 내세워 망이 등과 연결하여 정변을 기도하였지만
망이 등이 사자를 잡아 안무별감 노약충에게 보냄으로써 정변기도자들은
노약순 등의 동정직 소유자들이 거짓으로 편지를 조작하여 난을 일으키고
자 하였던 것으로 축소하였다고 볼 수도 있을 것이다.

이 사건은 우선 망이 등의 남적 세력의 분열을 가져오는 하나의 계기가
되었다고 볼 수 있다. 무신정권의 성립으로 인해 중앙정계에서 일시에 기
반을 빼앗긴 문벌귀족들은 그들의 본향 및 처향, 외향으로 퇴거하여 권토
중래를 꿈꾸고 있었다. 이들을 세력의 자로 하여 의종복위운동이 전개될
수 있었고, 또 '毅宗弑害・不葬'을 문제 삼아 조위총의 난이 일어났을 때
이에 호응하는 지방세력들이 적지 않았다. 충주지역의 경우 후삼국시대
충주지방을 대표했던 대호족인 충주유씨가 훈척가문으로 등장하면서부터
충주최씨・양씨・안씨・진씨・박씨 등이 차례로 상경종사하였다. 이들은 무
신정권의 성립으로 인해 타격을 입고 충주 등지로 낙향하였을 것이다. 대
표적 훈척가문이었던 충주유씨가 무신정변 이후 재경세력이 쇠미해졌
다[27]는 것은 그 한 예로 볼 수 있을 것이다.명종 5~6년을 전후한 시기
중앙관료 일각에서 충주관내에 웅거하고 있던 남적 석령사나 망이・망소
이 등을 끌어들여 정변을 꾀하고자 한 것은 이들 세력과 연계하여 전개되
었다고 볼 수 있다. 그러나 망이 망소이 봉기세력은 소민과 유망농민층을
주축으로 하고 있었기 때문에 '의종시해'를 명분으로 삼아 정변을 일으키
고자 하는 이들의 움직임에 대해 비판적 태도를 갖고 있었기 때문에 중앙
에서 보낸 사자를 잡아 안무별감 노약충에게 넘겨주었던 것이다. 청주목
관할의 천안부 속읍이었다가 감무가 파견된 예산현 출신의 재향세력인 손
청이 병마사를 칭하여 독자적인 행동에 나서게 되었던 것도 이와 무관하
지 않을 것이다. 이 사건으로 인해 망이・망소이의 명학소민들은 충주관내

---

27) 이수건, 1984, 『한국중세사회사연구』, 일조각, 283~284쪽 참조.

에서 활동하기가 여의치 않았을 것이다.

남적의 창궐로 인해 군인들이 정중부 정권에 불만을 품고, 심지어 중앙 관료 일각에서 망이 망소이 등의 남적을 끌어들여 정변을 기도하자 위기를 느낀 정중부 정권은 12월 남적에 대한 대대적 토벌을 기도하였고, 한 달 동안 개경에서 훈련을 빙자한 무력시위를 벌임으로써 정국 주도권을 장악하고자 하였다. 남적의 분열에 이은 중앙군의 대대적 토벌에 직면하여 고립무원에 처한 망이 망소이가 명종 7년 정월에 항복함으로써 그들은 명학소로 호송 안치되었다.[28]

그러나 항복한 망이 망소이 등이 3월에 가서 재차 봉기를 일으키게 되었다. 재차 봉기한 망이 등이 가야사를 친 후 진천을 거쳐 홍경원을 공격하여 불을 지르고 주지를 위협하여 중앙에 보낸 글에 의하면 "우리 고향을 현으로 승격시켰고 수령까지 배치하여 백성들을 안무하게 하더니 이내 군사를 보내 우리 고을을 치고 우리 어머니와 처를 잡아 가두니 그건 무슨 까닭인가? 차라리 싸우다가 죽을지언정 끝까지 굴하지 않을 것이며 반드시 서울까지 가고야 말겠다"고 한데서 정중부 정권이 일단 망이 망소이의 항복에 유화책을 쓰면서 회유한 직후 항복을 받아낸 후 명학소를 무력으로 초토화시키고자 함으로써 재차 봉기가 이루어졌음을 알 수 있다. 그런데 이번 2차 봉기 때의 망이 등의 활동무대는 1차 봉기 때 공주를 점령한 직후 곧바로 충주로 향한 것과 달리 청주관내에 주로 국한되었다고 볼 수 있다.[29]

---

28) 이에 대해 이정신은 "명학소민이 항복했다는 『高麗史』의 서술 내용은 정부측 입장에 씌어진 것이며 사실은 정부와 명학소민사이에는 강화가 맺어진 것으로 보인다. 강화를 맺은 구체적인 조건은 알 수 없으나 명학소민은 충순현으로의 승격과 지방관 파견에 만족하여 반란을 일으켰던 반민에게 보복하지 말고 생업을 보장하라는 정도였을 것이다. 이에 정부는 이들의 요구를 들어준다는 약속을 하여 봉기가 이상 더 확산되지 않도록 노력하였다"고 하였다(이정신, 앞의 책 101~102쪽).

29) 앞에서 언급한 바와 같이 여주, 즉 황려현을 공격한 남적은 망이의 부대가 아니라 별도의 이광이 이끄는 항쟁세력으로 보아야 할 것이다.

망이는 2차 봉기 후 4월을 전후한 시기에 청주목을 제외한 그 관할 군현을 모두 함락시킬 정도로 위세를 떨쳤지만 충주지역 등 여타의 남적 세력과 연계되지 못함으로써 중앙정부의 토벌군에 의해 어려움을 겪다가 결국 6월에 항복함으로써 스러지고 말았다. 망이 등이 반드시 서울로 진격하겠다는 의지를 천명하였지만 그것은 울분에 나온 한때의 절규에 불과한 것이었고, 이미 한차례 항복을 한 망이의 봉기에 대해 그 호응세력은 1차 봉기 때와 현저히 떨어져 한 때 청주관내를 휩쓸었지만 그것을 뛰어넘는 세력을 가질 수 없었고, 하나 둘 항쟁의 대열에서 이탈하는 세력이 늘어나면서 결국 재차 항복을 할 수밖에 없었을 것이다.[30]

III. 명학소민 봉기의 역사적 의미

위에서 명학소민의 전개과정과 결과를 살펴보았다. 이를 통해 명학소민의 봉기가 갖는 역사적 의미를 짚어 보기로 하자.

명학소민의 봉기 이전에 있었던 무신정권하에서의 지방에서 일어난 항쟁은 중앙정부에서 파견된 외관이나 낙향문신, 재향세력이 연결되면서 무신정권의 타도를 내세우는 반무신정변의 성격을 띠고 전개되어 가는 과정에서 농민층이 이에 가담한데 반해 명학소민의 봉기는 所民이 주축이 되어 토지로부터 이탈하여 산곡간에 유리도산하는 유망농민층이 주축이 되어 그들이 주체가 되어 일으킨 농민항쟁으로서 그 시발을 여는 것이라고

---

30) 2차 봉기에 대해 "명학소민의 봉기는 이제 단순히 천민집단이 신분해방을 갈구하여 중앙정부의 선처를 바라는 지엽적이고 소극적인 형태가 아니다. 그것은 광범위한 농민층을 포함한 지금의 충청도 전 지역에 걸쳐 일어나 정권타도의 의사까지 표명한 조위총의 난과 필적할 정도의 대규모였다"고 한 견해(이정신, 앞의 책 109쪽)에 대해서 필자의 견해는 회의적이다.

할 수 있다. 더욱이 이들이 하나의 군현의 단위를 뛰어넘어 여러 군현에 걸쳐 전개되면서 주변의 농민항쟁세력과 연결을 도모하였다는 점에서 이후의 농민항쟁에 많은 영향을 끼쳤다는 점에서 명학소의 망이 망소이의 봉기는 그 역사적 의미를 갖는다. 그러나 '남적'으로 통칭되면서 공격의 목표를 공유하는 등 같은 세력권에 들 수도 있었던 여러 농민항쟁세력들은 느슨하게 연결된 채 통일된 조직체계를 결성하지 못하였고, 대개 개별적이고도 분산적으로 존재하였다. 그리하여 그 변혁의 의지를 달성하지 못하고 각개 격파되어 무너질 수밖에 없었다.[31] 이것은 그 지향점을 뚜렷이 제시하지 못하고 항복에 항복을 거듭하는 망이 등이 갖고 있는 한계성을 극복하지 못하였기 때문이다. 2차 봉기한 망이가 伽耶寺를 공격하고, 3월에 弘慶院을 불태운 뒤 개경으로 편지를 보내어 "차라리 칼날 아래 죽을지언정 결코 항복하여 포로가 되지 않을 것이며 반드시 개경에 이르러 복수한 뒤에야 그치겠다"고 하면서 반정부적인 변혁의 의지를 분명하게 드러내고 있지만 1차 봉기의 경우 자료의 한계에 의한 것이지만 그 지향점이 뚜렷하게 드러나지 않고, 그와 연결을 도모한 중앙관료의 사자를 정부군에 넘겨주는 등 타협적 자세를 보여줌으로써 항쟁의 열기를 스스로 누그러뜨리고 있다.

망이 등의 명학소민과 이에 가담한 항쟁세력들은 소민과 유망농민층을 주축으로 하였을 것이지만 이 시기를 전후한 시기의 남적 석령사나 가야산적 손청의 경우 재지세력의 하나로서 농민항쟁세력과는 대각의 위치에 있었던 자들로서 항쟁의 과정에서 충돌이 일어나 파탄에 이르렀다는 점에서 이후 일어나는 농민항쟁세력들에게 해결해야할 하나의 과제를 던져주

---

31) 이정신은 이 시기의 남적으로 표현된 것은 물론 같은 무렵의 손청, 이광 등의 봉기를 모두 망이 망소이와의 연합전선으로 파악하고 있는데(1988, 「고려시대 공주 명학소민의 봉기에 대한 일연구」『한국사연구』61·62합집, 한국사연구회) 이는 지나친 추론이 아닌가 한다는 비판이 제기되고 있다(박종기, 「무인집권기 농민항쟁 연구론」『한국학논총』12, 국민대 한국학연구소, 43~44쪽).

었다고 볼 수 있을 것이다.

명학소에서 망이 망소이가 봉기를 하자 중앙정부는 명학소를 충순현으로 승격시키고 현령과 현위를 파견하여 무마하고자 하였다. 허위적이지만 소를 현으로 승격시키는 중앙의 양보를 얻어냈다는 점은 소 등의 향소부곡 및 속읍이 민의 성장을 억압하는 것으로서 개편되어야 할 대상이었음을 지배층과 피지배층이 보다 더 분명히 인식하는 계기가 되었고, 이후 농민항쟁은 이의 모순을 시정하는 방향으로 전개되었다는 점에서 그 의미를 갖고 있다.

그러나 명학소를 충순현으로 승격시킨 것이 어떤 의미를 갖는가를 한번 생각해볼 필요가 있다. 명학소의 망이 망소이가 당여를 모았다는 그 대상은 아마 우선적으로 공주 관내의 소를 비롯한 향소부곡이 우선적이었을 것이며 그 다음으로 공주관내의 속읍민들일 것이다. 하나의 주읍 단위에서 속읍 및 향소부곡 등이 일반 군현으로 승격되면 그 부담은 다른 속읍 및 향소부곡에 전가되기 마련이기 때문에 항쟁의 중심이었던 명학소를 군현으로 승격시켜주면 그와 연대한 공주관내의 다른 지역민들은 피해를 입을 수밖에 없었다. 더욱이 명학소민의 봉기에 가담한 공주관내의 소지역 민들은 명학소의 충순현으로의 승격으로 인해 명학소가 그간 부담하였던 제 부담이 고스란히 자신들에게 전가될 것이기 때문에 항쟁의 대열에서 급격히 이탈하였을 것이다. 그렇다고 할 때 정부의 충순현 승격은 정부측의 항쟁군 분열책의 일환의 하나로 볼 수 있을 것이다. 더 나아가 명학소를 충순현으로 승격시켜 현령, 현위를 파견함으로써 이미 충주관내로 들어선 항쟁군과 명학소의 연결을 단절시킴과 아울러 명학소민을 인질로 삼아 망이, 명학소민으로서 항쟁에 나선 민들을 압박하였을 것이다. 사료 (10)에서 보다시피 노약순 등이 보낸 사자를 망이가 잡아 진압군에 넘긴 것은 명학소민이 인질로 잡혀 있음으로써 이의 해결을 위한 망이의 선택으로 볼 수 있을 것이다. 결국 명학소의 충순현으로의 승격, 그리고 망이

가 정부군과 타협을 시도한 점으로 인해 남적은 그 공동전선이 무너지면
서 각자의 길을 택하게 되었고, 그 한 예가 손청의 '병마사'를 칭한 것으로
볼 수 있다. 중앙정부의 항쟁세력에 대한 분열책으로 인한 항쟁세력 내부
의 이탈, 그리고 망이의 타협적 태도는 그의 지도력의 상실로 이어지고
결국 항복에의 길을 택하게 하였을 것이다.

그리고 명학소민이 항쟁을 일으킨 후 그 대열을 이끌고 공주, 나아가
청주관내를 벗어나 충주관내로 들어선 것은 명학소민의 항쟁이 실패로 귀
결되는데 일조를 하였을 것이다. 당시의 군현조직체계상 명학소가 갖고
있었던 소로서의 질곡을 해결하기 위한 항쟁이었다면 응당 명학소를 속읍
으로 거느리고 있는 공주를 치고 나서, 이곳에서 그 문제의 해결을 위한
노력을 기울이거나, 이의 해결을 위해 공주를 관할하고 있는 계수관인 청
주를 압박하면서 이의 해결을 도모하여야만 그것의 성취가 가능한 것일텐
데 충주관내로 들어섬으로써 그것의 해결을 호소할 대상을 찾지 못함으로
써 시일을 천연할 수밖에 없었을 것이다. 충주목사는 그것을 해결해줄 입
장에 있지 않았고, 그렇다고 이 당시의 망이군이 개경으로 진격하여 그
목적을 달성하겠다는 의지를 갖고 있지 못한 상황이었다.

그리고 당시 농민항쟁 세력이 위세를 떨칠 수 있었던 것은 서적에 관한
다음의 자료에서 보다시피

(28) 적은 산림 속에 의거하여 숨어서 이리저리 옮겨 다니니 토벌하기가 쉽지
　　않다. 또 여러 고을의 주민들로 도적의 이목이 된 자가 많아서 軍中의 동정
　　을 번번이 적이 먼저 알고 있기 때문에 싸움이 시작되면 한번 교전에 군사
　　들이 모두 패배하였다.(『高麗史節要』권12, 명종 8년 10월)

농민항쟁군은 산림 속의 지형지물에 익숙한 반면 관군은 이에 어둡다
는 점, 그리고 여러 고을의 주민들의 농민항쟁군의 이목이 되어 관군의
동정을 꿰뚫어 볼 수 있었다는 점이 작용한 것이다. 그러나 명학소민의

봉기는 그러한 장점을 버리고 충주관내로 들어감으로써 결국 항복의 길을
걷지 않을 수 없었을 것이다. 2차 봉기에는 망이 망소이군이 주로 청주
관내를 공격하고 있는 것은 1차 봉기의 실패의 경험에서 나온 자기반성의
결과이다. 이러한 전략은 이후 농민봉기에 좋은 전략으로 활용되었을 것
이다.

명학소민 등의 남적이 이 땅을 휩쓸고 간 뒤 전국에 찰방사를 파견하여
지방관의 탐학 여부를 조사하게 하였다는데서32) 대민수탈에 대한 지방관
의 자제를 가져오는 하나의 계기가 될 수 있었을 것이다. 그러나 정권 자
체의 도덕성이나 권세가의 탐학은 그대로 두고 지방관만을 속죄양으로 삼
는 미봉적 조처에 불과한 것이었고, 실제 지방으로 파견된 찰방사의 자질
이 문제가 되기도 하고,33) 찰방사가 압송해온 贓吏 35명을 즉석에서 풀어
주고, 나머지 사람들도 불과 수년 이내에 모두 사면하여 복직시켜 줌으로
써34) 한때의 기만적 조처로서 끝나고 말았다. 결국 그러한 모순이 누적되
어 대규모의 항쟁으로 발전할 수밖에 없었다. 명종 7년(1177) 11월 이후
명학소민 등의 남적이 국가의 회유와 강경 토벌책에 의해 진압당한 후 한
동안 이 지역에는 역사의 표면에 드러나는 농민항쟁은 보이지 않는다. 농
민항쟁이 한차례 휩쓸고 간 직후 의기가 크게 저상한 상황 속에서 대부분
무력항쟁의 엄두를 내지 못하고 개별적이고도 소극적인 유망 등의 형태로
만 나타날 뿐이었다. 더욱이 농민항쟁으로 인한 정권의 존립 자체를 위협
받은 정중부정권이 문무교차제의 확대 실시와 더불어 명종 8년(1178) 4월
지방관직에 무인의 散官들을 충당함으로써 힘의 논리를 통한 대지방 무
력통치에 임함으로써 무력을 동원한 농민항쟁의 분위기는 한동안 가라앉
지 않을 수 없었다.

---

32) 『高麗史』 권19, 명종 8년 정월.
33) 『高麗史節要』 권12, 명종 8년 정월.
34) 『高麗史節要』 권12, 명종 11년 9월.

남적의 창궐로 인해 군인들이 정중부 정권에 불만을 품고, 심지어 중앙 관료 일각에서 망이 망소이 등의 남적을 끌어들여 정변을 기도하자 정중부 정권은 이를 역이용해 반대세력의 숙청의 기회로 활용하여 정권의 안정화를 기도하였다. 그러나 명학소민의 봉기는 정중부정권의 탐학성과 한계성을 드러내줌으로써 결국 이듬해에 정중부 정권이 무너지고 경대승 정권이 들어서는 계기로 작용하였을 것이다. 특히 명학소민의 봉기 및 예산의 손청 등의 남적의 봉기가 청주목 관내에 일어나 청주목 관할하의 대부분의 군현이 남적에 공략되었지만 경대승 출신지역인 청주만은 끝내 함락되지 않았고 이들을 섬멸하는데 큰 역할을 하였다. 그 결과 청주출신의 재경관료들은 중앙정계에서 힘을 얻게 되었을 것이고, 특히 경대승이 중앙정계에서 급격히 부상하여 정중부 정권을 무너뜨리게 되었다는 점에서 명학소민의 봉기는 그 의미를 찾을 수 있다.

그러나 청주지역은 망이 망소이의 난 진압 직후에 재지세력들 사이에 심각한 분열과 대립을 보여줌으로써 경대승은 한 차례 위기를 맞이하게 된다.

(29) 청주인들이 그 고을 사람으로서 서울에 적을 가지고 그곳에 물러가 사는 사람들(係京籍而退去者)과 사이가 좋지 못하여, 그들을 거의 모두 잡아 죽였다. 그 죽은 사람들의 무리로서 서울에 있는 자들이 듣고 원수를 갚고자 하여 왕의 명이라고 거짓 속이고 결사대를 모집하여 청주로 향하였다. 장군 韓慶賴를 보내어 뒤를 아가서 제지시키려 하였으나 추급하지 못하였다. 서울에서 간 사람들이 고을 사람들과 싸워 이기지 못하고 죽은 자가 백여 명이나 되었다. 이를 금지하지 못했다고 하여 牧副使 趙溫舒와 사심관 대장군 朴純弼과 장군 慶大升을 파면하였다.(『高麗史節要』권12, 명종 8년 3월)

위 사건은 아마 명학소민의 봉기를 비롯한 남적을 진압한 후 그 논공행상의 과정에서 불거져온 사건일 가능성이 상당히 짙다. 논공행상의 과정에서 개경에 있는 청주출신의 관료들과 연결된 '係京籍而退去者'들에게 그 공이 돌아갔을 것이고, 이에 대한 청주민들의 불만이 고조되었을 것이다. 이와 아울러 청주목 관내가 남적의 봉기에 함락됨으로써 재향세력들 상당수는 농민항쟁의 소용돌이 속에 목숨을 잃었을 것이고, 또 일읍을 책임지고 있던 지방관이나 향리 등의 토호들이 탐오한 관리로 지목되어 처단되었을 것이기 때문에 무주공산이 된 이들의 토지를 둘러싸고 청주인과 '係京籍而退去者'의 쟁탈이 벌어지게 되었을 것이다. 이상의 복합적인 문제를 둘러싸고 '係京籍而退去者'와 청주인 사이에 분열과 대립이 일어나고 결국 상호간에 무력충돌이 일어나게 되었을 것이다. 재경관료로서의 길을 걷고 있었던 경대승의 경우 아마도 '係京籍而退去者'와 연결되었을 가능성이 농후하다. 경대승의 경우 다음의 자료에서 보다시피

> (29) 그(경대승)의 부친 慶珍은 본래 탐욕스러워서 다른 사람의 토지를 많이 강탈하였다. 경진이 죽은 후 경대승은 강탈한 토지 문건을 選軍에 바치고 한 뙈기의 땅도 남기지 않으니 사람들이 그의 청렴함에 탄복하였다.(『高麗史』 권100, 열전, 慶大升)

그의 부친 경진이 빼앗은 토지 문건을 선군에 바치고 한 뙈기의 땅도 남기지 않음으로써 청렴하다는 소리를 들었다지만 일면 달리 생각하면 그것을 원래의 주인에게도 되돌리지 않고 선군에 바쳤다는 것은 "일찍이 큰 뜻을 품고 살림살이는 돌보지 않았다"[35)는 평과 결부시켜 볼 때 군대 내에서 인망을 낚기 위한 행동으로 볼 수 있다. 이런 뜻을 가진 경대승이 청주 출신의 재경 문벌들과 연결되었을 것이고, 나아가 '係京籍而退去者'와 연결되지 않을 수 없었을 것이다. 정중부 정권은 청주 출신의 경대승이 급부상하여 인망을 얻는데 대해 경계심을 갖고 있던 차에 이 기회를

---

35) 『高麗史』 권100, 열전, 慶大升.

통해 청주의 사심관직에서 경대승을 파면하여 청주와의 연계를 끊고자 하였을 것이다. 이것이 결국 경대승의 정중부 정권의 타도를 가져오는 하나의 계기가 되었다고 볼 수 있을 것이다.

정중부 정권을 타도하고 집정한 경대승이 위 사료 (28)에 나오는 '係京籍而退去者'와 연결되었을 가능성이 농후하므로 대 지방통치에 있어서 새로운 개혁조치를 단행할 인물은 아니었다. 도리어 그나마 정중부정권하에서 찰방사에 의해 내쫓겼던 지방관들로부터 뇌물을 받고 적을 없애주기까지 함으로써 실망한 농민들이 경대승 정권하에서도 다시 항쟁에 나서게 되었다는 점에서 명학소민의 봉기가 갖는 역사적 의미는 청주 출신의 경대승이 명학소민의 봉기를 하나의 호기로 삼아 정권을 장악하였다는 의미 이상을 갖는 것은 아니므로 그 의미는 그만큼 제한적이라 할 수 있을 것이다.

명학소민의 봉기 직후 남적집착병마사가 중들을 초모하여 군사의 수효를 보태게 해달라는 건의를 올린 바 있지만 「사료 (6)」 실제 승려들의 투입이 이루어진지는 알 수 없다. 그런데 망이 등의 2차 봉기를 하면서 가야사와 홍경원을 공격함으로써 사원세력과 정부군의 2중의 적을 맞이하게 되었다는 점에서 힘에 부친 싸움을 전개할 수밖에 없었다.

IV. 맺음말

이 글은 대전대학교 지역협력연구원과 한국중세사학회가 공동으로 【고려 무인정권과 명학소민의 봉기】라는 제목의 전국학술회의(2003년 10월 11일 대전대학교 지산도서관 6층 국제회의실)에서 발표한 글이다. 당시에 본 발표문의 작성은 상기 주제 하에서 「고려무인정권과 명학소민의 봉기」란 주제 하에서 ① 정중부 정권의 성립과 그 성격(김창현), ② 명학소민

봉기의 사회경제적 배경(김기섭), ③ 고려시대의 탄소와 명학소의 위치
(이정신), ④ 명학소민 봉기를 통해 본 불교사원과 지방사회(배상현), ⑤
명학소민 봉기의 결과와 역사적 의의(김호동)의 한 소주제로 이루어져 있
었기 때문에 가급적 다른 주제들과 중복되지 않는 선상에서 언급하고자
하였다.

이 날의 발표에서 본 발표에 대해 지정토론을 맡아준 채웅석(카톨릭대)
으로부터 다음과 같은 지적을 받았다.

"우선 본 발표는 군현체제와 그 운영상의 모순과 그에 대한 항쟁이라는
측면에 분석의 중점을 두고 명학소라는 구체적 존재의 특수성과 관련된
부분에 대한 고려가 다소 약하지 않은가 하고 생각된다. 그런 문제의식을
가지고 논평하기에 앞서 발표자의 논지를 정리해보면 다음과 같다.

명학소민 봉기의 전개과정과 결과에 대해 발표자는 항쟁의 원인을 일
반적인 원인과 특수한 지역사정을 고려하여 다음과 같이 제시하였다. 농
민항쟁의 일반적 원인으로, 첫째, 국가 – 재지세력 – 민의 상호관계가 무
너져 농촌사회의 분화, 농민층 분해가 두드러지면서 국가 대 민, 계급간의
갈등과 대립으로 인해 농민항쟁이 일어났다. 둘째, 무신정권 성립후 시행
된 감무 증치와 외관교차제가 수령으로서의 자질보다 무신들의 입지와 경
제적 기반 구축에 중점이 두어지면서 외관 사이의 갈등과 대민수탈을 가
중시켜 농민항쟁을 촉발시켰다. 셋째, 조위총의 난 당시에 봉기에 가담한
서북지역민의 움직임이 전국적인 농민항쟁을 촉발시키는 한 계기가 되었
다는 점이 강조되었다. 이러한 일반적인 배경과 함께 명학소라는 특수한
지역 사정으로, 첫째, 공주의 경우 중앙의 관권의 대행자인 수령에 대한
견제 역할을 할 만한 재지세력의 성장이 별반 없었다. 그렇기 때문에 이
지역에 파견된 수령들의 과도한 수탈이 자행될 소지가 다른 지역보다 높
았을 것이며 이것은 결국 명학소 봉기가 일어났을 때 이곳 농민들의 적
극적 가담이 있었을 가능성을 점처볼 수 있다. 둘째. 공주의 속읍 12개

가운데 25%에 해당하는 3개 지역이 무신정권초기에 분리 독립됨으로써 남은 속읍지역에 대한 공주의 과도한 수취가 전가되었을 것이기 때문에 속읍과 향소부곡의 부담은 더욱 가중되었을 것이고, 공주의 경우 6개의 부곡과 7개의 소, 1개의 처가 있었기 때문에 명학소에서 봉기했을 때 쉽게 당여를 모을 수 있었을 것이다. 셋째, 본관제에 의한 토지 긴박정책 때문에 소 주민의 다른 읍에로의 이동은 극히 제한된 반면 다른 지역 주민의 소에의 월경은 가능했던 상황에서 월경지, 견아상입지 현상으로 인해 소 주민의 불만이 제기될 수 있었다는 점이 강조되었다.

   이러한 원인 또는 배경 파악에 토론자 역시 이견이 없다. 다만 고려전기 주현-속현체제와 부곡제라는 군현지배체제의 모순에 분석의 초점이 모아지고, 명학소의 구체적인 생산조건·생활조건에 대한 언급이 다소 부족하지 않은가 하는 느낌이 든다. 같은 소라고 하더라도 어떤 물품을 생산, 납부하는 곳이냐에 따라 구체적인 존재양태에서 편차가 존재할 것이기 때문이다. 이를테면 명학소를 김기섭의 파악처럼 철소로 보느냐, 이정신의 파악처럼 탄소로 보느냐는 주민 구성에 차이가 나고 그들이 느끼는 모순도 차이가 날 것이다. 철소로 보면 전문장인의 존재를 고려하지 않을 수 없으며, 탄소로 보면 기술수준이 높은 전문장인의 존재를 굳이 설정하지 않아도 될 것이다. 그리고 항쟁과정에서 전자와 달리 후자는 계절적 영향도 받게 될 것이다.

   첫째, 이전의 항쟁들이 반무신항쟁에 농민층이 가담한 데 비하여, 이 봉기는 유망민들이 주축이 되었으며, 하나의 군현 단위를 넘어 여러 군현에 걸쳐 전개되면서 주변의 농민항쟁들과 연결을 도모하였다는 점에서 이후의 농민항쟁에 영향을 끼쳤다. 둘째, 속읍과 부곡제지역이 민의 성장을 억압하는 것으로서 개편되어야 할 대상이었음을 분명히 인식시키는 계기가 되었다. 셋째, 지방관의 대민수탈을 감찰하고 자제하게 하는 계기가 되었다. 넷째, 정중부정권의 한계성을 드러냄으로써 그것이 무너지고 경대승정권이 들어서는 계기가 되었다.

또, 명학소민의 봉기의 한계에 대하여 다음과 같이 언급하고 있다. 첫째, 항쟁세력들이 통일된 조직체계를 결성하지 못하고 느슨하게 연결된 채 개별적 분산적으로 존재하면서 각개 격파 당하고 말았다. 둘째, 정부군과의 타협적 자세를 보이는 등 지향점이 뚜렷하게 드러나지 않고, 정부로부터 얻어냈던 성과들 예컨대 현으로의 승격이나 지방관에 대한 규찰 등이 뒤에 유야무야 되고 말았다.

이상과 같이 명학소민의 봉기의 의의와 한계를 파악하는 데에 토론자로서 별 이견이 없다. 다만 덧붙이고 싶은 것은 속읍과 부곡제지역의 존재가 군현제상으로 모순이 동일하게 작용하였다는 사실의 지적 못지않게 부곡제 특히 소지역의 특성을 좀 더 배려했으면 좋겠다는 점이다.

또한 소에 대한 파악에서 그것이 민의 성장을 억압하는 질곡으로 작용하였다는 것은 사실이지만, 그것이 국가적 분업체계로서 기능한 의미가 있어서 일정시기에는 사회적 생산력 수준과 정합적으로 존재하고 기능하였던 면이 있었다는 점을 염두에 두어야 하지 않을까 한다. 다시 말하여 군현제상의 모순에 대한 항쟁으로서의 의미 말고도, 소라는 특정제품의 생산과 품질관리 등을 국가가 강제적으로 편성 유지하는 시스템과 생산력 변화간의 모순이라는 관점에서 접근하는 방식도 고려해야 하지 않을까 생각한다.”

필자는 명학소민과 주위 군현민이 항쟁에서 결합한 점을 지적하고 있다. 실제 부곡제지역민과 일반군현민의 결합은 진주민과 노올부곡민 항쟁의 경우에서도 확인이 된다. 그런데 부곡제지역이나 속현이 항쟁의 결과 일반 군현으로 상승하면 당시 군현체제상 남은 군현의 부담이 커지기 때문에 두 지역 사이에 갈등 대립이 일어나는 경우도 발견된다. 그렇기 때문에 항쟁의 중심이었던 명학소를 군현으로 승격시켜주면 그와 연대한 공주관내의 다른 지역민들은 피해를 입고 반대할 가능성도 있지 않을까? 이

런 점을 고려하면 혹시 충순현으로의 승격이 정부측의 항쟁군 분열책의
일환이었거나 정부가 의도하지 않았다 하더라도 그런 결과를 가져왔을 가
능성은 없을까? 또는 부곡제지역민에 대해 일반군현민들이 천시하는 현
상은 없었을까? 그런 차별의식이 있었다면 양자가 결합하는 데 걸림돌이
되었을 것이다. 이렇게 고려 군현제가 주현과 속현, 일반군현과 부곡제로
나누어 분열적 지배방식을 택하였다는 점을 이 시기 항쟁조직들이 통일적
조직을 갖추지 못하고 분산적으로 존재하게 된 배경으로서 고려할 수 있
지 않을까?

　항쟁 당시 청주가 끝내 함락 당하지 않고 진압하는 데 큰 역할을 수행
함으로써 그곳 출신의 경대승이 중앙정계에서 급격히 부상하여 정중부정
권을 무너뜨리게 되었다고 하였고, 한편으로는 명종 8년의 청주민과 그
지역 출신의 경적자 사이에 일어난 충돌 사건의 결과를 물어 정중부 정권
이 경대승을 견제하여 사심관직을 파면하였다는 지적하였다. 흥미로운 분
석이라고 생각한다. 그런데 발표자는 경대승이 경적퇴거자들과 연결되었
을 가능성이 농후하다고 파악하였는데, 그렇다면 경적퇴거자들이 충돌 결
과 청주민들에 의해 거의 살해되었고 경대승 자신도 사심관에서 물러났기
때문에 경대승의 재지기반은 상당히 와해되는 결과를 초래하였다고 보인
다. 그렇다면 그곳 출신의 경대승이 중앙정계에서 급부상할 수 있었던 세
력기반과 이런 재지기반의 와해 사이에 다소 부정합적인 관계가 있는 부
분에 대하여 보완 설명할 필요가 있지 않을까?

　항쟁의 원인 또는 배경 파악에 대한 토론자의 지적에 대해 필자 역시
공감하는 바이다. 그러나 명학소의 구체적인 생산조건·생활조건에 대한
언급을 비롯한 명학소라는 구체적 존재의 특수성과 관련된 부분은 발표
당일 제2주제와 제3주제에서 다루어질 부분이기 때문에 처음 발표문의
작성에서도 이를 고려하여 별반 언급하지 않았고, 발표 후 보충과정에서
도 전체 기획 발표문의 하나로서 본고의 성격을 고려하여 언급하지 않았

다. 후일 별도의 다른 기회에 단독으로 쓸 경우 이러한 지적에 대한 보완을 하고자 한다. 그러나 현재 본문에서 인용한 명학소민의 봉기에 관한 사료에 이를 밝힐 수 있는 어떠한 자료도 보이지 않는 상황 하에서 명학소 및 전체 소에 대한 향후 연구의 축적에 기대를 걸 수밖에 없을 것 같다.

다음의 의의와 한계에 관한 부분에서 토론자가 지적한 "소에 대한 파악에서 그것이 민의 성장을 억압하는 질곡으로 작용하였다는 것은 사실이지만, 그것이 국가적 분업체계로서 기능한 의미가 있어서 일정시기에는 사회적 생산력 수준과 정합적으로 존재하고 기능하였던 면이 있었다는 점을 염두에 두어야 하지 않을까 한다. 다시 말하여 군현제상의 모순에 대한 항쟁으로서의 의미 말고도, 소라는 특정제품의 생산과 품질관리 등을 국가가 강제적으로 편성 유지하는 시스템과 생산력 변화간의 모순이라는 관점에서 접근하는 방식도 고려해야 하지 않을까 생각한다"는 지적은 필자가 간과한 부분이며, 필자로서는 현재 이에 대한 문제를 해결할 능력을 갖고 있지 못하여 이에 대한 보충을 하지 못하였다. 앞으로 이에 대한 논의는 다른 역량 있는 연구자들에게 숙제로 남기고자 한다.

그리고, 고려 군현제가 주현과 속현, 일반군현과 부곡제로 나누어 분열적 지배방식을 택하였다는 점을 이 시기 항쟁조직들이 통일적 조직을 갖추지 못하고 분산적으로 존재하게 된 배경으로서 고려할 수 있지 않을까라는 토론자의 지적은 본고를 보완하는 지적이다. 일부 이 견해를 수용하여 본문에서 손질을 가하였으나 이 지적 자체가 본 글의 보완이라는 생각에서 이 글을 위에 전재함으로써 필자의 글을 보완하고자 한다.36)

마지막으로 필자가 경대승이 경적퇴거자들과 연결되었을 가능성이 농후하다고 파악하였는데, 그렇다면 경적퇴거자들이 충돌 결과 청주민들에

---

36) 이에 관해서 필자는 「군현제의 시각에서 바라본 12·13세기 농민항쟁의 역사적 배경」(『역사연구』 4, 역사학연구소, 1995)를 통해 이 시기 농민항쟁에 대한 언급을 한 바 있다.

의해 거의 살해되었고 경대승 자신도 사심관에서 물러났기 때문에 경대승
의 재지기반은 상당히 와해되는 결과를 초래하였다고 보이므로 그곳 출신
의 경대승이 중앙정계에서 급부상할 수 있었던 세력기반과 이런 재지기반
의 와해 사이에 다소 부정합적인 설명이 되지 않은가에 대한 토론자의 지
적에 대한 언급을 하고자 한다. 경대승의 경우 중앙정계에서 급격한 정치
적 부상을 할 수 있었던 것은 남적의 봉기에서 청주지역이 큰 역할을 하
였다는 점이 일조를 하였을 것이다. 그러나 청주지역이 곧 청주민과 그
지역 출신의 경적퇴거자들의 충돌로 인해 경대승이 사심관에 의해 파면됨
으로써 그의 재지적 기반이 와해되었다는 점에서 경대승이 중앙정계에서
급부상할 수 있었던 세력기반과 이런 재지기반의 와해 사이에 다소 부정
합적인 관계로 보일 수 있지만 그러한 위기에 처한 경대승이 정중부 정권
을 무너뜨리고자 하는 적극적 의지를 갖게 하는 하나의 계기를 마련해주
었다고 볼 수도 있을 것이다. 이런 시각을 보완하기 위해 당초 발표문의
수정을 통해 이 부분에 대한 약간의 보완을 하였다.

【참고문헌】

1. 저서

박종기, 1990,『高麗時代 部曲制 硏究』, 서울대학교 출판부

신안식, 2002,『高麗 武人政權과 地方社會』, 경인문화사

이수건, 1984,『韓國中世社會史硏究』, 일조각

이정신, 1991,『高麗 武臣政權期 農民·賤民抗爭 硏究』, 고려대학교 민족문화연구소

2. 논문

김호동, 1995,「군현제의 시각에서 바라본 12·13세기 농민항쟁의 역사적 배경」『역사연구』4, 역사학연구소

박종기, 1990,「12,13세기 農民抗爭의 原因에 대한 考察」『東方學志』69

박종기,「무인집권기 농민항쟁 연구론」『한국학논총』12, 국민대 한국학연구소

변태섭, 1973,「農民·賤民의 亂」『한국사』7

이정신, 1988,「고려시대 공주 명학소민의 봉기에 대한 일연구」『한국사연구』61·62합집, 한국사연구회

旗田巍, 1934,「高麗の明宗神宗時代に於ける農民一揆(1)」『歷史學硏究』2-4

北村秀人,「高麗時代の所制度について」『朝鮮學報』50

제5장 고려 명종 23년의 '신라부흥운동' 사료 검토

I. 머리말

경주 출신의 이의민이 신라부흥운동과 왕조 교체의 뜻을 갖고 명종 23년의 김사미·효심의 난을 지원하였다는 기록은 『고려사』 이의민 열전과 『고려사절요』 명종 23년 7월의 기사에 실려 있다. 이에 대해 박용운은 "그것을 긍정하는 논자가 있는가 하면, 그것은 이의민 정권의 부당성을 지적해 보려는 반이의민세력의 모략이었다고 하여 그 같은 사실 자체를 부정하는 견해도 있으며, 또 반란군을 지원한 사실은 인정하되 그것은 신라부흥을 목적하여서가 아니라 다만 이의민이 자신의 권력을 확대시키기 위한 수단으로 이용한 것일 뿐이라는 의견도 있다. 아마 마지막 주장이 옳지 않나 하는 생각되는 점이 많지만 물론 확언하기는 어렵다[1]"고 하였다. 그에 대한 연구사적 정리를 좀 더 자세히 정리하면 다음과 같다.

이의민이 신라부흥의 뜻을 갖고 남적을 지원하였다는 사료에 대해 이병도가 "명종 23년, 雲門의 金沙彌와 孝心의 東京等地의 賊魁들은 '신라부흥'을 슬로간으로 내세운 듯하며, 이의민은 夢讖과 十八子讖과 그 본적이 경주인 점에서 신라부흥의 뜻을 품고 사미·효심 등과 密通하였다고 하고 그들이 부르짖은 신라부흥의 설은 그 지방의 회고적 감정에 호소하

---

1) 박용운, 2008, 『고려시대사』, 일지사, 541~542쪽.

여 인심을 지배하려는 형식적 구호에 불과하였던 것이다"라고 의미 부여를 처음 한 적이 있다.[2] 그 이후 박창희가 "이의민은 참설에 근거한 신라부흥의 뜻을 품고 있었고, 김사미·효심들의 민란군도 신라부흥운동의 뜻을 가졌을 가능성이 짙다. 신라부흥을 의도 내지 빙자하는 세력과 이의민 간에는 각자 상호간 이용을 하였을 것이다"라고 하였고,[3] 旗田巍도 "이의민은 권력을 잡은 후 고려왕조를 타도하고 신왕조를 세울 것을 생각하고 출신지가 경주인 것 때문에 신라부흥을 기도하였다. 그는 경주의 부근에 일어난 농민반란을 이용하고자 반란군과 연결을 취하고 원조를 하였다. … 이의민은 자기의 야망을 달성하는 수단으로 농민반란을 이용하였다"[4] 고 하였다.

이에 반해 이정신의 경우 "이의민이 김사미 등과 제휴하여 자신의 권력을 강화시키려 했던 것은 사실로 판단된다. 그 이유는 당시 조정에서 그를 보좌하던 人的 기반이 무너지고 있어서 언젠가는 권력 중심부에서 밀려날지 모른다는 절박감을 느꼈던 것 같다. 이때 雲門·草田에서 農民들이 蜂起하니 이 民亂에 편승해서 王朝 交替까지 시도해 보려고 하였다. 그는 자신의 권력기반을 구축하여 정권을 획득하기 위해서는, 新羅復興을 외쳐 高麗王朝를 무너뜨리는 것이 훨씬 설득력이 있다고 생각했던 것이다. 그러나 타도의 대상인 李義旼과의 제휴가 농민들에게는 탐탁하게 받아들여지지 않았다고 판단진다. 慶州地域 農民들은 李義旼에 대해 호감을 가지고 있지 않았다. 농민들은 그가 최고의 집정자가 되었을 때, 자신과 같은 피지배층이 권력의 상층부에 올랐던 만큼 그들을 위한 시책을 기대했으나 이의민 집권 10년 동안 아무것도 나아지지 않았고 오히려 경

---

2) 이병도, 1961,『한국사(중세편)』진단학회, 490~500쪽.
3) 박창희, 1969,「이규보의「동명왕편」시」『역사학보』11·12합집, 198쪽.
4) 旗田巍, 1979,「高麗の武人と地方勢力 – 李義旼と慶州」『朝鮮歷史論集』上卷, 旗田巍先生古稀紀念會 編, 496~497쪽.

주는 그의 측근들에 의해 수탈이 더욱 강화되고 있었다. 따라서 신라부흥
에 대한 열망은 단지 이의민과 叛民 지도부의 견해에 불과했다고 생각된
다. 김사미 효심의 난이 실패하고 이 결과로 이의민조차도 실각하였지만
신라부흥이라는 새로운 주장은 경상도지역 주민들에게 향수를 자극하는 계
기가 되었던 것 같다. 이후 봉기에서 서북지역이나 그 어느 민란에서도 언
급되지 않았던 새로운 국가수립을 그들은 내세웠기 때문이다. 이들이 신라
부흥을 표편화시킨 것은 신종대 최충헌 정권대에 와서였다"고 하였다.[5]

  이러한 견해와 달리 이의민 정권의 부당성을 지적해 보려는 반이의민
세력의 모략이라는 주장도 제기되었다.[6] 필자 역시 이의민을 제거한 최
씨정권이 '이의민이 신라부흥운동과 왕조교체까지 기도하였다고 조작한
것'이라는 견해를 발표한 바가 있다.[7] 그렇지만 대다수의 견해는 사료에
나온대로 이의민이 신라부흥운동을 통해 왕조교체를 획책하여 김사미·효
심의 남적세력과 연계되었다고 한다. 본고는 그 견해를 반박하기 위해 명
종 23년 전후의 사료를 통해 이의민이 신라부흥을 도모하기 위해 남적을
지원하였다는 것이 조작되었다는 것을 다시 드러내고자 한다. 그 이유는
『명종실록』이 편찬된 시기가 고종 14년이었다는 점에서[8] 최씨정권에 의
해 사료의 개찬이 이루어졌을 가능성이 있기 때문이다. 그 점을 염두에
두고 면밀한 사료의 검토가 이루어져야 할 것이다.

---

5) 이정신, 2000, 「12-13세기의 삼국부흥운동」『한신인문학연구』 1.
6) 김당택, 1979, 「이의민정권의 성격」『역사학보』 83.
7) 김호동, 1982, 「고려 무신정권하에서의 경주민의 동태와 신라부흥운동」『민족문화
   논총』 2·3합집.
8) 『명종실록』은 監修國史平章事 崔甫淳, 修撰官 金良鏡·任景肅·俞升旦 등에 의해 고
   종 14년 9월에 완성되었다.(『고려사』 권22, 명종 14년 9월 경신)

II. 이의민의 '신라부흥운동' 관련 金沙彌·孝心의 '南賊'관련 사료 분석

1. '신라부흥운동' 관련 사료

명종 23년의 농민항쟁, 즉 남적과 연계해 이의민이 '신라부흥운동'을 획책하였다는 사료는 다음과 같다.

A-① 명종 23년에 봉기한 南賊 가운데 가장 세력이 큰 자는 雲門의 金沙彌와 草田의 孝心이었다. 그들이 亡命한 사람들을 규합해서 州縣을 습격 약탈하였으므로 왕은 그것을 듣고 두려워하여 대장군 全存傑을 파견하면서 장군 李至純, 李公靖, 金陟侯, 金慶夫, 盧植 등을 통솔하고 토벌케 하였다. 그 중에 이지순은 이의민의 아들이다. 이의민이 일찍이 자기 꿈에 5색 무지개(紅霓)가 양편 겨드랑이에서 일어났으므로 커다란 자부심을 가지게 되었으며 또 옛 圖讖에 "용손은 12에 다 된다(龍孫十二盡)"란 말이 있고 또 '십팔자(十八子)'란 말이 있다는 것을 들었다. '十八子'란 李 字이므로 이런 데서 왕위를 바라보게 되어 약간의 탐욕을 참고 명사(名士)들을 등용해서 헛된 명망을 낚았으며 또 자기 출신이 경주라 하여 내심으로 新羅를 다시 일으킬 뜻을 가지고 김사미, 효심 등과 내통하였다. 그리고 적도 鉅萬의 재물을 보내 주었다. 이지순도 만족을 모르는 욕심쟁이여서 적에게 재물이 많다는 말을 듣고 그것을 낚아 들이려고 비밀히 적과 연락을 가지고 의복, 식량, 신, 버선 등의 물자를 주었으며 적은 금은 보화를 보내 왔다. 이런 데로부터 軍中의 동정이 이내 누설되어 여러 번 패전을 초래하게 되었다. 전존걸은 본래 지략과 용맹으로 이름난 장수였으나 사태가 이렇게 되니 울분해서 말하기를 "만일 법으로 이지순을 처치하면 그의 부친이 틀림없이 나를 죽일 것이다. 또 그렇게 하지 않으면 적세가 더욱 치열해 질 터이니 장차 그 죄를 누구가 질 것이냐?"라고 하더니 基陽縣에 이르러 독약을 마시고 자살했다.(『고려사』 권128, 열전, 李義旼)

② 이때 남방에 도적이 일어났는데, 그 중에 강한 자 김사미는 운문에 웅거하고, 孝心은 草田에 웅거하여, 亡命한 자들을 불러 모아 州縣을 협박하

고 약탈하였다. 왕이 이를 듣고 근심하여 대장군 전존걸을 보내어 장군
이지순·이공정·김척후·김경부·노식 등을 거느리고 이들을 토벌하게 하
였다. 지순은 의민의 아들이다. 의민이 일찍이 붉은 무지개가 양쪽 겨드
랑이에서 일어나는 꿈을 꾸고서 자못 자부하였고, 또 옛날 讖書에 '龍孫
이 12대 만에 끊어지고 다시 十八子가 나온다' 는 말이 있다는 것을 들었
으니, 十八子는 곧 李 字이다. 이로 인하여 반역의 뜻을 품었는데, 본적
이 경주이므로 몰래 신라를 홍복시킬 뜻이 있어 사미·효심 등과 서로 통
하니, 적이 또한 막대한 재물을 보내었다. 지순은 탐욕이 한이 없어 적이
재물이 많다는 말을 듣고, 그 재물을 낚아 취하려고 몰래 그들과 서로 연
락하며 의복·양식·신·버선을 대어주어 적의 세력을 도와주고, 적은 도적
질한 금은 보화를 주니, 이런 까닭으로 군중의 동정이 문득 누설되어 여
러 번 패전하게 되었다. 존걸이 분개하며 말하기를, "만약 법으로써 지순
을 다스린다면 그 아버지가 반드시 나를 해칠 것이요, 그렇지 않다면 적
이 더욱 성할 것이니, 죄가 장차 누구에게 돌아갈 것인가." 하며 독약을
마시고 죽었다.

　사신이 말하기를, "의를 보고서도 실행하지 않음은 용기가 없는 것이
다. 존걸이 왕명을 받아 출정하였으니, 살리고 죽이며, 상주고 벌주는 권
한이 그 손 안에 있었다. 지순이 적에게 군사의 기밀을 누설시키는 것을
알았으면 이를 목 베어 군중에 돌려야 했거늘 이를 하지 못하고 도리어
의민을 두려워하여 독약을 마시고 죽음에 이르렀으니, 비겁함이 이보다
심하랴. 세상에서 존걸을 지혜와 용기가 있다고 일컫는 것은 틀린 말이
아닌가." 하였다.(『고려사절요』 권13, 명종 23년 7월)

　A-①·②의 사료 밑줄 친 내용은 거의 대동소이한 내용이다. 두 사료에
의하면, 경주 출신의 이의민이 자기 꿈에 5색 무지개(紅霓)가 양편 겨드
랑이에 돋아난 것에 대해 자부심을 갖고 있었고, '龍孫이 12대 만에 끊어
지고 다시 십팔자가 나온다'는 讖書에 기대어 신라를 홍복시킬 뜻을 가지
고 김사미, 효심 등과 내통하였다고 한다. 토벌군의 일원으로 참여한 이
지순이 적들과 내통하여 적들로부터 鉅萬의 금은보화를 받고 대신 의복·
양식·신·버선을 대어주어 적의 세력을 도와주고 군중의 동정을 누설하여
관군이 패전하게 되었다고 한다. 이로 인해 대장군 전존걸이 자살하였다

는 내용이다. 이 사료에 근거하면 이의민은 신라부흥운동을 꾀하여 고려 왕조를 무너뜨리기 위해 김사미·효심의 남적세력을 끌어드리려고 하였다 는 것이 된다. 그렇지만 당시 최고권력자인 이의민이 신라부흥운동을 꾀 하여 남적을 끌어드리고자 했다는 것은 이해가 되지 않는다. 여타의 사료 를 통해 그것을 증명하고자 한다.

2. 기타 김사미·효심의 남적 관련 사료를 통해 본 '신라부흥운동'의 가능성 검토

이의민의 신라부흥운동에 이용되었다는 김사미·효심 등의 남적에 관 한 사료를 『고려사』와 『고려사절요』에 적출하면 다음과 같다.

> B-① 이달에 東京에서 副使 周惟氐가 군사를 거느리고 가서 적을 습격하려다 가 적이 이 기미를 알고 항거하는 바람에 살상된 자가 매우 많았다.(『고 려사』 권20, 명종 20년 정월 기묘일)
> ② 東京에서 도적이 일어났다.(『고려사절요』 권13, 명종 20년 정월)
> ③ 使者를 동경에 보내어 농업을 권장하였다. 안찰부사 周惟氐가 군사를 거 느리고 도적을 습격하고자 하니, 도적이 알고 항거하여 죽고 상한 사람 이 매우 많았다.(『고려사절요』 권13, 명종 20년 2월)
> ④ 계사일에 중랑장 姜純義를 南路捉賊使로 임명하고 합문지후 庾寬을 副 使로 임명하였다.(『고려사』 권20, 명종 20년 12월 계사일)
> ⑤ 12월에 중랑장 강순의를 南路捉賊使로 삼고, 합문지후 庾寬을 副使로 삼았다.(『고려사절요』 권13, 명종 20년 12월)
> ⑥ 東南路按察副使 金光濟가 적을 토벌하다가 이기지 못하여 京兵을 보내 라고 청하였다.(『고려사』 권20, 명종 23년 2월)
> ⑦ 東南路按察副使 金光濟가 도적을 토벌하였으나 이기지 못하여 京兵을 보내 주기를 청하였다.(『고려사절요』 권13, 명종 23년 2월)
> ⑧ 이때에 남적이 벌떼처럼 일어났는데 심한 것으로서 金沙彌는 雲門을 차 지하고 孝心은 草田을 차지하여 망명한 사람들을 불러모아 주현들을 노 략하고 있었다. 왕이 이 소식을 듣고 근심이 되어 병자일이 대장군 全存

傑을 시켜 장군 李至純, 李公靖, 金陟侯, 金慶夫, 盧植 등을 데리고 가
서 적을 치게 하였다.(『고려사』권20, 명종 23년 7월)

⑨ 임진일에 상장군 崔仁을 南路捉賊兵馬使로, 대장군 高湧之를 都知兵馬
使로 각각 임명하여 장군들인 金存仁, 史良柱, 朴公襲, 白富公, 陳光卿
등을 인솔하고 가서 적을 치게 하였다.(『고려사』권20, 명종 23년 11월
임진일)

⑩ 상장군 崔仁을 南路捉賊兵馬使로 삼고, 대장군 高湧之를 都知兵馬事로
삼아, 장군 金存仁·史良柱·朴公襲·白富公·陳光卿을 거느리고 가서 적
을 토벌하게 하였다.(『고려사절요』권13, 명종 23년 11월)

⑪ 정사일에 南賊의 두령 得甫가 생업을 안착시켜 달라고 하였다. 왕이 해
당 관리에게 명령하여 그를 고향으로 돌려보내 兵馬使의 처분에 맡기게
하였다.(『고려사』권20, 명종 23년 12월 임인일)

⑫ 남적의 괴수 得甫가 대궐에 나아와서 편안히 생업에 종사할 수 있기를
청하므로, 有司에게 명하여 놓아 돌려보내어 병마사의 처리에 맡겼다.
(『고려사절요』권13, 명종 23년 12월)

⑬ 2월 계사일에 南賊의 두령 김사미가 行營에 와서 항복을 청하였는데 그
의 목을 베었다.(『고려사』권20, 명종 24년 2월 계사일)

⑭ 2월에 남적의 괴수 김사미가 스스로 행영에 나아와서 항복하기를 청하
니, 이를 목 베었다.(『고려사절요』권13, 명종 24년 2월)

⑮ 갑인일에 장군 사양주가 남적을 치다가 패하였으며 거기서 전사하였다.
(『고려사』권20, 명종 24년 2월 갑인일)

⑯ 장군 史良柱가 남적을 치다가 패하여 죽었다.(『고려사절요』권13, 명종
24년 2월)

⑰ 경신일에 좌도병마사 최인이 정예한 군사 수천 명을 거느리고 적을 쳤다.
그가 강릉성에 이르러 伏兵을 하고 기다리더니 적이 와서 어떤 여인을
붙잡고 병마사가 어데 있느냐고 물으매 여인이 성 안에 있다고 대답하니
적이 이 말에 놀라 물러가려 하였다. 이때 복병이 일어나 적을 추격하여
1백 50명을 죽였다.(『고려사』권20, 명종 24년 2월 경신일)

⑱ 좌도병마사 최인이 날랜 군사 수천 명을 거느리고 적을 칠 때, 강릉성에
이르러 복병하고 기다렸다. 적이 이르러 한 여자를 잡아 묻기를, "병마사
가 어디 있느냐?" 하니, 여자가 말하기를, "성 안에 있다." 하였다. 적이
놀라 물러가므로 복병이 일어나 추격하여 머리 1백 50급을 베었다.(『고
려사절요』권13, 명종 24년 2월)

⑲ 여름 4월 무술일에 남로병마사가 密城 楮田村에서 적을 쳐서 7천여 명

을 죽이고 이 숫자에 해당하는 병기와 마소를 노획하였다.(『고려사』 권 20, 명종 24년 4월 무술일)

⑳ 여름 4월에 남로병마사가 적을 密城에서 쳐서 머리 7천 급을 베고, 무기 와 牛馬를 얻은 것도 이와 같았다.(『고려사절요』 권13, 명종 24년 4월)

㉑ 계축일에 우도병마사가 적을 쳐서 40여 명의 적을 사로잡아 죽였으며 3 일간 계속된 전투에서도 적군이 패배하였다.(『고려사』 권20, 명종 24년 4월 계축일)

㉒ 우도병마사가 적을 쳐서 40명을 사로잡아 목 베고, 또 3일 동안 연달아 싸워 적이 패배하였다.(『고려사절요』 권13, 명종 24년 4월)

㉓ 가을 8월 정유일에 남적의 두령이 자기 부하인 李純 등 4명을 대궐로 보 내 항복을 청하였다. 왕이 이순 등에게 대정 벼슬을 임명하고 布를 주어 돌려 보냈다.(『고려사』 권20, 명종 24년 8월 정유일)

㉔ 가을 8월에 남적의 괴수가 그 무리 李純 등 4명을 보내어 대궐에 나아 와서 항복하기를 청하므로, 이순 등에게 대정을 임명하고 베[布]를 내려 주고 돌려 보냈다.(『고려사절요』 권13, 명종 24년 8월)

㉕ 9월 기미일에 太史가 아뢰기를, "하늘에서 경고하는 뜻을 보인 지가 오래 되었는데 지금 남방이 아직 잠잠하지 못하나 정부에서 이를 평정하지 않 고 있으니 저는 그윽히 한심하게 생각하는 바입니다. 더군다나 우리 나 라는 盛德이 木에 있는 만큼 바야흐로 가을 절기에 나뭇잎이 떨어지게 되면 이에 따라 변고가 곧 발생할 것이오니 청컨대 삼가소서!" 라고 하였 다. 왕이 서울과 지방에 계엄령을 선포하였다.(『고려사』 권20, 명종 24년 9월 기미일)

㉖ 겨울 10월 정유일에 남로병마사가 적의 처자 3백 50여 명을 체포하여 그 들의 얼굴에 자자를 하여 西海道로 귀양을 보냈다가 여러 성의 노비로 만들었다.(『고려사』 권20, 명종 24년 10월 정유일)

㉗ 남로병마사가 적의 처자 3백 50여 명을 잡아 얼굴에 먹물을 넣고 서해도 로 귀양 보내어 여러 성의 노비에 충당시켰다.(『고려사절요』 권13, 명종 24년 10월)

㉘ 계해일에 남로병마사가 남적의 두령 효심을 생포하였다.(『고려사』 권20, 명종 24년 10월 정유일)

㉙ 남로병마사가 적의 괴수 효심을 사로잡았다.(『고려사절요』 권13, 명종 24년 11월)

㉚ 윤달 을해일에 해당 관리가 아뢰기를 "좌도병마사 최인은 일찍이 패전을 한 뒤로부터 싸움 한번도 하지 않고 시일을 끌면서 비용을 적지 않게 허

비하고 있사오니 그의 관직을 파면하여 죄를 다스리고 우도병마사 상장
군 고용지로 하여금 그 직무를 겸임하게 하시기 바랍니다."라고 하니 왕
이 말하기를 "적도 다 백성인데 어찌 많이 죽여야 되겠느냐? 은혜로써 감
복시켜야 할 것이다"라고 하였으나 해당 관리가 굳이 청하므로 그 제의
를 좇았다.(『고려사』권20, 명종 24년 10월 정유일)

㉛ 윤월에 有司가 아뢰기를, "좌도병마사 최인이 일찍이 스스로 퇴각하여
한 번도 싸우지 않고, 세월만 오래 지체하여 비용을 소비한 것이 한이 없
으니, 관직을 파면시켜 죄를 다스리고, 우도병마사 상장군 고용지로 하여
금 겸해 거느리도록 하옵소서" 하니, 왕이 이르기를, "賊도 백성이니 어
찌 많이 죽임이 목적이랴. 은혜로써 복종시킴이 옳을 것이다" 하였다. 유
사가 굳이 청하므로 그 말을 따랐다.(『고려사절요』권13, 명종 24년 윤
10월)

㉜ 신사일에 남로병마사 고용지가 군사를 인솔하고 돌아왔다. 왕이 고용지
를 불러 보고 그의 전공을 높이 평가하였다.(『고려사』권20, 명종 24년
12월 신사일)

　사료 B-①~⑤의 명종 20년 봄의 동경 도적, 즉 농민봉기는 경주에서
일어난 봉기이기보다는 동경관내에서 일어난 농민봉기이다. 그렇기 때문
에 안찰부유사 주유저가 봉기를 진압하고자 하였으나 실패하여 중앙정부
차원의 농민봉기 진압이 이루어지게 되었다. 그 봉기의 진압여부는 사료
에 보이지 않고, 사료 B-⑥이후에 의하면, 돌연 명종 23년에 남적이 봉기
하여 다시 중앙정부 차원의 경병이 투입되었음을 알 수 있다. 남적 가운
데 가장 큰 세력은 동경관내의 운문의 김사미, 초전의 효심이었다. 명종
23년 7월, 대장군 전존걸로 하여금 장군 이지순, 이공정, 김척후, 김경부,
노식을 거느리고 남적을 치게 하였다고 하지만 이들의 활동은 사료 B-⑧
을 제외하고 사료 B)에는 더 이상 보이지 않는다. 11월에 다시 좌도병마
사와 우도병마사가 이끄는 토벌군이 파견되어, 좌도병마사가 이끄는 토벌
군은 강릉방향으로, 우도병마사가 이끄는 토벌군은 김사미·효심군을 토
벌하기 시작한 이후 이들의 활동만 기록되고 있다. 그렇다면 명종 23년
7월과 11월 사이에 전존걸, 이지순 등이 김사미·효심의 난 진압에 투입되

었다고 보아야 한다. 7월에서 토벌군을 결성하여 현지에 파견된 기간과
다시 전존걸의 자살 소식을 접하고 재차 토벌군을 11월에 파견 결정한 시
점을 제외하면 약 3개월 정도 현지에서 전존걸·이지순이 활동하였다고
볼 수 있는데 이 짧은 시점에 이지순과 농민항쟁군의 지도부가 신라부흥
운동과 왕조교체까지 깊숙이 논의하고 거만의 금은보화를 주고받을 수 있
을까 일단 의문이다. 더군다나 김사미·효심의 봉기는 '亡命者'를 불러 모
은 점으로 보아 단순한 농민봉기의 성격을 넘어선 이의민 정권에 대한 반
체제활동의 의미를 갖고 있다. 그런 상황에서 이지순이 김사미·효심에게
신라부흥운동을 통한 왕조의 교체를 제의하였을 때 그것에 응하리라고 보
기는 어렵고, 또 이의민이 그런 제의를 하리라고 보기에는 더 더욱 어렵
다. A-①, ② 사료 이외의 사료 B)에는 남적과 이의민·이지순 부자의 관
련성, 이의민의 신라부흥운동에 관한 이야기는 전혀 없다. 특히 B-⑧의
『고려사』 명종 23년 7월의 기록에는 A-①, ②의 사료와는 달리 남적의
봉기와 진압군의 파견에 관한 기록만 있을 뿐이고, 이의민의 신라부흥 도
모와 이지순의 남적과의 연계에 대한 기록은 전혀 보이지 않는다.

과연 이의민과 이지순 부자가 신라부흥운동의 뜻을 가지고 남적과 내
통하였을까를 염두에 두고 사료를 더 살펴보기로 한다.

3. 최충헌의 이의민 제거와 명종 폐위 사료를 통해 본 '신라부흥운동'의 가능성 검토

명종 26년(1196) 4월, 최충헌 형제가 이의민을 제거한 뒤 왕에게 올린
상소문을 살펴보면 "賊臣 義旼이 일찍이 弒逆의 죄를 범하고 백성을 포학
하게 침해하며 왕위를 노리고 있었습니다. 그러므로 저희들은 이미 오랫
동안 그를 증오하여 왔으며 지금 나라를 위해서 처치했는데 비밀이 누설
될까 두려워하여 감히 어명을 청하지 않았는바 백 번 죽을 죄를 졌습니

다"라고 하여 국가를 위하여 이의민을 토벌하였다고 천명하였다.[9] 이 상
소문에서 이의민이 왕위를 노리고 있었다고 하지만 신라부흥을 꾀하였다
는 말은 일언반구도 없다. 최충헌이 정권을 장악한 직후 올린 '封事十條'
를 살펴보면 "적신 의민이 성품이 사납고 잔인하여 왕을 두렵게 하고 신
하를 업신여겨 왕위를 요동시키니, 화의 불길이 매우 성하여 백성이 살
수 없다"[10]고 하였다. 여기에도 이의민이 신라부흥운동을 꾀한다는 기록
이 없다. 崔忠獻은 이의민의 의종시해문제를 쿠데타의 명분으로 내세우
면서 '봉사십조'를 올려 太祖의 正法을 지킬 것을 천명하였다. 이를 통해
천인 및 양천교혼자들의 진출 등에 따른 기득권을 가진 지배층의 불만을
무마함과 동시에 이의민 정권에 의해 저질러진 失政을 열거함으로써 정
변을 합리화하고자 하였다. 만약 이의민이 신라부흥운동을 꾀하였다면 당
연히 최충헌이 이 문제를 거론하였을 것이다.

이의민의 죽음에 대한 史臣의 찬을 살펴보면 "의민이 본래 노예의 미
천한 신분으로써 외람히 의종의 친밀한 대우를 입어 여러 번 높은 벼슬에
승진되었으니, 은총이 지극하였는데도 감히 큰일을 행하였다. 그의 흉역
한 죄가 하늘까지 통하였으니, 진실로 말할 여지가 없다. 다만 의종이 화
근을 길러 후환을 산 것이 애석한 일이었다. 자신이 대역을 범하고도 제
집에서 편안히 죽었다는 말은 전에도 듣지 못했다"[11]고 하여, 이의민의
의종시해에 대한 언급만 있을 뿐 왕위를 엿보거나 신라부흥운동을 도모하
였다는 일체의 기록이 없다. 전후 사료의 분석을 통해서 볼 때, 최충헌이

---

9) 『고려사절요』권13, 명종 26년 4월, "충헌 형제가 군사를 거느리고 궁궐 문에 나아
 가서 아뢰기를, "賊臣 의민이 일찍이 弑逆의 죄를 범하고서 백성을 사납게 해치며
 왕위를 엿보므로, 신 등이 미워한 지가 오래였습니다. 이제 국가를 위하여 토벌하
 였사오나 다만 일이 누설될까 염려하여 감히 명을 청하지 못하였사오니 죽을 죄를
 지었습니다." 하니, 왕이 그를 위로하고 타일렀다." 『고려사』권129, 열전, 최충헌조
 에도 이와 같은 기록이 있다.
10) 『고려사』권129, 열전, 최충헌.
11) 『고려사절요』권13, 명종 26년 4월.

이의민 제거 직후에 올린 상소문에서 '이의민이 왕위를 노리고 있다'고 한 것은 명종으로부터 최충헌이 쿠데타의 정당성을 확보하기 위해 그렇게 둘러대었다고 보아야 한다.

명종 27년(1197) 9월, 최충헌이 완전히 정권을 장악한 뒤 명종을 폐위시키고 신종을 옹립하였다. 폐위된 명종은 신종 5년(1202)에 죽었다. 명종에 대한 사신의 평을 통해 이의민이 왕위를 엿보고 신라부흥운동을 꾀하였는가를 살펴보기로 한다. 아래의 사신의 평은 신종 5년 11월 무오일 명종이 죽고 난 뒤의 사신 평이다.

> C. 사신의 평 : 鄭仲夫, 李義方, 李義旼 등의 작간으로 毅宗을 죽이고 그들이 국권을 마음대로 뒤흔들었으니 명종의 입장으로는 마땅히 마음을 단단히 먹고 기어이 역적을 처단하고 말아야 할 것이다. 만약 역량이 미약했다면 경대승은 왕실이 쇠약함을 분히 여기고 强臣의 횡포를 증오하여 일조에 정의의 조치를 취하여 정중부의 부자를 처단하기를 마치 여우나 토끼 잡듯하였으며 이의민이 목을 바치고 소소한 도적들은 도망을 쳐서 시골에서 숨도 크게 쉬지 못하였으니 이는 바로 賢良한 사람들을 등용하고 국가의 규율을 확립함으로써 왕실을 부흥시킬 수 있는 기회였었다. 왕은 그렇게 하지 못하고 유흥과 안일에 사로잡혀서 보통 무사한 때처럼 아무런 대책도 취하지 않았었다. 이의민과 같은 자는 한갓 필부에 지나지 않았으니 사신 한 명을 보내 그가 임금 죽인 죄를 수죄하면서 목을 자르고 일족을 없애 버렸어야 할 것인데 도리어 그를 초대하여 갑자기 높은 벼슬까지 줌으로써 그로 하여금 왕실을 짓밟고 朝臣들을 살육하며 벼슬과 獄을 팔아먹게 하여 나라의 정치를 혼란시켰으니 그 화단이야말로 참혹하였었다. 최충헌은 이런 기회를 타서 일어나는 판에 왕은 도리어 추방을 당하고 자기 자손을 보전하지 못하게 되었다. 이때로부터 권신들이 서로 꼬리를 물고 나서서 정권을 잡았으며 몇 백년 동안 위험한 속에서 왕실을 겨우 유지하여 왔으니 슬프고 아픈 일이로다.(『고려사』 권20, 명종 27년 9월 계해일)

의종을 죽이고 국권을 마음대로 흔들었다는 평가가 있지만 왕위를 엿보고, 신라부흥을 도모하였다는 기록이 보이지 않는다. 신종 5년의 경우 경주에서 신라부흥운동이 활발한 시기이다. 명종 23년에 이의민이 김사미·효심 등의 남적과 공모하여 신라부흥운동을 하였다면 이에 대한 일언반구도 없을 리 없다.

위 세 자료를 통해 첫째, 이의민이 신라부흥운동을 도모하였다고 볼 수 없다는 사실이다. 둘째, 이의민이 왕이 되고자 했다는 것도 최충헌의 이의민 제거에 대한 한갓 정치적 명분에 불과하다는 것을 분명히 할 필요가 있다. 이의민이 신라부흥을 도모하고 왕이 되고자 했다면 최충헌의 '봉사십조'와 이의민과 명종에 대한 사관이 이를 적시하여 언급하지 않았을까? 최충헌 형제가 이의민을 제거한 뒤 왕에게 올린 상소문에서 '왕위를 엿보고 있었다'는 것 역시 명종에게 이의민 제거와 자신의 쿠데타에 대한 사전 재가를 얻지 않은 것을 변명하면서 명종의 사후 재가를 얻기 위해 이의민이 명종의 왕위를 엿보았다고 한 것으로 보아야 한다.

4. 이규보의 『동국이상국집』 사료를 통해본 신라부흥운동의 가능성

명종 23년 4월에 이규보는 『舊三國史』를 얻어 東明王의 사실을 보게 됨으로써 장편의 서사시인 「東明王篇」을 지었다.[12] 이 「東明王篇」에 대해 고려왕조의 존립을 부정하려는 민란군에 대결하는 성질의 노래로서, '고구려 왕조의 계통자로서의 고려'에 대한 강조를 하였다는 해석이 있다. 즉 "명종 20년 1월부터 경주·운문산을 거점으로 한 민란은 신라부흥을 빙자 내지는 의도하며 고려조정에 정면으로 도전해 나갔던 것이고, 조정은 이를 국란으로 대처해야 했으며, 이규보는 이에서 국가=왕조의 위기를 느껴 「東明王篇」을 읊었다는 해석이다.[13] 그렇지만 이때 지은 「聞江南賊起」

---

12) 『동국이상국문집』 年譜 "4월에 『舊三國史』를 얻어 東明王의 사실을 보고 이상히 여겨 古詩를 지어서 그 특이한 사실을 기록하였다."

를 살펴보면

「聞江南賊起」

뭇 개들 시끄럽게 짖는 소리 듣고부터	自聞群犬吠高聲
이상하게도 갑 속의 칼이 한낮에 쩡쩡 우누나	匣劍無端白日鳴
놈들을 궐하에 끌어 올 장사가 있을텐데	闕下牽來應有士
관가에서 왜 긴 끈 하나를 아낄까	官家何惜一長纓 14)

강남의 도적이란 소위 東京管內에서 일어난 농민항쟁을 가리키는 듯하지만, 이 시에서 고려왕조를 부정하는 신라부흥운동을 획책한다는 인식이 전혀 보이지 않는다.

실상 신라부흥운동은 최충헌 정권 성립 뒤인 신종 5년 경주 주민들과 운문적, 초전·울진의 초적 세력들이 공동연합전선을 구축하여 일어났다. 이때 중앙에서 파견된 진압군인 정동군의 일원이었던 이규보는 이러한 경상도 지역의 움직임을 고려왕조의 정통성을 부정하는 국가전복세력으로 간주, 신랄한 어조로 비난하고 있다.15) 만약 이의민이 신라부흥운동을 꾀하고 왕이 되고자 남적과 내통하였다면 이규보가 이때 이와 관련하여 언급하지 않았을까? 이규보의 『東國李相國全集』권5에는 명종 23년 김사미·효심의 난 직후에 경주와 관련된 「次韻吳東閣世文呈誥院諸學士三百韻詩(幷序)」와 「用前韻餞尹書記儀赴東京幕府」의 시 두 편이 실려 있다. 그 시는 다음과 같다.

---

13) 박창희, 앞의 논문 및 「무신정권시대의 문인」『한국사』7, 국사편찬위원회, 275~276쪽.

14) 『東國李相國集』卷2, 고율시, 「聞江南賊起」, "自聞群犬吠高聲 匣劍無端白日鳴 闕下牽來應有士 官家何惜一長纓."

15) 김호동, 1982, 「고려 무신정권하에서의 경주민의 동태와 신라부흥운동」『민족문화논총』2·3합집.

「東閣 吳世文이 誥院의 학사들에게 보낸 300韻詩의 운자를 따라서 지은 시(幷序)」

濮陽의 오세문공이 원나라 사신으로 갔다 와 탄핵을 받고 수도에 와서 한가로이 지내면서 하루는 동각 金瑞廷과 함께 員外 鄭文甲의 정원에 술좌석을 마련하였는데 내가 그 말석에 함께 참석하였다. 오공은 자랑하면서 나에게 "고금의 시집가운데 300개의 운자를 압운한 시는 없었다. 내가 그전에 302운시를 지어 고원의 학사들에게 보냈는데 그대가 화답할 수 있겠는가"라고 하였다. 그러면서 그 시를 꺼내어 보여주었다. 이날 집으로 돌아와 차운하여 화답하면서 오공과 함께 정원외와 오동각에게 보냈다.

東都는 예로부터 낙원의 나라
궁전에 그 옛터 남아 있다네 [신라 제56대왕 金傅는 우리 太祖에게 항복하였다. 태조는 맏딸을 그에게 출가시키고 신라를 慶州로 고치고 공의 식읍으로 삼았다. 오공은 자신이 신라왕의 외손이라고 하면서 그전에 동경에서 살았다고 하였기 때문에 동경의 일을 말한다.]
역사책에 옛 자취 찾아볼 수 있으니
순박한 그때 풍속 적혀 있다네
낙동강을 처음 건너
주나라 낙읍에서처럼 거북점을 쳤어라 [낙읍은 주(周)나라의 동경(東京)이었기 때문에 이와 대비한 것이다.]
渤海를 둘레의 늪으로 삼고
扶桑 땅을 다스려 울타리로 만들어
천년 동안 나라를 지켜왔어라 [『(新羅記』에 천 년의 왕업을 누렸다고 하였고 『新羅搦記』에는 999년이라고 하였다.]
대대로 왕들이 평화롭게 지내면서
비로소 악기도 만들고
천문기구 만들어
근검하게 중국 따라 배워
미개한 족속들을 물리쳤어라 [『拾遺記』에 말하기를 "因墀國에서 사자처럼 생긴 다섯 발 가진 짐승을 올려왔다."고 하였고 蘇氏의 시에는 "황당하고 괴이한 일은 또한 子年에게 물어야 한다."고 하였다.]
韓信같은 사람을 국사로 등용하고
공궤 같은 사람을 조정신하 삼았네

은혜와 영예를 단비처럼 내려주고
엄격한 명령은 우레치듯 하였어라
양반귀족 집안들이 구름처럼 일떠서고
해와 달이 더디다고 노래를 불렀네
그 누군가 『平子賦』를 만들었드냐[평자가 『東京賦』를 지었기 때문에 이렇게 말한다.]
孟堅의 노래와 비길 만하여라 [맹견이 『東都賦』를 만들었다.]
나라의 구획은 별자리처럼 가르고
백성들은 그곳 형편 따라서 다스렸다네[『周禮』에 백성들을 그곳 형편 따라 다스렸다고 하였는데 동경을 周나라의 낙읍에 대비하였기 때문에 이렇게 말한 것이다.]
온 나라 하늘땅이 국법에 따르고
자연의 재부는 다시 가공되었나니
무쇠를 깨우는 충신의 담량 생기고
잇달린 구슬처럼 시인들의 노래도 사와라
정승들의 화려한 주택들 처마 잇닿고
제왕들의 비석이 높이 솟았어라
대학에는 고을의 원로들 맞아들이고
鴻臚원엔 사방의 종족들 받아들였네
화려한 누각 짓는 솜씨가 익숙도 하고
관가에선 紀龍司를 내세워
안팎의 궁궐들 화려하게 일떠서고
넓고 큰 못도 생겨났다네 [『新羅記』에 의하면 碧骨池를 쌓고 궁중에는 큰 못을 팠다고 한다.]
어진 사람들 훌륭한 법 만들고
대수는 東岱와 같은 것이고 [『신라기』에는 犬首祠라는 말이 있고 『동도부』에는 터를 닦아 嵩山에 빌었다는 말이 있다.]
蛟川은 左伊를 본뜬 것이어라[『三國史』에는 동경에 교천이 있다고 하였으며 『동경부』에는 左伊右 법이라는 말이 있다.]
재능 있는 인재들 잇달아 나와
웅대한 계책에는 깊은 뜻 담겼어라
봉황새들 두 날개 펼치고
준마는 다투어 고삐를 이었어라
매미장식 꽂은 관리 모두가 귀족이고

봉황처럼 그 모습 청아하여라
차려입은 관복은 표범처럼 위엄있고
가사자락 끌면서 어떤 이는 부처계율 따르네
힘 있는 문장들은 절벽을 자랑하고
묘한 계략은 신령한 점괘와도 같아라
인범의 피리소리 청아하고
弘儒䎐는 관리의 예복을 걸쳤어라[朴仁範과 薛聰을 말한다.]
청아한 가사 담아 피리소리 퍼지고
높은 뜻 지닌 이들 두건을 동였네

이규보는 '東都는 예로부터 낙원의 나라'라고 하면서 東京의 옛 일, 신라를 기리고 있다. 이의민이 신라부흥운동을 꾀하며 김사미·효심의 남적과 내통하였다면 신라에 이같은 찬탄 위주의 글을 짓지 않았을 것이다. 이때를 전후해 尹儀가 東京幕府의 書記로 부임하게 되었을 때 이규보가 지은 「用前韻餞尹書記儀赴東京幕府」를 보면

윤서기를 동경막부에 보내면서
오늘아침 웃음을 함께 거두니
詩壇의 3년 세월 '空'과도 같아라
변방에 출전하는 그대가 부럽고
궁한 처지 벗지 못한 이 몸이 부끄럽네
關令의 후손은 참으로 道骨이라
신라의 옛 나라는 모두 선풍 지녔구나
재능 있고 지세 좋아 敵을 치기 맞춤이니
다정한 얼굴 홍조 잃지를 말게나

동경, 즉 경주가 敵을 치기 맞춤이라고 한 것으로 보아 이때의 적이 신라부흥운동을 꾀하였다면 이에 대한 언급이 있었을 것이다.

「東明王篇」에 대해 고려왕조의 존립을 부정하려는 민란군에 대결하는 성질의 노래라고 한다면 『東國李相國全集』 권5에 실려 있는 「聞江南賊起」, 「次韻吳東閣世文呈誥院諸學士三百韻詩(幷序)」, 「用前韻餞尹書記

儀赴東京幕府」에 그런 내용이 당연히 담겨야 할 것이다. 그런 점에서 고려왕조의 존립을 부정하려는 민란군에 대결하는 성질의 노래라는 해석은 잘못된 것이다. 「東明王篇」은 왕도정치의 염원을 담은 것으로 해석될 소지가 많다. 이듬 해 작성된 「開元天寶詠史詩」는 당 현종대의 詠史詩로서 이규보는 '幷序'에서 "어찌 風雅로 보했다고 하겠는가. 그저 새로 배우는 자제들에게 보이려는 것뿐이다"[16]라고 한 것에서 戒鑑의 의미를 갖는다는 점에서 왕도정치를 구현하기 위한 의도에서 작성된 것이 아닌가 한다. 이해 4월에 全履之에게 보인 시에서도 그것이 드러난다.

> 사월 십일일에 손님과 함께 동산을 거닐다가 수풀 사이에서 장미를 발견하였는데 오랫동안 풀들에 시달려 생기가 매우 미약하였다. 내가 바로 주변의 풀들을 제거한 뒤에 흙으로 북돋아 주고 시렁으로 괴어준 지 며칠이 지나 가보니 잎이 벌써 무성하고 꽃도 활짝 피었다. 여기에 느낀 바 있어 長短句를 지어 全履之에게 보이다

내가 동산 가꾸기에 게을러	我懶不理園
뜨내기 풀들이 멋대로 우거졌네	旅草生離離
오늘 아침 수풀을 헤치다 보니	今朝撥叢薄
거기에 장미 서너 포기가	中有薔薇數四枝
병든 뿌리는 지반에 드러나 거의 마르고	炳根露地已垂損
약한 줄기는 바람에 못 이겨 지쳤네	弱質凌風不自持
길게 한숨 쉬고 자위도 하며	長吁復自吊
연장 가져다가 잡초들을 제거하니	手錍剪榛楛
주변이 씻은 듯 깨끗해지고	地面淨如洗
기이한 자태가 훤히 드러났네	煌煌擢奇姿
기름진 흙으로 북돋아 주고	膏泥自封植
시렁을 매어 괴어주니	畫架仍撐搘
아황빛 꽃은 향내를 풍기고	緗英媚香艷
보랏빛 잎은 윤기를 더해 가네	紺菓添華滋
근본은 하늘의 조화이지만	初雖託天力

---

16) 『東國李相國集』 권4, 序 「開元天寶詠史詩 43首 幷序」

절반은 나의 공력이기도 하지	半亦倫吾私
처음에는 달기가 보배 장막에 숨은 듯하더니	始嫌妲姬隱寶障
이제는 서시가 깊은 휘장에서 나온 듯하네	已見西子出深帳
그대는 유랑이 현도에 공연히 갔던 일을 보지 않았던가	君不見劉郞玄都空獨來
복숭아꽃 다 지고 귀리와 아욱만 보았다네	桃花淨盡但見鷰麥與免葵
또, 두목이 호주에 늦게 갔던 일을 보지 않았던가	又不見杜牧湖州去較遲
붉은 꽃 다 지고 짙은 그늘에 열매가 열렸네	深紅落盡已是成陰結子時
그 뜻은 은근하나 보지는 못하여	著意殷勤猶未見
쓸쓸히 봄 보내며 섭섭하기만 했는데	送春寂寞空含悲
어쩌다가 여기 초당의 이 거사는	何如草堂李居士
좋은 꽃에 잔까지 들게 되었을까	意外逢花對酌酒一色
사물에 비교하여 깊은 뜻 굴리기도 하고	寓物託深意
조용히 앉아 깊은 생각에 잠기기도 하니	靜坐復深思
이는 꽃만이 아니라	若此非獨花
모든 사물이 다 그러하네	凡物亦如之
명월주를 보려면	欲見明月珠
진흙부터 걸러야 하고	先灑泥沙淄
어진 후비를 구하려면	欲求后妃賢
寵妾을 없애야 하며	無使寵嬖隨
뛰어난 인재를 뽑으려면	欲擇人材秀
讒臣부터 제거해야 하네	先去讒邪欺
이 시에 깊은 의미 있으니	此詩有深味
아이들에게는 쉬 말하지 마소	莫教兒輩知[17]

이규보는 이 시를 통해 전이지에게 장미를 주제로 하여 寵妾과 讒臣을 제거할 것을 말하고 있다. 그것은 곧 임금을 바르게 보필하는 방법을 진언하는 것이기도 하므로 왕도정치의 구현과 관련됨직하다. 그 이튿날 전이지·박환고와 함께 다시 구경하면서 남긴 시에 그 염원이 담겨있다고 볼수 있다.

---

17) 『東國李相國全集』권5, 고율시, "四月十一日與客行園中 得薔薇於叢薄間(略)作長短句以示全履之."

황적색은 임금의 옷감을 물들이고	柘染御衣裁
황금색은 부처의 얼굴을 장식하네	金裝佛面開
쉬 질까 언뜻 걱정이 되어	却愁容易落
비 맞으며 다시 구경하러 왔다오	兩裡亦看來[18]

황적색 장미꽃을 御衣로 상정하고, 그것이 쉬질까 걱정이 되어 비 맞으며 구경하러 왔다는 시의 의미를 통해 이규보는 장미를 주제로 하여 왕도정치를 염원하면서 뛰어난 인재의 발탁과 讒臣과 寵妾을 제거할 것을 바라고 있음을 알 수 있다.『東國李相國全集』권5에는 이때를 전후한 시기에 '內省의 여러 郎官에게 바친 시'를 별도로 구분하여 싣고 있다. 左散騎常侍 崔詵과 左諫議大夫 閔珪, 給事中 李靖, 中書舍人 王儀, 起居郎 房應喬, 起居舍人 白光臣, 左司諫 李淳中 등에게 보낸 시가 수록되어 있는데, 그 시에는 별다른 내용이 없지만 이 시기에 집중적으로 이들에게 시를 보낸 이면에는 시의 수수과정에서 왕도정치에 입각한 간쟁의 입장을 적극 개진함과 동시에 자신에 대한 천거를 바라는 염원을 담았다고 보아야 한다. 그런 점에서『東國李相國集』의 자료를 통해서도 이 당시에 이의민이 신라부흥운동을 꾀하고 남적과 내통하였다는 것으로 해석될 수 없다. 이규보는 왕도정치를 염원하면서 讒臣과 寵妾을 제거할 것을 주장하고 있다. 이의민이 신라부흥을 꾀하고 왕조교체를 도모하였다면 '讒臣' 보다 더한 격렬한 암시가 들어가야만 할 것이다.

앞에서 언급한 바와 같이『명종실록』은 고종 14년 최우정권 하에서 監修國史平章事 崔甫淳, 修撰官 金良鏡·任景肅·兪升旦 등에 의해 편찬되었다. 명종 다음 왕인 신종, 희종, 강종을 뛰어넘어 고종조에 들어서서『명종실록』의 편찬이 이루어진 것은 그간 최충헌의 쿠데타에 대한 정당성을 부여하기 위해 이의민과 명종대의 기록에 대한 곡필이 가해졌기 때문일 것이다. 고려중기까지, 그리고 무신정권 내내 그 주도권을 갖고 있었던

---

18)『東國李相國全集』권5, 고율시, 「明日雨中與全履之朴還古復賞」.

개경 중심의 중부지역의 인사, 그리고 지체 있는 문벌가문들이 영남출신
의, 그리고 천출 출신의 이의민을 정치적으로 제거하면서 신라부흥을 도
모하고 왕이 되고자 했다고 조작하면서 곡필을 가하였다고 볼 수 있다.
그렇지만 이규보의『동국이상국집』명종 23~24년 전후의 글 어디에도 이
의민이 왕위를 엿보고, 신라부흥운동을 도모했다는 기록을 남기지 않았
다. 이규보의 문집은 고종 28년(1241) 12월에 간행되었기 때문에 명종 23
년~24년 사이에 왕도정치를 염원하고, 또 남적에 관한 글을 남긴 이규보
로서는 당연히 이의민이 신라부흥운동을 도모하고 남적과 연결되었다면
그에 대한 기록을 남겼을 것이고 문집에 포함하였을 것이다. 이로써 보건
대, 이의민이 명종 23년에 신라부흥운동을 도모하고 왕위를 엿보았다고
보기에는 무리이다.

　신라부흥운동은 신종조 최충헌 정권 때 일어났다. 이때 이규보는 신라
부흥운동을 진압하는 征東軍의 일원으로 참가하였다. 정동막중에서 이규
보는 주로 檄書, 祭文, 醮禮文, 祝願文 등의 작성을 주 임무로 하였지만,
참모로서 군략을 내기도 하였다. 특히 이규보의『東國李相國集』(卷38)에
는 이규보가 정동군막에서 지은 「奉恩寺告太祖眞前文祭文」, 「天皇醮禮
文」, 「黃池院法華會文」, 「黃池院龍王祭文」, 「浮石寺丈六前願文」, 「太一
醮禮文」, 「基州太祖眞前祭文醮禮文」, 「天皇前別醮文」, 「祭公山大王文」,
「開泰寺太祖前願文」, 「正旦行天皇醮禮文」, 「山海神合屈祭文祝願文」, 「蔚
州戒邊城天神祭文」, 「慶州東西兩岳祭文」, 「祭蘇挺方將軍文」, 「獻馬公
山大王文」, 「疾疫祈禳般若法席文」, 「七鬼五溫神醮禮文」, 「太祖前別祭
文」, 「天皇別醮文」, 「東京西岳祭文」, 「東岳祭文」, 「戒邊天神前復祭文」,
「東西兩岳合祭文」, 「正旦行天皇醮禮文」, 「公山大王謝祭文」 등이 전하
는데, 이를 통해 이규보를 위시한 정동군막, 나아가 최충헌정권의 신라부
흥운동에 관한 태도를 살펴볼 수 있을 것이다.

D-① 성조께서 왕업을 일으켜 처음 하늘로부터 명을 받았는데, 지금 醜邦이 하루살이처럼 결집하여 망령되이 國亂을 야기시키려는 마음을 품고 있습니다.(「奉恩寺告太祖眞前文」)

② 아, 저 陰邑 東京의 어리석고 완악한 俗性이 마치 날개돋친 범 같아서 차츰 먹이를 고르는 탐심을 품고, 주머니에 피를 담아 점차 射天하려는 흉계까지 꾸몄습니다. 그러나 우리 너그러우신 임금께서는 경솔히 형벌을 쓰려 하지 않으셔서 아직까지도 大辟을 늦추시면서 부드러운 말로 타일러 왔으나 더욱 죄만 저지를뿐, 조금도 개전하려는 마음이 없으므로 장수를 명하여 징계하게 하시니, 이 어찌 정벌을 좋아하는 소치이겠습니까?(「天皇醮禮文」)

③ 요즈음 동경의 逆徒들이 미친 듯 날뛰어 기반이 점점 굳어져 날로 더욱 퍼져 나가고 있습니다. 그러나 국가에서는 아직까지 차마 誅伐을 가하지 않고, 재차 부드러운 말을 내려 禍福으로 타일러 왔으나 오히려 조금도 개전하는 마음은 없고 더욱 침탈을 자행하므로 끝내 오늘 죄를 묻는 군대를 내게 되었으니, 이것은 모두 저들 스스로가 불러들인 것이라 누구를 원망하겠습니까. 그러나 우리 임금의 본의는 인물을 많이 살상하려고 하지 않으므로 진실로 그 백성들이 지난날의 과오를 뉘우치고 용서를 빌면서 모두 유신에 참여한다면, 다 사면하여 벌 주지 않고 다시 평민으로 대우해줄 생각이시니, 그 살리기를 좋아하고 죽이기를 싫어하는 마음이 이같으십니다. 만일 부처님의 신통한 도움을 입어 칼날에 피를 묻히지 않고서, 항복을 받고 승전을 거두어 개가를 올리면서 班師하게 된다면, 우리 임금의 본의일 뿐만 아니라, 또한 여래가 중생을 사랑하는 本願이기도 할 것입니다.(「浮石寺丈六前願文」)

④ 왕명을 어기면 정벌하는 것은 본래 司馬의 九伐法이며, 所在의 군대를 주관하는 것은 太一의 十眞의 위엄입니다. 옛날 신라가 기울 무렵 백제의 횡포에 곤욕을 받았는데, 바야흐로 甄氏의 銳卒에게 포위되었을 때에, 태조의 구원병이 아니었더라면 거의 살아남은 백성이 없었을 것입니다. 신라가 항복해 속국이 된 뒤에도 은혜를 입은 것이 적지 않거늘, 아무리 흉악한 풍속이 무지하기로서니, 우리 先王의 큰 공덕을 잊을 수가 있겠습니까. 남에게 밥을 한번 얻어 먹어도 그 은혜를 저버리지 않는 것이거든, 국민이 되어 가지고서 이렇게 심할 수가 있겠습니까. 천벌을 피할 수 있다고 여겨 못된 길로 빠져 반성할 줄 모르니 그 죄를 용서하기 어려운데, 신인들 어찌 용서하시겠습니까. 지금 軍律을 베풀 때를 당하여 威靈의 큰 도움을 바라, 삼가 제수를 올리고 우러러 沖靈에게 아룁니

다. 삼가 바라건대, 흰 칼날을 한번 휘두르면 賊魁가 목을 늘어뜨리고, 긴 활을 쏘면 적괴가 감히 도망갈 수 없게 하여 주소서.(「太一醮禮文」)

⑤ 신라가 의를 사모하여 정성을 바쳐 스스로 향응해오자 來降을 가상히 여겨 경주라는 고을을 두었는데, 어째서 그 자손들이 우리 선조의 은혜를 잊고 횡행하면서 반역하여 禍門을 두드린단 말입니까? 죄를 용서할 수 없어 우리의 三軍을 출정시켰습니다만, 聖祖가 아니시면 누가 후원해 주겠습니까?基州의 古縣에 遺像이 완연히 계시므로, 寮佐를 보내어 감히 제물을 올리게 하나이다. 바라건대, 沖靈께서는 우리의 애쓰는 마음을 살피셔서 元惡을 쳐 없애어 번성하지 못하게 하여, 우리의 社稷으로 하여금 만세에 더욱 드높게 하여 주시면, 다만 天祿이 후손에게 있을 뿐만 아니라, 先王의 血食도 길길이 끊이지 않을 것입니다.(「基州太祖眞前祭文」)

⑥ 장차 下國을 정벌하려고 하매 擧義한 王師라고는 하나 만일 天時를 얻고자 한다면 감히 上帝에게 복을 구하지 않을 수 있겠습니까? 지난 역사의 남은 기록들을 징거하여 東京의 처음 일을 살펴보건대, 태조가 막 天命을 받아 발흥하시매 金傅가 땅을 바쳐 스스로 붙좇았으니 이것이 어찌城을 공격하여 탈취한 것이겠습니까. 진실로 의를 사모했던 까닭에 그런 것입니다. 그 충성을 가상히 여긴 나머지 그 임금을 尙父의 지위에 책봉하였고, 그 舊國은 존속시켜 留守의 官司로 그 칭호를 높여 주었는데 어찌하여 후세의 백성이 지난날의 우의를 잊고 기강을 문란시키고 상도를 어김이 너무도 지나칠 뿐만 아니라, 또한 백성을 죽이고 物을 해치는 자도 많습니다. 저들이 우리 上都를 대항하는 것이 비록 사마귀가 제 팔힘을 뽐내는 것과 다를 바 없으나, 그 사나운 자취를 더듬어 보면 豺虎가 군침을 흘리는 것과 같으므로, 그 죄를 성토하여 장차 정벌하려는 것이지, 사실 우리 임금의 본의는 아닙니다.(「天皇前別醮文」)

⑦ 아, 저 頑民들이 이를 갈고 피를 빨아 人物을 마구 죽여 비린내를 풍기면서 평민을 동요시켜 놀란 사슴처럼 날뛰게 만들어, 지나는 곳마다 城邑을 모두 함락시키고 聚落에 들어가 불지르고 노략질하여, 모든 집이 잿더미로 변하니 죄악이 진실로 가득찼으므로, 이치에 당연히 가서 정벌해야 합니다.(「祭公山大王文」)

⑧ 臣等은 들으니, 옛날에 甄萱이 강경한 군졸을 거느리고 크게 신라를 치매, 그 예봉을 대적할 수 없자 우리 聖祖께서 일만의 병력을 이끌고 구원하여 그 군졸을 퇴각시켰습니다. 만일 그렇지 않았더라면 신라의 백성들은 종자도 남지 않았을 것입니다. 그렇다면 그 父兄·子弟·妻妾 등이 목

숨을 보전하여 잎과 가지처럼 번져서 오늘에 이른 것은 참으로 우리 성
조의 힘인 것입니다. 지금 그 자손들이 先王의 은덕을 저버리고 함부로
병란을 일으켜 官家에 반역하니, 이는 은혜를 배반하고 의를 저버리는
불충 불효한 사람들입니다. 先祖가 후손을 염려하는 뜻에 있어 上帝에게
아뢰어 뇌정 같은 노여움을 내리게 하지 않고 차마 이런 무리들이 감히
우리 聖祖께서 草創하신 邦業을 요동시키게 하십니까? 삼가 바라건대,
신의 힘을 빌어 신 등으로 하여금 반역의 무리를 섬멸하여, 곧 승첩을 거
두고 다시 이 나라 태평의 기반을 구축하게 하여 주시면, 班師하는 날
아무 일로써 보답하겠습니다.(「開泰寺太祖前願文」)

사료 D-①~⑧에서 보다시피 정동군막의 구성 직후 太祖의 진전이 있
는 奉恩寺에서 태조의 眞影 前에 고하는 글을 필두로 하여 행군과 접전을
하면서 寺院을 찾아 기원함은 물론 一善津龍王·公山大王·智異山大王·
黃池院龍王, 蔚州戒邊城天神·北兄山神·慶州東西岳神 등 여러 神格에게
제사를 지냈는데, 그 배경에는 군대의 사기 진작과 승리 기원도 있겠지만,
해당지역의 민심의 회유에도 목적이 있었을 것이다.[19]

그러나 무엇보다도 이규보를 위시한 정동군막, 나아가 최충헌정권은
이러한 제사행위를 통해 신라부흥운동을 반고려적인 것으로 몰아가면서
지역적, 분파적인 행동을 비판하기 시작하였음을 알 수 있다. 신라부흥운
동을 고려왕조의 정통을 부정하는 국가전복세력으로 간주함과 동시에, 이
들이 '백성을 죽이고 物을 해치는 자'로 간주하고, '이를 갈고 피를 빨아
人物을 마구 죽여 비린내를 풍기면서 평민을 동요시켜 놀란 사슴처럼 날
뛰게 만들어, 지나는 곳마다 城邑을 모두 함락시키고 聚落에 들어가 불지
르고 노략질하여, 모든 집이 잿더미로 변하게 하였다'고 함으로써 신라부
흥군의 反民的 행위를 대내외에 부각 선전하고 있다.[20] 신라부흥운동을

---

19) 蔡雄錫, 1990, 「12, 13세기의 향촌사회의 변동과 '민'의 대응」 『역사와 현실』 3, 한
   국역사연구회, 역사비평사.
20) 김호동, 2003, 『고려 무신정권시대 문인지식층의 현실대응』, 경인문화사, 231~235쪽.

진압하기 위한 정동군막에 참여하여 위와 같은 글을 지은 이규보가 명종 23년에 이의민과 남적이 연계하여 실제로 신라부흥운동과 왕조교체를 꾀하였다면 D-①~⑧의 사료에서 그것을 당연히 언급하였을 것이다. 그런 언급이 없다는 자체는 명종 23년에 이의민이 신라부흥운동과 왕조교체를 꾀하기 위해 남적과 공모하지 않았다는 것을 드러내준다.

Ⅲ. 김사미·효심의 남적 봉기의 재구성

왜 명종 20년에서 명종 24년에 이르기까지 이의민의 복심에서 농민항쟁이 일어났을까? 그 성격 규명을 통해 이의민과 남적이 신라부흥운동을 도모하기 위해 내통하였다고 한 것에 대한 비판도 가능할 것이다.

경주 출신의 이의민은 의종시해문제로 인해 한때 정치적 어려움을 겪기도 하였지만 명종의 비호, 그리고 의종복위운동의 진압에 협력한 경주민을 비롯한 경상도민의 전폭적 지지와 협조, 무신쿠데타에 가담하였던 하급무신과 일반군인들의 지지에 힘입어 마침내 대권을 장악하였다. 의종을 시해한 당사자인 이의민에 대한 끊임없는 도전과 반발 속에 정권의 정당성·도덕성을 확보하지 못한 이의민정권은 개혁정치를 시도하는 등 변혁의 의지를 표방하면서 민심을 획득하고자 하였다. 이러한 그의 정책으로 인해 그의 집권 전반기까지는 농민항쟁이 표면적으로는 거의 나타나지 않았고, 상대적으로 賤系 내지 하급신분층에 속하는 인물들이 대거 중앙으로 진출하였다. 이는 그가 상당한 변혁의 의지를 갖고 민심에 호응하는 시책을 수행하였기 때문일 것이다.[21]

그러나 개혁의 추진이 어떤 합의에 의해 이루어지기보다는 힘을 동원

---

21) 김호동, 1994, 「이의민정권의 재조명」『경대사론』 경남대학교 사학회, 62~73쪽.

한 강압에 의해 이루어지고, 또한 개혁에 대한 실천의지가 수반되지 못하면서 변혁에 대한 전망은 서서히 쇠퇴하였다. 도리어 이의민과 그 일족 및 黨附者들의 개혁에 편승한 사적 권력의 확대와 탐학이 노출되면서 민들의 동요가 다시 표출되기 시작하였다. 한편으로는 천인 내지 하급신분층에 속하는 인물들이 대거 진출한 데 따른 정치질서의 급격한 변화를 꺼리는 기득권을 갖고 있었던 세력의 불안과 불만 또한 증대되기 시작하였다.[22]

이의민정권은 도리어 반동적 성격을 띠며 정권유지를 위해 무신 및 군인들을 동원한 비상한 강압정치를 하기에 이르렀다. 그러나 힘의 논리에는 시간이 가면 갈수록 그에 상응하는 막대한 군사력과 경제력을 확보하지 않으면 안되었다. 그 부담은 결국 민에게 전가될 수밖에 없었다. 이의민정권에 의해 정사가 재화로서 이루어지고 支黨이 연결되어 그 노예 및 당부자가 여러 주에 포열되어 土田을 빼앗았다는 기록들은 이의민정권의 탐학성을 단적으로 보여주는 것이다. 이로 인한 농민들의 저항은 집권후반기를 맞이하면서 표출되기 시작하였다.

특히 그의 복심이었던 경주, 나아가 경상도지역에 대해 대규모 토지침탈과 가혹한 탐학이 이루어졌다. 이의민정권의 수탈자적 성격이 드러나면 날수록 이 지역민들의 상대적 빈곤감과 박탈감은 더욱 증폭되어 다른 어느 지역보다도 유망민의 수가 격증하였다. 마침내 명종 20년(1190) 정월에 부세수탈과 역역동원을 피해 산간으로 유망한 농민들과 혹한기의 굶주림 속에 떠는 농민들이 무력항쟁에 나서게 되었다. 여기에 낙향문신 및 재지세력의 일부가 가담함에 따라 항쟁은 새로운 국면으로 접어들게 되었다.[23]

경주 및 경상도 일대에는 무신쿠데타이후 낙향문신 및 그들의 음덕을

---

22) 김호동, 1994, 「이의민정권의 재조명」 『경대사론』 7, 경남대학교 사학회, 62~73쪽.
23) 김호동, 1994, 「12, 13세기 농민항쟁의 전개와 성격」 『한국사』 6, 한길사, 194~197쪽.

입었던 재지세력들이 많이 있었다. 이들은 무신쿠데타이후 이의민이 그의 일족과 당부자들에게 경주향직을 맡기자 실세하여 의종복위운동에 적극 가담하였다. 그러나 의종복위운동의 실패로 인해 그 처지는 일반 농민들보다 더 비참한 지경에 빠져 망명의 길을 걷지 않을 수 없었던 것이다. 바로 이들이 명종 20년부터 전개되어온 농민항쟁에 가담하여 항쟁군을 이끌게 됨으로써 이의민정권에 심각한 타격을 가하였다. 농민항쟁군은 명종 23년(1193)의 무렵에는 金沙彌에 인도되어 雲門山으로 들어가 웅거하면서 孝心이 이끄는 草田의 항쟁군과 연합하여 공동전선을 구축하면서 경주부근의 여러 고을을 공격하기에 이르렀다.[24] '亡命者'가 이끄는 김사미·효심의 남적은 의종복위운동에 가담한 세력이다보니 의종을 시해한 이의민이 '신라부흥운동'이라는 슬로건을 내걸고 농민항쟁세력과 연계를 도모하고자 하여도 응할 수 없는 상황이었다. 그런 상황에서 이의민이 이들과 연계해 신라부흥을 도모하고 왕조교체까지 꾀한다고 하는 이야기는 설득력이 없다.

농민항쟁군의 대다수가 이의민 정권의 복심인 동경관내의 민이라는 점에서 토벌이 쉽지 않았다. 이로 인해 진압군의 일원으로 내려온 이의민의 아들 李至純은 적극적으로 항쟁군을 토벌하기보다는 경주 등지에 그간 구축시켜온 지지기반의 보호에 주력하면서 가능한한 항쟁군을 회유하려고 하였다. 그 과정에서 관군의 동정이 적에게 누설되어 관군이 여러번 패하기까지 하자 지휘부의 분열이 일어나 마침내 토벌군의 책임자였던 全存傑의 자살사태가 일어났다. 이지순의 행동은 이의민정권과 항쟁군과의 결탁의 가능성에 대한 소문을 불러일으켜 이의민정권의 체제유지에 심각한 타격을 가하기 시작하였다. 실제 이러한 소문을 빌미로 삼아 최씨정

---

24) 김호동, 1982 「고려무신정권하에서의 경주민의 동태와 신라부흥운동」『민족문화논총』 2·3합집, 영남대 민족문화연구소 ; 1990, 「무신정권시대 경북지역의 농민봉기와 신라부흥운동」『경북지역 의병사』 경상북도·영남대학교 참조.

권이 고종 때『명종실록』을 편찬하면서 최충헌정권 때의 신라부흥운동과 결부시켜 이의민이 신라부흥운동을 도모하여 남적과 결탁하였다고 기록하였을 것이다.

전존걸의 자살 사태에 직면한 이의민정권은 11월 토벌군의 지휘부를 일신하여 강경토벌에 임하게 되었다. 겨울의 혹한과 이듬해 봄 춘궁기에 걸쳐 추위와 굶주림에 처한 항쟁군은 이탈자가 속출하면서 패배를 거듭하다가 4월에 密城 楮田村에서 7,000여 명이 참획당하고 기계 및 우마를 많이 빼앗김으로써 큰 타격을 입게 되었다. 항쟁군은 극도로 위축되어 녹음기의 산속을 전전하면서 겨우 명맥을 유지하다가 12월에 효심이 결국 사로잡힘으로써 지리멸렬해지게 되었다.

IV. 맺음말

명종 23년의 신라부흥운동의 조작설에 대한 필자의 기존 견해[25]를 보강하는데 중점을 두었다. 명종 23년 무신집정이었던 이의민이 신라부흥과 왕조교체를 꾀하기 위해 김사미·효심과 내통하였다는 기록이『고려사』이의민 열전과『고려사절요』명종 23년 7월의 기록에 실려 있다. 이 두 사료는 이의민을 제거한 최충헌정권이 이의민 정권의 부당성을 드러내주기 위한 정치적 모략에서 만들어낸 가공의 기사임을 증명하기 위해 신라부흥운동설을 드러내는 앞의 사료 외의 김사미·효심의 남적 관련 사료와 최충헌의 이의민 제거와 명종 폐위 사료를 위시하여『동국이상국집』사료를 검토하였다. 그 결과 명종 23년에 이의민이 신라부흥운동과 왕조교

---

25) 김호동, 1982,「고려무신정권하에서의 경주민의 동태와 신라부흥운동」『민족문화논총』2·3합집, 영남대 민족문화연구소.

체를 꾀하기 위해 남적과 공모하지 않았다는 결론에 도달하였다. 이의민
이 남적과 공모해 신라부흥운동을 통하였다는 다음의 사료를 통해 이의민
의 행동이 그런 빌미를 제공하였다고도 할 수 있다.

> (명종) 23년에 남적이 봉기하였다. 그 심한 자로서 金沙彌는 雲門에 웅거
> 하였고 孝心은 草田에 웅거하여 亡命者를 불러모아 주현을 습격 약탈하였다.
> 왕이 듣고 근심하여 대장군 전존걸과 장군 이지순·이공정·김척후·노식 등을
> 보내어 토벌케 하였다. 지순은 의민의 아들이었다. ②의민이 일찍이 붉은 무지
> 개가 두 겨드랑이 사이에서 일어나는 것을 꿈꾸었으므로 자못 이를 자부하였
> 다. 또 古讖에 '龍孫이 12대로서 다하고 다시 十八子가 있다'는 말을 듣고 十
> 八子는 곧 李字이기 때문에 非望을 품고 저윽이 貪鄙함을 억제하고 名士를
> 거두어 씀으로서 헛된 명예를 낚았다. ③스스로 경주출신이라 내심으로 新羅
> 를 興復시킬 뜻을 품고 賊 沙彌 孝心 등과 통하니 적도 역시 鉅萬을 주었다.
> (『高麗史』 卷128, 列傳, 李義旼)

명종 23년 南賊 金沙彌·孝心의 봉기사건에 연속하는 기사이다. 이 자
료는 그렇기 때문에 당시 무인집정이었던 이의민이 김사미·효심과 결탁
하여 신라부흥을 도모했다는 자료로 흔히 이용되고 있다. 그러나 이 자료
를 자세히 분석해보면 ①, ②, ③으로 나누어 볼 수 있다. ①과 ③은 김
사미 등의 봉기 이후의 사실을 전해주는데 반해 ②는 명종 23년 김사미
등의 봉기 이전의 사실을 전해주고 있다. ②의 기록이 자료상 이의민 개
인과 결부되어 나타나지만 실제 古讖에 의거한 각종 유언비어는 의종의
시해문제가 정국의 현안으로 대두된 이후 이의민의 의종시해에 협조한 경
주민들의 위기의식이 고조된 상태의 민심의 혼란에 따른 유언비어와 이의
민의 정치적 위기감이 교묘히 결합되어 나타난 것으로 볼 수 있다. 극도
로 위축된 민심의 흐름 속에 나타난 유언비어는 이의민의 퇴거로 말미암
아 이의민의 생존을 위한 몸부림과 결합되면서 이의민에 의해 ②에서 나
오는 꿈 이야기의 조작을 가져오게 하였고, 마침내 '十八子'가 왕이 된다

는 古識과 연결되기에 이르렀던 것이다. 이와 같이 유추할 때 경주로 퇴거한 이의민을 "왕이 여러 번 불렀으나 오지 않았으며, 대승이 졸함에 미쳐서도 오히려 오지 않으니 왕이 난을 지을까 두려워하여 공부상서를 제수하고 중사를 보내서 설유하니 이에 오는지라"라고 하는 내용을 이해할수 있을 것이다. 경대승이 죽은 후에도 약 6개월이나 이의민이 경주에 머물렀다26)는 것은 이의민이 바로 이 시기, 중앙정계의 정치적 공백 속에서 내외에 호응하는 세력들을 그 資로 하여 반란의 조짐까지 보였을 것이다. 어쩌면 그 자신 신라부흥을 명분으로 내세워 왕위까지 넘보는 계획을 세웠을지 모른다. 이의민의 이러한 행동이 후일 그가 최충헌에 의해 제거되었을 때 최충헌정권에 의해 이의민이 김사미·효심의 농민항쟁군과 결탁하여 신라부흥을 도모했다는 조작하게 하는 빌미를 제공하게 되었을 것이다. 다시 말하면 반이의민세력은 그들 정권의 성립의 명분과 정당성을 확보하기 위해 우선 이의민의 의종시해 사실을 부각시키면서 이의민이 경주로 퇴거한 3년 동안, 특히 경대승 사후의 6개월간 이의민이 취한 행동에 주목하여 이의민과 김사미·효심의 농민항쟁군과의 관련을 교묘히 조작 연루시킴으로써 마침내 왕위를 엿보는, 신라부흥을 꾀하는 賊臣으로 몰아 부쳤던 것이다.27) 그리고 최충헌이 이의민을 제거한 후 경주에 파견된 한광연 및 州官은 경주의 향직을 이의민의 당여세력에서 최무 등으로 교체시킴과 동시에, 그들로 하여금 이의민의 족인인 이사경 등을 포살하게 하였다. 최충헌이 의종시해문제를 쿠데타의 명분으로 내세우고, 또 이의민의 당여세력에 대한 대대적 숙청을 가하자 이의민의 의종시해에 협조한 경주민, 그리고 이의민 족인으로서는 심각한 위기의식을 느껴 신라부흥운

---

26) 경대승이 죽은 시기는 명종 13년 7월이고(『高麗史節要』卷12, 明宗 13年 7月), 이의민이 경주에서 개경으로 온 시기는 동왕 14년 정월이다(앞의 책, 같은 왕 14年 正月).

27) 김호동, 1994, 「이의민정권의 재조명」『경대사론』7, 경남대학교 사학회.

동을 도모하였다. 이의민의 족인 및 餘黨 세력 및 경주지역의 낭장동정·도령·별초군을 비롯한 경주의 하급관인과 군인층들이 합세하여 무신정권 이후 급증한 촌락기민이나 유망농민층을 비롯한 남적세력을 큰 힘으로 인식하고, 이들을 규합하여 신라부흥의 기치를 들었다고 보았을 때[28] 최씨 정권이 이의민이 신라를 부흥하려고 한다는 조작을 하기에는 용이하였을 것이다.

---

28) 김호동, 1982, 「고려 무신정권하에서의 경주민의 동태와 신라부흥운동」『민족문화 논총』2·3합집, 267쪽. 『高麗史』와 『高麗史節要』에서는 '利備'라고 하였지만 『東 國李相國集』 권35, 「田元均墓誌銘」에서는 '東京義庶之黨'이라고 하였고, 동책 동 38 「東京西岳·東岳祭文」에서도 '東京元惡 義庶'라고 하였다. 이에 근거하여 이의민 의 족인이라고 추정된 바가 있다(旗田巍, 1979, 「高麗の武人と地方勢力 - 李義旼と 慶州」『朝鮮歷史論集』上卷, 旗田巍先生古稀紀念會編).

【참고문헌】

1. 저서

김호동, 2003, 『고려 무신정권시대 문인지식층의 현실대응』, 경인문화사

박용운, 2008, 『고려시대사』, 일지사

이병도, 1961, 『한국사(중세편)』, 진단학회

2. 논문

김당택, 1979, 「이의민정권의 성격」『역사학보』83

김호동, 1982, 「고려 무신정권하에서의 경주민의 동태와 신라부흥운동」『민족문화 논총』2·3합집

김호동, 1990, 「무신정권시대 경북지역의 농민봉기와 신라부흥운동」『경북지역 의 병사』, 경상북도·영남대학교

김호동, 1994, 「이의민정권의 재조명」『경대사론』7, 경남대학교사학회

김호동, 1994, 「12, 13세기 농민항쟁의 전개와 성격」『한국사』6, 한길사

박창희, 1969, 「이규보의 '동명왕편' 시」『역사학보』11·12합집

박창희, 「무신정권시대의 문인」『한국사』7, 국사편찬위원회

이정신, 2000, 「12-13세기의 삼국부흥운동」『한신인문학연구』1

채웅석, 1990, 「12, 13세기의 향촌사회의 변동과 '민'의 대응」『역사와 현실』3, 한국역사연구회, 역사비평사

旗田巍, 1979, 「高麗の武人と地方勢力－李義旼と慶州」『朝鮮歷史論集』上卷, 旗田巍先生古稀紀念會編

제6장 李義旼政權의 재조명

I. 머리말

무신정권기에 있어서 慶大升을 이어 武人執政이 된 李義旼에 관한 『高麗史』列傳을 살펴보면 우선 다음과 같은 점이 주목된다. 첫째, 그의 신분이 賤系에 속한다는 점, 둘째, 그가 비록 폐위된 임금이지만 毅宗을 살해한 장본인이라는 점, 셋째, 金沙彌 孝心의 농민항쟁군과 내통하여 新羅復興運動을 획책하였다는 점이다. 이 점은 전근대 신분제 사회인, 그리고 국왕중심의 고려사회에서 그의 정치적 앞길을 제약하는 요소로 작용할 수밖에 없었다. 그럼에도 불구하고 그는 명종 14년 정월에서부터 동왕 26년까지 약 12년 동안 중앙정계의 주도권을 장악할 수 있었다. 도대체 그 힘은 어디에서 나오는 것일까? 다음의 논문들은 바로 그 일단을 해명해보고자 하는 노력에서 나온 것이었다.

旗田巍,「高麗の武人と地方勢力 － 李義旼と慶州 －」『朝鮮歷史論集』上卷, 龍溪書舍, 1979.

金塘澤,「李義旼政權의 性格」『歷史學報』83, 1979 ;『高麗武人政權研究』 새문사, 1987.

이러한 연구성과에도 불구하고 이의민 정권의 성격 파악에는 다음과 같은 연구성과가 깊이 드리워져 있다. 흔히 최씨정권의 4대 60년에 비해 전대의 무신정권은 무인집정의 지위가 확고하지 못하다는 점이 그 특질로 거론되고 있다. 빈삭한 정권교체에 따른 정정불안, 자신의 독자적인 집정부를 수립하지 못하고 중방정치를 실시한 점, 조직적인 사병을 갖추지 못한 점, 그리고 문반에 대한 심한 탄압을 이야기하면서 명종조의 무신정권의 한계성을 논하고 있다.1)이의 연장선성에서 최근에 이의민이 경대승의 사후에 정권을 장악하였다는 기존의 통설에 대한 의문이 제기되기까지 하였다. 즉, 朴宗基는 「12, 13세기 農民抗爭의 原因에 대한 考察」(『東方學志』 69, 1990, 140~141쪽)에서 '적어도 명종 13년 경대승이 죽은 이후 같은 왕 17년 조원정의 난이 일어날 때까지만 하더라도 이의민은 정치적으로 최고 실권자의 위치에 있지는 않았던 것으로 생각된다'고 하면서 '그가 최고 실권자로 등장한 시점은 명종 17년 조원정의 난이 수습된 직후'였을 것으로 추정된다고 하였다. 그러나 이렇게 볼 경우 경주에서 난의 조짐까지 보인 이의민이 과연 중앙정계에서 명종 17년까지 살아남을 수 있었을까 하는 의문에 부닥치게 된다. 본고의 작성동기의 한 배경은 바로 여기에서 비롯되었다. 필자는 일찍이 「高麗武臣政權下에서의 慶州民의 動態와 新羅復興運動」(『民族文化論叢』 2·3합집, 영남대 민족문화연구소, 1982)을 통해 김사미·효심의 봉기와 신라부흥운동에 관해 이의민 정권과 관련시켜 나름대로의 견해를 표한 바가 있었다. 당시의 논문은 시간에 겨, 그리고 필자의 학문적 수준이 일천하여 논리적 비약과 오자가 너무도 심하였기 때문에 항상 다시 다듬어 보아야겠다는 생각을 갖고 있었다. 본 지면을 빌어 이의민 정권을 재조명해봄으로써 기존의 연구성과를 다시 한 번 검토해봄과 동시에 기왕의 논문의 일단을 보완하고자 한다.

---

1) 邊太燮, 1973, 「武臣亂과 崔氏政權의 成立」 『한국사』 7, 국사편찬위원회 ; 朴龍雲, 1987, 『高麗時代史』 (下) 일지사, 415~419쪽.

II. 李義旼의 출신배경

이의민은 慶州李氏에 속하였지만 그의 아버지 李善은 소금과 체(篩)를 파는 것을 업으로 하였으며, 어머니는 당시 경주의 屬邑이었던 延日縣의 玉靈寺의 婢였다.[2] 그의 어머니가 寺婢였다는 점, 그리고 아버지가 상업에 종사하였음을 감안할 때[3] 그가 경주이씨에 속한다는 그것 자체는 그의 정치적 두각을 해명하는 단서로서 별다른 의미를 부여하기 어렵다. 다만 이를 통해 다음과 같은 사실을 우선 유추해 볼 수는 있을 것이다.

이의민이 속한 경주이씨는 신라의 육두품의 일원이었고, 고려시대에 들어와서도 문벌귀족을 배출한 가문이었다. 고려전기의 李周佐(穆宗朝, 判御史臺史)·李祿千(仁宗朝, 尙書) 등이 상경종사하여 문벌을 이루었고, 후기에도 李仁棋(忠宣王朝, 判中書門下事)·李齊賢·李存吾·李達衷 등의 가문은 族勢가 번창하여 여말선초에 명문으로 발전하였으며,[4] 재지세력은 慶州 金·崔·孫·鄭·朴氏와 더불어 慶州 戶長·副戶長 등의 상층 향리직을 독점 세습하였다.[5] 그러나 신라 육두품은 진골귀족과 마찬가지로 각기 家를 중심으로 독자적으로 분화 발전하였다. 특히 신라말 고려초의 사회변혁기에 활약한 인물들 가운데서 같은 성씨라 하더라도 一家直系가 아니면 같은 시대의 사람이라 하더라도 서로 族的 유대가 없이 개개인의

---

2) 『高麗史』 卷128, 列傳, 李義旼, "李義旼 慶州人 父善以販鹽鬻篩爲業 母延日縣玉靈寺婢也."

3) 노비의 경우 "凡爲賤類 若父若母 一賤卽賤 縱其本主放許爲良 於其所生子孫 却還爲賤."(『高麗史』 卷85, 刑法2, 奴婢 충렬왕 26년 10월)이라 하였다. 또한 고려시대의 상업은 賤事로 간주되었기 때문에 상인은 仕路의 길이 막혀 있었다. "凡係雜路及工商樂名等賤事者"(『高麗史』 卷74, 選擧2, 學校條) ; "仁宗十八年六月判 工商樂人 雖有功 只賜物 禁仕路."(같은 책, 卷75, 選擧3, 凡限職條).

4) 李樹健, 1979, 『嶺南士林派의 形成』 영남대학교 민족문화연구소 ; 1984, 『韓國中世社會史研究』, 일조각, 304쪽 참조.

5) 李樹健, 1984, 『韓國中世社會史研究』, 일조각.

정치적 성향에 따라 각기 다른 길을 걷고 있었다.[6] 같은 경주이씨라고 하더라도 고려의 건국, 혹은 후삼국 통일에 반대적 입장을 취하였다고 한다면 그들의 후예는 중앙정계로의 진출은 물론 지방 향직에의 참가마저 배제되었을 것이다. 만약 이의민의 가계가 이에 연결된다면 그의 아버지가 상업에 종사하고 어머니가 寺婢였음은 나름대로 이해될 수 있을 것이다.

일면 이의민의 가계는 그의 선대가 상경종사하여 문벌귀족으로 현달한 가문과 연결되거나 경주향직에 직접 참여하였을 가능성 또한 배제할 수 없다. 이 경우 그의 어머니의 신분과 결부시켜 볼 때 이의민의 아버지인 李善, 혹은 그의 가까운 선대가 경주 향직 담당자의 賤妾 자손이었을 것이다. 즉 그는 경주이씨를 父系로 하는 良賤交婚의 자손으로 볼 수 있다. 고려시대에 있어서 양천교혼은 법으로 금지되어 있었지만 실제 왕실 및 귀족들의 宮婢 및 婢妾들 사이에는 최고신분과 최하신분의 부부관계가 이루어지고 있었다. 고려의 경우 왕들과 궁인 사이의 소생을 머리 깎아 중으로 삼아 小君이라 불렀다.[7] 궁인의 소생을 출가시킨 동기는 "적서의 신분을 뚜렷하게 밝혀서 (왕위를) 넘보는 싹을 잘라버리려 하는 데" 있었지만[8] 종실로서의 지위마저 부정되는 것은 아니었다. 비록 '一賤則賤'의 엄격한 신분제 사회에서 모계가 천인이라 하더라도 부계의 막강한 배경을 이용하여 왕위까지 넘볼 수 있다는 현실적인 가능성을 염두에 두고 있음을 볼 수 있다.[9] 더욱이 불교가 敎俗兩權을 장악하면서 왕실에서부터 일반 민에 이르기까지의 생활전반을 규제하고 있었던 고려사회에서 소군의 정치적 영향력은 상당한 것이었다. 그 한 예를 명종 소생의 소군 洪機 등을 통해 살펴보기로 한다.

---

6) 金晧東, 1986, 「崔殷含-承老 家門에 관한 硏究 - 新羅六頭品家門의 高麗門閥貴族化 過程의 一例 - 」『嶠南史學』 2, 영남대 국사학회.

7) 『高麗史』 卷39, 恭愍王 5年 10月 戊午, "祖王以來 庶蘗之子 必令爲僧."

8) 위의 책, 같은 조, "所以明嫡庶之分 杜覬覦之萌."

9) 許興植, 1992, 「高麗時代 小君의 身分上 特性」『허선도교수정년기념사학논총』.

명종의 孼子로서 중인 小君 洪機 등은 권세있는 자로부터 뇌물을 받았다. 조정의 선비들이 다투어 아부했으나 오직 閔湜 만이 그들을 찾지 않았다. 민식의 동생이 "형님도 그들을 찾지 않겠습니까?"라고 말하자 그는 "그것 또한 나의 뜻이 아니겠느냐."라고 대답했다. 어느 날 동생이 요청하는 바람에 함께 찾았다. 술기운이 오르자 민식은 갑자기 "虹沙彌 무리들이 나라를 낭패시킨다."고 말했다. 동생은 입을 다물지 못할 정도로 놀라면서 땀을 흘릴 뿐이었다. 대개 무지개란 한 쪽은 땅에 닿아 있고 한 쪽은 하늘에 속해 있으므로, 소군이 왕자이면서도 모계가 천인임을 빗대서 표현한 말이었다.[10]

　막강한 정치적 영향력을 갖고 있었던 소군 洪機·洪樞·洪規·洪鈞·洪覺·洪貽 등은 최충헌의 이의민 제거 직후에 궁궐 안에 있으면서 정치에 간여하였다고 하여 쫓겨났다.[11] "이의민이 일찍이 붉은 무지개가 두 겨드랑이 사이에서 일어나는 것을 꿈꾸었으므로 자못 이를 자부하였다"[12]는 기록과 앞의 자료의 "대개 무지개란 한 쪽은 땅에 닿아 있고 한 쪽은 하늘에 속해 있으므로, 소군이 왕자이면서도 모계가 천인임을 빗대서"'虹沙彌'라고 표현한 말을 결부시켜 볼 때 이의민과 소군들은 양천교혼의 소생이라는 공통점에서 비롯된 동질감을 갖고 결합되었을 것이다. 소군들은 궁중에서 이의민의 비호세력으로서, 이의민과 국왕을 연결하는 고리였기 때문에 최충헌은 봉사십조에서 이들의 불법을 열거하여 제거하였던 것이다.

　소군과 같은 존재, 양천교혼의 소생들은 왕실 뿐만이 아니라 귀족관인층의 경우에도 많았다. 그들은 숱한 婢妾을 거느리고 있었다. 또 고려시대에는 외관의 경우 가족을 동반하지 않고 부임하거나 순행하는 지방관이

---

10) 『高麗史』 卷101, 列傳, 閔令謨 附 湜.
11) 『高麗史節要』 卷13, 明宗 26年 5月條 및 同王 27年 9月條. 최충헌 형제는 이의민의 제거 직후 올린 '封事十條'에서 "폐하께서 여러 중들을 물리쳐 그들로 하여금 궁궐에 발을 디디지 못하게 하고 백성들에게 곡식으로 이식을 늘리지 못하게" 할 것을 건의하여 홍기 등의 소군을 本寺로 쫓아낸 후 이듬해 9월 명종의 폐위에 즈음하여 섬으로 유배하였다.
12) 『高麗史』 卷128, 列傳, 李義旼, "義旼嘗夢 紅霓起兩腋間 頗負之."

많았다. 이로 인해 官妓의 수요가 많았기 때문에 이들과의 일화나 이들이 남긴 작품들이 얼마간 전해지고 있다.[13] 따라서 양천교혼의 소생들이 숱하게 생겨날 수 밖에 없었다. 최충헌의 아들인 萬宗·萬全은 물론 裴佺,[14] 辛旽, 황희의 어머니는 바로 婢의 신분이었다. 고려시대에는 사노비, 공노비 등의 천인출신으로 성을 가진 사례가 적지 않다.[15] 고려초에는 일반 양인도 姓을 갖지 못한 경우가 대부분이므로 이들은 본래 성을 가졌다기보다 비상한 계기에 신분상승이 인정된 다음 성을 획득하지 않았는가 하는 견해[16]가 있지만 이들은 아마 대부분 貴族官人層의 婢妾의 소생일 것이다. 귀족 관인층의 비첩의 자손들은 그들 가문의 위세가 존속되는 한 그 신분은 거의 노출되지 않았다. 다만 이의민이나 신돈처럼 정치적 패배와 같은 특별한 경우에만 그 신분이 노출되었을 뿐이다. 양천교혼의 소생인 이의민은 소군과 귀족관인층의 비첩 사이의 소생들로부터 광범위한 지지와 협조를 이끌어냄으로써 자신의 세력구축이 가능하였을 것이다. 이들과 이의민과의 결합은 그 어느 세력들 사이의 결합보다 끈끈하였을 것이다. 이의민의 신분이 미천하였다는 의미는 이런 의미에서 이해될 수 있을 것이다.

일반적으로 양천교혼의 소생들은 소군의 경우처럼 법제적 측면에서 관직의 획득 등에 불이익을 받을 수 밖에 없었다. 이들은 특별한 인연으로 인해 관직 획득의 기회를 잡지 못하는 한 농장의 경영, 상업활동에 종사하였을 것이다. 고려시대의 권세가들의 收租奴들이 兵馬使, 副使, 判官, 別坐를 칭하면서 守令을 누르고 廉使를 꺾어누른다는 기록[17]들은 이런

---

13) 李齊賢, 『櫟翁稗說』前集 2, 「鄭通者草溪人」; 崔滋, 『補閑集』卷下, 「麟州有妓」; 許興植의 앞의 小君에 관한 논문 131쪽 참조.
14) 『高麗史』卷124, 列傳, 嬖幸 裴佺.
15) 洪承基, 1983, 『高麗貴族制社會와 奴婢』, 일조각.
16) 許興植, 앞의 小君에 관한 논문 129쪽 참조.
17) 『高麗史』卷78, 食貨1, 辛禑 14年 7月 대사헌 趙浚 등의 上書.

의미에서 이해될 수 있는 것이다. 상업은 비록 賤한 일로 간주되었지만 성씨를 가진 자들의 종사의 예는 얼마든지 있다. 그들 중에는 양천교혼자의 소생이 많았을 것이다. 그 한 예로서 충혜왕의 小君 釋器의 어머니인 銀川翁主 林氏[18]를 들 수 있다. 그녀는 상인인 林信의 딸로서 단양대군의 婢였다. 沙器를 팔고 있을 때 왕이 그녀를 보고 꾀었다고 한다. 이로 보면 단양대군은 임신과 결탁하여 사기 판매에 손댔을 가능성이 있다. 막강한 경제력을 바탕으로 그녀는 충혜왕의 꼬임을 받은 후로 왕비를 맞아들이는 데에도 투기하였고, 120명의 궁녀를 거느리고 궁궐과 같은 사치를 누렸고 性器偶像을 설치하였을 정도로 퇴폐한 궁정생활의 일부를 보여주었다.[19] 이런 예를 감안할 때 李善-李義旼 부자는 경주 邑司를 구성하고 있었던 경주이씨의 양천교혼자의 자손으로서 경주의 향직과 결탁하여 그것을 資로 삼아 상업을 통한 富를 획득할 수 있었을 것이다.

특히 이의민의 어머니가 연일현의 옥룡사 婢였다는 것을 주목하지 않을 수 없다. 연일현, 즉 영일지방은 해안을 끼고 있다. 조선 태조 7년 영일감무가 鹽盆을 私置하였다는 기록[20]에서 이미 고려시대에도 염분이 존재하였을 것이다. 대개 사원이 신라시대부터 염분의 소유와 소금의 판매를 통한 상업 활동에 적극 나서고 있었다는 점을 고려할 때[21] 옥룡사는 영일에 염분을 소유하여 소금을 생산하여, 그 판매를 사원의 婢夫인 동시에 경주의 향직소유자와 연결된 李善을 통해 하였다고 볼 수 있다. 연일현은 현종조 이후 경주의 속읍으로 존재하였음을 고려할 때 옥룡사는 李

---

18) 『高麗史』 卷89, 后妃 銀川翁主 林氏.
19) 許興植, 앞의 小君에 관한 논문 132쪽 참조.
20) 『太祖實錄』 卷14, 太祖 7年 4月 丙子, "迎日監務盧植鹽場官趙以道 … 以道植私置鹽盆."
21) 신라 경문왕 12년(872) 谷城 大安寺에 건립된 寂忍禪師塔碑에 염분 43結의 소유 사실을 확인할 수 있다. 한편 고려시대에는 충선왕 원년 2월에 權鹽法이 실시되어 사원의 소유 염분이 몰수되었지만(『高麗史』 卷79, 食貨2, 鹽法) 長安寺의 경우 그 후에도 염분을 소유하고 있었음이 확인될 정도이다(李穀, 「金剛山長安寺重興碑」 『稼亭集』 卷6).

善을 통해 주읍의 향리들과 결탁됨으로써 주읍으로부터의 각종 수탈로부 터도 벗어날 수 있었을 것이다.[22] 그러한 양자의 공간에 李善의 상업활동 의 무대가 펼쳐질 수 있었을 것이다.

李善의 상업활동은 그의 아들인 李義旼은 물론 손자들에게도 이어졌 을 것이다. 다음의 자료는 그 가능성을 보여주는 것이다.

> 至榮은 碧瀾江 普達院을 願刹로 삼고 강에 걸쳐 다리를 세우고자 하여 기 생을 데리고 안서도호부로 가서 吏民으로 하여금 그 비용을 부담하게 하였다. 吏民들은 화를 두려워하여 백금 70근을 추렴하여 주었는데 백성들이 그 폐단 을 감당하지 못하였다.[23]

이의민의 아들인 이지영이 굳이 무역항구인 벽란강의 보달원을 원찰로 삼고 강에 걸쳐 다리를 건립하고자 했던 의도는 무역상인과의 밀착을 통 한 무역이권의 획득에 있었을 것이다.[24]

이의민의 상업활동은 다음의 자료를 통해서도 엿볼 수 있다.

> 의민은 문자를 알지 못하고 오로지 무격만 믿었는데 경주에 木魅가 있어 土人이 豆豆乙이라 불렀는데 의민이 堂을 집에 일으켜 이를 맞아두고 날로 제 사하여 복을 빌었다. 홀연 하루는 당 가운데에 곡성이 있는지라 의민이 괴이하 여 물으니 매가 말하기를 "내가 너의 집을 수호한지 오래 되었는데 이제 장차 화를 내리려 하는지라 내가 의지할 곳이 없으므로 곡하노라."하더니 얼마 안되

---

22) 속읍이 주읍으로부터 수탈의 대상이었음은 金晧東, 1987,「高麗 武臣政權時代의 地 方統治의 一斷面 - 李奎報의 '全州牧 司錄兼掌書記'의 活動을 중심으로 - 」『嶠南史 學』 3 참조.

23)『高麗史』卷128, 列傳, 李義旼, "至榮以碧瀾江普達院爲願刹 欲跨江作橋 携妓往安西 都護府 令吏民助其費 吏民畏禍 抽斂白金七十斤與之 民不堪其弊."

24) 安永根, 1989,「鄭仲夫政權과 宋有仁」『建大史學』 7. 안영근은 이 논문을 통하여 송유인(정중부의 사위), 이의민, 최충헌·최우 부자의 예를 들면서 무인집정들은 무 역상인의 문제를 권력으로 해결해주고, 반대급부로 무역이권을 제공받은 것이 분명 하다고 하였다.(15~21쪽)

어 패하였다. 유사가 벽 위의 도형을 제거하기를 주청하매 조서를 내려 흙바르
게 하였다.[25]

민속학에서 '木魅', 즉 '豆豆乙'은 도깨비로 간주되고 있다.[26] '豆豆乙'
은 『新增東國輿地勝覽』(卷21)의 慶州府 古跡條의 「鬼橋」와 「王家藪」,
佛宇條의 '靈妙寺'에 나오는 '木郞', 즉 '豆豆里'이다. '두두리/두두을'은
원시 절구공이로서 '두두리(打)'는 동작 즉 기능면에 의한 명명이고, 여기
에는 錫杖의 蒙古語duldui, 滿洲語 dulduri도 그 古語形이 불교와 더불어
수입되어 그 신비력을 加添하였다고 한다. 아울러 '도깨비'의 語源은 '돗
구(杵) + 아비(男, 丁, 夫)'로서 절구공이를 은유해서 생긴 말이며, 糧穀을
생산하는 능력을 가진 杵를 숭배하는 원시신앙이 파생되어 도깨비 신앙
으로 변하고, 이것이 일부는 도깨비 방망이의 재물생산력으로까지 발전하
였다고 한다.[27] 한편 '두두리'는 두 → 두둘 → 두둘 + 이(접미사) →
두두리로서 語幹 '두둘'은 動詞 '두두리다(打,扣)'의 語幹 '두둘'과 대응된
다고 한다. '두드리다'의 方言形에 '두둘기다'가 있음을 보아 語幹은 '두
둘'로 추측되며, 『高麗史』李義旼 列傳에 나오는 '두두을'이 '두두리'보다
古形으로 여겨지기도 한다.[28]
또한 두두리의 경우 경북 永川郡 華北面의 '두들', '두들못', 大邱 八公
山 제2 石窟이 있는 곳의 '두둘골', 경남 蔚州郡 斗東面에 '두들', '두들못',

25) 『高麗史』卷128, 列傳, 李義旼, "義旼不會文字 專信巫覡 慶州有木魅 土人呼豆豆乙
義旼起堂於家邀置之 日祀祈福 忽一日 堂中有哭聲 義旼怪問之 魅曰 吾守護汝家久矣
今天將降禍 吾無所依故哭 未幾敗 有司奏請去壁上圖形 詔墁之."
26) 이에 관해서는 朴恩用, 「木郞攷-도깨비의 語源攷-」(『韓國傳統文化研究』2, 효성
여대 한국전통문화연구소, 1986) 및 姜恩海, 「豆豆里(木郞) 再考-도깨비의 명칭
分化와 관련하여-」(『韓國學論集』16, 계명대 한국학연구소, 1989) 참고.
27) 朴恩用, 앞의 논문 64쪽 참조.
28) 李杜鉉, 1993, 「단골巫와 冶匠」『정신문화연구』제16권 제1호(통권50호), 223쪽,
참조.

忠州 달래 '두두리' 등에 전통적인 鎔鑛爐 자리가 발견된다는 보고가 있다.[29] 이를 바탕으로 하여 경주 일대에서 신앙되던 '두두리'는 '도깨비신'으로서 冶匠神이었다는 지적이 있다.[30]

무한한 재물을 낳는 도깨비, 冶匠神으로서의 '두두을'이 이의민을 수호하였다는 앞의 기사에서 이의민의 상업활동의 번성, 나아가 경주 일대의 鐵資源의 장악을 유추해볼 수 있다. 특히 경주일원의 철생산과 판매를 이의민이 장악하였다면 중앙정계에서의 이의민의 두드러진 활동은 이해될 수 있을 것이다. 이것이 이의민의 경제적 기반과 무력적 기반의 주요한 부분을 차지하였을 것이다.

이제 이의 바탕 위에 이의민이 두 형과 더불어 향곡을 횡행하여 사람들의 근심거리가 되었다는 다음의 기사를 음미해보기로 한다.

> 장성하자 키가 8척이나 되고 힘이 절륜하였다. 형 2명과 함께 시골구석을 횡행하여 사람들의 우환거리가 되자 안렴사 金子陽이 잡아가두어 심한 고문을 하였다. 두 형은 옥중에서 병들어 죽었으나 의민 만은 죽지 않았다.[31]

이에 관해 旗田巍는 이들이 완력을 갖고 있었지만 婢의 아들로서 천시됨으로써, 이에 대한 반발로 亂暴者가 되었다는 견해를 표한 바 있다.[32] 아무리 완력을 소유하였다 할지라도 전근대 신분제 사회에서 노비들이 권력의 비호 없이 마음대로 횡포를 부릴 수 있었을까? 바로 이 기사는 향리 및 사원세력의 비호를 받은 이의민 형제의 불법적 상업활동에 대한 민들의 피해에서 비롯된 것이 아닐까? 안렴사 김자양이 이의민 형제를 下獄하

---

29) 權丙卓,「新羅 판장쇠(鐵鋌)考」.

30) 李杜鉉, 앞의 논문 참조.

31)『高麗史』卷128, 列傳, 李義旼, "及壯 身長八尺 膂力絶人 與兄二人 橫於鄕曲 爲人患 按廉使[1]金子陽 收掠拷問 二兄瘐死獄中 獨義旼不死."

32) 旗田巍, 1979,「高麗の武人と地方勢力 – 李義旼と慶州 – 」『朝鮮歷史論集』上卷, 용계서사, 477쪽 참조.

여 두 명이 죽음에 이르도록 가혹한 혹형을 한 이유는 경주의 향리들의
불법적인 상업활동에 대한 경고의 의미에서 나온 것일지도 모른다. 이의
민을 하옥한 안렴사 김자양이 결국 그의 사람됨을 장하게 여겨 풀어주었
다는 사실은 어쩌면 경주의 향직담당자의 상업활동의 위축에 따른 저항에
서 비롯된 것일지도 모른다. 결국 외관과 토호 사이의 갈등은 양자의 타
협점을 모색하게 되었고 그 상징적 표현이 이의민의 放免으로 나타나게
되었을 것이다. 일면 이 사건의 이면에는 경주 향직의 주도권을 둘러싸고
재지세력 내부에의 갈등 관계를 그려볼 수도 있다.

반면 이의민의 아버지인 李善의 상업활동을 민의 분화과정에서 몰락하
여 실업, 반실업상태에 놓여있던 몰락민들의 소규모 소매행위나 행상을
통한 자구책의 일환으로 보기도 한다. 그리하여 그러한 가정환경에서 자
라난 이의민은 형제들과 함께 지역사회에서 무뢰행위를 한 것으로 간주한
다.33) 이러한 가능성은 물론 배제할 수 없으나 이의민이 경주이씨에 속한
다거나 이의민이 경대승의 정권 성립후 경주에 내려와 버틸 수 있었던
것, 그리고 이의민과 두두을과의 관계, 최충헌 정권 성립 후의 이의민 족
당세력의 제거과정에서 일어난 경주향직 담당자들의 대립과 갈등은 이의
민의 가계가 몰락민이었을 가능성보다 경주향직에 뿌리깊게 박혀있었기
때문에 가능하였을 것이다.34)

안렴사 김자양은 이의민을 京軍에 편입시켰다.35) 土姓吏民 등의 재지
세력들이 외관을 매개로 하여 그들의 자제를 중앙으로 진출시키기도 하였
음을 감안할 때36) 이의민의 경군으로의 편입은 단순한 그의 인물됨, 즉

---

33) 채웅석, 1992, 「고려 중·후기 '무뢰(無賴)'와 '호협(豪俠)'의 행태와 그 성격」 『역사
　　와 현실』 8, 252쪽.
34) 이에 관해서는3), 4)장에서 구체적으로 언급될 것이다.
35) 『高麗史』卷128, 列傳, 李義旼「及壯 身長八尺 膂力絶人 與兄二人 橫於鄕曲 爲人
　　患 按廉使1)金子陽 收掠拷問 二兄瘐死獄中 獨義旼不死 子陽壯其爲人 選補京軍.」
36) 李樹健, 1984, 『韓國中世社會史硏究』, 일조각, 257쪽 참조. 그 구체적 예로서는 경

'膂力絶人'한 武力에서 비롯된 것만은 아닐 것이다. 이의민은 재지세력을 부계로 하는양천교혼자의 자손으로서 향직담당자와 연결되어 있었고 상업활동에 따른 부의 축적이 있었기 때문에 김자양은 그를 후원하여 경군에 편입시켰을 것이다.

III. 毅宗復位運動의 전개와 李義旼

'膂力絶人'한 이의민은 경군에 편입된 후 手搏을 잘하여 의종의 총애를 받게 되었다. 의종이 擊毬와 수박을 좋아하여 때와 장소를 가리지 않고 시위부대에게 이것을 시켰다는 것은 시위부대의 강화를 통한 왕권강화의 일 측면이 있었다.[37] 그러한 과정에서 수박에 능한 이의민은 禁軍에 편입되어 왕의 총애를 받음으로써 隊正을 거쳐 別將에 이르게 되었다.[38]

주의 李周佐와 전주의 崔陟卿·崔均·崔松年, 延州의 玄德秀 등이다.

『高麗史』卷94, 列傳, 李周佐, "李周佐 慶州人 家世單微幼聰悟 左僕射李成功 留守東京 一見奇之 及還 携至京 使隷國學 穆宗朝登第."

앞의 책, 卷99, 列傳, 崔陟卿, "初 侍郎朴椿齡 守完山 以聯句選群童 得(崔)陟卿·崔均·崔松年 及邐還 與之偕 勸令就學 後三人皆爲名士 時號完山三崔."

앞의 책, 列傳, 玄德秀, "玄德秀延州人 … 幼聰悟異常 延州分道將軍金稚圭 見而奇之 携至京讀書."

앞의 자료들은 과거와 관련된 문인들에 관한 것이다. 아마 지방관이 대부분 문신들이라는 점, 과거에 비해 상대적으로 무인의 선발에 관한 자료가 훨씬 적게 나오는 것을 감안할 때 무인들의 이와 같은 자료들이 거의 나오지 않음은 이해가 된다. 그러나 무인의 예들도 적지 않았을 것이다.

37) 金塘澤, 1993,「高麗 毅宗代의 정치적 상황과 武臣亂」『震檀學報』75.

38) 『高麗史』卷128, 列傳 李義旼, "義旼善手搏 毅宗愛之 以隊正遷別將 鄭仲夫之亂 義旼所殺居多 拜中郎將." 隊正은 2軍6衛로 구성된 京軍의 최하 단위부대인 (25명으로 구성된) 隊의 長으로서 品外의 武官職이었고, 別將은 正7品의 武官職으로서 200명으로 구성되는 단위부대의 지휘관인 郞將(정6품)을 돕는 부지휘관이었다(李基白, 1956,「高麗京軍考」『李丙燾博士 華甲紀念論叢』; 1968, 『高麗兵制史研究』, 일조각 ;「高

의종의 시위대의 강화는 문신들의 견제를 가져왔고 결국 이들의 행동으로 인한 정정의 불안은 의종으로 하여금 擊毬走馬를 자제하는 등 무신들과 거리감을 유지하게 하였다. 그간 왕의 총애를 받아왔던 무신들은 정치권력으로부터 소외되어 불만을 가지게 되었고 마침내 쿠데타를 일으키게 되었다.[39) 이의민 역시 이러한 연유로 인해 무신쿠데타에 적극 가담하였을 것이다. 무신쿠데타 때 이의민은 뛰어난 무력을 발휘하여 중랑장을 거쳐 장군에 발탁되었다.[40) 그가 정7품의 별장에서 일약 정5품의 중랑장, 그리고 령의 지휘관인 정4품의 장군으로 뛰어 오를 수 있었던 것은 무신쿠데타 때의 뛰어난 활약, 즉 '所殺居多'에서 비롯된 것이다.

무신쿠데타는 "무릇 문관을 쓴 자는 비록 胥吏라도 죽여서 씨를 남기지 말라"고 한데서 보다시피 기존의 개경문벌귀족세력에게 일대 타격을 가한 것이었기 때문에 폐위된 의종을 다시 옹립하여 정권을 재탈취하고자 하는 반무신란이 기도되지 않을 수 없었다. 그러나 문신들의 반무신란은 여의치 못하였다. 이것은 다음의 자료에 잘 드러난다.

> 가. 毅王이 남쪽 먼 지방으로 달아났다. 李琪라는 사람이 있어서 그림을 잘 그렸다. 그가 의왕의 초상을 그려서 제목을 쓰지 않은채 동도초당에 봉안하고 아침저녁으로 예로서 모신다고 하였다. 기암거사가 우연히 보고 찬을 지었다. "제왕의 상이라고 하려 하니 幅巾을 쓰고 鶴氅衣를 입은 차림은 呂翁과 같다. 隱逸의 모습이라고 하려 하니 큰 콧대에 용의 낯을 한 것이 漢沛公과 같다. 문득 붉은 계단·옥좌 위에 모시려고 하니 天命이 다시 통하

麗史 兵志 譯註 一」 32쪽 참조). 결국 그에 대한 왕의 총애가 상당하였음을 알 수 있다. 바로 그의 이러한 역량은 정중부·이의방·이고 등의 무신쿠데타 주체세력들로부터 주목의 대상이 될 수 있었을 것이다.

39) 金塘澤, 앞의 논문 참조.

40) "鄭仲夫之亂 義旼所殺居多 拜中郞將 俄遷將軍."(『高麗史』 卷128, 列傳. 李義旼)중랑장은 2軍6衛로 구성된 京軍의 各 領의 지휘관인 將軍(정4품)을 돕는 보좌관으로서 正5品의 무관직이다(李基白, 1956,「高麗京軍考」『李丙燾博士 華甲紀念論叢』; 1968,『高麗兵制史研究』, 일조각 ;「高麗史 兵志 譯註 一」 32쪽 참조).

지 않고 늙은 소나무와 이상한 돌들이 있는 곳으로 인도하려고 하니 임금 다운 氣가 오히려 다 사라지지 않았다. 처음에는 孔裵鳳인가 의심하고 혹 은 李猶龍인가 두려워 하였다. 그렇지 않으면 하늘의 신령이 제왕으로 화 신해 내려와서 자주 河淸을 만나 백성들의 春臺에 오른 것처럼 나의 태평 성대를 누리게 하다가 치닫기만 하는 용처럼 너무 높이 오르기만 하는 기 세에 후회함이 일어나 한바탕의 꿈은 바야흐로 놀라 깨고 드디어 다시 어 둠과 아득한 세상으로 돌아간 것일 것이다."하였다.[41]

이 자료를 통해 우선 무신쿠데타의 발생으로 인해 그 기득권의 망실을 겪게 된 일부 문신들, 특히 화를 피해 지방으로 낙향한 잔존문신들 가운 데에 '毅宗復位'를 추진하고자 하는 일단의 세력들이 있음을 알 수 있다. 바로 이기가 동도초당에서 의종의 초상을 그려두고 아침저녁으로 예불을 드리면서, 그 초상을 안치민에게 보인 것은 일종의 의종복위추진 세력의 규합의 일환이라고 볼 수 있다. 특히 경주를 중심으로 의종복위운동이 일 어날 수 밖에 없었던 이유는 무엇일까?

신라의 멸망, 나아가 고려의 후삼국 통일로 말미암아 한국사의 주도권 이 경주를 중심으로 한 경상도 지역에서 개경을 중심으로 한 중부지방으 로 옮겨감에 따라 경주는 오직 지방의 한 거점도시로서의 기능만을 지닌 채 수도 개경에 종속되어 있었다. 그러나 신라하대이래 이곳 출신의 일부 인사들이 이미 무너져가는 신라왕조를 이탈하여 태봉 및 고려로 귀부하였 고, 신라의 멸망에 즈음하여서도 경순왕이 자진 '納土歸附'하여 고려에 항 복함에 따라 그 일족 및 진골 내지는 6두품의 일부인사들까지도 왕조의 교체에도 불구하고 지배세력으로서의 지위를 그대로 유지해나갈 수가 있

---

41) 崔滋, 『補閑集』 卷中, "毅王遷于南荒 有李琪者善畵寫眞 不題稱謂安 於東都草堂 朝 夕禮事 棄菴居士偶覯之 及作贊曰 以爲帝王之像 幅巾鶴氅如呂翁 以爲隱逸之姿 豊準 龍顔如沛公 却推之於丹墀玉座之上 命不再通 欲引之於長松怪石之間 氣尙不窮 初疑 孔裵鳳 或恐李猶龍 不然此必自天降靈 數會河淸 民登春臺 享我大平 龍亢侮作 一夢 方驚 遂復返於杳冥者乎."

었다.

경주김, 최, 이씨 등의 신라계 세력들은 신라시대이래 체질화되어온 중
앙지향적, 권력지향적 속성을 지닌채 그들의 신라적 전통, 학문적 소양,
관료적 자질을 배경으로 하여 문벌귀족의 일원이 되었다. 그들은 事審官
등을 통해 本鄕과 관련을 갖고 일정한 재지적 기반을 구축하여 부재지주
화하고 있었다.[42] 또한 그 일족 및 그들과 선을 닿고 있었던 자들이 그
후광을 바탕으로 하여 경주의 府司를 장악하면서 경주는 물론 그 영·속
읍에까지 영향력을 끼치고 있었다. 특히 이곳 출신의 김부식은 무신쿠데
타 직전의 개경문벌들을 주도하였던 세력이었고, 그의 아들인 김돈중은
정중부의 수염을 불태우기까지 하였다. 무신정권의 성립은 바로 그들에게
무엇보다도 큰 타격을 가하였다. 그들중 살아남은 인물들은 화를 피해 본
향인 경주 등으로 낙향하였다. 또한 이곳 출신의 인물들이 중앙정계에서
활약하는 동안 그들과 혼인관계, 혹은 학문적 수수관계에 있었던 다른 지
역출신의 문벌귀족 또한 화를 피해 妻鄕 혹은 外鄕인 경주 등지로 내려왔
을 것이다.[43] 무신쿠데타로 말미암아 그들의 동료가 죽임을 당하는 속에
서 정치·경제·사회적 기반을 일거에 빼앗긴채 "모두가 깊이 숨고 멀리 은
둔하여 이름을 도둑질하고 거짓 복종하여 난을 피하지 않을 수 없었던"[44]
상황하에서 그들은 반무신, 나아가 의종복위운동을 꿈꾸지 않을 수 없었다.

비록 의종복위운동의 흐름이 경주를 중심으로 세력규합을 시도하였지
만 그것이 행동으로 옮겨지기에는 다음과 같은 장애요인이 있었다. 첫째,
그간 개경 문벌귀족들에 의해 야기된 사회의 폐쇄성과 배타성으로 인해

---

42) 金晧東, 1986, 「崔殷含-承老 家門에 관한 硏究 - 新羅六頭品家門의 高麗門閥貴族化
    過程의 一例-」『嶠南史學』 2, 영남대 국사학회.
43) 김부식의 문생이었던 오인정의 아들인 오세재가 외향이었던 경주로 우거한 것은
    그 일 예라 하겠다.(「吳仁正墓誌」『韓國金石文追補』;『高麗史』 卷102, 列傳 李仁
    老 附 吳世才 ; 李奎報, 「吳先生德全哀詞」『東國李相國集』 卷37)
44) 林椿, 「與山人悟生書」『西河集』 卷4.

소외당하고 있었던 일부 하급품관을 위시한 상당수의 문인들, 그리고 유
리도산하고 있었던 일반농민들에게 무신정권의 성립은 도리어 변혁에 대
한 기대감을 가져다 주었기 때문이다. 그 결과 무신들이 문신들을 학살하
고, 의종을 폐위, 거제도로 유폐시키는 상황하에서도 조직적인 저항은 별
반 없었다. 더욱이 德望·忠直·惠政治民, 그리고 현실비판적 태도로 인해
의종 및 문신귀족들로부터 경원받고 있었던 崔惟淸, 宋詝, 徐恭, 李光縉,
文克謙, 李知命, 金莘尹, 金甫當 등이 무신정권에 참여하자 그들의 기대
감은 그만큼 고조되었다. 상대적으로 반무신란의 세력결집은 더 위축될
수밖에 없었다. 둘째, 뛰어난 무력을 바탕으로 하여 출세한 李義旼이 무
신쿠데타를 계기로 두각을 나타내기 시작하여 집권무신들의 배려 속에 그
의 一族 및 黨附者로 하여금 경주를 비롯한 경상도일대에 그 영향력을
미치고 있었기 때문이다. 무신쿠데타이후 모주로 추대되었던 정중부는 서
해도 군현을 자기 출신지인 해주에 소속시키는 등 자기 본관에 대한 배려
를 함과 동시에 서북면 병마사에 자기의 사위인 宋有仁을 파견하였고, 이
의방 역시 外鄕인 金溝縣에 현령을 파견하였다.[45] 이것을 감안할 때 경
주의 향리들과 이미 일정하게 연결되었던 이의민은 이들을 세력의 資로
삼아 기존의 문벌귀족과 연결되어 경주의 향직을 주도하였던 세력들을 제
거하고 그의 일족과 당부자를 중심으로 경주향직을 완전 장악하였을 것이
다.[46] 이의민의 일족과 당부자들이 경주의 주도권을 장악하자 경주의 재
지세력의 일부가 의종복위추진세력에 가담하게 되었을 것이지만 의종복
위추진세력들의 세력규합은 그만큼 더 은밀하게 진행될 수밖에 없었을 것
이다. 세째, 무엇보다도 의종의 失政에 대한 광범위한 반감은 이들의 세

---

45) 『高麗史節要』 卷11, 毅宗 24年 明宗 卽位 10月.
46) 후일 이의민이 의종을 살해하고 곤원사의 북쪽 못에 그 시체를 던졌을 때 前副戶長
  弼仁 등이 비밀히 관을 갖추어 물가에 매장하였다고 한데서 이를 짐작할 수 있다
  (『高麗史』 卷128, 열전, 李義旼).

력규합에 최대의 장애요인일 수 밖에 없었다. 바로 이러한 분위기를 적나라하게 보여주는 것이 앞의 자료 가)의 이기의 의종초상화와 그것에 대한 안치민의 찬이다. 이기는 의종초상화를 그리면서 제목도 쓰지 못한 채, 드러내 모실 수도 없는 처지였고, 安置民의 눈에 비친 그 초상은 '제왕의 상도 아니고 隱逸의 像도 아닌 모습으로 다시 옥좌에 모시려고 하니 天命이 통하지 않고 그만두자 하니 임금다운 기가 사라지지 않는' 그런 어정쩡한 모습일 뿐이었다. 그러나 의종복위추진세력에게 반전의 한 기회가 닥쳤다. 그것은 무신정권에 참여한 문신들의 정권에서의 일탈에서 비롯되었다.

무신쿠데타 주체세력과 참여문신들 사이의 갈등이 표출됨으로써 양자는 대립관계에 놓이게 되었다. 다음의 자료는 양자의 대립관계의 단초를 여는 사건이다.

> 左諫議 金莘尹, 右諫議 金甫當, 左散騎常侍 李紹膺, 左司諫 李應招, 右正言 崔讜 등이 글을 올려 말하기를 "前朝의 宰相 崔允儀, 諫議 李元膺, 中丞 吳中正 등은 宦官 鄭諴의 告身에 서명하였고, 서해도 안찰사 朴純古는 老人星이 나타났다고 거짓 보고하였으며, 知水州事 吳錄之는 가짜 금거북을 상스러운 것이라고 하여 바쳤사오니 그들의 자손을 禁錮刑에 처하시기 바랍니다. 또한 承宣은 임금의 喉舌로서 다만 왕의 말씀이나 출납하는 것이 옳거늘 지금 李俊儀와 文克謙은 臺省의 관직을 겸임하여 궁중에서 권세를 부리고 있으니 그들의 兼職을 해임시키기 바랍니다."라고 하니 왕이 이 제의를 좇았으나 준의, 극겸 등에 대한 문제는 허락하지 않았다. 이튿날 諫官들이 합문 밖에 와서 굳이 간하였더니 준의는 술이 취한 김에 순검군을 시켜 간관들을 능욕하였다. 왕이 이 말을 듣고 준의를 좋은 말로 타이르고 간관들을 隍城에 가두었다.47)

左諫議 金莘尹, 右諫議 金甫當, 左散騎常侍 李紹膺, 左司諫 李應招, 右正言 崔讜 등의 간관들은 前朝에서 宦官 鄭諴의 告身에 서명한 宰相

---

47) 『高麗史』 卷19, 明宗 元年 9月 戊子.

崔允儀, 諫議 李元膺, 中丞 吳中正 등을 탄핵하고, 承宣 李俊儀와 文克
謙의 臺省 관직 겸임을 해임하라고 요구하였다. 더욱이 이들은 前朝의 失
政에 연루된 관리를 척결하자는데 그치는 것이 아니라 당시의 집정자인
李義方의 형인 李俊儀, 그리고 그의 사돈인 文克謙에 대한 비판까지 서
슴없이 하였다. 이들은 이를 통해 의종대 이래 위축되었던 諫官의 지위를
확보하고, 나아가 무신들의 전횡에 제동을 걸고 왕권의 회복을 기도하였
을 것이다. 무신정권은 前朝의 失政에 관련된 관리들의 척결에 응하는 한
편 자신들을 견제하고자하는 이들의 행동에 대해서는 단호한 거부의 입장
을 표하였다. 간관들은 隍城에 갇히게 되었고, 결국 金莘尹은 判大府事
로, 金甫當은 工部侍郎으로, 李應招는 禮部員外郎으로, 崔讜은 殿中內給
事로 좌천되었다. 무신들의 문신에 대한 견제는 더욱 강화되었다.

명종 2년 5월에 金으로부터 명종을 책봉하는 冊文을 접수함으로써 대
외적으로 정권의 정당성을 확보한 무신정권은 그간 정권의 정당성을 천명
하기 위한 차원에서 발탁하였던 德望·忠直·惠政治民의 입장을 견지하였
던 인사들 가운데서 비판적 입장의 관료들에 대한 숙청을 감행하였다. 6
월에 접어들어 온건집단의 무신인 梁淑, 德望으로 인해 무신정권에 등용
된 崔惟淸, 그리고 韓就 등을 致仕시켰다.[48] 이때를 전후한 시기에 김보
당, 김신윤 등도 외직으로 좌천되었을 것이다.

비판적 관료세력들을 중앙정계에서 축출한 무신정권은 곧이어 자신의
정치적·경제적 기반의 구축 및 논공행상을 착수하였다. 李俊儀가 53개의
屬邑에 대한 監務의 파견의 주청은 그러한 의미가 내포되어 있었다.[49]
개혁의 의지가 좌절된 상황하에서 취해진 이러한 조처들로 인해 문신들의

---

48) 『高麗史』 卷19, 明宗 2년年 6月 丙午. 양숙 등의 성향에 대해서는 金塘澤, 1987,
    『高麗武人政權硏究』 새문사, 31쪽 참조.
49) 『高麗史』 卷19, 世家, 明宗 2年 6月 壬戌. 李樹健, 1984, 『韓國中世社會史硏究』, 일
    조각, 370~371쪽 참조.

의기는 크게 저상하였을 것이다. 바로 여기에 참여문신의 일부의 이탈의
조짐이 잉태될 수 밖에 없었고, 그것은 결국 의종복위추진세력의 세규합
에 일대 전기를 가져다주어 마침내 金甫當의 亂으로 이어졌다.

이의방정권하에서 일어났던 金甫當의 난은 의종복위운동을 전개함으로
써 반무신란의 성격을 분명히 하였다. 이를 구체적으로 살펴보기로 한다.

> 나. 명종 3년에 金甫當이 기병하면서 張純錫, 柳寅俊 등을 南路兵馬使로 삼
> 았다. 순석, 인준 등이 巨濟에 이르러 毅宗을 데리고 나와서 鷄林에 있었
> 다. 정중부와 이의방이 이것을 듣고 李義旼과 朴存威를 시켜서 군사를 이
> 끌고 남쪽으로 긴급 출동케 하였다. 이의민 등이 계림에 도착하니 어떤 사
> 람이 길을 막고 말하기를 "前王이 이곳에 옴은 州人의 뜻이 아니요, 곧 순
> 석·인준 등에 말미암은 바이며, 그 무리가 수백에 지나지 않고 모두 烏合
> 之衆이니 그 괴수만 제거하면 나머지는 다 무너져 달아날 것입니다. 청컨
> 대 조금 머무르다가 내가 돌아오거던 도모하되, 다만 州人에게는 죄를 가
> 하지 마십시요"라고 하므로, 의민이 말하기를 "내가 있으니 근심치 말라"
> 하였다. 그 사람이 드디어 주에 들어가 모든 무리들에 꾀하여 말하기를
> "순석의 무리는 수王이 보낸 바가 아니니 죽인들 무슨 해가 되리요"하고,
> 밤에 군사로서 포위하고, 이를 쳐서 수백인을 베어 그 머리를 길 좌우에
> 나열하여 의민을 기다렸다. 의종을 객사에 가두어 사람으로 하여금 지키게
> 하고 곧 의민 등을 인도하여 입성케 하였는데 의종을 끌어내어 坤元寺의
> 북쪽 못 위에 이르러 술을 두어잔 마시게 하고, 의민이 등뼈를 추리니 손
> 을 움직임에 따라 소리를 지르는지라 문득 크게 웃었다. 존위가 요로서 싸
> 고 두 가마솥을 합하여 넣고 연못 가운데 던지니 홀연 회오리바람이 크게
> 일어나 티끌과 모래가 날리는지
> 라. 사람들이 모두 떠들며 흩어졌다. 寺僧에 헤엄 잘 치는 자가 있어 가마솥은
> 취하고 시체는 버리니 시체가 물가에 나와 여러 날이 되어도 魚鼈과 鳥鳶
> 이 감히 상하게 하지 않았다. 前副戶長 弼仁 등이 비밀히 관을 갖추어서
> 물가에 묻었다. 의민은 이것을 자기의 공으로 삼아 대장군에 제배되었다.[50]

김보당이 기병하면서 의종복위를 성언하며 유인준·장순석 등으로 하

---

50) 『高麗史』 卷128, 列傳, 叛逆2 李義旼.

여금 거제도에 유폐되어 있는 의종을 경주로 받들고 출거한 것은 김보당
과 경주의 의종복위추진세력과의 사전교감이 없는한 불가능한 일일 것이
다. 이것은 김보당의 난이 사전에 주도면밀한 계획하에 이루어졌음을 말
해주는 것이다. 유인준·장순석의 거제행, 그리고 이들이 의종을 모시고
경주로 오기까지의 행동은 은밀히 추진되었을 것이며, 명종 3년 8월 경진
일에 김보당의 난이 일어났다는 기록51)과 때맞춰 의종의 경주로의 입거
가 이루어졌을 것이다. 이의민의 의종시해가 동 10월 경신일에 이루어진
것으로 보아52) 의종복위운동은 약 40일이나 경주에서 활동한 것이 된다.
이런 점에서 앞의 사료에서 "前王이 이곳에 옴은 州人의 뜻이 아니라 순
석·인준 등에 말미암은 것이며", 의종복위추진세력이 단순히 "烏合之衆"
이라고 한 것은 실제의 상황과 거리가 있을 것이다. 앞의 자료 가)의 李琪
의 의종초상화에 대한 안치민의 찬에서 보다시피 이기는 경주에서 의종의
초상화를 그려두고 아침저녁으로 예불을 드릴 정도였다. 의종의 초상화를
안치민이 우연히 보았다고 하지만 어쩌면 이기 등이 의종복위운동의 뜻을
갖고 세력규합의 의도를 갖고 의종의 초상화를 보여주었을 가능성이 크
다. 이들은 臣權에 의한 왕권교체의 불법성을 명분으로 내세워 지지세력
을 규합하였을 것이다. 그 편린을 다음의 자료에서 엿볼 수 있다.

  다. ① 동북면 병마사 김보당이 병란을 일으킬 때에 남부지방에서 모두 이에
       호응하여 일어났다. 이의방이 그의 종형 郎將 李椿夫와 杜景升을 南
       路宣諭使로 임명하였는데 이춘부는 성질이 포악하여 邑宰들을 많이
       죽였다. 두경승이 조용히 타이르기를 "우리가 임명받을 때에 方鎭이
       반역을 도모하고 州郡이 적들과 연결되어 평정하기 어려울 염려가 있
       던 때였다 …"고 하였다.53)

---

51) 『高麗史』 卷12, 明宗 3年 8月 庚辰條.
52) 『高麗史』 卷19, 毅宗 24年 9月 己卯, "明宗三年八月 金甫當遣人 奉王 出去鷄林 十
    月庚申 李義旼弑王于坤元寺北淵上."
53) 『高麗史』 卷100, 列傳, 杜景升.

② (李文鐸)은 癸巳年 가을에 이르러 楊廣州道를按察하였다. (缺落) 甫
當이 北에서 稱兵하자 江南州郡이 모두 응한 까닭에 搢紳으로 外職에
나간 자가 모두 피해를 입었다. 공은 홀로 신중하여 그 亂에 참여하지
않았다.54)

문신으로서 江南州郡의 외직에 나아간 자, 즉 邑宰들이 대거 참여하였
다는데서 상당수의 동조세력이 규합되었음을 알 수 있다. 이들은 대개 무
신정권이후 내직에서 외직으로 좌천된 자들이 대부분일 것이다. 앞에서
본 바와 같이 무신쿠데타 이후 정중부는 서해도 군현을 자기 고향인 해주
에 이속시켰고, 이의방은 外鄕인 金溝縣에 현령을 파견하였고, 명종 2년
6월에는 이준의가 53개 屬邑에 監務를 신설할 것을 주청함으로써 명종조
50여 개의 속읍에 감무가 파견되었다. 이러한 일련의 조처는 무신정권의
세력기반의 구축과 논공행상의 의미를 갖고 있었기 때문에 주로 무신들을
대상으로 하였다. 이것은 文人출신의 외관들과의 갈등을 가져올 수 밖에
없었다. 의종복위운동이 일어나자 외관들의 대거 참여의 이유는 바로 여
기에 있었다. 이런 점에서 흔히 사료상 '김보당의 난'이라고 한 것은 실제
'毅宗復位運動'이라는 명칭으로 부르는 것이 더 합당한 표현일 것이다.
그러나 이는 명종 이후의 고려 왕권의 승계의 부인을 뜻하는 것이므로 후
세의 기록에 '金甫當의 亂'으로 표현되었을 뿐이다. 고려사 열전의 일반
열전이나 반역전의 어느 쪽에도 김보당전이 실릴 수 없었던 것은 이런 미
묘한 문제에서 비롯된 것일 것이다.
의종복위운동이 상당한 지지세력을 확보하면서 약 40일간이나 지속되
었지만 실패할 수 밖에 없었던 요인은 일부 재지세력을 비롯한 일반 민들
의 지지를 이끌어내지 못하였기 때문이다. 그것은 앞의 자료 가)의 이기
의 초상화에 대한 안치민의 찬에 잘 나타나 있다. 의종의 폐위를 '천명'으

---

54) 「李文鐸墓誌銘」 『韓國金石文追補』, 170쪽, "至癸巳秋 出按楊廣州島 △幾甫當稱兵
於北 江南州郡皆應 故搢紳出外者 皆被害 公獨以愼重 不豫其亂."

로 받아들인 안치민의 입장은 이 지역의 일부 재지세력들을 포함한 일반
민들의 공통된 정서였다.[55]

경주에 살고 있었던 일반 백성의 경우 오랫동안 계속되어온 문벌귀족
정치하에서 어려움을 겪고 있었다. 12세기 이래 문벌귀족들의 대토지겸
병의 추세 속에서 경주를 비롯한 경상도 일대에는 이 지역출신의 재경세
력들이 부재지주로 군림하게 되었다.[56] 반면 일반 백성들은 無田之民으
로 내몰려 佃戶로 몰락하거나 流亡하지 않을 수 없었다. 비록 후기의 자
료이지만 공민왕 11년 白文寶의 箚字를 살펴보면, 경상도의 전토의 稅는
같으나 漕輓의 비용이 세액의 배나 됨으로 田夫의 所食은 10분의 1 정도
밖에 안된다고 하였다.[57] 이 지역의 농토의 상당수가 재경세력의 농토,
즉 부재지주의 농토로 잠식되는 상황 속에서 상대적으로 이 지역민들의
불만을 가중될 수 밖에 없었다. 또한 이 시기 빈번한 자연재해는 이를 더
욱 가속화시켰다.[58] 이러한 질곡 속에서 헤어나지 못하고 있었던 일반 민
들은 낙향문신 및 그들과 연결된 재지세력, 외관들에 의해 추진되는 의종
복위운동에 거의 가담하지 않았던 것이다. 바로 이러한 분위기 속에 토벌
군의 책임자로 파견된 이의민은 의종복위운동세력과 일반 민들을 분리시
킴으로써 의종복위운동을 진압할 수 있었다. 물론 여기에는 무신정권 이
후 이의민과 밀접하게 연결된 재지세력들이 그 매개처로서 기능하였다.

---

55) 金晧東, 1990,「高麗 武臣政權時代 文人知識人 安置民의 現實認識」『嶠南史學』5,
   영남대 국사학회.
56) 경주출신의 재경세력들의 본향에 대한 재지기반의 확충 및 대토지소유를 통한 부
   재지주화 현상은 최제안의 천룡사 중수의 예를 통해 확인된다(金晧東, 앞의「崔殷
   含-承老家門에 관한 硏究」참조).
57)『高麗史』卷78, 食貨2, 租稅.
58)『高麗史』卷80, 食貨3, 賑恤 災免之制, 肅宗 7年 3月, "三司奏 東京管內郡鄕部曲十
   九所 因去年久旱 民多飢困.";同上 肅宗 6年 11月, "都兵馬使奏 東京管內郡縣 旱氣
   太甚 民被其災.";「金誠墓誌」『朝鮮金石總覽』上, 356쪽, "(仁宗時 金誠) 東京副留
   守 時東京多厄 留守輒死.";『高麗史』卷80, 食貨3, 賑恤 水旱賑貸之制, 毅宗三年二
   月 以尙州慶州飢 遣使賑之."

그들은 자료 나)에서 보다시피 이의민과 긴밀한 연락을 갖고 前王, 즉 의
종이 경주에 온 것은 경주민의 의사와는 상관없이 순석·인준에 말미암은
것이라는 것을 내세움으로써 경주민에게 죄를 묻지 않겠다는 이의민의 뜻
을 전하며, 의종복위추진세력은 "지금의 왕이 파견한 자들이 아니므로 모
두 죽인들 무슨 해가 있겠는가"라고 하여 민들을 끌어들였던 것이다. 결국
양자의 싸움은 경주민의 협조를 얻은 이의민에게 승리를 가져다 주었다.

의종복위운동의 시말은 이의민의 정치적 행로, 나아가 향후의 정국 전
개에 커다란 변화를 가져다 주었다. 우선 이의민은 난을 진압한 공으로
대장군에 보임될 수 있었고, 경주 및 경상도에 그의 세력을 본격적으로
부식시킬 수 있었다. 즉 종래 무신쿠데타 이전에 경주를 장악하고 있었던
세력들로서 의족복위운동에 가담한 자들은 실세하여 亡命의 길을 걷게
되었을 것이며, 반면에 이의민 일족과 그에 협조한 鄕豪들이 그들을 대신
하여 경주를 완전 장악하여 이의민의 黨附者로서 나타나게 되었다.

의종복위운동의 전개는 무신정권 및 그들에 의해 왕위에 올랐던 명종
에게 커다란 위기의식을 가져다 주었다. 이들은 김보당이 처형되면서 "무
릇 문신으로 모의에 참여하지 않은 사람이 누가 있느냐"라고 한 말을 빌미
로 삼아 문신들에 대한 대대적 숙청을 가하는 한편 의종복위운동에 강남주
군의 외관이 대거 호응하였기 때문에[59] 3京·4都護·8牧으로부터 郡·縣·
館·驛의 직임에 이르기까지 모두 무인을 임용하여[60] 전국을 장악하였다.

이의민의 '毅宗弑害'문제는 조야로부터 거센 반발에 부딪히게 되어 이
후의 정국 전개과정에서 최대 현안문제로 부각되었다.[61] 의종의 살해는

---

59) 사료 다-①·② 참조.
60) 『高麗史節要』卷12, 明宗 3年 10月.
61) 이에 관해서는 朴菖熙, 「農民·賤民의 亂」(『韓國史研究入門』 1981) ; 金晧東, 「高麗
    武臣政權下에서의 慶州民의 動態와 新羅復興運動」(『民族文化論叢』 2·3합집) ; 「武臣
    政權時代 慶北地域의 農民蜂起와 新羅復興運動」(『慶北義兵史』, 경상북도·영남
    대 민족문화연구소, 1990) ; 黃秉晟, 「金甫當亂의 一性格」(韓國史研究』 49, 1985)

유학을 익힌 전통적 윤리관을 지닌 지식인들에게 새 집권층의 지배의 정
당성에 대한 의문을 갖게끔 하기에 충분한 것이었기 때문에 이의방정권의
정당성·도덕성에 대한 논란을 불러일으키게 되었다. 의종의 살해가 있은
지 3개월 후인 명종 4년 정월, 이의방과 歸法·重光·弘護·弘化寺의 사원
세력과의 갈등이 표출되었을 때 이준의가 이의방을 꾸짖어 말하기를,

> "네게 세 가지 큰 죄악이 있다. 임금을 내쫓아서 弑害하고 그의 第宅과 姬
> 妾을 탈취하였으니 그 죄악의 첫째요, 태후의 여동생을 협박하여 통간하였으
> 니 죄악이 둘이요, 나라의 정치를 오로지 제 마음대로 하니 죄악이 셋이다."[62]

라고 한 것에서 무신정권 내부에서조차 의종의 살해에 대한 심각한 논란
이 있었음을 알 수 있다. 趙位寵의 봉기는 이러한 분위기를 틈타 일어난
것이었다.

조위총은 명종 4년 9월에 '毅宗弑害·不葬'의 문제를 내세워 난민을 규
합하고,[63] 金에까지 사람을 보내어 '弑君不葬之罪'를 알려 군사적 도움을
청하고자 하여 이의방정권에 심각한 타격을 가하였다.[64] '毅宗弑害·不
葬'의 문제가 현 정권의 정당성·도덕성에 대한 성토로 비화되면서 정국이
위태로운 상황 하에서 명종 4년 12월에 이의방정권은 무너지고 정중부정

참조.

62) 『高麗史節要』 卷12, 明宗 4年 正月.

63) 조위총이 '弑君之罪'를 성언하매 운중인이 위총에 응하여 의종시해에 가담한 박존
위를 죽였다는 것("時毅宗猶未葬 以位寵聲言 義方弑君之罪 乃發喪葬禧陵 將軍朴存
威奉使在雲中道 每誇納釜之事 雲中人應位寵 遂斬存威."『高麗史』 卷100, 列傳, 趙
位寵), 宣州의 房孝珍이 고을 사람에게 "위총이 처음에 賊臣을 벤다는 것을 명분으
로 내세웠으므로 여러 성이 호응하였다."(『高麗史節要』 卷12, 明宗 6年 3月)고 한
것은 그 예이다.

64) 『高麗史』 卷100, 列傳, 趙位寵, "位寵遣金存心趙規如金 奏義方放弑之罪 存心中道殺
規 來泊禮安江 王遣中使 … 位寵復遣徐彦等 如金上表曰 前王本非避讓 大將軍鄭仲
夫郞將李義方弑之."

권이 들어서게 되었다.

정중부정권은 의종시해 문제로 인한 정국의 위태로움을 돌파하기 위해 명종 5년 5월에 前王의 喪을 발표하고 백관이 사흘간 玄冠 素服하여 禧陵에 奉葬하고, 그 眞影을 海安寺에 봉안하여 願堂으로 삼게 하는 등 민심 수습에 착수하였다.[65] 그러나 의종시해의 장본인이었던 이의민은 의종시해의 부당성을 명분으로 내세운 조위총의 토벌에 직접 참가하여 그 공으로 인해 上將軍으로 승진되었고, 정중부정권하에서도 趙位寵·趙位寵 餘兵의 토벌과 兵馬使의 직임을 맡고 있었다는 점에서 정중부정권의 이러한 조처는 한갓 허위적인 조처에 불과한 것이었다.[66]

정중부정권의 이러한 허위적인 민심수습 노력은 의종시해문제에 대한 정당성·도덕성에 대한 문제 제기를 잠재울 수 없었다. 도리어 중앙관료의 일각에 위치한 문신들이 농민항쟁세력을 끌어들여 의종을 살해한 무신정권을 타도하려고까지 하였다.

---

65) 『高麗史』 卷19, 世家, 明宗 5年 5月.
66) 『高麗史』 卷128, 列傳, 李義旼. 金塘澤 씨는 "鄭仲夫의 집권기 동안 李義旼은 趙位寵과 그 餘衆의 토벌을 위해 주로 戰場에 있었고 그 후도 兵馬使의 職任을 맡아 중앙의 정치에는 거의 참여하지 못하였다. 이것은 鄭仲夫政權이 武人으로서의 그의 재질을 인정했기 때문에 취한 조치였다고 볼 수도 있겠다. 그러나 이것과는 반대로 鄭仲夫와 정치적 성격을 달리한 인물을 중앙정부의 요직에서 제외시킨다는 의도적인 인사조치 때문이 아니었을까도 생각된다. 李義旼이 鄭仲夫에 가까운 인물이었다기 보다는 李義方에 협력했던 인물임을 고려하면 후자 때문일 가능성이 더욱 짙다."고 하였다(金塘澤, 1979, 「李義旼정권의 性格」 『歷史學報』 83, 32~33쪽). 김당택 씨의 이러한 주장은 수긍할 만하다. 그러나 당시 의종시해 문제가 당시 정국의 최대 현안으로 떠오르고 있었음을 고려할 때 이의방정권하에서부터 정중부정권에 이르기까지 이의민이 제거당하지 않고 정치적으로 살아남을 수 있었던 것은 그가 중앙정치무대에서 일정한 정치적 지분을 가지면서 양 정권의 버팀대로서의 역할을 하였기 때문에 가능할 것이다. 趙位寵 및 그 餘衆의 봉기에 이의민이 직접 참여한 것은 바로 이 봉기가 이의민 자신의 아킬레스건을 건드리는 것이기 때문에 그의 자청에서 나온 것으로 볼 수 있다.

良醞同正 盧若純, 主事同正 韓受圖가 거짓으로 平章事 李公升, 尙書右
丞 咸有一, 內侍將作少監 獨孤孝 등의 편지를 만들어서 亡伊에게 보내고, 끌
어들여 함께 난을 일으키려고 하였다. 망이가 그 사자를 잡아서 安撫別監 盧
若沖에게 보내었다. 약충이 수갑을 채워 압송해 보냈다. 임금이 承宣 文章弼
에게 명하여 국문케 하였더니, 약순 등이 말하기를 "지금 주상을 시해한 역적
이 요로에 서서 대관이 되어 있다. 우리들이 분격함을 이기지 못하여 지방의
도적을 끌어들여서 함께 베어 없애려고 하였다. 돌아보건대 우리 무리는 이름
이 미미하여 도적이 쫓지 않을까 염려하여, 공승 등이 평소에 명망이 있으므로
그의 편지라고 하여 속였을 뿐이다." 하였다.[67]

양온령동정 노약순, 주사동정 한수도가 공주 명학소의 농민항쟁세력인
망이의 무리를 끌어들여 의종을 시해한 자들을 제거하려고 하였다. 문신
들이 '南賊'을 이용하여 반란을 꾀하려는 시도는 이번이 처음이 아니었다.
명종 5년 8월에 承宣 宋智仁, 進士 秦公緖 등이 南賊 石令史와 더불어
반란을 일으키려고 하다가 算業及第 彭之緒의 사전 고변에 의해 발각됨
으로써 귀양간 자가 매우 많았고,[68] 동 11월 어떤 사람이 중방에 무고하
기를 "문신들이 남적과 더불어 반란을 일으킬 것을 몰래 모의하고 있다."
고 함으로써 都校丞 金允升 등 7명을 섬에 귀양보내고 병부상서 李允修
를 거제현령으로 좌천시킨 사건[69] 등은 노약순 등의 정변 기도와 관련을
가지는 것일 것이다.

의종시해문제는 이의방·정중부 정권에 대한 정당성·도덕성의 문제를
끊임없이 야기시켰고, 결국 양 정권이 그처럼 단명에 그친 결과를 가져온
요인의 하나가 되었을 뿐만 아니라 무신쿠데타에 직접 참여하지 않았던
경대승정권의 출현을 가능하게 하였다. 경대승이 정권을 장악한 직후 朝
士가 闕에 나아가 하례할 때, 경대승이 "임금을 죽인 자가 아직 있는데

---

67) 『高麗史節要』 卷12, 명종 6년 9월.
68) 『高麗史節要』 卷12, 명종 5년 8월.
69) 『高麗史節要』 卷12, 명종 5년 11얼.

어찌 하례하리요"[70]라고 한 것은 경대승의 정중부정권 타도의 명분이 바로 여기에 있었음을 말해주는 것이다.

'復古'의 뜻을 갖고, 문인들과 일정한 교분을 갖고 있었던 경대승이 정권을 장악하자 무신쿠데타이후 숨을 죽이고 있었던 문인들의 官界로의 진출이 모색된 반면 무신들의 활동은 일정부분 위축되었지만 경대승정권은 커다란 한계성을 갖고 있었음을 다음의 자료를 통해 알 수 있다.

> 무관들이 혹 드러내어 말하기를 "정시중이 大義를 首唱하여 文士를 억압하여 우리들의 여러 해 쌓였던 분을 풀어주었다. 무관의 위력을 과시한 공이 막대하거늘 이제 경대승이 하루 아침에 대신 4명을 죽였으니 누가 그를 처단하겠는가?"라고 하였다. 경대승이 겁이 나서 결사대 백 수십 명을 모집하여 집안에 두고 대비케 하고 이를 都房이라고 불렀다.[71]

무신쿠데타 때 무력행사를 담당했던 무관들이 정중부를 제거한데 대한 불만을 공공연히 말할 수 있을 정도였다. 이것은 이의민을 필두로 하는 무신쿠데타에 직접 가담한 무신들의 경대승정권에 대한 일종의 정치적 시위였다고 볼 수 있다. 의종시해에 대한 불만을 공개적으로 밝힌 경대승이었음에도 불구하고 무신쿠데타에 참여하지 않았던 경대승은 일거에 이들을 일시에 제거할 수 없었고, 단지 의종시해의 부당성을 내세움으로써 이들의 준동을 막고자 하였을 따름이다. 경대승정권하에서도 무신들의 문신들에 대한 견제는 여전히 계속되었다.[72] 특히 다음의 자료가 갖는 시사성

---

70) 『高麗史』 卷128, 列傳, 李義旼, "(明宗)九年 慶大升誅仲夫 朝士詣闕賀 大升曰 弑君者尙在 焉用賀爲 義旼聞之大懼 聚勇士于家 以備之."

71) 『高麗史』 卷100, 列傳, 慶大升.

72) 康安殿의 門額의 이름을 짓는데 대한 다음의 이야기는 경대승정권하에서도 무신들이 문신들을 얼마만큼 경계하고 있었는가를 잘 보여준다. 『高麗史節要』 卷12, 明宗 10年 11月, "十一月 重新康安殿成 門額曰嚮福 近於重房 武臣議 以爲嚮福 與降伏聲相近 盖文臣 欲以此厭武臣而降伏之也 奏請改其額 命平章事閔令謨 改曰永禧 武臣復以爲文臣之意 不可測 安知永禧 別有深意耶 禧字福也 永字之意 吉凶未可知也 重字

은 크다고 하겠다.

> 毅宗의 화상을 孝安寺로 옮겼다. 처음에 서쪽에 있는 海安寺에 화상을 두
> 었는데 이 때에 와서 무신들이 의논하기를 "毅宗은 武人을 원수로 여겼으니
> 그 화상을 武方에 두는 것이 적당하지 않다."고 하였다. 드디어 왕에게 제의하
> 여 성 동쪽에 있는 吳彌院을 宣孝寺로 개칭하고 거기에 眞殿을 지어 의조의
> 화상을 옮겨 오고 해안사는 重房의 願堂으로 정하였다.73)

 항상 '復古'의 뜻을 품고 의종시해에 불만을 갖고 있었던 경대승이 집
권하였음에도 불구하고 이의민이 살아남을 수 있었던 것은 바로 이들을
세력의 資로 하고 있었기 때문이다. 경대승정권하에서의 이의민의 행적
을 구체적으로 살펴보면 다음과 같다.

> 라. (명종) 9년에 경대승이 (정)중부를 죽이자 朝士들이 대궐에 나아가 하례하
> 였다. 대승이 "임금을 죽인 자가 아직 있는데 어찌 하례를 받으리요."라고
> 하였다.74) 의민이 이것을 듣고 크게 두려워하여 勇士를 집에 모아두고 경
> 비하였다. 또 경대승의 도방사람들이 꺼리는 자를 해치려고 한다는 소문을
> 듣고 더욱 두려워하여 里巷에 대문을 세우고 밤에 경비하였다. 이것을 闤
> 門이라고 불렀는데 서울 坊里에서 이것을 모방하여 대문을 세웠다.75) 11
> 년에 형부상서 상장군을 제배하였다. 처음에 대승이 허승을 죽였을때76) 의
> 민은 병마사로서 북방 국경지대에 나가 진수하고 있었다. 어떤 사람이 나라
> 에서 대승을 죽였다고 잘못 전하였다. 의민이 이것을 듣고 크게 기뻐서 "내
> 가 대승을 죽이고자 하였으나 아직 실행하지 못하였는데 이것이 누구의 꾀
> 인가? 나보다 먼저 손을 썼구나."라고 하였다. 대승이 이 말을 듣고 앙심을
> 품었다. 의민이 돌아와서 두려워 스스로 불안을 느껴 병을 칭탁하여 고향으
> 로 돌아갔다.77) 의민은 왕이 여러번 불러도 돌아오지 않았고, 대승이 죽음

本房之稱 請改爲重禧 王從之."
73) 『高麗史』卷20, 明宗 11년 12월.
74) 이 때는 명종 9년 9월이다(『高麗史節要』卷12, 明宗 9年 9月).
75) 이 기록은 『高麗史節要』卷12, 明宗 10年 正月條에 나온다.
76) 경대승의 허승을 죽인 때는 명종 10년 12월이다(『高麗史節要』卷12, 明宗 10年 12月).

에 미쳐서도 오히려 오지 않았다. 왕은 반란을 일으키지 않을까 두려워하여 공부상서를 제수하고 中使를 보내어 간곡히 타이르자 그제서야 돌아오니 편전으로 불러 접견하였다. 왕은 내심으로 두려워하고 꺼렸으나 겉으로는 은총을 더하니 中外가 왕의 유약함을 탄식하였다.[78]

이의민은 경대승이 정권을 장악할 무렵에 개경에 있으면서 勇士를 모아 경비를 강화하고 閭門을 세워 경비를 할 정도로 독자적 세력을 유지하였음에도 불구하고 경대승은 이의민을 정치적으로 제거할 수 없었다. 비록 이의민은 한때 병마사의 직을 띠고 외직으로 나가기도 하였지만 명종 11년에는 刑部尙書 上將軍에 임명되는 등 중앙정계에서 일정한 정치적 지분을 여전히 갖고 있었다. 여기에는 무신쿠데타에 가담한 무신들의 존재 때문이기도 하지만 명종의 이의민에 대한 비호 또한 큰 것이었다. 명종은 무신쿠데타로 인해 국왕에 올랐고, 이의민의 의종시해로 말미암아 왕권을 확고하게 확립할 수 있었다. 상대적으로 복고의 뜻을 가진 경대승에 대해서는 꺼려했다.[79] 무신쿠데타에 가담한 무신들의 반발과 명종의 이의민에 대한 비호로 인해 경대승은 이의민을 기회가 있으면 제거하고자 하였지만 그 뜻을 이룰 수가 없었다.

경대승은 都房을 세력의 資로 하여 "항상 數人으로 하여금 里巷을 가만히 염탐"케 함으로써[80] 정변의 기도를 적발하여 여러 번 獄事를 일으킴으로써 정국의 장악을 기도하였다.[81] 그 결과 '慶大升用事 誅戮兇黨 英搢畏縮'을 전후한 시기에 오면 경대승정권은 어느 정도 정국을 주도하게

---

77) 이 때는 명종 11년 4월이다(『高麗史節要』 卷12, 明宗 11年 4月).
78) 『高麗史』 卷128, 列傳, 李義旼.
79) 이의민과 명종, 경대승과 명종의 관계는 金塘澤의 이의민에 대한 앞의 논문에 언급되어 있다.
80) 『高麗史節要』 卷12, 明宗 9年 11月.
81) 『高麗史』 卷100, 列傳, 慶大升, "大升自去鄭宋以來 心不自保 尙令數人 潛伺里巷 偶聞飛語 輒拘囚鞫問 累起大獄用刑深峻."

되었을 것이다. 아마 그 시기는 대체로 명종 11년 3월 前 隊正 韓信忠·蔡仁靖·朴敦純, 郎將 石和, 別將 朴華, 注簿 李敦實 등의 정변 적발을 전후한 시기가 아닌가 한다. 바로 다음 달 이의민이 병을 칭탁하고 경주로 퇴거한데서도 이를 짐작할 수 있다. 경대승이 "學識과 勇略이 없는 자를 물리쳐 무관들이 모두 그 위엄을 두려워하여 감히 함부로 하지 못하였다"고 한 것은 이때를 전후한 이후의 사정을 말해주는 것일 것이다.

의종복위운동이 전개되었을 때 이의민의 편에 가담하였던 경주민들은 이의방·정중부정권하에서 끊임없이 제기되는 의종시해에 대한 문제로 인해 커다란 두려움을 갖고 있었다. 이들은 이의민이 경대승에 의해 중앙정계에서 밀려나 경주로 퇴거함에 미쳐 극도의 불안에 휩싸이게 되었을 것이다. 아마 이 시기 경주에는 '古讖' 등에 의거한 각종 유언비어들이 난무하는 등 민심이 크게 술렁거렸을 것이다. 이와 관련하여 다음의 기사는 주목할만 하다.

> 마. (명종) 23년에 남적이 봉기하였다. 그 심한 자로서 金沙彌는 雲門에 웅거하였고 孝心은 草田에 웅거하여 亡命者를 불러모아 주현을 습격 약탈하였다. 왕이 듣고 근심하여 대장군 전존걸과 장군 이지순·이공정·김척후·노식 등을 보내어 토벌케 하였다. 지순은 의민의 아들이었다. ②의민이 일찍이 붉은 무지개가 두 겨드랑이 사이에서 일어나는 것을 꿈꾸었으므로 자못 이를 자부하였다. 또 古讖에 '龍孫이 12대로서 다하고 다시 十八子가 있다'는 말을 듣고 十八子는 곧 李字이기 때문에 非望을 품고 저윽이 貪鄙함을 억제하고 名士를 거두어 씀으로서 헛된 명예를 낚았다. ③스스로 경주출신이라 내심으로 新羅를 興復시킬 뜻을 품고 賊 沙彌 孝心 등과 통하니 적도 역시 鉅萬을 주었다.[82]

자료 마)는 명종 23년 南賊 金沙彌·孝心의 봉기사건에 연속하는 기사이다. 이 자료는 그렇기 때문에 당시 무인집정이었던 이의민이 김사미·효

---

82) 『高麗史』 卷128, 列傳, 李義旼.

심과 결탁하여 신라부흥을 도모했다는 자료로 흔히 이용되고 있다. 그러
나 이 자료를 자세히 분석해보면 ①, ②, ③으로 나누어 볼 수 있다. ①과
③은 김사미 등의 봉기 이후의 사실을 전해주는데 반해 ②는 명종 23년
김사미 등의 봉기 이전의 사실을 전해주고 있다. ②의 기록이 자료상 이
의민 개인과 결부되어 나타나지만 실제 古讖에 의거한 각종 유언비어는
의종의 시해문제가 정국의 현안으로 대두된이후 경주민들의 위기의식이
고조된 상태의 민심의 혼란에 따른 유언비어와 이의민의 정치적 위기감이
교묘히 결합되어 나타난 것으로 볼 수 있다. 극도로 위축된 민심의 흐름
속에 나타난 유언비어는 이의민의 퇴거로 말미암아 이의민의 생존을 위한
몸부림과 결합되면서 이의민에 의해 ②에서 나오는 꿈 이야기의 조작을
가져오게 하였고, 마침내 '十八子'가 왕이 된다는 古讖과 연결되기에 이르
렀던 것이다. 이와 같이 유추할 때 경주로 퇴거한 이의민을 "왕이 여러
번 불렀으나 오지 않았으며, 대승이 졸함에 미쳐서도 오히려 오지 않으니
왕이 난을 지을까 두려워하여 공부상서를 제수하고 중사를 보내서 설유하
니 이에 오는지라"라고 하는 내용을 이해할 수 있을 것이다. 경대승이 죽
은 후에도 약 6개월이나 이의민이 경주에 머물렀다[83])는 것을 앞의 자료
라)와 결부시켜볼 때 이의민은 바로 이 시기, 중앙정계의 정치적 공백 속
에서 내외에 호응하는 세력들을 그 資로 하여 반란의 조짐까지 보였을 것
이다. 어쩌면 그 자신 신라부흥을 명분으로 내세워 왕위까지 넘보는 계획
을 세웠을지 모른다. 이의민의 이러한 행동이 후일 그가 최충헌에 의해
제거되었을 때 최충헌정권에 의해 이의민이 김사미·효심의 농민항쟁군과
결탁하여 신라부흥을 도모했다는 조작하게하는 빌미를 제공하게 되었을
것이다. 다시 말하면 반이의민세력은 그들 정권의 성립의 명분과 정당성

---

83) 경대승이 죽은 시기는 명종 13년 7월이고(『高麗史節要』卷12, 明宗 13年 7月), 이
   의민이 경주에서 개경으로 온 시기는 동왕 14년 정월이다(앞의 책, 같은 왕 14年
   正月).

을 확보하기 위해 우선 이의민의 의종시해 사실을 부각시키면서 이의민이 경주로 퇴거한 3년동안, 특히 경대승 사후의 6개월간 이의민이 취한 행동에 주목하여 이의민과 김사미·효심의 농민항쟁군과의 관련을 교묘히 조작 연루시킴으로써 마침내 왕위를 엿보는, 신라부흥을 꾀하는 賊臣으로 몰아부쳤던 것이다.

Ⅳ. 李義旼政權의 歷史的 性格

명종 13년 7월 경대승의 갑작스러운 병사로 인해 우여곡절 끝에 정권을 장악하게 된 이의민이 그의 모계가 노비의 신분이란 점과 의종시해의 장본인이라는 점에서 정권의 정당성 도덕성에 대한 끊임없는 도전과 반발 속에서도 대권을 장악하고, 나아가 약 12년 동안 그 권력을 유지할 수 있었던 것은 앞 장에서 살펴본 바와 같이 그가 경주, 나아가 경상주도의 일반 민들의 전폭적인 지지와 협조, 소군을 비롯한 양천교혼자들의 지지를 바탕으로 하면서 중앙정계에서도 뛰어난 군사적 역량과 자신을 절제하는 태도로 무신쿠데타 때 적극적이었던 행동집단의 무인들로부터 상당한 중망을 얻었기 때문이다. 이의민은 이들을 대거 등용하여 권력의 발판으로 구축하였다. 행동집단의 무인들은 賤系 내지 하급신분층에 속하는 인물들이 대다수였기 때문에 母系가 寺婢인 이의민에게 일종의 동류의식을 느끼고 있었을 것이다. 무신쿠데타에 적극적으로 가담하였던 행동집단의 무인들로서는 정중부·경대승정권 동안 그 입지가 크게 위축되어 있었기 때문에 이의민의 뛰어난 군사적 역량에 커다란 기대를 갖고 호응하였을 것이다.[84] 이들은 힘을 통한 비상한 강압정치의 도구로서 이의민정권의

---

84) 무신쿠데타 때 행동집단의 무인으로서 큰 활약을 한 李英搏의 경우 경대승정권때

권력의 안전판 구실을 하였다고 볼 수 있다. 그 결과 이의민정권기에는 천계 내지 하급신분층에 속하는 인물들이 대거 진출하였다.

이의민정권은 행동집단의 무인들의 힘의 뒷받침 속에 정권을 장악, 유지할 수 있었다. 그 과정에서 그의 힘의 발판이었던 행동집단의 무인들의 세력확장을 위한 움직임과, 이와 관련된 가혹한 수탈은 이의민정권에 부담을 가져다 주었다. 특히 이들의 세력확장과 그 경제적 기반의 확보를 위해 지방으로 파견된 수령들은 대개가 탐오한 관리로서 민의 원성의 대상이었다. 이를 다음의 자료를 통해 알 수 있다.

> 바. 史臣 權敬中이 말하기를, "庚癸政亂 이후로 市井에서 짐승 잡고 술 팔던 무리와 활을 당기던 군사들 중에 부당하게 외직의 수령에 참여한 자가 많았다. 저 光允의 무리들은 평일에 송곳끝 만한 이익과 한 되 한 홉의 이익을 다투어 약탈하는 것과 속여서 매매하는 것으로서 좋은 계책으로 삼았으니, 이러한 때에 어찌 염치가 나라의 기강이 되고 백성이 나라의 근본이 됨을 알겠는가. 하루 아침에 한 고을의 수령이 되어 주고 빼앗는 권한을 가지게 되면 재물을 몹시 탐내고 이익을 취하는 것은 당연한 일이다. 아! 벼와 기장 밭에 소와 말을 놓아 두고 꿩과 토끼가 있는 곳에 매와 사냥개를 풀어 놓고서 그 짐승들이 뜯어 먹고 물어 뜯는 것을 금하고자 하면 그것이 되겠는가."라고 하였다.[85]

이의민정권의 성립·유지의 발판이었던 이들의 행동은 결국 정권의 붕괴의 한 요인이 될 수 밖에 없었다. 명종 16년 정월, 校尉 張彦夫가 정변을 기도하면서 "지금 권세를 쓰는 사람이 욕심이 많고 비루해서 백은을 몹시 좋아하여 돈이나 재물을 받고 벼슬을 시키며 법에 어긋난 일을 많이

크게 위축되었지만 경대승의 사후 다시 橫恣해졌다는 예에서 이를 알 수 있다. 그리고 명종 20년의 인사발령에서 8인의 재상 가운데 문신을 제외한 5인의 경우 杜景升을 제외한 崔世輔·李義旼·朴純弼·白任至 등은 무신란에서의 행동집단에 속하는 무인들이라는 점은 주목된다(金塘澤, 1987, 『高麗武人政權硏究』 새문사, 47~48쪽).
85) 『高麗史節要』 卷13, 明宗 16년 8월.

행하므로 이와 같은 사람의 머리를 베어 그 입에 물려서 널리 조정과 민
간에 보이어 사람들에게 은을 탐내다가 죽었다는 것을 알리고자 하였
다"[86]고 한 것은 이의민정권에 참여한 무신들과 그 수족인 외관들의 탐학
성을 폭로하고자 하는 움직임이었다. 이러한 이유 때문에 이의민정권은
그 권력의 유지를 위한 또 하나의 방책을 강구하지 않으면 안되었다. 이
를 위해 이의민은 그 자신이 정권의 전면에 나서지 않고 국왕인 明宗과
文克謙 등의 문신관료를 내세워 정권을 조종하면서 권력의 정당화·은닉
화 작업을 시도하였을 것이다. 그 과정에서 일부 행동집단의 무인들은 이
의민정권의 권력의 정당화·은닉화를 위한 제물로서 바쳐지게 되었을 것
이다.

경대승정권하에서 경주에 퇴거해 있었던 이의민이 명종 13년, 경대승
의 갑작스러운 죽음으로 인해 개경으로 돌아와 받은 관직은 工部尙書에
불과하고, 이듬해 12월의 인사이동에서도 '守司公左僕射'로 서열상 李光
挺, 韓文俊, 文克謙, 崔世輔 보다도 하위관직에 있었다. 적어도 명종 15
년 당시까지만 하더라도 표면적으로는 한문준, 문극겸, 최세보 등이 오히
려 이의민에 비해 정치적으로 득세하는 형편이었다. 이 점에 주목한 朴宗
基는 이의민이 경대승의 사후 한동안 최고 실권자로서의 권력을 갖고 있
지 못하다는 견해를 다음과 같이 표현하고 있다. "명종 13년 경대승이 죽
자 명종은 경주에 머물러 있던 이의민이 난을 일으킬 것을 두려워하여 그
에게 공부상서의 벼슬을 내리면서 사신을 보내어 설득하자, 그는 개경으
로 올라왔다. 그가 공부상서를 제수받았던 때는 명종 13년 12월이었다.
이듬해 12월에도 인사이동이 있었으나, 그는 '守司公左僕射'로 서열상 李
光挺 韓文俊 文克謙 崔世輔 보다도 하위관직에 있었다. 적어도 명종 15
년 당시까지만 하더라도 한문준 문극겸 최세보 등이 오히려 이의민에 비

---

86) 『高麗史節要』 卷13, 明宗 16년 正月.

해 정치적으로 득세하는 형편이었다. 명종 17년 曺元正 石隣 등이 일으킨 정치적 변란이 문극겸을 제거하는데 그 목적이 있었던 사실로 미루어 보아 문극겸 등이 당시 정치적으로 보다 중요한 위치에 있었음을 알 수 있다. 적어도 명종 13년 경대승이 죽은 이후 같은 왕 17년 조원정의 난이 일어날 때까지만 하더라도 이의민은 정치적으로 최고 실권자의 위치에 있지는 않았던 것으로 생각된다. 이 기간 동안 이의민이 문극겸 등과 같이 정치적으로 뚜렷한 활동을 한 사실을 기록에서 아볼 수 없는 것도 또 하나의 이유가 될 것이다. 이의민이 최고 실권자로 사료상에 분명히 나타난 것은 명종 20년 중서문하평장사로 재상의 반열에 올랐을 때였다. 바로 이때는 경주지역을 중심으로 운문 초전 에서 대규모 농민항쟁이 일어났던 때였다. 그의 아들 지순이 농민군과 내통하자 토벌군 사령관이었던 전존걸이 이의민을 두려워하여 이지순을 처벌하지 못하고도리어 자결하였던 사실도 그러한 정황을 잘 전하여 주는 예가 될 것이다. 그러나 그가 최고 실권자로 등장한 시점은 이보다 이른 명종 17년 조원정의 난이 수습된 직후였을 것으로 추정된다. 또한 명종 20년 8월에 한문준, 같은 해 9월에 문극겸, 23년 10월에는 최세보가 졸하였다. 전후관계로 미루어 보아 조원정의 난을 계기로 하여 사실상 정치적인 실권은 이의민에게 집중될 것으로 생각된다"고 하였다.[87] 그러나 그 관직의 고하로서 그 권력의 실체를 파악하는 것은 상당한 문제점을 낳을 수 있다. 그 한 예를 다음의 자료를 통해 살펴보기로 한다.

사. 上將軍 崔世輔를 同修國事로 삼고, 將軍 崔連과 金富를 함께 禮部侍郎으로 삼았는데, 세사람은 모두 武官이었다. 무관이 儒官을 겸한 것은 이때에 시작되었다. 어느 사람이 重房에 호소하기를, "修國史 文克謙이, 毅宗이 弑害당한 사실을 그대로 바로 썼는데, 主上을 시해한 것은 천하의 대악

---

87) 朴宗基, 1990, 「12, 13세기 農民抗爭의 原因에 대한 考察」『東方學志』69, 140~141쪽.

입니다. 마땅히 무관으로 하여금 修國史를 겸임시켜 사실을 바르게 쓰지
못하도록 해야 할 것입니다." 하였다. 극겸이 이 말을 듣고 두려워하여 왕
에게 비밀히 아뢰니, 왕이 무신의 뜻을 감히 어기지 못하였으나, 그것이 옛
제도가 아님을 미워하여서, 이에 制하여 同修國事로 삼았다. 그러나 世輔
가 청하지도 않고 바로 '事'字를 '史'字로 고쳤다. 이로 말미암아 『毅宗實
錄』이 소홀하게 되어 사실과 틀린 것이 많았다. 극겸이 일찍이 史堂에서
세보에게 희롱하여 말하기를, "儒官이 上將軍이 된 것은 나로부터 시작되
었고, 武官이 同修國史가 된 것은 또한 공으로부터 시작되었다."고 하면서
서로 한바탕 크게 웃었다.[88]

　자료 사)는 이의민보다 상위관직에 있었던 문극겸 등이 정치적 실권을
전혀 갖고 있지 못하였음을 보여준다. 이런 점에서 "명종 17년 曹元正 石
隣 등이 일으킨 정치적 변란이 문극겸을 제거하는데 그 목적이 있었던 사
실로 미루어 보아 문극겸 등이 당시 정치적으로 보다 중요한 위치에 있었
음을 알 수 있다"고 한 박종기 씨의 견해[89] 역시 재론의 여지가 있다. 조
원정이 문극겸을 원망하여 그를 제거하고자 난을 일으킨 원인은 조원정이
中書省의 公廨田 田租를 빼앗았을 때 문극겸 등이 그 죄를 다스리기를
청하여 치사된 것 때문이다. 이 때 문극겸 등의 疏章이 무려 다섯 번이나
올려진 후 겨우 樞密副使에서 工部尙書로 좌천시켜 치사하게 한데서도
문극겸의 권한이 제한적이었음을 알 수 있다. 이를 두고 문극겸이 당시
정치적으로 보다 중요한 위치에 있었기 때문이라고는 볼 수 없을 것이
다.[90] 이의민보다 상위 관직에 줄곧 있었던 최세보 역시 최고 실권자가

---

88) 『高麗史節要』卷13, 明宗 16年 12月.
89) 朴宗基, 앞의 논문 참조.
90) 『高麗史節要』卷13, 明宗 17年 7月條 및 『高麗史』卷128, 列傳, 曹元正條. 『高麗史
　節要』에서는 조원정의 처벌을 문극겸이 청한 것으로 되어 있지만 『高麗史』의 曹元
　正 列傳에서는 文克謙 외에도 崔世輔·文章弼·杜景升·李知命·金純·文迪 등이 처벌
　할 것을 청한 것으로 되어 있다. 이 달 그믐날 밤 70여명의 도적들이 궁궐에 들어
　와 준동할 때(이들은 바로 조원정의 반란세력이다) 왕이 "누구가 너희들의 주장인
　가?"라고 물었을 때 도적들이 거짓말로 재상 두경승과 급사중 문적 등이라고 한 것

아니었음을 다음의 자료는 보여주고 있다.

　　아. (최세보의) 아들 崔斐는 얼굴이 아름다웠다. 태자궁의 指論로 있었는데 태
　　　자의 총애하는 여종이 그를 보고 궁전 담 안에서 그를 향하여 유자를 던지
　　　면서 유혹하였다. 최비가 그만 그 여자와 간통하다가 일이 발각되었다. 왕
　　　이 법으로 다스리고자 하였으나 이의민의 주선에 의하여 벌을 면하였다.[91]

　자료 사)~아)를 통해 정치적 실권이 의종살해의 장본인인 이의민에게
있었음을 알 수 있다. 의종 살해에 대한 끊임없는 정당성·도덕성의 문제
의 제기로 인해 어려움을 겪고 있었던 이의민으로서는 그가 정치의 전면
에 나선다는 것은 그만큼 위험부담을 안게 된다는 것을 잘 알고 있었기
때문에 경주에서 명종의 간곡한 요청에 의해 마지못해 개경에 오는 형식
을 빌었으며(자료 다), 그 자신 하위의 관직에 위치하면서 중망을 받고 있
었던 문신 문극겸 등과 무신 최세보 등을 전면에 내세워 그 권력을 은닉
하고자 하였던 것이다. 이의민이 "非望을 품고 저으기 貪鄙함을 억제하고
名士를 거두어 씀으로써 헛된 명예를 낚았다"[92]는 것은 바로 이것을 뜻하
는 것일 것이다. 명종 15~16년을 전후한 시기에 吳世才, 林椿, 李仁老,
趙通, 皇甫抗, 咸淳, 李湛之 등의 현직관료 및 과거합격자 등의 문인들이
'竹林高會'를 구성하여 일면 隱逸·道樂의 謙退的인 입장을 취하면서도[93]

　　으로 보아 조원정이 제거하고자 한 것은 문극겸 뿐만이 아니었음을 알 수 있다. 필
　　자는 「高麗武臣政權時代 文人知識層의 硏究」(영남대 박사학위논문, 1992)에서 조
　　원정의 문극겸 제거 의도의 원인에 대해 의종실록의 편찬에 있어서의 문극겸에 대
　　한 태도에 대한 불만에서 나온 것으로 추정한 바 있었다. 그러나 그것은 필자의 오
　　류였다.
91) 『高麗史』 卷100, 列傳, 崔世輔. 이 기사의 내용이 명종 23년 최세보의 사망 이전의
　　이야기인지 이후의 이야기인지는 확실하지 않다. 만약 이후의 이야기라면 이 자료
　　의 인용에는 문제가 있다.
92) 『高麗史』 卷128, 列傳 李義旼.
93) 李基白·閔賢九 編著, 1984, 『史料로 본 韓國文化史』(高麗編) 일지사, 199~205쪽.

사환에의 가능성을 갈망하고 있었던 것은[94] 바로 이의민정권의 이러한 성격에 기인하는 것이다.

이의민은 明宗과 문신 文克謙 등을 내세워 민심에 부응하는 일련의 개혁정치를 시행하고자 하였다. 명종 16년 윤7월 명종이 制를 내려 백성이 나라의 근본임을 말하면서 수령으로서 가렴주구하고 회뢰한 자를 중론으로 다스릴 것을 표방하였다.[95] 실제 이틀 후에는 수령의 가혹한 수탈로 인해 民이 동요하는 安東과 晉州의 수령을 臟罪로서 유배하였는가 하면,[96] 17년 6월 경상주도 안찰사 崔嚴尉가 아전과 백성을 침탈하며 뇌물을 받음이 한이 없다 하여 교체시켰다.[97] 18년 3월에는 왕의 敎書를 통해 사회경제적 모순의 척결을 위한 대대적 개혁조처를 선포하였다. 이를 살펴 보면 다음과 같다.

> 자. 3월. 제서를 내려 말하기를, "백성은 국가의 근본이다. 짐은 그들이 고향땅을 편안히 여기고 본업을 즐거이 여기게 하고자 하였기 때문에 朝臣을 파견하여 근심을 나누고 교화를 펼치게 하였다. 근래에 듣건대 수령이 급하지 않은 公事로 〈백성을〉 침해하고 힘들게 하므로, 민(民)들이 폐단을 견디내지 못하여 떠돌아다니고 도망치며 흩어져서 골짜기와 구렁텅이에 굴러 떨어진다고 한다. 짐이 이를 매우 가엽게 여겨 兩界의 兵馬使와 5도의 按察使로 하여금 민간의 이해와 병폐를 묻게 하고 수령의 어질고 어질지 않음에 따라 승진시키거나 쫓아내게 하였으며, 원통하고 막힌 옥사를 심리하고 농사와 잠업을 권장하며, 군사를 무휼하고 호강한 자들을 억누르게 하였다. 歲貢을 제외하고 공헌하는 물품은 일체 폐지한다."라고 하였다. (『高麗史節要』 卷13, 明宗 18年 3月)
>
> 차. ① (明宗 18년) 3월에 宰樞所가 아뢴 바에 의하여 制書를 내려 이르기를, "百姓은 곧 국가의 근본이므로 짐은 그들이 편안히 살며 생업을 즐기게 하려는 까닭에 朝臣을 파견하여 근심을 나누고 敎化를 베풀게 하였도

다. 〈그런데〉 요즈음 들건대 守令들이 급하지 않은 公務로 인하여 〈백성들을〉 侵漁하고 수고롭게 괴롭혀서 백성들이 폐해를 견디지 못하고 살던 곳을 떠나 옮겨 다니거나 도망가서 흩어져 구렁텅이에서 뒹군다고 하니 짐은 이런 것들을 매우 불쌍하게 여기노라. 兩界의 兵馬使와 5도의 按察使로 하여금 관리들의 다스림을 순찰하여 기필코 실상을 조사하도록 하고, 각 官署 관리들의 청렴도와 직무 근태를 정밀하게 살펴 두루 巡問하도록 하라. 조금이라도 백성들에게서 뜯어내어 뇌물을 받거나 공무를 빙자하여 私利를 도모한 자가 있으면 두루 묻고 실상을 확인하여 형벌로 쫓출시키도록 아뢸 것이며, 청렴결백하고 절개를 지키며 이로운 일을 일으키고 해로운 일을 제거하며 獄訟를 공평하게 처리한 사람이 있으면 그 功을 포상하도록 아뢰어라."라고 하였다.(『高麗史』 卷75, 選擧3, 銓注 凡選用監司)

② 明宗 18년 3월 制書를 내리기를, "무릇 州縣에는 각각 서울과 지방의 兩班과 軍人의 家田이나 永業田이 있는데, 간사하고 교활한 吏民들이 권세가[權要]에게 의탁하려고 망령되이 閑地라고 칭하면서 문서로 써서 그 집의 것으로 붙이면, 권세 있는 자도 또한 우리 집의 토지[我家田]라고 칭하면서 공문서[公牒]를 요구하여 가지고, 즉시 심부름꾼을 보내서 글을 통하여 부탁하면 그 州의 관원들은 〈권력자들의〉 부탁을 피하지 못하고 사람을 파견하여 징수한다. 한 토지에서의 징수가 이에 두세 번에 이르러 民이 그 고통을 감당하지 못하나, 나가서 하소연할 곳이 없으니, 원통함과 분함이 하늘을 찌르고 있다. 재앙과 요사함이 그 사이에서 발생하며 禍의 근원이 여기에 있으니, 이들 심부름꾼들을 체포하여 칼을 씌워 서울로 압송할 것이며, 문서로 써서 붙인 吏民도 끝까지 추적하여 죄를 물을 것이다."라고 하였다.(같은 책, 卷78, 食貨1, 田制 田柴科)

③ 明宗 18년 3월 制書를 내리기를, "모든 州·府·郡·縣의 百姓들에게는 각기 貢役이 있는데, 근래에 지방관들이 부당하게 〈백성들을〉 使令으로 소속시켜 役價를 징수하고 그 貢賦는 그 해가 지나면 면제하여 주고 있다. 향리[掾吏]의 무리도 모두 이 방법을 따르니 역이 불균등하게 되고, 貢戶의 民이 이것 때문에 도망하고 유망하고 있다. 각 道에 파견된 사자들은 여러 곳으로 돌아다니면서 조사하고 심문하여 만약 이러한 관리가 있으면 그 죄를 보고하도록 하고, 그 나머지 향리들은 刑에 따라 파직시켜 공역을 균등하게 만들도록 하라."라고 하였다.(같은 책, 卷78, 食貨1, 田制 貢賦)

④ (明宗) 18년 3월 制書를 내리기를, "때에 맞춰 勸農하라. 저수지[堤堰] 수리에 힘써 저수한 물이 잘 흐르도록 하여, 황폐해지지 않도록 할 것이며, 民들의 양식을 넉넉하게 해야 한다. 또한 뽕나무 묘목을 절기에 따라 심고 옻나무·닥나무·밤나무·잣나무·배나무·대추나무·과일나무도 각각 제때에 맞춰 심어서 이익이 되게 하라."라고 하였다.(같은 책, 卷79, 食貨2, 農桑)

⑤ 明宗 18년 3월 制書를 내리기를, "각지의 부강한 兩班들이 가난하고 약한 百姓들이 빚을 내고 갚지 못하자, 예로부터 내려온 丁田을 강제로 빼앗으니, 이로 인해 생업을 잃고 더욱 가난해지고 있다. 富戶들로 하여금 겸병하고 침탈하여 빼앗지 못하게 하고, 그 정전은 각각 본래의 주인에 돌려주도록 하라."라고 하였다.(같은 책, 卷79, 食貨2, 借貸)

⑥ 明宗 18년 3월에 制書를 내리기를, "〈관청〉 창고의 곡식은 본래 百姓들의 종자와 일용할 양식을 위한 것으로 봄에 나누어주고 가을에 거두어들이는 일이 성실하게 이루어지는 것을 귀중히 여겨야 하는데, 근래에 부실하여 이로 말미암아 농사를 망치는 일이 있으니 선왕께서 民을 위하여 법을 제정한 뜻에 맞지 않다. 만약 지게미와 쌀겨[糟糠]가 서로 절반씩 있는데도 감독이 거두는데 부실하면 그 죄에 따라 벌을 줄 것이다."라고 하였다.(같은 책, 卷80, 食貨3, 常平義倉)

⑦ (明宗) 18년 3월 制하기를, "서울 사람들이 鄕邑에다가 農場을 성대하게 벌여놓고 폐단을 일으키는 자는 농장을 없애어 몰수하고 법에 따라 〈그들을〉 서울로 돌려보내도록 하라. 道門의 승려들이 여러 곳의 農舍)서 貢戶良人을 자기들의 소유라고 속이면서 부리고 있으며, 또한 품질이 낮은 종이와 베를 강제로 貧民에게 주고 그 이자를 거두고 있으니 모두 금지하도록 하라. 무릇 국가에 바치는 진상품[物膳]은 각각의 토산품에 따라 곧바로 바치도록 하며, 그 외에 애호품인 곰이나 호랑이, 표범의 가죽 같은 것은 民을 수고롭게 하면서 거두어 은밀하게 바치고 있는데 이러한 짓을 못하게 하며, 또驛路를 이용하여 私門에 선물을 운송하는 일이 없도록 하라."라고 하였다.(같은 책, 卷85, 刑法2, 禁令)

⑧ (明宗) 18년 3월에 制하여 말하기를, "전투하는 군인을 撫恤하는 것은 그 시기를 빼앗지 말고, 公私의 營造를 일체 금지하여 勞役에 복무시키지 않는 것이다."라고 하였다.(같은 책, 卷81, 兵2, 兵制)

자)와 차)①을 통해 이때의 敎書는 宰樞들의 건의에 의해 이루어진 것임을 알 수 있다. 이 교서는 田制의 田柴科·貢賦·農桑, 借貸, 常平義倉, 守令制, 兵制, 刑法에 이르기까지 다양한 분야에 대한 모순의 지적과 그 시정책을 담고 있다. 특히 당시 민의 유망과 항쟁의 원인에 대한 정부 차원에서의 인식과 그것에 대한 나름대로의 수습책이 주목된다. 이의민은 명종과 문극겸 등을 권력행사의 전면에 내세워 개혁을 추진해 나감으로써 권력의 은닉화 작업에 상당한 성과를 거둘 수 있었다.

그러나 이때의 개혁조처가 사회변혁을 위한 조처와는 거리가 먼 것이었다. 그 한 예로 농민항쟁에 대한 상기 조처를 검토해보기로 한다. 이 시기 농민항쟁은 향촌사회 내부의 생산력 발달에 기초한 농민층 분화를 계기로 하여 농민층간의 역 부담과 토지소유의 불균형과, 국가권력을 배경으로 한 권세가들의 토지탈점에서 비롯된 것이었다. 그러나 당시 최대의 모순인 중앙 권귀들의 토지탈점 등에 대한 대책으로서 농장의 혁파를 천명하면서도 그러한 원인에 대한 근본적인 해결책이 제시되지 않고 있다. 단지 지방의 수령 및 이속층들에게 책임을 전가함으로써 민의 불만을 무마·호도하고자 하였을 뿐이다.[98] 결국 이때의 개혁조처에는 실천의 의지가 수반되지 않았던 것이다.

이의민정권의 개혁을 위한 시책이 한갓 권력의 정당화·은닉화 작업을 위한 허위적인 것이었음을 사료 아)의 교서에 대한 權敬中의 史論을 통해 알 수 있다.

史臣 權敬中이 말하기를 "말하는 것이 같은 데도 그 말을 꼭 믿는 것은 말하기 전에 믿음이 있는 까닭이요, 슈이 같은 데도 그 슈이 행해지는 것은 슈 외에 誠意가 있기 때문이다. 明宗이 일찍이 哀痛의조서를 내렸고, 또 懇惻한 조서를 내렸음에도 吏들이 나쁜 짓을 고치지 않고 백성이 편안하게 되지 못한

---

98) 앞의 安東과 晉州의 수령의 유배, 경상주도 안찰사 崔嚴尉의 교체 역시 이의민정권이 야기한 구조적 모순의 결과였지만 대민업무의 종사자인 외관에게 책임을 물어 개별적 수령의 탐학으로 호도한 사건이라고 볼 수 있다.

것은 令이 좋지 못한 것이 아니라 실행하는 성의가 따르지 못한 때문이었다."
하였다.[99]

실천이 수반되지 않는 허위적인 조처(자, 차)①~⑧)는 더 이상 민심의
획득을 기대할 수가 없었다. 이를 개혁의 선봉에 내세운 문극겸을 통해
살펴보기로 한다.

> 그(문극겸)는 權豪의 간청을 듣고 잘 잘못을 살피지 않아 銓注에 어긋남이
> 많았다. 또 자기의 어린 자제들에게 한 자리씩 벼슬을 주었으며 자기의 종복
> 을 각처로 보내어 田園을 많이 장만하였다. 그 때의 공론이 이것을 유감으로
> 여겼다.[100]

문극겸의 이러한 행위는 곧 자료 차)②, ⑦의 조처와 배치된 것이다.
이미 문극겸은 의종의 실정에 대한 날카로운 비판자로서의 모습이 아니라
무신정권에 참여한 후 권력에 빌붙어 자신의 지위 유지 및 致富에 급급한
모습을 보여줄 뿐이다.

또한 이의민은 문극겸 등을 전면에 내세워 개혁을 추진함으로써 무신
쿠데타, 그리고 그의 집정을 가져오게 한 행동집단의 무인들을 견제하고
그 자신의 일인 독재 기반 구축의 한 계기로 삼고자 하였을 것이다. 무신
정권시대의 외관 파견이 무신들의 논공행상과 자기들의 경제적 기반의 확
보와 직결되었다는 점을 고려할 때 자료 바)의 내용과 자)~ 차)의 외관
의 불법에 대한 언급은 이의민정권이 중앙의 權豪들인 무신들과 연결된
외관의 불법을 지적함으로서 여타 무신들의 문객을 가지치기 위한 작업의

---

99) 『高麗史節要』卷13, 明宗 18年 3月, "史臣權敬中曰 同言而信 信在言前 同令而行
誠在令外 明宗 曾有哀痛之詔 今又有懇惻之詔 而吏莫能悛 民不底綏者 非令之不善
也 乃行之之誠 未至故也."
100) 『高麗史』卷99, 列傳, 文克謙, "聽權豪干請 不察賢否 銓注多舛 又官其髫齓子弟 分
遣僕從 廣植田園 時議惜之."

일환으로 삼았을 가능성이 있는 것이다. 이의민정권의 이러한 이중적 성격은 조만간 양 세력의 크고 작은 충돌을 가져올 수 밖에 없었다.조원정·석린의 난은 그러한 과정에서의 행동집단의 무인들의 위기의식이 문극겸을 제거하고자하는 움직임으로 표출된 것에 불과한 것일 것이다.

이의민정권은 일면 행동집단의 무인들을 바탕으로 한 힘의 통치와 문극겸 등을 동원한 개혁의 추진을 통한 이들에 대한 견제, 권력의 정당화·은닉화로 인해 민심을 얻어 어느 정도 정권의 안정을 가져올 수 있었다. 그 결과 그의 집권 전반기 동안 전대에 비해서 대규모 농민항쟁이 거의 나타나지 않게 되었다. 그러나 이의민정권을 유지시켜온 두 개의 축인 행동집단의 무인들과 권력의 전면에 나선 문극겸 등은 너무나도 이질적인 성격을 갔고 있었다. 양 측은 명종 16년 12월의 문극겸의 毅宗弑害에 대한 直書事件, 17년의 조원정·석린의 난, 18년 3월의 대대적 개혁조처 등을 통해 힘겨루기를 하면서 주도권 쟁탈전을 전개하였다. 표면적으로는 이의민의 지원하에 개혁의 전면에 나선 문극겸 등이 정국을 주도하면서 개혁을 집행해나가는 상황처럼 보이지만 毅宗弑害에 대한 直書事件의 예에서 보다시피 이의민정권의 이들에 대한 행동반경의 제약으로 인해 책임감을 갖고 개혁을 계속 추진할 수 없었다. "의민이 전주를 천단하였으므로 정사가 재화로서 이루어지고 支黨이 연결하매 朝臣들은 누구도 감히 어쩌지 못하였다. 많이 民居를 점령하고 크게 제택을 일으키며 남의 土田을 빼앗아 그 탐학을 마음대로 하니 중외가 두려워 하였다"[101]고 한 것은 그것을 확인시켜 준다. 결국 이의민 정권의 개혁정책은 사회변혁을 추구하는 의도를 갖고 있었던 것이 아니라 의종시해로 인한 정권의 정당성·도덕성에 대한 끊임없는 반발과 도전 속에서 민심을 등에 업고 정권을 유지하기 위한 방편에서 나온 것이었음을 확인할 수 있다.

---

101)『高麗史』卷128, 列傳, 李義旼.

개혁의 추진이 어떤 합의에 의해 이루어지기보다는 힘을 동원한 강압에 의해 이루어지고, 또한 개혁에 대한 실천의지가 수반되지 못하면서 변혁에 대한 민의 기대는 서서히 사라지게 되었다. 그 과정에서 개혁추진을 둘러싸고 이의민정권을 지탱해주던 두 개의 축(행동집단의 무인과 문극겸 등의 개혁추진세력)의 갈등과 대립이 나타나면서 개혁추진세력은 소신감을 갖지 못하고 타협과 변질을 거듭함으로써 개혁조처는 사문화되고 말았다. 그러한 과정에서 일인독재의 기틀을 확고히 한 이의민102)과 그 일족 및 黨附者들의 개혁에 편승한 사적 권력의 확대와 탐학이 노출되면서 민들의 동요가 다시 일어나기 시작하였다. 한편으로는 천인 내지 양천교혼자의 소생, 하급신분층에 속하는 인물들이 대거 진출한 데 따른 정치질서의 급격한 변화를 꺼리는 기득권을 갖고 있었던 세력의 불안과 불만 또한 증대되기 시작하였다.

그 결과 이의민정권은 도리어 반동적 성격을 띠며 정권유지를 위해 무신 및 군인들을 동원한 비상한 강압정치를 하기에 이르렀다. 그러나 힘의 논리에는 시간이 가면 갈수록 그에 상응하는 막대한 군사력과 경제력을 확보하지 않으면 안되었다. 그 부담은 결국 민에게 전가될 수밖에 없었다. 이의민정권에 의해 정사가 재화로서 이루어지고 支黨이 연결되어 그 노예 및 당부자가 여러 주에 포열되어 土田을 빼앗았다는 기록들은 이의민정권의 일인독재 구축을 위한 재원 마련을 위한 탐학성을 단적으로 보여주는 것이다. 그 과정에서 이의민의 아들인 이지순이 그 아버지에게 諫하기를,

---

102) 이의민과 두경승이 門下省에서 일을 의논하다가 서로 어긋났을 때 이의민이 주먹을 휘둘러 기둥을 치면서 "네가 무슨 功이 있기에 벼슬이 내 위에 있느냐."라고 한 것(『高麗史節要』卷13, 明宗 21年 12月)은 이의민의 일인독재의 기틀이 이미 확고하였음을 말해주는 것이다.

　　"공은 孤寒한 몸으로서 지위가 장상에 이르렀으니 마땅히 가르침의 방도를
　　갖고 부귀를 유지하여야 할 것입니다. 지금 자손들이 횡포하여 원한을 다른 사
　　람들과 맺으니 화가 반드시 멀지 않을 것입니다."

라고 하였지만 이의민정권의 탐학성을 멈출 수가 없었다. 이로 인한 농민
들의 저항은 집권후반기를 맞이하면서 다시 폭발하기 시작하였다. 특히
그의 복심이었던 경주, 나아가 경상도지역에 대해 대규모 토지침탈과 가
혹한 탐학이 이루어짐으로써 이들의 광범위한 저항이 일어나게 되었다.
이의민정권의 수탈자적 성격이 드러나면 날수록 이 지역민들의 상대적 빈
곤감과 박탈감은 더욱 증폭되어 다른 어느 지역보다도 유망민의 수가 격
증하였다. 마침내 명종 20년(1190) 정월에 부세수탈과 역역동원을 피해
산간으로 유망한 농민들과 혹한기의 굶주림 속에 떠는 농민들이 무력항쟁
에 나서게 되었다. 여기에 낙향문신 및 재지세력의 일부가 가담함에 따라
항쟁은 새로운 국면으로 접어들게 되었다.

　　경주 및 경상도 일대에는 무신쿠데타이후 낙향문신 및 그간 그들과 연
결되어 음덕을 입었던 재지세력들이 많이 있었다. 이들은 무신쿠데타이후
이의민이 그의 일족과 당부자들에게 경주향직을 맡기자 失勢하여 의종복
위운동에 적극 가담하였다. 그러나 의종복위운동의 실패로 인해 그 처지
는 일반 농민들보다 더 비참한 지경에 빠져 亡命의 길을 걷지 않을 수
없었던 것이다. 바로 이들이 명종 20년부터 전개되어온 농민항쟁에 가담
하여 항쟁군을 이끌게 됨으로써 이의민정권에 심각한 타격을 가하였다.
농민항쟁군은 1193년(명종 23)의 무렵에는 金沙彌에 인도되어 雲門山으
로 들어가 웅거하면서 孝心이 이끄는 草田의 항쟁군과 연합하여 공동전
선을 구축하면서 경주부근의 여러 고을을 공격하기에 이르렀다.[103]

---

103) 金晧東, 1982, 「高麗 武臣政權下에서의 慶州民의 動態와 新羅復興運動」『民族文
　　　化論叢』2·3합집, 영남대 민족문화연구소 ; 1990, 「武臣政權時代 慶北地域의 農民
　　　蜂起와 新羅復興運動」『경북지역 의병사』경상북도·영남대학교 ; 1992, 「12, 13

항쟁군의 대다수가 이의민 정권의 복심인 동경관내의 민이라는 점에서 토벌이 쉽지 않았다. 이로 인해 진압군의 일원으로 내려온 이의민의 아들 李至純은 적극적으로 항쟁군을 토벌하기보다는 경주 등지에 그간 구축시켜온 지지기반의 보호에 주력하면서 가능한한 항쟁군을 회유하려고 하였다. 그 과정에서 관군의 동정이 적에게 누설되어 관군이 여러번 패하기까지 하자 지휘부의 분열이 일어나 마침내 토벌군의 책임자였던 全存傑의 자결사태에 이르렀다. 이지순의 행동은 이의민정권과 항쟁군과의 결탁의 가능성에 대한 소문을 불러일으켜 이의민정권의 체제유지에 심각한 타격을 가하기 시작하였다. 이에 이의민정권은 11월 토벌군의 지휘부를 일신하여 강경토벌에 임하게 되었다. 겨울의 혹한과 이듬해 봄 춘궁기에 걸쳐 추위와 굶주림에 처한 항쟁군은 이탈자가 속출하면서 패배를 거듭하다가 4월에 密城 堵田村에서 7,000여 명이 참획당하고 기계 및 우마를 많이 빼앗김으로써 큰 타격을 입게 되었다. 항쟁군은 극도로 위축되어 녹음기의 산속을 전전하면서 겨우 명맥을 유지하다가 12월에 효심이 결국 사로잡힘으로써 지리멸렬하게 되었다.

비록 동경관내의 농민항쟁이 표면적으로 평정되었다고 하지만 항쟁의 발생에서부터 종식에 이르는 과정에서 이의민정권의 반역사성·반민중성이 적나라하게 드러나게 되었다. 그리고 항쟁의 진압과정에서 지휘계통의 반목 등은 이의민정권의 군력누수 현상을 가져다 주었다. 특히 이의민의 복심인 동경관내에서 농민항쟁이 일어났다는 점에서 이의민정권의 지지기반의 와해의 조짐이 나타나는 등 사태의 심각성은 의외로 컸었다. 다음의 자료는 이를 상징적으로 보여준다.

　　의민은 문자를 알지 못하고 오로지 巫覡만 믿었는데 경주에 木魅가 있어 土人이 豆豆乙이라 불렀다. 의민이 堂을 집에 일으켜 이를 맞아두고 날로 제

세기 농민항쟁의 전개와 성격」『한국사』6, 한길사 참조.

사하여 복을 빌었다. 홀연 하루는 당 가운데에 곡성이 있는지라 의민이 괴이하여 물으니 매가 말하기를 "내가 너의 집을 수호한지 오래 되었는데 이제 장차 화를 내리려 하는지라 내가 의지할 곳이 없으므로 곡하노라"하더니 얼마 안되어 패하였다.유사가 벽 위의 도형을 제거하기를 주청하매 조서를 내려 흙바르게 하였다[104]

이의민과 두두을과의 관계는 이의민과 경주민과의 관계를 상징적으로 나타내주는 것이다. 비록 명분상에서나마 민의 지지를 더 이상 확보할 수 없는 상황 속에서 이의민정권은 붕괴의 길로 접어들지 않을 수 없었다.

V. 맺음말

개혁의 깃발 아래 일인독재의 권력을 추구해나가던 이의민정권은 민의 지지를 확보하지 못함으로써 결국 최충헌에 의해 무너지고 말았다. 이의민정권에 의해 추진된 급격한 정치질서의 변화에 따른 불만세력과 농민항쟁의 기운에 편승하여 정변을 일으킨 崔忠獻은 이의민의 의종시해문제를 쿠데타의 명분으로 내세우면서 封事十條를 올려 太祖의 正法을 지킬 것을 천명하였다. 이를 통해 천인 및 양천교혼자들의 진출 등에 따른 기득권을 가진 지배층의 불만을 무마함과 동시에 이의민 정권에 의해 저질러진 失政을 열거함으로써 정변을 합리화하고자 하였다. 그러나 12년간 이의민이 경향 각지에 구축해온 세력기반의 강고함으로 인해 최충헌정권은 상당한 어려움에 직면하였다. "충헌이 朝臣을 많이 죽여 人心이 흉흉하고 두려워하므로 使者를 여러 道에 보내어 위안하였다"[105]는 조처는 그로 인한 대응책에서 나온 것일 것이다.

---

104) 『高麗史』 卷128, 列傳, 李義旼.
105) 『高麗史節要』 卷13, 명종 26年 5월.

결국 최충헌은 명종 27년 9월 "흥왕사의 중 寥一이 杜景升과 더불어
忠獻을 해치려 한다"는 匿名書를 빌미로 하여 정국전환을 기도하였
다.106) 최충헌 형제는 명종의 폐위를 결정하고, 무력을 동원하여 杜景升,
柳得義, 高安祐, 白富公, 周元廸, 石城柱, 李尙敦, 宋諲, 廉克髦, 申光漢
등 12 명과 淵·湛 등 10 여명의 중을 嶺南으로, 小君 洪機 등 10 여명을
섬으로 귀양보낸후 신왕인 神宗을 옹립하였다.107) 특히 그 과정에서 경주
를 비롯한 경상도 지역의 이의민의 일족과 당부자에 대한 제거작업이 조
직적으로 행해졌다. 그러나 이의민이 무신정권이라는 호재를 만나 한순간
평지돌출한 인물이 아니었기 때문에 그들의 저항 또한 완강하였음을 다음
의 자료 카)를 통해 알 수 있다.

> 카-① 崔忠獻 등이 왕에게 청하여 祗候 韓光衍을 경주에 보내어 의민의 三
> 族을 도륙하고, 여러 주에 사자를 나누어 보내어 그 노예와 黨附者를
> 베어 죽이고, 그 사위 李賢弼을 原州로 귀양보냈다.(『高麗史節要』卷
> 13, 明宗 26年 4月)
> ② (神宗 3年) 8월 계사에 경주 李義旼 族人으로 방환된 자들이 州吏와
> 틈이 생겨 싸우며 서로 죽이는데, 이의민의 족인이 배기지 못하였다.
> 이때 안찰사 田元均이 주에 들어왔으나 이를 제지시키지 못하였다. 이
> 에 房守·別將·通引들이 모두 죽임을 당하게 되었는데, 이를 본 전원균
> 은 두려워하여 다른 읍으로 피하여 가버렸다.(『高麗史』卷21, 神宗 3
> 年 8月)
> ③ (神宗 3年 12月 丁未) 이때 慶州副留守 房應喬를 파면시킨 다음 郎中
> 魏敦謙을 이에 대체시켰다. 처음에 최충헌이 이의민의 족인을 죽일 때
> 慶州別將 崔茂는 州官의 명을 받아 이의민의 족인인 李思敬 등 수 명
> 을 잡아 죄를 받게 하였다. 이사경의 족인인 李伯瑜·李直才 등은 이를
> 원망하고 방응교에게 최무가 난을 만들려 한다고 참소하였다. 방응교
> 는 그 말을 믿고 이를 가두니 이백유·이직재는 밤에 옥으로 침입하여
> 최무를 살해하였다. 빙응교는 擅殺의 죄를 묻지 않고 도리어 최무의

---

106) 『高麗史節要』卷13, 明宗 27年 9月.
107) 『高麗史』卷129, 列傳, 崔忠獻 ; 『高麗史節要』卷13, 明宗 27年 9月.

족인인 崔用雄·崔大義 등을 잡아 죽이려 하였다. 이에 州人들은 분노
원망하고, 최용웅·최대의는 이백유·이직재를 죽였는데 최용웅도 또한
사람에게 살해되었다. 이에 이르자 최대의 등은 州中의 무뢰한들을 모
아 심한 폭행을 자행하므로, 방응교는 이를 제지하지 못하므로 조정에
서는 이 말을 듣고 그를 대체하라는 명령을 내렸다.(위의 책, 同王 同
年 12月 丁未)

④ (神宗 2年 2月 甲子) 이때 溟州에서 도적이 일어나서 삼척·울진의 2
현을 함락시키고, 또 동경에서 도적이 일어나 명주의 적과 어울려서 주
군을 침략하므로 郞將 吳應夫와 借閤門祗候 宋公綽을 溟州道로 파견
하여 이를 초무하게 하였다.(위의 책, 同王 2年 2月 甲子)

⑤ (神宗 2年 3月 戊午) 이때 송공작은 東京賊魁 金順과 울진적괴 수초
등을 초유하여 그들을 내항하게 하였으므로 왕은 주식과 의복을 주어
돌려보냈다.(위의 책, 同王 同年 3月 戊午)

　최충헌이 한광연을 경주에 보내어 이의민의 삼족을 없애고 여러 주에
있는 이의민의 노예 및 당부자를 죽일 때의 상황(카①)을 좀더 구체적으
로 표현한 것이 카③의 기록이다. 이 때 경주에 파견된 한광연 및 州官은
경주의 향직을 이의민의 당여세력에서 최무 등으로 교체시킴과 동시에,
그들로 하여금 이의민의 족인인 이사경 등을 포살하게 하였다. 최충헌이
의종시해문제를 쿠데타의 명분으로 내세우고, 또 이의민의 당여세력에 대
한 대대적 숙청을 가하자 이의민의 의종시해에 협조한 경주민으로서는 심
각한 위기의식을 느끼지 않을 수 없었다. 마침내 신종 2년 2월 무력 항쟁
을 일으켰다. 이들이 이때를 택하여 항쟁한 것은 마침 명주에서 농민항쟁
이 일어나 삼척·울진의 두 현을 함락시키는 등 큰 기세를 올리고 있었기
때문에 이들과 연합하기 위한 것이었다(④).

　최씨정권의 토벌군 파견에 따른 회유책에 의해 3월에 울진의 금초 및 경
주의 김순 등이 항복함으로써(⑤) 이들의 봉기는 일단 수그러들었다.[108]

---

108) 金順은 1204년 신라부흥운동군의 도적 괴수의 하나로서 표현되고 있는 것으로 보
　아(李奎報, 「答朴郎中仁碩手書」『東國李相國集』卷27) 그 뒤 다시 신라부흥운동

그러나 이때 방환된 이의민 일족과 최충헌정권의 후원을 받고있는 최무 일족 등의 州吏들 사이에 서로 죽이는 등 심각한 재지세력의 분열이 일어 났다(②, ③). 더욱이 대읍중심의 광역단위의 권역별 군현제하에서 5개의 영읍과 37개의 속읍 및 다수의 부곡제영역을 포괄하는 지역권의 대읍인 경주의 재지세력의 분열은 동경관내의 지방행정체계의 파국을 가져와 부 세수취 및 역역동원이 원활하게 이루어지지 못하고, 영역간의 갈등이 표 출되었다. 그 과정에서 신종 5년 신라부흥운동이 일어나게 되었다.109)

신라부흥운동은 최충헌정권의 강력한 토벌로 인해 실패하고 말았다. 신라부흥운동의 실패는 중앙에서의 최충헌정권의 입지를 강화시켜주고, 상대적으로 농민들의 최소한의 삶을 영위하기위한 노력마저 무력으로 강 경진압하게하는 빌미를 제공하게 되는 결과를 가져다주었다. 그 과정에서 최충헌정권은 그들 정권 성립의 명분과 정당성을 확보하기 위해 이 때의 '신라부흥운동'과 이의민의 의종시해 사실을 부각시키면서 이의민이 경주 로 퇴거한 3년 동안, 특히 경대승 사후의 6개월 간 이의민이 취한 행동에 주목하여 이의민과 김사미·효심의 농민항쟁군과의 관련을 교묘히 조작 연루시킴으로써 마침내 왕위를 엿보는, 신라부흥을 꾀하는 賊臣으로 몰아 부쳤다.

에 적극 가담하였음을 알 수가 있다. 이를 통해 신라부흥운동에는 이의민과 연결 된 재지세력들이 대거 가담하였음을 알 수 있다.

109) 신라부흥운동에 관해서는 필자의 논문인 「高麗武臣政權下에서의 慶州民의 동태와 新羅復興運動」(『民族文化論叢』 2·3합집, 1982) ; 「12, 13세기 농민항쟁의 전개와 성격」(『한국사』 한길사, 1994) ; 『高麗武臣政權時代 文人知識層의 硏究』(영남대 학교 박사학위논문, 1992) ; 「高麗 武臣政權時代 在地勢力과 농민항쟁」(『한국중세 사연구』 창간호, 1993) 참조.

【참고문헌】

1. 저서

박용운, 1987, 『高麗時代史』(下), 일지사

이기백·민현구 편저, 1984, 『史料로 본 韓國文化史』(高麗編), 일지사

이기백, 『高麗兵制史研究』, 일조각

이수건, 1979, 『嶺南士林派의 形成』 영남대학교 민족문화연구소

이수건, 1984, 『韓國中世社會史研究』, 일조각

홍승기, 1983, 『高麗貴族制社會와 奴婢』, 일조각

2. 논문

권병탁, 「新羅 판장쇠(鐵鋌)考」

김당택, 1993, 「高麗 毅宗代의 정치적 상황과 武臣亂」 『震檀學報』 75

김당택, 1979, 「李義旼政權의 性格」 『歷史學報』 83 ; 1987, 『高麗武人政權研究』, 새문사

김호동, 1992, 「12, 13세기 농민항쟁의 전개와 성격」 『한국사』 6, 한길사

김호동, 1990, 「高麗 武臣政權時代 文人知識人 安置民의 現實認識」 『嶠南史學』 5, 영남대 국사학회

김호동, 1993, 「高麗 武臣政權時代 在地勢力과 농민항쟁」 『한국중세사연구』 창간호

김호동, 1982, 「高麗 武臣政權下에서의 慶州民의 動態와 新羅復興運動」 『民族文化論叢』 2·3합집, 영남대 민족문화연구소

김호동, 1986, 「崔殷含-承老 家門에 관한 研究-新羅六頭品家門의 高麗門閥貴族化過程의 一例」 『嶠南史學』 2, 영남대학교 국사학회

강은해, 1989, 「豆豆里(木郎) 再考-도깨비의 명칭 分化와 관련하여-」 『韓國學論集』 16, 계명대한국학연구소

박은용, 1986, 「木郎攷-도깨비의 語源攷-」 『韓國傳統文化研究』 2, 효성여대 한국전통문화연구소

박종기, 1990, 「12, 13세기 農民抗爭의 原因에 대한 考察」 『東方學志』 69

박창희, 1981, 「農民·賤民의 亂」 『韓國史研究入門』

박창희, 1991, 「武人政權下의 文人들」 『韓國史市民講座』 8, 일조각

변태섭, 1973, 「武臣亂과 崔氏政權의 成立」 『한국사』 7, 국사편찬위원회

안영근, 1989,「鄭仲夫政權과 宋有仁」『建大史學』7

이기백, 1968,「高麗京軍考」『李丙燾博士 華甲紀念論叢』1956

이두현, 1993,「단골巫와 冶匠」『정신문화연구』제16권 제1호(통권50호)

채웅석, 1992 ,「고려 중·후기 '무뢰(無賴)'와 '호협(豪俠)'의 행태와 그 성격」『역
     사와 현실』8

허흥식, 1992,「高麗時代 小君의 身分上 特性」『허선도교수정년기념사학논총』

황병성, 1985,「金甫當亂의 一性格」『韓國史硏究』49

旗田巍, 1979,「高麗の武人と地方勢力 - 李義旼と慶州 -」『朝鮮歷史論集』上卷,
     龍溪書舍

제3편

고려시대의 이모저모

제1장 고려시대 풍수지리설의 특성과 그 원인

Ⅰ. 머리말

인간생활은 지리적 환경과 밀접한 관계를 유지하고 있는 만큼 지리에 대한 합리적 인식이 필요하였다. 그러한 필요에 의해 일찍이 陰陽論이나 氣論을 바탕으로 하여 기본적으로 토지의 신비력을 인정하고, 그 힘이 인간에게 미치는 길흉·화복을 설명하는 풍수지리설이 성립하였다. 토지의 신비력을 인정한 풍수지리설의 경우 특정 지역의 지리적 이점을 말하는데 그치지 않고, 地德, 즉 地氣의 힘에 의해 개인이나 왕조의 운명이 달라질 수 있음을 강조하게 되면서 도참으로 발전하기도 한다. 장래 사실에 대한 예언이나 암시로서 '그렇게 될 것'을 확증적으로 예언하는 도참과 결합한 풍수지리설을 흔히들 풍수도참사상이라고도 한다. 지덕의 작용 여하에 따라 개인이나 국가의 운명이 달라진다고 한다면, 누구나 그에 대하여 관심을 가질 수밖에 없고 그 문제를 중요하게 생각하지 않을 수 없다. 서긍이 "고려는 음양설에 拘忌되어 나라를 건설할 때 그 형세가 장구할 수 있는가를 살핀 연후에 집을 짓는다"[1]고 한 것은 그것을 단적으로 표현한 것이다.

한국사의 전개에서 풍수지리설은 거의 전 시기에 걸쳐 유행하였지만 특히 고려에서 조선 초기까지 거의 대부분 도읍지 즉 천도논의와 관련되

---

1) 『고려도경』 권3, 형세.

어 정치적 혜게모니의 장악을 위한 권력담론 차원에서 운위되었기 때문에 풍수도참사상이라고들 한다. 한국사학계에서 처음으로 풍수지리설에 대한 본격적이고도 체계적 연구를 한 이병도의 연구 역시 고려시대의 풍수지리설에 대한 연구에서 시작되었고, 그 논의의 중심에 '천도' 문제를 거론하면서 풍수지리와 도참을 하나로 묶어 '풍수도참'이라고 하였다. 그런 시각에서 풍수도참사상을 고려시대의 인심과 실생활에 크나큰 해독을 끼친 고질적 사상으로 규정하였다. 풍수도참사상이 새 시대의 역사를 담당할 새로운 세력을 위하여 도움을 주기 보다는 오히려 새로운 세력의 성장을 억제하는 구실을 담당하였다고 보았다. 이후의 역사학계의 풍수지리설에 대한 기본적 시각은 그 연장선상에 있었다.[2]

그렇지만 풍수도참사상을 두고 고려사상계의 후진성이나 미신적 성격을 지적하는 부정적 시각은 고려시대 풍수도참설에 대한 인식이 종교적 신앙에 가까울 정도로 영향력이 컸다는 점을 간과한 것이 아닌가 한다. 당시 풍수도참설이 보편적인 사회규범이 될 정도였다는 점과 거역하기 어려운 초월적 권위에 의해 뒷받침되고 있었다는 측면에서 많은 인적 물적 자원이 동원되는 천도에 대한 논의가 간단없이 이어질 수 있었다는 점을 생각할 필요가 있다. 그런 점을 고려하여 고려일대에 걸쳐 풍수도참사상이 유행했던 사회 문화적 배경에 대한 구조적 접근을 시도할 필요가 있다.[3]

그간 부정적 일변도의 연구에서 벗어나 나말려초 전국 규모의 국토재편에 풍수사상이 기여했다는 이용범과 김두진의 연구가 나오는 등 풍수지리를 보다 합리적인 사상으로 이해하고자 하는 노력이 없었던 것은 아니다.[4] 이기백이 나말려초 호족의 시대 이후 풍수지리설의 긍정적 역할이

---

2) 고려시대 풍수지리와 도참에 대한 연구는 이병도의 『고려시대의 연구』(을유문화사, 1946 ; 아세아문화사, 1980 재간)를 시작으로 하여 이태진, 「한양천도와 풍수설의 패퇴」(『한국사시민강좌』 14, 1994)에 이르기까지 부정적 시각이 주류였다.

3) 마종락, 2006, 「고려시대의 풍수도참과 유교의 교섭」 『한국중세연구』 21.

4) 이용범, 1969, 「처용설화의 일고찰」 『진단학보』 32 ; 김두진, 1988, 「나말려초의 동

막을 내렸다는 주장을 한 것은 이러한 연구결과를 염두에 둔 것이다.[5] 그와는 달리 풍수지리설이 나말려초에는 사회변혁을 이끄는 공간적 이데올로기로 기능하였다는 지적을 넘어서, 고려시대에 왕권의 중앙 집중 및 지방의 효율적인 통어 체계를 구축하기 위한 이념적 장치로 적극 활용되었다는 보다 적극적인 평가가 이루어지기도 하였고,[6] 그 외 풍수의 과학적 성격을 논하는 연구까지 있었다.[7] 그럼에도 불구하고 당시 사회에 영향을 끼쳤던 사회적 요인 등을 감안한 시대적 관점을 갖고 고려시대 풍수지리의 특성이 무엇이며, 그 특색의 원인이 어디에서 비롯되었는가를 다룬 연구는 거의 없다.

흔히들 고려시대 풍수지리사상은 圖讖說과 결합을 통해 國都風水가 성행하였고, 裨補思想, 地德衰旺說, 延基說을 특징으로 하며, 불교사상과 연계된다고 하였다. 본고는 이상의 고려시대 풍수지리설의 제 특징을 관통하는 논리가 '地氣衰旺說'에 있음을 드러내고, 그 지기쇠왕설이 농업경영에 있어서 경지이용방식의 경험을 바탕으로 하여 성립되었다는 가설 하에 경지이용방식의 변화에 따른 고려 풍수지리사상을 관통하는 지기쇠왕설이 어떻게 성립, 변화, 쇠퇴하였는가를 논하고자 한다.

II. 고려시대 풍수지리설을 관통하는 논리, '地氣衰旺說'의 성쇠

신라는 수도 경주를 중심으로 하는 사회구조를 갖고 있었기 때문에 풍

리산문의 성립과 그 사상」『동방학지』 57.
5) 이기백, 1994, 「한국 풍수지리설의 기원」『한국사시민강좌』 14, 2~5쪽.
6) 최원석, 2009, 「한국에서 전개된 풍수와 불교의 교섭」『대한지리학회지』 44-1, 77쪽.
7) 최창조, 1984, 『한국의 풍수사상』 민음사.

수지리설 역시 왕궁이나 왕릉 및 지배세력과 연결된 사찰의 基地선정 등 경주 국도를 중심으로 유포되었다.[8] 나말려초 후삼국의 성립과 고려 통일 과정에서 지배세력의 사회적 기반이 지방으로까지 확대되었고, 고려의 후삼국 통일로 인해 한국사의 주도권이 경주를 중심으로 한 경상도지역에서 개경을 중심으로 한 중부지역으로 바뀜에 따라 국토재편작업이 필연적으로 일어날 수밖에 없었다. 그러한 시대적 상황에서 중국에 유학한 승려들은 주로 수도가 아닌 변경지역에 위치한 선종 사원에서 불교의 새로운 사조인 선종을 익힘과 동시에 중국에 풍미하였던 풍수지리설을 익혀 귀국하였다. 그들은 활동공간을 지방으로 확대시켜나감과 동시에 그에 걸맞는 풍수지리설을 전개하여 지방호족들에게 환영받았다. 나말려초 전국 규모의 국토재편에 풍수사상이 기여했다는 논리는 그것을 주목한 것이다. 고려를 건국한 태조 왕건의 탄생과 건국 및 후삼국통일 역시 도선의 풍수도참 및 고경참에 의해 뒷받침되었다. 그로 인해 태조의 훈요십조 가운데 3개 조항이 풍수도참사상이 언급될 정도였다.[9] 훈요십조에 도선의 풍수지리설이 언급되었을 뿐만 아니라 현종 때의『三韓會土記』, 문종 때의『松岳明堂記』, 숙종 때의『道詵秘記』,『道詵踏山歌』,『三角山明堂記』,『神誌秘詞』, 예종 때의『海東秘錄』, 충렬왕 때의『道詵密記』, 공민왕 때의『玉龍記』등의 풍수서들은 대개 후세의 풍수가가 도선의 풍수론에 덧붙

---

8) 최병헌,「도선의 생애와 나말려초의 풍수지리설」『한국사연구』11, 129~130쪽.
9) 태조 왕건의 훈요십조 가운데 풍수지리설에 관한 3개 조항은 다음과 같다.
　　○제2조 "새로 개창한 모든 사원은 道詵이 점쳐 놓은 山水順逆說에 의거한 것이니, 절을 함부로 지어서 왕업을 단축시키는 일이 없도록 하라."
　　○제5조 "西京(지금의 평양)은 水德이 순조로워 우리 나라 지맥의 근본인 까닭에 萬代의 대업을 누릴 만한 곳이니 四仲(봄·여름·가을·겨울의 중간 달)마다 巡駐하여 100일 동안 머물도록 하라."
　　○제8조 "차령산맥 이남과 금강 바깥쪽의 지세와 산형은 모두 거꾸로 뻗었으니, 이곳의 사람이 조정에 참여하면 정사를 어지럽히거나 국가에 변란을 일으킬 터이니 등용하지 말라."

여 만든 것들임을 감안하면, 신라말 도선의 풍수지리설은 고려 전시기를 관통하면서 집대성되고, 이론적으로 가다듬어졌다고 할 수 있다.

도선에 의해 집대성되고 이론화되어 고려시대에 구체적으로 적용된 풍수지리설은 우리 전통의 地母思想·산악숭배사상과 습합되기도 하고, 도참 및 점복사상과의 습합도 강하게 나타났다. 거기에 국업을 연장하기 위한 國都風水와 마을과 고을의 입지 선정을 위한 都邑風水 등의 陽基風水가 크게 발달하였다. 延基說과 관련되어서는 국내 여러 지역에 대해 반란이 일어난 逆鄕이니 혹은 山水地勢가 本主에 背逆하느니 하여 그 지역 주민의 기질까지도 그에 맞추어 해석해버리는 '地理人性說'까지 행해졌고, 延基를 위한 각종의 裨補壓勝風水策도 행해졌다.[10]

한국 풍수에 관한 본격적인 연구를 한 이병도는 "한국 풍수의 宗을 이루는 道詵의 風水에 의하면 地理(山水)에는 곳에 따라 衰旺이 있고 順逆이 있으므로 旺處·順處를 택하여 거주할 것과 衰處·逆處를 인공적으로 혹은 佛力(寺塔)으로 裨補·鎭壓할 것을 창도하였던 것이다"라고 하였고,[11] 최원석의 경우 한국풍수의 전통적 구성체계는 크게 擇地論(相地論)과 裨補論을 들 수 있다고 하였다.[12] 이러한 견해들은 한국 풍수지리설의 경우 중국에 비해 裨補論이 특히 강조되고 있음을 보여준다. 나말려초 호족이 지방에 웅거하면서 택지할 때 중국과는 달리 산악이 많은 한국의 경우 풍수지리적으로 '完美'한 곳은 그리 많지 않았기 때문에 順處에 결함이 있는 부분을 보완하는 비보론이 필요하였고, 그 결과 한국 풍수의 한 특징으로 비보론을 들 수가 있을 것이다. 그렇지만 비보론이란 '좋은 땅'의 결점을 보완하는 의미를 갖고 있는 것이지 그 땅이 衰處·逆處를 고

---

10) 태조왕건의 훈요십조의 3개조와 후백제를 멸망시키고 만든 개태사의 창건에 그것이 구현되어 나타났다고 할 수 있다.
11) 이병도, 앞의 책 29쪽.
12) 최원석, 2002, 「한국의 비보풍수론」 『대한지리학회지』 37-2, 162쪽.

쳐 좋은 땅으로 만드는 것은 아니다. 태조 훈요십조의 2조에서 "새로 개창한 모든 사원은 道詵이 점쳐 놓은 山水順逆說에 의거한 것이니, 절을 함부로 지어서 왕업을 단축시키는 일이 없도록 하라"고 한 것이나 8조에서 '차령 이남 금강 바깥쪽'의 사람을 등용하지 말라는 것은 그것을 잘 드러내주는 것이다.

고려시대의 풍수지리설의 한 특징이 비보풍수인 것만은 분명하지만 相地하여 사람의 길흉·화복, 나아가 왕조의 길흉·화복을 설명하는 것이 풍수지리설이라고 할 때, 도선에 의해 집대성되어 확립된 고려시대의 풍수지리설의 가장 큰 특징은 '地氣衰旺說'로 규정할 수 있다. 고려시대의 풍수지리설의 특징으로 거론하는 도참과의 결합, 국도풍수, 연기설, 비보풍수 등이 지기쇠왕설에 근거하여 전개되는 것이라는 의미이기도 하다.

풍수지리설은 지표 아래에 흐르는 지기라는 무형적인 힘과 인간생활과의 관계를 설명하는 것이다. 모든 사물과 그 사물이 가진 에너지에는 항상 용량과 시효라는 것이 있다. 地氣, 즉 地德도 마찬가지이다. 도선의 비문에 의하면 '異人이 모래를 쌓아 산천의 順逆 형세를 도선에게 보여주었다'[13]고 한 것에서 보다시피 땅은 그 조건에 따라 順逆, 즉 길흉·화복이 있다. 태조 훈요십조의 제2조에 나오는 도선이 점쳐 놓은 山水 順逆說에 따라 順處에 택지가 이루어진다면 길함과 복이 오지만 逆處에 택지가 이루어진다면 흉함과 화가 닥쳐 마침내 왕업이 단축될 정도가 된다는 것이다. 길흉·화복은 일정한 질량과 무한성을 가진 것이 아니기 때문에 당연히 용량과 시효가 개재한다. 어떠한 지역의 풍수적 지형조건의 長短點에 따른 풍수적 人事 해석의 吉凶은 크게 길흉 정도의 크기[量]와 길흉의 지속 기간으로 구분할 수 있다. 이 중 길흉 지속 기간이 '지기쇠왕설'로 나타난다.[14] 도선의 산수순역설은 지기불변론이 아니라[15] 順處에 택지해

---

13) 崔惟淸, 「白鷄山 玉龍寺 贈諡 先覺國師碑銘」, 『東文選』 117.
14) 김기덕, 2006, 「한국 중세사회에 있어 풍수·도참사상의 전개과정」 『한국중세 풍수

야함을 전제로 하고 있다. 지기쇠왕설은 지기가 왕성한 곳이라 하더라도 지기는 일정기간이 지나면 그 기운이 쇠하고, 또 일정기간이 지나면 쇠했던 기운이 되살아난다는 순환적 변환논리이다. 그리고 쇠하고 부족해지기 쉬운 지기를 보완하기 위한 방편논리로 종종 延基說이 등장하는데, 고려시기의 경우에는 궁궐의 창건 및 移御, 遷都論議 등으로 표출되었다. 태조 왕건이 15년 5월 諭示에서 "근자에 서경을 완전히 보수하고 민호를 옮겨 이곳을 채운 것은 지력에 의지하여 삼한을 평정하고 장차 여기에 도읍하기를 바랐던 바이다"[16]고 한 것이나 훈요십조에서 西京은 水德이 순조로워 우리나라 지맥의 근본인 까닭에 萬代의 대업을 누릴 만한 곳이니 四仲(봄·여름·가을·겨울의 중간 달)마다 巡駐하여 100일 동안 머물도록 하라"고 한 것은 개경의 지기를 연장하기 위한 방편으로서 서경의 수덕으로 수도인 개경의 지기를 비보한 것으로 볼 수 있으며[17] 그 근저에는 앞서 언급한 지기쇠왕설이 깔려 있다.

현종 때의 『三韓會土記』, 문종 때의 『松岳明堂記』, 숙종 때의 『道詵秘記』, 『道詵踏山歌』, 『三角山明堂記』, 『神誌秘詞』, 예종 때의 『海東秘錄』, 충렬왕 때의 『道詵密記』, 공민왕 때의 『玉龍記』 등의 풍수서들은 땅의 地氣는 일정기간이 지나면 그 기운이 쇠하고, 또 일정기간이 지나면 쇠했던 기운이 되살아난다는 도선의 지기쇠왕설이 관통하고 있다.

도선의 지기쇠왕설이 주로 논의된 시기는 대체로 숙종조를 전후한 때이다. 지기쇠왕설에 입각하여 송도의 지덕이 쇠하는 시기에 대해 숙종조

도참사상의 재조명 학술대회 발표자료집』한국중세사학회 ; 2006, 『한국중세사연구』 21, 47~148쪽.
15) 홍승기의 경우 도선의 산수순역설에 의거해 처음에 개경에 도읍을 정할 때는 지기불변론이 있었지만 백년이 지난 무렵에 와서는 지기변화론이 그에 대신한다는 견해를 펼치고 있다(홍승기, 1994, 「고려초기 정치와 풍수지리」『한국사시민강좌』 14, 일조각, 23~25쪽).
16) 『고려사』권2, 태조 15년 5월 갑신.
17) 김기덕, 앞의 논문 151~152쪽.

의 金謂磾가 인용한 『도선비기』에 '건국한 후 1백 60여 년에 목멱벌에 도읍한다'고 하였다고 한 것이나[18] 『도선답산가』에

> 송악산 진한과 마한의 주인이 되었으니
> 아아! 어느 시기에 가서 그 운맥이 약해질 것인가?
> 뿌리가 가늘고 약하며 枝葉도 역시 그러하니,
> 겨우 백 년 기간 지나면 어찌 시들지 않으랴?
> 만약 새로운 꽃 다시 한번 피려거든
> 서울을 떠나 陽江을 건너 국왕이 왔다 갔다 하라.
> 그러면 四海의 魚龍이 모두 한강으로 모여들 것이요.
> 나라와 백성이 편안하여
> 태평 세상 이룩되리라

라고 한데서 보다시피 개경의 지기는 100년 내지 160년에 그친다는 것이다. 아울러 개경의 지기를 쉬게 하기 위해 김위제가 인용한 『도선비기』에는

> "고려의 땅에 세 곳의 서울이 있다 松嶽을 中京으로, 木覓壤을 南京으로, 平壤을 西京으로 하여 11, 12, 1, 2월을 중경에서 지내고 3, 4, 5, 6월을 남경에서 지내며 7, 8, 9, 10월을 서경에서 지내면 36개국이 와서 조공할 것이다."

라고 하여 중경, 남경, 서경을 서울로 하여 계절별로 巡住하면 개경의 地德을 늘릴 수 있다는 것이다. 서경은 태조 이래 일찍이 중시되어 개경과 함께 양경으로 존재하였고, 이곳에 도읍을 옮기고자 한 것도 여러 차례 있었다. 문종 21년(1067)에 양주를 남경으로 하고, 숙종 원년 김위제의 건의에 의해 남경 건설을 시작한 것은 지기쇠왕설에 의한 延基를 위한 대처 방안에서 나온 것이다.[19] 개경의 白馬山 長源亭 역시 개경의 지기가 쇠

---

18) 『고려사』 권122, 열전35, 方技 金謂磾.
19) 김위제는 숙종 원년에 『도선비기』, 『도선답산가』·『신지비사』 등을 거론하면서 "지금 우리 나라에는 중경과 서경은 있으나 남경이 없습니다. 그러므로 삼각산 남쪽

해지는 120년에 이곳에 정자를 지으면 고려왕조가 오래 유지될 수 있다는 도선의『송악명당기』에 의해 궁궐이 지어졌던 곳이다.[20]

개경의 지기가 쇠한다고 예언된 100년~160년에 해당하는 시점에 그간 소외되었던 삼경의 하나인 남경의 건설이 본격적으로 이루어져 삼경이 만들어졌다. 묘청에 의해 서경천도운동이 일어난 것 역시 지기쇠왕설에 의한 연기를 통한 고려왕조의 왕업의 유지를 위한 방안으로 강구된 것이다.[21]

문종조 이후 지기쇠왕설에 의한 연기의 방안이 적극 제시되었지만 일면 개경의 지기가 쇠하였다는데 편승하여 왕조교체를 바라는 도참이 나타나기 시작하였다. 인종조에 일어난 이자겸의 난에는 '十八子之讖'의 도참이 나타났다.[22] 십팔자, 즉 이씨가 왕이 된다는 도참은 무신정권기에 '十八子'라는 말에 '龍孫十二盡'이라는 古讖이 보태어져 이의민이 왕위를 바라보게 되었다고 한 것으로까지 발전하였다.[23]

도선의 지기쇠왕론은 고려말 조선초까지 천도에 대한 논의가 있을 때마다 거론되었다. 공민왕 9년 7월에 임진현 북쪽 5리에 있는 백악에 가서 천도할 땅의 지세를 보고 궁궐을 조성하여 11월 백악의 새 궁으로 이어

목면산 북쪽 평지에 都城을 건설하고 때를 맞추어 순행하시기를 바랍니다. 이 문제는 진실로 나라의 흥망과 성쇠에 관련되는 일이기 때문에 저는 당돌함을 무릅쓰고 이에 기록하여 삼가 올립니다."(『고려사』권122, 열전35, 方技 金謂磾)라고 하여 남경 천도 및 순행을 주장하였다.

20) 『고려사』권56, 지리1, 왕경개성부 白馬山 長源亭條, "도선의『송악명당기』에 이르기를 '西江가에 성인이 말을 타고 있는 형상인 명당 자리가 있는바 태조가 국토를 통일한 병신년(936)으로부터, 120년간에 이르러 이곳에 정자를 정하면 고려 왕조가 오래 유지될 수 있다'고 하였다. 그래서 문종이 太史令 金宗允 등에게 명령하여 명당 자리를 잡게 하여 서강의 餅岳 남쪽에 궁궐을 건축하였다."

21) 김호동,「성리학의 보급에 따른 풍수도참사상의 변용」『한국중세사연구』2006, 327쪽. 이하 본문의 지기쇠왕설과의 천도논의와 관련한 서술은 이 논문을 요약 정리하였다.

22) 『고려사』권127, 열전, 반역1 李資謙.

23) 『고려사』권128, 열전, 반역2 李義旼.

한[24] 다음 해 2월에 공민왕은 다음과 같은 교서를 내렸다.

> 내가 왕위에 오른 이래로 하늘을 두려워하고 민을 사랑하며 선대의 유훈을 반드시 준수하여 나라를 잘 다스리고자 하는 마음이 항상 간절하다. 그런데 때가 다난하여서 은덕이 아래까지 내려가지 못하고 병란이 계속 일어나며 각종 재앙과 천변재이가 빈번히 발생하고 있다. 내가 이를 두려워한 나머지 도선의 말을 듣고 이 언덕을 도읍터로 잡았으니 국가의 운명을 영원히 연장시키려는 의도이다. 신하들과 백성들이 이 공사에 분주하게 동원되니 그 노력과 비용이 실로 크다. 내가 어찌 나라를 근심하는 대계를 모를 리가 있으랴 그러나 이렇게 하지 않을 수 없다. 모든 사업이 시작되었으니 우선 어진 은덕을 널리 베풀어야겠다. (중략) 아아! 천의에 순응하는 길은 오직 지성 그것 뿐이요. 민을 사랑하는 데에는 실속 있는 혜택을 주는 것보다 더 좋은 것이 없다. 너희 신하들은 누구나 자기 정성을 다하여서 나의 덕화를 도우라[25]

遷都가 도선의 말을 듣고, 국가의 운명을 영원히 연장시키려 한 것이라고 하였다고 한 것은 도선의 지기쇠왕론에 근거한 것이다.

우왕 4년에도 수도를 이전하자는 공론이 일어나 도선의 지리쇠왕설에 의거해 도읍을 옮기고자 하였다. 『도선밀기』의 北蘇 기달산이라고 한 협계로 도읍을 옮기고자 하였으나 그곳이 산골에 깊이 들어가 있어 수송 선박이 통하지 않는다하여 중지된 바가 있었고,[26] 左蘇 백악산으로 옮기기 위하여 좌소조성도감을 설치하였다.[27] 이듬해 10월, 도선이 말한 좌소가 서운관에서 회암이라고 하여 권중화와 조민수를 보내어 도읍터를 잡은 바가 있다.[28] 동왕 8년에는 한양으로 수도를 옮기려고 하였다. 이때 간관과

---

24) 『고려사』 권39, 세가, 공민왕 9년 7월 을묘일, 신미일 및 11월 신유일.
25) 『고려사』 권39, 세가, 공민왕 10년 2월 신묘일.
26) 『고려사』 권133, 열전, 신우 4년 11월.
27) 『고려사』 권133, 열전, 신우 4년 12월, "左蘇造成都監을 설치하였다. 당시의 공론이 수도를 이전하려고 하였다. 이것은 국사에 '좌소에 백악산, 우소에 백마산, 북소 가달산 등 3개 소에 궁궐을 창건한다.'라는 문구가 있었으므로 이 공사를 일으킨 것이다."
28) 『고려사』 권133, 열전, 신우 5년 10월.

백주 수령 홍순이 반대하였다. 간관의 반대 이유에 대해 기록이 없지만[29)]홍순의 반대는 남경의 진산 삼각산이 火山으로서 木姓의 기운을 가진 나라의 서울 터이니 그곳으로 도읍을 정하는 것이 적당치 않다는 것으로서 풍수도참에 근거한 반대였다.[30)] 여기에서 주목되는 것은 고려 중기에 나타났던 '十八子之識'의 도참이 이때에 재현되었다는 점이다. 이 도참이 나타난 것은 이때에 이대로 가면 고려왕조가 결딴날지도 모른다는 위기의 식이 그만큼 고조되었음을 뜻한다. 그렇기 때문에 지기쇠왕설에 입각한 수도 이전이 하나의 공론을 형성하였다고 보아야 할 것이다. 이러한 공론 때문에 수도 이전에 따른 노력과 비용이 엄청나게 큼에도 불구하고 그에 대한 비판보다는 수도 이전의 터가 얼마만큼 합당한 곳인가 하는데 그 논의가 주로 집중될 수밖에 없었다.

결국 고려말의 천도논의는 공양왕 2년 9월에 한양으로 결정되고, 이곳으로 천도가 이루어졌다.[31)] 이에 관한 자료를 살펴보면 다음과 같다.

1) 좌헌납 李室이 왕에게 글을 올려 말하기를 "전하가 비결의 말들을 믿고 서울을 한양으로 옮기려고 하니 그것이 벌써 옳지 않습니다. 하물며 지금 추곡이 성숙하였으나 아직 거두어 들이지 못하였으니 사람과 말이 짓밟으면 민의 원성을 사게 될 것입니다."라고 하였다. 왕이 힐책하여 말하기를 "비결에 만일 '옮기지 않으면 임금과 신하가 없어질 것이다'라고 하였는데 네가 어찌 혼자 옳지 못하다고 주장하는가?"라고 하였다.[32)]
2) 書雲觀에서 글을 올려 말하기를 "『道詵密記』에는 地理 衰旺의 말이 있습니다. 마땅히 한양으로 옮겨 송도의 地德을 쉬어야 할 것입니다."라고 하니 왕은 박의중에게 묻기를 "그대는 수도를 옮기는 것을 어떻게 생각하는가?"라고 하였다. 박의중은 대답하기를 "저는 옛날의 임금이 讖緯術數로써 자

29) 『고려사』권134, 열전, 신우 8년 8월 무자일, "한양으로 서울 옮길 것을 토의 결정하였다. 간관이 상소하여 중지하기를 청하였으나 신우는 듣지 않았다."
30) 『고려사』권134, 열전, 신우 8년 9월.
31) 『고려사』권45, 세가, 공양왕 2년 9월 병오일.
32) 『고려사』권45, 세가, 공양왕 2년 7월 계축일.

기의 국가를 보전하였다는 것을 듣지 못하였습니다. 더욱이 지금 백성들이
많은 의혹을 품고 있습니다. 즉 중국에서 공문이 오면 반드시 국경에 사건
이 발생한 것이라고 하며 첩보를 가지고 달려오는 병사가 있으면 중국의
군대가 곧 올 것이라고 하며 궁궐문 안에 들어오는 것을 금지하면 이것은
반드시 무슨 원인이 있다고 합니다. 민심이 이런데다가 많은 사람들을 동원
하여 서울을 옮기면 백성들은 더욱 의혹할 것입니다. 그리고 공급의 비용과
소란스러운 폐단이 헤아릴 수 없을 것입니다. 서경에는 '평범한 남녀의 뜻
이 위에 알려지지 않으면 임금은 성공할 수가 없다.'고 하였습니다. 관심을
돌리기 바랍니다."라고 하였다. 왕은 말하기를 "나도 그 폐단을 모르는 것
이 아니나 음양지설이 어찌 모두 다 무근거한 것이겠는가."라고 하면서 듣
지 않았다.[33]

3) 天時와 地利는 人和만 같지 못하며 一治一亂은 자연의 이치이니 어찌 地
氣衰旺이 있으며 또 국가의 운명이 융성하고 쇠망한다는 이치가 있겠습니
까? 우리나라 개국이래 400여 년간에 언제 일찍이 세 곳 서울에 돌아다니
면서 살아보았으며 36개국으로부터 조회받은 일이 있었습니까? 신우가 비
결을 믿고 남경에 도읍을 옮겼는데 알지 못하거니와 어떤 나라가 漢江에
와서 조공하였습니까? 재변을 내리는 것은 실로 하늘이 임금을 사랑하는
것이니 여기서 임금은 마땅히 두려운 마음으로 자신을 반성하고 날마다 그
날 일에 조심하여 몸을 단속하고 용도를 절약하여 백성을 부릴 때 시기를
고려하고 조세와 부담을 헐하게 한다면 능히 위로는 하늘의 견책에 보답하
고 아래로 백성의 마을을 위로할 수 있을 것인데 무엇 때문에 도읍을 한양
으로 옮기면서 농민을 영선사업에 내몰고 비용을 가두며 노력을 징발하여
농사철을 잃게 하여 백성을 동요시키고 화기를 손상하게 할 것입니까?[34]

4) 국가의 운명을 길게 하는 방도는 임금이 덕을 닦고 좋은 일을 많이 하여
나라의 근본을 공고히 하는 이외에 다른 길이 없습니다. 어찌 都城 地勢의
旺氣를 믿겠습니까? 상나라 반경이 경을 떠난 것은 황하 범람의 재해가 있
었기 때문이며 주나라 태왕이 빈을 떠난 것은 적 종족의 침범을 받았기 때
문입니다. 주나라 평왕이 동쪽으로 서울을 옮긴 것은 견융의 침략을 받았기
때문입니다. 지금 이러한 일들이 없는데 서울을 한양으로 옮기려고 하니 민
심이 소란해져 모두 다 유언비어에 동요되고 있습니다. 이것은 전하가 강물
이 붉게 되어 끓고 태백성이 대낮에 나타났다는 이유로 참위의 옳지 않은
말을 믿고 자리를 옮겨서 피하려고 하기 때문입니다. 전하가 만약 재난을

---

33) 『고려사』 권112, 열전, 박의중.
34) 『고려사』 권117, 열전, 姜淮伯.

없어지게 하려면 정전에서 조회할 때 자리를 비껴 앉으며 식찬을 감소하면서 대산히 조심하고 자신을 책망하는 교서를 내려서 정직한 의견을 구함으로써 정치와 형벌을 밝게 하고 만백성을 사랑하여 그 힘을 길러야 할 것입니다. 가짜 우가 간신의 말에 미혹되어 한양에 옮기니 탐관오리들은 제 마음대로 가렴주구하여 양광도 온 도가 소란하였습니다. 지금 만약 옮겨가려면 궁실을 수축하여야 하며 필요한 물품을 장만하고 저축을 하여야 하므로 집집마다에 추렴하여 모아야 할 것입니다. 그리고 시종할 모든 기관과 경비할 모든 신하 등 서울 전체가 몽땅 옮겨가야 할 것인데 아침저녁의 양식이 계속 공급되지 못할 것이며 바람, 비를 가려줄 집이 없을 것이니 객지에서의 고생을 형언할 수 있겠습니까? 황차 지금 농작물들이 들에 덮혀 있는데 수많은 인마가 움직이면 밟혀서 남은 것이 하나 없을 것이고 한양의 하급 관리와 백성들은 자기의 집을 잃고 산골짜기로 들어가서 가시덤불을 헤치고 잡초를 베어서 쓸 것이며 추경, 추수의 때를 놓치게 될 것입니다. 저는 백성이 받는 재난이 신우 때보다 더 우심할 것을 두려워 합니다. … 지금 서울을 옮기는 것을 그만 두며 부처를 물리쳐서 일반의 기대에 부합하시기 바랍니다.[35]

이때의 한양천도는 『도선밀기』의 지덕쇠왕설에 의해 이루어졌으며, 이에 대한 격렬한 반대가 있었음을 위 자료 1)~4)를 통해 알 수 있다. 특히 이 자료에서 공통되는 특징은 종래 천도론에서 반천도론자들이 제기한 민폐의 지적을 넘어서 『도선밀기』에 바탕한 지기쇠왕설의 풍수도참을 부정함은 물론, 나아가 一治一亂은 자연의 이치라고 하면서 풍수도참설을 원천적으로 부정하는 단계에까지 이르고 있다.[36] 그러나 이들의 주장에 대해 공양왕은 "비결에 만일 '옮기지 않으면 임금과 신하가 없어질 것이다'"라고 하면서 결국 천도를 단행하였다.

그러나 이듬해 2월 다시 개경으로 돌아오지 않을 수 없었다. 환도를 결심하게 된 배경은 안원 등의 상소를 통해 엿볼 수 있다.

---

35) 『고려사』 권120, 열전, 尹紹宗 부 尹會宗.
36) 마종락, 「고려시대 풍수도참사상에 대한 유학자들의 대응」 『한국중세풍수도참사상의 재조명』 발표 원고.

형조판서 安瑗 등이 왕에게 글을 올리기를 "나라를 다스리는 기본은 人心을 얻는 데 있고, 인심을 얻는 요체는 상대자의 사정을 잘 살피는 데 있습니다. 이것이 王政의 첫째 일입니다. 대체로 사람이란 그 마음으로부터 출발하여 말에서 그것을 나타내는 것입니다. 그러므로 그 말을 들어 보고 그 심정을 규명하여 본다면 그 세상의 태평 여부와 정치의 잘못도 따라서 알 수 있는 것입니다. 여론을 들어 보니 왕이 서울을 옮길 때에 손실이 많았다 합니다. 따라 온 자는 살림을 버리고 이사에 고난을 겪었으며, 남아 있는 자는 의탁할 곳을 잃고 한데서 지내게 되어 간 자나 남아 있는 자나 모두 다 물정이 소연합니다. 천도하기 전에 術士들이 논하기를 '위에서는 천재가 누누이 나타나고 아래에서는 地變이 매양 일어나고 있는데 이것은 모두 地德이 쇠한 탓이니 南京으로 가면 화가 풀어질 것이다'라고 하였습니다. 그런데 천도한 후 얼마 되지 않지마는 짐승이 사람과 물건을 많이 해치고 사람은 간혹 불측한 음모를 꾸미는 자가 있으며 변괴가 역시 멈추지 않는다고 합니다. 술사들의 말한바 지덕이란 설을 그래도 믿을 수 있겠습니까? 만약 비결(讖)에 운명이 있어 그것을 피하거나 물리쳐야 한다면 術數에 맡겨 아득한 福을 바라는 것보다 아무래도 훌륭한 정치를 실시하여 하늘의 경고를 조심하는 것이 더 옳지 않겠습니까? 원컨대 전하는 위로 하늘의 때를 살피고 밑으로 사람의 일을 상고하여 서울로 되돌아간다면 시종하는 자들은 의지할 곳을 얻는 기쁨을 가지게 되고 백성은 안정할 곳을 잃은 탄식이 없게 될 것입니다. 전하는 이에 대하여 결정짓기를 바랍니다"라고 하였다. 왕이 都堂의 심의에 붙였다.[37]

안원이 도선의 지기쇠왕설에 바탕한 풍수도참에 따른 한양천도를 격렬하게 부정하고 유교적 재이관을 펼친 것을 통해서 볼 때 이때쯤 오면 지기쇠왕론이 그 설득력을 잃어가고 있음을 보여주는 것이다.

조선왕조를 개창한 태조 이성계는 서울을 송악으로부터 다른 곳으로 옮기고자 하였다. 그 첫 후보지는 이미 고려 때 남경으로 지정되어 그에 합당한 궁궐까지 세워져 있던 한양이었다. 그러나 남쪽 지방에 출장을 갔던 정당문학 권중화가 태조 2년 정월 2일에 전라도 진동현에 길지를 얻었다면서 그곳의 산수형세도를 바치고 그와 함께 「계룡산도읍도」를 바쳤

---

37) 『고려사』 권45, 공양왕 2년 12월 을해일.

다.[38] 이에 태조는 왕사 자초를 거느리고 계룡산을 답사하고 3월부터 공사를 시작하였다. 태조 이성계는 천도를 거론하면서 '天命을 받는 군주는 반드시 도읍을 옮기게 마련이라는 점을 전면에 내세우면서 자신의 당대에 이것을 마무리하기를 바랐다.[39] 이에 계룡산에 도읍을 건설하기 위한 공사가 시작되었지만 일면 개경 궁궐의 토목공사 또한 이루어지고 있었다. 9월, 서운관에서 도선이 '송도는 5백년 터이다'라고 하였고, 또 말하기를 '4백 80년 터이며, 더구나 왕씨의 제사가 끊어진 땅'이라는 점을 부각시키면서 토목공사를 일으키고 있으니 새 도읍을 조성하기 전에 좋은 방위로 옮겨가도록 하라는 건의를 하고 있다.[40] 이때 도선의 비기가 비록 언급되었지만 지기쇠왕설에 의한 延基說 보다는 고려의 왕업이 5백년, 혹은 4백 80년 만에 결딴이 나 왕씨의 제사가 끊긴다는 점이 전면에 내세워지면서 도선비기에 대한 해석이 달라지고 있다.

앞서 언급하였듯이 고려시대의 경우 도선의 풍수도참과 관련하여 지기쇠왕론에 의한 고려 왕업의 延基가 주로 언급되었다. 그에 반해 이제 송도 땅의 지기가 다했으니 토목공사를 할 필요도 없이 다른 곳으로 옮겨

---

38) 『태조실록』 권3, 태조 2년 정월 2일.
39) 태조 이성계가 신도 후보지인 계룡산으로 행차 도중 초적의 봉기에 대한 보고를 듣고 "도읍을 옮기는 일은 世家大族들이 함께 싫어하는 바이므로, 구실로 삼아 이를 중지시키려는 것이다. 재상은 松京에 오랫동안 살아서 다른 곳으로 옮기기를 즐거워하지 않으니, 도읍을 옮기는 일이 어찌 그들의 본뜻이겠는가?" 하면서 "도읍을 옮기는 일은 경들도 역시 하고 싶지 않을 것이다. 예로부터 왕조가 바뀌고 天命을 받는 군주는 반드시 도읍을 옮기게 마련인데, 지금 내가 鷄龍山을 급히 보고자 하는 것은 내 자신 때에 친히 새 도읍을 정하고자 하기 때문이다. 後嗣 될 嫡子가 비록 선대의 뜻을 계승하여 도읍을 옮기려고 하더라도, 大臣이 옳지 않다고 저지시킨다면, 후사될 적자가 어찌 이 일을 하겠는가?"(『태조실록』 권3, 태조 2년 2월 1일)라고 한 것에서 보다시피 천도에 대해서는 강한 비판과 불만이 있었으며, 이에도 불구하고 태조 이성계는 자신의 당대에 천도를 단행하고자 의지를 갖고 이를 추진하고자 하였음을 알 수 있다.
40) 『태조실록』 권4, 태조 2년 9월 6일.

갈 것을 건의한 것은 지기쇠왕론에 의한 연기론이 폐기될 단계에 이르렀음을 말한다. 당시 태조 이성계는 아마 왕씨들의 반란의 움직임과 계룡산 천도에 대한 비판에 직면한 태조와 천도론자들이 그 돌파구로서 서운관 관리들을 내세운 듯하다.

태조 이성계가 계룡산, 혹은 무악에 천도하고자 한 반면에 개경, 혹은 남경을 기피한 것은 이 양 지역이 도선비기의 지기쇠왕설에 의한 연기 지역이었기 때문이 아닌가 한다. 고려말 지기쇠왕설의 연기를 통해 고려왕조의 운명을 연장시키고자 한 뜻을 담고 한양천도 논의가 이미 있었기 때문에 도읍 건설에 따른 비용절감의 가장 큰 장점에도 불구하고 별반 달가워하지 않은 듯하다.

계룡산 천도계획은 순조롭게 진행되지 못하였고 결국 12월에 접어들어 중단되었다. 계룡산 천도계획이 중단된 것은 경기도 관찰사 하륜의 반대에 의한 것이다. 하륜은 천도의 반대 이유로서 첫째, 도읍은 마땅히 나라의 중앙에 있어야 한다는 점을 내세웠다. 계룡산이 남쪽에 치우쳐져 있어서 도읍에 부적절하다는 인식은 풍수가들의 주장과는 다른 국도 위치에 대한 합리적 인식이라고 볼 수 있다. 둘째, 하륜은 胡舜申의 이기론 위주의 풍수 이론을 적용하여 고려의 형세론 위주의 풍수론을 비판하였다. 계룡산의 풍수조건이 송나라의 호순신의 이론에 의하면 물 흐르는 방향이 잘못되어 있어서 도읍으로 삼을 수 없다고 하였다. 태조 이성계는 이에 고려왕조의 서운관에 저장된 비록 문서를 모두 하륜에게 주어 고열하여 천도할 땅을 다시 보게 하였다. 이로 인해 고려시대의 지덕쇠왕론에 따른 연기론과 형세론 위주의 풍수론에서 호순신의 이기론 위주의 풍수론이 널리 유행하게 되었다.[41] 지덕쇠왕론의 연기론에 바탕한 서운관 관리들이

---

41) 『태조실록』 권4, 태조 2년 12월 11일. 호순신의 이기론 위주의 풍수에 관해서는 본 학술대회에서 함께 발표된 김기덕, 「한국중세사회에 있어 풍수도참사상의 전개과정」(『한국중세사연구』 21, 한국중세사학회, 2006)에 언급하고 있으므로 중복을

태조 이성계의 천도에 대해 개경의 지덕이 다하고 고려왕조의 왕업이 다하였다고 하는 그 순간 그들이 배워 익힌 바의 지기쇠왕론을 폐기하고 새로운 풍수이론을 모색하여 대안을 제시하여야만 하였다. 그러나 조선초 천도논의 과정에서 그들은 그러한 역량을 보여주지 못한다. 그들은 갈팡질팡하면서 국왕과 성리학자들을 견인하지 못한 채 도리어 그들에게 끌려가게 된다. 그러한 마당에 유교적 합리주의에 근거한 도읍은 중앙에 있어야 하며, 또 호순신의 이기론 위주의 풍수를 하륜이 전면에 내세우자 천도 논의는 유학자들이 주도하게 된다. 고려시대 지리업 과거 과목에 호순신의 지리신법이 들어있지 않은데 반해 조선시대에는 필수과목으로 들어가 있다는 것[42]에서도 호순신의 이기론 위주의 풍수론이 유행하게 되었음을 엿볼 수 있다. 계룡산에 도읍을 정하고자 하는데 대한 반대의견을 낸다면 서운관 관리들이 한강을 건너면 왕조가 결딴난다는 내용을 담고 있는 『도선답산가』를 내세울 법 하지만 이에 대한 언급이 보이지 않는 것에서도[43] 지기쇠왕론을 익힌 서운관 관리들이 당시 천도 논의를 주도해나가지 못함을 엿볼 수 있다.

하륜에 의해 무악이 천도의 땅으로 제시되었지만 권중화와 조준이 무악 천도를 반대하면서 천도논의는 다시 원점에서 시작하게 되었다. 이에 태조는 고려조에서 전해오는 비록과 도참에 관한 여러 책과 지리설을 음양산정도감을 두어 교정하게 하였다.[44] 서운관 관리들을 동원하여 천도에 대한 정당성을 입증하려는 의도가 배어있는 조처였을 것이다. 그 과정

피하기 생략한다.

42) 이몽일, 1991, 『한국풍수사상사』.

43) 『고려사』권122, 열전35, 방기 김위제, "답산가에는 또 '한강 양지쪽은 왕업이 장구하며 온 세상이 입조하고 왕실이 번창할 것이니 이는 실로 大明堂의 터입니다. 또 답산가에는 '후대에 현명한 사람이 인간의 運氣를 알아 낸다면 한강을 건너가지 말아야 그 운수 오래 간다 만약 그 강을 건너가서 도읍을 정한다면 나라는 두 조각 나서 한강으로 국경을 삼으리라!'"

44) 『태조실록』권6, 태조 3년 7월 11일 및 7월 12일.

에서 서운관 관리들은 도선비기에서 개경을 축으로 하여 서경, 남경을 연결하는 연기설에 입각한 지기쇠왕설이 아닌 호순신의 이기설 위주의 풍수론의 수용 등에 대한 자기 점검의 기회를 가졌을 것이다.

그에 반해 정도전 등의 유학자들은 지기쇠왕설을 전면 부정하는 단계로까지 나아갔다. 정도전은 국가가 잘 다스려지는가 어지러운가 하는 것은 '사람에게 있는 것이지 지리의 盛衰에 있는 것이 아니다'라고 하였다. 그는 위로 天時를 살피고 아래로 人事를 보아 적당한 때를 기다려서 도읍터를 보는 것이 萬全한 계책이라고 하여 성급한 천도를 반대하였다.[45] 정

---

45) 『태조실록』 권6, 태조 3년 8월 12일.
"1. 이곳이 나라 중앙에 위치하여 漕運이 통하는 것은 좋으나 안되는 것은 한 골짜기에 끼어 있어서, 안으로 宮寢과 밖으로 朝市와 宗社를 세울 만한 자리가 없으니 왕자의 거처로서 편리한 곳이 아닙니다.
1. 신은 陰陽術數의 학설을 배우지 못하였는데, 이제 여러 사람의 의논이 모두 음양술수 밖을 지나지 못하니, 신은 실로 말씀드릴 바를 모르겠습니다. 맹자의 말씀에, '어릴 때에 배우는 것은 장년이 되어서 행하기 위함이라.' 하였으니, 청하옵건대, 평일에 배운 바로써 말하겠습니다. … 국가의 잘 다스려짐과 어지러움은 사람에게 있는 것이지 지리의 盛衰에 있는 것이 아님을 알 수 있습니다.
1. (상략) 중국과 같은 천하의 큰 나라로서도 역대의 도읍한 곳이 數四處에 지나지 못하니, 한 나라가 일어날 때, 어찌 술법에 밝은 사람이 없었겠습니까? 진실로 제왕의 도읍한 곳은 자연히 정해 좋은 곳이 있고, 술수로 헤아려서 얻는 것이 아닙니다.
1. 우리 나라는 三韓 이래의 舊都로서, 동쪽에는 鷄林이 있고 남쪽에는 完山이 있으며, 북쪽에는 平壤이 있고 중앙에는 松京이 있는데, 계림과 완산은 한쪽 구석에 있으니, 어찌 왕업을 편벽된 곳에 둘 수 있습니까? 평양은 북쪽이 너무 가까우니, 신은 도읍할 곳이 못된다고 생각합니다.
1. 전하께서 기강이 무너진 전조의 뒤를 이어 처음으로 즉위하여 백성들이 소생되지 못하고 나라의 터전이 아직 굳지 못하였으니, 마땅히 모든 것을 진정시키고 民力을 휴양하여, 위로 天時를 살피시고 아래로 人事를 보아 적당한 때를 기다려서 도읍터를 보는 것이 萬全한 계책이며, 조선의 왕업이 무궁하고 신의 자손도 함께 영원할 것입니다.
1. 지금 地氣의 성쇠를 말하는 자들은 마음속으로 깨달은 것이 아니라, 다 옛사람들의 말을 전해 듣고서 하는 말이며, 신의 말한 바도 또한 옛사람들의 이미 징험한 말입니다. 어찌 술수한 자만 믿을 수 있고 선비의 말은 믿을 수 없겠습니까?

당문학 정총 역시 중국 도읍의 역사를 언급하면서 "왕씨가 500년 만에 끝나게 된 것은 그들의 운수 때문이지 반드시 地運에 관계된 것은 아니다"[46]라고 하였다. 중추원 학사 이직은 지리서를 검토하여 지리서에 "萬水千山이 모두 一神에게 朝하며 大山大水에 자리하여 王都·帝闕의 땅이 된다"고 한 것은 氣脈이 모이고 조운이 통하는 것을 말함이며, "方 千里의 王者는 사방 각 500리, 방 500리의 왕자는 사방 각 50리라."[47)고 한 것은 道里를 고르게 한다는 것을 말함이라고 해석하였다.

이상에서 본 바와 같이 조선시대의 도읍을 정하는 과정에서 서운관의 지관들은 고려시대의 도선의 비기에 의한 형세론과 지기쇠왕론에 근거하여 천도문제를 접근한 반면 성리학을 익힌 하륜 등은 도읍은 나라의 중앙에 있어야 함을 천명하고 호순신의 이기론 풍수론을 동원하여 그 정치적 헤게모니를 장악하고자 하였다. 반면 정도전은 앞에서 본 바와 같이 자신이 음양술수는 모른다고 하면서 당시까지의 천도논의는 음양술수 밖의 것이 고려되지 않았다고 비판하면서 도읍은 술수에 의해 정해져서는 안되고, 편벽한 곳에 위치하여서는 안되며, "위로 天時를 살피시고 아래로 人事를 보아 적당한 때를 기다려서 도읍터를 정할 것"을 논하였다. 이로 인해 도읍선정이 풍수뿐만이 아니라 조운, 도리 등이 고려되어 한양으로 결정되기에 이르렀다. 그러나 정종의 개경으로 환도 및 태종의 한양으로 다시 환도하는 과정에 풍수도참사상에 따른 갑론을박이 이어졌다. 그 과정에서 서운관 관리 등의 풍수가들의 의견이 통일되지 않거나 주장이 자꾸 바뀌어짐에 따라 그 주도권을 상실하게 되었다.

한양으로 정도를 확정한 태종은 유교적 천명관을 내세우면서 풍수도참

삼가 바라옵건대, 전하께서는 깊이 생각하여 인사를 참고해 보시고, 인사가 다한 뒤에 점을 상고하시어 자칫 불길함이 없도록 하소서."
46) 『태조실록』 권6, 태조 3년 8월 12일.
47) 『태조실록』 권6, 태조 3년 8월 12일.

사상에 대한 단호한 척결 의지를 드러내었다. 그는 심지어 태조가 잠저시에 받았다고 한 금척과 보록마저 믿지 못할 것이라 하면서 도참서를 수거하여 불태워버렸다. 이로 인해 고려에서부터 태종조까지 지기쇠왕설에 의거하여 풍미하였던 도읍지에 관한 풍수도참 논쟁은 일단 누그러지게 된다.

Ⅲ. '志氣衰旺說'의 성립 배경과 쇠퇴의 원인

한국사의 전개에서 풍수도참사상은 전시기에 걸쳐 유행하였지만 그 중에서도 고려에서 조선초기까지의 풍수도참사상은 거의 대부분 도읍지, 즉 천도논의와 관련되어 있다. 그렇기 때문에 고려시대 풍수도참사상에 관한 역사적 연구는 주로 천도와 관련시켜 논의되어 왔었다. 이병도의『고려시대의 연구』는 물론『한국사시민강좌』14집(일조각, 1994)에 실린 특집「한국의 풍수지리설」, 그리고 한국중세사학회의 특집「한국중세 풍수도참사상의 재조명」(『한국중세사연구 21, 2006) 역시 그 주된 화두는 '천도' 논의였다. 그렇지만 앞 장에서 살펴본 바와 같이 '천도' 논의를 포함한 '이어순주설', '연기설' 등은 '지기쇠왕설'에 근거하여 항상 거론되었다.

대개 풍수지리는 도읍·궁택·능묘의 地를 卜地하는데 쓰이는 일종의 관상학으로 相地學이라고 정의하기도 하고,[48] 또 지표 밑으로 흐르는 地氣라는 무형적인 힘과 인간생활과의 관계를 형이상학적으로 설명하는 것으로서 토지의 신비력을 인정하고 그 힘이 인간에게 미치는 길흉·화복을 설명하는 것으로 간주되기 때문에[49] 山水順逆說을 따져 땅의 이로움(地利)을 찾는 것이다.

---

48) 이병도, 앞의 책 21쪽.
49) 최병헌, 1975,「도선의 생애와 나말·여초의 풍수지리설」『한국사연구』11, 102쪽.

산수순역설을 따져 지리를 찾는 상지학에서 고려시대에서 조선 초기까지 천도와 관련하여 지기쇠왕설에 대한 논의가 주된 화두로 떠오르게 되는 이유가 무엇일까? 풍수지리는 인간생활이 지리적 환경과 밀접한 관계를 유지하고 있는 만큼 합리적인 지리에 대한 인식이 필요하고, 지리적 인식의 변화에 따라 달라지기 마련이다. 거기에 경험 과학적 면모나 군사지리적 면모가 내재되어 있는 것이 당연하다면[50] 농업위주의 삶을 영위한 중국이나 한국의 경우 풍수지리설의 성립은 농업의 경지이용방식의 경험이 배어나온 것이라고 할 수 있을 것이다. 농사는 '地力'에 의존할 수밖에 없다. 인위적으로 지력을 회복시킬 수 있는 방법인 施肥術을 알지 못하였던 휴경단계나 휴한농법단계에서 작물이 '지력'을 섭취, 고갈시켜 버린 상태에서 연작을 하면 소출이 현저히 떨어진다. 그것을 피하기 위해 땅을 놀려 자연적으로 지력이 회복되기를 기다릴 수밖에 없다. 또 그 토지에 맞는 작물을 가려 심어서 지력을 연장하기도 한다. 그것이 발전한 것이 삼포식 농법이라고 할 수 있다. 삼포식 농법은 농지의 전부를 세 부분으로 구분해서 매년 그 삼분의 일씩을 휴경지로 하여 지력을 회복시키는 농사법인데, 경작지에서도 '지력', 즉 땅의 자양분을 달리 섭취하는 작물을 심어 '지력'을 연장하는 방법이다. 이러한 농사의 경험이 풍수지리설에서의 '지기쇠왕론', '연기론'으로 이론화되었을 것이다. 일찍이 당나라 百丈禪師는 '一日不作 一日不食'이라 하여 하루 일하지 않으면 하루 먹지 않는다는 유명한 말을 남기고는 스스로도 90세까지 농사일을 놓지 않았다. 특히 선승들은 자급자족을 위한 노동의 생활화가 이루어졌으므로 농사에 대한 깊은 관심을 갖고 있었다. 그런 점에서 신라 말기 도선을 위시한 풍수지리설의 대가들은 농업에 대한 일가견을 가질 수 있었다. 그러한 경험이 지기쇠왕설과 연기론을 골자로 하는 풍수지리설을 낳았다고 할 수

---

50) 마종락, 「고려시대 풍수도참과 유교의 교섭」 『한국중세사연구』 21.

있다. 그것을 그간의 풍수지리설을 집대성하여 이론화한 도선을 통해 구
체적으로 살펴보고자 한다.

　풍수지리설의 대가인 도선이 농업에 대한 전문적 지식을 갖고 있었음
을 다음의 자료를 통해 확인할 수 있다.

　　세조는 송악산 옛 집에 여러 해 살다가 또 새 집을 그 남쪽에 건설했는데
　그 터는 곧 延慶宮奉元殿 터이다. 그때에 桐裏山 祖師 道詵이 당나라에 들어
　가서 一行의 지리법을 배워 가지고 돌아왔는데 백두산에 올랐다가 곡령까지
　와서 세조의 새 집을 보고 "기장을 심을 터에 어찌 삼을 심었는가?"하고는 곧
　가 버렸다. 부인이 마침 그 말을 듣고 세조에게 이야기하니 세조가 천방지축
　급히 따라 가서 그와 만났는데 한 번 만난 후에는 단박 구면과 같이 되었다.
　드디어 함께 곡령에 올라가서 산수의 내맥을 연구하며 위로는 천문을 보고 아
　래로는 시운을 살핀 다음 도선이 다음과 같이 말했다. "이 땅의 지맥은 壬方
　백두산 水母木幹으로부터 내려와서 馬頭名堂에 떨어졌으며 당신은 또한 水
　命이니 마땅히 水의 大數를 좇아서 六六三十六 區의 집을 지으면 천지의 大
　數에 부합하여 다음해에는 반드시 슬기로운 아들을 낳을 것이니 그에게 王建
　이라는 이름을 지을 것이다." 도선은 그 자리에서 봉투를 만들고 그 겉에 쓰
　기를 '삼가 글을 받들어 백 번 절하면서 미래에 삼한을 통합할 주인 大原君子
　당신께 드리노라'라고 하였으니 때는 당 僖宗 乾符 3년 4월이었다. 세조는 도
　선의 말대로 집을 짓고 살았는데 그 달부터 위숙이 태기가 있어 태조를 낳았
　다. 민지의 『편년강목』에는 다음과 같이 기록되어 있다. 태조의 나이 17세 되
　었을 때에 도선이 다시 와서 만나기를 청하며 이렇게 말하였다. "당신은 이 혼
　란한 때(百六之運)에 상응하여 하늘이 정한 명당 터에 났으니 삼국 말세(三
　季)의 창생들(백성들)은 당신이 구제해 주기를 기다리고 있다." 그 자리에서
　도선은 태조에게 군대를 지휘하고 진을 치는 법, 유리한 지형과 적당한 시기를
　선택하는(天時) 법, 산천의 형세를 바라보아 感通保佑하는 이치 등을 가르쳐
　주었다.(『고려사』「高麗世系」)

　이 사료는 주로 도선과 왕건 가문과의 관계, 송악의 풍수가 명당 터임
을 입증하고, 또 선승들이 군략가임을 드러내주고, 신라 말 당나라로부터
풍수가 전래되는 것을 입증하는 자료로 주로 활용되었다. 필자가 위 사료

에서 주목하고자 하는 것은 도선이 세조가 새로 지은 집을 보고 "기장을 심을 땅에다 왜 마를 심었을까"라고 한 점이다. 이것은 도선이 농업에 대한 전문적 지식을 갖고 있지 않으면 불가능한 것이다. 『齊民要術』 「耕田」 조에서 황무지 개간이 끝난 후 기장(黍穄)을 뿌린다면 이듬해에는 곧바로 곡식을 심기에 좋은 밭이 된다고 한 기록과 「黍穄」조에서 "일반적으로 기장을 심는 밭으로는 황무지를 새로 개간한 밭이 가장 좋고, 콩을 심었던 밭이 그 다음이며, 조(穀)를 심었던 밭이 가장 떨어진다"고 한 기록 등을 위 사료의 세조의 새 집을 보고 "기장을 심을 터에 어찌 삼을 심었는가?" 한 기록과 비교해보면 세조가 새 집을 지었다는 것으로 보아 처음 개간한 땅일 것이다. 그런 점에서 기장을 심을 땅이라고 도선을 이야기하였을 것이다. 『齊民要術』 「黍穄」조의 경우 "『孝經』의 「援神契」에는 검은 색깔의 墳質 땅이 기장이나 보리에 좋다."는 기록과 "벌레가 자두(李)를 먹으면 기장이 귀하게 된다고도 하였다"는 기록이 나온다. 『齊民要術』 「種麻」 조에 "삼은 기름진 밭에 심어야 하므로 해마다 연작하여 심을 수는 없다." 는 기록과 "척박한 땅에는 거름을 주어야 한다"거나 "매년 歲易하는 것이 좋다"고 한 기록이 보인다. 또 「種麻子」조에 "일반적으로 오곡을 심는 반치 길가에 가까이 있으면 온갖 가축들이 뜯어 먹게 되므로 밭 가까운 곁에다 참깨와 苴麻(열매가 여는 삼)를 심어서 이들의 피해를 막아야 한다" 고 하였다.

『齊民要術』 「伐木」조에 "한겨울에는 陽木을 베고 한여름에는 陰木을 벤다"고 하였고, 그 세주에 "鄭司農의 말에 따르면 '양목은 봄·여름에 자라는 나무이고, 음목은 가을·겨울에 자라는 소나무나 잣나무와 같은 것들'이라 하였고, 鄭玄은 '양목이 산의 남사면에서 자란 것들이지만 음목은 산의 북사면에서 자란 것이다. 겨울에는 양목을 베어내고 여름에는 음목을 베는 것이 곧 단단하고 부드러움을 조절하는 처사'라고 하였다"고 하였다.

또 『고려사』 「고려세계」에 인용된 김관의의 『편년통록』에 의하면 왕건이 선조인 康忠 때에 풍수지리설을 잘 아는 八元이 와서 "암석이 드러나지 않게 하면 삼한을 통합하는 자가 태어나리라."라고 한 말을 따라 집을 남쪽으로 옮기고 군 이름을 송악군으로 고쳤다고 한다. 이 사료를 통해 주로 풍수지리설에서 비보사상이 적용된 것으로 해석한다. 그러면 소나무가 가려놓은 암석의 경우 소나무가 地力을 다 흡수해버리면 죽을 수밖에 없고, 그렇게 된다면 그 암석이 다시 드러날 수밖에 없다. 그런 점에서 송악의 '地氣'는 쇠할 수밖에 없다는 인식을 도선이 하였을 것이다. 그것을 입증하는 사료가 다음의 자료이다.

김위제는 숙종 원년에 衛尉丞同正으로 임명되었다. 신라 말년에 道詵이라는 중이 있었다. 그가 唐나라로 가서 一行에게 風水의 법을 배웠는데 귀국 후 秘記를 지어서 후세에 전하였다. 김위제는 그 방술을 배워 가지고 국도를 南京으로 옮길 것을 청하여 다음과 같은 글을 올렸다. "도선의 비기에는 '고려의 땅에 세 곳의 서울이 있다 松嶽을 中京으로, 木覓壤을 南京으로, 平壤을 西京으로 하는데 11, 12, 1, 2월을 중경에서 지내고 3, 4, 5, 6월을 남경에서 지내며 7, 8, 9, 10월을 서경에서 지내면 36개국이 와서 조공할 것이다'라고 하였으며 또 '건국한 후 1백 60여 년에 목멱벌에 도읍한다'라고도 하였습니다. 그러므로 저의 생각에 지금이 바로 새 서울로 옮길 때이라고 봅니다. 또 제가 도선의 踏山歌를 보니 거기에 이르기를 '송도 운수가 다 되면 어느 곳으로 가려는가? 三冬에 해 돋는 그곳에 벌판이 있네! 후대의 어진 사람이 이곳에 도읍하면 한강의 魚龍이 사해로 통할 것이다.'라고 하였습니다. 삼동에 해 돋는 곳이란 것은 11월 冬至날에 해 돋는 곳 즉 巽方이며 木覓이 松京의 동남방에 있는 까닭에 그렇게 말한 것입니다.
　답산가에는 또
　'송악산 辰韓과 馬韓의 주인이 되었으니
　아아! 어느 시기에 가서 그 운맥이 약해질 것인가?
　뿌리가 가늘고 약하며 枝葉도 역시 그러하니,
　겨우 백 년 기간 지나면 어찌 시들지 않으랴?
　만약 새로운 꽃 다시 한 번 피려거든
　서울을 떠나 陽江을 건너 국왕이 왔다 갔다고 하라.
　그러면 四海의 魚龍이 모두 한강으로 모여들 것이요.

나라와 백성이 편안하여
태평 세상 이룩되리라'
라고 하였습니다.(『고려사』권122, 열전, 方技 金謂磾)

김위제가 인용한 『도선비기』에 의하면 송도의 지덕이 쇠하는 시기에
대하여 "건국후 160년에 목멱별에 도읍한다"고 한 것, 그리고 도선의 『踏
山歌』에서 "아아! 어느 시기에 가서 그 운맥이 약해질 것인가? 뿌리가 가
늘고 약하며 枝葉도 역시 그러하니, 겨우 백 년 기간 지나면 어찌 시들지
않으랴?"고 한 것에서 송도의 지기가 건국 후 100년 내지 160년에 그친다
는 것이다. 아울러 개경의 지기를 쉬게 하기 위해서는 중경, 남경, 서경을
서울로 하여 계절별로 순주하고, 만약 새로운 꽃 다시 한번 피려거든 陽
江을 건너 국왕이 왔다고 하라고 한 것에서 지기가 왕성한 곳이라고 지기
가 항상 불변한 것이 아니라 지기를 계속 사용한다면 지력이 쇠하게 된다
는 지기쇠왕설을 펼치고 있음을 알 수 있다. 지기를 회복하기 위해서는
'移御巡住'의 연기설을 피력한 것은 휴한법 농법의 경지이용방식을 그대
로 적용한 것이라고 볼 수 있다.

휴한법 농법단계에서 이론화된 도선의 지기쇠왕설은 농업에 있어서 경
지이용방식이 연작상경화로 넘어가면서 그 설득력을 잃게 됨은 필연적이
다. 경지이용방식에 있어서 연작상경화가 통일신라시대, 그리고 고려 전
기에도 일반화되었다는 주장이 있지만 대체적으로 고려시기까지 휴한농
법단계에 있었고, 14, 15세기에 상경화가 시작되어 조선시대에 오면 연작
상경화가 보편적으로 행해졌다고 본다. 그러한 논리를 풍수지리설에 적용
한다면 휴한법 단계의 농법 수준을 담아낸 도선의 지기쇠왕설은 14, 15세
기에 접어들어 설득력을 잃어갈 수밖에 없다. 앞 장에서 살펴본 바와 같
이 공민왕~공양왕 대의 천도논의는 도선의 지기쇠왕설에 의거해 주장되
었다. 그렇지만 姜淮伯은 "天時와 地利는 人和만 같지 못하며 一治一亂
은 자연의 이치이니 어찌 地氣衰旺이 있으며 또 국가의 운명이 융성하고

쇠망한다는 이치가 있겠습니까?"[51]라고 하였고 尹會宗은 "국가의 운명을 길게 하는 방도는 임금이 덕을 닦고 좋은 일을 많이 하여 나라의 근본을 공고히 하는 이외에 다른 길이 없습니다. 어찌 都城 地勢의 旺氣를 믿겠습니까?"[52]라고 하는 등[53] 지기쇠왕설의 풍수도참을 부정하고 一治一亂은 자연의 이치라고 하면서 풍수도참설을 원천적으로 부정하는 단계에까지 이르고 있다.

조선왕조가 창업된 뒤 한양정도의 과정에서 태조가 무악을 둘러보았을 때 천도할 장소를 두고 판서운관사 윤신달과 서운부정 유한우 등이 주고받은 다음의 이야기를 통해 도선의 지기쇠왕설에 입각한 천도논의가 있었지만 과연 송도의 지기가 다하지 않았다는 견해가 피력됨을 주목할 필요가 있다.

> 임금이 무악에 이르러서 도읍을 정할 땅을 물색하는데, 판서운관사 尹莘達과 서운 부정 劉旱雨 등이 임금 앞에 나와서 말하였다. "지리의 법으로 보면 여기는 도읍이 될 수 없습니다." 이에 임금이 말하였다. "너희들이 함부로 옳거니 그르거니 하는데, 여기가 만일 좋지 못한 점이 있으면 문서에 있는 것을 가지고 말해 보아라." 신달 등이 물러가서 서로 의논하였는데, 임금이 한우를 불러서 물었다. "이곳이 끝내 좋지 못하냐?" 한우가 대답하였다. "신의 보는 바로는 실로 좋지 못합니다." 임금이 또 말하였다. "여기가 좋지 못하면 어디가 좋으냐?" 한우가 대답하였다. "신은 알지 못하겠습니다." 임금이 노하여 말하였다. "네가 서운관이 되어서 모른다고 하니, 누구를 속이려는 것인가? 송도의 지기가 쇠하였다는 말을 너는 듣지 못하였느냐?" 한우가 대답하였다. "이것은 도참으로 말한 바이며, 신은 단지 지리만 배워서 도참은 모릅니다." 임금이 말하였다. "옛사람의 도참도 역시 지리로 인해서 말한 것이지, 어찌 터무니없이 근

51) 『고려사』 권117, 열전, 姜淮伯.
52) 『고려사』 권120, 열전, 尹紹宗 付 尹會宗.
53) 安瑗은 "술사들의 말한바 지덕이란 설을 그래도 믿을 수 있겠습니까? 만약 비결(讖)에 운명이 있어 그것을 피하거나 물리쳐야 한다면 術數에 맡겨 아득한 福을 바라는 것보다 아무래도 훌륭한 정치를 실시하여 하늘의 경고를 조심하는 것이 더 옳지 않겠습니까?(『고려사』 권45, 공양왕 2년 12월 을해일)"이라고 하였다.

거 없는 말을 했겠느냐? 그러면 너의 마음에 쓸만한 곳을 말해 보아라." 한우가
대답하였다. "고려 태조가 松山明堂에 터를 잡아 궁궐을 지었는데, 중엽 이후
에 오랫동안 명당을 폐지하고 임금들이 여러 번 離宮으로 옮겼습니다. 신의 생
각으로는 명당의 地德이 아직 쇠하지 않은 듯하니, 다시 궁궐을 지어서 그대로
松京에 도읍을 정하는 것이 좋을까 합니다." 임금이 말하였다. "내가 장차 도읍
을 옮기기로 결정했는데, 만약 가까운 지경에 다시 吉地가 없다면, 삼국 시대
의 도읍도 또한 길지가 됨직하니 합의해서 알리라."하고, 좌시중 趙浚·우시중
金士衡에게 일렀다. "서운관이 전조 말기에 송도의 지덕이 이미 쇠했다 하고
여러 번 상서하여 漢陽으로 도읍을 옮기자고 하였었다. 근래에는 계룡산이 도
읍할 만한 땅이라고 하므로 민중을 동원하여 공사를 일으키고 백성들을 괴롭
혔는데, 이제 또 여기가 도읍할 만한 곳이라 하여 와서 보니, 한우 등의 말이
좋지 못하다 하고, 도리어 송도 명당이 좋다고 하면서 서로 논쟁을 하여 국가
를 속이니, 이것은 일찍이 징계하지 않은 까닭이다. 경 등이 서운관 관리로 하
여금 각각 도읍될 만한 곳을 말해서 알리게 하라." 이에 겸판서운관사 崔融과
윤신달·유한우 등이 상서하였다. "우리 나라 내에서는 扶蘇 명당이 첫째요, 南
京이 다음입니다." 이날 저녁에 임금이 무악 밑에서 유숙하였다.54)

위 사료를 통해 유한우가 '송도 명당의 地德이 아직 쇠하지 않은 듯하니,
다시 궁궐을 지어서 그대로 松京에 도읍을 정하는 것이 좋을까 합니다'라
고 한 것은 지기쇠왕론을 부정하는 것이다. 태조가 "송도의 지기가 쇠하
였다는 말을 너는 듣지 못하였느냐?"고 하자 유한우가 "이것은 도참으로
말한 바이며, 신은 단지 지리만 배워서 도참은 모릅니다"라고 한 것은 당
시 유한우가 과연 지기가 쇠하는 것인가? 그것을 북돋우어준다면 지기는
불변하다는 생각을 가지면서 도선의 지기쇠왕설을 맹신하지 않음을 보여
준다. 이러한 변화는 농업에 있어서 연작상경화가 이루어지면서 '지기쇠
왕론'에 대해 풍수가들마저도 이제 의문을 갖기 시작하였음을 뜻한다. 태
종의 한양정도 이후 천도논의가 거의 없었던 것은 농업에 있어서 경지이
용방식이 연작상경화가 이루어짐으로써 지력은 얼마든지 북돋울 수 있다

---

54) 『태조실록』 권6, 태조 3년 8월 11일.

는 생각을 보편적으로 갖게 되면서 더 이상 '지기쇠왕설'에 입각한 천도
논의는 발붙일 공간이 없음을 말해주는 것이다.

IV. 맺음말

흔히들 고려시대 풍수지리사상은 圖讖說과 결합을 통해 國都風水가
성행하였고, 裨補思想, 地氣衰旺說, 延基說을 특징으로 하며, 불교와의
교섭에 주목하기도 하였다. 본고는 고려시대 풍수지리설의 제 특징을 관
통하는 논리가 '지기쇠왕설'에 있음을 드러내고, 그 지기쇠왕설이 농업사
분야의 경지이용방식의 경험을 바탕으로 하여 성립되었다는 가설 하에 경
지이용방식의 변화에 따른 고려 풍수지리사상을 관통하는 지기쇠왕설이
어떻게 성립, 변화하여 쇠퇴하였는가를 논하였다.

'지기쇠왕설'은 땅의 지기기 일정기간이 지나면 그 기운이 쇠하고, 또
일정기간이 지나면 쇠했던 기운이 되살아난다는 것이다. 지기쇠왕설과 그
에 바탕한 연기설은 농업기술에서의 경지이용방식이 휴한농법 단계의 시
대상황을 반영하는 이론이다. 13~14세기에 접어들어 휴한법이 극복되고
지력회복을 위한 連作常耕化가 이루어지자 개경의 지력이 다하지 않았다
는 주장 등이 나오면서 고려 말 조선 초 환양 천도의 과정에서 풍수지리
설은 올바른 대안을 제시하지 못하고, 신라 말 휴한법 단계에 확립된 도선
의 지기쇠왕설은 종말을 고하고 유학자에게 그 주도권을 빼앗기게 되었다.

본고의 경우 지기쇠왕설과 그에 바탕한 연기설은 농업기술에서의 경지
이용방식이 휴한농법 단계의 시대상황을 반영한다는 관점의 가설에서 비
롯된 것이지만 사료의 한계로 인해 그것을 명확하게 입증하지 못하였다.
후일의 지속적 연구를 통해 입론을 강화하고자 한다. 그렇지만 이 연구의
입론이 보다 보강된다면 농업사에 있어서의 경지이용방식이 휴한법 농법

단계에서의 농업사에 있어서의 경지이용방식을 둘러싼 논쟁, 즉 휴한농법이 극복되어 연작상경농법이 보편화되어가는 시기에 대한 논란의 해명에도 일조를 할 것이다.

【참고문헌】

1. 저서

이몽일, 1991, 『한국풍수사상사』

이병도, 1946, 『고려시대의 연구』, 을유문화사(1980, 아세아문화사 재간)

최창조, 1984, 『한국의 풍수사상』, 민음사

2. 논문

김기덕, 2006, 「한국 중세사회에 있어 풍수·도참사상의 전개과정」『한국중세사연구』 21

김두진, 1988, 「나말려초의 동리산문의 성립과 그 사상」『동방학지』 57

김호동, 2006, 「성리학의 보급에 따른 풍수도참사상의 변용」『한국중세사연구』

마종락, 2006, 「고려시대의 풍수도참과 유교의 교섭」『한국중세사연구』 21

이기백, 1994, 「한국 풍수지리설의 기원」『한국사시민강좌』 14

이용범, 1969, 「처용설화의 일고찰」『진단학보』 32

최병헌, 「도선의 생애와 나말려초의 풍수지리설」『한국사연구』 11

최원석, 2002, 「한국의 비보풍수론」『대한지리학회지』 37-2

최원석, 2009, 「한국에서 전개된 풍수와 불교의 교섭」『대한지리학회지』 44-1

홍승기, 1994, 「고려초기 정치와 풍수지리」『한국사시민강좌』 14, 일조각

제2장 고려시대 중앙-지방간 명령의 전달과 소통

Ⅰ. 머리말

한국중세사학회는 2013년 12월 6일에 '제97회 한국중세사학회 전국학술대회'를 개최하였다. 그 기획과제의 총괄주제는 〈네트워크로 보는 高麗社會 : 관료들의 소통방식과 관계맺기〉이다. 제1부의 주제는 '관료들의 사적 소통 : 정치적, 문화적 인간관계에 대한 검토'이고, 그 세부주제는 '관료들의 목적의식과 일상', '관료들의 종교생활과 종교적 교류'이다. 제2부의 주제는 '관료들의 공적 소통 : 행정적 인간관계에 대한 검토'이고, 그 세부주제는 '문서행정의 구조와 부서간 문서전달', '중앙-지방간 명령의 전달과 소통'이다. 필자는 그 가운데 '중앙-지방간 명령의 전달과 소통'을 집필하였다.

'중앙-지방간 명령의 전달'에 관한 선행연구는 주로 『高麗史』 刑法志 '公牒相通式'을 통해 연구되었고,[1] 고문서를 통한 연구가 몇 건 있다.[2] 그렇지만 제도사 연구이다 보니 이번 기획주제인 '관료들의 소통방식과

---

1) 강은경, 2003, 「고려시대 공문서의 전달체계와 지방행정운영」 『한국사연구』 122 ; 2004, 「『高麗史』 刑法志, 公牒相通式에 나타난 지방통치구조」 『동방학지』 ; 윤경진, 2007, 「『高麗史』 刑法志 公牒相通式 外官條의 분석」 『역사문화연구』 27.

2) 윤경진, 2000, 「고려시기의 지방문서행정체계」 『한국고대중세고문서연구(하)』 서울대학교 출판부 ; 2006, 「14-15세기 고문서 자료에 나타난 지방행정체계」 『고문서연구』 29 및 2008, 「박재우, 「고려시대의 관문서와 전달체계」 『고문서연구』 33.

관계맺기' 측면에서 다루지 않고 있다. 선행의 연구를 참조하여 중앙-지방
간 명령의 전달을 통해 관료들의 소통방식과 관계맺기를 언급하고자 한다.

군현제는 고려시대 중앙-지방간 명령의 전달과 소통의 매개처이다. 군
현제는 집권적 중앙권력을 뒷받침시켜주는 하부지배조직으로서 왕권의
대행자인 외관이 파견되어 전국을 일원적으로 파악, 지배하고자 하였다.
외관은 명령의 전달자였다. 이 글은 중앙-지방간 명령의 전달과 소통의
매개처와 전달자를 우선 살펴보고, 중앙-지방간 명령의 전달을 통해 본
군현의 행정운영체계와 중앙-지방간 명령의 전달을 통해 본 소통과 관계
맺기를 살펴보고자 한다. 이 글을 통해, 기존 연구에서 공문 수수를 통해
중앙과 일반 주현과 직첩되었다는 것을 비판하고, 계수관을 중간단위로
공문의 行文移牒이 이루어졌다는 것을 밝혀내고자 하였다.

II. 중앙-지방간 명령의 전달과 소통의 매개처와 전달자

중앙과 지방간 명령의 전달과 소통은 군현제를 통해 이루어졌다. 그것
의 원활한 운영을 위해 왕권의 대행자인 수령을 파견하였다. 중앙과 지방
의 명령의 전달과 소통의 매개처는 군현이고, 명령의 전달자는 외관이라
고 할 수 있다.

고려는 태조대 이후 신라 말 이래로 형성되어온 영역의 내부사정, 이른
바 해당 지역의 계층구조와 토지소유의 편차 등을 감안한 '置邑'을 통해
고려 국가 체재 내부로 수렴하고자 하였고,[3] 태조 23년에 본관제의 실시
를 통해 해당 영역 내의 지방세력에 지배권을 위임하여 그들로 하여금 영
역 내 농민의 유망을 방지하고 조세를 수취하게 하였다.[4] 그 이후 성종

---

3) 구산우, 2003, 『고려전기 향촌지배체제 연구』혜안 138~140쪽.

2년 2월, 12목을 설치한 이후부터 본격적으로 상주외관을 파견하면서, 성
종 6년에 중앙과 지방에서 국왕에게 상주하는 문서의 양식과 관사간의 공
문서 서식, 行文移牒 서식을 정하였다.[5] 이를 통해 중앙의 명령의 전달과
소통은 군현 외관을 통해 구현되었다고 할 수 있다.

　고려 현종조에 완성된 군현체제는 전체 520여 개의 군현 가운데 외관
이 파견된 군현이 130여 개의 군현에 불과하다. 외관이 파견된 군현 단위
를 주읍이라 하고, 외관이 파견되지 않은 나머지 390여 개의 군현은 속읍
이라고 한다. 속읍은 주읍에 소속된 군현이라는 뜻으로, 외관이 파견된
130여 개의 주읍에 행정적으로 예속되어 있었다. 그렇지만 『高麗史』 지
리지는 고려 후기에 이르러서야 나름의 중간기능을 갖게 되는 5道 兩界
를 첫머리에 두고, 그 5도 양계에 소속된 계수관의 領屬을 받는 군현들을
하나의 영역으로 삼고, 그 정점의 위치에 계수관을 자리매김하는 일관된
서술방식을 보여주고 있다.[6] 〈표 1〉은 그 예이다.

〈표 1〉 경상도의 영속 군현[7]

계수관명	영군·현명	속군·현명
東京留守官慶州		興海郡, 章山郡, 壽城郡, 永州, 安康縣, 新寧縣, 慈仁縣, 河陽縣, 清河縣, 延日縣, 解顔縣, 神光縣, 杞溪縣, 長鬐縣(14)
	蔚州	東萊縣, 巘陽縣(2)
	禮州	甫城府, 英陽郡, 平海郡, 盈德郡, 靑鳬縣, 松生縣(6)
	金州	義安郡, 咸安郡, 漆園縣, 熊神縣, 合浦縣(5)
	梁州	東平縣, 機張縣(2)
	密城郡	昌寧郡, 淸道郡, 玄豊縣, 桂城縣, 靈山縣, 豊角縣(6)
晉州牧		江城郡, 河東郡, 泗州, 岳陽縣, 永善縣, 鎭海縣, 昆明縣, 班城縣, 宜寧縣(9)

---

4) 박종기, 2008, 『새로 쓴 5백년 高麗史』, 푸른역사, 142쪽
5) 『高麗史』 권3, 성종 6년 8월 을묘, “命李夢遊 詳定中外奏狀及行移公文式”
6) 구산우, 2003, 『고려전기 향촌지배체제연구』 혜안, 182쪽.
7) 『高麗史』 권57, 地理志, 慶尙道.

	陝州	嘉樹縣, 三岐縣, 山陰縣, 丹溪縣, 加祚縣, 減陰縣, 利安縣, 新繁縣, 冶爐縣, 草溪縣, 居昌縣, 含陽縣(12)
	固城縣	
	南海縣	蘭浦縣, 平山縣(2)
	巨濟縣	鵝洲縣, 松邊縣, 溟珍縣(3)
尙州牧		聞慶郡, 龍宮郡, 開寧郡, 報令郡, 咸昌郡, 永同郡, 海平郡, 青山縣, 山陽縣, 化寧顯, 功城縣, 單密縣, 比屋縣, 安定縣, 中牟縣, 虎溪縣, 禦海縣, 多仁縣, 青理縣, 加恩縣, 一善縣, 軍威縣, 孝靈縣, 缶溪縣(24)
	京山府	高靈郡, 若木縣, 仁同縣, 知禮縣, 加利縣, 八莒縣, 金山縣, 黃澗縣, 管城縣, 安邑縣, 陽山縣, 利山縣, 大丘縣, 花園縣, 河濱縣(15)
	安東府	臨河郡, 禮安郡, 義興郡, 一直縣, 殷豐縣, 甘泉縣, 奉化縣, 安德縣, 豐山縣, 基州縣, 興州, 順安縣, 義城縣, 基陽縣(14)

『高麗史』의 경우, 경상도조에 "本道에 속한 京이 1개, 牧이 3개, 府 3 개, 郡이 30개, 縣이 92개이다"라고 하였으며, 동경유수관 경주조에 "本州에 소속된 屬郡이 4개, 屬縣이 10개 있으며, 領郡이 5개[防御郡이 4개, 知事郡이 1개 있다]있다"고 하였다. 『高麗史』 지리지의 경우 각 계수관은 직속의 속군현을 열거하지만 관할 영군현의 속읍을 열거하지 않은 것을 통해 계수관이 영군현에 명령을 내리고, 영군현이 속읍에 명령을 전달하고, 영군현의 속읍은 영군현을 통해 계수관과 중앙에 보고했다는 것을 알 수 있다. 그렇지만 고려의 지방운영체계는 계수관-영군현-속군현의 삼중구조로 편재되었다는 견해와 계수관의 기능을 제한적으로 보는 견해가 있다.8)

변태섭의 경우, 고려 전기의 경우 일반 행정사무는 중앙에서 州縣으로 直牒하는 행정체계를 이루고, 州牧은 모든 행정사무에 있어서 주현을 관할하여 중앙관사에 연결하는 상급행정기관이 아니고 上表陳賀·鄕貢選

---

8) 이에 관한 연구사 정리는 구산우, 2003, 앞의 책 30~34쪽과 181~221쪽에서 정리되었다.

上·外獄推檢 등 한정된 부문에서 중간기구의 기능을 가졌던 것이라 하여 계수관이 중앙과 수령 사이의 중간적 행정관의 위치에 있지 않았다고 한다. 중앙관사와 주현의 직첩관계란 중앙관사의 공첩이 외관이 있는 주현에만 전달되었고, 속현은 그가 속한 주현을 통해 중앙과 연결된다는 의미를 가진다는 의미이다.9)

박종기의 경우 변태섭의 견해를 토대로 하여 수취의 기본단위인 주현과 중앙과 행정 명령 계통이 직결되어 중앙에 납부할 수취체제에 대해 행정적인 책임을 지는 동시에, 소속된 여러 '재정운영 단위'를 지배·통제할 수 있는 군현 단위라고 한다. 속현과 부곡의 행정체계는 중앙과 직접관계가 아니어서 주읍의 외관과 속관이 관장한다고 하였다. 또 주현을 단위로 한 부세 총액을 개별 속현과 부곡 등에 부과하는 과정에서 그를 둘러싸고 주현과 속현 사이에 분쟁이 발생할 경우, 혹은 자연재해로 인해 조세 감면이 필요할 경우 안렴사나 도병마사 등의 중간기구가 조정을 했다고 한다.10) 이런 주장은 경, 대도호부, 목의 계수관 기능을 부인하는 것이다. 그렇지만 계수관의 기능을 인정하는 사례의 경우 중앙-지방간 명령의 전달은 중앙⇔계수관⇔영군현⇔속군현의 명령체계를 상정하여야만 한다. 중앙과 계수관, 계수관과 영군현의 명령 전달체계는 다음 장에서 구체적으로 해명하고자 한다.

중앙정부는 명령의 전달자인 지방관을 통해 그 시책을 전달하고 보고를 받음으로써 지방통치를 구현할 수 있다. 『高麗史』 백관지 외직조에 今有·租藏, 兵馬使, 行營兵馬使, 轉運使, 按撫使, 按廉使, 監倉使, 勸農使, 察訪使, 計點使, 指揮使, 節制使, 都統使 등의 직명이 있지만11) 상주

---

9) 변태섭, 1968, 「고려전기의 외관제 – 지방기구의 행정체계」 『한국사연구』 ; 1971, 『고려정치제도사연구』, 일조각.
10) 박종기, 2002, 「지배와 자율의 공간, 고려의 지방사회」 푸른역사.
11) 『高麗史』 권77, 백관2, 외직.

외관은 아니고, '別命使臣', 즉 '別銜'이다.『高麗史』선거지 銓注條에 '凡
選用監司' 항목을 살펴보면 도와 안찰사는 전임관으로서 중간행정기구가
아니라 군현의 외관 및 속관의 안검을 위해 파견된 '使命之任'을 띤 王使
로서, 군현의 守土員僚의 고과를 통해 출척상벌을 위한 목적이 기본 임무
였다. 안찰사는 외관을 비롯한 속관들을 안검하는 기능, 즉 중앙과 지방,
외관과 지방민의 소통을 위한 按檢者라고 할 수 있지만[12] 고려 말 기록에
의하면, 춘추로 교대하여 임기가 6개월이었고,[13] 외관보다 낮은 관직에
있었으므로 규율이 서지 않았기 때문에[14] 안찰사 외에 찰방사, 존무사,
체찰사 등이 파견되는 경우가 많았다.[15] 그렇지만 신우 14년 6월, "이제
부터는 도평의사에서 군사 관계는 도순문사에게, 민간 관계는 안렴사에게
각각 내려 보낼 것이요. 잡다한 사절을 파견하지 못하게 할 것이다"라는
교서가 내려지고, 그 다음 달 조준 등이 "왕의 명령을 받고 나가는 일을
선왕은 순문사, 안렴사 이외의 사람에게 시키지 않았다"는 상소가 있음으
로써 다양한 王使의 파견이 금지되었고, 안찰사가 감사의 기능을 갖게 되

---

12)『高麗史』권75, 선거3, 銓注條 '凡選用監司' 항목에 문종 10년(1056) 8월에 "여러 주
　　와 목의 刺史, 通判, 縣令, 尉 및 長吏의 사업 실적과 근면 태공과 청렴 탐오에 대하
　　여, 또 인민의 빈, 부, 고, 낙에 대하여 사신을 보내 조사하게 하였다."고 하였고,
　　인종 5년(1127) 3월에 조서를 내려 "郡國에 사신을 보내 자사와 현령들의 어질고
　　안 어진 것을 살펴 조사하여 상과 벌을 주라."하였다는 것을 통해 별명사신이 지방
　　관의 안검자임을 알 수 있다. 그렇지만 명종 18년 "양계의 兵馬使와 5道의 안찰사
　　로 하여금 고을 원들의 정치를 순찰하고 정확한 조사를 하게 하되 각 고을 관리들
　　의 청렴, 탐오와 근면, 태만을 정밀히 따지고 알아보아 조금이라도 백성들을 착취
　　하고 뇌물을 받으며 공무에 빙자하고 사리를 도모하는 사람이 있으면 두루 심문하
　　여 사실을 확인하고 징벌할 것을 보고하며 청백하고 절개를 지키며 국가에 이익을
　　주고 해독을 제거하며 송사에서 공평한 판결을 하는 사람이 있으면 그 공로를 표창
　　할 것을 보고하라."는 것을 통해 고려 후기에 지방관의 안검자가 안찰사와 병마사
　　가 중심으로 자리 잡았다고 할 수 있다.
13)『高麗史』권75, 선거3, 銓注 凡選用監司, 신우 4년 12월.
14)『高麗史』권75, 선거3, 銓注 凡選用監司, 신창 즉위년 7월.
15)『高麗史』권75, 선거3, 銓注 凡選用監司, 공민왕 5년 5월.

었을 것이다. 이것을 고려해 조선시대『高麗史』지리지 편찬을 하면서 5
도 양계에 군현의 영속관계를 밝힌 것이고, 또 선거지 전주조에서 '凡選
用監司' 조항을 넣었다고 할 수 있다. 그렇지만 고려의 경우 도와 안찰사
는 중간기능을 가진 행정기구가 아니라 안찰사를 비롯한 별명사신은 守
土員僚의 안검자라고 할 수 있다. 이 임무를 완성시키기 위해 여러 수반
된 관련 임무를 맡았고, 守土員僚들에게 명령을 전달하고 보고를 받았다.

별명사신 외에 중앙의 명령을 전달하는 전달인인 상주외관과 그를 보
좌하는 속관을 포함한 守土員僚의 구성과 품계는 다음과 같다.

〈표 2〉 군현별 守土員僚의 구성과 품질

·	京	大都護府·牧	中都護府	防禦鎭·知州郡	縣·鎭
使	1인3품 이상	1인3품 이상	1인4품 이상	1인5품 이상	1인7품 이상
副使	1인4품 이상	1인4품 이상	1인5품 이상	1인6품 이상	1인8품
判官	1인6품 이상	1인6품 이상	1인6품 이상	1인7품	
司錄參軍事	1인7품 이상	1인7품 이상	판관 겸직		
掌書記	1인7품 이상	사록 겸직	판관 겸직		
法曹	1인8품 이상	1인8품 이상	1인8품 이상	1인8품 이상	
醫師	1인9품 이상	1인9품 이상			
文師	1인9품 이상	1인9품 이상			

〈표 2〉에 의하면 고려시대 왕명을 받아 지방 군현에 파견된 守土員僚
는 행정 책임자인 외관(수령)과 그를 행정적으로 보좌하는 屬官(參佐)이
있다. 외관은 군현의 격에 따라 경에는 유수사와 부유수, 도호부·방어진
에는 각각 사와 부사가 있었으며, 지주군에는 지사와 지부사가 있고, 현에
는 현령관과 현위, 진에는 각각 진장과 부장이 있었다. 고려 전기에는 경·
도호부·목 등 상급 군현의 사와 부사 중 한 명만 파견되는 것이 관례였
다.[16] 사와 부사직 등 외관은 중앙과 지방의 명령의 전달과 소통의 책임

16) 변태섭, 1971, 「고려 안찰사고」『고려정치제도사연구』, 일조각, 171쪽.

자이다.

외관을 보좌하는 屬官은 판관, 사록참군사, 장서기, 법조, 의사, 문사가 있다. 이들은 외관의 명령을 받아 군현 행정을 집행하는 參佐이다.[17] 군현의 관격에 따라 속관(참좌)의 구성에 차이가 있다. 속관제가 제도적으로 완비된 곳은 경뿐이며, 대도호부와 목은 사록참군사가 장서기를 겸직하였고, 중도호부의 경우 판관이 사록참군사를 겸임하였다. 그렇지만 신종 6년(1203)에 이규보가 계양도호부사였을 때 통판(판관)과 서기로 있는 것으로 보아[18] 〈표 2〉의 守土員僚의 규정은 하나의 원칙일 뿐, 속관의 운영은 사정에 따라 융통성있게 운영되었음을 알 수 있다.[19]

판관은 수령이 부재할 경우 그 직을 대행한 貳車였기 때문에 관리직이었다고 할 수 있다. 公牒相通式 外官條에는 판관의 경우 공문 교류시 서명양식이 있다. 그리고 죽동의 난 때 "判官 高孝升을 위협하여 고을 아전들을 교체하였는데 효승은 새로 배치하는 아전들에게 다만 직첩만 수여할 뿐이었다"[20]고 한 기록을 통해 볼 때 판관은 전주목사를 대신해서 공문 작성에 官印을 찍고, 아전을 교체할 수 있는 권한을 갖고 있다. 이를 통해 수령 부재시 판관은 중앙의 공문을 열람할 권리가 있고, 중앙에 직접 공문을 발송할 수 있는 지위가 부여되어 있었다.

사록겸장서기는 외관, 貳車인 판관 밑에서 관리직과 향리를 연결하고, 호장과 함께 향리를 거느리면서 대민업무를 실질적으로 수행하는 행정실

---

17) 일반적으로 외관을 보좌하는 판관, 사록참군사 등을 '屬官'으로 부른다. 그렇지만 『高麗史』 권77, 백관2 외직 서경유수조에 '參佐'를 두었다는 기록이 보이고, 『稼亭集』 권8, 정참군을 전송한 시의 서문에도 '참좌'란 명칭이 보인다.
18) 이규보, 『東國李相國全集』 권15, 고율시, 「贈書記兼簡貳車二首」. 그 외 같은 책 같은 권에 이규보가 통판 정군에게 보낸 시와 官記 이군이 면관되어 고향으로 돌아갈 때의 시, 황보서기의 운에 차하여 읊은 시 등이 있다. 예종 원년에 대도호부와 목의 판관은 통판으로 명칭이 변경되었다(『高麗史』 권77, 백관2, 외직 대도호부).
19) 박종기, 2002, 앞의 책, 251~256쪽.
20) 『高麗史』 권20, 명종 12년 3월 경인일.

무직이었다고 할 수 있다.[21] 그렇기 때문에 판관과 장서기는 의식 때 딴 청에 앉는다.[22] 사록겸장서기의 경우 중앙에서 온 명령, 공문접수를 하고, 외관의 중앙의 보고 때 공문 기안을 할 수 있다. 진주목에서 공민왕 3년 崔瀣의『拙藁千百』을 편찬하면서 이 책의 말미에 편집인의 관직, 성명을 밝히고 있다. 『拙藁千百』의 출판은 사적인 서적의 출간으로, 국가의 명령에 의한 발행이 아니지만 '사록참군겸장서기' 기록이 있는 것으로 보아 공문을 발할 때 기안자인 '사록겸장서기'의 직함과 성명이 들어가야만 할 것이다. 공문이 잘못 된 경우 책임소재를 밝히는 증거자료로 활용되기 때문이다.

고려의 경우 군현의 외관과 참좌를 포함한 守土員僚 외에 각 군현은 별도의 '邑司'를 갖고 있었다. 고려 초기 이래 지방의 행정구획인 주·부·군·현의 향리 가운데 그 상층부를 구성했던 호장층의 집무청을 그 읍격에 따라 '主司·府司·郡司·縣司'라 했으며 이를 통칭하여 '邑司'라고 하였다. 또 특수행정구획인 鄕·所·部曲·處·莊도 각기 개별적인 행정구역인 동시에 각기 土姓吏民을 갖고 있으며 각기 長吏가 행정실무를 맡고 있었으니 여기에도 鄕司·所司·部曲司가 있었다. 읍사의 주요 업무는 首戶長의 掌印行公, 邑司首班의 詣闕肅拜, 邑中享祀와 佛事主管 등이 있다. 그렇지만 읍사의 장인행공은 중앙-지방간 명령의 전달체계에서는 중요한 역할을 했다. 御寶가 왕명을, 官印이 守令의 권위를 각각 상징하듯이 邑司의 권위는 수호장이 그 戶長印을 가지면서 발동되는 것이며, 읍사에서 관장하는 공문서에는 호장인이 찍혀야만 효력이 발생했던 것이다. 호장인신은 외관이 파견된 군현에는 관인과 함께 존재하지만 외관이 파견되기 전이

---

21) 김호동, 1987,「고려 무신정권시대 지방통치의 일단면 - 이규보의 전주목 '사록겸장서기'의 활동을 중심으로」『교남사학』3, 97~98쪽.
22) 『高麗史』권68, 예지10, 가례 老人賜設儀,"목사와 도호부의 판관 이상 관리와 知州防禦副使 판관 이상이 한 청에 같이 앉을 때 목사, 도호부의 掌書記, 法曹, 지주 방어진의 법조들은 딴 청에 앉는다."

나, 외관이 설치되지 않은 任內는 호장인신이 바로 官印으로 행세했던 것이다.23) 관계 자료가 없어 고려시대에는 상세한 내용을 잘 알 수 없으나 다음과 같은 조선초기의 기록에서도 호장인신은 상당한 위력을 가져 군현 관내 村落移文에 사용함으로써 직권남용이란 폐해가 지적되었고, 그 인신을 국가가 수거해야 한다는 논의가 있었다.

> 각도의 大小各官에 모두 州司의 印信이 있는데, 戶長이 맡아서 촌락에 移文하여 作弊가 많을 뿐만 아니라 戶口傳准과 奴婢文卷에 印을 찍어 주는 따위의 일에, 시비를 묻지 아니하고 사정에 따라 함부로 찍으므로, 京外 官司에서 決訟할 때를 당하면, 良人과 賤人이 한데 뒤섞여 眞僞를 분변하기 어렵습니다. 원하건대, 州司의 印信을 아울러 거두어 들이도록 하소서24)

중앙-지방간 명령전달체계에서 '읍사'가 촌락에 이문하는 최단 말단기관이라고 할 수 있다. 읍사는 주로 대민행정의 일선에 서서 외관의 개입 없이 독자적으로 戶口 傳准과 奴婢文券 印給의 기능을 담당하였다.25) 戶口 傳准과 奴婢文券 印給의 읍사에서 문제가 발생할 때 京外 官司에서 決訟을 담당하였다. 이 경우 읍사에서 수령에 대한 呈報하였다. 여기에 인신이 사용된다는 것은 수령에 대한 呈報가 공문서를 통해 이루어지는 것을 의미한다. 아마 읍사의 기능은 현재의 동사무소의 기능과 같을 것이다.

이상으로 중앙-지방간 명령의 전달체계의 매개처와 전달자를 살펴보았다. 다음 장에서 중앙-지방간의 명령의 전달과 소통체계를 살펴보고자 한다.

---

23) 이수건, 1989, 「고려시대 「읍사」연구」『국사관논총』3, 84~85쪽.
24) 『태종실록』권11, 태종 6년 6월 9일(정묘), 대사헌 許應의 시무 7조 중 7조. 이 기록은 조선 태종 6년(1406)에 읍사 인신의 폐지에 관한 논의이지만 고려시대의 유습일 것이다.
25) 윤경진, 2000, 「고려시대의 지방문서행정체계」『한국고대중세고문서연구(하)』서울대학교 출판부, 150쪽.

III. 중앙-지방간 명령의 전달과 소통

1. 중앙-지방간 명령의 전달을 통해본
군현의 행정운영체계

성종 6년에 중앙과 지방에서 국왕에게 상주하는 문서의 양식과 관사간의 공문서 서식, 行文移牒 서식을 정하였다고 하지만.[26] 이 行移公文式은 현재 우리가 알 수 없다. 그리고 『高麗史』의 경우 중앙-지방간 명령의 전달과 지방관의 보고는 간략하게 되어 있어서 살펴보기 어렵다.

중앙의 명령이 어떻게 군현에 전달되고, 군현에서 중앙으로 보고가 어떻게 이루어지는가를 알기 위해 다음의 사료를 검토해보기로 한다.

> ⓐ 왕이 명령하기를 "무릇 주, 현들에서 물, 가물, 벌레와 서리의 해로 인한 곡물의 손실이 있는 토지들이 있으면 그 村典이 수령에게 보고한다. 수령은 친히 현지에 나가 조사해 본 후 戶部에 신고하며, 호부에서는 三司에 보낸다. 삼사에서는 공문을 보내 그 허위 여부를 검토 조사한 다음에 또 그 도(界)의 안찰사로 하여금 다른 인원을 파견하여 자세히 검사케 하며 과연 자연 재해에 의한 피해임이 명백할 때 租稅를 감면하도록 한다."라고 하였다.(『高麗史』 권78, 식화1 田制 踏驗損實, 문종 4년 11월 判)

위 사료 ⓐ는 조세감면을 위한 답험손실 과정을 규정한 기록이다. 위 사료를 통해 조세감면이 촌전·수령·호부·삼사의 순서를 통해 감면절차가 이루어졌다. 이 자료는 중앙-지방간 명령의 전달이나 보고를 통해 주현이 중앙과 직결되었다는 것을 나타내준다고 하는 의미로 해석하고 있다. 주현이 중앙과 직결되었다는 의미는 중앙관사의 공문서인 公牒이 외관이 있는 주현에 전달되고, 속현은 그가 속한 주현을 통해 중앙과 연결된다는

---

26) 『高麗史』 권3, 성종 6년 8월 을묘, "命李夢遊 詳定中外奏狀及行移公文式"

의미, 중앙관사와 주현의 직첩관계에 있었다는 의미이다.[27]

삼사가 공문을 보낼 때 각 주현에 직첩했다는 것이 사실일까? 다음을 사료를 통해 중앙 각 기관이 지방관청과 안찰사 등을 포함한 별명사신에 공문을 보낼 때 尚書省을 통한 공문을 보내도록 하는 규정이 현종 23년에 있었다.

> ⓑ 현종 23년에 결정하기를 "서울 각 기관에서 지방의 고을들에 公貼을 보낼 때는 반드시 상서성에 보고하여 옳고 그른 것을 확인한 뒤에 靑郊驛 館使에게 주어 보내기로 하였다. 만약 각 기관과 宮衙典이 이것을 준행하지 않으면 館驛使는 文貼 및 그사유를 써서 상서성에 신고할 것이며 이를 위반한 자에게는 벌을 준다"고 하였다.(『高麗史』 권82, 兵2, 站驛 현종 23년 判)

고려 초에는 각 기관이 필요에 따라 지방행정기관에 직접 공문을 보냈을 것이다. 그렇지만 고려의 지방체제가 본격적으로 정비된 현종대에 중앙 각 기관이 지방에 공문을 발송할 때 상서성을 통하여 발송하는 규정을 만들었다. 임의로 각 지방에 공문을 발송할 때에는 청교역 관역사가 文貼 및 그 사유를 상서성에 보고하여 처벌하도록 하였다. 그리고 지방의 공문을 수신하여 각 해당 관청에 나누어 주었을 것이다. 상서성은 각 지방의 지방관 및 별함에게 직접 지시를 내리고 보고를 받는 주체였을 뿐 아니라 중앙 각 기관이 지방으로 발송하는 공문도 일괄 관장하였다. 중앙정부는 상서성의 이러한 역할을 통해 각 지방의 행정을 통제, 운영할 수 있었다.[28] 고려후기에는 도평의사사가 상서도성을 대신하여 이 일을 담당하였지만 기본 원칙에는 변함이 없었다.[29]

---

27) 변태섭, 1971, 「고려전기의 외관제 - 지방기구의 행정체계」『한국사연구』 1968 ;『고려정치제도사연구』, 일조각. 변태섭의 경우, 고려 전기에서 일반행정사무는 중앙에서 주현으로 직첩하는 행정체계를 이루고 있다고 하였다. 박종기의 경우도 중앙관사와 주현이 직첩관계였다고 한다(박종기, 2002, 앞의 책 231쪽).

28) 강은경, 2003, 「고려시대 공문서의 전달체계와 지방행정운영」『한국사연구』 122.

다음의 사료의 경우 중앙에서 각 지방관청에 보내는 공문 절차를 상세히 보여준다.

ⓒ 州府郡縣에 잔치를 베풀게 할 때에는 기일 전에 尙書禮部에서 미리 왕에게 아뢰고 또 지시를 받아 尙書都省에 공문을 보내고 도성에서는 이것을 三京, 諸都護州牧 등에 공문을 보내 전례대로 그들에게 술과 음식을 대접하거나 베 또는 곡식을 준다.

사료 ⓒ와 같이 사료 ⓐ의 경우 삼사에서 상서성에 공문을 보냈다는 것을 생략했을 수 있다. 전례, 규정이 있기 때문에 생략하였을 것이다.

필자가 주목하고자 하는 것은 사료 ⓐ의 "삼사에서는 공문을 보내 그 허위 여부를 검토 조사한 다음에 또 그 방면의 안찰사로 하여금 다른 인원을 파견하여 자세히 검사케 했다"는 구절이다. 그에 주목하는 것은 다음 사료 ⓓ에 기인한다.

ⓓ 靖宗 3년 정월에 外任 및 東西兵馬使에 소속된 관리들의 처가 서울에서 살다가 사망하였을 때에는 坊里에서 吏部에 보고하여 국왕에게 보고하는 수속을 거치지 않고 행상할 범절과 기일을 모두 양계의 병마사나 界員에게 통보할 것이며 특별한 일이 없을 때에는 소관 관서에서 사정을 참작하여 당자에게 서울로 올라오도록 허가하여 줄 것을 제정하고 이것을 恒式으로 삼았다.(『高麗史』 권64, 凶禮, 五服制度, 靖宗 3년 정월)

사료 ⓓ를 보면, 외임 및 동서병마사에 소속된 관리의 처가 사망하였을 때 '양계의 병마사와 界員에게 통보하는 것을 恒式으로 삼았다'는 것을 통해 '界員'은 계수관으로 볼 수 있을 것이다. 이부에서 당연히 상서성을 통해 계수관에 공문을 이첩하였고, 계수관이 관할 영군현에 전달한 것으

29) 강은경, 2003, 앞의 논문 46~47쪽. 강은경이 '고려 후기에 지방관청에 공문서를 보낼 때 도평의사사를 거치는 것이 원칙이었다'는 것을 밝혀냈으니 이 논문에서 중복을 피해 생략하였다.

로 보인다. 그같이 보면 사료 ⓐ도 달리 해석할 수 있다.

　사료 ⓐ를 보면, 외방의 보고는 주읍의 수령이 중앙으로 직보하였지만 중앙의 명령 전달은 중앙관사와 외관이 파견된 일반 군현에 직첩된 관계가 아님을 알 수 있다. 조세 감면을 위한 조사의 경우 재정과 직결되다보니 호부에서 전곡의 출납과 회계를 관장하는 삼사에 이첩하였다. 주목되는 것은 사료 ⓐ의 "삼사에서는 공문을 보내 그 허위 여부를 검토 조사한 다음에" "또 그 방면의 안찰사로 하여금 다른 인원을 파견하여 자세히 검사케 했다"는 것은 안찰사가 나오기 때문에 그 허위 여부를 검토 조사한 공문을 보낸 대상은 별명사신이 아니었음을 알 수 있다. 공문을 보낸 대상은 별명사신을 파견한 것이 아니라 경·목·대도호부의 계수관에게 조사 명령을 내렸을 것이다. 이 공문을 받은 계수관은 판관이나 사록을 관할 영군에 보내 그 허실을 조사하여 삼사에 보고하고, 삼사는 그 방면의 안찰사로 하여금 다시 명령을 내려 조사하게 하였을 것이다. 이렇게 추정하는 것은 이규보의 전주목 사록겸장서기의 활동을 기록한 「남행월일기」에 의하면 전주목의 직할 속읍을 순행한 외에 '詔勅'이나 '詔旨'를 받들어 신종 2년 12월에 감무가 파견된 부령현 변산에서 벌목을 감독했고, 윤 12월에 진례현과 남원부 등의 여러 고을의 冤獄을 감찰하였고, 신종 3년 3월에 영현인 임피현과 그 속현인 만경현·옥구현 등과 감무 파견지역인 만경·부령현의 바다를 따라 배를 조사할 때 "水村·紗戶·漁燈·鹽市를 遊閱하지 않은 곳이 없었다"고 하였다. 그렇게 볼 경우 "일반 행정사무는 중앙에서 州縣으로 職牒하는 행정체계를 이루고, 州牧은 모든 행정사무에 있어서 주현을 관할하여 중앙관사에 연결하는 상급행정기관이 아니고 上表陳賀·鄕貢選上·外獄推檢 등 한정된 부문에서 중간기구의 기능을 가졌던 것이라 하여 계수관이 중앙과 수령 사이의 중간적 행정관의 위치에 있지 않았다고 한다"[30]는 것은 성립이 되지 않는다.

　다음의 사료는 계수관이 관할 군현에 첩을 발송하는 사례로서 중요한 자료이다.

> ⓔ 원종 11년에 羅州의 司錄이 되었다. … 應德이 그 말을 듣고 바로 守城할
> 결의를 다지고 州와 領內諸縣에게 牒하여 금성산에 입보하도록 하였다.(『高
> 麗史』 권103, 열전16, 金應德)

사료 ⓔ의 기록은 원종 11년(1270)에 나주의 사록으로 부임한 김응덕이 삼별초의 공격에 맞서 나주의 관할 군현들에게 牒을 보내 금성산에 입보할 것을 명령하는 내용이다. 이때 나주는 계수관이다. 나주사록의 첩을 받은 대상에 영내군현 뿐만 아니라 주, 곧 나주 자체도 포함되어 있었다. 나주의 경우 읍사와 나주의 속읍 읍사에 전달되었을 것이다. 나주 사록의 첩은 관할 군현의 외관을 통해 그 동일 군현의 읍사와 속읍의 읍사에게도 발송되었을 것이다. 그렇지만 첩을 기안하여 나주의 외관인 사, 혹은 부사에게 보고하여 그 명령을 받아 행정실무자인 사록이 공문을 발하였다고 볼 수 있다.

사료 ⓐ의 경우 조세감면을 위해 계수관에 공문을 보내 허실을 조사하고, 또 안찰사에게 다시 공문을 보내 다른 관원을 보내 자세히 조사하라고 하였다. 안찰사에게 行文移牒할 때 도내의 가장 큰 主牧에 안찰사영을 두고 少卿을 거느리고 있었으니까[31] 안찰사영에 명령을 전달하였다고 할 수 있다. 안찰사는 한곳에 머무르지 않고 도내를 순찰하기 때문에 안찰사소경이 중앙에 내려온 공문을 접수하고 안찰사에게 전달하였을 것이다. 안찰사는 조세감면을 위한 조사활동을 계수관의 守土貝僚에게 의존할 수밖에 없었을 것이다. 안찰사는 춘추로 교대되어 임기가 6개월이고, 소경이란 관원 외에 관원이 보이지 않고, 도내를 순찰하기 때문에 계수관의

---

30) 변태섭, 1968, 「고려전기의 외관제 – 지방기구의 행정체계」 『한국사연구』 ; 1971,
　　『고려정치제도사연구』, 일조각.
31) 변태섭, 1971, 앞의 안찰사에 관한 논문 176~181쪽.

속관을 활용할 수밖에 없었다. 사료 ⓐ에 의하면, 삼사가 안찰사에게 공문을 보낼 때 '다른 관원을 보래 조사하라'고 못박은 이유는 삼사과 계수관에 공문을 통해 조사한 속관 외에 '다른 관원을 보내 조사하라'는 의미이다. 해당 계수관의 守土員僚들은 삼사나 안찰사의 명령을 전달받아 관할 영군현과 그에 예속된 속읍과 향소부곡을 조사하였을 것이다. 문종 8년 5월에 諸道州郡의 민들이 유리실업하자 諸州通判 이상의 관리로 巡行存問하여 의창을 구휼하라는 制書가 있는 것으로 보아[32] 계수관의 통판이 조칙을 받들어 일을 본 셈이다.

『高麗史』와 『高麗史節要』의 기록을 보면 중앙정부에서는 안찰사 외에 수시로 지방을 안검하기 위해 '遣使' 조치를 단행한 기록이 많이 나온다. 그것을 『高麗史』 권84, 형법1, 公式 公牒相通式 '外官'조에 '別命使臣'으로 분류하고 있다. 공첩상통식의 규정에 의하면 별명사신과 외관 상호간에 공문을 보낼 때 다음과 같은 일정한 양식이 있다.

> 별명사신이 牧, 都護에 대하여 마땅히 "아무 사신이 아무 목, 아무 도호에게 통첩한다."고 쓸 것이 바 맡은 사명이 중요하고 記事 下典을 거느린 7품 이상 사신인 경우에는 성을 쓰고 수표를 하며 8품 사신인 경우에는 성명을 쓴다. 그가 비록 6, 7품 사신일지라도 맡은 사명이 경하고 관리와 하전을 거느리고 있지 않다면 관직명을 갖추어 성명을 쓴다. 목, 도호는 7, 8품 使와 副使 이상에 대하여 성을 쓰고 수표를 하며 그 이하에 대하여서는 성명을 쓰며 맡은 사명이 중요한 사신이거나 常參 이상의 獨使에 대하여서는 성을 쓰고 수표를 하며 부사 이하에 대하여서는 성명을 쓴다.
>
> 별명사신이 중도호, 知州, 防禦使, 縣令, 鎭將官에 대하여 비록 기사, 하전을 데리고 있지 않더라도 6, 7품 사신인 경우에는 성을 쓰고 수표를 하며 8품 사신인 경우에는 성명을 쓰며 진장, 현령에 대하여서는 성을 쓰고 수표를 한다. 중도호, 지주, 방어, 현령, 진장관은 7, 8품 사신에 대하여 성을 쓰고 수표를 하며 부사 이하에 대하여서는 성명을 쓰며 맡은 사명이 중요한 사신 및 상참 사신에 대하여는 모두 성명을 쓴다.

---

32) 『高麗史』 권80, 식화3, 常平義倉 水旱疫癘賑貸之制, 문종 8년 5월.

삼군 병마사는 서경, 유수관, 판관 이상에 대하여 성을 쓰고 수표를 하며 그 이하에 대하여는 성명을 쓴다. 동서 巡檢使는 유수관, 부사 이상에 대하여 성을 쓰고 수표를 한다. 유수관은 중군 병마사, 유수에 대하여 수표를 하며 부유수에 대하여는 성명을 쓰며 좌우 동서 도순검사, 부류수 이상에 대하여는 수표를 하며 판관 이하에 대하여는 성명을 쓴다. 서경 감군사는 중군 병마사에 대하여 성을 쓰며 동서 순검사에 대하여는 수표를 한다. 서경 유수, 삼군 병마사는 감군, 판관 이상에 대하여 성을 쓰고 수표를 한다. 동서순검사는 감군, 부사 이상에 대하여 성을 쓰고 수표를 한다. 서경 유수, 삼군 병마사, 동서 도순검사, 도부서는 8목, 2대도호부, 諸道府官들에 대하여 모두 성을 쓰고 수표를 한다. 8목, 2대도호는 삼군 병마사 및 서경유수관, 감군사, 동서 도순검사, 동서해 순찰사들에 대하여 성명을 쓰며 여러 도부서 사신에 대하여는 성을 쓰고 수표를 하며 부사 이하에 대하여는 성명을 쓴다. 중도호, 지주 이하 제도 외관은 병마사, 서경유수관, 동서 도순검사, 동서 해 순찰사, 도부서에 대하여 성명을 쓴다. 중군 병마사는 좌우 군, 동계 도순검사, 판관 이상에 대하여 성을 쓰고 수표를 하며 그 이하에 대하여는 성명을 쓴다. 좌우 군, 동계 도순 검사는 중군 병마사에 대하여 성명을 쓰고 수표를 하며 부사 이하에 대하여는 성명만 쓰며 경상도 순검사, 서해 순찰사, 猛州都知兵馬使는 서경 유수, 감군사, 부사 이상에 대하여 성을 쓰고 수표를 하며 그 이하는 성명을 쓴다. 여러 도부서는 서경유수관, 감군사에 대하여 상참 이상 관원으로서 도부서 부사가 되었을 경우에는 부사 이상은 성을 쓰고 수표를 하며 참외원이 부사가 되었을 경우에는 성을 쓰고 수표를 하며 부사 이하는 성명을 쓴다. 유수관, 감군사는 여러 도부서 판관 이상에 대하여 성을 쓰고 수표를 하며 그 이하에 대하여는 성명을 쓴다. 삼도 순찰사, 병마사는 중군 병마사에 대하여 성명을 쓰되 삼품 이상의 순찰사나 병마사만은 성을 쓰고 수표를 한다. 삼군 병마사, 여러 도부서는 경상도, 서해 순찰사, 맹주도지 병마사에 대하여 성을 쓰고 수표를 한다. 여러 도부서는 삼군 병마사에 대하여 성명을 쓰며 좌우 군 병마사에 대하여는 그가 3품 이상의 使로서 대장군으로 문반의 卿, 監을 겸하고 있을 경우에는 성을 쓰고 수표를 하며 그 이하는 성명을 쓴다. 서경 유수는 申省狀에 성을 쓰고 수표를 하며 부유수 이하 감군사, 동서 도순 검사 등 별명사신 및 제도 외관에 대하여서는 비록 3품 이상이라도 성명을 쓴다. 진장, 현령, 監倉驛巡官은 방어, 鎭使 이상 관원에 대하여 관직명을 밝히고 성명을 쓴다.

공첩상통식의 경우 공문의 겉봉에 대한 격식과 서명에 관한 기록뿐이다. 그렇지만 공첩상통식을 통해 첫째, 별명사신은 서경유수와 목, 도호와 중도호, 지주, 방어, 현령, 진장관의 공문에 보낼 수 있었고, 또 해당 지방 관원은 별명사신에 공문을 보낼 수 있었다. 이는 지방관이 상주한 모든 등급의 행정구역을 망라한 것이다. 양자가 공문은 수수한다는 것은 이들 사이에 협조해야할 공무가 있었음을 의미한다.

둘째, 강은경이 지적한 것처럼 안찰사처럼 별명사신의 경우 계수관보다 낮은 품계를 가지는 경우가 많았다. 그렇지만 별명사신의 경우 왕권의 대행자로서 외관은 상명하복을 할 필요가 있어서 상위의 지방관과 별명사신의 관계에 대해 법적으로 규정할 필요가 있었다. 그 결과 공첩상통식에서 별함이 목·도호에 공문을 보낼 때에는 奉使하는 일이 중요하고 기사 하전을 갖춘 7품 이상의 사신은 성을 붙여 草押하도록 한 반면, 목과 도호부에서는 7, 8품의 사신에 대하여 4품의 부유수사 또는 부사 이상이 성을 붙여 초압하도록 했다. 게다가 사신의 일이 중요하거나 상참 이상의 독사라면 3품 이상의 유수사가 성을 붙여서 초압하고, 부사 이하는 성명을 붙여야 했다. 3, 4품의 지방관이 7, 8품의 별함과 동일한 격식을 취하도록 했다. 그렇기 때문에 별명사신이 지방행정기관에 보낸 '貼'이라 불렀는데, 하급기관에 보내는 공문서 형식이었다. 별명사신과 지방관 사이에 서로 문서를 수수할 때의 격식에 대한 규정이 마련했다는 것은 지방행정 운영에서 별명사신은 지방관과 함께 명령의 전달자로서 지방관과 함께 하나의 축을 형성하였다고 볼 수 있다.33)

셋째, 공첩상통식의 경우 별명사신과 유수관·목·대도호부의 공문 서식에 관한 것이 대부분이다. 안찰사처럼 별명사신의 경우 아종을 가질 뿐 수하 관원이 없으므로 계수관의 守土貝僚에게 명령을 전달하여 계수관의 속관을 부리는 경우가 많았다. 그것이 공첩상통식에 반영되었다고 볼 수 있다. 별명사신의 잦은 행차로 인해 전주목 사록검장서기로 있었던 이규

---

33) 강은경, 2003, 앞의 논문 54~55쪽.

보는 「莫導爲州樂 四首」(『東國李相國全集』권9)에서 "무릎 꿇고 왕사에게 인사드리네"라고 하여 고을살이 즐겁지 않은 이유로 잦은 왕사의 행차를 들고 있다. 이것은 안찰사나 별명사신이 계수관의 속관을 부린다는 것을 증명한다. 이것을 통해 고려의 경우 중앙정부와 외관이 파견된 일반 주현이 직첩관계에 있지 않고, 계수관이 중간기구의 역할을 하면서 명령의 전달은 중앙의 각사는 사안에 따라 계수관과 안찰사, 별명사신에게 명령을 전달하였다고 할 수 있다. 또 안찰사와 별명사신은 사안에 따라 모든 지방행정기관의 수령에게 공문을 行文移牒하였다고 할 수 있다.

넷째, 속읍과 향소부곡에 공문이 직첩되지 않았고, 외관이 파견된 주읍의 경우 중앙에서 외관으로 보낸 공문을 전달하고, 공문을 작성하여 속읍과 향소부곡 읍사에 공문을 보냈다고 할 수 있다. 주읍의 경우 공문을 행문이처하거나 주읍의 守土貝僚와 향리를 파견하여 명령을 구두전달하거나 명령을 집행하기도 하였다.

이규보는 전주목 사록겸장서기로서, '屬郡春行慣'이라 하여 매년 봄 속읍을 순행하는 일을 '관례'라고 하였다. 주읍의 향리가 속읍에 직접 와서 口傳하여 다스리기도 하였음을 다음의 자료를 통해 알 수 있다.

> ⓕ 현풍은 감무 파견 이전에 밀성에 소속되었는데, 약속을 받아 현풍에 와서 다스리는 밀성의 향리가 土官을 모욕하고 백성에게 모욕을 주고 침탈하였다. 밀성으로 오가는데 1백리나 걸리는 길을 따라 조세나 공물 등을 징발하려니 백성이 피곤하고 토지가 황폐해서 겨우 현의 이름을 유지할 뿐이다.(『신증동국여지승람』권27, 현풍현 누정조 仰風樓)

현풍은 현종 9년 밀성의 속현이었다가 공양왕 2년에 감무가 파견되었다. 현풍은 독자의 읍사를 구성하고 토관이 존재하면서 독자의 영역이었지만, 주읍인 밀성의 속읍으로 존재하면서 주읍 밀성의 행정적 지배를 받았다. 행정을 위해 밀성의 향리가 현풍에 와서 토관과 백성을 모욕하고 침탈하였다는데서 상하 행정적 인간관계가 존재하였음을 알 수 있다. 그렇기 때문에 이규보는 주읍의 관리가 오면 속읍의 백성들은 도망하여 놀란 노루처럼 보인다고 하였을 것이다.[34] 주속읍의 행정적 상하관계는 인간관계의 관계 맺기에도 반영되었음을 사료 ⓕ가 잘 보여주고 있다.

　고려시기 외관청과 읍사 사이에 이루어진 문서행정에 대해서는 신종 원년(1198)에 작성된 「長城監務官貼」의 사례가 주목된다.[35]

　　ⓗ-① 監務官貼長城郡司
　　② 當司 准僧錄司史 椿穎 丁巳十一月日貼
　　③ 同郡監務 兼勸農使 將仕郎 尙衣直長 宋某 丙辰十月日 各狀申省
　　④ 當司准 僧錄司 僧史 仁敍 九月日貼
　　⑤ (중략) 丙辰三月二十日左承宣右散騎常侍上將軍知吏部事詹事府事 文迪奏 判依奏 付僧錄司 右如敎事爲是在等以 造排綠由乙良 仔細亦 問 備申省爲乎昧了乎等用良 依貼爲 傳出納下問令是乎矣
　　⑥ 任內同郡戶長徐純仁等 丙辰十月 報狀內爲乎矣(중략)
　　⑦ 貼內 思乙用良 村伏公案良中 法孫傳繼施行爲遣 由報爲在昧 出納爲 臥乎事 戊午三月二十三日

　위 문서는 우선 禪師 中延이 사원을 중창하고 그와 관련하여 法孫의 계승을 청원하는 所志를 올리자 소지를 접수한 승록사가 승선을 통해 왕에게 시행안을 올리고 그에 대한 조치가 승록사로 하달되었다(⑤). 승록사는 사원의 중창을 확인하기 위해 장성감무에게 이를 시달하였고(④), 장성감무는 다시 장성군사의 호장에게 조사를 명령하였다. 호장은 조사 내용을 감무에게 보고하였고(⑥), 보고를 받은 감무는 다시 승록사에게

---

34) 이규보, 『東國李相國全集』 권9, 「郎山縣監倉後有作」.
35) 「長城監務官貼」을 통해 외관청과 읍사 사이에 이루어진 문서행정에 대해서는 윤경진이 「고려시대의 지방문서행정체계」(『한국고대중세고문서연구(하)』 서울대학교출판부, 2000, 158~161쪽)를 통해 분석되었다. 이 논문의 경우 그 연구성과를 인용하였다.

보고하였다(③). 승록사는 다시 최종 시행령을 감무에게 시달하였으며 (②), 감무는 이에 근거하여 장성군사에 法孫案牘의 시행을 최종시달하면 서(①, ⑦) 아울러 시행결과를 다시 보고하도록 지시하였다(⑦). 결국 왕명에 따라 중연의 소지 내용을 실행하기 위한 행정문서의 수발은 승록사-승선-국왕-승록사-장성감무관-장성군사-장성감무관-승록사-장성감무관-장성군사의 순서로 진행되었다. 이를 통해 당시 주읍의 외관청과 속읍의 읍사 사이에 문서의 수발을 통한 행정체계가 성립되었다는 것은 분명하다.

이 문서는 계수관과 안찰사와 별명사신을 거치지 않고, 상서성을 거치지 않았다는 것을 알 수 있다. 아마 고문서로 전해지면서 사료 성격상 그것이 누락되었을 가능성이 많다. 다음의 사료는 그것을 추정하는데 도움이 된다.

> ⓘ 원종 11년에 羅州의 司錄이 되었다. (중략) 應德이 그 말을 듣고 바로 守城할 결의를 다지고 州와 領內諸縣에게 牒하여 금성산에 입보하도록 하였다.(『高麗史』 권103, 열전16, 金應德)

앞 장에서도 언급한 바와 같이 계수관이 관할 영군현에 '첩'을 발송하는 것이 보인다. 그리고 동일 군현의 외관청과 읍사 사이의 문서의 수발을 통한 행정체계의 사례로서 중요한 자료이다.

읍사는 주읍의 간접적 지배를 받고 있었지만 앞 장에서 살펴본 바와 같이 읍사는 주로 대민행정의 일선에 서서 외관의 개입 없이 독자적으로 戶口 傳准과 奴婢文券 印給의 기능을 담당하였다. 이는 실제 수발된 행정문서의 사례를 통해 확인할 수 있다. 다음의 사료는 현종 22년(1031)에 작성된 「淨兜寺五層石塔造成形止記」에 수록된 것이다.

> ⓖ-① 郡司戶長仁勇校尉李元敏 副戶長應律李成稟柔伸彦 戶正宏運 副戶正成憲 官史光策等 大平三年癸亥六月日 淨兜寺良中 安置令是白於爲

議出納爲乎事亦在乙.

② 郡司戶長別將柳瓊 攝戶長金甫 戶正成允 副戶正李希 書者承福等太平十年歲次庚午十二月七日 牒以寺代內應爲處追于立是白乎昧了在乎等用良.

위 자료 ⑧-①은 현종 14년에 탑을 정토사에 안치하는 것을 허용하는 문서를 인용한 것이며, ②는 현종 21년에 다시 탑을 세울 후보지 중에서 寺代(寺岱)에 세울 것을 허가하는 문서를 인용한 것이다. ①의 '出納'과 ②의 '牒'이 발급문서를 나타낸다. 인용된 문서의 서두에 열거된 郡司戶長 이하 부호장·호정 등의 명단은 바로 해당 문서의 서명자로 파악된다. 그런데 정작 약목군을 관할하는 知京山府事는 문서와 관련하여 언급되지 않고 있다. 이는 해당 문서의 발급에 지경산부사가 관계하지 않았음을 의미한다. 이를 통해 구년 내의 사원에 탑을 건립하는 것에 대한 허가와 구체적인 부지의 선정에 대한 허가가 모두 읍사의 권한이었으며, 약목군의 읍사는 외관의 명령이나 재가 없이 독자적으로 허가문서를 발급하였음을 알 수 있다. 이들은 모두 군현 애의 대민 행정에 관련된 내용들로서 촌락에 대한 移文과 같은 맥락에서 이해될 수 있다.36) 고려시기 읍사는 외관의 유무에 상관없이 모든 군현에 설치되었기 때문에 외관이 없는 속읍뿐만 아니라 외관이 설치된 군현의 경우에도 기초행정은 읍사가 담당하였을 것이다.37)

중앙정부의 명령전달과 외관 및 안찰사, 별명사신의 중앙의 보고는 행문이첩에 의해 이루어졌다. 공문을 보낼 때 가죽 전대(皮俗, 皮角)에 봉인한 공문서를 넣어 보내면서 제일 급한 일(三急)은 방울을 세 개 달고, 다음 급한 일(二急)은 방울을 두 개 달고, 그 다음 급한 일(一急)은 방울을

---

36) 윤경진, 2000, 「고려시대의 지방문서행정체계」 『한국고대중세고문서연구(하)』 서울대학교 출판부, 151쪽.
37) 윤경진, 2000, 위의 논문 154쪽.

한 개 단다. 이것을 '懸鈴'이라고 한다.[38] 조준 등의 상소에서도 정부의
문서를 지방에 보낼 때 '懸鈴行移'를 강조한 것으로 보아[39] 공문서의 수
발은 일의 완급을 가려 현령행이에 이루어졌을 것이다. 津驛에서는 현령
의 수를 보아 2월~7월 중에 三急은 하루에 6驛, 二急은 하루에 5역, 一急
은 하루에 4역을 가고, 8월~정월까지는 삼급은 하루에 5역, 이급은 하루
에 4역, 일급은 하루에 3역을 가기로 하였다.[40] 그렇지만 일의 완급이 어
떤 내용인가는 사료에 나오지 않으므로 알 수 없다.

　중앙과 지방의 명령 전달은 관과 역을 통해 이루어진다. 또 왕의 명령
을 받고 외방에 나가는 안찰사와 별명사신은 관과 역을 통해 역마를 타고
이동하였다. 조준의 상소에는 관과 역의 피해를 줄이기 위한 방안으로서
첫째, 주군의 모든 사무를 순문사, 안렴사에게 맡겨서 하고, 둘째, 중요하
지 않은 사명은 보내지 말게 하고, 셋째, 조정의 文字는 懸鈴行移하고,
넷째, 군사상 긴급한 일이 아니면 역마를 주지 말고, 다섯째, 역마를 타지
않은 사람은 각 군현에 들어와서 식사 공급을 받지 못하게 할 것이며, 여
섯째, 규정을 위반한 경우 主客을 모두 파면하고 서용하지 말게 하고, 일
곱째, 각 도의 순문사와 안렴사도 정부에서 제정한 규정을 지켜야 한다고
제안하였다. 이것은 공문의 전달을 줄여 행정의 간소화와, 그것을 위해
별명사신을 줄여 안찰사제도를 중간기구로 정하자는 제안이다. 그것은 조
선시대의 8도제도가 확립되면서 감사제도로 자리 잡게 되었다.

2. 중앙-지방간 명령의 전달을 통해본 소통과 관계맺기

　고려 왕조는 소수의 州·府·郡·縣, 즉 '主邑'에 다수의 '屬邑'과 鄕·所·

---

38) 『高麗史』 권82, 병2, 驛站.
39) 『高麗史』 권82, 병2, 驛站, 신우 14년 7월.
40) 『高麗史』 권82, 병2, 驛站.

部曲을 영속시키는 주-속읍제의 권역별 군현제를 근간으로 하고 있다. 그렇지만 주읍단위의 권역별 군현제의 효과적 운영을 위해 몇 개의 주읍단위의 권역을 하나의 광역단위의 권역으로 묶고, 주읍단위의 권역을 領屬케 하는 계수관 중심의 광역단위의 군현제를 운영하였다. 고려의 경우 작게는 주읍단위의 권역을 단위로, 보다 크게는 계수관 중심의 광역단위로 하여 각기 하나의 공동의 지역권을 형성하였다. 각 지역권은 하나의 정치·경제적 단위체로서, 혹은 공동생활의 장으로서 사회·문화적 공감대를 갖고 있었다, 중앙-지방간 명령의 전달도 주-속읍제를 근간으로 하면서 계수관 중심의 광역단위를 중심으로 상명하복이 이루어졌기 때문에 관료들의 소통도 그것을 통해 이루어졌다.

그렇지만 고려의 경우 계수관 중심의 광역단위의 지역권을 상호 병립시키며 대항관계를 유지케 함으로써 효과적인 통치를 기하고자 하는 한편, 이의 효과적 운용을 위해 안찰사, 별명사신 등을 파견하여 지휘, 통제케 하였다. 나아가 계수관을 중심으로 한 광역단위의 권역 내에서 몇 개의 주읍을 서로 병립시킨 것이나 주읍 내에 다수의 속읍을 병립시키고, 일읍 내에서 다수의 土姓과 戶長을 둔 이유도 어디까지나 상호 견제와 대립을 통한 효과적인 지방통치의 의도에서 비롯된 것이다.41) 이것으로 인해 일읍 내, 주-속읍 권역별, 계수관 중심의 광역단위의 경우도 소통이 이루어지는 한편 갈등과 대립이 상존할 수 있다. 그렇기 때문에 복잡다기하고 계서적 군현제의 운영으로 인해 중앙-지방간 명령의 전달과 관료들의 공적 소통방식과 관계맺기는 다양한 형태로 존재한다.『高麗史』와『高麗史節要』의 관찬사서에는 중앙-지방간 명령의 전달과 소통에 관한 사료는 거의 전하지 않는다. 이규보의『동국이상국집』에는 계수관인 전주목

---

41) 김호동, 1987,「고려 무신정권시대 지방통치의 일단면 – 이규보의 전주목 '사록겸장서기'의 활동을 중심으로 –」『교남사학』3 ; 2003,「계양도호부사 이규보의 활동을 통해 본 고려 군현통치의 실상」『한국중세사연구』14, 한국중세사학회 참조.

사록겸장서기와 남경유수관 양주의 관할 영현인 안남도호부 수주, 즉 계양도호부사로 간 시문들이 많이 있다. 그것을 통해 그 편린을 살펴볼 수 있다.

이규보가 계양도호부사로 있을 때 통판과 서기, 문학에 시문을 주고받은 기록이 많이 있다.[42) 속관은 중앙에서 파견된 외관의 일종이고, 명령의 전달을 통해 이들과 밀접한 관계를 맺음을 알 수 있다. 또 안찰사와 주고 받은 시문이 있다.[43) 이것은 공무로 인해 소통맺기를 엿보는 자료로 볼 수 있다. 그에 반해 父老와 주고받은 것은 2개의 시문이 있다.[44) 아마 지방민에 대해 군림자로 있다 보니 대지방민과의 소통을 극히 적게 하였다고 할 수 있다.

이규보가 계양에서 지은 狀을 살펴보면 계양에 부임한 직후 안찰사에게 올린 장이 있고, 江華縣令·金浦縣令·安山監務·喬桐監務·江華尉에게 答한 狀이 있다.[45) 이 가운데 강화·김포·안산·교동 등의 읍들은 모두 양주 관내의 군현들이다. 이것은 양주 관내의 영군현들이 계수관인 양주를 중심으로 한 계수관 단위의 광역단위의 군현제의 지방행정이 작동하고 있었기 때문에 나타난 현상일 것이다.[46) 계수관과 그 영군현의 상하관계가

---

42) 이규보, 『東國李相國全集』 권15, 고율시, 桂陽所著, 「示通判鄭君 二首」, 「贈書記兼簡貳車二首」, 「管記李君以公事免官將歸予不能無悲以詩送之」, 「次韻謝皇甫管記贈扇墨」, 「皇甫書記見和壽量寺留題復用前韻」, 「崔書記譴和復題四首」, 「次韻宋文學」.

43) 이규보, 『東國李相國全集』 권15, 「次韻金承宣良鏡和陳按廉湜三首」, 「次韻廉按使金郎中戱贈文學」 ; 東國李相國集』 卷32, 「初到官上按察使狀」.

44) 이규보, 『東國李相國集』 권15, 고율시, 「太守示父老」, 「父老答太守」.

45) 이규보, 『東國李相國集』 권32, 「初到官上按察使狀」·「答江華縣令崔將軍狀」·「答金浦縣令狀」·「答安山監務同前狀」·「答喬桐監務同前狀」·「答屬郡賀冬至狀」·「答江華尉初到官狀」.

46) 이러한 계수관 단위의 광역단위의 군현제가 지방 행정의 단위였음을 논한 것으로는 졸고 「고려 무정권시대 지방통치의 일단면－이규보의 전주목 '사록겸장서기'의 활동을 중심으로－」(『교남사학』 3, 1987) 및 「군현제의 시각에서 바라본 12·13세기 농민항쟁의 역사적 배경」(『역사연구』 4, 역사학연구소, 1995)가 있는데 이 글은 이러한 시각을 보완해주리라고 본다.

유지되고 있었기 때문에 나주목의 영현인 능성의 현령이 나주목사의 부임에 대해 글 잘하는 이규보에게까지 대작을 부탁하여 하장을 보내면서 인자하신 그늘의 비호를 빌면서 상관만 바라며 생사를 위엄스러우신 덕화에 맡긴다고 한 것이나47), 모 현령이 태수 도임의 하장에서 자신은 하향 고을 관원으로서 명령이 상관에게 달렸다고 한 것은48) 계수관 단위의 광역별 군현제의 틀 속에서 관료들의 공적 소통이 이루어졌기 때문에 가능한 것이다.

그렇지만 이규보의 경우 전주목사록겸장서기로 있으면서 7품의 사록겸장서기인 이규보가 領知事府郡縣들의 冤獄을 감찰하던 중 進禮縣에 이르렀을 때 마침 부재중인 같은 품계의 縣令과 8품의 縣尉가 밤 2경에도 불구하고 8,000 여보를 급히 달려와 지성으로 받들자 잠자던 척 하던 그가 대접을 응한 것이나,49) 同年進士 黃敏仁을 保安縣에 보내어 馬浦大王에게 제사지내면서,

　　내가 다스리는 完山은 한 지방의 중심이고, 대왕이 맡은 마포도 완산의 소

---

47) 이규보, 『東國李相國全集』 권32, 「爲陵城倅賀羅州大守到官狀」, "萬乘의 근심을 분담하여 백성의 부모가 되고, 한 지방의 명령을 전제하여 몸이 하늘노릇하십니다. 삼가 생각하옵건대 某官께서는 宮門에서 왕명을 받아 百里城을 전담하시니 潁川의 비 만들어 傅說의 장마비 노릇함이 해롭지 않으실 것이요, 南國의 茇堂 에 앞으로 公孫弘처럼 閣을 세우시게 될 것이니, 州符로 잠시 좌천되셨으나 台階가 마땅히 펴이시게 될 것입니다. 저는 쩨쩨하고 용렬한 사람으로, 인자하신 그늘의 비호 비는데, 스스로 생각하옵건대, 정사에 졸렬하여 事機의 완급에 어둡기로, 상관만 바라며 생사를 위엄스러우신 덕화에 맡깁니다."
48) 이규보, 『東國李相國全集』 권32, 「爲某縣令賀仰部太守初到官狀」), "紫闥에서 소임을 분담하여 黃堂에서 王化를 펴시니 仁風이 펼치는 곳에 만물의 생기가 봄과 같습니다. 삼가 생각하옵건대 某官께서는 정승의 가문에서 출생하여 갖추 조정의 반열을 지내시되, 金蟬冠을 머리에 쓰고 世家의 영화를 이어받으시며, 銀兎符를 허리에 차고 잠시 方伯의 소임을 맡으셨습니다. 저희들은 하향 고을 관원으로 있어 명령이 상관에게 달렸으니, 태산같이 의지하며 時雨같은 덕화 내리기 바랍니다."
49) 이규보, 『東國李相國全集』 권23, 「南行月日記」.

속이라, 長官의 관리로서 下邑의 귀신에 대해 절을 하지 않고 읍하는 것이 예에 있어서 마땅하리.[50]

라고 한 것 역시 계수관과 영군 사이의 상하 예속관계가 지속됨을 알 수 있다. 그건 영군현의 명령의 전달 수수과정에서의 그 관할 직할 속읍과 영읍에 대한 강압적이고 군림자적 태도를 엿볼 수 있다. 그것은 상호 소통을 막는 것이다.

또 전주목 사록겸장서기로 있을 때 문무교차제의 실시에 따른 외관 상호간의 갈등, 관리직과 실무직의 갈등이 어우러져 통판 某와 사록겸장서기인 이규보와의 상당한 알력이 존재하여 소통을 방해하고 있었다.[51] 그건 명령의 집행에 관련한 갈등으로 보인다. 그나마 전주목에서의 생활은 다만 안찰사 윤위와 임실군의 감무만이 그의 뜻에 부합할 뿐이라고 하였다.[52] 그것은 계수관 사록겸장서기로 있으면서 안찰사와 관할 영현의 명령의 전달과 집행으로 인해 소통을 통해 맺은 인간관계에 기인하였다. 그가 거느리고 있는 향리들마저 풍류만을 즐기며 자신의 뜻에 전혀 들지 않을 뿐이었다고 고백하고 있다. 그러한 가운데 이규보는 외관으로의 직무 수행에 깊은 회의에 빠지게 된다. 「莫導爲州樂 四首」(『東國李相國全集』 권9)에 관료들의 공적 소통방식과 관계맺기에 실패한 이규보의 모습이 잘 드러난다.

고을살이 즐겁다 마오   莫導爲州樂
고을살이 도리어 걱정뿐일세   爲州乃反憂
공정은 시끄럽기 저자 같고   公庭喧似市
산더미처럼 쌓인 송사의 문서   訟牒委如丘

50) 이규보, 『東國李相國全集』 권37, 「全州重祭保安縣馬浦大王文」.
51) 김호동, 1987, 앞의 논문 참조.
52) 이규보, 『東國李相國全集』 권9, 「次韻高先生抗中獻廉察尹司業幷序」·「呈任實郡宰」
    및 같은 책 권37, 「國子司業尹公哀詞」.

가난한 마을에 세금 차마 부과하겠나	忍課殘村稅
감옥에 가득한 죄수들 안타깝구려	愁看滿獄囚
입엔 웃음 띨 날 없는데	也無開口笑
더구나 태평하게 놀러다닐까	況奈事遨遊

고을살이 즐겁다 마오	莫道爲州樂
고을살이 걱정만 점차 새로워	爲州憂轉新
성낸 얼굴로 고을 아전 꾸중하고	怒顔訶郡吏
무릎 꿇고 왕사에게 인사드리네	曲膝拜王人
속군을 봄마다 순찰하고	屬郡春行慣
영사에 기우제도 자주 지냈네	靈祠乞雨頻
잠시도 한가할 때 없으니	片時閑未得
어떻게 몸 빼낼 생각하리요	何計暫抽身

고을살이 즐겁다 마오	莫道爲州樂
고을살이 걱정만 밀려오누나	爲州憂轉稠
따스한 비단 옷 입지 못하고	身無尺帛暖
한 푼의 돈도 있을 날 없네	囊欠一錢留
성내는 마누라 주름살 펴기 어렵고	妻恚嚬難解
어린 자식 배고파 울음 끊일 사이 없네	兒飢哭不休
삼년 뒤에도 그만두지 못한다면	三年如未去
머리털 모두 백발일거야	白髮欲渾頭

깊은 걱정 무엇으로 잊을까	憂深何以遣
편히 잔치하며 노는 날 없어라	些少宴遊晨
푸른 녹은 술 그릇에 생기고	盞斝生青暈
거문고 뚜껑에 먼지만 뿌옇구나	琴箏冪素塵
강산은 원심을 품을 것이고	江山應蓄怨
화류는 봄을 위해 핀 듯	花柳若爲春
풍정이 없어서가 아니라	不是風情薄
관청의 규칙이 너무도 엄함일세	官箴大逼人

이규보는 전주목 사록겸장서기로 있으면서 산더미처럼 쌓인 訟牒, 村稅 부과, 속군 순찰, 잦은 왕사 접대, 감옥의 죄수들 때문에 공무에 걱정

이 앞서 고을살이 즐겁지 않다고 고백하였다.

중앙과 지방, 지방과 지방의 명령 전달은 '상명하복'을 전제로 한 '일방적 소통'이다. 중앙-지방의 명령전달은 그 매개처인 군현제도의 전달자인 계수관의 守土貝僚와 외관, 안찰사를 비롯한 별업사신을 통해 '行文移牒'이 행해졌으므로 자료의 성격상 소통을 엿보기는 힘들다. 관료로서의 소통은 그 직책에 어떤 사람이 앉았는가에 따라 소통 여부가 달라진다.

IV. 맺음말

'중앙-지방간 명령의 전달을 통해 관료들의 소통방식과 관계맺기'를 주제로 하여, '중앙-지방간 명령의 전달과 소통의 매개처 및 전달자'를 살펴보고, '중앙-지방간 명령의 전달을 통해본 군현의 행정운영체계'와 '중앙-지방간 명령의 전달을 통해본 소통과 관계맺기'를 선행연구를 참조하여 살펴보았다. 이 논문의 특징은 기존 연구에서 공문 수수를 통해 중앙과 일반 주현과 직첩되었다는 것을 비판하고, 계수관을 중간단위로 공문의 行文移牒이 이루어졌다는 것을 밝혀냈다는 점이다. 그렇지만 외관제, 계수관제의 연구 경향은 계수관 중심에서 중후기로 가면서 안찰사 중심으로 변한다고 한다. 이 글은 무신정권시대까지 계수관이 중간기구로 작동되었다는 것을 드러내주었다. 계수관 중심에서 안찰사 중심으로 변하는 시기는 '중앙-지방간 명령의 전달과 소통' 주제에서 다루기 어려운 점이라서 별고를 통해 연구되어야 할 주제이다.

고려 왕조는 소수의 州·府·郡·縣, 즉 '主邑'에 다수의 '屬邑'과 鄕·所·部曲을 영속시키는 주-속읍제의 권역별 군현제를 근간으로 하고 있다. 그렇지만 주읍단위의 권역별 군현제의 효과적 운영을 위해 몇 개의 주읍단위의 권역을 하나의 광역단위의 권역으로 묶고, 주읍단위의 권역을 領屬

케 하는 계수관 중심의 광역단위의 군현제를 운영하였다. 고려의 경우 작
게는 주읍단위의 권역을 단위로, 보다 크게는 계수관 중심의 광역단위를
중심으로 하여 각기 하나의 공동의 지역권을 형성하였다. 각 지역권은 하
나의 정치·경제적 단위체로서, 혹은 공동생활의 장으로서 사회·문화적
공감대를 갖고 있었다. 중앙-지방간 명령의 전달도 주-속읍제를 근간으로
하면서 계수관 중심의 광역단위를 중심으로 상명하복이 이루어졌기 때문
에 관료들의 소통과 관계맺기도 그것을 통해 이루어졌다.

  이규보의 경우 신종 2년(1199) 6월 頒政에 전주목 사록겸장서기에 보
임되었지만 3개월 뒤인 9월 13일 개경을 출발, 9월 23일 전주에 도착하여
목사에게 장을 올려 부임을 고하였다. 이때 按府 소경이 華筵을 베풀어
환영하였다. 재경관료로 환달한 뒤에 자기 향리인 황려현의 수령으로 부
임하는 유경로를 전별하면서 寬과 猛을 알맞게 하고 당부하였다는 시를
통해 자기 향리의 재지적 기반의 유지를 부탁하고 이에 상응하는 전별금
을 주었을 가능성이 많다. 유경로의 경우 황려현의 수령 재임시절에 이규
보의 시에 화답하면서 꿩, 숯을 보내주기도 하여 재경관료와 해당 지역의
수령의 사적 유착을 상정할 수 있다.[53] 이를 통해 관료들이 공직에 들어
서면서 공적 소통과 동시에 사적 소통에 의한 관계맺기가 이루어졌음을
알 수 있다.

---

53) 김호동, 1987, 앞의 논문 참조.

【참고문헌】

1. 저서

구산우, 2003, 『고려전기 향촌지배체제 연구』, 혜안
박종기, 2008, 『새로 쓴 5백년 고려사』, 푸른역사
박종기, 2002, 『지배와 자율의 공간, 고려의 지방사회』, 푸른역사
변태섭, 1971, 『고려정치제도사연구』, 일조각

2. 논문

강은경, 2004, 「『高麗史』 刑法志 公牒相通式에 나타난 지방통치구조」 『동방학지』 24
강은경, 2003, 「고려시대 공문서의 전달체계와 지방행정운영」 『한국사연구』 122
김호동, 2003, 「계양도호부사 이규보의 활동을 통해 본 고려 군현통치의 실상」 『한국중세사연구』 14, 한국중세사학회
김호동, 1987, 「고려 무신정권시대 지방통치의 일단면 – 이규보의 전주목 '사록겸 장서기'의 활동을 중심으로」 『교남사학』 3
박재우, 2008, 「고려시대의 관문서와 전달체계」 『고문서연구』 33
변태섭, 1968, 「고려전기의 외관제-지방기구의 행정체계」 『한국사연구』
윤경진, 2000, 「고려시기의 지방문서행정체계」 『한국고대중세고문서연구(하)』, 서울대학교 출판부
윤경진, 2007, 「『高麗史』 刑法志 公牒相通式 外官條의 분석」 『역사문화연구』 27
이수건, 1989, 「고려시대 「읍사」 연구」 『국사관논총』 3

제3장 고려시대의 지역주의

Ⅰ. 고려시대의 지역주의를 논하기에 앞서서

인간이 모여 사는 곳에는 어떤 형태이든 동질·동류의식을 갖는 지역집단이 있기 마련이다. 어떤 특정지역을 중심으로 한 공동체간에 표출되어 나타나는 공통의 신념이나 가치관, 기호 등을 지역의식 내지 지역주의라고 할 수 있을 것이다. 이것은 또한 이들 특정지역의 고유문화현상을 나타내 보이는 이데올로기적 요소라고 할 수 있을 것이다. 이러한 지역의식이 편협되게 간직될 때 극단적인 집단 이기주의로 나타날 수 있으며, 또 타집단에 대해서 심한 배타성을 보이기도 한다.[1] 한국사회의 경우 '지역주의'란 말 자체 보다는 '지역이기주의'란 부정적 의미의 말과 더불어 지역감정, 지역 갈등, 지역의식, 지역정서, 지방색 등의 말들이 사용되고 있는 형편이다

우리나라의 경우 지역공동체 의식은 비교적 강하게 간직되고 있다고 지적되고 있다. 이 공동체 의식의 형성은 첫째, 자연·지리적 환경, 둘째 사회·문화적 측면, 셋째 정치·경제적 측면의 영향으로 나누어 볼 수 있다.[2]

---

1) 文石南, 1985, 「지역갈등과 지역격차」, 『한국사회와 갈등의 연구』 한국사회학회편, 136~137쪽.
2) 이에 관해서는 우선 문석남의 앞의 논문을 요약 전제한다.

먼저 자연환경의 측면에서 볼 때 농업 위주의 우리나라의 경우 水利·
기후 등의 영향이 큰 稻作은 노동집약적이고 협업의 중요성이 일찍부터
필요하였기 때문에 토지와 농민을 긴박시키는 가운데 외부세계와의 교류
를 제한하여 배타성을 조성함으로써 폐쇄사회를 형성하게 되었다. 더욱이
백두대간과 거기에서 뻗어 내린 산맥 등으로 인해 국토의 3/4이 산림으로
뒤덮임으로서 지역고립과 지역간의 교류를 더욱 어렵게 하였다.

우리나라의 지역의식 형성에 크게 영향을 끼친 것은 무엇보다도 정치
적 측면과 함께 사회·문화적 측면이라고 할 수 있다. 이 경우 유교를 중
심으로 한 전통주의적 조선사회는 바로 오늘날까지 남아있는 부정적 의미
의 지역갈등을 낳게 한 지역의식 배양시대로서 유교는 그 배아구실을 하
였다는 지적을 받고 있다. 유교가 班常現象을 부채질하여 신분의 양극화
를 한층 심화시키며, 학연은 물론 혈연·지연의 폐해까지 가져와 연줄의
'우리 집단(we-group)'의식이 안정감 및 자아정체감의 확인을 넘어 자칫
자기집단 지상주의에 빠지게 하였다는 것이다. 유교에 비롯된 사회신분제
도에 의한 족벌주의, 지연·학연·혈연에 의한 연고주의와 지방주의는 결
국 사회에 하나의 파벌인 분파성을 조장했었다는 것이다.

정치적 측면의 영향을 볼 때, 지배층의 이데올로기는 곧 정치력이 미치
는 말단 시민계층까지 하나의 지배이데올로기로서 큰 영향을 미친다는 것
이다. 가부장적인 지배형태를 기초로 한 극단적인 하강식 권위주의 정치
체제를 유지, 형성해왔다는 것이다. 특히 조선조 지배층의 가치이념인 유
교는 명분주의 주자학의 바탕이 된 채 왕조질서의 정당성을 유지시킴으로
써 더욱 명분, 계급성, 尚古主義로 빠졌다는 것이다.[3] 이러한 명분의 권
위주의적 정치의식은 현실생활 속에서도 반영되어 지방 名儒, 토호중심의
각종 향조직의 지방문벌적 자치조직을 강화, 붕당·파벌의 주요 요인으로

---

3) 玄相允, 1960, 『조선유학사』 민중서관, 4~5쪽.

등장했다는 것이다. 이들 향조직은 지방자치조직으로서 기능하기보다는 역기능적으로 의식형태의 편협성을 심화, 결국 우리사회의 족벌, 연고주의와 함께 지역주의라는 분파성을 더욱 조장, 야기시켰다는 것이다.[4]

경제적 측면은 정치와 다분히 관련된 것으로 지배층의 로컬리즘 색채를 띤 경제가치관이 은연중 경제정책 실현과정에 개입, 지역경제 발전에 편중된 정책을 펴나간 예라고 할 수 있다.

이와 같은 여러 측면의 영향에서 비롯된 지역의식은 이 지역의식을 극복할만한 서구의 내셔널리즘과 같은 의식을 형성하지 못한데서 문제가 되었다고 한다. 서구에 있어서도 로컬리즘이 없었던 것은 아니며, 오히려 지방분권적인 서구 봉건사회에서는 이러한 현상이 더욱 심했으나 18세기 이후 내셔널리즘이 등장하면서 사회통합요소로 작용, 지역의식 해소에 결정적 역할을 담당해왔다고 한다. 즉 근대 산업사회의 주도적 이데올로기로 등장한 내셔널리즘은 곧 서구 봉건사회의 전통의식 형태인 지역의식을 극복함은 물론 시민정신 발달을 촉진시킨데 반해 한국사회의 경우 민족주의를 우리 사회 내에 성숙시키지 못한 것은 결과적으로 사회통합의 약화를 가져 왔다는 것이다.[5]

이상의 연구성과들은 주로 서구사회의 지역주의에 관한 연구성과, 즉 중세사회로부터 근대국민국가로의 전환과정에서 나타나는 민족주의의 문제와 결부되어 도출된 견해를 한국사회에 적용하여 얻어낸 것들이다. 서구의 경우 근대국민국가의 수립의 과정에서 지방분권적인 중세사회가 하나의 국가로 혹은 여러 국가가 하나의 국가로 통합되어가는 과정에서 한 국가 안에서 인종적·종교적·언어적·문화적 이유 때문에 지역간의 불화와 대립, 갈등에 기초한 지역주의가 나타나는 경우가 흔히 있는 사실이고, 이 경우 앞에서 언급된 바와 같이 내셔널리즘이 서구 봉건사회의 전통의식

---

4) 朴點植, 1971,「한국인의 지방의식에 관한 연구」연세대 교육대학원 석사학위논문.
5) 문석남, 앞의 논문 140~141쪽.

형태인 지역의식을 극복함은 물론 시민정신 발달을 촉진시켰다고 볼 수
있다. 그러나 한국사회의 경우 비교적 단일민족으로서의 기반과 언어적
공통성, 전근대사회의 경우의 종교적 단일성, 문화적 기반의 공통성 때문
에 지역간의 불화와 대립, 갈등에 기반한 지역주의가 별반 드러나지 않는
다. 따라서 서구의 이론에 입각하여 중세사회로부터 근대국민국가로의 전
환과정에서 나타나는 민족주의의 문제와 결부시켜 한국사회의 경우 민족
주의를 우리 사회 내에 성숙시키지 못함으로써 사회통합의 약화를 가져
왔다는 식의 접근방법은 문제가 있다. 한국사회의 경우 고대의 경우 삼한
및 삼국의 분립적 요소가 있지만 중세사회에 들어오면서 그러한 분립이
해소되고 대체로 중앙집권적인 일국체제를 유지하였음을 염두에 두고 지
역주의에 관한 틀을 짜지 않으면 안된다.

또 위의 지역의식에 관한 연구성과를 볼 때 지역의식은 중세적 요소,
그리고 유교, 특히 주자학적 명분론과의 관련성에서 주로 찾고, 그 부정적
의미를 드러내주는데 초점이 주어지고 있다. 그것은 아마 현 단계 한국사
회의 최대 갈등의 하나로 간주되고 있는 동서갈등, 즉 영호남의 갈등에
집착하여 그 뿌리를 찾아가고자 하는 움직임에 기인하고 있는 것이 아닐
까 한다. 아울러 이에 집착하다보니 지역성의 확보는 부정적 의미로 받아
들여지며, 흔히 지역이기주의로 비쳐지면서 타파해야할 대상의 하나로 간
주되고 있다. 그러나 이제 세계는 세계화의 물결이 전 지구를 덮고 있고,
국내적으로는 지방자치의 시대를 지향하고 있다. 이러한 대세 속에 우리
의 정체성을 바탕으로 한 정체성을 확보하여야만 할 시점이다. 이 시점에
서 바람직한 지역주의에 대한 상을 정립하여 이를 추구하여야만 할 것이
고, 이를 위해서는 우리의 역사 속에 내재한 지역주의의 모습을 정확히
드러낼 필요가 있다.

대체로 한국의 지역주의의 연원은 삼국의 분립에서 찾거나 앞에서 본
바와 같이 중세적 요소, 특히 조선시대, 그리고 주자학적 명분론과의 관련

성에서 찾고 있다. 그러면 그 사이에 존재하면서, 한국 중세사회의 가장 전형적인 발전기로 간주되고 있는, 그리고 주자학 성립이전의 불교적 색채가 강한 고려사회의 경우에는 지역주의가 과연 어떤 모습을 띠고 있는 것일까? 이것을 밝혀내는 것은 한국 지역주의의 연결고리를 찾아내고자 하는 움직임의 일단이라고 할 수 있을 것이다. 이러한 시각에서 본고는 작성되었다.

II. 고려시대의 지역주의 형성의 단위

중세 고려사회의 지역은 5도 양계체제하에서 군현이 기본 단위였다. 그런데 고려의 군현은 전대의 신라시대의 그것을 근간으로 하고 있고 그 이후 조선 및 현재에 이르기까지의 읍의 기본 단위의 하나로 역사적 유구성을 갖고 있다. 『三國史記』 지리지에서 『新增東國輿地勝覽』까지의 역대 地志에 의거 군현의 연혁과 그 구역의 변동을 살펴보면, 과거 성읍국가 시대의 國·城·村이 삼국내지 통일신라의 발전과정에서 중국의 군현제를 모방하여 州·郡·縣으로 개편되어 갔다. 그후 주부군현의 명호와 읍격 및 영속관계는 변천을 거듭했지만 원구역 그 자체의 분할이나 분해작용은 극히 드물었다. 신라 내지 고려의 군현제는 형식상 중국의 제도를 모방했지만 실질적으로는 재래의 성읍국가체제 위에 군현제라는 衣裳으로 장식되었던 것이다. 『신증동국여지승람』 소재의 주읍 331, 속읍 72, 폐읍 141의 합계 544읍은 신라의 9주5소경 소관 군현 450에 후대 북방개척에 따라 양계의 신설 州鎭이 가산된 것이며, 또한 전대의 군현 가운데 일부는 고려 초의 정비기에 와서 폐읍이 되기도 하고 일부 군현은 향·소·부곡에서 승격된 것도 있다. 이러한 군현과 향소부곡은 고려 태조 이래 승격과 강등, 영속의 변동, 임내의 직촌화 등 변동은 빈번했지만 그들의 원구역만은 좀처럼 쉽게 분해되지 않고, 15세기 초『세종실록지리지』·『동국여지승람』
편찬 때까지 존속되고 있었던 것이다.[6] 대개 이곳들은 산천을 경계로 하
고, 농업을 영위할 수 있는 삶의 조건이 구비된 곳이었기 때문에 왕조의
교체에도 불구하고 그 영속성을 지니고 있는 것이다. 중앙정부에서는 군
현의 규모를 토대로 군현을 단위로 부세액을 정하고, 수취 장부를 작성하
였으며, 부세의 징수와 감면 등 전반적인 부세제 운영은 이를 토대로 하
였다.[7] 따라서 지역의식이 자리잡을 수 있는 기본 단위가 군현이었다고
할 수 있다.

지역의식이 자리잡을 수 있는 기본단위가 군현이었기 때문에 나말려
초, 후삼국 시대의 사회변혁의 중심세력이었던 성주·장군이라고 부르는
향호 역시 군현을 그 세력범위로 하고 있는 특성을 보여주고 있다. 이러한
점에 주목한 고려왕조의 경우 지역간 계층간의 갈등을 극복하기 위해 후
삼국 통일 직후인 태조 23년에 군현제를 정비하고, 본관제를 시행하였다.

후삼국 통합전쟁을 수습한 고려왕조는 군현을 단위로 토지와 민의 적
을 작성하고, 그 지역의 유력한 세력에게 성씨를 부여하는 토성분정을 실
시하였다.[8]이러한 본관제는 고려초기 중앙정부가 지방세력에게 성씨와
본관을 주어 그들의 영역에 대한 지배권을 인정해주고, 지방세력의 자율
성을 최대한 존중해줌과 동시에 이를 계기로 그들을 국가의 지배질서에
편입시켜 그들로 하여금 민의 유망을 방지하고 조세와 역역을 수취하여
국가의 물적 기반을 확보하고 지방사회를 안정시켜 지역적·계층적인 통
합력을 제고시키고자 하는 장치였다. 본관제는 지방세력을 국가질서로 수
렴해서 사회적 통합을 꾀하는 정치·사회적인 역할을 담당하는 한편 민중

---

6) 李樹健, 1984,『韓國中世社會史硏究』, 일조각.
7) 박종진, 1999, 「고려시기 '수취단위'의 의미와 속현의 지위」『역사와 현실』32, 한
   국역사연구회.
8) 李樹健, 1984,『韓國中世社會史硏究』, 일조각.

지배라는 측면에서 보면 조세와 역역수취의 도구로 활용되었다.[9] 이를 위해 고려왕조는 본관을 단위로 영역규제를 가하였다. 일단 본관을 부여받은 사람은 본관에 긴박되어 거주와 이동에 제한을 받았다. 이러한 고려사회의 특징을 벌집구조와 같은 사회구조라고도 한다. 본관을 벗어나는 것은 군인이나 향리가 되거나 과거를 통해 관료가 되는 경우를 제외하곤 본관을 벗어나는 것은 그만큼 어려웠다. 그렇기 때문에 그 해당 민이 개간 등으로 인해 다른 지역으로 들어가면 그 민에 대한 지배권이 본래의 본관지역에 있는 속인주의가 행해졌고, 이로 인해 견아상입지나 월경지가 생겨날 수 밖에 없었다. 따라서 본관을 단위로 한 지역의식 내지 지역주의가 군현을 기본단위로 생겨날 조건을 구비하였다. 향론을 바탕으로 '族的의식'을 지니면서 '冠族', '郡望'을 칭한 것은[10] 지역주의가 나름대로 형성되었음을 말해주는 것이다. 그 결과 지연과 혈연을 결합시킨 지역주의의 발현이 승람이나 읍지류의 지지류에 각 군현별로 인물조와 寓居條로 표현되어 나타난다고 볼 수 있다. 현재 우리들이 흔히 말하고 있는 지역연고주의는 지연과 혈연(혹은 성씨집단), 학연을 매개고리로 하고 있다. 이러한 점에서 볼 때 고려시대 본관제의 성립은 지역연고주의 태동에 있어서 중요한 의미를 갖고 있다. 고려시대의 본관제도는 지연과 혈연을 하나로 묶은 것이고, 이것은 지역적으로 수평적인 이동이 불가능하고 오직 중앙과 본향으로의 길이 열려 있는 사회이다. 따라서 학연도 본관을 매개로 형성될 수밖에 없었다.

그러나 본관을 바탕으로 한 군현단위의 지역주의의 발현은 고려시대의 경우 일정한 한계를 드러낸다. 그것은 이때의 군현의 발달이 수령이나 지

---

9) 蔡雄錫, 2000, 『고려시대의 국가와 지방사회』, 서울대 출판부 ; 박종기, 1999, 『5백년 고려사』, 푸른역사, 119~148쪽 참조.
10) 망족의식에 관해서는 蔡雄錫, 2000, 『고려시대의 국가와 지방사회』, 서울대 출판부, 144~163쪽 참조.

방 지배세력이 거주하는 관아, 즉 治所를 중심으로 밀집되어 있는 형편이었기 때문에 경작지 주변이나 산간·계곡에 자리잡은 농민들의 취락지는 점과 점으로 연결될 뿐이고 군현과 군현 사이에 미개간지가 펼쳐져 있는 실정이었다. 또한 군현과 군현 간의 경제력이 대체로 일정한 것이 아니라 그 격차가 크기 때문에 지역주의의 발현이 억지될 수밖에 없었다. 즉 고려시대의 경우 京, 牧, 都護府, 知事府, 防禦郡, 知事郡, 屬郡, 屬縣, 鄕, 部曲, 所, 處, 莊 등의 군현단위가 매우 다양하고 단위간 차이가 많았는데, 이것은 경제적인 격차로 인한 지역간 발전 격차가 크기 때문이다. 고려 무신정권시대 전주목 사록겸장서기로서 전주목에서 활동한 이규보의 「南行月日記」를 통해 이러한 군현간의 격차를 잘 살펴볼 수 있다.

> 全州는 完山이라고도 일컫는데 옛날 百濟國이다. 인물이 번창하고 가옥이 즐비하여 故國風이 있었다. 그러므로 그 백성들은 질박하지 않고 아전들은 모두 士人과 같아, 행동거지의 신중함이 볼 만하였다. (중략) 1월 기사일에 비로소 屬郡들을 두루 다녀 보았더니, 馬靈·鎭安은 산곡간의 옛 고을이라, 그 백성들이 질박하고 미개하여 얼굴은 원숭이와 같고, 杯盤이나 음식에는 오랑캐의 풍속이 있으며, 꾸짖거나 나무라면 형상이 마치 놀란 사슴과 같아서 달아날 것만 같았다. 산을 따라 감돌아 가서 雲梯에 이르렀다. 운제에서 高山에 이르기까지는 높은 봉우리와 고개가 만 길이나 솟고 길이 매우 좁으므로 말에서 내려 걸어갔다. 고산은 다른 군에 비하여 질이 낮지 않았다. 고산에서 禮陽으로, 예양에서 朗山으로 갔는데, 모두 하룻밤씩 자고 갔다. (중략) 伊城에 들어가니, 民戶가 凋殘하고 籬落이 蕭條하여 客館도 草家요, 아전이라고 와 뵙는 자는 4~5인에 불과하였으니, 보기에 측은하고 서글펐다.[11]

고려 군현제도의 구조적 특징의 하나인 주읍과 속읍의 차이, 즉 입지조건의 우열에 따른 경제적 격차, 이에 기인한 人戶의 繁耗, 民度의 隆替, 향리의 대조적 양상 등이 잘 묘사된 이 자료를 통해 전주목 관내의 속읍

---

11) 李奎報, 「南行月日記」 『東國李相國集』 권23.

들의 어려운 경제적 상황을 엿볼 수 있다. 이러한 수령이 파견되지 못한 속읍의 숫자가 수령이 파견된 주읍의 숫자 약 190여개에 비해 360~370개에 달하는 상황 속에서 일률적으로 지역주의가 군현을 단위로 형성되었다고는 볼 수 없다. 속읍의 경우 수령이 파견된 주읍의 지배를 받으면서 주읍에 대하여 마치 신하와 임금, 자식과 아버지, 비천하고 연소한 자와 지체 높고 나이많은 자, 아내와 남편에 비유되면서 흔히 주읍의 이름으로 불려지기까지 하였기 때문에[12] 속읍을 단위로 지역주의 발현은 그만큼 어려운 것이었다. 고려시대의 농민항쟁이 주로 속읍지역을 중심으로 일어난 것이었지만 그것은 주읍에 의한 속읍의 가중한 수탈이나 이에 기인한 경제적 어려움 등에 의한 것이지[13] 거기에 지역의식의 성장에 따른 요인이 보이지 않는 것도 속읍을 단위로 지역주의가 깃들었다고는 볼 수 없는 증거라 하겠다. 따라서 군현단위가 일률적으로 지역주의 형성의 단위라고는 말할 수 없을 것이다.

군현과 군현 간의 경제력이 대체로 일정한 것이 아니기 때문에 고려왕조는 그 해결책으로서 소수의 州·府·郡·縣, 즉 '主邑'에 다수의 '屬邑'과 鄕·所·部曲을 영속시키는 主-屬邑制를 근간으로 한 권역별 군현제를 실시하였다. 주읍단위의 권역별 군현제는 신라시대와 같이 전국의 개별 군현을 직접 지배하는 방식과는 달리 주읍에만 수령을 파견하여 직접 지배하는 방식이고, 그 屬邑 및 鄕·所·部曲·處·莊 등은 주읍을 통한 간접적인 지배방식을 채택하였다. 그렇기 때문에 앞에서 언급한 바와 같이 속읍과 주읍과의 관계는 마치 신하와 임금, 자식과 아버지, 비천하고 연소한 자와 지체 높고 나이 많은 자, 아내와 남편에 비유되면서 당연한 것을 받아지도록 강요되면서 흔히 주읍의 이름으로 불려지기까지 하였다. 따라서

---

12) 『高麗史』 卷71, 樂2, 三國俗樂 東京.
13) 金晧東, 1995, 「군현제의 시각에서 바라본 12·13세기 농민항쟁의 역사적 배경」 『역사연구』 4.

고려시대에는 주읍단위의 권역이 하나의 지역단위로 규정되고 있었고 이를 중심으로 하나의 지역연대 의식을 바탕으로 한 지역주의가 배태될 수 있었다.

그러나 주읍단위의 권역 또한 일률적으로 지역주의의 단위가 되었다고 보기에는 일정한 한계가 있다. 주읍의 경우 다수의 속읍을 영유한 주읍이 있는가 하면 상당수의 주읍은 겨우 2~3개의 속읍 만을 겨우 가질 뿐이다. 경상도의 경우 동경유수관인 경주의 경우 14개의 속읍을 갖고 있는데 반해 울주는 2개의 속읍, 예주는 6개의 속읍, 김주는 7개의 속읍, 양주는 2개의 속읍을 가질 뿐이었고, 상주목의 경우 상주는 24개의 속읍, 경산부는 15개의 속읍, 안동부의 경우 14 속읍을 거느리고 있었으며, 진주목은 진주는 9읍, 협주는 12읍, 거제현은 4읍, 남해현은 2읍을 속읍으로 갖고 있었다. 이처럼 주읍에 속한 속읍의 숫자가 편차가 많은 상황하에서 일률적으로 주읍단위의 권역을 중심으로 지역주의 형성되었다고 볼 수는 없을 것이다.

고려왕조는 주읍단위의 권역별 군현제의 효과적 운영을 위해 몇 개의 주읍단위의 권역을 하나의 광역단위의 권역으로 묶고, 그 가운데의 大邑에 留守使, 都護府使, 牧使 등을 파견하여 이들 주읍단위의 권역을 領屬케 한 界首官 중심의 광역단위의 권역별 군현제를 창안하였다.

계수관중심의 광역단위의 권역별 군현제는 태조 23년의 군현조직의 구조적 개편을 시작으로 해서 성종 조 12牧의 설치를 거쳐 현종조에 와서 그 제도적 완성을 보았다. 계수관중심의 광역단위의 권역별 군현제의 추구로 말미암아 西京, 東京, 尙州, 全州, 羅州, 忠州, 淸州, 良州, 海州 등의 계수관이 파견된 大邑을 중심으로 하여 그 직할 屬邑 및 그 관할하의 領邑을 포괄하면서, 작게는 주읍단위의 권역을 단위로, 보다 크게는 계수관단위의 광역권을 단위로 하여 각기 하나의 공동의 지역권을 형성하였다. 각 지역권은 하나의 정치·경제적 단위체로서, 혹은 공동 생활의 장으

로서 사회·문화적 공감대를 갖고 있었다.[14]

계수관중심의 광역단위의 권역별 군현제도의 구조적 특징의 한 일면을 이규보의 전주목 사록겸장서기의 활동을 통해 엿볼 수 있다. 전주목 관내 영현인 古阜郡의 속읍 扶寧縣에 위치한 邊山은 고려시대 材木倉이었다. 이 변산의 벌목에 전주목의 司錄兼掌書記인 이규보가 斫木使로서 전주목 관내 46州의 군대를 동원한 예가 보인다. 그런데 이 46주는 대읍 전주목 관내의 영읍과 속읍 전부를 합친 숫자이다. 이를 염두에 둘때 명종 12년 3월, 전주에서 정용·보승군을 동원하여 관선제조를 하는 과정에서 旗頭 竹同 등이 官奴 및 群不逞의 무리들과 함께 봉기를 일으킨 사건은 변산 의 벌목에서부터 관선제조의 과정에서 동원된 전주 관내 46읍의 농민들 이 역역의 장을 통해 조직적으로 결집하여 일으킨 농민항쟁으로 볼 수 있 다.[15] 계수관중심의 광역단위의 권역별 군현제하에서의 역역동원은 일읍 외에 주읍단위, 혹은 계수관을 중심으로 한 광역단위의 권역을 단위로 하 고 있다. 이 역역의 장을 통해 광범위한 민의 불만이 결집되어 표출됨으 로써 일읍을 뛰어넘어 여러 군현을 포괄하는 농민항쟁이 가능하였다. 결국 계수관중심의 광역단위의 권역별 군현제는 농민항쟁을 증폭시키는 역할을 하기도 하였다. 이를 통해 계수관단위의 광역권을 단위로 하여 각기 하나 의 공동의 지역권을 형성하면서 하나의 정치·경제적 단위체로서, 혹은 공 동 생활의 장으로서 사회·문화적 공감대를 갖고 있었음 알 수 있다.

중앙에서 파견된 상주외관의 극소화와 향리층의 수적 극대화가 이루어 진 계수관중심의 광역단위의 권역별 군현제도하에서 귀족관인의 물질적 토대였던 전시과제도는 향리들이 일선에서 수조권에 따른 행정을 원활하

---

14) 金晧東, 1987,「高麗武臣政權時代 地方統治의 一斷面 – 李奎報의 全州牧 ‘司錄兼掌 書記’의 活動을 中心으로 –」『嶠南史學』 3, 영남대 국사학회.
15) 金晧東, 앞의「高麗 武臣政權時代 地方統治의 一斷面」; 1994,「12, 13세기 농민항 쟁의 전개와 성격」『한국사』 6, 한길사 참조.

게 집행할 때 그 유지가 가능하도록 구축되어 있었다. 군현제도와 전시과
제도의 발전과정에서 향리층은 귀족관인층의 위세와 후광을 업고 그 자신
들의 세력기반을 공고히하여 귀족관인층의 아류로서의 위치를 확고히 하
였다. 군현행정상 중앙의 政令을 향읍사회에 하달하고 지역주민으로부터
徵稅·調役과 貢賦 수납 등의 행정실무를 담당하였던 향리들은 중앙정부
와 지방관청 또는 官衙와 관원 사이를 연결하면서 실제 지방행정체계상에
서 매우 중요한 기능을 수행하고 있었다. 외관의 잦은 교체, 수령이 파견되
지 않은 군현이 많음에도 불구하고 행정상의 공백과 혼란이 야기되지 않고
고려왕조의 지방통치체제가 유지될 있었던 것은 각 읍 戶長을 위시한 향리
들이 邑司를 중심으로 군현행정 실무를 장악하고 있었기 때문이다.

  향리층은 전시대의 말단 행정 담당자들에 비해 수적 증대와 함께 그들
의 재량권도 많이 부여된 셈이다. 그만큼 상주외관들의 감시 감독을 덜
받게 되었기 때문이다. 특히 계수관중심의 광역단위의 권역별 군현제 하
에서 계수관이 존재하는 대읍을 위시한 주읍의 향리들이 활동을 할 공간
은 그만큼 많이 확보된 셈이다. 또 외관이 파견되지 않은 속읍의 경우 향
리가 사실상 수령의 역할을 담당하고 있었다. 결국 계수관중심의 광역단
위의 권역별 군현제도는 향리들이 구조적으로 활동하기에 편리한 터전이
었으며, 그들의 세력기반을 구축하기에 좋은 여건을 제공해 주었던 것이
다. 이처럼 계수관중심의 광역단위의 권역별 군현제하에서 향리를 위시한
지방세력을 중심으로 세력화하여 이들을 중심으로 한 지역주의의 파생이
가능하였다.

  그러나 계수관중심의 광역단위의 권역별 군현제는 향리층을 위한 것이
아니라 어디까지나 농민층에 대한 통제, 수취를 강화하기 위한 것인 동시
에 지방세력의 성장을 막기 위한 제도적 장치였다. 이를 위해 일읍에 있
어서 다수의 土姓과 戶長을 두어 어느 한 세력이 일읍을 농단하지 못하도
록 하는 한편 재경세력을 事審官으로 임명하여 재향세력을 장악 견제토

록 하였다. 특히 외관의 극소와와 향리의 숫적 극대화가 이루어진 계수관
중심의 광역단위의 권역별 군현제하에서 대읍의 戶長·副戶長을 비롯한
향리세력들이 종횡으로 결합한다면 중앙정부는 큰 정치적 부담을 안을 수
밖에 없을 것이다. 이의 예방을 위해 고려왕조는 事審官, 其人制度를 창
안함과 동시에 주읍을 비롯한 대읍에 수령을 보좌하는 判官, 司錄, 혹은
掌書記 등의 屬官들을 파견하여 上戶長 등과 함께 군현행정을 처리하도
록 하는 한편, 이들로 하여금 관내 군현을 항례적으로 순찰케 하여 향리
들의 결합을 방지하고, 군현의 행정을 감독케 하였다.16) 屬官들의 항례적
인 관내 영읍 및 속읍의 순찰은 계수관중심의 광역단위의 권역별 군현제
하에서 계수관, 혹은 주읍의 수령들이 그 관내 군현의 행정을 전부 처리
할 수 없었기 때문에 나온 제도적 장치였음을 단적으로 말해주는 것이다.
이러한 제도적 장치로 인해 지방세력의 성장은 그만큼 어려운 것이었고,
지방세력의 성장이 제한적인 상황 하에서 지역 내의 구심점을 바탕으로
한 지역주의의 형성은 한계성을 지닐 수밖에 없었다.

　그러나 계수관이 위치한 대읍을 중심으로 상호 연대책임에 의한 지역
권이 형성되면서 국가는 대읍민으로 하여금 그 영읍을, 또 주읍으로 하여
금 그 속읍을 연대적으로 맡긴 광역단위의 권역별 군현제는 주읍, 그리고
계수관이 파견된 대읍으로의 권력집중을 초래할 가능성을 갖고 있었다.
이것은 곧 이를 중심으로 한 지역주의의 발생의 가능성을 보여주는 것이
었다. 이것을 방지하기 위해 주읍과 임내의 구분에 상관없이 주·부·군·
현·진의 행정구역의 기본단위를 세분화시켜 각기 토성이민을 두어 개별
성과 독자성을 유지시킴과 동시에 부세수취의 기본단위로 삼아 안찰사 위
주의 징세조역을 함으로써 가급적 계수관의 개입을 배제시키고자 하였다.
아울러 계수관 단위의 지역권을 상호 병립시켜 대항관계를 유지케 함으로

---

16) 金晧東, 앞의 「高麗武臣政權時代 地方統治의 一斷面－李奎報의 全州牧 ‘司錄兼掌
　　書記’의 活動을 중심으로－」 참조.

써 효과적인 통치를 기하고자 하였다. 이것은 무신정권기 이규보가 전주목의 司錄兼掌書記로 있을 때 지은 祭文 중에 "생각하건대, 이 남방이 두 경계로 갈라졌으니 羅州가 변두리를 둘렀고, 全州가 그즈음을 연결했는데 어찌 나주엔 비를 주고 우리 전주만 가물게 하는고? 하늘이 무슨 사사로움이 있어 그러하랴? 자못 우리들이 정치를 잘못한 것이 그 원인이라."[17) 고 한것에서 지방관들의 지역적 이기성을 엿볼 수 있다. 이것은 계수관 단위의 지역권을 상호 병립시켜 대항관계를 유지케 함으로써 효과적인 통치를 기하고자하는 중앙정부의 의도가 관철되고 있음을 알 수 있다. 그리고 그 이면엔 바로 지역권을 바탕으로 한 대립 갈등구조가 도사리고 있었음은 물론이다. 1011년 거란의 제3차 침입 때 나주로 현종이 몽진 중 전주 삼례역에 이르자 전주절도사 趙容謙이 와서 왕을 맞이하자 朴暹이 "전주는 곧 옛 백제로서 聖朝(태조)도 싫어한 곳이다."[18)라고 하면서 나주로 인도한 것에서도 계수관 단위의 광역단위의 지역권이 일정한 지역의식으로 결집되어 있음을 알 수 있다. 그러나 이것은 어디까지나 중앙정부의 지방 분할통치에 따른 지역의식의 발로에 불과한 것이다.

고려왕조는 계수관 중심의 광역단위의 지역권을 상호 병립시켜 대항관계를 유지케 함으로써 효과적인 통치를 기하고자하는 한편, 이의 효과적 운용을 위해 안찰사를 파견하여 지휘 통제케 하였다. 나아가 계수관을 중심으로 한 광역단위의 권역 내에서 몇 개의 주읍을 서로 병립시킨 것이나 주읍 내에 다수의 속읍을 병립시키고, 일읍 내에서 다수의 土姓과 戶長을 둔 이유도 어디까지나 상호 견제와 대립을 통한 효과적인 지방통치의 의도에서 비롯된 것이다. 그 결과 고려시대에는 중앙정부와 필적할 정도의 지방세력의 성장은 그만큼 불가능하였다. 어떤 강력한 지방세력이나 수령 또는 반란세력에 의한 跨州包郡하여 여러 고을을 연합하여 하나의 강력

---

17) 李奎報,「全州祭龍王祈雨文」『東國李相國集』권37.
18) 『高麗史節要』권3, 顯宗 2년 정월 신사.

하고도 체계적인 지휘계통을 갖춘 세력이 형성되기란 그만큼 어려운 것이 었다. 이러한 이유 때문에 12, 13세기를 전후한 시기에 전국적인 농민항 쟁세력이 창궐하였지만 결국 스러지고 말 수 밖에 없었다.[19] 그러나 상호 견제와 대립을 통한 조화를 통해 효과적인 지방통치를 기하고자하는 고려 왕조의 군현제의 특성은 중앙정부의 효율적인 대지방통제의 방법이기도 하지만 또 다른 분열과 갈등, 대립을 조장할 수도 있는 것이기 때문에 지 역내의 지방세력의 군현 내의 주도권 쟁탈전과 지역 간의 대결구도의 조 장 등의 부정적 요소를 얼마든지 내포할 수 있는 것이기도 하였다. 그러 나 이것은 어디까지나 중앙정부의 지방 분할통치에 따른 지역의식의 발로 에 불과한 것이다.

III. 고려시대 지역주의의 실례

고려 인종대의 묘청의 서경천도운동은 고려중기 사회의 개경문벌귀족 의 폐쇄성과 배타성에 기인하여 서경출신의 신진관료들과 묘청이 일으킨 정변으로서 지역주의가 극명하게 나타난 것이다. 그렇기 때문에 정변을 진압한 개경정부는 서경 직할 하에 있던 경기 4개 도를 없애고 그곳에 6 현을 설치하고 그 일부를 안북대도호부 寧州 관할 하에 둠으로써[20] 계수 관인 서경 중심의 광역단위의 지역주의의 재등장을 막고자 하였다.

이때 成州 소속의 부곡을 합하여 삼등현으로 만든 바 있었는데[21], 명 종 2년에 성주 사람들이 삼등현을 멸망시킬 것을 의논할 때 거기에 좇지 않는 자를 죽인 것이 수십 명에 이르렀다는 기록[22]은 중앙정부의 인위적

---

19) 金晧東, 앞의 논문 참조.
20) 『高麗史』 권58, 지리3, 西京留守官平壤府, 三和縣, 三登縣條 참조.
21) 『高麗史』 권58, 지리3, 三登縣.

군현개편이 본관제를 단위로 한 군현단위의 지역주의를 자극하는 하나의 계기가 되어 일어난 사건으로 볼 수 있다. 이러한 사례의 하나로 신종 5년(1202) 10월에 경주 별초군이 운문적 및 부인사·동화사의 중들을 이끌고 永州를 치다가 패한 사건이 있었는데 그 이유로서 경주별초군이 원래 영주와 원한이 있었기 때문이라고 한다.23) 그 원한이 무엇인지 단언할 수는 없지만 영주의 경우 현종 9년의 군현개편이래 경주의 속읍으로 있다가 명종 2년에 감무를 두었고, 후일 지주사로 승격된 것으로 보아 주·속읍 관계의 변질에 따른 양 지역의 영역간의 갈등에서 비롯된 것이 아닌가 한다. 흔히 주읍과 속읍의 관계는 마치 신하와 임금, 자식과 아버지, 비천하고 연소한 자와 지체 높고 나이 많은 자, 아내와 남편에 비유되면서 당연한 것을 받아지도록 강요되면서 흔히 주읍의 이름으로 불려지기까지 하였다는 점과 계수관이 그 영읍 및 속읍에 대해서도 강압적이고 군림적이었음을 염두에 둘 때24) 영주와 경주의 원한 관계는 종래의 주·속읍관계의 변질에 따른 영역간의 갈등이 표출된 것으로 간주하더라도 별 무리가 없을 것이다.

경주별초군이 영주를 공격한 다음 달에 경주를 중심으로 신라부흥운동이 일어났을때 동경유수관 관내의 영, 속읍들이 대거 가담하였지만 그 영읍 가운데 대립관계에 있었던 영주나 계수관인 동경유수관과 병렬관계에

---

22) 『高麗史節要』권12, 명종 2년 3월.

23) 『高麗史節要』권14, 신종 5년 10월.

24) 전주목 사록겸장서기(7품)인 이규보가 領知事府郡縣들의 冤獄을 감찰하던 중 그 영현인 進禮縣에 이르렀을 때 마침 부재중인 같은 품계의 縣令과 8품의 縣尉가 밤 2경에도 불구하고 8,000 여보를 급히 달려와 지성으로 받들자 잠자던 척 하던 그가 대접을 응한 것이나(李奎報, 「南行月日記」 『東國李相國集』권23), 同年進士 黃敏仁을 保安縣에 보내어 馬浦大王에게 제사지내면서, "내가 다스리는 完山은 한 지방의 중심이고, 대왕이 맡은 마포도 완산의 소속이라, 長官의 관리로서 下邑의 귀신에 대해 절을 하지 않고 읍하는 것이 예에 있어서 마땅하리(李奎報, 「全州重祭保安縣 馬浦大王文」 『東國李相國集』권37)."라고 한 것에서 전주의 속읍 및 영읍에 대한 강압적이고 군림자적 태도를 엿볼 수 있다.

있었던 상주목의 군현들은 거의 가담하지 않았고 상주목의 안동부의 경우 신라부흥운동의 진압에 커다란 공을 세웠다.[25] 신라부흥운동이 진행되는 동안 최충헌정권은 신라부흥운동을 지역적·분파적 행동으로, 나아가 민족적인 것에 대한 반민족적인 것으로 몰아가면서 체제수호의 차원에서 강경토벌을 가하였다. 최충헌정권은 신라부흥운동을 진압한 직후 경상도의 명칭을 상진안동도로 개칭하고, 동경유수를 지경주사로 강등시키고, 그 관내의 주·부·군·현과 향·부곡을 상주와 안동에 나누어 예속시켰다. 이것은 최충헌정권이 영역간의 갈등을 최대한 이용하여 지방세력의 발호 및 지역주의의 결집을 막고자 한 의도를 여실히 보여주는 것이다. 이러한 사례를 통해 다음과 같은 사실이 주목된다.

12, 13세기 농민항쟁이 극성하였을 때 하나의 군현을 뛰어넘어 여러 군현이 농민항쟁의 소용돌이에 쉽사리 휩쓸릴 수 있었던 것은 고려 군현제의 특성, 즉 계수관 중심의 광역단위의 권역별 군현제의 특성에서 비롯된 것이다. 그러나 농민항쟁이 일어났을 때 한 지역권 전체가 항쟁에 나서는 경우도 있지만, 때로는 그 지역권내의 일부 군현, 혹은 병렬적 관계에 있었던 군현이 도리어 항쟁의 진압에 앞장서기까지 하였다. 이것은 광역단위의 권역별 군현제의 병렬적 구조의 특징에서 오는 것으로서 그 지역권을 넘어서서 다른 지역권, 나아가 전국을 하나의 단위로 하는 계획적, 조직적 항쟁은 그만큼 어려운 것이다. 그렇기 때문에 국가에서는 농민항쟁이 일어났을 경우 그와 경쟁 내지 대립관계에 위치한 지역권의 지방군을 동원하여 우선 토벌에 임하였고, 농민항쟁을 진압한 후에는 군현등급의 승·하강 혹은 대읍영속관계의 변천을 통하여 항쟁의 재연을 막고자 하였다.[26] 이러한 상황 속에서 계수관 중심의 영역단위를 중심으로 한 지역주의의 발현은 억지될 수밖에 없었다. 이것은 신라부흥운동의 진압 직후 지

---

25) 『高麗史』 권57, 지리2, 安東府.
26) 이에 관한 구체적인 예는 金皓東, 앞의 「12, 13세기 농민항쟁의 전개와 성격」 참조.

방세력의 저항이나 농민항쟁이 한동안 숙지는 데에서 엿볼 수 있다. 어디까지나 지방은 중앙집권통치의 하부단위의 하나에 불과하였던 것이기 때문에 중앙정부에 필적할 지방세력의 대두나 지역주의의 발현을 중앙정부는 용납하지 않았기 때문이다.

고려왕조의 군현제는 서구의 봉건영주를 중심으로 하는 장원제를 바탕으로 한 불수불입권이 행해지는 지방분권제 사회와는 달리 어디까지나 중앙의 하부 행정단위에 불과한 것이기 때문에 어디까지나 수도 개경에 종속된 차원에 있었다. 따라서 어떠한 지방세력도 궁극적인 목표는 중앙으로의 진출을 기대하고 있었다. 따라서 이러한 상황 하에서 중앙정부는 지방관으로 대표되는 관권과 이에 기생하는 지방세력을 매개로 하여 지방을 분할 통치하고자 하였고, 결국 그것은 항상 관철되었고, 지방의 중앙에 대한 종속성은 강화되었다. 이것은 곧 중앙집권력의 강화로 표현되어 나타나고 있다. 이로 인해 고려왕조의 경우 서울인 개경의 지역패권주의가 강하게 작용하는 고려중기에 오면 지방사회의 상대적 박탈감이 심화되면서 농민항쟁에 편승한 재향세력들의 저항이 일어나게 되었다.

고려사회의 최대 모순은 어디까지나 지방간과 지방간의 대립의 문제가 아니라 중앙정부, 그리고 중앙의 문벌귀족이 그 폐쇄성과 배타성을 드러내는 순간 지방의 중앙에의 종속성의 심화와 상대적 박탈감으로 볼 수밖에 없다. 따라서 이러한 상황 하에서 나타나는 지역주의는 회고적 성격을 띠면서 이 땅에 다시 신라를, 고구려를, 백제를 부흥시켜 이 땅이 수도가 되어 다른 지역을 지배하겠다는 의식으로 표출될 뿐이었다. 바로 이것이 고려 후기의 고구려부흥운동, 백제부흥운동, 신라부흥운동으로 나타나게 되었던 것이다.

IV. 군말

고려시대의 지역주의는 작게는 본관단위의 군현, 그리고 보다 크게는 주읍단위의 권역, 나아가 계수관 중심의 광역단위의 권역을 중심으로 나타날 수 있는 것이다. 그러나 이러한 지역의식은 어디까지나 중앙집권적인 고려사회에서 중앙의 대지방통치의 차원에서 나타난 의식으로 볼 수 있다. 따라서 중앙집권적인 한국 중세사회에서의 지역주의 연구의 첫 출발은 중앙과 지방의 관계를 분명히 드러내줌으로써 서울지역의 지역패권주의와 중앙에 종속된 지방의 종속성을 캐내는데 일차적 관심이 기울어져야 한다고 본다. 그리고 이것이 지금에 이르기까지 중첩되어 영속되면서 해소되지 않은데 은폐되고 있다는 점을 분명히 할 필요가 있다.

중세사회는 물론 현 시점의 한국사회 발전의 최대 걸림돌의 하나는 수도 서울과 다른 지역 간의 불균형적 발전, 즉 서울과 지방의 정치·사회·경제·문화적 격차라고 할 수 있다. 중앙에 대한 지방의 종속화에 기인하여 여타 지역민들은 상대적 박탈감을 느끼면서 강한 중앙지향적, 권력지향적 성향을 지니고 서울에 편입되기를 갈망하기 마련이다. 그들은 일단 서울에 편입되면 출신지역의 재지적 기반을 송두리째 중앙으로 옮겨감으로써 중앙에 대한 지방의 종속화를 더욱 심화시키는 존재로 탈바꿈하였다. 그럼에도 불구하고 그들은 서울에 자리잡기 위해, 그렇게 하여 확보한 기득권을 유지하기 위해 그 출신지역을 볼모로 하여 그들 내부의 유대감을 구축하면서 배타적 성향을 드러내게 되었다. 우리들이 흔히 이야기하는 지역감정은 바로 여기에서부터 형성되기 시작하였던 것이다. 그 결과 중앙과 지방의 엄청난 모순구조는 중앙집권적 사회구조의 틀 속에 교묘히 은폐·매몰되어 버린채 서울을 제외한 여타 지역간의 갈등, 예를 들면 영·호남의 갈등과 같은 부차적 모순이 마치 전부인양 인식되기에 이르렀다. 그것은 역사적으로 이러한 모순구조가 장기간 지속되어 옴으로써 모두들 그것을 당연시해버린 결과에서 비롯되었을 것이다.

한국사를 바라볼 때 중앙에 대한 여타 지역의 종속성에 따른 모순구조가 장기간 지속 유지되어 왔음을 확인하고 중앙으로부터의 종속화에 대한 지방의 상대적 자립성의 확보의 노력이 한국사의 한 발전의 원동력이었음을 밝혀내고자 하는데 관심이 기울여져야 할 것이다. 그리고 이러한 자율성의 확보의 노력은 결국 해당 지역민의 중앙으로의 진출을 가져와 신진세력의 대두에 따른 중앙의 보수화·폐쇄성에 제동을 걸고 활력소를 부여하였다는 점에서 주목할 필요가 있다. 그러나 이들의 이러한 활동은 결국 중앙에 대한 지방의 종속화를 더욱 가져옴으로써 그 모순구조가 지금까지 해소되지 못하는 원인이 되었음을 아울러 주목할 필요가 있다. 이를 통해 현실의 중앙과 지방의 격차를 인식하고 해소시키려는 노력의 확산을 도모하여야 할 것이다. 이런 점에서 한국사에서 중앙에 종속화된 지방의 모습과 이를 탈각하려는 지역민들의 움직임을 살펴봄으로써 현실의 모순구조가 역사적으로 축적된 경험의 일부였음을 논하는데 앞으로의 연구의 초점이 두어져야 한다고 본다.

현 단계 한국사회의 최대 모순의 하나로 간주되고 있는 것 중의 하나가 동서 갈등, 영호남 사이의 지역갈등 구조이다. 동서갈등의 기원을 이야기할 때 흔히 고려 태조 훈요십조의 '차현 이남과 공주강 外는 산형과 지세가 背逆으로 달리고, 인심도 역시 그러하니 비록 양민이라도 관직에 올라 일을 보게 하지 말라'고 한 조항에 주목하곤 한다. 특히 최근에 이 훈요십조가 조작되었다는 주장이 제기되면서 호남차별이란 원래 없는 것이라고 주장이 제기되고 있는 실정이다. 조작론을 주장하는 입장에서는 거란과의 전쟁 때 훈요십조를 잃어버린 것을 최제안이 최항의 집에서 얻어 바친 것에서 근거를 두면서 태조가 남긴 유언이 어떻게 신하의 집에서, 그것도 신라계의 집에서 발견될 수 있느냐고 의문을 제기하면서 이 사실을 현종 당시의 신라계가 후백제계를 견제하기 위해 조작한 것이라고 한다.[27] 그러나 1011년 거란의 제3차 침입 때 나주로 현종이 몽진 중 전주 삼례역에 이르자 전주절도사 趙容謙이 와서 왕을 맞이하자 朴暹이 "전주는 곧 옛 백제로서 聖朝도 싫어한 곳이다"[28]라고 한 것이나 전주목 사록겸장서기를 역임한 이규보가 "전주는 곧 옛 백제 땅으로 그 성질이 사나와 관대한 정사로는 다스릴 수 없다"[29]고 한 것은 태조 왕건의 훈요십조와 연결된 것으로 보아야 할 것이며, 이런 점에서 훈요십조는 조작된 것이라고는 볼 수 없을 것이다. 여기에서 우리가 주목해야 할 점은 후백제지역에 대한 차별적 상황은 태조 왕건 이하 박섬, 이규보에 이르기까지 중앙정부와 그 대행자인 외관에 의해 중앙정부의 통치권 확립의 차원에서 생성, 조장되었다는 점을 인식하는 것이다.

1960년대 이래 한동안 고려 초기의 정치세력의 형성을 논하면서 중부지역의 호족무사집단과 경주 6두품 중심의 신라계가 서로 경쟁하면서 정치의 두 축을 형성하였다는 시각을 갖고 설명하면서 마치 지역대결구도로 몰아가는 시각을 노정한 적이 있다. 이것은 제3공화국 성립이후 박정희 정권이 성립된 이후 경상도 출신이 대거 서울로 올라가 정치, 경제의 주도권을 휘어잡는 상황과, 영호남 갈등이 노정되는 상황에서 과거를 바라보는 시각이 투영되어 나온 것이다. 그러나 어느 사회나 왕조의 초창기에는 무적 능력이 요구되는 상황이지만 점차 왕조가 안정되면서 행정적 능력이 요구되는 상황이 전개됨과 더불어 무적 능력은 왕권강화에 걸림돌이 되기 때문에 숭문억무의 양상으로 나아간다는 점을 인식하여야 한다. 따라서 중부지역의 호족무사집단은 무단적 기질을 갖고 있지만 상대적으로 행정적 능력을 구비하지 못하였기 때문에 전쟁의 시기에서 행정의 시기로

---

27) 김창현·김철웅·이정란, 2001, 「훈요십조는 조작되었는가」, 『고려 500년, 의문과 진실』 김영사.
28) 『高麗史節要』 권3, 顯宗 2년 정월 신사.
29) 李奎報, 『東國李相國集』 권27, 「與某書記書」.

넘어감에 따라 일부 도태될 수밖에 없었다. 그에 반해 6두품 출신의 신라계는 그들이 신라의 통치조직의 운영에 참여하였던 행정실무의 능력 및 학문적 소양을 바탕으로 한 관료적 자질을 갖고 고려 국초의 제도 문물 정비에 일익을 담당함으로써 문벌귀족의 일원으로 편입될 수 있었던 것이지 신라계라는 지역주의의 소산물의 결과는 결코 아니다. 이들은 어디까지나 초창기의 고려왕조의 체제정비를 위해서 반드시 필요한 존재였을 뿐이다. 더욱이 신라가 고려에 納土歸附, 즉 자진항복을 함으로써 신라의 국정운영, 그리고 지방통치 등의 귀중한 문서들이 고스란히 고려정부에 이관되었기 때문에 이를 담당하였던 행정적 관료들이 고려왕조에서 자리 잡을 수 있었다는 점을 인식하여야 할 것이다.

【참고문헌】

1. 저서

박종기, 1999,『5백년 고려사』, 푸른역사

이수건, 1984,『韓國中世社會史研究』, 일조각

채웅석, 2000,『고려시대의 국가와 지방사회』, 서울대 출판부

현상윤, 1960,『조선유학사』, 민중서관

2. 논문

김호동, 1987,「高麗武臣政權時代 地方統治의 一斷面 - 李奎報의 全州牧 '司錄兼
　　　掌書記'의 活動을 中心으로 -」『嶠南史學』3, 영남대 국사학회

김호동, 1994,「12, 13세기 농민항쟁의 전개와 성격」『한국사』6, 한길사

김호동, 1995,「군현제의 시각에서 바라본 12·13세기 농민항쟁의 역사적 배경」『역
　　　사연구』4

문석남, 1985,「지역갈등과 지역격차」『한국사회와 갈등의 연구』, 한국사회학회편

박점식, 1971,「한국인의 지방의식에 관한 연구」, 연세대 교육대학원 석사학위논문

박종진, 1999,「고려시기 '수취단위'의 의미와 속현의 지위」『역사와 현실』, 한국
　　　역사연구회

제4장 『東國李相國集』의 사료적 가치

I. 머리말

고려시대사를 연구하는 애로점은 『조선왕조실록』과 같이 당대에 직접 기록된 1차 자료가 없다는 사실이다. 고려시대 연구의 기본 사료로 활용되는 『高麗史』와 『高麗史節要』의 경우 모두 조선시대에 편찬된 것이다. 물론 『高麗史』와 『高麗史節要』에 실린 자료는 고려시대에 편찬된 『고려실록』을 토대로 편찬된 것으로서, 당대의 것이라고 하겠지만 조선 초기 역사가들의 입장이 반영되어 취사선택이 이루어졌으므로 사료적 한계성을 피할 수 없다. 더욱이 조선시대와는 달리 당대의 일기류나 고문서 등이 거의 남아 전하지 않고, 유적과 유물도 거개가 북한에 있어서 현장을 답사하는 것이 어렵다는 점에서 연구가 다른 분야에 비해 부족한 실정이다.

그나마 고려시대 당대의 자료로서 남아 전하는 것은 돌에 새겨진 금석문이나 문집 등이다. 당대의 사료에 목말라 있었던 고려시대 연구자들이 『東國李相國集』 등의 문집이나 금석문 등에 일찍부터 관심을 보인 이유이다. 『東國李相國集』의 판본은 「서울대본」, 「연대본」, 「성암조병순본」, 「고려대 만송문고본」, 「국립도서관 본」, 「용재 백낙준본」 등의 현전한 본이 전하는데, 20세기에 접어들어 이의 활자본과 영인본, 번역본이 일찍 나올 수 있었던 것은 그런 관심 때문이었다.[1]

이규보의 『東國李相國集』이 나오기 이전의 고려시대의 문집의 경우 주로『파한집』이나『보한집』같은 詩話集 위주이었던 데 반해 문집의 격식을 제대로 갖춘 것이 이규보의『東國李相國集』이었기 때문에 문학, 역사 뿐만 아니라 여러 분야에서『東國李相國集』의 자료를 인용하였다.[2] 그렇기 때문에 1997년 진단학회에서 한국고전연구 심포지움의 주제로서 〈『東國李相國集』의 종합적 검토〉로 잡은 것이나 고려대학교 역사연구소에서 2001년에 정암장학재단 지원을 통해『東國李相國集』에 관한 공동연구를 할 수 있었던 것은[3] 『東國李相國集』에 그만큼 관심이 많다는 것

---

1) 20세기에 접어들어 朝鮮古書刊行會에서 『朝鮮群書大系續』 22·23집으로 활자본으로 찍어낸 바가 있다. 그 후 1958년에 동국문화사에서 서울대 규장각본을 대본으로 하여 영인본을 발간하였고, 성균관대동문화연구소에서 1973년에『고려명현집』I로 다시 영인본을 내놓았다. 민족문화추진회에서는 이를 저본으로 하여 1979년부터 3년간에 걸쳐 원문을 교역하고 구두점을 찍어 번역과 함께『고전국역총서』166~172권으로 발간하였다(김경수, 1984, 「이규보 문학연구 서설」『한문학논집』2, 단국대학교 한문학회, 151~152쪽).

2) 전집 41권, 후집 12권으로 이루어진 東國李相國集에는 시 2,088수를 비롯하여 관직에 있을 때 지은 몽고 등과의 외교문서를 비롯한 表·箋·狀과 敎書·詔書·官誥, 碑銘·誄書·祭文, 道場齋醮疏祭文·佛道疏·祭祝文 등과 上樑文·口號·頌·贊·偈·銘·箴·語錄·說·記·序, 서간문 등의 雜文에 이르기까지 다양한 방면의 글 들이 망라되어 있다.

3) 1997년 진단학회에서 한국고전연구 심포지움의 주제로서 〈『東國李相國集』의 종합적 검토〉의 주제는 다음과 같다.
박종기, 「東國李相國集에 나타난 고려시대상과 이규보」
노명호, 「동명왕편과 이규보의 다원적 천하관」
정요일, 「이규보의 문학사상」
박성규, 「이규보의 論物詩 연구」
위 발표논문의 경우 1997, 『진단학보』 83집에 수록되었다. 2001년에 정암장학재단 지원을 통해 東國李相國集에 관한 공동연구가 수행된 바가 있다.
이정호, 「東國李相國集을 통해 본 무신정권기의 사회상과 이규보의 현실인식 – 이규보의 농촌현실관과 농업진흥론」
이정란, 「東國李相國集을 통해 본 무신정권기의 사회상과 이규보의 현실인식 – 이규보의 대민의식」
김난옥, 「東國李相國集을 통해 본 무신정권기의 사회상과 이규보의 현실인식 – 이규보의 신분인식」

을 드러내준다. 이규보의 『東國李相國集』의 사료적 가치에 대한 논의를
해달라는 석당학술원의 요청 역시 사료로서의 가치에 주목한 때문이다.

II. 『東國李相國集』의 출간과 내용 구성을 통해 본 사료로서의 가치

　고려 무신정권시대 문인지식인의 문집으로서는 林椿(생몰년 미상)의 『西
河集』, 李仁老(1152~1220)의 『破閑集』, 崔滋(1188~1260)의 『補閑集』,
李奎報(1168~1241)의 『東國李相國集』, 그리고 陳澕(생몰년 미상)의 『梅
湖遺稿』, 白賁華(1180~1224)의 『南陽詩集』, 金坵(1211~1278)의 『止浦
集』을 들 수 있다. 그 중 진화의 『梅湖遺稿』와 김구의 『止浦集』은 조선
시대에 들어와 『東文選』 등의 각종 문집에서 뽑아내 만든 遺稿集이고,
백분화의 『南陽詩集』은 海印寺 東齋所藏의 殘存 麗刻板을 저각본으로
한 것이지만 일제시대에 後引해낸 것이 현재 전해지기 때문에[4] 대부분
판독이 어려운 상태이다.

　이인로의 『破閑集』과 최자의 『補閑集』은 문인들의 詩에 대한 評論,
帝王·群臣들의 逸話와 文談, 畵論, 그리고 新羅의 舊俗이나 西京·開京
의 풍물에 관한 이야기 등을 담고 있기 때문에 제대로 된 문집은 각기
본인의 글을 위주로 편찬한 『西河集』과 『東國李相國集』과는 그 성격을

　박용운, 「東國李相國集을 통해 본 무신정권기의 사회상과 이규보의 현실인식 : 이
　　규보의 사례를 통해 본 최씨집권기 관제 운영」
　박윤진, 「東國李相國集을 통해 본 무신정권기의 사회상과 이규보의 현실인식 : 이
　　규보의 불교관에 대한 일고찰」
　이상의 논고는 2001, 『사총』 53집(고려대학교 역사연구소)에 수록되었다.
4) 『高麗名賢集』(5)(성균관대학교 대동문화연구원, 1980)의 「解題」 중 『南陽詩集』에
　관한 千惠鳳의 글 참조.

달리 한다.5)

제대로 된 문집의 성격을 가진 것이『西河集』과『東國李相國集』정도
일 뿐이다. 그렇지만 무신정권의 성립으로 인해 불우한 일생을 보내다가
30대에 요절한 임춘의『西河集』의 경우, 그가 죽은 뒤 知友 이인로에 의
해 엮어진 유고집으로 편찬되었기 때문에 이규보의『東國李相國集』과는
비교가 되지 않는다. 이규보는 73세의 나이로 장수하였고, 1199년 전주목
사록겸장서기로 관직생활에 들어선 후 몇 차례 파직과 유배생활을 하였지
만 문하시랑평장사·감수국사·태자대보로서 재상의 지위에까지 올랐기 때
문에 전집 41권, 후집 12권으로 이루어진『東國李相國集』에는 시 2,088
수를 비롯하여 관직에 있을 때 왕명과 최씨정권의 뜻을 받들어 지은 몽고
등과의 외교문서를 비롯한 表·箋·狀과 敎書·詔書·官誥, 碑銘·誄書·祭
文, 道場齋醮疏祭文·佛道疏·祭祝文 등과 上樑文·口號·頌·贊·偈·銘·箴·
語錄·說·記·序, 서간문 등의 개인적 雜文에 이르기까지 다양한 방면의
글 들이 망라되었기 때문에 巨帙의 문집으로 발간되었다.『東國李相國集』
이 거질의 문집으로 발간될 수밖에 없었던 것은 그의 재능이 뛰어났기
때문이지만 그가 장수하였고, 또한 여러 관직을 맡으면서 뛰어난 재능을
유감없이 발휘하여 업무와 연관된 글을 도맡아 작성하였기 때문이기도
하다.

이규보의 문집은 여타 문집과는 달리 그가 죽은 해인 1241년(고종 28)
12월에 41권의 전집과 12권의 후집으로 간행되었다. 이규보가 병이 들자
문집 완성을 위해 이 해 7월, 崔怡의 주선에 의해 서둘러 그 편찬이 시작
되었지만 9월 2일, 사망으로 인해 완성되지 못하였다. 문집이 완성된 것
은 편찬에 착수한지 5개월 만인 12월이었다. 그렇지만 후집 말미에 손자

---

5) 이인로의『破閑集』에는 그 자신의 시가 상당수 수록되어 있고, 최자의『補閑集』에
   는 그 자신의 시가 거의 수록되어 있지 않다. 반면 그 자신의 가문, 그리고 조상가
   운데 유명한 사람의 글이 많이 실려 있다.

익배가 문집에 잘못된 곳과 빠뜨린 곳이 많아 왕명에 의해 家藏 1본을 저본으로 讐校하여 1251년 출간하였다.[6]

 이규보의 문집은 최이와 국왕의 적극적 배려가 있었기 때문에 단시일 내에 만들어질 수 있었지만 그 자신이 문집 간행을 염두에 두고 사전에 준비를 하였기 때문에 가능한 것이기도 하다. 1233년 무렵에 同年 侍郎 兪升旦에게 보낸 편지에서 아들 함이 그가 교유하던 儒家나 釋院 등에서 자신의 시 1천 수를 찾아내어 권으로 나누지 않고 1, 2, 3질로 나누어 두 었는데, 이 가운데 한두 질을 보내니 윤색해달라는 부탁을 유승단에게 한 것이나[7] 1237년에 아들인 涵이 그의 시문을 편집한 데 대한 시를 남긴 것으로 보아[8] 이규보-함 부자가 문집 편찬을 위해 그간 많은 노력을 기울 이고 있었음을 알 수 있다. 사전에 이규보·함 부자의 노력에 의해 이규보 의 문집이 그의 사후 즉시 간행이 가능하였을 것이다.[9] 유승단에게 보낸 편지에서 그가 쓴 시는 무려 8,000여 수나 되었는데 모두 없어지고 1,000 수 가량이 모아졌다고 한 것이나[10] 아들인 함이 후집 서문에서 '남아 있 는 詩文이 十之二三'이라고 한 것을 통해 그의 글 상당수가 문집 편찬에 빠졌다고 볼 수 있다. 이규보는 1212년에 자신이 지은 시가 마음에 차지 않아 300수를 불태웠다고 하는 것으로 보아[11] 없어진 글의 대부분은 없 어진 때문은 아닐 것이다. 1233년 유승단에게 보낸 편지에서 무려 8,000 여 수가 되었는데 모두 없어지고 1,000수 가량 모아졌다고 하는 것으로 보아 이규보가 문집 편찬을 염두에 두고 마음에 차지 않은 시들의 상당수 부분을 자신이 누락시켰다고 보아야 할 것이다. 마음에 차지 않은 것 가

 6) 『東國李相國全集』 年譜, 辛丑年條.
 7) 『東國李相國全集』 권27, 書, 「與兪侍郎升旦手簡」.
 8) 『동국이상국후집』 권1, 고율시, 「兒子涵編予詩文因題其上」.
 9) 박종기, 1997, 「東國李相國集에 나타난 고려시대상과 이규보」『진단학보』83, 277쪽.
 10) 『東國李相國全集』 권27, 書, 「與兪侍郎升旦手簡」.
 11) 『東國李相國全集』 권13, 고율시, 「焚藁焚三百餘首」.

운데는 최씨정권의 비위를 건들리는 작품들도 상당수 고의적으로 뺐다고
보는 것이 순리적일 것이다.

이규보의 문집에는 모두 2,088수의 시가 실려 있는데 전집에 1,239수,
후집에 849의 수가 수록되었다. 그가 치사한 후 작고하기까지 만년의 4년
간에 쓴 시가 후집에 실린 849 가운데 757수나 된다. 문집 전체 시의 36%
에 달한다. 만년의 多作을 '본래 시를 좋아하나, 병중에 더욱 시를 좋아하
는 까닭을 자신도 알 수 없을 정도의 詩癖이라고 하고,12) 끝내 시벽을 스
스로 다스릴 수 없어 서글퍼한다'13)고 한 것에서 치사 후 시작에 몰두하
였다고 볼 수 있다. 그가 관직에 나아가지 않았던 20대와 30대 시절에 쓴
시가 780여수인데 반해 관료시절인 40대에서 60대의 30여 년간 쓴 시는
290여 수에 불과하므로 문집에 쓴 시는 대체로 그의 청년기와 말년의 것
이라는 점은 분명하지만 1233년의 시 8,000여수에 비해 그때 수집된 시가
1,000여 수에 불과하다는 점을 고려한다면 시작 활동이 청년기와 말년에
왕성하였고, 관료시절인 40대에서 60대에서 적었다고 보기는 어려울 것
이다.14) 아마 이 시기의 시작 활동 가운데 이규보 자신이 문집에 싣는
것을 허락하지 않았기 때문에 상대적으로 문집에 빠졌다고 보아야 할 것
이다.

고려시대, 특히 무신정권시대의 문집 가운데『파한집』과『보한집』
의 시화집이 발간될 정도로 당시의 문인들의 경우 시작활동이 왕성하
였다.『東國李相國集』가운데 가장 시가 많은 것은 그런 점에서 이해
될 수 있다. 이규보의 시 2,088수는 시기적으로 그 작성연대가 파악
가능하다.15)

---

12)『동국이상국후집』권2, 고율시,「次韻和白樂天病中十五首 幷序」.
13)『동국이상국후집』권8,「復自傷詩癖」.
14) 박종기, 앞의 논문, 280쪽.
15) 박종기, 279~280쪽 주 14).

1191년	1수(후1)
1193년	173수(권1 36, 권2 73, 권3 64)
1194년	87수(권4 43, 권5 44)[16]
1196년	107수(권6 96, 권7 11)
1197년	35수(권7 35)
1198년	72수(권7 13, 권8 52, 권9 7)
1199년	35수(권9 20)
1200년	62수(권9 30, 권10 23)
1201~1202년	126수(권10 55, 권11 68, 권12 3)
1203~1204년	18수(권12)
1205~1208년	40수(권12 35, 권13 6)
1209년	30수(권13)
1210~1212년	23수(권13 21, 권18 2)
1213~1214년	69수(권13 20, 권14 49)
1215~1218년	28수(권14 27, 후1 1)
1219년	70수(권14 6, 권15 64)
1220~1224년	67수(권16 62, 후1 5)
1225~1229년	57수(권16 28, 권17 26)
1230년	34수(권17)
1231년	16수(권17)
1232년	31수(권17 4, 권18 24, 후1 3)
1233년	38수(권18 29, 후1 9)
1234년	10수(권18)
1235년	11수(권18)
1236년	14수(권18 7, 후1 7)
1237년	109수(권18 19, 후1 4, 후2 76)
1238년	300수(후2 29, 후3 101, 후4 98, 후5 72)
1239년	83수(후5 17, 후6 66)

---

16) 『동국이상국문집』 연보, 을묘년(1195, 명종 25)조에 "吳東閣에게 화답한 三百韻詩를 지었다"라고 한 것으로 보아 『東國李相國全集』 권5에 실린 「次韻吳東閣世文呈誥院諸學士三百韻詩」는 1195년에 제작된 것이므로 권5에 실린 시들은 1195년에 작성된 것이 아닌가 한다. 박종기의 경우 1195년에 제작된 시가 수록되지 않은 것으로 파악한 것은 잘못된 것일 것이다.

1240년	178수(후6 31, 후-7 97, 후-10 41)
1241년	106수(후8 7, 후9 58, 호10 41)
1192~1214년	63수(후1)

위 표에 의하면 前集 권1~18의 경우 권1의 賦 6수를 포함한 1193년~1236년에 지어진 고율시가 수록되었으므로 所作時期順 배열을 원칙으로 하여 편집되었음을 알 수 있다.[17] 後集은 권1에 105수의 시기 실려 있다. 대체로 그의 시가 年紀順으로 작성된 점을 염두에 둘 때, 그가 치사한 후인 1237년 8월 이후의 시는 권1의 「漫成 丁酉 八月」 이하 14수이다. 이 시 이후로는 연기순으로 일목요연하게 정리되어 있다. 전집에 빠뜨린 것으로 권1에는 치사 이전의 시 91수가 실려 있다. 어쨌든 남아 있는 시를 통해서도 그의 전 생애의 자취를 일관되게 더듬어볼 수 있는 좋은 자료이다.

『東國李相國集』 제1권에는 古賦 6수가 제일 먼저 나온다. 賦는 본래 『詩經』의 표현방법의 하나로서 작자의 생각이나 눈앞의 경치 같은 것을 있는 그대로 드러내 보는 것이다. 이후에 屈原의 『楚辭』를 계승한 宋玉 등에 의하여 하나의 문학 장르로 정립하게 되었는데 아름다운 글을 통한 諷諭에 목적을 두고 있다. 부의 구성은 대체로 直敍體와 問答體로 나누어진다. 송나라때 歐陽修 이후에 산문인 古文이 성행하면서 그 영향 하에서 이루어진 문부가 유행하였다. 문부는 변려문을 배격하고 산문화한 것이 특징이며 형식적인 율부와는 달리 개성적인 創意가 담긴 새로운 부체이다. 이규보는 부에 있어서 다양한 文才를 발휘하여 훌륭한 작품을 남긴 작가이기도 하다. 이규보가 『東國李相國集』 제1권 첫머리에 諷諭의 뜻을 가진 '賦' 6수를 수록한 것은 이규보의 의지가 반영된 것으로 볼 때 '賦'에 대한 검토를 할 필요가 있을 만하다.

---

17) 박창희, 「『東國李相國集』 作品年譜考」 『이화사학연구』 5, 1~2쪽.

첫 머리에 수록된 「畏賦」는 '古賦'라고 하였지만 고문의 영향을 받은 문부체에 해당하며 문답체 형식이다. 「畏賦」에서는 獨觀處士와 沖默先生이라는 두 가지 유형의 인간형이 대비되고 있다. 독관처사는 늘 무슨 두려움이 있는 듯이 일거수 일투족을 조심하며 자기 모습을 두려워하면서 혼자 우뚝 높이 서서 세속의 무리를 벗어나 저 넓은 곳에 가서 자기대로 놀고 싶어 하는 존재인데 반해 충묵선생은 "정도를 지키고 남을 속이지 않으면 하늘도 나에게 위엄을 부리지 않을 것이다."라고 하면서도,

> 밑에 있으면서 위를 섬길 때는 법도에 꼭 맞게 행동하여, 만나면 꿇어앉고 절할 때는 고개를 숙여야 한다. 무슨 명령을 들으면 몸을 더욱 구부려맡은 일을 잘 지켜 나간다.

라고 하여, 현실정치에 참여한 문신들의 행동가짐을 제시하면서 독관처사에게 일러 말하기를,

> 낮에 뱉은 침을 그대로 말리우고, 가랑이 밑으로 숙이고 나가 허심하게 세상을 살아가면, 내가 저를 안 건드리매 저들이 어이 성낼 것인가. 이 또한 두려울 것이 없으리. … 성인들이 사람을 두려워 않고 오직 입을 두려워 했으니, 입을 곧 삼가면 처세에 무슨 탈이 있으리.

라고 하여, 처세의 지름길은 곧 입조심을 하는 것이라고 하였다. 이처럼 무신정권의 무단정치 하에서는 言路는 굳게 막히어 현실비판의 이야기는 전혀 용납되지않는 상황이었다. 무신정권의 성립 후 왕이 마음대로 교체되고 심지어 죽임을 당하는가 하면, 사회경제적 모순의 노정과 계급간의 갈등 속에 하층민의 봉기가 광범위하게 확산되었음에도 불구하고 참여문신들은 한마디 정책의 개진없이 입조심하면서 맹목적 추종만 하여 어용적 문신의 길을 마다하지 않았던 것이다. 여기에는 현존하는 상황의 좁은 한계 속에 들어맞도록 자신의 희망을 조절하면서 아무런 비판의식도 없이

현실에의 영합과 적응만이 생리화된 아유·타협·왜곡형의 인간만이 존재할 뿐이다. 이제 그들은 왕권과의 상호보험 하에서 권력을 창출하는 집단으로서의 역할을 방기한 채 오직 이미 위로부터 주어지고 맡겨진 일을 처리할 뿐 그를 토론하거나 바꿀 수도 없었다. 단지 그들이 할 수 있는 것은 그 수단이나 시행방식에 대해 조언을 할 수 있을 뿐이었다. 이런 상황 속에서 그들이 배운 道가 입으로 개진되거나 행동으로 표출될 수가 없었다. 처세를 위해 입조심하라는 충고를 하는 충목선생의 뜻에 결국 승복해버리는 독관처사를 그려냄으로써 권력으로의 길로 나선 자신의 입장을 정당화해버리고 만다. 이규보는 시대와 사회의 교화, 도의 실현을 추구하는 내용위주의 학문적 입장을 취하고 있음에도 불구하고 현실과 타협하여 처세의 길로 나섬으로써 일관된 학문적 경향을 견지하지 못한 채 깊은 고뇌와 자기 갈등 속에서 자신의 문집 첫 머리에 「畏賦」를 실음으로써 최씨정권에 맹목적으로 굴종하며 오직 높은 벼슬만을 추구하면서 한마디 간언도 제대로 하지 못하는 자신에 대한 실망과 자기혐오를 표하면서 후진에게 그것을 경계하는 일종의 반어법적 화법을 사용하였다고 볼 수도 있다. 그의 처세술은 ‘賦’에 담겨져 있다고 볼 수 있다. 「畏賦」와 함께 실린 허무한 인생의 달관을 주제로 한 「夢悲賦」와 物性을 통하여 人性을 풍유한 「放蟬賦」·「陶甄賦」, 樂天知命의 인생관을 담은 「祖江賦」, 인정의 感應相을 논리적으로 편 「春望賦」 등은 아마도 이규보가 『東國李相國集』에 담을 시를 선택하는 기준으로 적용한 잣대가 아닌가 한다. 시를 통한 그의 현실인식은 ‘賦’의 천착을 통한 재검토작업이 필요할 것 같다.

시의 경우 소작 시기순으로 배열하였지만 문의 경우 類別로 붙였기 때문에 연대순으로 편차하지 않았다.[18] 『東國李相國全集』 권19~20의 경우 ‘雜著’가 실렸다. 권19에 「上樑文」 1, 「口號」 3, 「頌」 5, 「贊」 13, 「偈」 3,

---

18) 『東國李相國全集』 권19, 雜著, 「丁巳年上元燈夕教坊致語口號」 ; 권25, 「昌福寺談禪牓」.

「銘」9, 「箴」5이 수록되었고, 권20에는 「韻語」8, 「語錄」1, 「傳」4이 수록되었다. 권21에는 「設」12, 「序」10, 「跋」4이 실렸다. 권22에는 '雜文' 가운데 「論」15이 수록되었다. 권23에는 「記」10, 권24에는 「記」12, 권25에는 「記」3, 「膀文」4, 「雜著」4이 실렸다. 권26~27에 실린 「書」는 그가 과거 합격 후 求官을 위해서, 혹은 文友에게 보낸 33건의 편지이다.

전집 권28에서 권41까지는 文翰職에 있을 때 지은 글이다. 권28의 '書·狀·表'는 대부분 몽고에 보내는 외교문서이지만 금·동진·여진에게 보내는 문건도 포함되어 있다. 거란족을 물리친 후 몽고에 보낸 4편 외에는 모두 몽고와의 1차 전쟁이 일어난 1231년과 강화 천도 후에 쓴 것이다. 1231년 1편, 1232년 19편, 1238년 5편은 몽고에 보낸 것이다. 이외 1232년 동진국에 보낸 것 2편, 1235년 여진족과 한족에 보낸 것 1편, 1233년 금에 보낸 것 4편이 있다. 그의 연보에 의하면 그가 치사한 1237년 후에도 異朝往來文書 등을 많이 작성하였다고 하나 문집에는 5편에 불과하다.[19] 이것을 통해 고려를 둘러싼 여러 나라들과 다원적 외교를 맺고 있는 양상을 엿볼 수 있다. 권29에서 권32의 경우 表·箋·狀이다. 권29의 경우 관리들의 사직을 청하는 표 및 관직임명에 관한 사은표 등이고, 권30은 왕실, 최충헌과 관련된 글이다. 권31은 그가 1215년 知制誥에 임명되어 1237년 치사할 때까지의 자신의 관직 임명에 관한 讓表와 謝表가 수록되어 있다. 권32는 1199년 전주의 사록겸장서기의 활동시기와 1219년의 桂陽의 수령으로 있을 때 중앙정부에 올린 狀과 한림원에 있을 때 몽고사신을 영접하면서 올린 1219년에서 1231년 강화천도 이전까지의 글을 수록하였다. 권33과 34에는 教書·批答·詔書·官誥, 권35에는 碑銘, 권36에는 誅書, 권37에는 祭文을 수록하였다. 권38의 道場齋醮疏祭文의 경우 1202년 이규보가 경주지역의 농민항쟁을 진압하기 위해 兵馬錄事修製員으

---

19) 박종기, 앞의 논문 280쪽.

로 종군하면서 항쟁을 진압하기 위한 醮齋를 올리면서 작성한 것이다.

권40의 釋道疏와 祭祝文은 이규보가 1207년 이후부터 강화천도 이전 시기의 한림원과 지제고에 있을 때 지은 글이고, 권41의 釋道疏는 최충 헌·이 부자의 요청으로 契丹遺種을 물리치기 위해 1216년에서 1219년 사 이에 작성한 글을 수록하였다. 이상의 전집 권28에서 권41까지는 이규보 가 문한직에 있을 때(1208~1218) 왕명이나 최씨 부자의 요청에 의해 작성 된 것이 대부분이고, 개인적인 관계 때문에 작성된 글은 별반 포함되지 않았다.

『東國李相國集』은 일생동안 지은 시와 주로 문한직에 있으면서 왕명 과 최충헌-최우(이) 부자의 명을 받들어 찬한 각종 문서와 개인적인 신변 잡기에서부터 文友 등의 개인적 인간관계를 맺은 사람들과 관련된 글로 구성되어 있으므로 고려시대 문인과 관인의 삶을 이해하고 당시의 역사상 을 가장 잘 드러내주는 사료로서의 가치를 지닌다. 그래서 일찍이 그의 문학관에 대한 인식에 관한 연구가 활발하였고, 그것을 바탕으로 하여 그 의 사상, 현실인식 등에 관한 연구가 이루어졌다. 그가 살았던 무신정권 기는 문벌귀족에서 무신정권기로 교체된 대전환의 시기로서 왕정이 정지 된 상태였고, 미증유의 전란인 거란유종과 몽고와의 지리한 전쟁이 연속 하였고, 결국 몽고의 침입으로 인해 강화천도를 단행하기까지 하였다. 또 이 시기는 한국사의 그 어느 시기보다도 농민항쟁이 전국 각지에서 일어 남으로써 신라부흥운동, 고구려부흥운동, 백제부흥운동까지 일어남으로 써 대내외적 모순이 중첩된 시기였다. 그런 시대적 상황하에서 이규보는 무신정권 초기에 급제한 후 10여 년간 仕路에 진출하지 못하였으나 최씨 정권에 의해 등용된 후 재상에 오른 최씨정권의 측근 문신으로 있으면서 문단을 주도했던 당대의 문인으로서 정치와 문학적으로 커다란 비중을 갖 고 있었던 인물로서 거질의 문집을 남겼기 때문에 이규보의 『東國李相國 集』은 문학뿐만 아니라 철학, 역사학 분야에서도 깊은 관심의 대상이었

다. 高麗史 연구의 기본 사료로 활용되는『高麗史』·『高麗史節要』가 당
대의 역사서가 아니라는 점에서 이규보 당대에 정리된『東國李相國集』은
역사 자료로서 가치를 지니기 때문에 이에 대한 연구가 비교적 많다. 문
학 분야에서 이미 검토되었지만 이규보는 聲律과 章句를 앞세우는 用事
爲主의 시단의 흐름과는 달리 氣骨과 義格을 앞세우는 創意新語, 즉 내
용위주의 입장에서 문학의 대사회적 기능을 보다 중시하면서 강한 현실주
의적 입장을 취함으로써 吟風弄月과 禮를 말하는 시와는 달리 시대와 사
회의 교화에 도움이 되는 시를 써야 한다는 입장을 취하였기 때문에[20]
그의『東國李相國集』에 담긴 시들을 통해 그의 현실인식과 당대의 시대
상황을 파악할 있는 유용한 사료로서의 가치를 지닌다.[21] 그러므로 이규
보의 시는 역사학에서도 깊은 관심을 보였다.

　혼히들 이규보는 유학자로 간주한다. 정지의 誄書에서 이규보를 '一代
儒宗'이라고 하였고,[22] 이규보 스스로도 자신을 유학자로 표현하였듯
이[23] 치국제민의 정치학인 유학을 익혀 관인으로의 길을 모색하여 최씨
정권의 측근문신으로 활동하였기 때문에 유학자인 동시에 그것을 정치에

---

20) 김호동, 2003, 『고려 무신정권시대 문인지식층의 현실대응』, 경인문화사, 115~
　　122쪽.
21) 박창회의「이규보의 본질에 관한 연구(Ⅰ)」(『외대사학』창간호, 1988)·「이규보의
　　본질에 관한 연구(Ⅱ)-그의 40대 이후의 의식의 변용에 대하여-」(『외대사학』2,
　　1989)·「이규보의 본질에 관한 연구(Ⅲ)-그의 만년에서의 감개-」(『외대사학』3,
　　1990) 및 김인호,『고려후기 사대부의 경세론 연구』(혜안, 1999), 그리고 필자의『고
　　려 무신정권시대 문인지식층의 현실대응』(경인문화사, 2003), 황병성의『고려 무인
　　정권기 문사 연구』(경인문화사, 2008)과 함께 주) 2에 인용된 박종기 및『사총』에
　　실린 이규보 특집은 역사학 분야에서『東國李相國集』을 주자료로 하여 이규보의
　　현실인식과 당대의 시대상을 파악하려는 대표적 작업이다.
22) 『동국이상국후집』卷終,
23) 『東國李相國全集』권27, 書「謝奇平章召赴禊宴啓」, "저는 버릇없는 선비에다 썩은
　　儒者인데"; 권31,「讓同知貢擧表」"신은 몽매한 천성에 글이나 섭렵한 儒者로서";
　　권31,「同前謝表」"신은 腐儒로서."

접목시칸 관인이라는 점에서 그의 유학사상에 관한 연구, 거기에 바탕한 교학과 유학진흥책에 초점을 두고 정치 경제 개선론 등에 관한 연구가 지금까지 많이 이루어졌었다.[24] 그렇지만 鄭芝(?~1264)가 쓴 이규보의 추도사인 誄書에 "3교의 깊은 뜻을 두루 통하지 않음이 없었다."[25]고 한 것을 통해서 『東國李相國集』의 전편에 유·불·도의 사상이 흐르고 있음을 염두에 두고 『東國李相國集』을 살펴보아야 한다.

고려시대의 관인들은 시문을 짓는 교양, 그리고 치국의 도를 유학에서 찾았지만 그들의 종교적 신앙의 대상은 불교였고, 관혼상제의 일상 예절 역시 불교적 의식에 의해 이루어졌었다. 이규보도 그 예외는 아니어서 유학자이지만 독실한 불교신자였다고 보아야 한다. 그런 점에서 『東國李相國集』에는 불교와 관련된 글이 많을 수밖에 없다.[26] 그러면서도 이규보는 자신을 老子의 후손,[27] 노자를 계승하였다고 말하듯이[28] 『東國李相國集』 전편, 즉 초년에서 만년에 이르기까지 도가사상 역시 그 기저에 흐르고 있음을 인식하면서 그의 문집을 살펴보아야만 할 것이다.[29] 『東國

---

24) 김인호, 「무인집권기 유학과 문장론의 전개」 『한국중세사연구』 18.
　　김인호, 1993, 「이규보의 현실이해와 정치경제 개선론」 『學林』 15.
　　김인호, 1999, 『고려후기 사대부의 경세론 연구』 혜안.
　　마종락, 1998, 「이규보의 유학사상」 『한국중세사연구』 5.
　　황병성, 2008, 『고려 무인정권기 문사 연구』, 경인문화사.
25) 『동국이상국후집』 卷終.
26) 그 때문에 이규보의 불교와의 관계를 다룬 논문이 적지 않다.
　　정제규, 1996, 「이규보의 불교이해와 "수능엄경" 신앙」 『동양고전연구』 7.
　　진성규, 1998, 「이규보의 불교관」 『불교사연구』 2.
　　박윤진, 2001, 「이규보의 불교관에 대한 일고찰」 『사총』 53, 고려대학교 역사연구소.
27) 『東國李相國全集』 권1, 「次韻尹司儀世儒見贈 坐上作」 "우리 조상은 노자에서 비롯되었다."; 권6, 「九月十三日 會客旅舍 示諸先輩」 "우리 이씨는 본래 신선의 후손."
28) 『東國李相國全集』 권8, 「明日朴還古有詩 走筆和之」 "나는 노자를 계승했다오. 불교와 노자는 본래 하나니 굳이 분간할 게 무어 있으리."
29) 이규보의 사상의 기저에 도교가 흐르기 때문에 그에 주목한 논고는 다음과 같다.

李相國集』 서문에서 "經史·百家·佛書·道秩 등을 두루 읽지 않은 것이 없었다"고 한 것에서 그의 사상은 어느 한 가지에 머물러있지 않았다고 보아야 한다. 그럼에도 불구하고 지금까지의 연구는 주로 그의 유학사상, 불교사상, 도가사상 등 따로 떼내어 연구하려는 경향이 짙은데 이것은 지양하여야만 할 것이다.

Ⅲ. 『東國李相國集』 所在 詩文의 사료로서의 가치

1. 이의민 정권기

『東國李相國集』에 실린 시문 가운데 가장 빠른 시기에 지은 것이 1191년 8월 부친이 별세한 뒤 천마산에 우거하며 白雲居士를 칭하면서 지은 「寓天磨山有作」이다. 이 시는 『동국이상국후집』 권1에 실린 시이다. 시 제목 아래에 細註로 "나는 신해년(1191)에 천마산에 오래 우거하여 스스로 백운거사라고 칭했는데 이때 이 시를 지었다"고 하였고, 후집에 넣은 이유에 대해 연보에서 "8월에 아버지의 喪을 당하자, 天磨山에 우거하여 白雲居士라 자칭하고 天磨山을 지었는데, 중간에 유실되어 前集에는 기록하지 못했다가 나중에 찾아서 後集 첫째 권에 실었다"고 하였다. 이규보가 前集에서 빠뜨린 것을 후집에 넣은 것은 그가 천마산에 은거한 것에 대한 나름대로의 의미를 부여한 때문이기도 하고, 『東國李相國全集』 권1에 「重遊北山二首」, 권2에 「自北山入城」이라고 한 시를 실었기 때문에 그 연유를 밝히고 싶었기 때문이기도 하다.

1192년(명종 22)년의 문집 연보에 의하면 "「白雲居士語錄」과 傳을 저

김철웅, 1999, 「이규보의 도교관」 『한국사상사학』 13.
박희병, 1999, 「이규보의 도가사상」 『한국의 생태사상』, 돌베개.

술하여 자신의 行止를 차례로 이야기하였다"고 한다. 「白雲居士語錄」은
『東國李相國全集』권20에 실려 있는데 거기에 같이 실린 「백운거사전」
에 의하면 "거사는 취하면 시를 읊으며 스스로 전을 짓고 스스로 贊을 지
었다"고 한 것으로 보아 이때 시작활동이 상당수 있었으나 그의 문집에는
갈무리되지 않았다. 그 이유는 「寓天磨山有作」과 함께 중간에 유실되었
을 가능성이 많다.

흔히들 『東國李相國全集』권1~3에 실린 시 173수는 그의 나이 23세
때인 1193년(명종 23)에 지어진 시들로 여긴다. 그렇다면 천마산, 즉 북산
에서 城中, 즉 개경으로 돌아오면서 지은 「自北山入城」을 통해 천마산에
서 개경으로 돌아온 것은 1193년이었을 것이다. 그렇지만 속세로 돌아오
는데 이규보는 망설이지 않을 수 없었음을 엿볼 수 있다.

  속세 발자취론 신선 경계에 머물 수 없어
  솔문 길을 나자마자 벌써 서글프기만
  말발굽 차츰 옮길 때 산도 차츰 멀어지니
  천천히 가면서 감히 채찍을 더하지 못하네[30]

위 시에서 속세 발자취론 신선 경계에 머물 수 없어 개경으로 돌아오지
만 채찍을 더하지 못한다는 구절을 통해 그의 복잡다단한 심경을 엿 볼
수 있다. 여기에서 과연 『東國李相國全集』권1~3에 실린 시 173수는
1193년에 지어진 시일까 하는 의문을 「重遊北山二首」를 통해 살펴보고
자 한다.

  위와 아래를 바라보니 지난 세월이 놀라와   俯仰頻驚歲屢更
  십 년을 지났어도 나는 한 서생이로다   十年猶是一書生
  우연히 옛 절에 와 묵은 자취 찾으면서   偶來古寺尋陳迹

---

30) 『東國李相國全集』권2, 「自北山入城」.

고승과 마주 앉아 옛이야기 주고받네	却對高僧話舊情
석양이 반쯤 걸린 절벽엔 새 그림자 지나고	半壁夕陽飛鳥影
온 산 가을 달에 잔나비 소리 구슬프네	滿山秋月冷猿聲
겹겹으로 쌓인 회포 다 풀기 어려워	幽懷壹鬱殊難寫
가끔 뜰로 내려가 발 가는 대로 다닌다오	時下中庭信步行

얻은 것은 털끝만하고 잃은 것은 산더미 같아	得僅毫氂喪似崖
십 년 동안 떠도는 신세 한결같이 곤궁쿠나	十年檻籠困徘徊
오늘날 뛰어난 학을 뉘라서 잡아 맬까	如今逸鶴知誰繫
반가와하는 잔나비 내 돌아오길 기다리는데	粗慰驚猿遲我廻
진세에 더럽힌 얼굴 바람이 씻어 가고	塵世舊顔風拂盡
좋은 경지에 숨으려니 달도 반기는 듯	煙溪新隱月迎來
산속으로 돌아온 나를 산승은 묻지 말라	山僧莫問還山意
보잘것없는 뜬 이름 결국 무엇에 쓰리	寸草浮名安用哉

1191년에 이규보는 북산에 은거하였는데 이 시에서 "10년을 지났어도 나는 한 서생이네", "십 년 동안 떠도는 신세 한결같이 곤궁쿠나"라고 한 10년은 1199년 9월에 전주목 사록겸장서기로 보임되었다가 1200년 12월 통판과의 불화로 파직당한 후 1201년 정월 광주를 거쳐 개경으로 돌아온 시점에 해당하는 심정을 읊은 것이기 때문에 「重遊北山二首」는 1193년의 작품은 아닐 것이다. 아마 이규보가 1193년의 작품인줄 착각을 하여 『東國李相國全集』권1에 넣었다고도 볼 수 있지만 『東國李相國全集』에 실린 시가 연대순으로 배열되었다는 주장에 예외가 있음을 알 수 있다.

1193년의 문집 연보에 의하면 "이 해에 百韻詩를 지어 侍郎 張自牧에게 올렸는데, 장공이 후히 대우하여 매양 찾아뵐 때마다 술을 차려 함께 마셨다"고 하였는데 『東國李相國全集』권1에 '古賦' 6수를 제외하고 「呈張侍郎自目一百韻」을 제일 먼저 수록되어 있다. 그 이유는 무엇일까? 이 시의 일부 구절을 보면

옛날 내가 처음으로 투자했을 때	憶昔初投刺
마음이 서로 꼭 맞은 듯하여	相迎似合符
못생긴 나를 옥처럼 생각하고서	眷緣近美玉
만나는 곳마다 늘 생추를 설치했지	想像置生芻
만류하는 마음 어찌 그리 후했던가	投轄情何厚
술을 서로 권하면서 한껏 마셨네	含杯氣益麤
(중략)	
두 번째 만나 더 친해져서	再來增款密
기쁨과 웃음으로 더욱 즐거웠지	歡笑益姁媮
황마가 달리는 듯한 웅변이었고	極辯馳黃馬
옛사람의 백구편도 가끔 읊었다	遺篇詠白駒
〔이때 나를 추천한다는 말이 있었다.〕	
동야의 글귀를 공연스레 본받아	枉聯東野句
백륜의 술잔을 자주 기울여	頻倒伯倫觚
시 읊던 손님들 훈풍에 흩어질 때	吟榻薰風散
늦 안개 돌아가는 길에 자욱했지	歸程晚霧紆
한껏 취해서 학사의 옷자락 거머잡고	醉誇攀學士
교만하게 金吾郎도 피하지 않았다	驕不避金吾
벌써 사귐을 황금처럼 중히 여겼으니	意已黃金重
죽어도 먹은 마음 변치 않을거야	情難白骨渝

1193년에 제일 먼저 만들어진 작품이라고는 할 수 없다. 이규보와 장자목의 만남은 예전에 이루어졌고, 장자목이 자신을 어진 선비로 대우하고, 예부시랑이 되어 자신을 추천한다는 이야기까지 담겨져 있다. 아마 천마산에서 돌아온 이규보는 장자목과 자주 만난 듯하다. 그는 왜 장자목과 자주 만났을까? 장자목은 시와 서예에 뛰어났으며, 치사후 崔讜·崔詵·李俊昌·白光臣·高瑩中·李世長·玄德秀·趙通과 耆老會를 만들고 유유자적하니 당시 사람들이 地上神仙이라 하였다는 점에서[31] 이규보와 사상적으로 상통할 수 있는 인물이었다. 천마산에 은거하면서 백운거사를 자처한 직후에 속세로 돌아온 이규보는 장자목의 처세를 보면서 자신의 진로

---

31) 『高麗史節要』 권14, 희종 7년 9월.

의 방향을 모색하였기 때문에 장자목에 올린 백운시를 『東國李相國集』
권1의 '고부' 6수 외의 첫머리에 올렸다고 보아야 한다. 이규보가 학사 장
자목과 裵湍과 함께 足庵 聆首座를 방문하기로 한 것은 백운시보다 이전
에 만들어졌을 것이 분명하다.[32] 장자목이 태복경 보문각 직학사에서 치
사한 것을 축하하는 啓를 올린 것,[33] 동국 제현의 글씨를 평론하면서 그
속에 장자목을 든 것을 통해[34] 이규보는 장자목에 대한 각별한 정을 느끼
고 있었음을 알 수 있다. 그가 예부시랑이 되어 자신을 천거하겠다는 뜻
을 밝혔다는 것을 듣고 이규보는 자신의 文才를 인정해준 첫 번째 인물로
도 여겼기 때문에 『東國李相國集』에서 장자목에게 증정한 백운시를 제일
먼저 배열하였다고 볼 수 있다.

이 해 4월, 『舊三國史』를 얻어 東明王의 사실을 보게 됨으로써 그는
일생의 학문적 충격을 경험하게 되어 장편의 서사시인 「東明王篇」을 짓
게 되었다.[35] 이규보의 『東國李相國集』 가운데 사료로서 가장 일찍, 그
리고 많이 주목의 대상이 된 것은 고구려를 건국한 동명왕의 新異한 자취
를 장편의 서사시로 읊은 五言絶句의 운문체로 된 「東明王篇」이다. 국문
학에서 처음 이것을 주목한 이후[36] 문사철을 겸비한 이우성이 대외관계
에서 비롯되는 민족적 긍지의 발로로 보는 견해가 제시되면서[37] 역사학
에서 본격적으로 다루기 시작하였다. 「동명왕편」을 대외관계에서 비롯된
민족적 긍지의 발로로 보는 견해에 대해서 이 시가 제작된 명종 23년 이

32) 『東國李相國全集』 권2 古律詩, 「奉寄張學士自牧 裵天院湍 兼簡足庵聆首座 幷序」.
33) 『東國李相國全集』 권27, 書, 「賀張侍郎自牧解職後拜大僕卿寶文閣直學士仍致仕啓」.
34) 『동국이상국후집』 권11, 贊, 「東國諸賢書訣評論序 幷贊 ○ 晉陽公令述」
35) 『동국이상국문집』 年譜 "4월에 『舊三國史』를 얻어 東明王의 사실을 보고 이상히
    여겨 古詩를 지어서 그 특이한 사실을 기록하였다."
36) 장덕순, 1960, 「영웅서사시 '동명왕'」 『인문과학』 5, 연세대.
37) 이우성, 1963, 「고려중기의 민족서사시-동명왕편과 제왕운기의 연구-」 『성균관
    대논문집』 7, 101쪽 ; 1776, 『한국의 역사인식(상)』 창작과비평사 ; 1991, 『한국중
    세사회연구』, 일조각.

전의 얼마동안은 대외적인 면에서 특별히 민족의식을 촉발할 만한 상황이 없었을 뿐더러, 이를 전후한 이규보의 여러 작품에서 그 같은 면모를 찾을 수 없다는 지적이 나온 이후[38] 대외관계에서보다는 대내적인 문제에서 그 역사적 배경을 찾고자 한다. 명종 23년 전후는 이의민 집권기로 군신이 모두 무능하고 부패하여 정치적·사회적 기강이 극히 문란하였을 뿐 아니라 전국적인 민란으로 인하여 온 나라가 큰 혼란을 겪는 위기의 시기에 처하여 국가의식의 표출로 제작된 것이 「동명왕편」이며 그로써 고려는 신성한 왕 동명이 창시한 고구려의 정통국가임을 아울러 천하에 선포하는 뜻까지 지녔던 것으로 이해한 시각이 제기되었다.[39] 이것을 계기로 이후 고려가 대외적으로는 고구려의 계승자임을 내세웠으나 대내적인 문제에 있어서는 신라를 계승하였다는 이원적인 역사계승의식을 가졌었는데, 이때에 이르러 비로소 내외의 문제를 막론하고 고구려만을 내세우는 일원적인 역사 계승관을 표방하게 된 데 따른 결과로 보는 견해와,[40] 무신란 이전 사회의 한계성이나 이후 사회의 혼란상에 대한 비판의식에서 나왔다는 견해도 표명되기도 하였다.[41]

『구삼국사』를 읽고 「동명왕편」을 저술하는 과정에서 당대의 사회와 역사에 눈을 뜨고 진보적 인식을 갖게 되면서 사회모순에 대한 현실비판의식을 가졌던 것이 아닌가 한다.[42] 그 대표적인 작품이 「望南家吟」이다.[43]

---

38) 박창희, 1969, 「이규보의 「동명왕편」시」 『역사교육』 11·12합집 ; 1973, 「무신정권시대의 문인」 『한국사』 7, 국사편찬위원회, 274~275쪽.
39) 박창희, 1969, 「이규보의 「동명왕편」시」 『역사교육』 11·12합집.
40) 하현강, 1975, 「고려시대의 역사계승인식」 『이화사학연구』 8 ; 1976, 『한국의 역사인식(상)』 창작과비평사, 203~206쪽.
　　탁봉심, 1984, 「「동명왕편」에 나타난 이규보의 역사인식」 『한국사연구』 44, 94~98쪽.
41) 김철준, 1985, 「이규보의 「동명왕편」의 사학사적 고찰」 『동방학지』 46·47·48, 70쪽.
42) 「東明王篇」을 지은 그 이듬해인 1194년(명종 24, 27세)에 「開元天寶永史詩」를 지은 것을 통해서도 이규보는 이때 역사에 깊은 관심을 갖고 있었다고 보아야할 것이다.
43) 「望南家吟」은 1691(24세)년에 저술된 것으로 추정되었다. 그 근거로 24세 때 북산에 우거하여 독서와 저술에 힘 썼는 듯 하다. 이때 「遊北山」의 시를 읊었는 바 그

南家는 부자요 東家는 가난한데
南家에선 歌舞가 흐느러지고 東家에선 哭聲만 구슬프다
歌舞는 어찌 저리도 즐거운가
賓客이 마루를 메우고 술은 萬斛을 넘치네
哭聲은 어찌 저리도 구슬픈가
냉랭한 부엌에서는 이레토록 연기 한번 안오르네
東家의 가난한 사람 南家를 건너다보면서
대를 쪼개듯 한마디 씹어뱉는 말
'너희는 알지 못하는가
석숭이 날마다 미회를 끼고 금곡에서 취해 지냈지만
백이숙제의 맑은 이름이
천고에 빛남만 같지 못한 것을'

흔히들 이 시를 농민시로 파악하고 있지만[44] 이 시는 개경에 있으면서 개경의 사회구조적 모순의 심각성을 東家와 南家로 형상화하여 貧富 대립의 극명성을 잘 나타내준 시로 보아야 한다. 이미 문종 조에 군인 가운데에 富强者와 貧窮者가 대비되어 나타나고,[45] 인종 조에 庶人이 羅衣와 絹袴를 입고 都中에서 기마하는 것과 노예가 革帶하는 것을 금하였다[46]고 한 것에서 문신귀족정치의 말기 빈부의 편재성이 사회문제로 대두되기 시작하였음을 알 수 있다. 특히 이 시가 만들어질 무렵에 오면 무신쿠데타 이후의 내외적 모순의 심화와 중첩화에 따른 격심한 혼란·동요로 인해

시가 『東國李相國集』 권1에 「望南家吟」과 같이 수록되어 있다는 것을 내세우고 있다(박창희, 「『東國李相國集』 작품연보고」 『이화사학연구』 5, 3~4쪽). 그런데 동 문집의 연보에 24세 기록에 의하면 위 「遊北山」은 실상 「重遊北山」을 말함이다. 그렇지만 본문에서 이미 언급하였듯이 「重遊北山」은 24세 때의 작품으로 볼 수 없다. 그런 점에서 「望南家吟」의 저술 연대도 1691년으로 보기는 어렵다. 그래서 박종기의 견해에 따라 1693년에 지은 것으로 파악하였다.

44) 김시업, 1978, 「이규보의 현실인식과 농민시」 『대동문화연구』 12.
   이정란, 「이규보의 대민인식」 『사총』 53, 187쪽.
45) 『高麗史』 권81, 兵志, 兵制 文宗 25년 12월.
46) 『高麗史』 권85, 刑法2, 禁令 仁宗 9년 5월.

이미 富益富 貧益貧 현상이 보편화되어 있었다. 명종조에 한 영역 내에서 富强兩班, 혹은 富戶와 貧弱百姓이 대비되고,[47] 노비인 平亮이 '務農致富'하여 면천한뒤 산원동정의 직까지 얻은 예,[48] 그리고 진각국사 혜심이 "況富者多不爲仁 或約倍長 或約半長 而腹剩收其利 故富者益富 貧者益貧 此亦爲政者之所同瞋也."[49]라고 한 예에서 보다시피 계층간 빈부의 격차, 계층내의 분화의 심각성을 읽을 수 있다. 당시의 집정무신이었던 이의민의 복심이었던 동경지역에서 이 시가 만들어질 무렵인 명종 20년에 농민봉기가 일어나 동왕 23년에 경상도 전역으로 확대될 수 밖에 없었던 것은 그 필연적 귀결이라 할 수 있다. 이규보의 「望南家吟」에서 東家의 가난한 사람이 南家를 건너다보면서 대를 쪼개듯 한마디 씹어뱉는 말은 이러한 당시의 상황하에서 나올 수 있는 말이다. 명종 23년 9월의 京城飢民에 대한 진휼정책은 비록 고식적인 것에 불과하더라도 개경의 이러한 사회분위기에 대한 대책의 일환으로 볼 수 있을 것이다.[50] 이 시기를 전후해서 지은 시에 그의 현실비판 견해를 보여주는 몇 편의 시가 더 보인다. 이규보는 「詠筆管」에서 "마땅히 곧은 말만 써야 할거야"[51]라고 하였고, 「過延福亭」에서는 의종의 사치의 장소였던 연복정을 읊으면서 "개중에도 경계해야 할 전례 분명히 있으니 남긴 터전을 송두리째 없애지 말았으면"[52]이라고 하여 강한 경계의 뜻이 담긴 시를 남기고 있다.[53]

---

47) 『高麗史』 권79, 食貨2, 借貸.

48) 『高麗史』 권20, 明宗 18年 5月 癸丑.

49) 慧諶, 『無衣子詩集』 卷下, 「常住寶記」『韓國佛敎全書』 6, 65쪽下.

50) 『高麗史』 권80, 食貨3, 賑恤, 「水旱賑貸之制」, "發倉賑京城飢民."

51) 『東國李相國集』 권1, 고율시, 「詠筆管」, "憶爾抽碧玉 孤直挺寒林 風霜苦不死 反見鋒刃侵 誰將獨夫手 刻出比干心 爲汝欲雪憤 當書直言箴."

52) 『東國李相國全集』 권2, 고율시, 「過延福亭」, "憶昔明皇遊幸日 龍舟錦纜髣江湖 勸歡仙妓廻眸笑 被酒詞臣倒腋扶 自古窮奢難遠馭 幾人懷舊發長吁 頹堤不見滄濤拍 複道渾成碧草蕪 羅綺飄將雲共散 笙歌換作鳥相呼 箇中殷鑑分明在 莫遣遺基掃地無"

53) 이규보의 「望南家吟」이나 「過延福亭」 등과 같이 부자와 사치를 비판하는 분위기와 농민항쟁 등이 일어남에 따라 국가에서도 다음과 같은 조처를 내리지 않을 수 없었

이규보의 이러한 현실비판적인 태도는 당시의 사회 역사적 환경, 그리고 이규보 개인의 진보적인 학문적 태도에서 가능한 것이었다. 그러나 그의 이러한 학문적 입장은 당시의 정치적 상황과, 그가 갖고 있었던 권력지향적이고 중앙지향적인 속성 때문에 때로는 굴절되고, 때로는 그에게 혼돈과 갈등을 가져다 줄 수밖에 없었다. 결국 그는 학문적 이상과 현실 속에 방황하다가 현실세계로 다시 뛰어들 수밖에 없었다. 秀才 金懷英에게 차운한 시에서 "답답한 기운이 가슴에 서리어 억제하기가 어렵지만 위태로운 말이 나올 적엔 굳게 입을 다물어야지 푸른 산이 내 돌아갈 길 막지 않았거늘 홀로 궐문에 외치는 나의 신세 한스럽네."[54]라고 한 시는 앞의 붓을 두고 읊은 시에서 직필을 강조한 모습과는 달리 입조심을 강조하고, 또한 출세를 향해 길게 목을 늘이고 있음을 여전히 보여주고 있는 것이다.

이규보의 「望南家吟」을 통해 농촌사회의 부익부 빈익빈 현상으로 보면서 무신정권시대의 농민항쟁의 요인으로 이 시를 인용하는 경우가 많지만 이 시기의 이규보는 농촌사회의 실정을 잘 모르고 있었다. 이 시기를 전후한 시기에 이규보는 농촌과 농민을 읊은 몇 편의 시를 남기고 있지만 결코 「望南家吟」과 같은 사회적 모순의 자각에서 온 농촌, 농민의 실상을 그려내지 못하고 있다. 家君의 別業이 있는 西郊草堂에 관한 시를 우선 살펴보기로 한다.

을 것이다. "制曰 古先哲王之化天下 崇節儉斥奢靡 所以厚風俗也 今俗尙浮華 凡公私設宴 競尙誇勝 用穀粟如泥沙 視油蜜如潘滓 徒爲觀美 糜費不貲 自今禁用油蜜果 代以木實 小不過三器 中不過五器大不過九器 饌亦不過三品 若不得已而加之 則脯醢交進 以爲定式 有不如 令有司劾罪."(『高麗史』권85, 刑法2, 禁令 明宗 22년 5월)

54)『東國李相國全集』권2, 고율시, 「次云金秀才懷英」, "壯士心懷未易論 一軒長嘯又黃昏 鼻端莫見成風手 眼底空餘泣玉痕 鬱氣蟠胸難自洩 狂言到吻可堪吞 靑山不鑕歸歟路 恨我窮途獨叫閽."

봄바람이 화창한 기운 불러일으켜
아침날씨가 맑고도 아름답기에
잠깐 서교로 나가보았더니
밭두둑이 비단처럼 늘어져 있네
토질이 본래 비옥한데다다
하물며 못 물의 수원이 풍부함에랴
해마다 천종을 수확하면
충분히 맛난 술을 담글 수 있거늘
무엇 때문에 세월을 허송해가면서
날마다 꽃 앞에 취하기만 할 건가
이 일군들 손에 맡기는 것보다
몸소 김매고 가꾸었으면 하네
수레에 올라 돌아갈 줄 모르고
두건을 젖혀 쓴 채 배회하노니
먼 산 푸른 연기는 보일락말락
석양 빛은 어느새 기울어져 가네
달이 밝아서야 농막에 돌아오는데
취한 노래 우렁차 이웃 마을을 들썩이누나
상쾌해라 이 농가의 즐거움이어
이제부터 나도 전야로 돌아가야지
취한 나머지라 아침 늦도록 못 일어나니
처마 밑 제비가 사람 없다 멋대로 나는데
종아이가 막 건거를 대기해 두고
굳이 남녘들에 다녀오길 재촉하네
일어나 앉아 세수와 빗질을 마치고
휘파람 길게 불며 솔사립을 나가니
숲이 깊어 햇빛이 맑지 않고
풀 이슬도 아직 마르기 전이로세
천천히 걸으면서 맑은 내를 바라보니
도랑물 출렁이고 가랑비 내리는데
흰 갈포 치마 아낙네와
푸른 삼베 적삼 사내들이
밭두둑 곳곳에서 노래 부르고
호미 맨 채 구름처럼 모여 있네

힘써야지 창포며 삼구농사까지도
때맞춰 갈이하고 거두어들이기를[55]

　이 시에서 이규보는 別業의 토질의 비옥함을 말하면서 상대적으로 일
군들의 게으름을 나무라는 한편, 부지런한 농부의 삶을 읊음으로써 농사
에 힘쓸 것을 독려하고 있다. 그 가운데 농막의 즐거움을 읊조리면서 田
野로 돌아갈 것을 말하고 있다. 그러나 이 시에는 '일군들 손에 맡기는
것보다 몸소 김매고 가꾸었으면 하네' 라고 하였지만 기실은 그 어느 한
구절에도 농사군의 체험과 땀의 결실이 그려져 있지 않다.[56] 결국 이 시
는 전원시 그 이상도 이하도 아닌 것이다. 이는 「村家 3首」를 통해서도
확인된다.

띄엄띄엄 연기 낀 속에 마을 방아소리
깊은 거리 담은 없고 가시나무만 둘러있네
온 산에 말이고 온 들엔 흩어진 소

---

55) 『東國李相國集』 권2, 고율시, 「遊家君別業西郊草堂 二首」, "春風扇淑氣 朝日淸且美
　　駕言往西郊 勝壟錯如綺 土旣膏且腴 況復醴潭水 歲收畝千鍾 足可釀醇旨 何以度年華
　　日日花前醉 念此任胝手 意欲親耘耔 乘興自忘還 岸幘聊徙倚 遠岫煙蒼茫 耀靈迫濛氾
　　月明返田廬 醉哉動隣里 快哉農家樂 歸田從此始 日高醉未起 簷鷰欺人飛 童僕方巾車
　　苦促南畝歸 起坐罷梳沐 長嘯出松扉 林深日未昒 草露猶未晞 徐行望淸川 決渠雨霏霏
　　田婦白葛裙 田夫綠麻衣 相携唱田隴 荷鉏如雲圍 勉哉趁菖杏 耕穫且莫違."

56) 1194년에 지은 「草堂理小園記」(『東國李相國全集』 권23)를 살펴보면 개경의 성 동
　　쪽의 草堂의 上園과 下園의 우거진 풀을 자기 집의키 작은 종 셋과 파리한 아이
　　종 다섯이 옳게 제거하지 못하는 것을 보고 이규보가 "내가 일을 감독하는 것이 해
　　이하고 종들이 힘쓰는 것이 게을렀기 때문이다. 마침내는 용서하여, 꾸짖지 않고
　　스스로 아래쪽에 있는 작은 꽃밭을 손질하여 보니, 작은 꽃밭은 힘쓸 만하였다. 그
　　러므로 게으른 종들은 내버려두고 몸소 손질해서 죽은 나무의 썩은 가지는 찍어서
　　버리고 낮은 곳은 보태고 높은 곳은 깎아서 바둑판처럼 평평하게 만들었다."는 기
　　록이 보인다. 1193~1194년에 이규보는 개경에 살면서 개경 주변의 촌가를 보거나
　　자신 초당의 채마 밭에 소일거리로 농사일에 참여하는 것을 갖고 이때의 시를 '농
　　민시'로 명명하여 그 의미를 부여할 수는 없을 것이다.

모두가 태평시대의 얼굴이네

찬 새벽 짙은 서리에 베틀소리
저문 해 검은 연기에 나뭇군 노래하며 돌아오네
들 늙은이가 어찌 구월구일을 알랴만
만나고 보니 국화 띄운 흠뻑 익은 술일세

산 배나무 잎 붉고 들 뽕잎 누른데
바람 길에 벼 향기가 물씬 풍기네
샘물 긷는 소리 나막신 소리 들리더니
열려 있는 가시 문에 달빛만 서늘해라[57]

이 시들은 그야말로 말과 소들이 평화롭게 노니는 태평시대의 평화로운 농촌의 풍경이 한 폭의 그림처럼 그려져 있다. 여기에 나타난 농민항쟁세력은 이규보에게 있어서 평화스럽고 소박한 농촌사회를 무너뜨리는 한갓 '도적의 무리'에 불과하였음을 다음의 시는 보여주고 있다.

뭇 개들 시끄럽게 짖는 소리 듣고부터
이상하게도 갑 속의 칼이 한낮에 쩡쩡 우누나
놈들을 궐하에 끌어 올 장사가 있을텐데
관가에서 왜 긴 끈 하나를 아낄까[58]

여기에는 왜 강남에서 도적이 일어났는가 등의 의문은 전혀 제기되지 않은 채 오직 지배자적 입장에서 국가의 강경진압을 바라는 심정을 토로할 뿐이었다. 이 때의 강남의 도적이란 소위 東京管內에서 일어난 농민항

---

57) 『東國李相國集』 卷2, 고율시, 「村家 三首」, "斷烟橫處響村舂 深巷無垣刺樹重 萬馬
布山牛散野 望中渾是太平容 曉寒霜重織聲催 日暮烟昏樵唱廻 野老那知重九日 偶逢
黃菊泛濃배 山梨葉赤野桑黃 一路風廻間稻香 沒井聲中人響극 柴門不鎖月鋪霜."
58) 『東國李相國集』 卷2, 고율시, 「聞江南賊起」, "自聞群犬吠高聲 匣劍無端白日鳴 闕下
牽來應有士 官家何惜一長纓."

쟁을 가리키는 듯 하다. 명종 20년 동경에 盜賊이 일어나자 農桑을 권과
하였다는 사실에서 이를 짐작할 수 있다. 이 농민항쟁은 정부의 진압에도
불구하고 확대일로의 지경에 이르러 명종 23년 金沙彌에 의해 운문산에
그 거점을 확보하면서, 草田의 孝心의 군대와 더불어 경상도 전역을 횡행
하면서 관군과 대치하였다.59) 그러나 이규보의 시에는 단지 이 농민항쟁
이 농민들의 최소한의 삶을 위한 투쟁으로 인식된 것이 아니라 그야말로
사회의 질서를 어지럽히는 한갓 도적으로 인식될 뿐이었다. 이런 점에서
앞의 「望南家吟」에 나오는 가난한 사람으로서의 東家와 부자로서의 南
家는 계급적 모순의 인식에서 나온 것이라기보다는 지배계급 내부의 가
진 자와 덜 가진 자, 즉 상대적 박탈감을 느끼고 있었던 자들, 곧 과거에
합격하였음에도 불구하고 관직을 획득하지 못한데 따른 상대적 박탈감에
서 비롯된 가난함에 불과한 것이라 할 수 있다.60) 아직 당시의 이규보는
농민과 농촌의 현실을 꿰뚫어 보고, 나아가 계급적 모순을 바라다 볼 수
있는 눈을 갖지 못하였다.

　1193년에 지은 이규보의 「老巫篇」은 사료로서 한번 음미할 가치가 있
다. 이규보는 유불도에 정통한 반면 토착적인 무격신앙이나 淫祀에 대한
비판적이라는 견해를61) 보충할 수 있는 좋은 자료로서 활용될 수 있지만
여기에서 이규보는 무당을 비판하면서 '幷序'에서 "남의 신하된 자도 마찬
가지다. 충성으로 임금을 섬긴다면 종신토록 잘못이 없을 것이나, 요괴한
짓으로 민중을 미혹시킨다면 곧 그 자리에서 실패를 당하리니, 이치가 본

---

59) 金晧東, 1982, 「高麗 武臣政權時代 新羅復興運動과 慶州民의 動態」『民族文化論叢』
　　2·3합집, 영남대 민족문화연구소.
60) 그가 예부시에 합격하던 해 집권무신에 의해 省宰의 숫자의 일방적 증대에 대한
　　隱語가 유행하였다는 사실(『高麗史』卷75, 選擧3, 銓注 凡選法 明宗 20年)에서도
　　당시 현실비판의 입장을 표명한 이들의 관심이 자신의 출세와 연관되어 있음을 알
　　수 있다.
61) 박윤진, 앞의 「이규보의 불교관에 대한 일고찰」111~112쪽.

래 그런 것이다."62)라고 하여 신하된 자가 충성으로 임금을 섬기지 않고 요괴한 짓으로 민중을 미혹시킨다면 실패하리라고 한 것을 통해 무당을 섬기는 당시의 집정자인 이의민을 비판한 것으로 볼 수 있다.63)그런 점에서 이규보는 왕도정치를 염원하고 있다고 볼 수 있다. 그런 연장선상에서 볼 때 「東明王篇」 역시 왕도정치의 염원을 담은 것으로 해석될 소지가 많다. 이듬 해 작성된 「開元天寶詠史詩」는 당 현종대의 詠史詩로서 이규보는 '幷序'에서 "어찌 風雅로 보했다고 하겠는가. 그저 새로 배우는 자제들에게 보이려는 것뿐이다"64)라고 한 것에서 戒鑑의 의미를 갖는다는 점에서 왕도정치를 구현하기 위한 의도에서 작성된 것이 아닌가 한다. 이해 4월에 全履之이게 보인 시는 음미할 필요가 있다.

> 사월 십일일에 손님과 함께 동산을 거닐다가 수풀 사이에서 장미를 발견하였는데 오랫동안 풀들에 시달려 생기가 매우 미약하였다. 내가 바로 주변의 풀들을 제거한 뒤에 흙으로 북돋아 주고 시렁으로 괴어준 지 며칠이 지나 가보니 잎이 벌써 무성하고 꽃도 활짝 피었다. 여기에 느낀 바 있어 장단구(長短句)를 지어 전이지(全履之)에게 보이다

내가 동산 가꾸기에 게을러	我懶不理園
뜨내기 풀들이 멋대로 우거졌네	旅草生離離
오늘 아침 수풀을 헤치다 보니	今朝撥叢薄
거기에 장미 서너 포기가	中有薔薇數四枝

---

62) 『東國李相國全集』 권2, 고율시, 「老巫篇 幷序」.
63) 이의민이 무격을 혹신하였다는 자료는 "의민은 문자를 알지 못하고 오로지 巫覡만 믿었는데 경주에 木魅가 있어 土人이 豆豆乙이라 불렀다. 의민이 堂을 집에 일으켜 이를 맞아두고 날로 제사하여 복을 빌었다. 홀연 하루는 당 가운데에 곡성이 있는지라 의민이 괴이하여 물으니 매가 말하기를 '내가 너의 집을 수호한지 오래 되었는데 이제 장차 화를 내리려 하는지라 내가 의지할 곳이 없으므로 곡하노라'하더니 얼마 안되어 패하였다. 유사가 벽 위의 도형을 제거하기를 주청하매 조서를 내려 흙 바르게 하였다."(『高麗史』 卷128, 列傳, 李義旼)에서 확인된다.
64) 『東國李相國集』 권4, 序 「開元天寶詠史詩 43首 幷序」

병든 뿌리는 지반에 드러나 거의 마르고　　　　炳根露地已垂摜
약한 줄기는 바람에 못 이겨 지쳤네　　　　　　弱質凌風不自持
길게 한숨 쉬고 자위(自慰)도 하며　　　　　　長吁復自吊
연장 가져다가 잡초들을 제거하니　　　　　　手鉧剪榛榴
주변이 씻은 듯 깨끗해지고　　　　　　　　　地面淨如洗
기이한 자태가 훤히 드러났네　　　　　　　　煌煌擢奇姿
기름진 흙으로 북돋아 주고　　　　　　　　　膏泥自封植
시렁을 매어 괴어주니　　　　　　　　　　　畫架仍撑搘
아황빛 꽃은 향내를 풍기고　　　　　　　　　緗英媚香艶
보랏빛 잎은 윤기를 더해 가네　　　　　　　紺菓添華滋
근본은 하늘의 조화이지만　　　　　　　　　初雖託天力
절반은 나의 공력이기도 하지　　　　　　　半亦偸吾私
처음에는 달기(妲己)가 보배 장막에 숨은 듯하더니　始嫌妲姬隱寶障
이제는 서시(西施)가 깊은 휘장에서 나온 듯하네　已見西子出深帳
그대는 유랑이 현도에 공연히 갔던 일을 보지 않았던가

　　　　　　　　　　　　　　　　君不見劉郎玄都空獨來

복숭아꽃 다 지고 귀리와 아욱만 보았다네　　桃花淨盡但見鷰麥與冤葵
또, 두목이 호주에 늦게 갔던 일을 보지 않았던가　又不見杜牧湖州去較遲
붉은 꽃 다 지고 짙은 그늘에 열매가 열렸네　深紅落盡已是成陰結子時
그 뜻은 은근하나 보지는 못하여　　　　　　著意殷勤猶未見
쓸쓸히 봄 보내며 섭섭하기만 했는데　　　　送春寂寞空含悲
어쩌다가 여기 초당의 이 거사는　　　　　　何如草堂李居士
좋은 꽃에 잔까지 들게 되었을까　　　　　　意外逢花對酌酒一色
사물에 비교하여 깊은 뜻 굴리기도 하고　　寓物託深意
조용히 앉아 깊은 생각에 잠기기도 하니　　靜坐復深思
이는 꽃만이 아니라　　　　　　　　　　　若此非獨花
모든 사물이 다 그러하네　　　　　　　　凡物亦如之
명월주를 보려면　　　　　　　　　　　　欲見明月珠
진흙부터 걸러야 하고　　　　　　　　　先灑泥沙淄
어진 후비를 구하려면　　　　　　　　　欲求后妃賢
총첩(寵妾)을 없애야 하며　　　　　　　無使寵嬖隨
뛰어난 인재를 뽑으려면　　　　　　　　欲擇人材秀
참신(讒臣)부터 제거해야 하네　　　　　先去讒邪欺
이 시에 깊은 의미 있으니　　　　　　　此詩有深味

아이들에게는 쉬 말하지 마소　　　　　　　　　莫敎兒輩知[65]

이규보는 이 시를 통해 전이지에게 장미를 주제로 하여 寵妾과 讒臣을 제거할 것을 말하고 있다. 그것은 곧 임금을 바르게 보필하는 방법을 진언하는 것이기도 하므로 왕도정치의 구현과 관련됨직하다. 그 이튿날 전이지·박환고와 함께 다시 구경하면서 남긴 시에 그 염원이 담겨있다고 볼 수 있다.

황적색은 임금의 옷감을 물들이고　　　　　　柘染御衣裁
황금색은 부처의 얼굴을 장식하네　　　　　　金裝佛面開
쉬 질까 언뜻 걱정이 되어　　　　　　　　　却愁容易落
비 맞으며 다시 구경하러 왔다오　　　　　　兩裡亦看來[66]

황적색 장미꽃을 御衣로 상정하고, 그것이 쉬 질까 걱정이 되어 비 맞으며 구경하러 왔다는 시의 의미를 통해 이규보는 장미를 주제로 하여 왕도정치를 염원하면서 뛰어난 인재의 발탁과 讒臣과 寵妾을 제거할 것을 바라고 있음을 알 수 있다. 『東國李相國全集』권5에는 이때를 전후한 시기에 '內省의 여러 郎官에게 바친 시'를 별도로 구분하여 싣고 있다. 左散騎常侍 崔詵과 左諫議大夫 閔珪, 給事中 李靖, 中書舍人 王儀, 起居郎 房應喬, 起居舍人 白光臣, 左司諫 李淳中 등에게 보낸 시가 수록되어 있는데, 그 시에는 별다른 내용이 없지만 이 시기에 집중적으로 이들에게 시를 보낸 이면에는 시의 수수과정에서 왕도정치에 입각한 간쟁의 입장을 적극 개진함과 동시에 자신에 대한 천거를 바라는 염원을 담았다고 보아야 한다. 그런 점에서 『東國李相國集』에서 이규보가 '왕도정치'를 염원하

---

65) 『東國李相國全集』권5, 고율시, "四月十一日與客行園中 得薔薇於叢薄間(略)作長短句以示全履之."
66) 『東國李相國全集』권5, 고율시, "明日雨中與全履之朴還古復賞."

고 있었던 자료들을 찾아 그 변화의 추이과정을 찾아봄직 하다. 그렇지만 1194년과 1195년, 그리고 이의민이 최충헌에 의해 제거되는 1196년 4월 이전의 시들에서 왕도정치를 염원하는 은유적 표현을 찾을 수 있지만 명종 23년과 같은 직접적 현실비판의 글들은 보이지 않는다. 아마도 이의민이 최충헌에 의해 제거되고 명종이 폐위되어 신종이 새로 옹립되어 최충헌에 이어 최우가 정권을 장악하여 최씨정권이 안정되어 간 상황에서 최씨의 문객으로 출사하여 재상의 지위에까지 오른 이규보는 『東國李相國集』의 편찬에 즈음하여 명종을 중심으로 왕도정치를 구현하고자 하는 의도를 가졌던 심정에서 만들어진 시문들을 누락시켰을 가능성이 있다. 최충헌이 정권을 장악한 직후 이규보가 황려를 거쳐 상주로 간 것은 명종에 기대에 출사하여 왕도정치를 구현하고자 하는 의도였기 때문에 개경을 떠나 지방으로 피해간 것으로 보아야 한다.

이규보는 『명종실록』의 편찬에 참여하였다. 『高麗史』 명종 23년(1193) 7월의 기록에 "이의민은 일찍이 붉은 무지개가 양쪽 겨드랑이에서 일어나는 꿈을 꾸고 자못 자부하였다. 또 옛날 참서에 龍孫이 12대 만에 끊어진다는 말을 들었고, 다시 十八子란 말이 있었으니, 십팔자는 곧 李字이다. 이로 인하여 신분에 넘는 야망을 품었다. 경주가 고향이므로 몰래 신라를 흥복시킬 뜻을 갖고 사미·효심과 서로 통하였다"고 하였고, 이의민은 신라부흥을 위해 농민토벌군에 그의 아들 이지순을 파견하였고, 그 때문에 군중의 비밀이 누차 누설되어 여러 번 패하였다고 한다. 그렇지만 이의민을 제거한 최충헌 형제가 올린 첫 상소문을 살펴보면 이의민이 일찍이 '弑逆의 죄'를 범했고, '왕위를 엿보고 있다'는 지적은 있지만 신라부흥을 꾀하였다는 말은 일언반구도 없다. 최충헌이 정권을 장악한 직후 올린 '봉사십조'에도 "이의민이 성품이 사납고 잔인하여 왕을 두렵게 하고 신하를 업신여겨 왕위를 요동시키고 있다"고 하였을 뿐이다. 더욱이 그의 죽음에 대한 史臣의 평가를 보면 "그는 본래 노예의 미천한 신분으로 외람되이 의종의 친밀한 대우를 입어 여러 번 높은 벼슬에 승진되었으니, 은총이 지극하였는데도 감히 큰일을 행하였다. 그의 흉역한 죄가 하늘까지 통하였으니, 진실로 말할 여지가 없다. 다만 의종이 화근을 길러 후환을 산 것이 애석한 일이었다"고 하여, 의종 시해에 대해서만 비판하고 있을 뿐이다. 실상 신라부흥운동은 최충헌 정권 성립 뒤인 신종 5년 경주 주민들과 운문적, 초전·울진의 초적 세력들이 공동연합전선을 구축하여 일어났다. 이때 중앙에서 파견된 진압군인 정동군의 일원이었던 이규보는 이러한 경상도 지역의 움직임을 고려왕조의 정통성을 부정하는 국가전복세력으로 간주, 신랄한 어조로 비난하고 있다. 만약 이의민이 신라부흥운동을 꾀하고 황제가 되고자 하였다면 이규보가 이때 이와 관련하여 언급하지 않았겠는가? 앞에서 명종 23년의 김사미·효심의 농민의 봉기에 관한 시문과 『東國李相國全集』 권5에 실린 시문 가운데 1195년(명종 25)에 지은 「次韻吳東閣世文呈誥院諸學士三百韻詩」의 경우 東都, 즉 경주에 대한 일이 언급되고 있고, 또 동경막부로 부임하는 書記 尹儀를 전별하는 시가 있지만 거기에도 그런 언급이 없다. 이규보는 뒷날 『명종실록』의 편찬에 참여하였다. 최씨정권이 안정기에 접어든 고종 대에 이르러 『명종실록』이 편찬된 것은 그간 최충헌의 쿠데타에 대한 정당성을 부여하려는 의도 때문이었을 것이다. 그 정당화작업에 가담하였던 이규보는 명종을 중심으로 한 왕도정치의 구현에 대한 염원을 담은 시들을 누락하였을 가능성은 충분히 있다. 이런 관점에서 1233년에 유승단에게 보낸 편지에서 그가 쓴 시는 무려 8,000여 수나 되었는데 모두 없어지고 1,000수 가량이 모아졌다고 한 것이나[67] 아들인 함이 후집 서문에서 '남아 있는 詩文이 十之二三'이라고 한 것, 1212년에 자신이 지은 시가 마음에 차지 않아 300수를 불태웠다고 한 것을 보면 이규보가 문집을 편찬하는 과정에서 의도적으로

---

67) 『東國李相國全集』 권27, 書, 「與兪侍郎升旦手簡」.

문집에서 누락한 작품이 상당수 있었을 것이다.

2. 최씨정권기

1) 出仕 이전 시기

개혁의 깃발 아래 일인독재의 권력을 추구해나가던 이의민정권은 민의 지지를 확보하지 못한 채 1196년 6월, 결국 최충헌에 의해 무너지고 말았다. 이의민정권에 의해 추진된 급격한 정치질서의 변화에 따른 불만세력과 농민항쟁의 기운에 편승하여 정변을 일으킨 崔忠獻은 이의민의 의종 시해 문제를 쿠데타의 명분으로 내세우면서 封事十條를 올려 상대적으로 太祖의 正法을 지킬 것을 천명하였다. 이를 통해 천인 및 양천교혼자들의 진출 등에 따른 기득권을 가진 지배층의 불만을 무마함과 동시에 이의민 정권에 의해 저질러진 失政을 열거함으로써 정변을 합리화하고자 하였다. 특히 이의민의 의종시해에 대한 문제를 쿠데타의 명분으로 내세운 최충헌은 왕권의 옹호자를 자임함으로써 문인들의 중망을 얻을 수 있었고, 상대적으로 이의민의 권력기반이었던 행동집단의 무인들의 준동을 막을 수 있었다. 또 이의민이 12년간 경향 각지에 구축해온 세력기반이 강고하였기 때문에 최충헌정권은 상당한 어려움에 직면하였다. "충헌이 朝臣을 많이 죽여 人心이 흉흉하고 두려워하므로 使者를 여러 道에 보내어 위안하였다"[68]는 조처는 그로 인한 대응책에서 나온 것일 것이다.

이의민정권하에서 개경에 머물면서 관인으로의 길을 모색하고 있었던 이규보는 최충헌 정권 직후인 4월~10월에 걸쳐 향리인 黃驪와 尙州를 전전한다. 개경근교의 농촌이 아닌 지방의 농촌사회를 경험하면서 상주를 오가면서 지은 南遊詩 92수를 분석하여 상주의 교통로, 사원, 지방제도상

---

68) 『高麗史節要』 권13, 명종 26年 5월.

의 구조 등을 살펴봄으로써 중앙과 지방과의 관계, 계수관의 구조 등을 파악하고자 하는 연구가 있었던 것은[69] 이규보의 '남유시' 그 자체가 음풍농월의 시가 아닌 리얼리즘을 구현한 시이기 때문에 가능한 것이다.

이규보의 黃驪行은 그의 매형이 최충헌의 쿠데타에 즈음하여 黃驪에 流謫되었기 때문에 누님을 모시고 그곳으로 가게 되었었다고 年譜에서 밝히고 있다. 그러나 개경의 근황을 묻는 黃驪 사람들에게 자신도 겨우 崑岡의 태움을 면했으나 流離 艱厄 이루 다 말할 수 없다고 하면서 불안과 한스러움을 토하고 있는 것으로 보아[70] 최충헌의 쿠데타로 인해 事勢가 부득이 하여 일시 화를 피하기 위한 것이라 할 수 있다. 어쨌든 이러한 그의 입장은 자신과 주위를 한 번 돌아다볼 기회를 갖게 되었다. 이때 '외로운 마을에도 도적을 두려워 오히려 창을 비끼는' 모습에서[71] 농촌사회의 실상을 보면서 여행에 대한 두려움을 느꼈음직하다.

黃驪에서 머물던 이규보는 6월에서 10월에 이르기까지 상주를 다녀오게 된다.[72] 그 역시 정국의 소용돌이의 중심에 있던 개경을 잠시 떠나야겠다는 의식에서 나온 것으로 볼 수 있다. 그는 개경이 아닌 지방의 농촌사회와 농민의 모습을 보게 되는 귀중한 경험을 하게 된다. 당연히 그간의 시에는 농촌의 정경을 읊은 몇 편의 시가 남아 전한다. 8월 2일에 지은 시에서,

---

69) 한기문, 「고려중기 이규보의 남유시에 나타난 상주목」『역사교육논집』23·24, 경북대학교 역사교육과.

70) 『東國李相國全集』권6, 고율시, 「李進士大成邀飮席上走筆贈之」.

71) 『東國李相國全集』권6, 고율시, 「宿雙嶺」, "路入荒榛怯日斜 忽聞啼犬認人家 孤村畏盜猶橫戟 古院逢僧暫試茶 萬里歸雲閑送鶴 一溪高柳靜藏鴉 此身會作江山主 聞道黃曉似永嘉."

72) 그의 年譜에 의하면, 이 해 봄 어머니가 상주 원으로 나가 있는 둘째 사위에게 가 있었으므로 6월에 공이 황려에서 상주로 가 어머니에게 문안하고 한열병에 걸렸는데 몇 달 동안 낫지 않아 10월에야 돌아 왔다고 하였다.

선방에서 밥을 먹고 잠깐 차를 마시었는데
산 중턱의 붉은 햇살이 벌써 서쪽으로 비끼었네
앉아서 뜰 가의 사람들에게 길든 학을 부르고
누워서 문 앞의 도적을 경계하는 거위 소리를 듣네
수많은 버들 그림자 속에는 남북으로 길이 갈라지고
한 시내 건너편엔 두세 집이로다 (하략)73)

라고 하여 쌍령에서 지은 시에서처럼 도적을 경계하고 있는 농촌의 실상을
보게 된다. 이는 단순한 좀도둑이 아님을 8월 5일의 시에서 확인할 수 있다.

「팔월 오일에 도적떼가 점점 치성한다는 소식을 듣고」

도적 떼가 고슴도치 털처럼 모여
生民이 비린 피를 뿌리누나
군수는 한갓 융의만 입고서
적을 바라보곤 기가 먼저 꺾이네
벌의 독도 아직 소탕하지 못했는데
하물며 호랑이 굴을 더듬을 수 있으랴
슬프다 이런 때에 훌륭한 사람 없으니
누가 대신하여 와서 쇠를 씹을꼬
적의 팔은 원숭이보다 빨라
활쏘기를 별이 반짝이듯 하고
적의 정강이는 사슴보다 빨라
산 넘기를 번갯불 사라지듯 하는구려
사졸들이 추격하여도 미치지 못하여
머리를 모아 부질없이 입만 벌리고 탄식하네
어쩌다가 그 칼날에 부닥치면
열에 칠팔은 죽는구려
부녀자가 죽은 남편을 곡하며
머리에 삼베 두르고 마른 뼈를 조상하네

_____

73) 『東國李相國全集』 권6, 고율시, 「八月二日」, "食罷禪房暫綴茶 半山紅日已西斜 坐呼
階畔馴人鶴 臥聽門前警盜鵝 萬柳影中南北路 一溪聲外兩三家. …"

황량한 촌락에 일찍 문닫으니
대낮에도 길가는 나그네 전혀 없구나
금년에는 더군다나 다시 가물어서
비 기다리는 것이 목마른 것보다 심하구려
논밭은 모두 붉게 타서
곡식 싹이 무성한 것을 볼 수 없네
부잣집도 벌써 식량을 걱정하는데
가난한 사람이야 어떻게 살 수 있으랴
주문에서는 날마다 자리에 술을 토하고
백 잔을 마시니 귀가 저절로 더워지네
고당에는 옥비녀가 늘어서 있고
빽빽한 자리에는 비단 버선을 끼고 있네
문호의 융성한 것만 알고
나라가 불안한 것은 근심하지 않누나
썩은 선비 비록 아는 것은 없으나
눈물을 흘리며 매양 목매어 흐느끼네
슬프다 고기 먹는 무리 아니라
직언하는 혀 내두르지 못하였네
할 수 없다 어찌하면 진달하랴
천폐를 뵈올 길이 없구나74)

　　『高麗史』및 『高麗史節要』에는 이때의 농민항쟁에 관한 기록이 나오
지 않는다. 다만 5월에 최충헌이 朝臣을 많이 죽여 인심이 흉흉하고 두려
워하므로 使者를 여러 도에 보내어 위안시켰다고 한 것으로 보아75) 최충
헌의 쿠데타를 전후한 정국의 불안정 속에 각지에서 농민항쟁의 불길이

---

74)『東國李相國集』권6,「八月五日聞群盜漸熾」, "群盜如蝟毛 生民灑腥血 郡守徒戎衣
望敵氣先奪 尙未掃蜂毒 況堪探虎血 嗟哉時無人 誰繼來嚼鐵 賊臂捷於猿 放箭若星瞥
賊脛迅於鹿 越山如電滅 士卒追不及 聚首空呀咄 幸能觸其鋒 物故十七八 婦女哭夫壻
髫首弔枯骨 荒村早關門 百日行旅絶 今年況復旱 望雨甚於渴 田野皆赤土 未見苗芽苗
富屋已憂飢 貧者何由活 朱門日吐茵 百爵耳自熱 高堂森玉簪 密席擁羅襪 但識門燻灼
不憂國機橜예机 腐儒雖無知 流涕每鳴咽 嗟非肉食徒 未掉直言舌 已矣若爲陳 天階
無由謁."
75)『高麗史節要』卷13, 明宗 26년 5월.

치솟았음을 능히 짐작할 수가 있다. 더욱이 상주가 속한 경상도는 이의민 정권하에서도 경주를 중심으로 대규모 농민봉기가 일어났던 지역이었고, 최충헌이 쿠데타 직후에 知候 韓光衍을 경주에 보내어 이의민의 三族을 도륙하고, 여러 州에 사자를 보내어 그 노예와 黨附者를 베어 죽였다는 기사76)에서 이들의 반항을 충분히 예견할 수 있다. 최충헌의 쿠데타 직후 에서부터 신종 3년 12월에 이르기까지 경주에서의 이의민세력의 제거를 둘러싸고 재지세력들의 갈등과 대립이 심각하였고, 그 여파는 일반 민에 게까지 미쳤다. 이러한 정황은 이의민의 노예와 黨附者들이 퍼져 있었을 경상도 내의 尙州, 晉州 등의 관내에도 영향을 미쳤을 것이다. 바로 이러 한 상황을 가까이 경험한 이규보의 시는 그만큼 사실적일 수밖에 없었다. 아마 당시의 어떤 史書에서도 농민항쟁의 창궐의 구체적 모습을 이처럼 사실적으로 그려낸 것을 볼 수 없다. 명종 23년의 농민항쟁에 관한 이규 보의 시보다 훨씬 구체적이고도 직접적인 묘사를 보여준다. 그러나 이 시 역시 빈부의 갈등과 권력자들의 사회모순 제거의 노력 부족을 꼬집으면서 도 결국은 '슬프다 고기 먹는 무리 아니라, 직언하는 혀 내두르지 못하였 네, 할 수 없다, 어쩌면 진달하랴, 천폐를 뵈올 길이 없구나'라고 읊음으 로서 지배계급의 타락성을 공격하기 보다는 자신이 고기 먹는 무리에 속 하지 못함을 슬퍼하고 있다. 결국 그는 농민항쟁 그 자체를 이해하기 보 다는 그를 통해 관직으로의 길을 모색하고자 하는 자신을 정당화시켜 나 가는 방편으로 삼고자 할 따름이다. 이는 아직 사회적 현상을 자신의 내 적 경험에 형상화시켜 사회화하지 못한 채 개인에 그 관점이 머물러 있음 을 말해주는 것이다. 그렇기 때문에 지배층의 타락성을 지적하는 외에 달 리 농민의 어려움을 당시의 가뭄에 의해 논밭이 타들어가는 현상으로만 치부하는데 그칠 수밖에 없었던 것이다.

---

76) 『高麗史節要』 卷13, 明宗 26년 4월.

그의 이러한 한계성은 상주관내의 영산부곡과 용궁군에 관한 시에서도 확인할 수 있다. 먼저 8월 11일 영산부곡을 읊은 시를 살펴보기로 한다.

> 영산은 가장 궁벽한 고을이라
> 오가는 길이 아직도 황무하구려
> 흉년이 드니 도망하는 家戶가 있고
> 백성은 순박하고 노인이 많구려
> 누른 닭은 꼬끼요 하고 울고ᴵ
> 푸른 쥐는 찍찍 소리를 내누나
> 몇 명의 검은 옷 입은 아전이
> 놀라 달리기를 손 맞는 것처럼 하네[77]

이 시에서 영산부곡은 대단히 빈궁한 모습으로 묘사되고 있다. 또한 逋戶가 많고 노인들이 많다는 사실도 주목된다. 이것은 이 시기에 계속되는 농민·천민의 항쟁과 무신정권의 수탈 등에서 벗어나기 위해 役의 대상이 되는 장정들이 많이 도망을 한데서 비롯된 것일 것이다.[78] 바로 이들이 도적떼, 즉 농민항쟁세력을 이루는 최대의 인자였지만 이규보의 생각은 아직 그것에 미치지 못하고 있다. 다만 이 시에서는 逋戶 발생의 원인을 앞의 시에서처럼 흉년으로 인한 자연적 현상으로 돌리고 있을 뿐이다. 이 시와 용궁군을 읊은 다음의 시를 비교해보기로 한다.

> 처음으로 용궁군에 들어서니
> 누각이 숲속에 우뚝 솟았네
> 官妓의 웃음은 와수처럼 둥글고
> 縣吏의 허리는 경쇠처럼 꺾이었네
> 출렁대는 물은 차갑게 언덕을 흔들고
> 늘어진 버들은 푸른 그늘 다리에 비치네

---

77) 『東國李相國全集』권6, 고율시, 「十一日發元興到靈山部曲」, "靈山最僻邑 客路尙荒
　　榛 歲儉有逋戶 民淳多老人 黃鷄啼呢喔 蒼鼠出嚬哺 數箇緇衣吏 驚馳似迓迓賓."
78) 박종기, 1988, 「고려시대 부곡제 연구」, 서울대 박사학위논문, 56쪽.

주민은 모두 토착한 사람들
뱁새도 유유자적하게 노니누나[79]

용궁군의 모습은 앞의 逋戶가 많이 발생한 영산부곡의 모습과는 달리 높은 누각과 웃음짓는 官妓, 그리고 토착한 주민들의 여유자적한 모습이다. 이는 바로 고려 군현제의 특징을 반영하는 것이다. 고려왕조는 수령이 파견된 소수의 州·府·郡·縣, 즉 '主邑'에 다수의 '屬邑'을 階序的 질서로 묶은 郡縣制 영역과 鄕·所·部曲의 部曲制 영역을 기초로 하여 지방통치를 하고자 하였다. 또한 이의 효과적 운영을 위해 주읍가운데의 대읍에 유수사, 도호부사, 목사 등을 파견하여 다수의 領邑, 즉 主-屬邑 및 부곡제영역을 관할하도록 하는 대읍중심의 군현제를 창안하였다. 主-屬邑 관계를 근간으로 하는 대읍중심의 군현제는 외관의 극소화, 향리층의 수적 극대화 속에서 국가 - 재지세력을 축으로 하는 대농민 지배방식을 채택하였기 때문에 국가, 재지세력의 民에 대한 불법적 수탈이 용이할 수 있는 구조적 모순을 안고 있었다. 또한 속읍보다는 주읍, 주읍가운데 대읍에 권력집중을 초래하여 속읍 및 향소부곡 등에 부세수취의 부담이나 역역의 부담이 가중화될 수 밖에 없었다. 속읍의 주민들은 경제적으로 뿐만 아니라 신분적으로까지 불리한 처우를 받게 되어 주민의 이탈현상이 두드러지는 등 상대적으로 개발이 뒤떨어졌음에도 불구하고 속읍과 주읍과의 관계는 마치 신하와 임금, 자식과 아버지, 비천하고 연소한 자와 지체 높고 나이 많은 자, 아내와 남편에 비유되면서 당연한 것을 받아지도록 강요되면서 흔히 주읍의 이름으로 불리워지기까지 하였다. 바로 이규보의 눈에 비친 영산부곡과 용궁군의 모습은 바로 그를 반영하는 것이다.[80] 그러나

---

79) 『東國李相國全集』권6, 고율시, 「初入龍宮郡」, "初入龍宮郡 林端出麗譙 渦圓官妓笑 磬折縣胥腰 激水寒搖岸 垂楊綠映橋 居民皆地着 斥鷃亦逍遙."
80) 이규보의 '南遊詩' 분석을 통해 상주의 교통로, 사원, 지방제도 구조 분석을 통해 지방도시의 생활상을 복원하고자 하는 노력이 행해졌다(한기문, 「고려중기 이규보

이규보의 눈에는 아직 그러한 것을 볼 수 있는 눈을 갖고 있지 못하였다. 오직 그는 중앙을 향해, 관직을 향해 목을 길게 늘이고 있는 모습일 따름이었다. 그렇기 때문에

> 부귀는 뜬 구름과 같고
> 세상은 내 소유가 아니라네
> 그대 다행히 몸을 온전히 하여
> 삼가 명예의 제물이 되지 말게나
> 내 이제 서울로 향하는 것은
> 公卿을 바라서가 아니니
> 혼가가 끝나기를 기다려서
> 다시 이 밭두둑을 갈리라
> 반드시 서로 만날 때가 있으리
> 어찌하여 이별을 슬퍼하랴81)

그 자신 서울의 길로, 명리의 길을 바라면서도 다른 사람에게 명리를 구하지 말 것을 말하며, 자신의 길이 공경을 바람이 아니라고 변명하면서 다시 이 밭두둑을 갈리라라고 말함으로써 자기 기만에 빠져들 수밖에 없었다. 馬巖에서 읊은 시 역시 시골의 풍속의 순박함을 읊으면서 파리한 선비 살기에 합당하다고 하였지만 정작 시의 초점은 그간 서울을 떠난 슬픔을 읊조리고 있을 뿐이다.82) 이 점 다음의 시에 더욱 절실하게 드러난다.

의 남유시에 나타난 상주목」, 『역사교육논집』 23·24집, 경북대 역사교육과).

81) 『東國李相國全集』 권6, 고율시, 「明日又作」, "富貴如浮雲 身世非我有 子幸全其身 愼勿爲名累 我今向玉京 非爲靑紫取 待當婚家畢 復此耕一畝 相見必有時 胡爲恨分手."

82) 『東國李相國集』 권6, 고율시, 「馬巖會賓友大醉夜歸記所見 贈鄕校諸君」, "去國魂頻斷 還鄕歲半徂 拍天波蒼茫 繞郭路縈紆 縣脈依山盡 民風逐地殊 初疑遊鄂杜 漸訝入湘吳 沙戶魚爲稅 畋師鹿爲租 水荷欹競倚 松蔓倒相扶 野艇尊鱸興 仙裝竹鶴圖 遠村聞吠犬 古壁弔飢鼯 兀兀詩成癖 昏昏酒泥愚 村羹烹土卵 客俎厭山膚 細愛子腰荣 香貪兒臂菰 雪回看楚舞 珠碎聽巴歈 劇飮腸應腐 狂呼膽益麤 俗淳無毁譽 正合着癯儒."

집은 궁성 남북쪽 사이에 있는데
몸은 삼천리 밖 만령에서 놀았네
반년 동안 아지랭이와 장기에 얼굴빛이 변하여
얼굴 검고 귀밑 누래 남만의 자식 같구료
쇠잔한 몸이 더구나 병을 치른 뒤라서
푸른 살가죽 터지고 쭈그러져 더욱 부끄럽네
오직 여윈 뼈만앙상하게 튀어나왔는데
시월에 홑적삼이 겨우 엉덩이만 가리누나
친구와 서로 만나니 알아보지 못하였고
처자도 처음 보고는 서로 피하였네
쇠미한 시골의 연화보기 싫다
쓸쓸한 두어 집 거북 껍질처럼 헐었네
보기 좋다 날로 아름다와지는 서울의 풍경
수많은 집 연접하여 고기비늘처럼 가지런하네
이 옹이 낙양에 들어오니 전과 다름이 없고
마경이 임공에서 놀던 것도 도리어 꿈이었네
이번 일이 우습기만 하고 자랑할 것 못되느니
친우에게 부탁컨대 비웃고 희롱하지 말라
우리 집 새로 빚은 술 지금 용수에 가득 찼으니
다시 불러 맞아서 한번 취하리라[83]

　이 시에는 그나마 「望南家吟」에서 보여준 개경의 빈부의 대립으로 야기되는 사회적 모순을 바라보는 시각마저 잃어버리고, 대신 쇠미한 시골에 대한 강한 염증과 상대적으로 서울의 풍경에서 오는 깊은 감회의 감정이 보인다. 이 시는 그야말로 중앙지향적인 이규보의 모습을 적나라하게 보여줄 뿐이다. 오직 그에게는 이번의 시골행을 돌이켜 볼 때 시골의 수령이나 향리들에게 홀대받은 일이 서러웠을 뿐이었다. 그리하여 관직에

---

83) 『東國李相國集』권6, 고율시, 「十月二日 自江南入洛有作 示諸友生」, "家在鳳城南北傍 身遊蠻嶺三千里 半年嵐換顔華 面黑黃似蜑子 何況殘軀是病餘 蒼皮皺皺尤可恥 唯存瘦骨高於山 十月單衫掩脾 親舊相逢定未知 妻兒一見初相避 厭看村邑烟火微 數屋蕭條龜殼毀 喜見京都風日佳 萬家邐魚鱗比 李邕入洛故依然 馬卿遊邛還夢耳 此行可笑不可誇 寄語交遊勿嘲戲 我家新釀方厭糟 聊復招邀容一醉."

올라 그곳을 다시 방문하여 아전들이랑 백성들이 옛 태도를 바꾸어 자신에게 굽신거리는 것을 보고 싶을 뿐이었다.[84]

이 점을 생각할 때 그의 南遊詩의 이중성을 다시 지적하지 않을 수 없다. 그의 황려행, 그리고 상주행은 이규보의 사고의 폭을 넓힐 수 있는 모처럼의 기회였지만 그의 南遊詩에서 받는 인상이란 그가 농촌과 농민의 삶과 고통을 이해하는 기회였다기보다는 도리어 그의 중앙지향적이고 권력지향적 속성이 더욱 굳어지는 한 계기로서 더 작용했음을 알 수가 있다. 농민의 존재를 마음속으로 깊이 느끼고, 이를 자신의 현실적 체험으로 각성 심화시킨 모습은 보이지 않는다. 단지 개인의 영달에 대한 관심과 지주로서의 자족감만이 있을 뿐이다. 여기에서의 현실비판의 목소리 또한 시대적 자각에서 나온 것이기 보다는 개인의 이해관계와 결부되어 나타날 뿐이다. 그의 시에는 농촌과 농민이 소재로 등장하지만 농민의 희망과 고통이 수반된 삶의 모습은 결코 아니었다.

상주를 떠나 충주를 거처 여주를 향하면서 지은 시에

동남의 길을 두루 밟았으니	踏遍東南遊
내 고향에 가서 쉬련다	吾鄕欲去休
다시 松徑의 즐거움을 찾으리	更尋松逕樂
장기 낀 곳에 노는 것이 매우 싫어져	深厭瘴天遊
산마루 지나며 붉은 햇살 만지고	過嶺捫紅日
강을 따라 푸른 흐름을 굽어보네	循江瞰碧流
어젯밤엔 충원에서 잤는데	忠原昨夜宿
미녀가 애교를 부려도 머무르기 어려웠네	越女笑難留[85]

---

84) 『東國李相國集』 권7, 고율시, 「十月二日億舊遊」, "… 언제나 사신의 수레를 타고 / 네마리 말에 깃발도 삼엄하거든 / 아전이나 백성들 옛 태도를 바꾸어 / 손 모아 화고를 댕댕 쳐 울릴까 / 이 말 또한 희롱으로 한 것이라 / 좁은 마음 굽히려 아니함이네 '전년에 시골에 있을 때에 그 고을 원이 너무나 홀대하였기로 한 말이다.'"

85) 『東國李相國全集』 권6, 「發忠州將指黃驪有作」.

장끼 낀 곳에 노는 것에 싫증 느끼고 개경의 즐거움을 찾으려 서둘러 올라감을 토로하면서 이수재에게 보인 시에서 "세월을 부질없이 길바닥에 던져버렸네"라고 하였다.[86] 개경에 돌아와 友生에게 보인 시에서

집은 궁성(宮城) 남북쪽 사이에 있는데	家在鳳城南北傍
몸은 삼천리 밖 만령에서 놀았네	身遊蠻嶺三千里
반년 동안 아지랭이와 장기에 얼굴빛이 변하여	半年嵐瘴換顔華
얼굴 검고 귀밑 누래 남만의 자식 같구료	面黑鬢焦似蜑子
쇠잔한 몸이 더구나 병을 치른 뒤라서	何況殘軀是病餘
푸른 살가죽 터지고 쭈그러져 더욱 부끄럽네	蒼皮皴皺尤可恥
오직 여윈 뼈만 앙상하게 튀어나왔는데	唯存瘦骨高於山
시월에 홑적삼이 겨우 엉덩이만 가리누나	十月單衫纔掩髀
친구와 서로 만나니 알아보지 못하였고	親舊相逢定未知
처자도 처음 보고는 서로 피하였네	妻兒一見初相避
쇠미한 시골의 연화 보기 싫다	厭看村邑煙火微
쓸쓸한 두어 집 거북 껍질처럼 헐었네	數屋蕭條龜殼毁
보기 좋다 날로 아름다워지는 서울의 풍경	喜見京都風日佳
수많은 집 연접하여 고기 비늘처럼 가지런하네	萬家邐迤魚鱗比
이옹이 낙양에 들어오니 전과 다름이 없고	李邕入洛故依然
마경이 임공에서 놀던 것도 도리어 꿈이었네	馬卿遊邛還夢耳
이번 일이 우습기만 하고 자랑할 것 못 되니	此行可笑不可誇
친우에게 부탁컨대 비웃고 희롱하지 말라	寄語交遊勿嘲戲
우리 집 새로 빚은 술 지금 용수에 가득 찼으니	我家新釀方壓槽
다시 불러 맞아서 한 번 취하리라	聊復招邀容一醉

쇠미한 시골의 연화보기 싫고 아름다워지는 서울의 풍경을 노래하며 강남행이 우습기만 하고 자랑할 만한 것 못되니 비웃고 희롱하지 말라고 하였다. 지방을 돌아본 후 이규보는 도리어 개경에서의 삶을 더더욱 갈구하는 중앙지향적 면모를 드러낼 뿐이다.

---

86) 『東國李相國全集』 권6, 「復黃驪示李秀才」.

개경으로의 귀환 이후의 이규보는 오직 求官을 위해 권력자에 위축된 채 권력에 대한 복종과 맹종을 맹서하게 된다.[87] 竹林七賢에 대해 날카롭게 비판하던 그는 이제 그 일원이었던 林椿에 대한 閔湜의 비판에 응하면서 자신은 그와는 달리 목이 땅에 닿도록 수그릴 것을 맹세하고 있다. 이런 입장의 그로서는 지금까지 더없이 존중하고 가치 있는 것으로 믿어 왔던 시문이란 것도 권력에 의해 인정받아야만 하는 하나의 기예 이상의 것이 못된다는 것을 실감하게 되었고, 그의 진보적이거나 현실비판적 입장은 무디어져 버렸다. 그는 「彈鋏歌」에서

> 식탁에 고기 없구나 식탁에 고기 없어
> 칼 두드리며 부르는 서글픈 노래 소리 격절도 하네
> 가을 배추와 나물로 겨우 뱃속 채우니
> 가시 많은 송사리도 얻을 수 없네
> 깊은 강물에 어찌 방어와 잉어가
> 옥척과 은도 같은 빛으로 무수히 뛰지 않을까
> 슬프도다 꼭 비린 음식을 좋아해서가 아니라
> 고기 먹는 귀인에 참여할 계제 없음이 한이로다
> 식탁에 고기 없다고 산에서 구할까
> 슬프고 슬프구려 낚시마저 곧다니
> 칼 두드리는 노래 그만 둘지어다
> 맹상군 없는 세상 그 누가 알아줄까[88]

라고 하여 고기 먹는 귀인에 참여하기만을 갈망하면서 자신을 알아줄 인물을 고대하고 있다. 결국 학문적 이상도 내동댕이치고 그는 求官의 길에 나서 마침내 32세 되던 해 전주목 사록겸장서기에 부임함으로서 그가 고대하던 관직의 길에 들어서게 된다. 그동안 이규보는 1197년과 1204년에 집중적으로 당시 재상인 조영인, 최당, 최선, 임유, 민식 등에게 자신을

---

87) 『東國李相國全集』 권26, 「上閔上侍湜書」.
88) 『東國李相國全集』 권9, 「彈鋏歌」.

천거해달라는 수 편의 시와 서간문을 그의 문집에 남겼다.[89] 求官의 글을 쓰던 무렵인 1198년 그가 화답한 시들이 그의 詩友나 동료보다는 관직자들이었는데[90] 이 역시 그의 관직에 대한 열망을 잘 보여주고 있다.[91] 이것은 최씨정권기에 과거제가 표면적으로 융성한 것으로 보이지만 과거합격이 관료진출을 보장하는 것이 아닌 것을 드러내줌과 동시에 천거제라는 당시의 인재선발 방식 때문에 求官을 할 수 밖에 없는 상황이었음을 말해주는 것이다.[92] 이 시기인 1197년(명종 27년) 9월에 명종이 폐위되고, 10월에 신종이 즉위하였지만 『東國李相國集』에는 이에 대한 가타부타의 글이 일체 없다. 오직 求官의 글과 시우나 동료와 주고받은 글만이 담겨 있을 뿐이다. 그런 점에서 『東國李相國集』을 사료로서 인용하는 것은 제한적일 수밖에 없다.

2) 出仕前期

이규보는 神宗 2년(1199 ; 32세) 6월의 頒政에서 全州牧 司錄兼掌書記로 보임되었다. 그 해 9월 전주로 부임하여 이듬해 12월 파직당할 때까지 약 1년 3개월의 지방관 생활을 하게 된다. 거기서 이규보는 參軍의 임무, 즉 군사적으로 管內 46邑의 주현군의 지휘와, 이들을 동원한 工役을 수행하고, 記官 등의 향리를 거느리고 각종의 簿書의 처리, 民訟의 해결 및 外獄囚 監檢 등의 刑獄, 監督의 임무, 租稅 부과의 임무, 각종 表文 및 祭神文의 작성, 기우제·城皇神에 대한 제사 등의 임무를 수행하였다. 또

---

89) 『東國李相國全集』 권7, 고율시, 「上趙令公永仁」·「上任平章 竝序」·「上崔平章謹 幷序」·「上崔樞密詵」·「重上趙令公」·「投崔吏部洪胤」 ; 권26, 書 「呈尹郎中威書」·「上閔上侍湜書」·「上趙太尉書」·「上崔相詵書」·「投趙郎中冲書」.

90) 『東國李相國全集』 권8, 고율시 「呈內省諸郎 幷敍 戊午」 이하 8首.

91) 박종기, 앞의 「東國李相國集에 나타난 고려시대상과 이규보」 287쪽.

92) 박종기, 위의 글, 287~288쪽 및 박용운, 2001, 「이규보의 사례를 통해 본 최씨집권기 관제 운영의 실상」 『사총』 53, 73~78쪽.

관내 바다의 배를 조사하고 水村·沙戶·漁燈·鹽市를 遊閱하였다. 그 외 안찰사를 위시한 王使의 명령을 받들어 일을 처리하고, 冬至賀狀과 正旦 賀狀 등을 작성하여 중앙의 要路 및 안찰사 등에게 바치기도 하였다. 이 처럼 그는 관리직인 牧使와 通判 밑에서 戶長과 함께 향리들을 일선에서 거느리면서 행정실무를 장악, 대민업무의 실질적 수행자로서 관리직의 對民 방패막이로서의 역할을 수행하였다. 이를 위해 전주의 직할 속읍과 관내 영군현 및 그 속읍을 순찰, 지휘 감독하였다.[93] 대민업무의 실질적 종사자로서 이규보가 전주목의 통치에 임하는 자세가 어떠하였는가는 다음의 자료를 통해서 알 수 있다.

> 무릇 고을을 다스리는 요점은 관대함(寬)과 엄함(猛)을 알맞게 하는 데서 벗어나는 것이 아닙니다. 지난번에 제가 전주를 다스릴 때에 자못 가혹하다는 소문이 들릴 때가 많았는데, 도리어 이렇게 말씀드리니 진실로 내가 다스리던 대로의 상태가 아닙니다. 그러나 정사는 한 가지 법만으로 하는 것이 아니라, 반드시 먼저 백성의 성질을 본 다음에 緩急을 참작해서 하는 것이니, 이보다 더 좋은 방법은 없는 것입니다. 전주는 옛날의 백제 땅으로, 그 성질이 아주 사나와 관대한 정사로는 다스릴 수 없기 때문에, 억지로 형벌을 쓰게 된 것이요, 본심으로 한 것이 아닙니다. 그러나 속을 모르는 사람들이 오히려 가혹하다는 이름을 붙였습니다. 만일 전주 같은 데가 아닌 지방에서 한결같이 엄하면 백성이 부대끼어 떠나갈 것이요, 한결같이 관대하면 백성이 방자해져서 완만할 것입니다.[94]

---

93) 金晧東, 1987,「高麗 武臣政權時代 地方統治의 一斷面 – 李奎報의 全州牧 '司錄兼掌書記'의 活動을 중심으로 – 」『교남사학』3, 영남대학교 국사학회, 91~105쪽. 박종기의 경우 이규보의 「남행월일기」에 대한 필자의 분석에 대해 이규보가 행한 임무는 전주목 속군현의 행정을 전담하는 고유 임무와, 중앙정부의 명령을 받아 수행한 특별 임무로 나누어 보아야 한다고 하면서, 전주목이 속관 등의 관원이 있는 대읍이기 때문에 국가를 대신하여 영읍에 임무를 대행한 것이라고 하여 전주목이 영읍에 대한 조세행정, 관리, 감독 기능을 갖고 있지 않다는 입장을 취하고 있다(박종기, 2002,『지배와 자율의 공간, 고려의 지방사회』, 푸른역사, 219~223쪽).

94)『東國李相國集』권27,「與某書記書」.

　그는 고을을 다스리는 요점으로서 民性에 따라 寬과 猛을 알맞게 하는
데 있다고 하면서, 전주는 옛 백제 땅으로 그 성질이 아주 사나와 관대한
정사로는 다스릴 수 없기 때문에 가혹하다는 평을 들을만큼 用刑하였다
고 하였다. 이규보의 전주관은 아마도 태조 왕건의 訓要十條 이래의 중앙
정부의 전주관의 연장선상이라고 할 수 있다. 이것은 1011년 契丹의 제
3차 침략 때 羅州로 顯宗이 몽진하던 중 全州 參禮驛에서 全州節度使 趙
容謙의 영접을 받을 무렵 朴暹이 "전주는 곧 옛 백제로서 聖祖(太祖)도
싫어한 곳이다"라고 한데서 잘 알 수 있다.[95] 더욱이 1176년(명종6)과 그
이듬해에 걸쳐 전주목의 속읍인 金馬郡에서 미륵산을 중심으로 농민항쟁
이 창궐하였고[96], 1182년(명종12)에는 전주에서 司錄 陳大有가 戶長 李
澤民과 함께 官船 제조를 위해 州縣軍 소속의 精勇·保勝軍에 대한 가혹
한 역역 동원을 하자 旗頭 竹同 등이 官奴 및 不逞者와 더불어 봉기한
적이 있었기 때문에[97] 이규보는 '猛'에 기준을 두어 전주목 통치에 임하
였던 것이며, 이로 인해 결국 가혹하다는 평을 듣게 되었다. 이미 권력지
향적이고 중앙지향적인 속성을 가진 채 대민통치에 있어서 '猛'을 구사하
고자 하는 이규보로서는 향리랑 백성들은 생산력의 담당자로서, 혹은 지
방사회를 지금껏 유지시켜온 원동력으로서 보다는 한갓 추한 늙은 원숭이
나 놀란 노루와 같은 모습으로 비칠 뿐이었다.[98] 더욱이 토착세력들인 强
豪들을 억제하는데 어려움을 겪는가 하면 상관인 通判과의 심한 알력을
겪음에 따라 외관으로서의 직무 수행에 깊은 회의에 빠져든 이규보는 「莫

---

95) 『高麗史節要』 권3, 顯宗 2年 正月 辛巳.
96) 『高麗史節要』 권12, 明宗 7年 2月.
97) 『高麗史節要』 권12, 明宗 12年 3月.
98) 『東國李相國全集』 卷9, 「十一月二十日 出宿屬郡馬靈客舍 重臺堂頭携酒來訪 以詩贈
　　之」, "蕭條古縣枕山根 只對村胥貌似猿"; 「朗山縣監倉後有作」, "郡吏來迎如老狵 村
　　民走避似驚麕麞"; 「自古皁夜入金溝縣書壁上」 "凌晨離古皁 侵夜入金溝 貪吏猶逃鼠
　　愚民似沐猴"; 『東國李相國全集』 권23, 「南行月日記」.

遵爲州樂」과「自貽雜言」에서 격무와 박봉에 대한 불평을 토로하면서 방을 두드리며 부질없는 세월만을 보내는 나락 속으로 빠져들곤 하였다.[99] 비록 그가 여기서 '가난한 마을에 세금 차마 부과하겠나 감옥에 가득한 죄수들 안타깝구려'라고도 하였지만, 속읍인 낭산의 창고를 조사하고 난 후 지은 시에서 보다시피

　　　　백화같은 駱馬 나는 용보다 빠르니
　　　　산 밑으로 기나긴 길을 달려갔네
　　　　나와서 맞는 고을 아전 늙은 원숭이 같고
　　　　마을 백성 도망치니 놀란 노루 같구려
　　　　이미 많은 곳간에서 紅腐가 쌓인 것을 보았으니
　　　　한잔 술로 푸른 향기를 마신들 어떠리
　　　　부끄럽구나 옛날 한가히 놀던 사람이
　　　　참군과 장기를 지내고 또 감창도 하는구나[100]

　조세행정의 집행자로서의 곳간에 쌓인 紅腐를 볼 뿐, 무엇 때문에 촌민이 놀란 노루처럼 달아나고 郡吏가 늙은 원숭이처럼 찌들었는지에 대해서는 대민 지방관의 일원으로서의 관심을 전혀 보여주지 못한다. 이의 이해를 위해 그의「南行月日記」등을 통해 낭산과 같은 전주의 속읍들의 처지가 어떠했는가를 살펴본 후 다시 이 시를 음미해보고자 한다.

　　全州는 完山이라고도 일컫는데 옛날 百濟國이다. 인물이 번창하고 가옥이 즐비하여 故國風이 있었다. 그러므로 그 백성들은 질박하지 않고 아전들은 모두 士人과 같아, 행동거지의 신중함이 볼 만하였다. … 1월 기사일에 비로소 屬郡들을 두루 다녀 보았더니, 馬靈·鎭安은 산곡간의 옛 고을이라, 그 백성들이 질박하고 미개하여 얼굴은 원숭이와 같고, 杯盤이나 음식에는 오랑캐의 풍

---

99)『東國李相國全集』권9,「莫遵爲州樂 四首」,「自貽雜言 八首」.
100)『東國李相國全集』권9,「朗山縣監倉後有作」, "白花飛駱乘龍驥 行盡山邊一路長 郡吏來迎如老犾 村民走避似驚麞 千囷已厭觀紅腐 一斝何妨酌碧香 可愧昔年閑放客 參軍掌記又監倉."

속이 있으며, 꾸짖거나 나무라면 형상이 마치 놀란 사슴과 같아서 달아날 것만
같았다. 산을 따라 감돌아 가서 雲梯에 이르렀다. 운제에서 高山에 이르기까
지는 높은 봉우리와 고개가 만 길이나 솟고 길이 매우 좁으므로 말에서 내려
걸어갔다. 고산은 다른 군에 비하여 질이 낮지 않았다. 고산에서 禮陽으로, 예
양에서 朗山으로 갔는데, 모두 하룻밤씩 자고 갔다. … 伊城에 들어가니, 民戶
가 凋殘하고 籬落이 蕭條하여 客館도 草家요, 아전이라고 와 뵙는 자는 4~5
인에 불과하였으니, 보기에 측은하고 서글펐다.[101]

고려 군현제도의 구조적 특징의 하나인 주읍과 속읍의 차이, 즉 입지조
건의 우열, 人戶의 繁耗, 民度의 隆替, 향리의 대조적 양상을 이만큼 잘
묘사해주는 자료는 흔하지 않다. 그러나 이규보가 전주에서 지은 그 어느
글에도 당시 군현조직의 구조적 모순과, 거기에 찌든 농촌과 농민의 실상
을 직시해주는 글귀는 보이지 않는다. 무엇 때문에 속읍의 촌민이 놀란
노루처럼 달아나고 郡吏가 늙은 원숭이처럼 찌들었는지에 대해서 언급이
없는 것이다. 지역권을 바탕으로 상호연대책임을 지게 한 고려의 대읍중
심의 군현제도는 외관의 극소화, 향리층의 숫적 극대화 속에서 국가－재
지세력을 축으로 하는 대농민 지배방식을 채택하였기 때문에 국가, 재지
세력의 민에 대한 불법적 수탈이 용이할 수 있는 구조적 모순을 안고 있
었고, 자연 외관의 손이 미치지 못하는 속읍에 있어서의 그것은 더욱 심
할 수밖에 없었다. 또한 속읍보다는 주읍, 주읍 가운데 대읍에 권력집중
을 초래하여 중앙에서 주읍단위로 획정되어 내려온 부세수취나 역역 등의
제 부담의 경우 상대적으로 속읍 및 향소부곡 등에 가중화될 수밖에 없었
다. 속읍은 상대적으로 개발이 뒤떨어졌음에도 불구하고 그 주민들은 경
제적으로 뿐만 아니라 신분적으로까지 불리한 처우를 받게 되어 주민의
이탈현상이 두드러지게 되었다. 그리하여 12세기 중엽이래 속읍을 중심
으로 이촌유망화 현상이 두드러지게 되었고, 상대적으로 중앙정부는 속읍

---

101) 『東國李相國全集』 권23, 「南行月日記」.

에 현령·감무를 파견하여 유민의 안집화를 꾀하려고 하였다. 그러나 문벌 귀족 사회의 모순이 격화되고, 나아가 무신쿠데타 이후의 권력쟁탈과 반 동적 체제의 구축으로 인해 가혹한 부세수탈과 세정문란이 확대됨으로써 대읍중심의 군현제도의 구조적 모순은 더욱 노정되었다. 바로 주읍에 의 한 속읍에 대한 조세의 부과 및 역역동원의 가중한 부담으로 인해 낭산의 촌민 및 향리들이 주읍의 관원을 보면 마치 놀란 사슴, 혹은 원숭이와 같 은 몰골을 하면서 달아나듯 할 수 밖에 없었던 것이다. 그러나 대읍, 그리 고 주읍의 지방관으로서의 직무를 맡고 있었던 이규보로서는 관내 영읍과 속읍으로부터 각종 조세와 역역 동원 등의 원활한 수취를 책임지고 있었 기 때문에 대읍중심의 군현제도의 구조적 모순에 대한 인식은 커녕 거기 에 매몰되어 있었을 뿐이다. 7품의 사록겸장서기인 이규보가 領知事府郡 縣들의 冤獄을 감찰하던 중 進禮縣에 이르렀을 때 마침 부재중인 같은 품계의 縣令과 8품의 縣尉가 밤 2경에도 불구하고 8,000 여보를 급히 달 려와 지성으로 받들자 잠자던 척 하던 그가 대접을 응한 것이나,[102] 同年 進士 黃敏仁을 保安縣에 보내어 馬浦大王에게 제사지내면서,

> 내가 다스리는 完山은 한 지방의 중심이고, 대왕이 맡은 마포도 완산의 소 속이라, 長官의 관리로서 下邑의 귀신에 대해 절을 하지 않고 읍하는 것이 예 에 있어서 마땅하리[103]

라고 한 것에서 전주의 속읍 및 영읍에 대한 군림자적 태도를 엿볼 수 있다. 이런 입장의 그로서는 대읍중심의 군현제도의 모순 인식은 커녕 농 민의 처지에 대한 올바른 인식은 불가능한 것이다.

전주목 지방관들의 중요한 임무의 하나는 당시의 재목창인 변산의 벌 목이다.

---

102) 『東國李相國全集』 권23, 「南行月日記」.
103) 『東國李相國全集』 권37, 「全州重祭保安縣馬浦大王文」.

12월에 朝勅을 받들어 邊山에서 伐木하는 일을 맡아보았다. 변산이란 곳은 우리나라의 材木倉이다. 궁실을 수리 영건하느라 해마다 재목을 베어내지만 아름드리 나무와 치솟은 나무는 항상 떨어지지 않는다. 내가 벌목하는 일을 항상 감독하므로 나를 '斫木使'라고 부른다. 나는 노상에서 장난삼아 다음과 같은 시를 지었다.

군사 거느리고 권세부리니 그 영화 자랑할 만한데
벼슬 이름 斫木使라 하니 수치스럽기 그지없네
이는 나의 맡은 일이 擔夫·樵者의 일과 같기 때문이다.

　상기 자료에서 보다시피 이규보는 항상 벌목을 감독하기 때문에 '斫木使'라고 불리워질 정도였다. 그런데 변산의 벌목행위는 전주관내의 46州의 농민을 동원하여 농한기에 이루어지고 있다.[104] 결국 추위와 굶주림에 처한 농민들을 동원한 役事였지만 이규보의 벌목에 관련된 글 어느 곳에서도 이러한 지적은 거의 없다. 도리어 앞의 자료에서 보다시피 '작목사'라 불리우는 데에 수치를 느낄 뿐이었다. 앞에서도 이미 언급한 바 있듯이 1182년(명종12)에는 전주에서 司錄 陳大有가 戶長 李澤民과 함께 官船 제조를 위해 州縣軍 소속의 精勇·保勝軍에 대한 가혹한 역역 동원을 하자 旗頭 竹同 등이 官奴 및 不逞者와 더불어 봉기한 적이 있었다. 그런데 봉기의 원인으로 일컬어지는 관선제조에는 상당한 량의 목재가 필요하다. 전주의 속읍인 보안현의 변산은 당시의 재목창이었다. 여기에서의 벌목에서부터 목재의 운반 및 관선제조의 전 과정에는 전주관할 하의 총 46개 읍의 농민들의 동원이 농한기의 시작과 동시에 몇 달간이나 동원되었을 것이다. 이때의 역사가 3월에 이르도록 끝나지 않음으로써 農時마저 박탈당하는 상태 속에서 농민들의 불만이 결집되어 무력항쟁으로 일어나게 되었던 것이다.[105] 이를 고려할 때 이규보가 벌목을 독려하면서 지은

---

104) 金晧東 앞의 「高麗 武臣政權時代 地方統治의 一斷面 - 李奎報의 全州牧 '司錄兼掌書記'의 活動을 중심으로 - 」.

「三月又到保安縣江上課木」의 시를 살펴보면

> 봄 한 철에 세 번이나 이 강머리 지나거니
> 나랏일인데 어찌 쉴 틈 없다 원망하랴
> 만리 거센 파도 백마가 달리는 듯
> 천년 묵은 늙은 나무 창룡이 누운 듯
> 바닷바람은 어촌의 젓대 소리 불어 보내고
> 물가 달빛은 포구의 나그네 배 맞아주네
> 뒤따르는 마부 아이 아마도 괴이타 여기리
> 좋은 경치 만날 적마다 멈춰서서 머뭇거리니[106]

그 어느 곳에도 3월에 이르도록 農時를 빼앗기고 力役에 동원되어 있
는 농민의 어려운 처지를 담지 못하고 있음을 알 수 있다. 그는 그보다는
자신의 쉴 틈 없음에 더 관심을 갖고 있고, 주변의 풍치 구경에 여념 없는
모습을 보여줄 뿐이다.[107] 이런 점에서 「莫謷爲州樂」의 시에서 "가난한
마을에 세금 차마 부과하겠나 감옥에 가득한 죄수들 안타깝구려"라고 한
것, 그리고 「自貽雜言 八首」에서 "이 몸이 나찰도 염라대왕도 아닌데 날
마다 죄수를 다루니 창자가 끊어지는 듯 젓대와 피리 소리도 자주 들으면
싫은데 곤장 소리 들으면 어찌 상심하지 않을까"한 것은 결코 농민의 가
혹한 처지에 대한 이해에서 비롯된 것이 아니다. 다만 고을살이의 적은
보수와 격무에 대한 불평을 토로하는 과정에서 곁 가지쳐 나온 것, 즉 매
맞는 농민의 참상을 봄에 비명이 나오는 것이고 그러한 참상 현장에서부
터 빠져나가고 싶은 것과 같은 것일 뿐이다.[108] 이런 입장의 그로서는 당

---

105) 金晧東, 1994, 「12·13세기 농민항쟁의 전개와 성격」『한국사』6, 한길사.
106) 『東國李相國全集』권10, 「三月又到保安縣江上課木」.
107) 그 외『東國李相國全集』권9~10 등에 실려있는 시들, 즉「二月復指扶寧郡馬上讀
    小畜詩用茶園詩韻記所見」, 「題浦口小村」, 「萬頃縣路上」, 「渡赤城江」등의 대부분
    의 시들은 바로 그러한 시들이다.
108) 朴菖熙, 1987, 「이규보의 본질에 대한 연구-그의 30대에서의 관료지향성에 대하

시 南原에서 농민항쟁이 일어났을 때 결국 제한적 시각을 보여줄 뿐이다.
남원을 안무한 尹威에 대한 頌을 통해 그것을 살펴보기로 한다.

承安 5년(신종 3; 1200)에 나는 완산을 다스리고 사업 윤공은 나아가 廉察
使가 되었었는데, 그 지방에서 존경하고 두려워하였다. 당시 남원에 불순분자
가 있어 작당하여 산을 의지해 굳게 둔을 치고 반역을 도모하려 하는데, 그 고
을 관원들이 나약하여 제압하지 못하고 달려와 염찰사에게 보고하였다. 이날
공은 單騎로 府中에 들어가서 禍福으로 설득시키니, 도적들은 감격하여 울면
서 명령을 듣지 않는 자가 없었다. 그래서 괴수 2~3명만을 주참하고 나머지는
다 놓아주어 곧 안정을 이룩하니, 온 경내가 경하하였다. 나는 이 소식을 듣고
嗟嘆하는 것만으로는 부족하여 삼가 短頌 한 수를 지어 멀리 行軒에 바친다.

帶方이라 古郡은 남방의 오른 팔이네 / 한 팔이 만약 꺾이면 몸을 어떻게
사용하리 / 땅이 넓고 사람이 사나와서 逆詐의 무리가 봉기하였네 / 완악한 도
적떼가 있어 반역을 도모하려고 / 평민들을 협박하여 개미떼처럼 집결하였네
/ 산을 등져 스스로 굳히고 칼을 갈아 날을 세웠네 / 간간히 나와 약탈하여 그
식량을 충당하였네 / 뿌리 차츰 굳게 박히니 뽑아내기쉽지 않네 / 父老들은 황
급하여 토끼처럼 도망하고 사슴처럼 달아나고 / 그 고을 관원들은 얼굴에 땀이
물처럼 흐르네 / 달려와 염찰사에게 아뢰는데 말이 나오자 눈물이 떨어지네 /
공은 이르되 너희들은 어찌 일찍 방비하지 않았더냐 / 거북과 옥이 궤 속에서
훼상되면 이는 누구의 수치인가 / 너희들이 이미 제압하지 못했으니 내 어찌
그를 차마 보겠느냐 / 그 날로 길을 떠나 수레에 멍에 메울 겨를도 없었네 /
노기를 떨치고 府中에 앉아 급히 적의 괴수를 불러들였네 / 명령하여 앞으로
나오게 해서 생사를 가지고 설득시키니 / 도적이 울며 복종하고 칼과 창을 던
져 버렸네 / 그 괴수만을 주참하고 나머지는 다스리지 않으니 / 많은 도적떼들
이 마음을 고쳐 의를 사모하였네 / 모두 말하되 우리들은 처음 사리를 알지 못
하고 / 미친 말을 탄 것처럼 치달리니 정지하기 어려웠네 / 그 힘을 이길 수
없어 남에게 고삐를 잡아달라 하였네 / 만약에 이 사람이 없었던들 몸 상하고
목숨 잃었으리 / 아 우리들은 어쩔 수 없어 그랬었네 / 공이 만약 정지시키지
않았던들 우리가 어디로 갔을는지 / 부로들은 이제 살았다고 춤 추고 기뻐하네
/ 모두 말하되 우리 공이시여 우리를 범의 입에서 구출하였네 / 우리들의 목숨

여-」 『外大史學』 창간호, 한국외대사학연구소.

은 실로 우리 공이 주신 것이라오 / 칭송 소리 바람 따라 천리에 우렁차네 /
큰 공과 높은 이름이 천지와 동등하구려 / 노래로 형용한 자는 완산의 미미한
관리로세109)

　전주목의 領邑인 南原府에 발생한 逆詐의 무리들은 평민들을 협박하
여 개미떼처럼 집결하였다고 한 것으로 보아 실상 농민항쟁의 성격을 띤
것으로 볼 수 있다. 남원의 농민항쟁군은 산을 등지고 있었다는데서 부세
수탈과 역역동원을 피해 산골짜기로 숨어든 유망농민층을 주축으로 하였
음을 추측할 수 있다. 이들은 험준한 산악의 지형지세를 이용한 유격전술
을 구사하면서, 그 주 공격목표로서 수탈의 직접 가해자인 父老, 즉 土豪
들과 지방관을 대상으로 하고 있었음을 앞의 頌을 통해 알 수 있다. 이규
보가 전주목 사록겸장서기로서 활약할 당시의 농민항쟁은 주로 경상도를
중심으로 격렬하게 전개된 것으로 이해되고 있다. 그러나 이 자료를 통해
당시의 농민항쟁이 경상도 일원에만 국한된 현상이 아니라고 추측할 수
있다. 이러한 분위기 속에서 중앙의 집권층이나 지방관들은 농민항쟁을
미연에 방지해야 한다는 절박감을 갖고 있었다. 바로 전주목 관내의 남원
부에서의 농민항쟁의 발생은 이규보를 위시한 이곳 지방관들에게 커다란

---

109)『東國李相國全集』권19,「尹司業威安撫南原頌幷序」, "承安五年 予理完山 司業尹
　　公 出爲廉察 一方畏敬 時南原有群不逞 嘯聚黨與 屯山自固 圖爲叛逆 守倅不得制
　　奔報廉察使 是日公以單騎入府 喩以禍福 賊徒無不感泣聽命 於是誅首謀者二三人
　　餘皆赦之 便致安定 闔境慶抃 予聞之嗟嘆不足 謹成短頌一首 遙獻于行軒 帶方古郡
　　維南右臂 一臂若折 於身何使 地廣人悍 逆詐鋒起 有頑賊類 圖爲不軌 驅脅平民 聚
　　結如蟻 負山自固 兵犀利 間出慄奪 充其粮糒 植根漸牢 拔之不易 父老驚惶 免奔鹿
　　趍 日守日 面汗如水 奔告使軒 言出涕隨 公曰爾曹 何不早脩 龜玉毁櫝 是誰之恥 爾
　　旣不制 吾其忍視 卽日命駕 其車不 奮聲坐府 急召渠帥 命之使前 喩以生死 賊泣聽
　　命 捨兵擲鏃 但誅首謀 餘悉不理 林林賊徒 革心慕義 咸曰我曹 初不自揆 如馭狂馬
　　奔突難止 其力莫勝 債人執 若無是人 身敗命棄 嗟嗟我曹 無奈類是 公若不止 吾走
　　何指 父老再生 抃躍以喜 咸曰我公 脫我虎齒脫我首領 實公之賜 頌聲隨風 洋溢千里
　　功碩名大 齊天等地 歌以形容 完山未吏."

위기감을 조성시켰고, 결국 염찰사 尹威에 의해 무력진압이 가해졌을 것이다. 그러나 남원의 농민항쟁세력의 주 공격목표가 地方官과 父老들에게 행해졌음을 고려할때 지방관들로서는 문책의 여지가 있을 수 있는 상황하에서 농민항쟁의 원인을 다른 데서 구할 수 밖에 없었고, 그 진압의 과정에서도 농민항쟁군을 禍福으로 설득하매 자진 소멸된 것으로 결론지울 수 있었을 것이다. 이규보가 농민항쟁의 원인을 전주관의 연장선상에서 '地廣人悍'을 듦으로서 마치 남원인들의 인성적 문제에 국한시키고 마는 것은 이와 연관이 있을 것이다. 그러나 이 시기의 여타의 농민항쟁이 사회경제적 모순의 누증에서 비롯된 것임을 상기할 때 그의 농민항쟁에 관한 시각이 그만큼 편향된 것임을 말해주는 것이고, 그것은 곧 당시 농민들의 삶에 대한 이해의 부족에서 나오는 것이기도 하다. 결국 이런 입장으로서의 이규보로서는 농민항쟁의 진압에 있어서도 염찰사 윤위가 '노기를 떨치고 府中에 앉아 급히 적의 괴수를 불러들여, 명령하여 앞으로 나오게 하여 생사를 가지고 설득시키니 도적이 울며 복종하여 칼과 창을 던져버리게 되었다'고할 수밖에 없었을 것이다.

이상을 통해서 볼 때 이규보의 전주목 사록겸장서기로서의 활동은 오직 지방관으로서의 임무 수행을 위한 노력으로 그칠 뿐이다. 농촌과 농민의 삶을 이해하고, 이들이 보다 나은 삶을 영위할 수 있도록 하기 위한 자신의 역할에 대한 자각이란 없었다고 볼 수 있다. 그는 오직 전주에서 지방관으로서의 淸白과 精勤에만 기준을 두고 있었을 뿐이었다. 지방관으로서의 가치를 이에만 둔 이규보로서는 결국 통판과의 갈등 속에 면직당하고 말았을 때 당혹과 失意를 깊이 느끼지 않을 수 없었다.

전주목 사록겸장서기로서 면직당한 후 개경으로 돌아온 이규보는 「自嘲」를 통해 자신의 청백 때문에 결국 무고를 입어 파직되었음을 애써 강조하면서 "농삿군 되는 것이 제격에 맞으니 돌아가 호미 메고 농사나 지어라"라고 하여 '歸農'을 읊게 된다.110) 그러나 그의 歸農은 실상 개경으로 상경, 즉 그의 別業이 있는 곳으로의 歸農, 地主로서의 삶을 의미하고, 또한 결코 권력지향적이고 관료지향적인 속성을 버린 것은 아니다. 어쨌던 이때부터 그가 다시 관직으로 나서기 이전까지 관인으로서가 아니라, 지주로서의 입장에서 농사, 농민들과 호흡을 같이하게 된다. 이 시기 몇 편의 농사와 농민을 소재로 한 시를 짓고 있다. 이는 그가 대민지방관으로서 전주에 있었을 당시보다 훨씬 더 풍부한 량이다. 우선 그를 열거해 보면 다음과 같다.

① 손수 농원에 오이 심어 옛 동릉후 본받으니
  연한 덩굴 고랑에 가득한데 푸른 수염이 길구나
  너에게 만길 가자 놓아줄테니
  하늘 끝까지 뻗어 올라가야 한다[111]
② 게으르니 양도부 지을 생각이 없는데
  하물며 왕 부를 본떠 논을 저술하겠는가
  멀리 반 낭이 삼봉에 즐겨 놀던 일 생각하고
  다시 진 번의 한 간 집 거칠어져도 그대로 둔다
  작은 뜰에 옮겨 심은 꽃 손을 청해 완상하고
  이웃 집에 술 있으니 아이 보내 사온다
  무엇하러 세상 일에 관심을 둘 것인가
  출처와 비환이 모두 팔자인 것을
  여강에 돌아가 물가의 마름이나 읊을까 하면서도
  아직 서울에 머물러 귀 밑의 봄만 잃었네
  스스로 밭이랑에 물 대는 농첩지라 하지만
  남들은 세상을 얕보는 고고한 사람이라 하네
  담화하는 가운데선 공연히 손을 놀래주고
  자면서 코고는 소리 몇 번이나 이웃을 들 던가
  술목이 마를 땐 수시로 무슨 물건이 필요한가
  잘 익은 앵두 따서 싱그러움 맛본다[112]

---

110) 『東國李相國全集』 권10, 「自嘲 入京後作」, "冷肩高磊落 病髮短蕭疏 誰使爾孤直
    不隨時卷舒 諷成市有虎 正坐水無魚 只合作農老 歸耕日何鋤."
111) 『東國李相國全集』 권10, 「城東草堂理瓜裂」.

③ 문 닫았으니 손은 오지 않고
　차를 끓여 먹자고 중과 약속한다
　쟁기 메고 다시 농사 배우니
　전원에 돌아갈 날 있으리라
　가난하니 빨리 늙는 것이 좋고
　한가하니 더디 지는 해가 싫구나
　점차로 늙고 병들어가니 둔하고 게으름 이 뿐 아니다
　(중략)
　차라리 농사짓는 늙은이 될지언정
　돈 주고 벼슬하기 부끄럽게 여긴다
　녹을 타 먹는 것은 우리에 갇힌 원숭이요
　세상 일 잊으니 나는 새의 경지이네
　깊이 숨길수록 옥은 절로 돋보이고
　캐 가지 않는다고 난초가 어찌 슬퍼하랴
　기뻐하는 건 어린 아이들이
　쫄랑쫄랑 내 평상에 둘러앉은 것이네[113]
④ 아름다운 벼 크지도 못한 채 반쯤 시들었으니
　오는 구름에게 묻노라 비를 내릴 건가안 내릴 건가
　헐떡이며 물 퍼서 대는 것 참으로 우습기만 한 게
　천 이랑을 한 방울 물로 축이려는 것 같구나[114]
⑤ 노적가리 높이 쌓였으니 새들 모여들고
　베다 빠뜨린 이삭은 牛羊에게 맡겼네
　길에서 마을 노인 만나 풍년이란 말 들었으니
　금년에 뉘 집인들 향기로운 술 없으랴[115]

---

112) 『東國李相國全集』 권10, 「申酉五月草堂端居無事 略」.
113) 『東國李相國全集』 권10, 「又次新任草屋詩韻 五首」.
114) 『東國李相國全集』 권10, 「旱天見灌田」, "嘉禾未秀半焦枯 但問來雲作雨無 榾榾灌田眞可笑 千畦一滴若爲濡."
115) 『東國李相國全集』 권11, 「過松林縣」, "霜積崇囷馴鳥雀 刈殘遺穗付牛羊 路逢村叟聞佳語 今歲誰家不酒香." 이 시의 바로 앞의 시 「謝崔天院宗藩惠羊파饋病母」는 최종번이 이규보의 병든 어머니를 위해 포를 보내준 것에 대한 감사의 마음을 나타낸 것이다. 그런데 그의 연보에 의하면 그의 어머니는 1202년 5월에 돌아가셨다. 따라서 「過松林縣」은 1202년 경에 지은 시임을 알 수 있다.

위의 시들에서 손수 농원에 오이 심고, 밭 매고 마당 쓸고, 밭이랑에 물대는 농첨지를 자처하고, 쟁기 메고 다시 농사 배운다고 하지만 그것이 곧 농부들의 농사일과 같을 수 없다. 그것은 다만 가진 자로서의, 즉 지주로서의, 그리고 관직에서 물러난 상태 하에서의 한가로움과 무료함을 달래는 소일거리로서의 의미를 지닐 뿐이다. 여기에는 결코 농사꾼으로서의 진정한 체험과 노력의 땀이 배어 있지 않음은 물론이다. 그렇기 때문에 가뭄에 부질없는 짓 인줄 알면서도 논밭에 한 방울의 물이라도 대지 않을 수 없는 농부의 처절한 몸부림이 그에게는 한갓 우습게 보일 뿐이었다. 오히려 그는 노적가리 높이 쌓인 것에서 향기로운 술을 떠올리기가 십상이었다. 이런 점에서 위의 시들은 여전히 전원시의 성격을 벗어나지 못하고 있는 것이다. 차라리 농사짓는 늙은이 될지언정 돈주고 벼슬하기 부끄럽게 여긴다는 구절에서 그가 아직도 벼슬에 연연해 있음을 엿볼 수 있을 뿐이다. 그렇기 때문에 그는 驪江, 즉 黃驪에 돌아갈까도 생각하지만 결국 개경에 눌러 붙어 있을 수밖에 없는 중앙지향적 면모를 보여주고 있다. 따라서 위의 시에서 전원에 돌아갈 날 있으리라 하는 것도 짐짓 해본 소리에 불과하다.

전주의 속읍이었던 雲梯縣에 큰 물이 범람하여 죽은 吏民이 이루 헤아릴 수 없었다는 말을 듣고 지은 시에서,

> 그 중에 교활한 아전들이야
> 비록 죽더라도 이치에 당연한 것이
> 평소에 그 얼마나 침탈하여
> 백성의 고혈로 제 몸 살찌웠던가
> 하지만 어리석은 백성이야 무슨 죄인가
> 하늘의 뜻 참으로 모르겠구나
> 우 임금 다시 나지 않으니
> 늙은이 부질없이 눈물만 흘리네[116)]

라고 하여 향리의 백성침탈을 나무라는 시를 지을 수 있었던 것은 전주목
사록겸장서기의 활동의 경험에서 향리들의 대민수탈을 직접 목도했기 때
문에 가능한 것이었을 것이다.

전주에서 파직 당한 후 개경에서 마냥 復官을 고대하고 있었던 이규보
에게 경상도 지역의 농민항쟁은 뜻하지 않은 기회의 장이었다. 그에 관해
『東國李相國集』의 「年譜」에서는 신종 5년(1202) 12월에 다음과 같이 밝
히고 있다.

> 12월에 동경의 叛徒가 雲門山賊黨과 군사를 일으키므로 조정에서 三軍을
> 내어 정벌하게 되었다. 이때 軍幕에서 散官·及第 등을 핍박하여 修製員으로
> 충당시킬 때 세 사람을 거치도록 모두 꾀로 회피하고 나아가지 않았다. 공에게
> 이르자 공은 慨然한 모습으로 말하기를 "내가 나약하고 겁이 많은 자이기는 하
> 나 역시 한 國民인데 國難을 회피하면 대장부가 아니다"하고, 드디어 종군하
> 였다. 따라서 막부에서는 매우 고맙게 생각하고 임금께 주달하여 공을 兵部錄
> 事兼修製員으로 삼았으니, 이는 대개 공의 마음을 펴준 것이다.[117]

이 年譜를 통해 우선 확인할 수 있는 것은 당시의 散官·及第의 지식인
들이 '東京叛徒'의 진압군의 修製員에 참가하기를 꺼리고 있다는 사실이
다. 이규보는 이에 반해 대장부로서 '國難'을 회피할 수 없다고 하여 征東
軍에 가담하였다. 이를 통해서 볼 때 이때의 농민항쟁이 지배층에게 커다
란 위기감을 가져다주었음을 알 수 있다. 이러한 위기의식은 당시의 雲門
山 草賊을 중심으로 한 농민항쟁세력에 경주의 낙향문신들의 亡命者들의
후예와 同正職 소유자, 李義旼의 黨餘勢力을 포괄하는 일부 在地勢力,
즉 변혁을 지향하는 지식층이 광범위하게 가담하면서 경상도 및 강원도의
동해안 전역을 세력권 속에 넣으면서 확대되고 있었기 때문이다. 더욱이

---

116) 『東國李相國全集』 권11, "七月三日聞雲梯縣爲大水所漂幷序" 「其間猾吏輩 雖斃固
    其理 平生幾侵漁 瘠民本何辜 未識皇天意 大禹不復生 老眼空汍淚."
117) 『東國李相國文集』 年譜.

이들은 '正國兵馬使'를 자처하며 궁극적으로는 '新羅復興'을 표방하였다. 이러한 사태로 인해 최충헌정권은 커다란 위기의식을 느끼지 않을 수 없었다. 이에 신라부흥운동을 민족적인 것에 대한 반민족인 것으로 몰아가면서 지역적, 분파적인 행동을 비판하기 시작하였다. 이를 통해 항쟁에 가담하지 않은 재지세력 등과 항쟁군의 연결을 차단하면서 체제수호의 차원에서 강경토벌책을 구사하였다.[118] 이 방책의 효과적 운영을 위해 征東軍의 일원에 민심의 수습과 회유를 위한 효유문 및 檄文의 작성에 능한 文士의 참여가 요구되었다. 이규보는 바로 이의 임무 수행을 위해 발탁되었다. 실제 정동막중에서 이규보는 바로 이러한 임무, 주로 檄書, 祭文, 醮禮文, 祝願文 등의 작성을 주 임무로 하였다.

남들이 꺼려하는 정동군의 일원으로서 굳이 참여하게 된 이유에 대해 이규보는 대장부로서 '國難'을 회피할 수 없다고 하였다. 재경부재지주로서 경향간에 지주적 기반을 갖고 있었던 이규보는 농민항쟁에 지식인의 일부가 가담하고 이들이 고려왕조를 부정하는 '新羅復興'을 주장하게 되자 위기의식을 느끼고 이를 '國難'으로 여기지 않을 수 없었을 것이다. 특히 그는 명종 23년 김사미·효심의 봉기가 일어났을 때 강경진압에 나서지 않은 집권층에게 강한 불만을 표한 적이 있었고(자료 나), 최충헌의 쿠데타 직후에 黃驪를 거쳐 경상도 상주지역까지 내려왔을 때 이 지역의 민들이 항쟁하는 모습을 사실적으로 그려내면서 그에 대한 위기감을 표한 적이 있었다(자료 다). 더욱이 전주목 사록겸장서기로 재직할 당시 그 영읍인 남원에서 일어난 농민항쟁(자료 라)을 목도한 그로서는 당시의 농민항쟁을 사회변혁을 지향하는 움직임으로 보기보다는 사회의 질서를 어지럽히는 盜賊의 무리, 혹은 逆詐의 무리로 간주하고, 바로 이들에 의해 父老

---

118) 金晧東, 1982,「高麗武臣政權下에서의 慶州民의 動態와 新羅復興運動」『民族文化論叢』 2·3합집, 영남대 민족문화연구소 ; 1994,「12·13세기 농민항쟁의 전개와 성격」『한국사』 6, 한길사.

및 生民들이 비린 피를 뿌리게 된다고 생각하였다. 그렇기 때문에 그는 국가의 강력한 공권력의 투입을 통해 이들을 강경 진압하여야 한다고 생각하고 있었다. 그가 기꺼이 征東軍의 일원으로서 종군할 수 있었을 것은 바로 이러한 생각의 연장선상에서 나온 행동이다. 그에게 있어서 이들은 사회의 혼란과 '國難'을 야기시키는 존재임에 불과한 것이었기 때문에 토벌군의 일원에 참여하여 시종일관 강경진압의 태도를 보여주고 있다.

이규보를 위시한 征東軍, 나아가서 최충헌정권은 그들의 토벌에 의해 신라부흥군이 쉬이 궤멸되리라고 생각한 듯 하다. 天壽寺에서 征東軍을 전별하는 자리에서 이규보는 餞客들에게 지어 준 시를 통해 이규보는 농민항쟁군을 '乳虎'로 표현하고, 적 평정 후의 御宴과 어사화를 그리고 있었고,[119] 현지에서의 토벌에 갓 임했을 때도 적들을 '小賊'으로 표현하고, 한갓 자신의 격서로서 항복 받아내겠다는 자신감을 표현하면서, 명년 봄 개선가와 더불어 회군할 것을 기대하고 있었다.[120] 그러나 이규보의 이러한 생각은 잘못된 것이었다. 그의 예상과는 달리 신종 7년 3월까지 약 2년 2개월간 정동군막에서 종군하지 않으면 안되었고, 그가 개경으로 돌아온 후에도 항쟁은 여전히 계속되고 있었다.

정동군은 시간만 허비할 뿐이었고, 이제 이규보는 초조감을 느끼지 않을 수 없었다. 이는 이규보가 趙渭南의 일련의 시에 次韻하여 읊은 「軍幕有感」에 잘 드러난다. 거기에 의하면 적굴이 언제 소탕될지 알 수 없는 상황하에서 세월이 흘러감을 실감하면서 추위가 다가옴에도 불구하고 겨울 옷도 받지 못할 정도였고, 심지어 신라부흥군의 첩자가 숨어들 정도로 토벌군은 어려움을 겪었다.[121] 그렇기 때문에 草書로서 군중의 암호로 삼

---

119) 『東國李相國集』 권12, 「壬戌冬十二月從征東幕府行次天壽寺飮中贈餞客」, "平生不折春鑫股 今日將抽乳虎牙 破賊朝天參御宴 紫微宮裡揷畫紅旗白刃討黃巾 膽怯書生沾幕賓「予以參謀兼書記」楯墨何曾乾一日 東江水盡必生塵."

120) 『東國李相國全集』 권12, 「幕中書懷示同營諸公」.

121) 『東國李相國全集』 권12, 「軍幕有感 用趙渭南長安秋晚詩韻」, 「又次渭南潯陽杜校

을 정도였다.[122] 이제 이규보는 자신의 격서로 적을 항복시켜 보겠다는 자신감을 잃어버리고, 붓끝의 檄書 짓는 자신의 아둔한 모습에 부끄러움을 토로하고 언제 개선가를 부를 것인가를 고대하면서[123] 세월의 흐름에 조갑증을 느끼고 있었다.[124]

정동막중에서 이규보는 주로 檄書, 祭文, 醮禮文, 祝願文 등의 작성을 주 임무로 하였지만, 참모로서 군략을 내기도 하였다. 특히 이규보의 『東國李相國集』(卷38)에는 이규보가 정동군막에서 지은 「奉恩寺告太祖眞前文祭文」, 「天皇醮禮文」, 「黃池院法華會文」, 「黃池院龍王祭文」, 「浮石寺丈六前願文」, 「太一醮禮文」, 「基州太祖眞前祭文醮禮文」, 「天皇前別醮文」, 「祭公山大王文」, 「開泰寺太祖前願文」, 「正旦行天皇醮禮文」, 「山海神合屈祭文祝願文」, 「蔚州戒邊城天神祭文」, 「慶州東西兩岳祭文」, 「祭蘇挺方將軍文」, 「獻馬公山大王文」, 「疾疫祈禳般若法席文」, 「七鬼五溫神醮禮文」, 「太祖前別祭文」, 「天皇別醮文」, 「東京西岳祭文」, 「東岳祭文」, 「戒邊天神前復祭文」, 「東西兩岳合祭文」, 「正旦行天皇醮禮文」, 「公山大王謝祭文」 등이 전하는데, 이를 통해 이규보를 위시한 정동군막, 나아가 최충헌정권의 신라부흥운동에 관한 태도를 살펴볼 수 있을 것이다.

> ① 성조께서 왕업을 일으켜 처음 하늘로부터 명을 받았는데, 지금 醜邦이 하루살이처럼 결집하여 망령되이 國亂을 야기시키려는 마음을 품고 있습니다.(「奉恩寺告太祖眞前文」
> ② 아, 저 隔邑 東京의 어리석고 완악한 俗性이 마치 날개돋친 범 같아서

理詩韻」, 「又次渭津東望詩韻」, 「又次漢江秋晩詩韻」.

122) 『東國李相國全集』 권12, 「統軍尙書幕觀金上人草書」.

123) 『東國李相國全集』 권12, 「軍幕書情 呈簽判朴侍郞仁碩[時屯雲門山]」, "紅旆風颺半天 碧幢遮日卓高 震空雷吼三軍鼓 冠峀雲屯萬竈煙 筆下檄章慚我鈍 幕中籌策伏君賢 何時縛致渠魁首 一路垂楊奏凱旋."

124) 『東國李相國全集』 권12, 「復和」, "已是芳菲二月天 如何猶寓碧山 感公芳酒深淳海 入我乾喉沃滅煙 戰士貪功爭自勇 幕寮邀賞各相賢 唯殘無賴狂癡客 心似方輪未解旋."

차츰 먹이를 고르는 탐심을 품고, 주머니에 피를 담아 점차 射天하려는 흉계까지 꾸몄습니다. 그러나 우리 너그러우신 임금께서는 경솔히 형벌을 쓰려 하지 않으셔서 아직까지도 大辟을 늦추시면서 부드러운 말로 타일러 왔으나 더욱 죄만 저지를뿐, 조금도 개전하려는 마음이 없으므로 장수를 명하여 징계하게 하시니, 이 어찌 정벌을 좋아하는 소치이겠습니까?(「天皇醮禮文」

③ 요즈음 동경의 逆徒들이 미친 듯 날뛰어 기반이 점점 굳어져 날로 더욱 퍼져 나가고 있습니다. 그러나 국가에서는 아직까지 차마 誅伐을 가하지 않고, 재차 부드러운 말을 내려 禍福으로 타일러 왔으나 오히려 조금도 개전하는 마음은 없고 더욱 침탈을 자행하므로 끝내 오늘 죄를 묻는 군대를 내게 되었으니, 이것은 모두 저들 스스로가 불러들인 것이라 누구를 원망하겠습니까. 그러나 우리 임금의 본의는 인물을 많이 살상하려고 하지 않으므로 진실로 그 백성들이 지난날의 과오를 뉘우치고 용서를 빌면서 모두 유신에 참여한다면, 다 사면하여 벌 주지 않고 다시 평민으로 대우해줄 생각이시니, 그 살리기를 좋아하고 죽이기를 싫어하는 마음이 이같으십니다. 만일 부처님의 신통한 도움을 입어 칼날에 피를 묻히지 않고서, 항복을 받고 승전을 거두어 개가를 올리면서 班師하게 된다면, 우리 임금의 본의일 뿐만 아니라, 또한 여래가 중생을 사랑하는 本願이기도 할 것입니다.(「浮石寺丈六前願文」)

④ 왕명을 어기면 정벌하는 것은 본래 司馬의 九伐法이며, 所在의 군대를 주관하는 것은 太一의 十眞의 위엄입니다. 옛날 신라가 기울 무렵 백제의 횡포에 곤욕을 받았는데, 바야흐로 甄氏의 銳卒에게 포위되었을 때에, 태조의 구원병이 아니었더라면 거의 살아남은 백성이 없었을 것입니다. 신라가 항복해 속국이 된 뒤에도 은혜를 입은 것이 적지 않거늘, 아무리 흉악한 풍속이 무지하기로서니, 우리 先王의 큰 공덕을 잊을 수가 있겠습니까. 남에게 밥을 한번 얻어 먹어도 그 은혜를 저버리지 않는 것이거든, 국민이 되어 가지고서 이렇게 심할 수가 있겠습니까. 천벌을 피할 수 있다고 여겨 못된 길로 빠져 반성할 줄 모르니 그 죄를 용서하기 어려운데, 신인들 어찌 용서하시겠습니까. 지금 軍律을 베풀 때를 당하여 威靈의 큰 도움을 바라, 삼가 제수를 올리고 우러러 沖靈에게 아룁니다. 삼가 바라건대, 흰 칼날을 한번 휘두르면 賊魁가 목을 늘어뜨리고, 긴 활을 쏘면 적괴가 감히 도망갈 수 없게 하여 주소서.(「太一醮禮文」)

⑤ 신라가 의를 사모하여 정성을 바쳐 스스로 향응해오자 來降을 가상히 여겨 경주라는 고을을 두었는데, 어째서 그 자손들이 우리 선조의 은혜를 잊고

횡행하면서 반역하여 禍門을 두드린단 말입니까? 죄를 용서할 수 없어 우리의 三軍을 출정시켰습니다만, 聖祖가 아니시면 누가 후원해 주겠습니까? 基州의 古縣에 遺像이 완연히 게시므로, 寮佐를 보내어 감히 제물을 올리게 하나이다. 바라건대, 沖靈께서는 우리의 애쓰는 마음을 살피셔서 元惡을 쳐 없애어 번성하지 못하게 하여, 우리의 社稷으로 하여금 만세에 더욱 드높게 하여 주시면, 다만 天祿이 후손에게 있을 뿐만 아니라, 先王의 血食도 길길이 끊이지 않을 것입니다.(「基州太祖眞前祭文」)

⑥ 장차 下國을 정벌하려고 하매 擧義한 王師라고는 하나 만일 天時를 얻고자 한다면 감히 上帝에게 복을 구하지 않을 수 있겠습니까? 지난 역사의 남은 기록들을 징거하여 東京의 처음 일을 살펴보건대, 태조가 막 天命을 받아 발흥하시매 金傅가 땅을 바쳐 스스로 붙좇았으니 이것이 어찌 城을 공격하여 탈취한 것이겠습니까. 진실로 의를 사모했던 까닭에 그런 것입니다. 그 충성을 가상히 여긴 나머지 그 임금을 尙父의 지위에 책봉하였고, 그 舊國은 존속시켜 留守의 官司로 그 칭호를 높여 주었는데 어찌하여 후세의 백성이 지난날의 우의를 잊고 기강을 문란시키고 상도를 어김이 너무도 지나칠 뿐만 아니라, 또한 백성을 죽이고 物을 해치는 자도 많습니다. 저들이 우리 上都를 대항하는 것이 비록 사마귀가 제 팔 힘을 뽑내는 것과 다를 바 없으나, 그 사나운 자취를 더듬어 보면 豺虎가 군침을 흘리는 것과 같으므로, 그 죄를 성토하여 장차 정벌하려는 것이지, 사실 우리 임금의 본의는 아닙니다.(「天皇前別醮文」)

⑦ 아, 저 頑民들이 이를 갈고 피를 빨아 人物을 마구 죽여 비린내를 풍기면서 평민을 동요시켜 놀란 사슴처럼 날뛰게 만들어, 지나는 곳마다 城邑을 모두 함락시키고 聚落에 들어가 불지르고 노략질하여, 모든 집이 잿더미로 변하니 죄악이 진실로 가득 찼으므로, 이치에 당연히 가서 정벌해야 합니다.(「祭公山大王文」)

⑧ 臣等은 들으니, 옛날에 甄萱이 강경한 군졸을 거느리고 크게 신라를 치매, 그 예봉을 대적할 수 없자 우리 聖祖께서 일만의 병력을 이끌고 구원하여 그 군졸을 퇴각시켰습니다. 만일 그렇지 않았다면 신라의 백성들은 종자도 남지 않았을 것입니다. 그렇다면 그 父兄·子弟·妻妾 등이 목숨을 보전하여 잎과 가지처럼 번져서 오늘에 이른 것은 참으로 우리 성조의 힘인 것입니다. 지금 그 자손들이 先王의 은덕을 저버리고 함부로 병란을 일으켜 官家에 반역하니, 이는 은혜를 배반하고 의를 저버리는 불충 불효한 사람들입니다. 先祖가 후손을 염려하는 뜻에 있어 上帝에게 아뢰어 뇌정 같은 노여움을 내리게 하지 않고 차마 이런 무리들이 감히 우리 聖祖께서 草創

하신 邦業을 요동시키게 하십니까? 삼가 바라건대, 신의 힘을 빌어 신 등으로 하여금 반역의 무리를 섬멸하여, 곧 승첩을 거두고 다시 이 나라 태평의 기반을 구축하게 하여 주시면, 班師하는 날 아무 일로써 보답하겠습니다.(「開泰寺太祖前願文」)

　이상에서 보다시피 정동군막의 구성 직후 太祖의 진전이 있는 奉恩寺에서 태조의 眞影 前에 고하는 글을 필두로 하여 행군과 접전을 하면서 寺院을　아 기원함은 물론 一善津龍王·公山大王·智異山大王·黃池院龍王, 蔚州戒邊城天神·北兄山神·慶州東西岳神 등 여러 神格에게 제사를 지냈는데, 그 배경에는 군대의 사기 진작과 승리 기원도 있겠지만, 해당지역의 민심의 회유에도 목적이 있었을 것이다.[125] 그러나 무엇보다도 이규보를 위시한 정동군막, 나아가 최충헌정권은 이러한 제사행위를 통해 신라부흥운동을 민족적인 것에 대한 반민족인 것으로 몰아가면서 지역적, 분파적인 행동을 비판하기 시작하였음을 알 수 있다. 신라부흥운동을 고려왕조의 정통을 부정하는 국가전복세력으로 간주함과 동시에, 이들이 '백성을 죽이고 物을 해치는 자'로 간주하고, '이를 갈고 피를 빨아 人物을 마구 죽여 비린내를 풍기면서 평민을 동요시켜 놀란 사슴처럼 날뛰게 만들어, 지나는 곳마다 城邑을 모두 함락시키고 聚落에 들어가 불지르고 노략질하여, 모든 집이 잿더미로 변하게 하였다.'고 함으로써 신라부흥군의 反民的 행위를 대내외에 부각 선전하고 있다. 이를 통해 다른 지역에서의 체제도전 세력의 봉기의 방지와 상호 연결을 미연에 차단하고자 하였다. 신라부흥운동의 실패는 중앙에서의 최충헌정권의 입지를 강화시켜주고, 상대적으로 농민들의 최소한의 삶을 영위하기 위한 노력마저 무력으로 강경진압하게 하는 빌미를 제공하게 됨으로써 한동안 농민항쟁은 움추려 들지 않을 수 없었다. 그러나 이것은 당시의 사회경제적 모순의 제거에 의

---

125) 蔡雄錫, 1990, 「12,13세기의 향촌사회의 변동과 '민'의 대응」『역사와 현실』3, 한국역사연구회, 역사바평사.

한 것이 아니라 어디까지나 강화된 집권력을 바탕으로 한 물리적 통제정
책에 의한 것이었다. 여기에는 필연적으로 농민에 대한 착취가 수반될 수
밖에 없었다.

이규보는 정동군막에서 근 3년간 활동하였음에도 불구하고 그간 결코
농민의 삶과 고통, 그리고 이들이 왜 항쟁하게 되었는가에 대해서는 전혀
관심을 보여주지 못하고 있다. 이는 오직 토벌군의 일원으로서 그의 권력
지향적인 입장을 일시나마 충족시켜준 집정자에 대한 國恩 갚기에만 골
몰하면서126) 스스로를 民과 거리를 둔 채 물리적 통제정책의 수행에만 급
급하였기 때문일 것이다. 民의 삶과 고통을 보지 못한 그로서는 불국사를
유람하기도 하고, 妓女와 즐기기도 하고,127) 東萊 浴湯池를 찾을 수도128)
수 있었던 것이다. 그가 개경에 돌아온 후 정동군막에서 함께 있었던 동
료를 만나 지어준 시에서,

> 군막에서 참모로 있은 지 세 해인데
> 서울에서 놀고 지낸지 또 한 해일세
> 사냥 끝나고 공을 논할 때 누가 으뜸일까
> 요즘은 지시해 준 사람 아예 생각지도 않네129)

군막에서의 생활을 사냥(獵)에 비유한 것은 결코 우연한 인식이 아닌
것이다. 그는 귀경 후 오직 논공행상에 오르지 못한 자신의 처지에 불만
을 갖고 있었을 뿐이다.

37세(1204) 3월 귀경 후 이규보는 그의 40세가 되던 해에 直翰林의 權
補 발령이 있기까지 최선 등에게 구관을 위한 상서를 하면서까지 오직 관

---

126) 『東國李相國全集』 권12, 「朴侍御見和復次韻奉答」.
127) 『東國李相國全集』 권12, 「同朴侍御將向梁州泛舟黃山江口占」.
128) 『東國李相國全集』 권12, 「同朴公將向東萊浴湯地口占 二首」.
129) 『東國李相國全集』 권12, 「復京後 略 遇征東軍幕舊寮贈之」, "參謀軍幕强三載 浪迹
京華又一春 獵罷論功誰第一 至今不記指."

직 획득의 기회만을 기다리고 있었다. 이 시기에 그가 南田별장으로 떠나
는 벗을 전송하면서 지은 시에서

> 구름 같은 부귀 꿈같이 허망한데
> 강남에 대뜸 그윽한 집 마련했구료
> 백옥 황금은 없어질 때 있지만
> 청산 녹수는 마음껏 누릴 수 있으며
> 해는 굴러 인생을 늙음으로 보내고
> 하늘은 넓어 취중에 노닐 곳 되었어라
> 나도 이다음 혼가만 마치면
> 이웃에 띠집 짓고 송추 심으려네[130]

라고 하여, 구름 같은 부귀 꿈같이 허망하다고 하면서 歸田을 읊고 있었
지만 결코 개경을 떠날 수 없었다.

3) 出仕後期

이규보는 1207년(희종 3) 12월 진강후 모정기를 지은 것이 계기가 되
어 최충헌의 배려로 直翰林(정8품)에 권보된 후 이듬해 6월에 직한림원에
보임되었다. 그 후 1213년(강종 2) 12월에 走筆로 최우의 인정을, 그의
주선으로 최충헌을 알현하여 詩作의 능력을 인정받아 사재승(종6품)으로
승진하였고, 1215년(고종 2) 6월 최충헌의 배려로 우정언(종6품)·지제고
로 승진하였다. 1217년(고종 4) 2월 우사간이 되었으나, 가을에 최충헌의
한 論壇에 대해 비판적이었다고 하는 부하의 무고로 받아 정직당하고, 3
개월 뒤에는 좌사간으로 좌천되었다. 이듬해 집무상 과오를 범한 것으로
단정, 좌사간마저 면직되었다. 1219년(고종 6) 崔怡의 각별한 후견 덕분
으로 중벌은 면하게 되어 桂陽都護府副使兵馬黔轄로 부임하였다. 다음

---

130) 『東國李相國全集』 권12, 「送友人之南田居」.

해 최충헌이 죽자 최이에 의해 귀경하게 되면서, 최이에의 절대적 恭順關係에 들어서면서 10년간 관운을 가져 寶文閣待制知制誥·太僕少卿·將作監·翰林學士侍講學士·國子祭酒 등을 거치면서, 1228년(고종 15) 中散大夫判衛尉事에 이르렀고 동지공거가 되어 과거를 주관하였다. 1230년 한 사건에 휘말려 문죄되어 蝟島에 유적되었다. 1231년 정월에 황려에 量移되었다가 7월, 경사로 돌아왔지만 8월에 몽고의 제1차 침입을 맞게 되었다. 이 해 9월부터 散官으로 있으면서 몽고에 대한 국서의 작성을 전담하였다. 국서는 최씨의 정권보전책으로 강화를 위한 중요한 수단이었고, 그는 이 정책에 적극 참여한 셈이다. 1232년(65) 4월에 判秘書省事寶文閣學士慶成府右詹事知制誥로 복직되었다. 6월에 최우는 강화천도를 하였다. 1237년(고종 24) 守太保門下侍郞平章事·修文殿大學士監修國史判禮部事翰林院事太子大保로서 致仕하였다. 이처럼 재경관료, 혹은 지방의 수령으로서의 관직을 역임하면서 때로는 파직, 유배되기도 하지만 몽고의 침입 때 사명의 일을 도맡아 書·表 등을 짓는 등 그 문명을 드날리게 된다. 그러나 그가 관직에서 밀려난 때, 그리고 계양의 수령으로서 활약할 때를 제외하고는 거의 농민들의 처지를 읊은 글을 보여주지 못한다. 다만 그의 재경관료로서의 재직 생활 중 한림관으로 재직하던 시절, 그리고 諫官으로 있던 시절에 다음과 같은 이례적인 두 편의 시를 남길 뿐이다. 우선 한림관으로 재직하던 시절의 시를 살펴보기로 한다.

> 우연히 孺茶詩를 지었는데
> 그대에게 전해짐을 어이 뜻했으리
> 시를 보자 花溪 놀이 홀연히 추억되구료
> [화계는 차의 소산지인데, 그대가 晉陽에서 簿記를 맡아 볼 때 쫓아가 보았으므로 화답한 시에 언급하였다]
> 옛일 생각하니 서럽게 눈물이 나네
> 雲峰의 독특한 향취 맡아보니
> 남방에서 마시던 맛 완연하구나

따라서 花溪에서 차 따던 일 논하네
관에서 감독하여 老弱까지도 징발하였네
험준한 산중에서 간신히 따 모아
머나먼 서울에 등짐 져 날랐네
이는 백성의 애끊는 膏血이니
수많은 사람의 피땀으로 바야흐로 이르렀네
한 편 한 구절이 모두 뜻 있으니
시의 六義 이에 갖추었구나
농서의 거사는 참으로 미치광이라
한평생을 이미 술 나라에 붙였다오
술 얼근하매 낮잠이 달콤하니
어이 차 달여 부질없이 물 허비할손가
일천 가지 망가뜨려 한 모금 차 마련했으니
이 이치 생각한다면 참으로 어이없구려
그대 다른 날 간원에 들어가거던
내 시의 은밀한 뜻 부디 기억하게나
산림과 들판 불살라 차의 공납 금지한다면
남녘 백성들 편히 쉼이 이로부터 시작되리[131]

　　진주의 서기로 있었던 玉堂 孫得之에게 화계에서의 차 따던 때의 백성
들의 어려움을 말하면서 諫員으로서의 차의 공납 금지에 관한 간언을 할
것을 권한 시라고 할 수 있다. 진주가 최씨정권의 식읍이었고, 신종조 이
곳에서 대규모 농민봉기가 있었다는 것을 감안할 때 이 시는 여러가지의
복합적인 의미가 있다고 하겠다. 그러나 지난 날의 얘기를 끄집어내어 짐

---

131) 『東國李相國全集』 권13, 「孫翰長復和次韻寄之」, "古今作者雲紛紛　調戲草木騁豪氣
磨草琢句自謂奇　到人牙頰甘苦異　壯元詩獨窮芳　美如態掌誰不嗜　玉皇召入蓬萊宮
揮毫연黑銀臺裏　君材落落千丈松　攀附如吾類縈藥　率然著出孺茶詩　豈意流傳到吾子
見之忽憶花溪遊　懷舊悽然爲酸鼻　品此雲峰未嗅香　宛如南國曾嘗味　因論花溪採茶時
官督家丁無老稚　瘴嶺千重眩手收　玉京萬里頳肩致　此是蒼生膏與肉　犪割萬人方得之
一篇一句皆寓意　詩之六義於此備　隴西居士眞狂客　此生已向糟丘寄　酒犪謀睡業已甘
安用煎茶空費水　破却千枝供一啜　細思此理眞害耳　知君異日到諫垣　記我詩中微有旨
焚山燎野禁稅茶　唱作南民息肩始."

짓 비판하고, 이를 스스로 탄원하지 않고 손득지에게 짐짓 은밀하게 당부하고 있는 것은 그의 한계성이라 하겠다. 그러나 이러한 입장의 그였기에 간관으로 활동할 당시에 간관으로의 직무에 충실하고자 하는 노력을 보일 수 있었을 것이다.[132] 간관 시절에 그는 東門 밖에서 들판을 보고 다음과 같은 시를 지었다.

> 마른 흙덩이 푸른 들로 변했으니
> 저것이 모두 몇 마리 소의 힘이던가
> 바늘 같은 싹이 누런 이삭될 때까지
> 수없는 사람들 노고하여
> 만일 수재 한재 없으면
> 모든 곡식 제대로 수확하겠지
> 농사란 이렇게도 힘든 것인가봐
> 쌀 한톨인들 어찌 차마 함부로 먹으랴
> 보라 농사 대신 녹 먹는 사람들아
> 마땅히 자신의 직무에 충실할지어다[133]

푸른 들판을 보고 농사의 어려움과 쌀의 소중함을 느끼고, 거기서 녹 먹는 관리들의 직무에 충실하여야 할 것을 연상할 수 있었던 것은 그의 젊은 시절의 진보적 학문관이 諫官의 직분을 맡음에 모처럼 발현된 것이라 할 수 있다. 그러나 그나마의 간관으로서의 본연의 직무에 충실하고자 하는 그의 노력은 고종 6년 봄에 간관으로의 직무수행의 결과로 인해 탄핵, 면직당함으로써 무디어지고, 그는 더욱 몸을 사리게 되었다.

고종 6년 5월에서부터 이듬해 6월까지 남경유수관 양주 관할하의 계양의 수령으로 부임하였다. 이때를 전후해 지은 시가 『東國李相國全集』卷

---

132) 고종 2년(1215)에 右正言知制誥에 임명되어 고종 4년 右司諫知制誥, 이듬해 左司諫을 거치면서 諫官으로의 직무를 맡게 된다.
133) 『東國李相國全集』 권14, 「東門外觀稼」, "乾塊化碧畦 費盡幾牛力 針芒到黃穗 勞却萬人役 幸免水旱災 萬一儻收得 見玆稼穡艱 一粒何忍食 凡以祿代耕 要當鋤乃職."

15에 43首 전한다. 그 대부분은 통판 혹은 서기 등의 寮友에게 증정한 시, 그리고 客舍나 驛, 사찰 등의 壁上韻에 차운한 시들이 대부분이다. 그것들은 주로 자신이 중앙정계에서 억울하게 참소당하여 이곳으로 귀양 온 죄인임을 강조하고, 목을 길게 서울로 내뽑은 채 하루빨리 이 쇠잔한 읍을 벗어나고자 하는 감정을 읊고 있을 뿐이다.

그 가운데서 "사람이 순박하고 일 적어 기쁘기는 하나 땅 박하고 백성 쇠잔하여 차마 볼 수 없네"[134] 혹은 "이 고을이 비록 이름난 곳이나 쇠잔하고 파괴되어 옛날에 비하기 어렵네, 백성이 주려 다 菜色이니 하루인들 어찌 차마 보리요"[135] 비록 쇠잔한 농민의 모습을 차마 볼 수 없다고 하여 농민의 처지에 대한 관심을 보여주지만, 어디까지나 수령으로서의 일 읍의 행정을 책임지고 있다는 관리자로서의 최소한의 관심에서 나온 것이지, 농민의 처지를 이해하고 농민의 삶을 개선해보겠다는 의지에서 비롯된 것은 아니다. 그렇기 때문에 父老들에게 나를 늙은 농부로 여기고 억울하면 곧 와서 호소하라고 하였지만 한시바삐 계양을 벗어나고 싶은 심정을 토로할 따름이었다.[136] 이에 父老들은 마음을 부치지 못하고 방황하는 태수가 마음를 부쳐 선정을 베풀어주기를 바랄 뿐이었다.[137] 善政을 염원하는 桂陽民의 바람에도 불구하고 이규보는 薄俸과 무료함에 대한 불만을 늘어놓을 뿐이었다. 단지 세월의 흐름에 따라 뽕잎이 없어지면 누에고치 생기고 벼 풍년 들면 수많은 소가 고생했음을 연상할 뿐,[138] 民의 생활을 개선하거나 그들과 공감을 나누고자하는 의도는 전혀 없이, 아래

---

134) 『東國李相國全集』 권15, 「示通判鄭君 二首」, "淳事簡雖堪喜 地瘠民殘不忍看."
135) 『東國李相國全集』 권15, 「管記李君以公事免官將歸 予不能無悲 以詩送之」.
136) 『東國李相國全集』 권15, 「太守示父老」, "我是本書生 不自稱太守 寄語州中人 視我如野耆 有蘊卽來訴 如我索母乳 久旱天不雨 是亦予之咎 慇懃謝父老不如速解綬 何須此老醜."
137) 『東國李相國全集』 권15, 「父老答太守」, "太守厭吾儕 意欲解腰章 吾州雖瘠薄 地稅龍軒昂 於玆剖符者 不月被徵黃 願公忍須臾 乍復舍甘棠 當有九天使 邀入紫微堂."
138) 『東國李相國全集』 권15, 「皇甫書記見和 壽量寺 留題復用前韻」.

와 같은 고식적인 대민관에 의지할 뿐이었다.

> (上略) 달게 먹고 잠 잘 자고요 백성의 송사는 까마귀 울음 소리에 맡겼네 /
> 일찍 그 완악함을 벌하지 않았고 그 도둑도 꾸짖지 않았소 / 누각에 누워 한가
> 히 노닐면서 술 있으면 곤드레 취하였네 / 인정이 각각 같지 않으니 늙어서 망
> 령했다 말하지 마오 / 殘民을 급히 다스리기 어려우니 무애할 뿐 폭력을 써서
> 는 안되리[139]

그러면서도 "자신이 빈민 구제하자 연해 비 오니 하늘이 백성 사랑함을
비로소 알겠도다"[140]고 하면서 雨中에서 농사짓는 사람을 보고,

> 나라가 잘되고 못되는 건 民力에 달렸고 / 만인의 생사는 벼 싹에 매였네 /
> 다른 날 옥 같은 곡식이 일천 창고에 쌓이리니 / 청컨대 땀 흘린 오늘의 공을
> 기록하소[141]

라고 하여 나라가 잘되고 못됨은 民力에 달렸고, 만인의 생사는 벼 싹에
매였음을 읊고 있다. 그러나 이것을 태수인 이규보 자신의 '오늘의 功'으
로 돌려버리고 만다. 그리하여 衿州客舍에 써 놓은 孫舍人의 시에 차운
하여

> 금주의 좋은 봄경치 어이 그리 기이한가
> 작약은 애교 많아 아양 잘 떨고
> 해당은 졸음 많아 비스듬히 드리웠는데
> 술 잔 잡고 꽃다운 시절 감상하네

---

139) 『東國李相國全集』 권15, 「偶吟示官寮」.
140) 『東國李相國全集』 권15, 「書衿州倉壁上」, "늙어서 고을 맡아 책임 다하기 어려워
    부끄러움이 심중에 쌓여 이마에 땀이 나네 창고의 곡식으로 빈민 구제하자 연해
    비오니 하늘이 백성 사랑함을 비로소 알겠도다."
141) 『東國李相國全集』 권15, 「雨中觀耕者贈書記」, "一國瘠肥民力內 萬人生死稻芽中
    他時玉粒堆千廩 請記今朝汗滴功."

토지가 비옥함은 못 물이 적셔 줌이라
습속은 비록 제나라 사람같이 완만하나
백성이 다 태평 세대 늙은이 같아서
주리고 부른 것으로 안위를 삼네[142]

라고 하여, 태평함을 읊을 뿐이었다. 결국 그의 나이 53세 때인 고종 7년
(1219) 7월 崔瑀로부터 起居注의 부름을 받자 자신을 배웅하는 전송객에
게 주어진 시에서 '너의 고을이 나를 괴롭게 하여 두 해가 백년과 같았다'
고 하였다.[143]

이규보가 계양에서 지은 狀을 살펴보면 계양에 부임한 직후 안찰사에
게 올린 장이 있고, 江華縣令·金浦縣令·安山監務·喬桐監務·江華尉에게
答한 狀이 있다.[144] 이 가운데 강화·김포·안산·교동 등의 읍들은 모두
양주 관내의 군현들이다. 이것은 양주 관내의 영군현들이 계수관인 양주
를 중심으로 한 계수관 단위의 광역단위의 군현제의 지방행정이 작동하고
있었기 때문에 나타난 현상일 것이다.[145] 계수관과 그 영군현의 상하관계
가 유지되고 있었기 때문에 나주목의 영현인 능성의 현령이 나주목사의
부임에 대해 글 잘하는 이규보에게까지 대작을 부탁하여 하장을 보내면서
인자하신 그늘의 비호를 빌면서 상관만 바라며 생사를 위엄스러우신 덕화

---

142) 『東國李相國全集』 권15, 「衿州客舍·次孫舍人留題詞韻」, "··· 皐沃膏潤賴潭池 俗習
雖同齊土緩 居民多似老臺熙 肌飽卜安危."
143) 『東國李相國全集』 권15, 「發州有作示餞客」.
144) 『東國李相國全集』 권32. 「初到官上按察使狀」·「答江華縣令崔將軍狀」·「答金浦縣
令狀」·「答安山監務同前狀」·「答喬桐監務同前狀」·「答屬郡賀冬至狀」·「答江華尉初
到官狀」.
145) 이러한 계수관 단위의 광역단위의 군현제가 지방 행정의 단위였음을 논한 것으로
는 졸고 「고려 무정권시대 지방통치의 일단면 ─ 이규보의 전주목 '사록겸장서기'
의 활동을 중심으로 ─」(『교남사학』 3, 1987) 및 「군현제의 시각에서 바라본 12·
13세기 농민항쟁의 역사적 배경」(『역사연구』 4, 역사학연구소, 1995), 「계양도호
부사 이규보의 활동을 통해 본 고려 군현통치의 실상」(『한국중세사연구』 18, 2003)
이 있다.

에 맡긴다고 한 것이나146), 모현령이 태수 도임의 하장에서 자신은 하향 고을 관원으로서 명령이 상관에게 달렸다고 한 것은147) 계수관 단위의 광 역별 군현제의 틀이 유지되고 있었음을 말해주는 것이다. 상주목의 '남유 시', 전주목의 사록겸장서기의 활동과 관련된 「남행월일기」와 시문들, 그 리고 계양에서의 활동 때 지은 시문의 종합적 분석을 통해 무신정권시대 의 지방통치구조에 대한 연구가 이루어질 필요가 있다.

재경관료로서의 이규보는 무신정권에 참여하여 권력에로의 길에 들어 선 문인들이 걷던 길, 즉 권력의 정당화·은닉화 작업을 위한 이데올로기 의 분식에 협력 동조하는 한 일원일 뿐이었다. 재경관료로서 활약하던 이 규보는 그의 나이 63세 때인 고종 17년(1230) 11월 팔관회의 侍宴의 차례 가 舊例에 어긋난 일에 연루되어 11월에 渭島로 귀양되었다가 이듬해 고 향인 黃驪縣으로 量移된 후 7월에 경사로 돌아왔고, 9월에 몽고에 대비하 기 위해 백의종군하여 보정문을 지키다가 고종 19년 4월 귀양에서 풀려나 게 되었다. 그가 위도로 流謫될 당시의 심경을 다음과 같이 토로하고 있다.

---

146) 『東國李相國全集』 卷32, 「爲陵城倅賀羅州太守到官狀」, "萬乘의 근심을 분담하여 백성의 부모가 되고, 한 지방의 명령을 전제하여 몸이 하늘노릇하십니다. 삼가 생 각하옵건대 某官께서는 宮門에서 왕명을 받아 百里城을 전담하시니 潁川의 비 만 들어 傅說의 장마비 노릇함이 해롭지 않으실 것이요, 南國의 芰堂에 앞으로 公孫 弘처럼 閣을 세우시게 될 것이니, 州符로 잠시 좌천되셨으나 台階가 마땅히 펴이 시게 될 것입니다. 저는 쩨쩨하고 용렬한 사람으로, 인자하신 그늘의 비호 비는데, 스스로 생각하옵건대, 정사에 졸렬하여 事機의 완급에 어둡기로, 상관만 바라며 생사를 위름스러우신 덕화에 맡깁니다."

147) 『東國李相國全集』 卷32, 「爲某縣令賀仰部太守初到官狀」, "紫闥에서 소임을 분담 하여 黃堂에서 王化를 펴시니 仁風이 펼치는 곳에 만물의 생기가 봄과 같습니다. 삼가 생각하옵건대 某官께서는 정승의 가문에서 출생하여 갖추 조정의 반열을 지 내시되, 金蟬冠을 머리에 쓰고 世家의 영화를 이어받으시며, 銀兎符를 허리에 차 고 잠시 方伯의 소임을 맡으셨습니다. 저희들은 하향 고을 관원으로 있어 명령이 상관에게 달렸으니, 태산같이 의지하며 時雨같은 덕화 내리기 바랍니다."

① 세번이나 諫院에 들어갔어도 한마디 말도 없었지만
　　말하려면 혀 있으니 누가 막으랴
　　붓에 먹을 찍어 임금님의 글 초하기 십육년에
　　생각이 말라 헛되이 스스로 괴롭구려
　　청산에 길 있어 너를 막지 않는데
　　어찌 돌아와서 일찍 자리잡지 않았는가
　　사람들은 더러 망령되이 재상되리라 기대하지만
　　이는 다만 속이는 말이니 취하지 말라[148]
② 옛날에 離騷經을 읽고 楚臣을 슬퍼하였는데
　　어찌 오늘 내가 이럴 줄 알았으랴
　　선비(儒)되기 틀렸고 중 되기는 늦었으니
　　아지 못하겠구나 종내 어떤 사람이 될 것인지[149]

　　장래의 현달에 대한 기대가 무너진 허탈감에 사로잡힌 이규보는 자신
의 그간의 태도, 한마디 정책의 개진조차 못한데 대한 강한 후회와 자책
에 빠져들게 되었고 주변의 세계로 눈길을 돌리게 된다. 바로 이 시기 이
규보는 농민의 처지에 대한 다음과 같은 시를 읊고 있다.

① 장안의 豪俠家에는 구슬과 패물이 산같이 쌓였는데
　　절구로 찧어낸 구슬 같은 쌀밥을
　　말이나 개에게도 먹이며
　　기름처럼 맑은 청주를 종들도 마음껏 마시네
　　이 모두 농부에게서 나온 것
　　하늘로부터 받은 것이 아니로세
　　남의 노고를 빌어서는
　　망녕되이 스스로 부자가 되었노라 하네
　　힘들여 농사지어 군자를 봉양하니
　　그들을 일컬어 농부라 하네
　　알몸을 단갈로 가리고는
　　매일같이 얼마만큼 땅을 갈았던가

148) 『東國李相國全集』 卷17, 「自責 有所憤作」.
149) 『東國李相國全集』 권17, 「入島作」.

벼 싹이 겨우 파릇파릇 돋아나면
고생스럽게 호미로 김을 매지
풍년 들어 천종의 곡식을 거둔다 해도
한갓 관에 바치기 위한 것일 뿐
멀지 않아 다 빼앗겨
가진 것이라고는 한 알도 없네
어쩔 도리 없이 땅을 파 부자를 캐 먹다가
굶주림에 지쳐 쓰러진다오
농사지을 때를 제외하고는
어느 누가 이들에게 좋은 음식 먹여줄까
그 노동력을 요구하는 것일 뿐
네 먹는 입을 위함은 아니리
희디흰 쌀밥이나 맑디맑은 청주는
모두가 이들의 힘으로 생산한 것이니
하늘도 이들이 먹고 마심을 허물치 않으리
勸農使에게 말하노니 국령이 혹 잘못된 것이 아니요
높은 벼슬아치들은 술과 밥이 썩어서 나갈테지만
농촌에 또한 사는 사람 있어
그들은 매양 막걸리를 마셔왔네
일없어 노는 이도 안 마실 수 없는데
농사철의 술참을 어찌 없앤단 말인가[150]
② 옛날에 어떤 사람이 산에 올라가
가을 열매 따먹는 원숭이를 꾸짖었네
산에 사니 산 열매를 먹음은
이치에 크게 어긋나지 않으나
생각컨대 열매가 익는 것은
본래 원숭이의 힘입음이 아니니
나무라든 아니 나무라든
그럴 수도 있고 않을 수도 있는 것
곡식은 이와 달라서
농부가 지은 것이니
모두가 게으름과 부지런한 힘에 달려서
게을러서는 아무 것도 안된다

---

150) 『東國李相國後集』 권1, 「聞國令禁農餉淸酒白飯」.

　　맑은 술과 흰밥은
　　그들이 부지런히 일하기 위한 것
　　입과 배는 그들의 임의인데
　　무슨 까닭으로 나라의 금령이 내린단 말인가
　　이 금령이 조정 의논에서 나왔지만
　　임금의 은혜로 의당 해제함이 옳으리
　　다시금 그 이치를 생각해보니
　　앉아서 노는 사람보다 만 배나 더 절실한 것을[151]

　이규보는 농사철의 술참인 淸酒와 白飯을 금하는 國令[152]에 부쳐 長安豪俠家의 호사와 방종과 굶주림에 빠져든 농민의 실상을 대립적으로 그려내고 있다. 이를 통해 노동의 대가로 이루어진 곡식은 농부의 생산물로서 그들의 입과 배를 먼저 부르게 하는 것이 사리에 맞다고 하면서 부당한 법령은 고칠 수도 있다고 하였다. 아마도 그 연대를 알 수 없는 「代農夫吟」은 이때에 만들어진 것일 것이다.

　　비를 맞으며 밭이랑에 엎드려 김을 매니
　　검고 추악한 몰골 사람의 형용이 아니구려
　　왕손공자여, 나를 업신여기지 마라
　　부귀호사도 모두 나로부터 나오느니
　　새 곡식 아직도 퍼런 채 밭에 있는데
　　縣官胥吏는 벌써 조세를 조르네
　　힘껏 일하여 富國함이 우리에게 달렸는데
　　어찌 이다지도 괴롭히며 살을 베껴가는고[153]

　이 시는 이규보가 직접 농부가 되어 서술하는 형식을 취하고 있다. 특히 농부의 몰골을 멸시하는 왕손공자의 호사, 힘껏 일하는 농부에게 수탈

---

151) 『東國李相國後集』 권1, 「後數日有作」.
152) 아마 이 禁令은 몽고의 침략에 따른 비상조치였을 것이다.
153) 『東國李相國後集』 권1, 「代農夫吟」.

만을 일삼는 縣官胥吏의 횡포라는 대립적 사회구조의 모순을 지적하고 농민의 항변하는 모습을 보여주고 있다. 여기에 오면 농민시로서의 한 가능성을 볼 수 있다. 이는 그가 일찍이 배운 바의 진보적 학문관이 이때에 들어와 다시금 발현된 것이라 할 수 있다. 그러나 이것은 그가 관직에서 밀려난 시점에 나온 것이라는 점에서 그 한계성을 가질 수밖에 없다.

1231년 정월에 황려에 量移되었다가 7월, 경사로 돌아왔지만 8월에 몽고의 제1차 침입을 맞게 되었다. 몽고의 고려 침략에 즈음하여 최이는 몽고와의 외교문서 작성의 일을 이규보에게 맡기기 위해 그를 복직시켰고, 그는 그 일을 충실히 수행하여 이후 재상으로의 길을 걷게 된다. 流謫의 무렵 그가 보여주었던 농민에 대한 관심은 한갓 기억 저 너머로 사라지고 말았다. 특히 최이정권의 강화천도는 실상 민족적 모순의 진정한 타개의 의지에서 나온 것이기보다는 최씨정권의 이해관계에 규정되어 나온 것이다. 무신정권은 강화천도 이후 자기정권의 유지와 강도의 방비에만 급급한 채 본토민과 유리된 상태에서 항전을 전개하였을 뿐이다.

강화천도 이후 고려 전토를 유린하는 몽고의 침략세력에 의해 본토민들은 미증유의 전란의 상처를 입지 않으면 안되었지만 강화도에 들어간 이규보는 그 일신의 안전에만 관심을 가진 채 강화천도에 대한 최이의 결단을 다음과 같이 慶賀하고 있다.

> 천도란 예부터 하늘 오르기만큼 어려운건데
> 공 굴리듯 하루아침에 옮겨왔네
> 청하의 계획 그토록 서둘지 않았더라면
> 삼한은 벌써 오랑캐 땅 되었으니
> 백치 금성에 한 줄기 강이 둘렀으니
> 공력을 비교하면 어느 것이 나은가
> 천만의 호기가 새처럼 난다 해도
> 지척의 푸른 물결 건너지는 못하리
> 강산 안팎에 집이 가득 들어찼네

옛 서울 좋은 경치 이에 어찌 더할손가
강물이 금성보다 나은 줄 안다면
덕이 강물보다 나은 줄도 알아야 하리[154]

이런 입장의 그에게는 본토민의 안녕은 관심의 대상이 아니었다.

오랑캐 종락이 아무리 완악하다지만
어떻게 이 물을 뛰어 건너랴
저들도 건널 수 없음을 알기에
와서 진치고 시위만 한다오
누가 물에 들어가라 타이르겠는가
물에 들어가면 곧 다 죽을건데
어리석은 백성들아 놀라지 말고
안심하고 단잠이나 자소
그들은 응당 저절로 물러가리니
나라가 어찌 갑자기 무너지겠는가[155]

여기의 백성은 본토의 일반 백성이 아니라 강화의 백성, 결국 지배층일 뿐이었다. 이제 그들의 관심은 江都의 안녕에 있는 것이지 본토 백성들의 안전은 더 이상 관심의 대상이 아니었다. 이런 축소된 세계관에 빠져든 참여문신들은 江島의 안전에 만족한 채 향락에 취하기까지 하였다.[156] 이

---

154) 『東國李相國全集』 권18, 「望海因追慶遷都」.
155) 『東國李相國後集』 권5, 「九月六日聞虜兵來屯江外」.
156) 이 강토를 어느 누가 엿볼손가
　　강에도 산에도 경비가 삼엄하다오
　　우리 摠制令公이 때맞추어 일어나
　　강호를 섬멸하느라 그 심려 많았네
　　국위가 번개처럼 떨쳤고
　　이웃 적들이 벌레처럼 보이니
　　호리의 족속은 이제야 없어지고
　　마귀의 잔당은 초라니에 불과하네
　　다시 花山을 이룩하여 世統을 계승하니

후의 이규보·최자 등의 문인들은 최씨정권의 정책에 따라 일면 몽고침략
군에 대한 격한 증오와 적개심을 담은 전쟁을 위한 對民 독려의 글을 짓
고, 일면 몽고와의 타협적인 화친의 글을 짓는 이중적인 모습을 보여줄
뿐이었다. 그러한 속에서의 그들의 항몽을 위한 對民독려는 한갓 공허한
메아리만 남긴 채, 民과의 괴리관계는 더욱 깊어만 갈 뿐이었다.

1234년(고종 21, 67세) 이규보가 禮部試의 지공거로서 출제한 策問이
후집에 수록되어 있다. 首望으로 채택된 것과 그렇지 않은 것 등 2개의
책문이 실려 있다.[157] 채택된 책문에서 列郡의 殘民들이 떠돌아다니며
토착하지 못함과 토지가 황폐하여 묵은 땅이 많음을 지적하면서 流民安
集의 방법과 興農의 술책, 그리고 水災와 旱災의 방비, 德化를 베푸는 방
안을 묻고 있다. 그간 굶주린 농촌과 농민의 처지를 볼 수 있었던 이규보
이었기에 앞의 책문을 내놓을 수 있었을 것이다.[158] 이 책문은 이규보가
관로에 오르기전 상주·황려·경주·전주 등지를 여행하면서 농민의 유리와
황폐화한 농촌 현실로 인하여 농업이 사실상 방치되었던 당시 지방사회의
회복에 대하여 가졌던 자신의 생각이 그의 만년에까지 하나의 중요한 문

변방에 되놈의 노래가 들리지 않으며
임금 권위 높이고 변방을 공고히 하니
그 혜택 백성에 미쳐 생업을 보존했네
세상에 뒤딥힌 공명 이러하니
향락인들 왜 가끔 취하지 않을손가
(『東國李相國後集』 卷8, 「復次韻李侍郞見和」)

… 다행히 지금 우리 江都 험한 것을 믿어서
앉은 채 强隣이 자주 講和 청하니
童妓들아, 薄伐曲을 노래하고
구슬픈 원망의 곡은 아예 노래 말거라
(崔滋, 「次李需敎坊少娥詩韻」 『東文選』 卷18)

157) 『東國李相國後集』 권11, 「甲午年 禮部試策問」.
158) 김인호, 1993, 「이규보의 현실이해와 정치경제 개선론」 『학림』 15.

제로 남아 있음을 알려주고 있다는 지적이 있지만159) 이 책문은 그렇게 평가하기에는 문제가 있음을 다음 사료를 통해 지적하고자 한다.

> 문 : 우리 국가는 오랑캐의 난으로 인하여 백성을 거느리고 도읍을 옮겨서 사직을 보전하게 되었으니, 이는 비록 성스러운 천자와 어진 재상의 묘책으로 말미암은 것이나 또한 하늘이 도운 것이다. 과연 하늘이 도운 바라면 필시 흥복할 기회가 있을 것인데, 가만히 앉아서 그것을 기다리는 것이 옳겠는가, 부지런히 인사를 닦아서 천심에 응해야 옳겠는가?
> 이른바 인사라는 것은 덕화를 베풀어 인민을 편안하게 하고, 농사에 힘써 수재·한재를 방비하는 유가 바로 그것이다. 그러나 지금의 형편으로 보면, 列郡의 殘民들이 떠돌아 다니며 토착하지 못하고 있는데, 이들을 안집시키려면 어떠한 방법을 써야 할 것이며, 토지가 황폐하여 묵은 땅이 많은데 興農을 하려면 또한 어떠한 술책을 써야 할 것이며, 그 수재·한재를 방비하는 것과 덕화를 베푸는 것은 어떤 것이 으뜸이 되는가? 諸生들은 고금의 理體에 밝으리니, 숨김없이 다 진술하라.

이 책문에서처럼 몽고의 침입으로 인해 정부가 강화도에 들어간 것이 성스러운 천자와 어진 재상의 묘책이고, 하늘의 도움인가? 열군의 잔폐와 유민의 발생은 본토민을 산성과 해도에 입보하라는 말만 남겨두고 강화도에 천도함으로써 생긴 것이라는 점을 이규보가 애써 외면한 채 내놓은 문제이기 때문에 한계성이 있음을 지적하지 않을 수 없다. 또 채택되지 않은 또 하나의 책문은 당시 과거제 보다는 다른 길을 통하여 입사가 이루어짐으로써 학문이 폐하게 된 현실을 지적하면서 이를 부흥할 방안을 묻고, 또 군인 가운데 도망자가 많은 데 대한 대책을 묻고 있다. 이 역시 전쟁상황을 고려하지 않은 질문이다.

더더욱 이규보는 이런 문제를 내놓았지만 『高麗史』와 『東國李相國集』 어디에도 그 자신 대내외적 모순의 제거를 위한 그 어떠한 시무책도 공식

---

159) 박종기, 앞의 논문 220~221쪽.

적으로 개진하지 못하고 있다. 도리어 이규보는 강화천도에 대한 최씨정권의 결단을 慶賀하고 하면서[160] 미증유의 전란의 상처 속에서 유리도산하는 본토 민들과 거리를 둔 채 오직 江都의 안정된 생활 속에 향락에 젖어든 모습을 보여줄 뿐이다.[161]

이규보의 농촌과 농민의 처지에 대한 관심은 그런 점에서 굉장히 제한적이다. 그가 관직에서 물러난 후 지은 '新穀行'에서

> 한알 한알을 어찌 가벼이 여길 것인가
> 생사와 빈부가 여기에 달렸는데
> 내 부처처럼 농부를 공경하노니
> 부처도 못살리는 굶주린 사람 농부만은 살리네
> 기쁘다, 늙은 이 내 몸
> 또 다시 금년 햅쌀 보게 되니 죽더라도 부족할 것 없네
> 농사에서 오는 혜택 내게까지 미침에랴[162]

농부의 고마움과 쌀의 귀중함을 읊고 있지만 그것은 그 자신의 개인적인 경제적 궁핍과 관련되어 나타날 뿐이다. 그것은 바로 다음의 시를 통해 확인할 수 있다.

> 저는 본시 송곳 하나 세울 만한 땅이 없어 녹봉만을 의존해 오다가 녹봉마저 뜸하여 끼니를 거르기가 일쑤이며, 老物이 쓸모가 없어져 炭마저 구하지 못하고 추위에 떨기가 일쑤였습니다. 이같은 시기에 갑자기 쌀과 탄을 내리고 신임하는 使令 近竪를 시켜 문 앞까지 수송해 주시므로 마을에서 구경하는 자들이 저마다 부러워하였으니, 이는 미증유의 영광입니다. 너무 감격하여 눈물을 흘리며 사례하는 시 한 수를 지어 올립니다.

---

160) 『東國李相國全集』 권18, 「望海因追慶遷都」.
161) 그의 「登家國遙聽樂卽作詞漁家傲」(『東國李相國後集』卷4), 「次韻李侍郎上晋陽公女童詩呈令公幷序」·「復次韻李侍郎所著女童詩」·「復次韻李侍郎見和」(『東國李相國後集』卷8) 등은 江都의 향락스러운 연회에 빠져든 지배층의 모습을 읊고 있다.
162) 『東國李相國後集』 권1, 「新穀行」.

하늘이 그지없는 雨露의 은혜 내려
뜻밖에 소중한 물건 가난한 집에 이르니
마을 사람은 크게 씹으면서 길거리를 메웠고
여러 말은 마구 울어대어 온 주위가 야단일세
새카만 탄 무더기 볼수록 흐뭇하고
하얀 쌀섬 들어 올리기 어려우니
기뻐하는 하인은 먹기도 전에 배부르다 하고
둘러선 처자 표정 이미 활짝 펴졌네
처음에는 흥분하여 실신한 사람 같다가
나중에 생각하니 눈물이 마구 흘렀다오
한평생 축수하는 맘 누가 알아 주려나
저 끝없는 허공에 부처님이 계시네[163)]

이규보의 농민 및 농사에 관한 앞의 시의 분석을 통해 "직접생산자인 농민이 그들의 귀한 노동에 비하여 보수를 받지 못하고 있는데 대하여 깊은 동정을 쏟고 있는바, 이것 또한 청백주의에 살려는 그의 양심의 표백이기도 하다"는 평[164)]이 있지만 개인의 청백이 사회와 유리된 채 존재할 때 그것은 별반 의미가 없는 것이다.

이규보는 그의 학문의 길의 출발부터 지배층의 일원으로서 중세의 체제를 유지하기 위한 이데올로기로서의 유학을 익혔기 때문에 그에게 농사군으로서의 체험에 바탕을 둔 농민의 입장을 기대할 수는 없다. 그의 농촌과 농민에 관해 읊은 시가 관조적인 태도로 일관하는 것은 어쩌면 당연한 것일 것이다.

그의 농민과 농촌현실을 읊은 시는 지방관으로서의, 혹은 治者로서의 입장이 견지되고 있다. 단지 농민의 입장에서 읊은 시들은 그가 관직에서 버림받은 불우한 시기에 자신의 처지를 농민들에 가탁해 읊은 것에 불과

---

163) 『東國李相國後集』 권8, 「上晉陽公 幷序」.
164) 박창희, 1990, 「이규보의 본질에 대한 연구(3) - 그의 만년에서의 감개 - 」 『외대사학』 3, 8~9쪽.

하다. 그의 시에는 이 시기의 사회경제적 모순 관계, 즉 첨예화된 토지소유관계와 계급관계 등, 물적 현실에 존재하는 모순관계에 대해서는 전혀 언급없이 지방관과 향리로부터 수탈당하여 遊離逃散하는 農民의 형상만이 그려질 뿐이다. 이들은 대개 헐벗고 굶주리고 가엾고 동정받을 만한 존재로서 소극적으로 그려지고 있을 뿐이다. 최소한 治者로서의 책무, 즉 이들을 다시 토지로 안집시켜 사회를 안정시킬 수 있는 방책의 개진은 전혀 보이지 않는다. 도리어 그는 京鄕間에 地主로서의 기반을 갖고 있었기 때문에 농민항쟁에 대해 위기의식을 갖고 이를 강경진압하고자 하는 입장을 보여주고 있을 뿐이다. 이 시기의 농민항쟁이 최소한의 삶을 위한 농민들의 투쟁이라는 점을 전혀 자각하지 못하고 있다. 이규보의 이러한 점을 간과하고 그의 몇 편의 농민시 만을 뽑아내어 外勢의 압박에 대한 민족적 저항의 힘의 원천이 농민이라는 점을 깨닫고 對內的인 관심에서 현실의 문제점을 대변한 문학이라는 평가를 내리는 것은 지나친 평가라 하지 않을 수 없다.

그러나 그의 시에는 앞선 어느 누구의 글에서 보다도 헐벗고 수탈당하는 농민의 모습이 진솔하게 그려져 있다. 다음의 지식인들이 그 시를 대할 때 농촌과 농민에 대한 관심을 불러일으킬 수 있었을 것이다. 이런 점에서 그의 시는 농민시의 가능성을 지니고 있다고 하겠다.

그의 농민시로서의 가능성은 金克己의 『田家四時』와 비교할 때 확연히 드러난다. 김극기는 農家의 四時를 사실적으로 그려내면서 농부들에게 다음과 같이 말하고 있다.

> 봄농사일 괴롭다고 꺼리지 말라
> 노력하기는 오직 내 힘에 있네
> …
> 납세 독촉이 성화 같거니
> 집안 식구 모아 미리 준비하네

진실로 貢納은 바처야 하겠거니
어찌 사삿집에 남겨 둘 것 있으랴
어느 때에나 卓茂 魯恭을 만나
도리어 맨 먼저 바처볼꼬"[165]

　농사일을 괴롭게 여기지 말라고 하면서 租稅의 납부를 독려하고 있는
김극기의 관점과 『東國李相國集』에 실린 시에서 나타나는 이규보의 관점
을 비교할 때 이규보의 시는 농민시로서의 가능성을 상대적으로 보여주는
것이라 하겠다.

IV. 맺음말

　『東國李相國集』의 사료적 가치를 논하기 위해 이규보의 문집에 실린
글들의 작성 시기를 우선 기존의 연구성과들을 통해 정리하고, 이의민 집
권기와 최씨정권기로 대별하고, 최씨집권기의 경우 출사 이전 시기와 출
사 전기, 출사후기의 시기로 나누어 이규보의 시문들의 사료적 가치를 논
하였다. 그런 방법을 논한 것은 이규보가 배워 익힌 바의 학문은 진보적
시각을 갖고 있었지만 무신정권이라는 특수한 상황에서 때로는 그것이 굴
절되고, 변형되어 나타나면서 자신을 제약한다는 필자의 시각 때문이다.
필자가 여기에서 주로 논한 자료는 왕명이나 최씨정권의 명에 의해 맹목
적으로 추종한 글들을 거의 다루지 않고, 이규보라는 인물이 무신정권이
라는 시대와 사회를 바라보면서 고뇌하고 방황하면서 내적 성찰을 시문을
통해 얼마만큼 표현한 것이라는 잣대를 통해 사료를 적출하여 살펴본 것
이다. 그러다보니 이규보의 현실인식이 담긴 자료만을 드러내주었을 뿐이

---

165) 金克己, 「田家四時」 『東文選』 卷4.

다. 결국『東國李相國集』에 실린 사료의 의미를 제한적으로 다룰 수밖에 없었다. 그러한 것은 차후의 과제로서 남기고자 한다. 그렇지만『高麗史』와『高麗史節要』와는 달리『東國李相國集』은 생생한 인간의 체취가 담긴 것이라는 점이 커다란 차이라고 느끼기 때문에 고려시대 무신정권시대의 문인들의 진솔한 면모를 밝히는 측면과 관련된 사료를 드러내었다.

지금까지 역사학계에서『東國李相國集』에 실린 글들을 분석하여「동명왕편」에 대한 천착과 그의 활동과 저작에 비쳐진 지방통치의 단면과 농촌현실에 대한 이해, 이규보의 의식상의 변용에 대한 연구, 정치개선론과 저술경향 및 정치이념, 천하관과 유학·불교·도교 등의 사상 등에 대한 연구가 많이 이루어졌다.『東國李相國集』에 나타난 시간 이해, 생태사상 및 조경문화 등에 대한 연구가 이루어진 것을 감안한다면『東國李相國集』을 통해 생활문화에 대한 자료의 적출을 통한 연구도 가능할 정도이므로 학제간 통섭연구를 통한 사료의 가치를 함께 들여다볼 필요가 있음을 제안함으로써 결론에 대신하고자 한다.

【참고문헌】

1. 저서

김인호, 1999,『고려후기 사대부의 경세론 연구』, 혜안
김호동, 2003,『고려 무신정권시대 문인지식층의 현실대응』, 경인문화사
황병성, 2008,『고려 무인정권기 문사 연구』, 경인문화사

2. 논문

김난옥, 2001,「東國李相國集을 통해 본 무신정권기의 사회상과 이규보의 현실인
　　　식 : 이규보의 신분인식」『사총』53, 고려대학교 역사연구소
김시업, 1978,「이규보의 현실인식과 농민시」『대동문화연구』12
김인호,「무인집권기 유학과 문장론의 전개」『한국중세사연구』18
김인호, 1993,「이규보의 현실이해와 정치경제 개선론」『學林』15
김철웅, 1999,「이규보의 도교관」『한국사상사학』13
김철준, 1985,「이규보의「동명왕편」의 사학사적 고찰」『동방학지』
김호동, 1994,「12·13세기 농민항쟁의 전개와 성격」『한국사』6, 한길사
김호동, 1982,「高麗 武臣政權時代 新羅復興運動과 慶州民의 動態」『民族文化論
　　　叢』2·3합집, 영남대 민족문화연구소
노명호, 1997,「동명왕편과 이규보의 다원적 천하관」『진단학보』83
마종락, 1998,「이규보의 유학사상」『한국중세사연구』5
박성규, 1997,「이규보의 論物詩 연구」『진단학보』83
박용운, 2001,「東國李相國集을 통해 본 무신정권기의 사회상과 이규보의 현실인
　　　식 : 이규보의 사례를 통해 본 최씨집권기 관제 운영」『사총』53, 고려대
　　　학교 역사연구소.
박윤진, 2001,「東國李相國集을 통해 본 무신정권기의 사회상과 이규보의 현실인
　　　식 : 이규보의 불교관에 대한 일고찰」『사총』53, 고려대학교 역사연구소
박종기, 1997,「東國李相國集에 나타난 고려시대상과 이규보」『진단학보』83
박창희, 1969,「이규보의「동명왕편」시」『역사교육』11·12합집
박창희, 1988,「이규보의 본질에 관한 연구(Ⅰ)」『외대사학』창간호
박창희, 1989,「이규보의 본질에 관한 연구(Ⅱ)－그의 40대 이후의 의식의 변용에
　　　대하여－」『외대사학』2

박창희, 1990, 「이규보의 본질에 관한 연구(Ⅲ) - 그의 만년에서의 감개 - 」『외대 사학』 3

박창희, 1972, 「『東國李相國集』作品年譜考」『이화사학연구』 5

박희병, 1999, 「이규보의 도가사상」『한국의 생태사상』, 돌베개

김경수, 1984, 「이규보 문학연구 서설」『한문학논집』 2, 단국대학교 한문학회

이우성, 1963, 「고려중기의 민족서사시 - 동명왕편과 제왕운기의 연구 - 」『성균관 대논문집』 7

이정란, 2001, 「東國李相國集을 통해 본 무신정권기의 사회상과 이규보의 현실인 식 : 이규보의 대민의식」『사총』 53, 고려대학교 역사연구소

이정호, 2001, 「東國李相國集을 통해 본 무신정권기의 사회상과 이규보의 현실인 식 : 이규보의 농촌현실관과 농업진흥론」『사총』 53, 고려대학교 역사연 구소

장덕순, 1960, 「영웅서사시 「동명왕」」『인문과학』 5, 연세대

정요일, 1997, 「이규보의 문학사상」『진단학보』 83

정제규, 1996, 「이규보의 불교이해와 "수능엄경" 신앙」『동양고전연구』 7

진성규, 1998, 「이규보의 불교관」『불교사연구』 2

탁봉심, 1984, 「「동명왕편」에 나타난 이규보의 역사인식」『한국사연구』 44

하현강, 1975, 「고려시대의 역사계승인식」『이화사학연구』 8

한기문, 「고려중기 이규보의 남유시에 나타난 상주목」『역사교육논집』 23·24, 경 북대학교 역사교육과

제5장 고려율령에 관한 연구현황

I. 머리말

일제시대 한국사 연구는 타율성이론과 정체성이론을 강조한 식민지사관에 입각한 일본학자들에 의해 주도되었다. 淺見倫太郞, 麻生武龜, 花村美樹 등에 의해 시작된 고려시대 율령에 관한 연구 역시 그러한 기조 위에 연구되었다.이들의 연구는 개략적인 소개나 기초적 정리 수준에 그친 것이었지만 '고려율은 당율의 모방에 그치고 있다'고 하여 독자적인 고려율의 편찬을 부정하는 입장이었다. 이들의 연구시각은 해방 이후 1960, 70년대의 일본인 연구자들은 물론, 일제시대 이들에게 학문적 기초를 배운 법학자들에게 일정하게 영향을 주었다.

이에 반해 중국학자들의 고려 율령에 관한 연구는 거의 없고, 국내에 소개된 바가 없다. 다만 중국학자들은 전근대사회 동아시아에서 '中華法系', 즉 중국법을 母法으로 발전한 동아시아 법률체계를 논하는 과정에서 고려시대의 법률체계를 그 틀 속에 넣어 규정하고자 하였다. 중화법계는 고대의 중국법, 조선법, 일본법, 琉球法과 安南法이 포함된다고 한다. 법의 역사적 연원에서 보면 중국을 제외한 중화법계의 각국(지역) 법은 모두 중국법을 계수한 기초상에서 발전하였는데, 비록 각자의 전통과 풍속에 따라 다르지만 공통된 모법은 중국법이라는 전제하에 논의를 전개하고 있다. 중국의 秦漢부터 隋唐까지는 중화법계의 형성기(成型期)라고 한다.
당송부터 청말까지는 중화법계의 존속과 내부변화기인데, 중국에서 계수
한 법률을 이미 본토화하였거나 또는 근본적으로 본토 법으로 개조하고
대체하였다고 한다.[1]

『高麗史』 형법지 서문은 일제 식민지사관이나 중국의 중화법계의 틀
의 관점에서 볼 때 그 이론을 전개하는데 대단히 유용한 자료로 활용되어
왔다.

> 고려 일대의 제도는 대저 모두 唐을 본받아 刑法에 이르기까지 역시 唐律
> 을 채택하고 時宜를 참작하여 사용하였으니 이르기를, 獄官令 2조, 名例 12
> 조, 衛禁 4조, 職制 14조, 戶婚 4조, 廏庫 3조, 擅興 3조, 盜賊 6조, 鬪訟 7조,
> 詐僞 2조, 雜律 2조, 捕亡 8조, 斷獄 4조까지 모두 71조항이다. 〈이것은〉 번
> 잡한 것을 删削하고 간결한 것을 취하여 당시에 행해진 것이었으니 또한 근거
> 가 없는 것이라 할 수 없다.(『고려사』 권84, 형법지1, 序文)

고려의 율령은 唐律을 채택하고 時宜를 참작하여 썼다고 한다. 고려율
의 조목은 獄官令 2조, 名例 12조, 衛禁 4조, 職制 14조, 戶婚 4조, 廏庫
3조, 擅興 3조, 盜賊 6조, 鬪訟 7조, 詐僞 2조, 雜律 2조, 捕亡 8조, 斷獄
4조의 총 71조가 있는데, 옥관령 2조를 제외하고는 당율과 일치하고 있
다. 이 때문에 일찍부터 고려율의 편찬의 독자성을 부정하고 당율을 채택
하였다는 견해가 제시되었다. 고려율의 독자적인 제정을 긍정하는 입장이
나왔지만 지금까지의 연구는 형법지의 고려율과 당율의 字句의 異同 및
내용의 단순 비교를 통해 논의되고 있는 실정이다. 그 결과 중국율과는
다른 고려율이 가진 특성에 대한 구체적인 분석 연구는 별반 없다.

자료상으로 볼 때 앞의 형법지 서문의 경우 당율의 계수를 언급하고
있지만 그 이후의 변화양상이 반영되어 있지 않다. 더욱이 조선 이전에는

---

[1] 楊鴻烈, 1999,『中國法律在東亞諸國之影響』북경, 중국정법대학출판사 ; 張友漁 主
編, 1984,『中國大百科全書法學卷』상해, 中國大百科全書出版社, 764쪽 '中華法系'

율령집이 남아있지 않아 그 실태를 종합적으로 파악하기가 힘들었다. 그 결과 조선 이전의 체계적인 율령집의 존재에 대해서 의문이 제기되는 등 많은 논란이 있어왔고, 율령이 가진 중요성에 비해 그에 대한 연구는 다른 분야에 비해 그다지 활성화되지 못하였다. 그런데 중국은 말할 필요도 없고 중국으로부터 율령을 수용하였던 일본에도 養老律令, 延喜式, 類聚三代格 등 고대의 율령격식이 남아있는 것을 볼 때 고려에도 당연히 율령이 존재하였을 것이다.

『고려사』 형법지에 남아있는 律은 그나마 일찍부터 연구가 이루어졌지만 여러 志를 비롯하여 분산되어 남아있는 高麗令, 格, 式 등에 대해서는 자료 복원이 시도된 적이 없었기 때문에 연구가 거의 이루어지지 않았다. 고려 법제사를 형법사로 착각할 정도로 령, 격, 식에 대한 조명이 없었다. 특히 고려시대는 당대의 율령격식, 송대의 칙령격식과 조법사류, 원대의 조격과 단례라는 형식상의 변화를 어느 정도 수용하면서 고려의 율령이 반포되다 보니 500년간 변화된 율령의 모습을 밝혀내는 것이 쉽지 않은 실정이었다. 더군다나 그것이 조선왕조에 접어들어 기전체 양식의『고려사』에 찢어발겨져 남아 전하기 때문에 그 전모를 알기가 쉽지 않다. 이러한 이유 등으로 인해 고려법제사 연구는 전반적으로 부진하였다.

영남대학교 민족문화연구소에서는 2005년 한국학술진흥재단 기초학문분야지원사업의 인문사회분야 토대연구 지원을 통해 「고려 율령의 복원과 정리」 사업을 진행해왔다. 본 연구팀은 고려율령의 자료정리를 통해 여태까지 알려지지 않았던 고려율령의 모습을 복원하고자 하였다. 그것을 통해 고려 독자의 율령은 물론 고려율령의 일부가 당, 송, 원의 율령을 法源으로 하고 있음을 확인할 수 있었다. 또한 일본의 율령과도 일부 영향을 주고 받았음도 확인할 수 있어 동아시아의 속의 고려율령의 위상을 짐작할 수 있었다. 따라서 정리된 자료를 바탕으로 이제 고려율령의 구체적인 성격을 구명할 필요가 있다고 생각된다.

현재까지 고려 법제사는 명령법과 행정법으로 구성된 律令이 가진 의미는 생각지 못하고 형법인 율을 중심으로 연구가 이루어지고 있다. 그것은 그나마 고려율이 형법지에 정리되어 있기 때문이다. 본 연구팀은 고려사 각 志 등과 사료에 분산되어 있는 율령관련 사료를 당령습유, 당율소의, 송형통, 경원조법사류, 지원신격, 통제조격, 원전장, 지정조격, 양노율령, 연희식, 류취삼대격 등 중국, 일본의 법전을 참고로 하여 복원 정리하고 있다. 이렇게 복원, 정리된 자료는 새로운 시각에서 체계적으로 고려율령의 성격을 구명할 수 있을 것이다.

고려율에 대한 연구 이외에 令, 格, 式에 대한 연구는 거의 이루어지지 않았다고 하여도 과언이 아니다. 율 이외에 령에 대한 세부적 검토는 고려 법제사에 새로운 지평을 열어 줄 것으로 사료된다.

또한 고려율에 대한 연구가 집중되었다 하더라도 대부분 개괄적인 연구에 머물고 名例·衛禁·職制·戶婚·廐庫·擅興·盜賊·鬪訟·詐僞·雜律·捕亡·斷獄·獄官令 중 구체적으로 깊이 있는 분석이 이루어진 것은 직제율 정도이다.

본 연구팀은 고려시대 율령제에 관한 연구사적 검토를 진행하였다. 본고는 그것을 정리하여 이 분야의 연구자들에게 길잡이가 될 수 있도록 하고, 고려율령의 복원 과정에서 나타난 몇 가지 특징을 언급하고자 한다.

II. 고려시대 율령에 관한 연구사 검토

고려시대 율령에 관한 연구는 다른 시대의 그것과 마찬가지로 일제시대 일인학자 淺見倫太郎, 麻生武龜, 花村美樹 등에 의해 시작되었다. 이들의 연구는 대단히 개략적인 소개나 기초적 정리 수준이지만 고려율은 당율의 모방에 그치고 있다고 하여 독자적인 고려율의 편찬을 부정하는 것을 부각하는데 초점이 있었다. 이러한 일제시대 일인들의 연구시각은 해방 이후 1960·70년대의 일본인 연구자들에게 일정하게 영향을 주고 있다.

해방 이후 한국학계에서는 일제 강점기 하에서 경성제국대학 등에서 배운 법학자(전봉덕, 박병호)들에 의해 주로 이루어졌다. 해방 이후의 연구자들은 주로 일본인 학자들의 연구방법론과 연구시각을 그대로 계승한 사람이 있는가 하면, 일제시대의 연구를 비판하고 중세 한국법의 특질, 즉 서구는 물론이고 중국, 일본과 다른 특성은 무엇인가를 찾는 것에 초점을 두기도 하였다. 1980년대 이후 역사학계에서도 율령과 법전에 대한 다각도의 연구를 하게 되면서 일인학자들의 왜곡된 연구시각들은 차츰 수정되어 가고 있다. 그러나 고려의 법전이 남아있지 않은 것이 가장 큰 이유로, 다른 분야에 비해 상대적으로 율령사는 연구축적이 그다지 많이 이루어졌다고 할 수 없고, 이제 시작단계라 하겠다.

고려시대의 율령에 대한 연구는 크게 3가지 문제점에 주목하여 진행되었다고 할 수 있다. 첫째 고려율의 독자적인 편찬여부, 둘째 고려율의 편찬을 인정하는 입장에서 편찬시기에 관란 문제, 셋째 고려율의 운용과 구체적인 내용에 대한 연구이다. 이렇듯 律에 대한 연구에만 집중되고 令, 格, 式에 대한 연구는 거의 이루어지지 않았다.

1. 고려율의 편찬 여부

율령은 이미 고대국가 성립기에 제정되어 국가통치의 기반이 되었다. 고구려 소수림왕 2년(372) 율령 반포를 위시하여, 백제에서는 고이왕대나 근초고왕 대에 율령이 반포되었을 것으로 추정되고 있으며, 상대적으로 가장 많은 기록을 갖고 있는 신라에서는 법흥왕 7년(520) 율령 반포이후 진덕왕 5년(651), 신문왕 원년(681), 경덕왕 16년(757), 흥덕왕 9년(834) 등에 걸쳐 율령의 전면 혹은 부분 개정이 이루어진 것으로 나타난다.

그러나 고려에서는 율령 반포에 대한 명시적인 사료가 남아 있지 않다. 이 때문에 일제강점기 일인들에 의해 연구가 시작될 때부터 고려 독자적인 율령 제정에 대한 회의적인 시각을 보이고 있다.

고려율은『고려사』형법지 서문에서 당율을 채택하고 時宜를 참작했다고 한다. 이 때문에 고려율의 편찬에 대해 고려율의 독자적인 편찬을 부정하고 당율을 채택하였을 뿐이라는 견해가 제시되었고, 이에 반해 독자적인 제정을 긍정하는 입장도 제시되어 이견이 있어 왔다.

1) 고려율의 독자적인 편찬 부정 견해

이 견해는 주로 일인학자들인 花村美樹, 仁井田陞, 北村秀人, 濱中昇과 박병호가 여기에 속한다. 이는 고려에서 율령을 제정했다는 사실을 확실하게 입증할 만한 기록이 없기 때문이다. 花村美樹는 고려의 법률적 사고의 미숙과 율령제정 능력의 부족으로 독자적인 율령 편찬이 없었다고 한다. 따라서『고려사』형법지 서문에서 언급하는 71개조의 율령도 조선왕조와 같이 왕명에 의해 편찬된 것이 아니라, 律官이 실제상의 편의를 위해 당율의 내용을 초록한 것으로 보았다.[2] 이런 주장은 고려보다 문화적 수준이 후진적인 당시의 일본도 율령시대였다는 점을 고려하면, 논리적인 전개에 문제를 안고 있다.

그런데『고려사』형법지 내용은 年月이 없는 無編年 기사와 編年的인 判·敎·禁의 사례로 구성되어 있다. 濱中昇은 무편년 기사는 본래 制·判·敎 등의 형태로 발표되었던 것이 그 시기와 문자가 탈락되면서 형법지에 수록된 것일 뿐 고려율의 편찬과는 무관한 것으로 보았다. 그러나 고려 과거제도에 율령을 시험과목으로 하는 明法業과, 율학박사 및 율학조교가 있기 때문에 법전이 존재했다는 점은 인정하고 있는데, 이 법전의 성

---

2) 花村美樹, 1937, 「高麗律」『朝鮮社會法制史研究』岩波書店.

격을 당율로 이해하고 있다.3) 北村秀人은 똑 같은 내용의 기사가 문자의
탈락 여부에 따라 무편년기사가 되기도 하고, 연월이 명기된 制·判·教 기
사가 되는 것으로 이해하여 처음부터 고려율이 체계적인 법전으로 제정된
것이 아니라고 주장한다.4) 박병호는 형법지 서문의 71개조를 실효성이
없는 것으로 이해하고, 고려는 당송의 법을 부분적으로 수용하여 고유법
과 조화를 꾀한 것으로 파악하여 고려율의 제정을 부정하고 있다.5)仁井
田陞의 연구는 간략하지만 고려율령과 중국율령과의 관련을 거시적으로
해명하고 있는 점에서 진일보한 것으로 평가할 수 있다. 즉 고려의 5刑
가운데 折杖法이 宋刑統·宋勅과 관련이 명백하므로 고려율은 당율만이
아니라 송율을 계승했다고 한다. 이 외에도 다각적인 검토를 통해 고려율
이 요·금율과 원율·명율 등과도 관련된다는 견해를 제시하고 있다. 고려
율의 제정에 대해서는 명확한 견해를 밝히고 있지는 않지만, 그 역시 고
려율 편찬에 부정적인 입장인 듯하다.6)

2) 고려율의 독자적 편찬 긍정 견해

淺見倫太郎과 武田幸男, 그리고 1980·90년대 이후의 한국학자들은 대
체로 고려가 당율을 모법으로 하여 고려사회의 실정에 맞게 독자적으로
고려율을 제정하여 운용했다는 입장이다(신호웅, 윤희일, 이정훈, 이희봉,
전용덕, 송두용, 연정열).

淺見倫太郎은 1920년대 고려율의 제정을 최초로 주장했는데, 그 근거
는 형법지에 있는 64조의 무편년 기사가 수치상 형법지 찬자가 밝힌 69조
와 거의 일치한다는 점을 토대로 하고 있다.7) 그의 견해는 송두용, 연정

---

3) 濱中昇, 1980,「高麗における唐律の繼受と歸鄕刑·充常戶刑」『歷史學硏究』483.
4) 北村秀人, 1976,「高麗時代の歸鄕刑·充常戶刑について」『朝鮮學報』81.
5) 朴秉濠, 1975,「韓國法制史」『韓國文化史新論』中央大出版部.
6) 仁井田陞, 1965,「唐宋の法と高麗律」『東方學』30.
7) 淺見倫太郎, 1922,『朝鮮法制史稿』岩松堂.

열 등에 의해 그대로 수용되고 있다.[8]

淺見倫太郞은 1920년대 『고려사』 형법지의 무편년 기사의 분석을 토대로 고려율이 제정되었음을 최초로 주장했다. 그는 무편년 기사를 당율과의 대비를 통해 12편목 64조로 복원했다. 『고려사』 형법지 서문에는 "고려 일대의 제도는 대개 당을 모방했는데, 형법에 이르러서도 또한 당율을 채택하고 時宜를 참작하여 썼다. (고려율은) 獄官令 2조, 名例 12조, 衛禁 4조, 職制 14조, 戶婚 4조, 廐庫 3조, 擅興 3조, 盜賊 6조, 鬪訟 7조, 詐僞 2조, 雜律 2조, 捕亡 8조, 斷獄 4조의 총 71조가 있다"라는 기사가 있다. 당율에 없는 옥관령 2조를 제외하면 69조가 되는데 이 수치는 무편년 기사 64조와 거의 일치하므로, 무편년 기사 64조는 고려율이라는 것이다.

武田幸男 역시 형법지에 12편목 71조의 존재를 근거로 고려율령 제정을 인정하고 있다. 율학박사·조교가 있고, 과거에 '讀律令'의 業이 있으며, '今所行律令'의 기사가 있는 점을 들어 고려율 편찬은 명확한 것으로 보고 있다. 그런데도 고려율의 제정에 관한 기사가 없는 점이 특이한데, 이는 고려 율령이 최고의 기본법이 아니라 부속법적 지위에 있기 때문이라고 주장하고 있다.[9] 고려율 외의 기본법 존재에 대한 구체적 설명이 없으므로 고려율의 성격에 대한 이해는 무리가 있다.

신호웅은 고려율의 편찬에 대한 淺見倫太郞의 견해에는 동의하지만, 64조의 무편년 기사가 고려율의 전부는 아닌 점을 들어 수치를 근거로 하고 있는 점에 대해서는 비판적인 입장이다. 즉 『고려사』 형법지의 무편년 기사 100여조가 있는데, 70조는 당율에 준거한 것이며 나머지는 독자적인 율을 제정하여 詳校·改定·添入된 것이라고 하였다. 중국법과 다른 독자적 고려율이 존재한 것은 분명하지만, 중국법이 그대로 적용될 수 없었던

8) 宋斗用, 1985, 『韓國法制史考』, 進明文化社.
   延正悅, 1975, 『韓國法制史』, 學文社.
9) 武田幸男, 1971, 「朝鮮の律令制」 『岩波講座 世界歷史』 6, 岩波書店.

역사적 배경에 대해서는 구체적 검토가 없다.[10]

한편 한용근은 고려 초에는 고려율을 별도로 제정하지 않고 신라율을 사용했지만, 시대의 발전에 따라 새로운 법 규정이 필요한 경우 국왕의 '제·판·교'의 형식으로 제정 보완했다는 점진적인 입장을 견지하고 있다. 고려시대의 사회변화에 조응하여 발전해간 고려율이 조선시대에 이르러 중세율의 완성인 『경국대전』 등의 법전으로 집약된다 하여 고려율은 고대율에서 중세율로 전화하는 과도기적 성격을 지닌 것으로 이해하고 있다. 그러나 고대율과 중세율의 성격이 정확히 무엇인지 언급이 없다.[11]

2. 고려율의 편찬시기와 변천

고려율의 편찬시기는 연월이 없는 무편년 기록과 구체적 시기가 기록되어 있는 편년적 기록에 따라 각기 달랐을 것이다. 즉 당의 율령집에서 채록된 사료는 무편년기사로 표현되고, 구체적 시기가 부기된 詔·制·判·敎·奏 등에서 채록한 것은 편년적기사로 수록되었다. 무편년의 율령이 최초로 제정된 시기는 성종대(淺見倫太郞, 송두용, 신호웅)로 보는 것이 일반적이나, 광종에서 성종대까지로 다소 올려 잡기도 한다(연정열). 성종 6년 과거제도에 전문적인 율관을 선발하는 明法業이 시행된 사실로 미루어 고려율이 제정된 최초의 시기는 당율을 수용한 성종대로 보는 견해(윤희면,[12] 신호웅)가 타당할 것 같다. 성종 대는 유교를 중앙통치 이념으로 채택하여 당제를 적극 수용하면서 당 율령을 도입하고 고려율을 제정하였을 것으로 추정할 수 있다.

임규손은 율령제도의 변천을 태조~정종(918~1045), 문종~고종(1046~

10) 辛弧雄, 1995, 『高麗法制史研究』, 국학자료원.
11) 韓容根, 1999, 『高麗律』, 경인문화사.
12) 윤희면, 1985, 「고려사 형법지 소고」 『동아연구』 6.

1259), 원종~공양왕(1260~1392)의 3시기로 구분하였다.[13] 그러나 구체적으로 율령의 분석을 근거로 하고 있는 것이 아니어서, 시기에 따른 율령의 차별성에 대한 설명은 거의 없다. 연정열 역시 고려 법제사의 변천에 대해 태조~정종, 광종~고종, 고종~공민왕, 우왕~공양왕의 4시기로 구분하고 있다. 그러나 구체적인 배경이나 율에 대한 검토를 기반으로 한 것은 아니다.

이정훈은 고려시대 중국율의 수용을 지배체제의 변화와 관련하여 살펴보고 있다. 성종대 3성 6부제를 근간으로 하는 지배체제를 정비하면서 당율을 수용하였고, 현종 대 지배체제가 약간 바뀌면서 법률도 부분적으로 개편, 보완되는데 송율이 수용되었다 한다. 원간섭기 이후 본격적인 원의 정치적 영향하에 들어가는 충렬, 충선왕대에 원율이 수용되었으나, 공민왕대 들어와 원간섭으로부터 벗어나 새로운 국가건설과 결부하여 새로운 법률제정이 문제가 된다. 정몽주계열은 대명율을 수용하면서도 지정조격과 고려의 법령을 참작하여 사용하자는 입장이고, 조준, 정도전계열은 대명율을 수용하자는 입장이었으나 결국 조선 건국으로 후자의 입장으로 결론이 나게 된다고 하였다.[14] 이 연구도 기존의 연구성과에 의거한 개괄적 연구이다.

3. 고려율의 운용과 내용

고려율의 운용과 내용에 대한 연구로 먼저 들 수 있는 것은 고려율의 분석을 통해 중국율과의 관련을 밝히는 문제이다.

고려율의 운용에 대해서는 고려율의 한 부분에 초점을 맞추거나, 2권

---

13) 임규손, 1974, 「고려율령」『동국대학교논문집』 12.
14) 이정훈, 2002, 「고려시대 지배체제의 변화와 중국율의 수용」『한국사론』 33, 국사편찬위원회.

의 단행본을 낸 신호웅·한용근과 같이 종합적으로 연구하기도 했다.

　채웅석, 北村秀人, 濱中昇은 職制律 분석을 통해 당율과의 운용 차이를 설명하고 있다. 직제율은 관리가 지켜야 할 책임사항과 이를 위반했을 경우의 벌칙사항을 편성한 것인데, 귀향형을 주목하고 있다. 고려의 귀향형은 국토가 넓어 2천 내지 3천리 정도까지 유배 보내는 것이 가능했던 당과 달리, 국토가 협소했던 고려의 실정에 따라 독자적으로 마련한 형벌제도였다고 한다.15)

　윤훈표는 직제율 가운데서도 관인의 범죄행위에 대한 벌칙을 비교분석하여 고려 독자성에 주목하고 있다. 고려전기 관인의 行刑은 당율의 5刑制에 입각하고 있는데, 당의 형량에 비해 관대한 편이었다. 그러면서도 관료제 사회가 무리 없이 운용될 수 있었던 것은 수조지분급과 연계시켜 경제기반과 관인 자격의 영구박탈까지 시키는 고려만의 독특한 제도 때문이라고 한다.16) 일찍이 고려 토지제도와 당율과의 비교에서 몰수를 지적한 연구(이우성)가 있듯이17) 독자적 고려율로 이해된다. 그러나 제한된 사료만을 이용하여 전모를 파악하기에는 다소 아쉬운 감이 있다.

　고려사회의 토지분급에 각별한 의미를 부여하는 그의 주장은 군율과 관련된 다른 논문에서도 이어지고 있다. 거란과의 전쟁 이후 당율에 없는 군인에 대한 법률이 필요하게 되면서 현종 2년 송율을 수용하게 된다. 고려의 군율은 송율에 비해 관대함이 두드러졌지만, 군인전 분급을 전제로 전제와 군역제가 결합되어 명령계통에 문제가 없었다고 보았다. 즉 군율

---

15) 北村秀人, 1976,「高麗時代の歸鄕刑·充常戶刑について」『朝鮮學報』81 ; 濱中昇, 1980,「高麗における唐律の繼受と歸鄕刑·充常戶刑」『歷史學硏究』483 ; 채웅석, 1985,「고려시대의 귀향형과 충상호형」『한국사론』9, 국사편찬위원회.
16) 윤훈표, 2002,「고려시대 관인범죄의 행형 운영과 그 변화」『한국사론』33, 국사편찬위원회.
17) 이우성, 1989,「고려토지, 과역관계「判, 制」에 끼친 당령의 영향 – 신라 율령국가설의 검토를 겸하여」『대동문화연구』23.

에 의해 처벌받아 군인전이 몰수된다면 본인뿐 아니라 소속집단 전체에 큰 영향을 끼칠 수 있어 신중할 수밖에 없었다는 것이다.[18] 고려와 송의 군율 전반에 대한 비교분석은 없는 관계로 고려 군율의 차별성이 부각되는 데는 미흡한 점이 있다. 군율 도입시기에 대해서는 현종 2년~9년(이정훈)설[19]과 10세기 전후(한용근) 설도 있다.

고려율이 효 윤리를 어떻게 규제했는지에 대해서는 이희덕의 연구가 있다.[20] 당율에 설정된 10惡의 불효는 고려율에서는 大惡·호혼·금령조에 나오고 있으며, 분석 결과 형기에서 1~2년의 차이가 있다고 한다. 이러한 형기의 차이는 단순히 기록상의 刊誤일 뿐이므로 효행사상과 관련된 고려율은 당율이 母法인 것으로 파악하고 있다. 당율과 다른 고려율의 차이는 단순히 刊誤로 파악하기 보다 송율과의 비교검토가 필요하다.

왜냐하면 고려율이 당율만의 영향을 받은 것이 아니라 송율의 영향을 받기도 했기 때문인데, 이에 대해서는 일찍이 仁井田陞에 의해 제기된 바 있다. 仁井田陞은 고려율령과 당송율령을 비교 분석하여 고려율령이 송과 관련되었음을 지적하였는데, 영향만을 언급했을 뿐 도입 배경에 대한 구체적 설명은 없었다. 또 고려율의 5형 체계 분석 결과 당율에 없는 折杖法이 있다는 점을 들어 송율의 수용을 지적한 연구(仁井田陞, 신호웅, 이정훈)도 있다. 송대 절장법이 입법된 시기는 仁井田陞에 의하면 송 태조 4년(963)인데,[21] 고려에서는 이후의 시기라는 점만 추정될 뿐 구체적 도입 시기에 대해서는 모르는 실정이다. 이는 고려율에서 왜 절장법을 도입했는지 그 배경과 함께 차후 구체적으로 검토되어야 할 부분이다.

---

18) 윤훈표, 2003, 「고려시대 군률의 구조와 그 성격」『사학연구』69 ; 윤훈표, 2003, 「여말선초 군법의 운영체계와 개편안」『한국사상사학』21.
19) 이정훈, 2002, 「고려시대 지배체제의 변화와 중국율의 수용」『한국사론』33, 국사편찬위원회.
20) 이희덕, 1973, 「고려율과 효행사상에 대하여」『역사학보』58.
21) 仁井田陞, 1965, 「唐宋の法と高麗律」『東方學』30.

송율 뿐 아니라 금율도 수용되었는데, 그 시기에 대한 구체적 설명은 없지만 금이 건국된 예종 10년 이후로 추정하고 있는 실정이다(이정훈, 신호웅). 신호웅은 刑杖式에 사용하는 形具의 모양이 당율이나 宋刑에는 발견되지 않고 '用金尺'이라 한 것으로 미루어 금율과의 관련을 지적하였다. 이는 고려 전기 도량형의 변화와 관련시켜 시기적인 구분이 필요한 부분으로 생각된다. 왜냐하면 고려초의 尺은 통일신라와 마찬가지로 唐大尺이었으며, 12세기 이후 당대척이 금척으로 바뀐다는 연구가 있기 때문이다. 그렇다면 형법지에 보이는 刑杖式에 대한 기사의 내용도 12세기 이후에 채록되었을 것이 분명하므로 이를 감안하여 折杖의 도입이나 형구에 대한 새로운 검토가 필요하다.

한편 고려율의 종합적 분석을 통해 고려율의 운용과정을 밝히고 있다(신호웅, 한용근). 신호웅은 고려율과 당율의 수록 항목의 검토를 분석하여 고려율의 운용을 설명하고 있다.[22] 당율에는 오늘날의 형법총칙에 해당하는 '名例'에 10惡에 대한 내용이 있다. 고려율에서는 10惡이 戶婚·大惡·禁令 항목에 분산 설정되어 있고, 이에 상응하는 형률은 호혼·도적·鬪訟律에 분산되어 있다. 또 당율의 官當徒不盡은 職制 항목에, 汜死罪非除10惡·老小廢疾은 진휼에, 平贓者·犯罪未發自首는 노비에, 稱加者就重은 직제율에 각기 분산되어 있다. 심지어 당율의 '명례'와 일치하는 내용인 除名比徒三年, 彼此俱得罪之贓, 二罪共從重의 항목은 고려사의 세가에, 犯重罪古意爲首는 열전에서 발견되기도 한다. 그러나 왜 이러한 차별성이 나타나는지 그 배경과 의미에 대해서는 설명이 없다.

다음은 '名例'를 통해서도 운용차이를 설명하고 있다. '名'은 5刑의 죄명이며, '례'는 5형을 적용하는 법례이다. 고려율과 당율 모두 태형 5가지, 장형 5가지, 도형 5가지, 유형 3가지, 사형 2가지로 구분된 점과 형량은

---

22) 신호웅, 1995, 『고려법제사연구』, 국학자료원.

물론 태형을 제외한 贖銅의 액수까지 거의 일치하고 있다. 그러나 고려율에서 태형의 경우 10~50의 5가지 구분은 당율과 같지만, 속동의 경우 고려율은 일률적으로 1근인 데 비해 당율은 1~5근으로 차등별 적용을 하고 있었다. 고려율에서 당율과 달리 속동을 일률적으로 적용하게 된 역사적 상황에 대한 구체적 설명은 없다. 또한『고려사』형법지에 수록된 기사에 대한 정밀한 분석을 통해 무편년 과조적 기사인 고려율은 중국계 형법을 형식적으로 채입한 데 비해, 조칙류는 時法으로 실정법적인 기능을 갖기 때문에 중국법과는 다른 고려 독자적인 법임을 밝히고 있다. 그 비율은 '名例'의 72조 가운데 76.4%의 당율을 포함한 87.5%가 중국율이며, 12.5%는 순수한 고려율이라는 것이다. 조칙류와 중국율과의 분석을 통해 관련성을 밝히고 있는데, 면밀한 검토가 요망되는 부분이 있다. 예를 들면 성종 6년 山野의 방화를 금지한다는 교서를 독자적인 고려율로 파악하고 있다. 그러나 위반자에게 부과하는 笞 50은, 당의 잡률인 '違令條'에 의거하고 있는 만큼 독자율의 견해는 재고되어야 한다. 또 현종 4년에 還賤奴婢가 다시 양인이 되기를 고소한 자는 杖형을 치고 釰面한 뒤 주인에게 돌려주라는 기사가 있는데, 釰面刑은 고려적인 형벌체계라는 것이다. 하지만『宋會要』에 '黥面'·'刺面' 기사가 있는 만큼 구체적인 검토가 필요하다.

고려율이 당율을 수용했지만 고려 특성에 맞게 운용했음을 다각도로 검토한 신호웅의 연구는 많은 성과를 거두고 있다. 그러나 일부의 일본인 연구자들이 고려율의 존재에도 불구하고 당율의 모방만을 강조하는 관점도 배제되어야 하지만, 중국율과의 관련성에도 불구하고 고려 독자성에 경도되지 않는지 검토가 필요하다.

한용근은 기왕의 연구가 당율의 영향을 지나치게 부각시키는 관점과 차별화를 시도하고 있다. 고려율의 종합적 분석을 통해 내용 전반에서 이러한 점이 강조하고 있다. 예를 들어 名例條를 보아도 성종연간에 고려율

이 제정된 어떤 흔적도 찾아볼 수 없는 만큼 당율을 모방했다는 주장은
재고해야 한다며, 고려율은 신라율을 그대로 계승한 것이라고 주장하고
있다. 그의 강점은 사료의 이용에 있어 기왕의 연구자들이 주로 『고려사』
형법지를 대상으로 한데 비해, 『고려사』 세가·지·열전이나 『고려사절요』
에 있는 형률 관계 기사까지 추출 분석하여 고려 형률의 실체를 복원하는
바탕 위에서 연구를 한 점이다. 하지만 형법지 항목에 의거하여 형률관계
기사를 추출하였기 때문에 고려 형률의 완전 복원에는 미흡한 점이 있다.

그리고 당율과의 차별성은 강조하는 대신, 당율 외의 송·금 등 중국율
수용은 부각시키는 입장이다. 예를 들면 고려의 5刑에는 당율의 속동제
와, 송율의 절장법이 혼용되어 있으며, 刑杖式에는 金尺을 사용하고 있음
을 지적하였다. 따라서 형법지의 무편년기사는 당율을 계수하거나 모방한
것이 아니라 전통율문을 계승한 것이며, 금과 송의 영향을 받은 것임을
강조하였다. 또 科刑의 분석을 통해서 고려율과 당율의 차별성을 밝히고
있다. 즉 직제조의 贓罪에 대한 과형, 丁夫雜匠稽留에 대한 과형, 호혼조
의 호율의 과형, 금령조의 喪中不孝行爲 죄에 대한 형량 등등에서 고려율
과 당율에서 일정한 차이가 난다고 한다. 이는 고려율이 일방적으로 당율
을 모방한 것이 아님을 입증하는 것이라 하여 고려율과 신라율의 계수를
강조하고 있다.[23] 그런데 고려율이 신라율을 계수한 것은 강조하지만,
신라율과 고려율의 차별성은 없는지에 대해서는 보다 구체적 검토가 필
요하다.

고려 전기의 고려율에 대한 연구는 신호웅과 한용근에 의해 두 권의
단행본 연구서가 나오는 등 일정하게 성과가 있었다. 일정한 성과에도 불
구하고 여전히 세부내용에서는 단순히 당율과의 법조문을 병렬적으로 나
열하는 등 본격적인 심도 있는 연구에는 도달하지 못한 것 같다. 또 형법

---

23) 한용근, 1999, 『고려율』, 경인문화사.

지의 무편년기사는 고려 전후기의 시기구분 없이 뒤섞여 있는데, 이를 고려 전 시기에 걸쳐 시행된 것으로 파악하는 문제점도 있다. 이러한 문제는 고려율의 전체적인 복원을 기반으로 면밀한 검토를 통해 보완해야 한다.

4. 고려령 연구

고려율에 대한 연구가 비록 문제점이 많다 하더라도 양적으로는 상당한 축적이 되어 있다. 이에 반해 고려령에 대해서는 지금까지 거의 주목하고 있지 못한 실정이다. 일본의 경우 戶令, 官位令(당 : 官品令), 田令, 賦役令, 醫疾令, 神祇令(당 : 祠令) 등 당령과의 비교를 통해 일본령에 대한 연구가 일찍부터 활발하게 이루어진 것과는 대조된다.

우선 고려시대 령의 편목과 직접적으로 관계된 것은 仁井田陞의 연구가 대표적이다. 그는 먼저 고려율과 당·송과의 관련을 기술한 후, 선거·의복·악령·전령을 제외한 직원령·호령·봉작령·공식령·부역령·가녕령·옥관령·상장령·잡령과 고려령의 관련을 살펴보고 있다. 그의 연구는 고려령에 대해 주목한 최초의 연구라는 점에서 선구적인 의미를 지니고 있지만, 율령 전반을 대상으로 하여 내용면에서 소략한 점이 적지 않다. 고려령에 대한 구체적인 복원이 없는 상태에서 고려령의 내용이 몇 가지 편목에 한정될 수밖에 없으므로 고려령의 각 편목에 대한 구체적인 전모를 파악한다든지, 고려령의 특징이나 성격을 해명하는데 미흡했다.

고려령 중에서 과역제도와 관련된 부분만을 대상으로 한 논고로 李佑成의 연구가 있다.[24] 전령과 관련하여 고려와 당령의 유사상과 차별성을 밝히고 있는데, 고려의 전시지급에서 18등급으로 나눈 것은 당령의 직분전 원리를 따른 것이었다고 한다. 또 당의 관인영업전과 고려 공음전의

---

24) 李佑成, 1989, 「高麗土地, 課役關係「判, 制」에 끼친 唐令의 影響 – 新羅 律令國家 說의 檢討를 兼하여」『大東文化研究』23.

지급 규정이 비슷했지만, 당령에서는 자손이 除名罪를 범했어도 몰수하지 않는 특별한 배려를 받았던 데 비해 고려에서는 더 엄격했다. 즉 고려에서는 대역죄와 公私罪目으로 제명된 자에게는 지급되지 않았으며, 이외의 범죄에 대해서도 손자가 무죄인 경우에 한해 1/3만 지급하도록 하였다. 그러나 이와 같은 차별성이 나타나는 배경에 대해서는 구체적 해명이 없으므로 차후 검토가 필요하다.

또 課役體系와 당령의 영향에 대해서는 재해를 당한 농민에게 손실에 따라 부세를 감면하는 규정과, 9등호제와 호적의 연령구분이 당령과 일치한다는 정도로 매우 간단하게 언급하고 있다. 고려 과역체계 대해서는 과역의 稅目 종류, 민의 부담 정도나 부담 형태 등 학계에서 이견이 많은 중요한 부분들이 언급되지 않은 만큼 차후 당령과의 검토를 토대로 본격적인 비교 연구가 필요하다. 또 호등제만 하더라도 신라나 고려 양국이 외형상 당령의 9등급제를 채택했지만, 실질적 적용에서 고려는 신라나 당과 달랐다는 점을 간과하고 있다. 고려가 신라를 계승하고 있다 하더라도 신라령과 고려령을 동일한 것으로 이해하는 그의 견해는 검토의 여지가 있다. 고려사회의 시대적 상황이 신라사회와 다른 점도 상당했던 만큼, 고려령에 대한 검토는 신라와 고려사회에 대한 구체적 이해를 기반으로 파악될 필요가 있다.

이 연구의 일차적 목적은 '고려시대의 토지제도와 과역체계에 끼친 당령의 영향'이라는 제목과 달리 내용은 신라율령의 복원이 일차적인 것이어서 고려령에 대해서는 구체적 검토가 미흡하고 문제점도 적지 않다.

이외에 불교 통제와 관련하여 율령을 대상으로 한 김영미의 연구가 있는데,[25] 이 논문은 율령자료를 이용하여 연구하고 있을 뿐, 고려령 자체를 구체적으로 분석 검토한 것은 아니다. 토지제도와 관련하여 田令, 賦

---

25) 金英美, 2002,「高麗時代 佛敎界의 統制와 律令」『史學硏究』67.

役令의 일부 내용을 당령, 양노율령과 비교하여 천착한 위은숙의 연구도 비슷한 범주에 속한다.[26]

이상에서 고려령에 대한 연구는 불모지에 가깝다고 할 수 있다. 앞으로 고려령에 대한 사료 검토를 토대로 체계적이며 다각적인 연구가 이루어져야 한다. 고려령 뿐만 아니라 중국령, 일본령과의 비교 검토를 고려가 행정명령법을 어떻게 운용하였는지에 대한 심도 깊은 연구가 요망된다.

5. 고려 후기 율령제 연구

고려 후기 특히 원간섭기 이후에 대해서는 90년대 이후에 들어와서와 몇 편의 논고가 나왔을 뿐일 정도로 지금까지 한국사학계에서의 거의 주목 대상 밖이었다. 그것은 원간섭기 연구의 흐름이 원간섭으로 인한 한국 사회의 변형과 왜곡을 밝히는 것보다는 대몽항쟁중심으로 이루어져왔고, 원에 의한 왜곡보다는 간접통치에 의한 독자성 유지를 강조한 연구경향과도 무관하지 않을 것이다. 또한 이 시기 율령관계 사료가 각 사서 흩어져 있어 정리하기가 힘든 탓도 있을 것이다. 그러나 최근 몇 편의 논고를 통해서도 이 시기 원율의 영향이 대단히 직접적이었고, 또한 조선초기의 법전에도 영향을 주고 있음이 밝혀지고 있기 때문에 이 부분에 대한 연구가 좀 더 심도 있게 이루어질 필요가 있다.

고병익은 1950년대에 이미 원대의 법제에 대해 심도있는 연구를 하였다. 금의 태화율의 영향을 받던 원 초기부터 원 제국 이후 편찬한 지원신격, 대덕전장, 대원통제, 원전장, 경세대전, 지정조격의 연혁과 성격을 살피고, 원도 중국법의 영향을 받았지만 몽고의 관습법인 札撤이 일정하게 중국법에 영향을 끼쳤음을 밝히고 있다.[27] 이 연구는 원율과 고려율의 상

---

26) 魏恩淑, 2004,「高麗時代 土地槪念에 대한 再檢討－私田을 중심으로」『韓國史硏究』24.
27) 고병익, 1953,「원대의 법제－몽고관습법과 중국법과의 관련성」『역사학보』3 ;

관성을 직접적으로 연구한 것은 아니지만 원간섭기의 고려법제 연구의 토대가 된다.

고려 말의 법전과 관련해서는 비록 현존하지는 않지만 조선 초기의 여러 법전의 편찬과 관련되는 것으로 보이는 김지의『주관육익』에 대해 일찍부터 주목하였다. 花村美樹, 허흥식의 연구는 주로 찬자와 관련하여 개괄적인 언급이나, 서지학적 측면에서의 접근이다. 최근 김인호는『주관육익』의 찬자인 김지는 조준 등의 급진개혁파 사대부와 정치적 관계가 있었으며, 그러한 연유로 조선조에 들어와 대명률직해의 작업실무자로 참여하였다고 한다. 또한 주관육익이 원의 경세대전의 체제와 유사하였을 것으로 추정하고 있다.

1990년대 원율의 영향과 고려율의 관계에 대해 주목한 연구자는 연정렬로 몇 편의 논고가 있다.[28] 원간섭 아래에 들어간 고려 원종대부터 원율의 영향 아래에 놓이기 시작하여 충렬왕대부터는 依用元律이 전면적으로 시행되었음을 밝히고 있다. 때로 고려정부와 크게 이해가 엇갈렸던 노비제와 같은 것은 고려의 전통법을 따르기도 하였지만 원율의 영향이 컸다 한다. 특히 그는 원 세조 10년(1273) 편찬된 지원신격이 공민왕대 원의 세력이 물러날 때까지 고려에 가장 큰 영향을 준 법전이란 한다. 지원신격은 현재 존재하지 않고 원전장과 통제조격 등이 산견되지만 律이 아닌 令의 성격이 큰 법전으로 추정되고 있다. 그런데 연정렬은 지원신격의 영향력을 강조하면서도 이 법전을 율로 파악하고 거기다 원사 형법지의 조문으로 고려사회의 영향력을 언급하고 있다. 원사 형법지가 후대에 나온 경세대전의 헌전이라는 사실에 의거할 때 이것은 전적으로 연정렬이

1970,『동아교섭사의 연구』, 서울대 출판부.
28) 연정렬, 1994,「고려와 지정조격에 관한 연구」『몽골학』2 ; 1999,「원률이 고려률과 몽골사회에 끼친 영향에 관한 일연구」『한성대논문집』23 ; 1997,「고려 원종~충렬왕시대 법령에 관한 연구」『이현희교수화갑기념논문집』; 1995,「고려시대의 율령에 관한 연구-원종, 충렬왕 시대를 중심으로」『한성대논문집』19.

원의 법전에 대한 이해부족에서 연구를 하고 있음을 볼 수 있다. 4편의 연구는 많은 부분 중복되고 법전편찬의 연대도 대부분 오류로 논문자체가 큰 결함을 가지고 있다. 무엇보다도 관련도 없는 법조문을 나열하여 피상적인 비교를 하는데 그치고, 고려사회와 원 사회와의 깊이 있는 이해를 토대로 한 연구로 보기는 힘들다. 극히 최근에 와서 김인호에 의해 이 분야에 대한 몇 편의 연구가 이루어졌다.[29] 원의 법전은 원의 지배하에 들어온 다양한 지역과 인종을 제국질서에 편입시켜 통치하기 위한 수단이었으며, 원의 여러 법전 중 고려와 관련이 깊은 것은 대원통제, 경세대전, 지정조격이다. 김인호는 고려에서의 원율 수용은 초기 원율이나 제도의 형식적 차용단계에서, 14세기 중반 경에는 원법전과 제도를 이해하고 그에 따른 원리를 수용하는 단계를 거쳐, 1377년 지정조격이 채택되면서 원법전의 전면적 수용과 변용이 이루어지는 단계로 구분하여 살펴보고, 고려 말 정몽주에 의한 신정율 편찬에 원율이 영향을 미쳤음은 물론 조선 초기까지도 영향을 미치고 있음을 밝히고 있다.

김인호는 통제조격이 편찬되어 고려에 들어오기 전인 충숙왕 대 이전의 고려사회에 원법의 영향이 미미한 것으로 이해하고 있는 듯 하다. '세조구제'에 지나치게 집착하여 고려법을 유지한 것으로 보지만, 이것은 法=律로 인식한 결과이다. 즉 충렬, 충선왕대의 대대적인 관제개혁은 관품령이나 직원령 등과 관련이 있으면, 당시의 각염법 시행도 원대에 처음 법전에 등장하는 각화령과 관련이 있다는 것을 염두에 둘 때 '통제조격', '지정조격' 못지않게 '지원신격'의 영향에 대해 고려해 볼 필요가 있다. 김인호의 연구 역시 원율의 영향을 언급하지만 직접 원의 각종 법전과 원간

---

29) 김인호, 2002, 「고려의 元律 수용과 高麗律의 변화」『한국사론』33, 국사편찬위원회 ; 2002, 「여말선초 육전체제의 성립과 전개」『동방학지』118 ; 2001, 「김지의 『주관육익』편찬과 그 성격」『역사와 현실』40 ; 2005, 「조선전기 법전을 보는 시각과 방법론의 연구사적 검토」『학림』25·26합집 ; 김인호, 2003, 「원의 고려인식과 고려인의 대응 - 법전과 문집내용을 중심으로」『한국사상사학』21.

섭기 고려법을 구체적으로 비교한 것은 아니다.

이 외에 원 중기 영종대 '대원통제'가 반포되기까지의 원조정의 정치적 배경에 대한 이개석의 연구가 있다.

최근 고려말기부터 조선조 성종 년간에 이르기까지 한국의 법제에 큰 영향을 준 것으로 알려진 '지정조격'이 국내에서 발견되었다. '대원통제'가 律에 해당하는 단례는 남아있지 않고 令에 해당하는 조격 일부만이 남아 있는데 비해, '대원통제'보다 20여년 후에 나온 '지정조격'은 단례 1책과 조격 1책 중 단례 부분이 상대적으로 양호한 편이고, 조격의 마손이 심각하다고 한다. 그러나 '대원통제'에는 없는 단례를 살펴볼 수 있기 때문에 원대 법제사 뿐 아니라 고려 법제사에도 큰 도움이 될 것으로 보인다.

Ⅲ. 고려 율령의 복원과 정리의 연구성과

동아시아 세계는 당나라가 성립된 7세기 무렵부터 당이 멸망하는 10세기 초까지 당을 중심으로 한 하나의 세력권을 형성하였다. 공통의 문자인 한자를 통해 동아시아 각국은 각종 문물제도를 교류하면서 유교와 불교를 지배이데올로기를 삼아 지배체제를 유지하였다. 이러한 동아시아 세계는 그 중심국가인 당나라가 무너지면서 대분열의 시대로 접어들게 된다. 중국대륙은 5대 10국이 분립하였고, 북중국의 만주 일대에서는 거란족이 중국대륙에서 힘의 공백 상태를 틈타 국가를 건설하였고, 한반도에서는 후삼국의 분열이 일어났다. 이러한 대분열은 926년 거란이 발해국을 병합하면서 동아시아 세계의 새로운 강자로 등장하고, 한반도에서는 936년 고려왕조가 후삼국의 분열시대를 마감하고 통일왕조를 형성하고, 중국대륙에서도 5대 10국의 뒤를 이어 960년 송이 건국되면서, 10세기 중반이 되면서 동아시아 세계는 송·거란·고려 등 각 지역의 강력한 국가를 중심으로 통합왕조가 형성되어 거란이 멸망하는 12세기 초반까지 고려와 송·거란이, 이어 12세기인 고려 중기에는 금과 고려·송나라가, 그리고 1234년 금나라가 멸망하면서는 고려와 원나라·송나라가 다원적인 관계를 형성하였다. 그러다 고려 말인 14세기 후반 명나라가 등장하면서 다시 고려, 명·원이 각축을 벌였다. 10세기 중엽에서 14세기말까지 동아시아에서 유일하게 근 500년을 지속한 고려왕조는 다원적 국제질서 속에서 각국과 외교관계를 유지하면서 여러 왕조의 흥망을 바라다보았다. 따라서 고려의 각종 문물제도는 물론 율령체제 역시 주변 여러 왕조의 그것을 참조하여 정비하였음을 주목하지 않으면 안 된다. 그것의 편린이 다음 자료에 잘 드러난다.

> (1) 文懿公이 지은 중서문하총성에서 이조·병조와 행원의 성명을 草押(署名)하는 規式은 令文과 같지 않으며, 중서성에서 소장한 宋·遼·金의 誥式과도 각각 다르므로 마땅히 版本의 令文을 따라야겠다.30)

文懿公이 지은 중서문하총성에서 이조·병조와 행원의 성명을 草押하는 規式이 令文과 같지 않으므로 중서성에서 소장한 宋·遼·金의 誥式과 비교해보고 '版本의 令文'을 따라야겠다고 한 것에서 고려 독자의 율령집이 존재하였음을 짐작할 수 있다. 특히 주목되는 사실은 중서성에 宋·遼·金의 誥式을 소장하여 법률을 考正하여 고려의 실정에 맞는 법제도를 확립하기 위한 노력을 기울이고 있다는 점이다. 그것은 다음 사료에 의해서도 확인된다.

> (2) 제하기를 "법률은 형벌의 斷例(판결의 준거로 삼는 규정)이다. 밝으면 어긋남이 없지만 밝지 못하면 경중을 잃는다. 지금의 律令은 혹 잘못이 많으니 올바로 쓰기가 어렵다. 이를 侍中 최충에게 명하여 모든 律官들을 모아

---

30) 『補閑集』 卷下.

거듭 자세한 校正을 더하여 알맞은 것을 찾도록 하라. 서업과 산업도 考正
하도록 하라."31)

'지금의 律令(今所行律令)'이 혹 잘못이 많아 올바로 쓰기 어려워 최충
의 주도 아래 모든 律官이 모여 몇 차례의 검토를 거쳐 고려의 실정에
맞도록 고치려고 한 기록을 통해 태봉·신라·당·송 등 여러 나라의 법률
을 종합하고, 시행하는 과정에서 율령과 현실의 모순을 판문으로 보충하
여 완성시켜 나가고 있음을 알 수 있다.32)

고려말 이곡은 책문에서 법리가 例를 많이 쓰고 있다는 것과 본국의
법을 세운지가 오래되어 변경을 거듭하였고, 근래에 정령이 여러 군데에
서 나와 사람들이 법을 받들지 않는다고 하였다. 그 해결책으로서 위로는
조격에 어긋나지 않고, 아래로는 舊章을 잃지 않게 하여, 형법이 하나로
귀일되어 사람들이 구차히 면하지 않게 하려는 요령을 제시할 것을 묻고
있다.

사료 (1), (2), 그리고 이곡의 책문에서 보다시피 고려는 독자적인 율령
을 제정하였고, 시대의 변화에 따라 당, 송, 금, 원, 명의 주변 국가들의
법조문들을 모아 '時宜'에 따른 고려의 율령 적용을 모색해오면서 부단히
손질해왔다고 할 수 있다. 그것을 후대의 관점에서 고려의 율령이 존재하
지 않는다고 말하는 것은 문제가 있다. 더욱이 조선왕조에 접어들어 기전
체 양식의 『고려사』를 편찬하면서 이러한 변화의 양상을 담아내지 않고
파편적으로 찢어발겨져 전하기 때문에 그 전모를 알기가 어려울 뿐이다.
신우 14년 9월에 전법사에서 "예로부터 천하와 국가를 다스리는데는 반드
시 법전을 먼저 정비하여 경하게 하고 중하게 하는데 차이를 두었으므로

---

31) 『고려사』 권7, 문종 1년 6월 戊申, "制曰 法律刑罰之斷例也 明則刑無枉濫 不明則罪
    失輕重 今所行律令 或多訛舛良用軫懷 其令侍中崔冲 集諸律官重加詳校務從允當 書
    筭業亦令考正."
32) 허흥식, 2005, 『고려의 과거제도』, 일조각, 82쪽.

형을 다스리는 자가 미혹되지 않았고 벌을 받는 자도 불만이 없었다"고 하고, "우리나라 속어는 중국의 그것과 통하지 않으니 더욱 알기 어렵고 또 이것을 강습하는 자가 없으므로" 형을 집행하는 자들이 농간을 부린다고 하면서 "이제 『대명률』을 『의형이람』과 대비하면 고금의 법제를 참작한 것으로서 매우 상세합니다. 더군다나 중국의 현행 법제이니 응당 모방하여 시행해야 되겠으나 우리나라 법률과 맞지 않은 것이 있습니다"라고 한 언급을 통해33) 고려의 법률이 우리나라 속어를 섞어 사용하여 만들어졌음을 알 수 있다.

고려의 율령이 존재한다는 것은 성종 6년 과거제도에 전문적인 율관을 선발하는 명법업이 시행되었고, 인종 14년 11월의 예부시의 '式'의 제정 때 '明法業式'에 따르면 2일 동안 貼律과 貼令을 마치고 3일 이후에 讀律·讀經에서 6궤를 읽고 6문에서 4궤를 맞혀야 한 것으로 보아서도 알 수 있다.34)

특히 고려시대는 당대의 율령격식, 송대의 칙령격식과 조법사류, 원대의 조격과 단례라는 형식상의 변화를 어느 정도 수용하면서 고려의 율령이 반포되다 보니 당대인들 역시 통일성의 부여에 대한 고민을 안고 있었다. 이곡의 책문은 원간섭기 하에서 원율과 고려법과의 통일성 부여에 대한 지배층의 고민을 대변한 것이지만 정도의 차이는 있을지언정 고려 일대에 걸쳐 그러한 고민은 계속되었다. 더욱이 중국대륙에서 명이 일어나 『대명률』이 수용되면서 고려의 법률체계는 더욱 혼란을 가져다주었다.

고려말 법령의 개폐가 빈번하고 법령의 적용이 극도로 일정한 기준이

---

33) 『高麗史』 권84, 刑法1, 職制 辛禑 14년 9월.

34) 『高麗史』 권73, 選擧志1 科目 1. 인종 14년 11월 判, "凡明法業式貼經二日內初日貼律十條翌日貼令十條兩日並全通. 第三日以後讀律破文兼義理通六机每義六問破文通四机. 讀令破文兼義理通六机每義六問破文通四机. 凡明筭業式貼經二日內初日貼九章十條翌日貼綴術四條三開三條謝家三條兩日並全通. 讀九章十卷破文兼義理通六机每義六問破文通四机. 讀綴術四机內兼問義二机三開三卷兼問義二机謝家三机內兼問義二机."

없자 이의 개조를 위한 정치세력간의 논란이 일어나 '先王之法'·'古制'· '舊制'·'舊法'으로 표현되는 고려의 옛 관제와 제도를 복구하려고하는 움직임이 없었던 것은 아니지만 역사적 대세는 당시의 전반적인 법과 제도의 폐해를 철저히 개혁하여 일원적인 중앙집권적 정치체제를 확립하고 이를 뒷받침할 수 있는 통일법전의 모색에 초점이 있었다. 이들은 유교정치의 이상인 '先王之法'도 가감할 수 있다는 입장을 취하였고, 舊法을 개혁하여 新法을 제정하고 유신의 정치를 도모하고자 하였다. 그 과정에서 정몽주는 『大明律』과 『至正條格』, 고려의 법령을 참작하여 『新定律』을 편찬하였다. 반면 조선왕조 개창을 추진한 조준, 정도전 일파는 『大明律』의 수용에 적극적이었다. 이성계의 위화도회군 직후인 우왕 14년 9월 전법사가 원나라 법전의 문제를 지적하면서 "지금 『大明律』을 『議刑易覽』과 대비하면 고금(의 법제)을 참작함이 매우 상세합니다. 하물며 時王의 제도이니 더욱 응당 모방해야 한다고" 하였다. 그 연속선상에서 정도전은 『조선경국전』, 『경제육전』을 저술하여 자신이 이상적으로 여기는 개혁정체의 대강을 제시하였다.

여말선초의 율령에 관한 논의과정들을 살펴보면 고려말 법령의 개폐가 빈번하고 법령의 적용이 극도로 일정한 기준이 없었다는 것이 강조되고, 그것의 개조를 위해 원율과 대명율의 적용에 대한 논의가 이루어졌음에 주목하였다. 또, 『조선경국전』, 『경제육전』, 『경국대전』의 성격을 논하면서 조선왕조는 법전과 율서 중 법전 편찬에 열을 올리고 율서는 『대명률』로 대치하였다는 점 등이 강조되고 있다.

조선 초기 법전류에 실린 그 방면의 법제적인 규정은 원율 및 『대명률』과 같은 중국의 유교적인 예제를 모방, 조문화한 것으로 실제 관행되고 있던 時俗의 구체적 반영은 아니었다. 유교정치를 적극 추진한 태종·세종조로 넘어오면서 고려적인 가족·친족제도, 혼례, 상장례 등이 고례에 입각한 주자학적 의례로 개혁되어 나갔다. 夫妻와 부모, 자녀와 내외·손 가릴 것 없이 양측을 거의 동일시하는 쌍계적인 가족제도, 처첩분간과 적서차대, 복제·혼례·입후와 봉사문제 등이 여말선초라는 사회적 변혁기에 신구제도와 관습의 개혁과정에서 서로 충돌되어 양자 사이에 모순과 갈등이란 심각한 문제를 야기시켰다. 거기에는 유교의 기본원리인 綱常과 명분 및 정통론이 강조되면서 가부장장적 가족제도와 처첩분간·서얼차대라는 방향으로 정책적 유도가 있었다. 『조선경국전』, 『경제육전』, 『경국대전』은 그것을 물리적 강제에 의해 달성하기 위한 기제였다. 그러한 법전류에 의거한다면 부계친족을 중심한 친족 내지 가족제도에다 자녀차등상속, 동성불혼, 異姓不養, 장자봉사, 대가족제 등을 기본으로 하는 중국적 종법제도와 부계친족중심의 동족부락은 벌써 조선초기부터 시행되었다는 설명으로 이어질 수밖에 없다. 그러나 실상 그것의 시행은 조선 후기에 가서야 가능하였다.

법과 사회현실 '時俗'과의 괴리현상은 여말선초에 국한된 것이 아니라 나말려초로 거슬러 올라가서도 마찬가지였다고 보아야 할 것이다. 중국의 唐宋變革期에 해당하는 시기는 한국에서 통일신라가 후삼국으로 분열되었다가 고려에 의해 재통일(A.D. 936年)이 이루어진 시기이다. 고려왕조의 제도 문물은 당나라의 제도와 문물을 바탕으로 한 것으로 흔히들 말해지고 있다. 특히 조선시대의 『高麗史』 편찬자들은 各 志의 서문에서 이를 밝히고 있다. 百官志 序文에서 당의 三省六部制를 따랐다고 한 것, 食貨志 序文에서 唐의 均田制를 시행하였다고 한 것, 兵志 序文에서 唐의 府兵制를 실시하였다고 한 것 등이 그것이다. 그러나 그 명칭은 같더라도 그 실제는 상당히 달랐다.

高麗의 律令의 경우에도 刑法志 序文에서 唐律을 채택하였다고 밝히고 있다.

(3) 고려 일대의 제도는 대저 모두 唐을 본받아 刑法에 이르기까지 역시 唐律

을 채택하고 時宜를 참작하여 사용하였으니 이르기를, 獄官令 2조, 名例 12조, 衛禁 4조, 職制 14조, 戶婚 4조, 廐庫 3조, 擅興 3조, 盜賊 6조, 鬪訟 7조, 詐僞 2조, 雜律 2조, 捕亡 8조, 斷獄 4조까지 모두 71조항이다. 〈이것은〉번잡한 것을 刪削하고 간결한 것을 취하여 당시에 행해진 것이었으니 또한 근거가 없는 것이라 할 수 없다.(『고려사』권84, 형법지1, 序文)

고려의 律令은 唐律을 채택하고 時宜를 참작하여 썼다고 한다. 高麗律의 조목은 獄官令 2條, 名例 12條, 衛禁 4條, 職制 14條, 戶婚 4條, 廐庫 3條, 擅興 3條, 盜賊 6條, 鬪訟 7條, 詐僞 2條, 雜律 2條, 捕亡 8條, 斷獄 4條의 總 71條가 있는데, 獄官令 2조를 제외하고는 唐律과 일치하고 있다. 이 때문에 일찍부터 高麗律의 편찬에 대해 高麗律의 독자적인 편찬을 부정하고 唐律을 채택하였을 뿐이라는 견해가 제시되었다. 그러나 高麗律의 독자적인 제정을 긍정하는 입장이 제시되어 이견이 있어 왔다. 그런데 高麗律에 대해 이루어진 지금까지의 연구는 刑法志의 高麗律과 唐律의 字句의 異同 및 내용의 단순 비교를 통해 논의되고 있는 실정이다. 그 결과 中國律과는 다른 高麗律이 가진 고려적 특성에 대한 구체적인 분석 연구는 그리 활발하게 이루어지고 있지 않다.

당의 3성6부의 도입이나, 9等戶制 채택 등으로 보아 성종 대는 당나라의 제도 문물의 도입이 활발하게 이루어진 시기이다. 그와 궤를 같이 하여 唐 律令이 적극 수용되면서 高麗律令이 제정되었을 것으로 추정할 수 있다. 高麗律이 성종 대에 제정되었다는 것을 입증할 수 있는 사료들은 다음과 같다.

(4) 是歲 新定五服給暇式 斬衰齊衰三年給百日 齊衰期年 給三十日 大功九月 給二十日 小功五月 給十五日 緦麻三月 給七日.(『高麗史節要』卷2, 성종 4년)

(5) 凡隱占人逃奴婢者依律文一日絹三尺例日徵布三十尺給本主日數雖多毋過元直.(『高麗史』刑法2, 奴婢 成宗 5年 7月 教)

(6) 自二月至十月, 萬物生成之時, 禁放火山野, 違者罪之, 著爲常式.(『高麗史節要』卷2, 성종 6년 춘정월 敎)

(7) 省今所擧諸生詩賦策文辭蹐駁格律猥瑣皆不堪取 唯進士三人詩賦策及明經以下諸業通計六人對義名狀一如所奏 進士鄭又玄五夜方闌二篇已就雖非卓異之才亦是敏捷之手宜置前列用勸後來 明經以下諸業學生各勤本業方成厥志宜降優柔之澤俾升擢用之科其令有司准例敍用 自今進士諸生 不依考官格式 放縱違律者 勿許試取 永以爲式 放牓下敎始此.(『高麗史』卷74, 選擧2, 科目2 崇獎之典 成宗 6年 3月 放榜下敎)

(8) 命李夢游 詳定中外奏狀及行移公文式.(『高麗史節要』卷2, 성종 6년 8월 命)

(9) 置十二牧 經學醫學博士各一員 令牧宰知州縣官 敦加訓誨 若有明經 孝悌醫方足用者 依漢家故事 具錄薦貢京師 以爲常式.(『高麗史節要』卷2, 성종 6년 8월 下敎)

(10) 禾穀不實州縣近道限八月 ; 中道限九月十日 ; 遠道限九月十五日申報戶部以爲恒式 (『高麗史』卷78, 食貨1, 田制 踏驗損實 成宗7年 2月 判)

(11) 予方崇學校 寢興軫慮 近覽有司所進 擧人名數 唯大學助敎宋承演 南海道羅州牧經學博士全輔仁 誘以能諄 合宣父 博文之意 誨而不倦 副寡人勸學之心 宜加獎擢之恩 用示殊尤之寵 承演 可超九等 授國子博士 仍賜緋公服一襲 輔仁可賜公服一襲 米五十碩 自今凡文官 有弟子十人以下者 有司於政滿遷轉之時 具錄奏聞 以爲褒貶 其十二牧經學博士 無一箇門生赴試者 雖在考滿 復令留任 責其成效 量授官階 以爲常式.(『高麗史節要』卷2, 성종 8년 4월 敎曰)

(12) 始令京官六品以下四考加資五品以上必取旨以爲常式.(『高麗史』卷75, 選擧志3, 銓注 選法 成宗 8年 4月)[35]

(13) 定朝官遭喪給暇式 忌日給三日 每月朔望一日 大小祥祭七日 大祥後經六十日行禫祭 給五日.(『高麗史節要』卷2, 성종 15년 7월)

위 사료 (4)~(13)에 의하면 '新定五服給暇式'(4), 禁放火山野式(6), 不依考官格式 放縱違律者 勿許試取 永以爲式(7), 詳定中外奏狀及行移公文式(8)[36], 明經孝悌醫方足用者具錄薦貢京師式(9), 답험손실에 관한 戶部

---

[35] 『高麗史節要』卷2, 성종 8년 4월, "始令京官六品以下 四考加資 五品以上 必取旨 以爲常式."

[36] 『高麗史』권84, 형법1, 公式에 실려 있는 공문서 왕복양식인 '公牒相通式'은 '中外

式(10), 十二牧經學博士 無一箇門生赴試者 復令留任式(11), 加資式(12), 定朝官遭喪給暇式(13)에 이르기까지, 율령의 시행세칙인 格式의 제정에 대한 敎, 命 자료가 고려시대 국왕 가운데 성종 대에 가장 많이 집중되어 나온다. 더욱이 성종 6년 과거제도에 전문적인 율관을 선발하는 明法業이 시행된 사실로 미루어볼 때 고려 율령이 제정된 최초의 시기는 당율을 수용한 성종대로 보는 견해가 타당할 것 같다. 성종 대는 유교를 중앙통치 이념으로 채택하여 당제를 적극 수용하면서 당 율령을 도입하고 고려 율령을 제정하였을 것으로 추정할 수 있다.

성종조에는 다음과 같은 부역령이 내려지기도 하였다.

> 公田租 四分取一 水田上等一結 租三石十一斗二升五合五勺 中等一結 租二石十一斗二升五合 下等一結 租一石十一斗二升五合 旱田 上等一結 租一石十二斗一升二合五勺 中等一結 租一石十斗六升二合五勺 下等一結缺 [又水田上等一結租四石七斗五升 中等一結三石七斗五升 下等一結二石七斗五升 旱田上等一結租二石三斗七升五合 中等一結一石十一斗二升五合 下等一結一石三斗七升五合.(『高麗史』 卷78, 食貨1, 租稅 成宗 11年 判)
>
> 水旱虫霜爲災 田損四分以上免租 六分免租布 七分租布役俱免 (『高麗史』 卷80, 食貨3, 賑恤 災免之制 成宗7年 12月 判)
>
> 遣使六道 頒示敎條恤老弱之饑離 賑鰥孤於窮乏 求訪孝子順孫義夫節婦 … 其咸富等男女七人 並令旌表門閭 免其徭役(『高麗史』 卷2, 成宗 9年 9月 丙子 敎)

그렇지만 高麗 律令의 성립에서 지금까지 간과된 것이 신라가 고려에 '納土歸附'하였다는 사실이다. 신라가 자진 항복을 함으로써 신라의 '文籍'이 고려에 고스란히 인계되었고, 당연히 신라 율령의 자료 역시 고려에 그대로 전해짐으로써 초창기 신라 율령의 적용이 이루어졌을 것이라는 사실이다. 또 고려의 경우 태봉의 신민으로 있다가 정변을 통해 고려를 건

奏狀及行移公文式'의 구체적 내용이라고 볼 수 있다.

국하였기 때문에 태봉의 법제를 그대로 사용한 측면이 간과되고 있다. 성종 이전에는 정치제도가 신라 제도와 태봉제도 사용했으므로 율령도 신라 율령과 태봉률을 사용했지만, 성종 대 당의 3성 6부제를 도입하면서 이에 적합한 당율을 수용한 것으로 보인다. 그렇지만 당율의 수용을 통한 고려 법제의 형성의 측면을 고려하면 그 시작의 시기는 광종대부터 살펴 볼 필요가 있다. 광종 대는 과거제도와 백관의 公服제도와 같은 중국 법제의 영향을 상정할 수 있다. 광종~성종조를 전후한 시기에 당 율령의 적용이 적극적으로 이루어지면서 양자의 절충이 이루어졌다고 보아야 할 것이다. 그것은 최승로의 상소문에서 중국풍의 숭상에 대한 경계를 엿볼 수 있기 때문이다. 그러한 예를 관품령을 통해 살펴보기로 한다.

(13) 國初官階不分文武 曰大舒發韓曰舒發韓曰夷粲曰蘇判曰波珍粲曰韓粲曰閼粲曰一吉粲曰級粲新羅之制也 曰大宰相曰重副曰台司訓曰輔佐相曰注書令曰光祿丞曰奉朝判曰奉進位曰佐眞使泰封之制也. 太祖以泰封主任情改制 民不習知 悉從新羅 唯名義易知者從泰封之制 尋用大匡正匡大丞大相之號 成宗十四年始分文武官階 賜紫衫以上正階 改文官大匡爲開府儀同三司 正匡爲特進 大丞爲興祿大夫 大相爲金紫興祿大夫 銀青光祿大夫爲銀青興祿大夫 文宗改官制文散階凡二十九 從一品曰開府儀同三司 正二品曰特進 從二品曰金紫光祿大夫 正三品曰銀青光祿大夫 從三品曰光祿大夫 正四品上曰正議大夫下曰通議大夫 從四品上曰大中大夫下曰中大夫正五品 上曰中散大夫下曰朝議大夫 從五品上曰朝請大夫下曰朝散大夫 正六品上曰朝議郎下曰承議郎 從六品上曰奉議郎下曰通直郎 正七品上曰朝請郎下曰宣德郎 從七品上曰宣議郎下曰朝散郎 正八品上曰給事郎下曰徵事郎 從八品上曰承奉郎下曰承務郎 正九品上曰儒林郎下曰登仕郎 從九品上曰文林郎下曰將仕郎 (『高麗史』 권77, 백관2 문산계)

(14) 國初武官亦以大匡正匡佐丞大相爲階 成宗十四年定武散階凡二十有九 從一品曰驃騎大將軍 正二品曰輔國大將軍 從二品曰鎭國大將軍 正三品曰冠軍大將軍 從三品曰雲麾大將軍   正四品上曰中武將軍下曰將武將軍   從四品上曰宣威將軍下曰明威將軍   正五品上曰定遠將軍下曰寧遠將軍   從五品上曰遊騎將軍下曰遊擊將軍   正六品上曰耀武將軍下曰耀武副尉   從六品上曰振威校尉下曰振武副尉   正七品上曰致果校尉下曰致果副尉

從七品上曰翊威校尉下曰翊麾副尉　　正八品上曰宣折校尉下曰宣折副尉
從八品上曰禦侮校尉下曰禦侮副尉　　正九品上曰仁勇校尉下曰仁勇副尉
從九品上曰陪戎校尉下曰陪戎副尉　今以見於史冊者考之則武官皆無散階
其沿革廢置未可考.(『高麗史』권77, 백관2, 무산계)

관품령의 경우 고려사 백관지 문산계와 무산계에 官階가 언급되어 있으나 그 시행령에 대한 구체적 명문은 없다. 다만 성종 14년의 문산계 기록(13)에서 보다시피 성종 14년에 처음으로 문무관계를 나누고 자삼 이상에게 정계를 주었다고 한다. 성종 14년 5월에 관제 개정에 관한 下敎가 있었던 것으로 보아[37] 관품령의 제정은 거의 동시에 이루어졌다고 보아야 할 것이다. 성종 14년의 관품령 자료에 근거하여 개부의동삼사~은청흥록대부에 이르는 5階號 만이 사용되다가 문종조에 가서야 29계호가 정비된 것처럼 서술된 백관지 문산계조의 기록은 기록의 미비로 인한 것이며, 실제로 그렇지 않다. 성종 14년~ 문종 30년 이전에 이미 개부의동삼사, 특진, 흥록대부, 금자흥록대부, 은청흥록대부, 정의대부, 태중대부, 중대부, 중산대부, 조의대부, 조청대부, 조산대부, 봉의랑, 통직랑, 조청랑, 선덕랑, 선의랑, 승무랑, 유림랑, 등사랑, 문림랑, 장사랑 등 당 정관 17년령의 29계호 가운데 22계호가 등장한다. 또 성종 14년 이전, 광종 9년부터 광록대부, 은청광록대부, 중대부, 봉의랑, 유림랑, 문림랑 등의 문산계를 등이 사료상 나타난다.[38]따라서 광종 9년 정관, 11년의 관품령에 따른 관계를 시행하였을 것이다. 그것을 바탕으로 성종 14년 관품령에 대한 령이 제도적으로 확립되었을 것이다.

"成宗十四年始分文武官階"의 기록과 "成宗十四年定武散階凡二十有九"

37)『高麗史節要』권2, 성종 14년 5월.
38) 박용운, 1997, 「고려시대의 문산계」『진단학보』52, 1981 ;『고려시대 관계·관직연구』, 고려대학교 출판부, 55~70쪽 ; 최정환, 2006,『고려사 백관지의 연구』, 경인문화사, 65~73쪽.

를 연결시켜보면 성종 14년의 경우 다음과 같은 내용의 령이 내렸다고 보
아야 할 것이다.

> 成宗十四年 定文武官階 始分文武官階 文山階凡二十有九 武散階凡二十
> 有九 賜紫衫以上正階 改文官大匡爲開府儀同三司 正匡爲特進 大丞爲興祿
> 大夫 大相爲金紫興祿大夫 銀青光祿大夫爲銀青興祿大夫.

여기에서 문관 대광→개부의동삼사, 정광→특진, 대승→흥록대부, 대
상→금자흥록대부, 은청광록대부→은청흥록대부가 갖는 의미는 무엇일
까? 성종 14년 이전에 문무산계의 구분을 두지 않고 고유식 관계와 중국
식 관계를 병용하면서, 그 가운데에 문관 자삼(원윤) 이상의 경우 고유의
태봉식 관계를 병용하였다. 성종 14년에 문무관에게 正階 즉 문산계 29계
를 사용하였다. 이때 改文官大匡爲開府儀同三司 이하는 자삼 이상의 고
유식 관계를 개부의동삼사(1등급, 종1품)-특진(2등급, 종2품)-광록대부(3
등급, 종2품-금자광록대부(4등급, 정2품)-은청광록대부(5등급, 종3품)와의
개편을 언급하면서, 그 가운데 광종의 '光'을 避諱하여 대승→흥록대부
(←광록대부), 대상→금자흥록대부(→금자광록대부), 은청광록대부→은
청흥록대부로 고친 것을 언급하였을 뿐이다.

아울러 '賜紫衫以上正階'가 갖는 의미는 성종 14년의 령에 문무산계가
정해지면서 국초에 관계로 사용되었던 대광 이하의 고유 관계는 성종 14
년 문산계에 흡수됨으로써 관계로서의 생명력을 잃어버리고 향직화하였
으므로 문산계를 '정계'라고 하였던 것이다.

그렇게 볼 경우 성종 14년의 '령'은 위의 문무산계와 같은 내용에『高
麗史』권75, 志29 選擧3, 銓注 鄕職條의 내용을 포함하여 다음과 같은
내용으로 이루어졌었다고 볼 수 있다.

> 成宗十四年 定文武官階(始分文武官階) 文山階凡二十有九 武散階凡二

十有九 賜紫衫以上正階 ; 改文官大匡爲開府儀同三司 ; 正匡爲特進 ; 大丞爲興祿大夫 ; 大相爲金紫興祿大夫 ; 銀靑光祿大夫爲銀靑興祿大夫 (又定)鄕職   一品曰三重大匡重大匡二品曰大匡正匡三品曰大丞佐丞四品曰大相元甫五品曰正甫六品曰元尹佐尹七品曰正朝正位八品曰甫尹九品曰軍尹中尹.

고려의 경우 무산계 29계를 정하였지만 당나라, 그리고 조선과는 달리 무반은 무산계와 관련을 가지고 있었던 것이 아니라 문반과 동일한 문산계를 帶有하고 있었다. 무산계는 향리나 탐라의 왕족·여진의 추장·老兵·工匠·樂人들의 위계였다. 그렇기 때문에 무산계 말미에 "今以見於史册者考之則武官皆無散階其沿革廢置未可考"라고 하였던 것이다. 아울러 고려사에서 문산계와 무산계를 따로 구분하여 실은 것도 이 때문이다. 고려의 향직은 관인을 상대로 한 중국식 문산계와는 계통을 달리하는 고려적 질서체계로서 관인과 구별되는 특정 부류(장리나 무관의 노인·무산계를 가진 자·군인·양반·서리 및 추장)에게 수여되는 영예적 칭호로서 爵과 같은 의미를 갖고 있기 때문에 고려사 선거지에 실리게 되었다.

성종조를 전후한 시기에 唐律令의 적용이 적극적으로 이루어지는 과정에서 '華風'과 '土風'의 衝突이 있었고, 양자의 절충이 이루어졌는데 그 편린을 관품령의 문산계와 무산계, 향직을 통해 확인할 수 있다. 성종조는 신라, 태봉, 당 등의 율령이 어우러져 임의적으로 적용되던 것을 당율에 근거하면서 절충을 하여 처음으로 일원적인 율령제를 확립하였다. 그렇기 때문에 성종조의 율령제 자료 가운데 '新定', '始令', '始分' 등의 표현은 그것의 반영이다.[39]

---

39) 韓容根은 『高麗律』(경인문화사, 1999)에서 고려 초에는 고려율을 별도로 제정하지 않고 신라율을 사용했지만, 시대의 발전에 따라 새로운 법규정이 필요한 경우 국왕의 제·판·교의 형식으로 제정 보완했다는 점진적인 입장을 견지하고 있다. 그는 名例條를 보아도 성종 연간에 고려율이 제정된 어떤 흔적도 찾아볼 수 없는 만큼 당율을 모방했다는 주장은 재고해야 한다며, 고려율은 신라율을 그대로 계승한 것이라고 주장하고 있다.

성종조부터 고려는 거란의 침입으로 인해 한차례 어려움을 겪게 된다. 그러나 거란을 물리친 현종 이후 국력의 팽창으로 중앙집권을 강화하기 위한 제도적 기반을 확고히 할 수 있었고, 문물제도 역시 법제적으로 정비할 여건을 갖추면서 율령제도에 대한 정비에 나서게 된다. 이미 밝혀진 바와 같이 현종조에 宋律을 수용하여 軍律을 정비하였고, 試券의 이름에 종이를 붙이는 제도인 '糊名試式'이 제정되었다. 동왕 14년 5월에는 종전의 어사대격을 대신한 新格이 제정되었으나 폐기당하는 경우도 있었음을 다음의 자료에 의해 알 수 있다.

(15) 禮部奏 准御史臺格 兩班員吏於朝門街衢公處以私禮拜伏者隨卽斜罪 謹按禮記 君子行禮不求變俗 又云 修其敎不易其俗齊其政不易其宜 况非禮無以辨上下長幼之序. 如御史臺新格卑幼之於尊長何以致敬何以辨位 請於朝廟禮會班行切禁私禮拜伏外任便爲宜 從之.[40]

백관이 조회할 때 御史臺新格에 의하면 '조정의 관리가 조정과 거리 또는 공식장소에서 상관에게 사사로운 예절로 절하거나 엎드리는 자는 즉시 처벌하라'고 한 규정에 대해 예부에서 예기의 "군자는 예를 행함에 있어서 時俗을 변경하려 하지 않는다"하였고, 또한 "교화를 밝히되 시속을 고치지 않으며 정사를 바르게 하되 마땅한 것은 고치지 않는다"는 구절을 인용하면서 어사대신격에 따른다면 아랫사람이 윗사람에게 어떻게 경의를 표하며 어떻게 지위의 높고 낮음을 구별할 수 있겠는가 하면서 '조정의 회합이나 반열에서 사사로 절을 하거나 엎드리는 것을 엄금하고, 이외에는 편리한대로 하게 하는 것이 좋겠다'고 하여 어사대신격을 폐기시켰다. 이것은 時俗과 맞지 않아 폐기된 예이다. 성종 6년 3월의 '考官格式'에 관한 자료 이후 '格'에 관한 사료로서 처음 등장한 것이다. 그러나 '어사대신격'이라고 한 것으로 보아 현종 16년 이전에 이미 '어사대격'이 존

---

40) 『고려사』 권85, 형법2 禁令, 顯宗 16년 4월.

재하였음을 알 수 있다.

이러한 변화로 인해 성종조의 고려 율령에 대한 전반적 손질을 가할 필요성이 제기되어서 사료 (1)에서 보다시피 문종 1년(1047)에 학자들을 중심으로 그동안 정비, 시행하면서 첨가되거나 변경된 법제를 考正하였다고 볼 수 있다.

고려의 토지제도 및 관제 등은 "更定兩班, 田柴科, 又改官制, 定百官班次, 及祿科"[41]의 기록에서 보다시피 문종 30년에 제도적으로 완성되었다고 볼 수 있다. 이때 職員令도 완비되었다고 할 수 있다. 당의 직원령은 三師三公臺省職員令, 寺監職員令, 衛府職員令, 東宮王府職員令, 州縣津戌嶽瀆關津職員令, 內外命婦職員令으로 구성되어 있다. 고려의직원령은 이를 바탕으로 하여 三師三公 이하省, 部, 臺, 院, 寺, 司, 館, 局과 東宮官, 諸妃主府, 諸王子府, 諸司都監各色, 外官 등의 직장과 직원을 문종조를 기준으로 명기하였다.

예종과 인종 대를 전후한 시기에는 왕권강화의 의도에서 과거제도와 그와 관련된 학교에 관한 법령의 정비가 두드러진 시기이다. 학령은 과거제도와 깊이 관련된 교육제도에 관한 법제라고 할 수 있는데, 인종은 우승선 鄭沆을 국학에 보내 학령에 대한 의견을 물어보기도 하였다.

> 무릇 學官과 諸生 가운데 學令에 대해서 불편한 자가 있으면, 그 의견을 쫓아 고치려고 한다. 모두 학령대로 시행하면 어떻겠는가? 生員이 모두 머리를 조아리며 흡족하여 고하기를 "선왕이 제정한 학령은 그 가운데 본보기입니다. 지금 다시 시행하니 그 기쁨이 이보다 더한 것이 없습니다"라고 하였다.[42]

같은 내용의 끝에 '己酉四月日記'라고 하였으므로, 인종의 선왕인 예종 대에 제정된 학령이 존재하였음을 알 수 있다. 예종 4년에 七齋가 설치되

---

41) 『고려사절요』 권5, 文宗 30年 12月.
42) 金守雄, 「行學記」 『동문선』 권64.

었으므로 학령은 칠재에 대한 내용을 담고 있을 것이다. 또 權適이 예종 12년 송의 制科에서 甲科第一로 급제하고 귀국하였을 때 예종이 그를 국학박사로 제수하고 「國學禮儀規式」을 편찬하도록 하였는데[43] 이는 학령을 보충한 學式이 이때 제정되었음을 알려준다.[44] 아마도 송의 학식을 참고하여 제정되었을 것이다. 또 '各業監試許赴選上鄉貢式'이 이미 예종 5년 9월 이전에 존재하였다.[45]

이러한 법제의 편린을 포함하여 편찬되었을 『고려사』 선거지는 학교조의 학식과 더불어 인종 14년에는 예부시의 '式'과 국자감시의 '格'이 실려 있는데, 이는 격식을 종합적으로 공포한 내용이다.

지금까지 당, 일본의 율령집을 참고하여 복원한 고려율령의 내용을 간략하게 살펴보면 다음과 같다. 관품령은 성종 조에 문산계와 무산계로 나뉘어 관계가 시행되었는데, 당과는 달리 고려 질서체계의 필요성에 의해 생긴 무산계와 향직과 같은 것은 고려 독자령이라 하겠다. 職員令은 고려 성종대에 내외 관직을 제정한 이후 문종대에 제도적 완성을 이루었다. 따라서 직원령은 문종대의 직원령에 의거해 삼사 삼공 이하 성, 부, 대, 원, 사, 사, 관, 국과 지방의 목, 부, 주, 현 내직과 외직을 정리하였고, 그 직장과 직원을 명기하였다.

選擧令은 당령에서는 銓注에 관한 령이 많으나, 고려에는 과거의 운영과 관련된 령이 많다. 과거의 운영과 관련하여 '考官格式', '糊名試式', '封彌之法'의 과거식이 제정되었다. 전주와 관련된 加資式이 성종 8년에(사료 11), 循資格이 공민왕 17년에[46], 解由格이 공양왕 3년에 제정되었

---

43) 최자, 『보한집』 권상.

44) 허홍식, 2005, 『고려의 과거제도』, 일조각, 83쪽.

45) 『高麗史』卷73, 選擧志1, 科目1 睿宗 5年 9月 判, "製述明經諸業新擧者屬國子監三年仕滿三百日者各業監試許赴 西京則留守官選上鄉貢則東南京八牧三都護等界首官依前式試選申省."

46) 『高麗史』 권75, 選擧志3, 銓注 選法 恭愍王 17년 12월, "用循資格."

다.47) 또한 고려 독자령으로 과거 이외의 방법으로 관직에 나가는 령에 대한 내용이 수록되어 있다. 封爵令은 『고려사』 백관지에 주로 내용이 실려 있으며, 당의 봉작령을 근간으로 한 것 같다. 제도적으로 완성된 것은 문종대이다. 녹령은 문종 30년에 제도적 완성을 보고, 인종조에 改令되었다.

賦役令은 당령의 형식을 빌렸지만 실제상의 적용에서는 당, 일과 크게 다르다. 예컨대 고려령의 세제 부과 기준은 당, 일과 달리 토지, 토지와 호구, 정남수 등으로 3분화되어 있다.

戶令의 경우 우선적인 특징은 당, 일과 같이 군현의 규모나 인보제도와 관련된 조항이 찾아지지 않는다는 점이다. 고려령에서는 호등제와 관련된 항목이 실제로는 부역령에 포함되어야 하는 내용이지만, 당일에서는 호등의 연령구분이 아주 상세하여 호령에 포함되고 있다는 점이다. 이것은 고려 세제가 호를 부과기준으로 삼고, 당일은 연령을 부과기준으로 삼는 특징 때문이다.

雜令은 속성상 기존의 령 이후 만들어진 규정들이 잡령에 포함되었을 것으로 생각되는데 사료가 부족하여 복원하기가 쉽지 않았다.

軍防令은 고려 병제 자체가 중국 병제와 다른 때문인지 독자적인 고려령이 상당히 많았다.

公式令의 경우 가장 큰 특징은 당령에서는 령에 포함되어 있지만 고려에서는 式으로 남아있다. 『고려사』 형법지에 公牒相通式이 남아 있다.48) 사신의 역마에 대한 규정은 령으로 볼 수 있는 부분인데, 이 내용은 廐牧令과도 관련되어 있으므로 차후 검토가 필요하다. 醫疾令의 경우 령의 존재도 있지만, 의과시험의 경우 의업식이 남아있다.

---

47) 『高麗史』 권75, 選擧志3, 銓注 選法 恭讓王 3년 5월, "頒京外官解由格."
48) 이에 관해서는 강은경, 2004, 「고려사 형법지 공첩상통식에 나타난 지방통치구조」(『동방학지』 123)와 윤경진, 「고려사 형법지 공첩상통식 외관조의 분석」(『역사문화연구』 27, 한국외대 역사문화연구소)의 연구가 있다.

假寧令은 당, 일에 비해 특히 많다는 점이 이채롭다. 또 상례와 관련된 규정이 거의 대부분을 차지하고 있다. 상례 외의 휴가는 官吏給假式으로 남아있다.

衣服令은 왕과 왕세자의 의복에 대한 규정이 미흡한 점이 특징이다. 이것은 고려의 대외관계가 형식적이라 하더라도 고려나 송의 책봉을 받은 점과 관련이 있다.

왕실의 의장 행렬에 관한 鹵簿令의 경우 『고려사』 여복지 노부조에 관련 기사가 나온다. 일본의 령이나 식에서조차 규정이 보이지 않는데, 고려에서는 당령에 못지않게 상세하다. 행차 장소에 따른 노부령의 의식은 당령에 비해 다양하다는 점이 특징이다.

儀制令은 관련자료가 적다. 『고려사』 형법지에 나오는 避馬式이 당령의 조문과 유사하다.

田令은 토지제도와 관련된 것이다. 당령과 고려령을 비교할 때 많은 부분에서 형식적 측면에서 영향을 받은 것은 사실이지만 경제와 관련된 것은 내용상 상당히 차이가 난다. 토지제도도 전시과제도와 당의 균전제가 다르기 때문에 영업전, 구분전 등 같은 용어를 사용하고 있지만 내용은 다르며, 당연히 고려 독자령의 내용이 많이 보인다.

學令의 경우 국가통치이데올로기로서 유교의 창시자인 공자이하 배향 인물에 대한 내용은 당령과 거의 일치하나 국자감에서의 교육내용의 경우 당령과는 달리 고려에서는 인종조에 식목도감에서 상정한 '學式'만이 남아있다. 내용은 당령의 학령 부분과 일치하는 부분도 있고 당령에는 보이지 않는 부분도 있다. 특히 고려에서는 관학 못지않게 사학이 발달하였기 때문에 사학에 관한 령은 고려 독자령으로 추정된다.

站驛令도 당령과 유사한 것 같지만 내용에 있어서는 차이가 있다. 당과 일본은 驛의 중요도에 따라 馬匹의 수에 차이가 있지만 고려는 驛丁의 수에 차이가 있다. 또한 마필보다는 인정을 중시하는 것 때문인지는 몰라도 당과 일본에서 역에 1명의 驛長이 있는 것에 비해 고려에서는 驛長수가 다르다.

廐牧令은 주로 馬政과 관련된 령이다. 특히 주목되는 점은 牧監養馬와 관련하여 현종16년에 일단 령이 정해진 이후 의종 13년에는 諸牧監場畜馬料式이 다시 확정된 것으로 보인다.

關市令은 『고려사』 식화지 화폐조에 물가와 관련된 市估의 내용만이 보일뿐이다.

倉庫令의 경우 고려사 志에 해당 항목이 없기 때문에 당령, 양노령과 비교해 보았을 때 딱히 부합하는 사료를 찾기가 힘들었다. 다만 조창에 관련된 내용을 여기에 포함시킬 수 있지 않을까 한다.

宮衛令과 같은 것은 궁궐 방비와 숙위에 관한 것이므로 왕조국가에서 없을 리가 없지만 율에서 궁위령과 관련된 위금율에 관한 자료가 대단히 영세한 것을 보면 사서에서는 의도적으로 누락된 것으로 보인다.

權貨令과 같이 전매제와 관련된 것은 당령에는 나오지 않지만 소금의 전매로 인한 수입이 재정의 50%에 육박할 정도로 중요하였던 원대에 비로소 등장한다. 고려도 후기인 충선왕대에 재정개혁의 일환으로 염전매제를 시행한 이후의 사료가 주를 이루고 있다.

營繕令은 국가적 건축사업과 관련된 령이나 당령 등에 부합하는 사료를 찾기가 힘들었다.

河渠令은 수리사업과 관련된 것으로 송대 이후에 등장하는 령이다. 사료의 부족으로 부합되는 령을 찾기가 어려웠다.

불교관계 령은 佛敎儀禮令, 寺院令, 僧尼令 등 세부분으로 정리할 수 있었다. 八關會, 燃燈會, 無遮大會, 太祖 忌齋, 奉恩 行香, 國王 祝壽道場, 藏經道場, 經行, 軒欄講法, 州府郡縣 輪經會, 百座會 등의 불교의례 령은 唐令과 養老令에는 없다. 寺院 설치 금지령이 자주 등장한다. 僧尼令은 국가의 부역 노동력과 관련되기 때문에 국가의 통제가 많아 다소 자세한 것이 많았다. 그리고 그 내용도 중국과 일본의 령과 비슷한 것이 많다. 승려에 관한 각종의 규제에 관한 령으로 있었다.

喪葬令은 부모의 장례를 치르지 않은 일이 없도록 하고 가난하여 그런일이 있으면 葬費를 관급하라는 것이었다. 문무양반의 墓地 규모에 관한규정은 唐令의 喪葬조와 내용이 흡사하여 거기에서 법의 원류가 되었음을 알 수 있다. 棺槨에 金箔을 사용하지 못하게 하는 금령도 있었다. 喪期는 국왕의 경우 날을 달로 바꾸어 상기를 단축하는 遺詔를 내려 중국의의례보다 단축하였음을 알 수 있다. 고려 말에 三年喪의 시행을 법제화하는 기사가 있고, 상기를 사대부가 삼일로 하는 것과 몸소 廬墓를 하지 않은 것을 금하는 령을 내려 점차 性理學의 보급에 따른 상장례가 시행되는변화를 볼 수 있었다. 국왕과 사대부에게는 당의 法制가 고려 사회에서는시행되지 않고 고려 말에 와서야 시행되는 차이를 확인할 수 있었다.

樂令은 고려사 樂志에서 악령 관계는 몇 사례만 찾을 수 있었다. 악령과 관련하여 일본의 양노령에는 악령이 없었다. 당령에는 악령이 있으나고려사에서 확인되는 사례와 비교되거나 참고될 만한 것은 없었다. 이로보아 鄕樂이 상당히 시행된 면이 엿보인다.

雜令은 속성상 기존의 령 이후 만들어진 규정들이 잡령에 포함되었을것으로 생각되는데 사료가 부족하여 복원하기가 쉽지 않다. 公私枰斛이나 內外官斛 등 도량형에 관한 규정이다. 借貸에 관련된 규정을 포함시킬수 있다.

IV. 맺음말

고려시대의 律은『고려사』형법지에 정리되어 있는 남아있어 律에 대해서는 일찍부터 주목하여 연구가 이루어졌다. 그러나 고려율에 대한 연구가 집중도었다 하더라도 대부분 개괄적인 연구에 머물고 名例, 衛禁, 職制, 戶婚, 廏庫, 擅興, 盜賊, 鬪訟, 詐僞, 雜律, 捕亡, 斷獄, 獄官令 중 직제율 정도만이 깊이 있는 연구가 이루어졌을 뿐이다.

특히 그간의 연구 성과를 살펴보면『고려사』의 여러 志를 비롯하여 이곳저곳에 분산되어 남아있는 高麗令, 格, 式 등에 대해서는 자료 복원을 시도한 적이 없었기 때문에 고려 법제사 연구는 전반적으로 부진하였다.

『고려사』각 志 등과 사료에 분산되어 있는 율령관련 사료를 당령습유, 당율소의, 송형통, 경원조법사류, 지원신격, 통제조격, 원전장, 지정조격, 양노율령, 연회식, 류취삼대격 등 중국, 일본의 법전을 참고로 하여 복원 정리가 이루어진다면 새로운 시각에서 체계적으로 고려 율령의 성격을 구명할 수 있을 것이다. 이의 복원과 정리를 통해 한국 법제사 연구에서 공백으로 남아있는 고려 법제사가 복원되고, 나아가 고려사회 전체의 성격을 구명하는데 도움이 되리라고 본다.

【참고문헌】

1. 저서

고병익, 1970, 『동아교섭사의 연구』, 서울대 출판부

박용운, 1997, 『고려시대 관계·관직 연구』, 고려대학교 출판부

송두용, 1985, 『韓國法制史考』, 進明文化社

신호웅, 1995, 『高麗法制史研究』, 국학자료원

연정열, 1984, 『韓國法制史』, 學文社

한용근, 1999, 『高麗律』, 경인문화사

허흥식, 2005, 『고려의 과거제도』, 일조각

張友漁 主編, 1984, 『中國大百科全書法學卷』 상해, 中國大百科全書出版社

淺見倫太郎, 1922, 『朝鮮法制史稿』, 岩松堂

2. 논문

고병익, 1953, 「원대의 법제 - 몽고관습법과 중국법과의 관련성」 『역사학보』 3

강은경, 2004, 「고려사 형법지 공첩상통식에 나타난 지방통치구조」 『동방학지』 123

김영미, 2002, 「高麗時代 佛敎界의 統制와 律令」 『史學研究』 67

김인호, 2002, 「고려의 元律 수용과 高麗律의 변화」 『한국사론』 33, 국사편찬위원회

김인호, 2001, 「김지의 『주관육익』 편찬과 그 성격」 『역사와 현실』 40

김인호, 2002, 「여말선초 육전체제의 성립과 전개」 『동방학지』 118

김인호, 2003, 「원의 고려인식과 고려인의 대응 - 법전과 문집내용을 중심으로」 『한국사상사학』 21

김인호, 2005, 「조선전기 법전을 보는 시각과 방법론의 연구사적 검토」 『학림』 25·26합집

박병호, 1975, 「韓國法制史」 『韓國文化史新論』, 中央大出版部

박용운, 1981, 「고려시대의 문산계」 『진단학보』 52

연정열, 1997, 「고려 원종~충렬왕시대 법령에 관한 연구」 『이현희교수화갑기념논문집』

연정열, 1995, 「고려시대의 율령에 관한 연구 - 원종·충렬왕 시대를 중심으로」 『한성대논문집』 19

연정열, 1994, 「고려와 지정조격에 관한 연구」『몽골학』2

연정열, 1999, 「원률이 고려률과 몽골사회에 끼친 영향에 관한 일연구」『한성대논문집』23

위은숙, 2004, 「高麗時代 土地槪念에 대한 再檢討－私田을 중심으로」『韓國史硏究』124

윤경진, 「고려사 형법지 공첩상통식 외관조의 분석」『역사문화연구』27, 한국외대 역사문화연구소

윤훈표, 2002, 「고려시대 관인범죄의 행형 운영과 그 변화」『한국사론』33, 국사편찬위원회

윤훈표, 2003, 「고려시대 군률의 구조와 그 성격」『사학연구』69

윤희면, 1985, 「고려사 형법지 소고」『동아연구』6

이우성, 1989, 「고려토지, 과역관계「判, 制」에 끼친 당령의 영향－신라 율령국가설의 검토를 겸하여」『대동문화연구』23

이정훈, 2002, 「고려시대 지배체제의 변화와 중국율의 수용」『한국사론』33, 국사편찬위원회

이희덕, 1973, 「고려율과 효행사상에 대하여」『역사학보』58

임규손, 1974, 「고려율령」『동국대학교논문집』12

채웅석, 1985, 「고려시대의 귀향형과 충상호형」『한국사론』9, 국사편찬위원회.

최정환, 2006, 『고려사 백관지의 연구』, 경인문화사

武田幸男, 1971, 「朝鮮の律令制」『岩波講座 世界歷史』6, 岩波書店

北村秀人, 1976, 「高麗時代の歸鄕刑・充常戶刑について」『朝鮮學報』81

濱中昇, 198, 「高麗における唐律の繼受と歸鄕刑・充常戶刑」『歷史學硏究』483

楊鴻烈, 1999, 『中國法律在東亞諸國之影響』북경, 중국정법대학출판사

仁井田陞, 1965, 「唐宋の法と高麗律」『東方學』30

花村美樹, 1937, 「高麗律」『朝鮮社會法制史研究』, 岩波書店

제6장 고려의 관료제 관련 법령에서의 唐令의 영향

Ⅰ. 머리말

고려시대 관료체계의 조직과 운영에 관한 법령은 官品令, 職員令, 選擧令, 封爵令, 祿令, 考課令, 假寧令, 儀制令 등의 令과 職制律 등을 들수 있다.

당육전 형부에서 "令으로 범위를 정하고 제도를 세운다"고 한 것, 『신당서』형법지에서 "令이란 것은 존비귀천의 등급이며, 국가의 제도이다"고 한 것에서 令은 국가제도에 관한 법령으로 이루어졌고, 국가제도, 그 자체는 관료체계의 조직과 운영에 관한 법령 위주로 이루어질 수밖에 없다. 국왕이 임시로 반포하고 국가기관에 보내 집행하게 하는 단행법규로서의 임시법전의 성격을 띤 格, 각 기관의 장부·서장·격식을 기재하는 형식에 관한 규정, 즉 일을 처리하는 세칙과 규격에 관한 규정인 式 역시 관료체계의 조직과 운영과 관련된 것이 많을 수밖에 없다. 그리고 관료체계의 운영과 관련된 령·격·식에 어긋난 죄에 대해 율로서 다스린 다는 점에서 職制律 등의 律도 관료체계의 운영과 관련된 법령이 많은 조목을 차지하였을 것이다. 그렇지만 고려의 경우 조선시대에 들어와 『高麗史』백관지, 선거지, 형법지, 식화지 등에 흩어져 변형된 형태로 잔존하기 때문에 그 전모를 살피기 어렵다. 그런 이유로 인해 법령을 통해 고려시대 관료체계의 조직과 운영에 대한 종합적 분석은 그간 거의 행해지지 않았다.

고려시대의 율령에 관한 연구는 그간 크게 3가지 문제점에 주목하여 진행되었다고 할 수 있다. 첫째 고려율의 독자적인 편찬여부, 둘째 고려율의 편찬을 인정하는 입장에서 편찬시기에 관한 문제, 셋째 고려율의 운용과 구체적인 내용에 대한 연구이다. 이렇듯 律에 대한 연구에만 집중되고 令, 格, 式에 대한 연구가 거의 이루어지지 않았다. 그런 이유 때문에 고려의 관료조직과 운영에 관한 연구도 법제사적 차원에서 거의 이루어지지 못하였다.

다만 고려 율령의 연구에서 『高麗史』 형법지의 분석을 통해 고려의 율령은 당나라의 율령을 근간으로 하여 성립되었다는 점을 지적하면서 그 근거로 성종대 정치체제를 당의 3성 6부제를 근간으로 정비한 것으로 보아 당 율령을 수용하였다는 정도에서 언급될 정도였다. 그 외 『高麗史』 형법지의 직제율을 중심으로 관인범죄의 행형문제를 다룬 연구와[1] 수령의 사법권과 행형범위를 다룬 연구,[2] 고려 특유의 형벌로 알려진 귀향형을 검토한 연구 성과가 있다.[3] 이상의 연구들은 주로 형법지 직제율의 분석을 통한 관인들의 범죄행위에 대한 처벌에 초점이 맞추어져 있다. 율을 제외한 官品令, 職員令, 選擧令, 封爵令, 祿令, 考課令, 假寧令, 衣服令, 儀制令 등의 관료체계의 조직과 운영에 관한 고려령 가운데 봉작령이 김기덕, 최정환 등에 의해 봉작제와 백관지 분석의 과정에서 약간 언급된 것을 제외하고 이에 대한 검토는 별반 없었다. 필자는 2006년~2008년에 걸쳐 한국연구재단의 연구비 지원을 통해 「고려시대의 율령의 복원과 정리」란 과제의 연구책임을 맡아 이에 대한 연구를 공동으로 진행하여 『고려시대 율령의 복원과 정리』(영남대학교 민족문화연구소편, 경인문화사, 2009.

---

1) 윤훈표, 2002, 「고려시대 관인범죄의 행형 운영과 그 변화」 『한국사론』 33, 국사편찬위원회.
2) 임용한, 2002, 「고려후기 수령의 사법권 및 행형범위의 확대와 그 성격」 『한국사론』 33, 국사편찬위원회.
3) 蔡雄錫, 1983, 「高麗時代의 歸鄕刑과 充常戶刑」 『韓國史論』 9.

2)란 책을 낸 바가 있다. 그 연구성과를 활용하여 고려시대 관료체계의 행정원리를 규명하기 위한 작업의 일환으로서, 관료체계의 조직과 운영을 위하여 만든 법령들을 정리하여, 그 제도들이 어떻게 규정되고 작동되도록 뒷받침되었는지를 살펴보고자 한다. 그 기초작업으로 본고에서는 고려의 관료체계의 조직과 운영에 관한 법령에서의 당령의 영향이 끼친 점을 정리하여 관련 법령의 편목 분류와 편목 존재 가능성에 초점을 맞추어 논지를 전개하고자 하였다.

II. 고려의 관료체계의 조직과 운영에 관한 법령에서의 당령의 영향

고려의 관료체계의 조직과 운영에 관한 법령은 그 전모를 파악하기 어렵다. 그 첫 번째 이유는 머리말에 언급한 바와 같이 관료체계의 조직과 운영에 관한 법령인 官品令, 職員令, 選擧令, 封爵令, 祿令, 考課令과 公式令, 職制律 등이 역사서인 『高麗史』의 「百官志」·「選擧志」·「刑法志」 등의 諸志와 世家 등에 흩어져 대부분 변형되어 잔존하기 때문에 그 당초에 반포된 율령격식의 전모를 파악하기 어렵기 때문이다. 그렇기 때문에 무편년기사가 많은 등 법령의 형태로 전해지지 않은 채 역사적 관점에서 제도의 성립과 변천에 초점을 두고 간략히 전해질 뿐이다. 그리고 각 지의 서문에서 조선시대의 『高麗史』 찬자들은 당제의 수용을 언급하였지만 그 성립과정과 변천에 대한 법령을 드러내지 않은 채 당나라의 법제 繼受, 그리고 조선 성립 직전의 고려시대의 관료체계의 조직과 운영, 즉 元의 제도를 중심으로 정리하다 보니 법령의 전모를 살피기 어렵다. 더욱이 고려는 당의 법령을 받아들였지만 500년의 역사를 가진 왕조였기 때문에 그 법령의 개폐가 많을 수밖에 없었다. 고려 500년간 중국 역대 왕조와의 교류 속에서 다양한 영향을 받았는데 법제의 경우도 예외는 아니었다.

동아시아 세계는 당나라가 성립된 7세기 무렵부터 당이 멸망하는 10세기 초까지 당을 중심으로 한 하나의 세력권을 형성하였다. 공통의 문자인 한자를 통해 동아시아 각국은 각종 문물제도를 교류하면서 유교와 불교를 지배이데올로기를 삼아 지배체제를 유지하였다. 이러한 동아시아 세계는 그 중심국가인 당나라가 무너지면서 대분열의 시대로 접어들게 된다. 중국대륙은 5대 10국이 분립하였고, 북중국의 만주 일대에서는 거란족이 중국대륙에서 힘의 공백 상태를 틈타 국가를 건설하였고, 한반도에서는 후삼국의 분열이 일어났다. 이러한 대분열은 926년 거란이 발해국을 병합하면서 동아시아 세계의 새로운 강자로 등장하고, 한반도에서는 936년 고려왕조가 후삼국의 분열시대를 마감하고 통일왕조를 형성하고, 중국대륙에서도 5대 10국의 뒤를 이어 960년 송이 건국되면서, 10세기 중반이 되면서 동아시아 세계는 송·거란·고려 등 각 지역의 강력한 국가를 중심으로 통합왕조가 형성되어 거란이 멸망하는 12세기 초반까지 고려와 송·거란이, 이어 12세기인 고려 중기에는 금과 고려·송나라가, 그리고 1234년 금나라가 멸망하면서는 고려와 원나라·송나라가 다원적인 관계를 형성하였다. 그러다 고려 말인 14세기 후반 명나라가 등장하면서 다시 고려, 명·원이 각축을 벌였다. 10세기 중엽에서 14세기 말까지 동아시아에서 유일하게 근 500년을 지속한 고려왕조는 다원적 국제질서 속에서 각국과 외교관계를 유지하면서 여러 왕조의 흥망을 바라다보았다. 따라서 고려의 각종 문물제도는 물론 율령체제 역시 주변 여러 왕조의 그것을 참조하여 정비하였음을 주목하지 않으면 안된다.

고려의 관료체계의 조직과 운영에 관한 통치제도는 태봉과 신라의 제도를 이어받아 여러 차례 정비되었다. 성종 대에는 『唐六典』의 영향을 받아 중앙에는 3省과 6部를 바탕으로 관료제도를 갖추었고, 지방에는 12牧을 설치하였다. 그 이후 당대의 율령격식을 바탕으로 하면서도 송대의 칙령격식과 조법사류, 원대의 조격과 단례라는 형식상의 변화를 수용하면서 고려의 율령을 반포하다 보니[4] 500년간 변화된 율령의 모습을 밝혀내는 것은 쉽지 않은 실정이었다.

고려 문종조 이후 이미 율령의 잘못이 많아 올바로 쓰기가 어려워 자세한 교정을 통해 알맞은 것을 찾으려는 노력이 있음을 다음의 사료를 통해 알 수 있다.

> ① 제하기를 "법률은 형벌의 斷例(판결의 준거로 삼는 규정)이다. 밝으면 어긋남이 없지만 밝지 못하면 경중을 잃는다. 지금의 律令은 혹 잘못이 많으니 올바로 쓰기가 어렵다. 이를 侍中 최충에게 명하여 모든 律官들을 모아 거듭 자세한 校正을 더하여 알맞은 것을 찾도록 하라. 서업과 산업도 考正하도록 하라."[5]

'지금의 律令(今所行律令)'이 혹 잘못이 많아 올바로 쓰기 어려워 최충의 주도 아래 모든 律官이 모여 몇 차례의 검토를 거쳐 고려의 실정에 맞도록 고치려 한 기록을 통해 태봉·신라·당·송 등 여러 나라의 법률을 종합하고, 시행하는 과정에서 율령과 현실의 모순을 판문으로 보충하여 완성시켜 나가고 있음을 알 수 있다.[6] 그것은 다음의 사료에 의해 뒷

---

4) 중국의 경우 시대의 흐름에 따라 唐의 律令格式-宋의 勅令格式과 條法事類-元의 條格과 斷例라는 형태로 변화되어 나가고 있다. 송대의 '天聖令'은 당령체제를 답습하였지만, '慶元條法事類'는 일종의 판례집 성격을 띠면서 체제면에 있어 이전의 법전류와는 확연히 차이를 보이고 있고, 원대의 '通制條格'과 '至正條格'도 편목은 당령을 토대로 하였지만 그 편목별 내용은 판례집의 성격이 강하다. 고려의 경우 전, 후기 법령관련 사료의 형식에서 이러한 변화가 분명히 보이고 있었다. 특히 큰 변화는 원간섭기 이후였다(위은숙, 2007, 「원간섭기 원율령의 수용문제와 權貨令」『민족문화논총』 37)

5) 『高麗史』 권7, 문종 1년 6월 戊申, "制曰 法律刑罰之斷例也 明則刑無枉濫 不明則罪失輕重 今所行律令 或多訛舛良用軫懷 其令侍中崔冲 集諸律官重加詳校務從允當 書筭業亦令考正."

6) 허흥식, 2005, 『고려의 과거제도』, 일조각, 82쪽.

받침된다.

> ② 文懿公이 지은 중서문하총성에서 이조·병조와 행원의 성명을 草押(署名)
> 하는 規式은 令文과 같지 않으며, 중서성에서 소장한 宋·遼·金의 誥式과
> 도 각각 다르므로 마땅히 版本의 令文을 따라야겠다.[7]

文懿公이 지은 중서문하총성에서 이조·병조와 행원의 성명을 草押하
는 規式이 令文과 같지 않으므로 중서성에서 소장한 宋·遼·金의 誥式과
비교해보고 '版本의 令文'을 따라야겠다고 한 것에서 고려 독자의 율령집
이 존재하였음을 짐작할 수 있다. 특히 주목되는 사실은 중서성에 宋·遼·
金의 誥式을 소장하여 법률을 考正하여 고려의 실정에 맞는 법제도를 확
립하기 위한 노력을 기울이고 있다는 점이다. 그런 점에서 고려의 관료체
계의 조직과 운영에 관한 법령 역시 조선시대의 『高麗史』 찬자들은 당제
의 수용을 언급하였지만 宋·遼·金의 제도를 참작하여 다듬었을 것이다.
특히 원간섭기에 들어가면서 원에 의해 고려의 행정체계의 변화가 강
요되면서 고려의 율령은 크게 변화될 수밖에 없었다. 충렬왕 원년(1275)
10월 원은 고려의 官號가 元制와 같은 것이 있어 僭越하다고 비난해 옴
에 따라 관제개편을 하지 않을 수 없었다. 이 때 관제개편의 기준은 元의
官制였다. 中書門下省에서 6部까지만 대상으로 하고 그 아래의 寺, 監은
고치지 않았지만 元의 官制와 같은 명칭을 고치고, 省, 院, 臺, 部 등 상위
관부들을 元의 4~5품에 해당하는 司나 5~7품에 해당하는 署로 조정하는
것을 그 내용으로 하였다. 비록 이 때 개편된 관제는 下位官府는 그대로
둔 채 上位官府만 고친 것으로 기형적인 모습이지만 관제와 관련된 官品
令, 職員令 등에 해당하는 부분을 원의 제도에 견주어 강제로 개편한 것
이라 할 수 있다. 그 후 충선왕 즉위년의 관제개편은 충렬왕대 관제개편

---

7) 『補閑集』 卷下.

의 기형성을 극복하는 것을 목적으로 하였으나 그 내용은 元制에 맞추어 더욱 철저한 개편이었다. 그러나 고려 말까지 정치변동에 따라 여러 차례 개편이 이루어지고 있는데 그것은 원제의 수용이 자율적인 것이 아니었기 때문에 일어난 현상이라 보여진다.[8]

관료체계의 조직과 운영에 관한 법령 가운데 관품령과 직원령은 관료제도의 모습을 보여주는 令의 중심이다. 選擧·封爵·祿·考課令은 관인의 선발, 임명, 작록지급으로부터 근무평정에 이르기까지 관료기구의 운용을 위한 제 법규이다. 관리의 직무수행에서 일어나는 위법행위에 대한 처벌을 규정한 것은 職制律이다. 물론 여타의 율령 편목 가운데 관료체계의 조직과 운영에 관한 법령이 적지 않다. 이를 통해 법제사적 관점에서 고려의 관료체계의 조직과 운영을 살펴볼 수 있고, 중국과의 비교를 할 수 있을 것이다.

1. 官品令

官品은 官等·官階·品階라고도 하는데, 관료의 지위와 신분을 나타내는 공적인 질서체계였다. 『당육전』의 기술에 의거하면, 당령의 첫 편목은 『官品令』이다. 당대 『관품령』은 "正一品, 太師·太傅·太保·太尉·司徒·司空·以上職事官王爵"[9]이라고 규정하고 있다. 『高麗史』 권76, 백관1 중에 "三師·三公 : 太師·太傅·太保爲三師. 太尉·司徒·司空爲三公 … 各一人, 皆正一品."이라고 한 것으로 보아 당령을 따른 관품령이 존재하였을 것이다. 당나라는 '관품령'이라고 하지만 일본의 『양노령』은 '관품령'

---

8) 이익주, 1996, 「고려, 원관계의 구조와 고려후기 정치체제」 서울대학교 박사학위논문 및 위은숙, 2007, 「원간섭기 원율령의 수용문제와 権貨令」 『민족문화논총』 37, 181~185쪽.

9) 仁井田陞, 1997, 『唐令拾遺補』 東京大學出版會, 870쪽.

이란 용어 대신에 '官位令'이라고 하였다. 고려의 경우 성종 14년에 '始分文武官階'라고 한 것으로 보아 '官階令'이라고 부를 수도 있지 않을까 한다.

당나라 관품령의 경우 仁井田 陞이 『唐令拾遺』에서 32조를 복구한 바가 있다. '武德 7年(624) 定令', '貞觀 11年(637) 改令'의 사실이 기록되었다. 仁井田 陞이 정리한 당나라의 官品令은 流內正一品, 從一品 이하 九品에 이르는 품계마다에 해당관명을 文武職事官, 衛官, 散官, 爵, 勳官 등의 분류주기를 삽입하여 열거한 일람표로 구성되어 있으며, 끝에 視流內, 流外(勳官~九品), 視流外를 부기되어 있다.

고려의 경우 관품령의 경우 『高麗史』 백관지에 의하면 문산계와 무산계로 나누어 官階가 시행된 것으로 언급되어 있으나 그 시행령에 대한 구체적 법령은 전해지지 않는다. 당나라의 경우 문반에게는 文散階, 무반에게는 무산계를 주었으나, 고려에서는 문·무관리 모두 문산계를 받았고 무산계는 탐라의 왕족과 여진의 추장 및 향리와 老兵, 그리고 工匠과 樂人 등에 수여하여 일정한 차이를 보인다는 점에서 당의 관품령과는 차이가 있다. 그러한 과정을 보여주는 사료가 다음의 『高麗史』 백관지의 문산계와 무산계에 관한 기록이다.

③ 國初官階不分文武 曰大舒發韓曰舒發韓曰夷粲曰蘇判曰波珍粲曰韓粲曰關粲曰一吉粲曰級粲新羅之制也 曰大宰相曰重副曰台司訓曰輔佐相曰注書令曰光祿丞曰奉朝 判曰奉進位曰佐眞使泰封之制也 太祖以泰封主任情改制民不習知悉從新羅唯名義易知者從泰封之制 尋用大匡正匡大丞大相之號 成宗 14年 始分文武官階 賜紫衫以上正階 改文官大匡爲開府儀同三司正匡爲特進大丞爲興祿大夫大相爲金紫興祿大夫銀靑光祿大夫爲銀靑興祿大夫 文宗 改官制 文散階凡二十有九.(『高麗史』 卷77, 百官2, 文散階)

④ 國初武官亦以大匡正匡佐丞大相爲階 成宗十四年定武散階凡二十有九 從一品曰驃騎大將軍 正二品曰輔國大將軍 從二品曰鎭國大將軍 正三品曰冠軍大將軍 從三品曰雲麾大將軍 正四品上曰中武將軍下曰將武將軍 從四品上曰宣威將軍下曰明威將軍 正五品上曰定遠將軍下曰寧遠將軍 從

五品上曰遊騎將軍下曰遊擊將軍　正六品上曰耀武將軍下曰耀武副尉　從
六品上曰振威校尉下曰振武副尉　正七品上曰致果校尉下曰致果副尉　從
七品上曰翊威校尉下曰翊麾副尉　正八品上曰宣折校尉下曰宣折副尉　從
八品上曰禦侮校尉下曰禦侮副尉　正九品上曰仁勇校尉下曰仁勇副尉　從
九品上曰陪戎校尉下曰陪戎副尉　今以見於史册者考之則武官皆無散階其
沿革廢置未可考(『高麗史』권77, 百官2, 武散階)

위 백관지에 의하면 국초에 문무산계를 나누지 않고 신라와 태봉의 관
계를 병용하다가 성종 14년에 문무관계를 처음 나누고 무산계 29계를 실
시한 것으로 나온다. 『高麗史節要』권2, 성종 14년 5월조에 "下教 改定
官制"라고 한 기록으로 미루어 보아 관품령 제정에 관한 문헌기록상 남
아 전하는 최초의 령은 성종 14년 5월에 있었고, 사료 ②의 밑줄친 부분
이 관품령의 규정이라고 할 수 있다.

성종 14년의 문산계기록에서 보다시피 성종 14년에 처음으로 문무관계
를 나누고 자삼 이상에게 정계를 주었다고 한다. 성종 14년의 관품령 자
료에 근거하여 개부의동삼사~은청홍록대부에 이르는 5階號 만이 사용되
다가 문종조에 가서야 29계호가 정비된 것으로 이해하는 것은 잘못된 인
식일 것이다. 성종 14년~문종 30년 이전에 이미 개부의동삼사, 특진, 홍
록대부, 금자홍록대부, 은청홍록대부, 정의대부, 태중대부, 중대부, 중산
대부, 조의대부, 조청대부, 조산대부, 봉의랑, 통직랑, 조청랑, 선덕랑, 선
의랑, 승무랑, 유림랑, 등사랑, 문림랑, 장사랑 등 당 정관 17년령의 29계
호 가운데 22계호가 등장한다. 또 성종 14년 이전, 광종 9년부터 광록대
부, 은청광록대부, 중대부, 봉의랑, 유림랑, 문림랑 등의 관계 기록이 사료
상 나타난다.[10]따라서 광종 9년~성종 14년 사이에 당의 정관 11년의 관
품령에 따른 관계의 제정이 이미 있었을 것이다. 특히 성종 4년~8년 사이

---

10) 박용운, 1981, 「고려시대의 문산계」 『진단학보』 52 ; 1997, 『고려시대 관계·관직
　　연구』, 고려대학교 출판부, 55~70쪽 ; 최정환, 『高麗史 백관지의 연구』, 경인문화
　　사, 65~73쪽 참조.

에 '新定五服給暇式,[11] 禁放火山野式,[12] 不依考官格式 放縱違律者 勿許 試取 永以爲式,[13] 詳定中外奏狀及行移公文式[14], 明經孝悌醫方足用者 具錄薦貢京師式,[15] 답험손실에 관한 戶部式,[16] 十二牧經學博士 無一箇 門生赴試者 復令留任式[17] 加資式[18]에 이르기까지 율령의 시행세칙인 格式의 제정에 대한 敎, 命 자료가 집중되어 나온다. 그렇기 때문에 성종 14년 5월의 경우『高麗史節要』에서 "下敎 改定官制"라고 하여 '改定'을 밝혔다. 그런 점에서 "成宗十四年始分文武官階"의 의미는 관제를 '始定' 했다는 의미가 아니라 문무관계를 처음 나누었다는 의미이다.

사료 ③에서 문관 대광→개부의동삼사, 정광→특진, 대승→홍록대부,

---

11)『高麗史節要』卷2, 성종 4년 10월, "是歲 新定五服給暇式 斬衰齊衰三年給百日 齊衰 期年 給三十日 大功九月 給二十日 小功五月 給十五日 緦麻三月 給七日."

12)『高麗史節要』卷2, 성종 6년 춘정월 敎, "自二月至十月, 萬物生成之時, 禁放火山野, 違者罪之, 著爲常式."

13) "省今所擧諸生詩賦策文辭蹐駁格律猥瑣皆不堪取 唯進士三人詩賦策及明經以下諸業 通計六人對義名狀一如所奏 進士鄭又玄五夜方闌二篇已就雖非卓異之才亦是敏捷之手 宜置前列用勸後來 明經以下諸業學生各勤本業方成厥志宜降優柔之澤俾升擢用之科其 令有司准例敍用 自今進士諸生 不依考官格式 放縱違律者 勿許試取 永以爲式 放牓下 敎始此."(『高麗史』卷74, 選擧2, 科目2 崇獎之典 成宗 6年 3月 放榜下敎).

14)『高麗史節要』卷2, 성종 6년 8월 命, "命李夢游 詳定中外奏狀及行移公文式."『高麗史』 권84, 형법1, 公式에 실려있는 공문서 왕복양식인 '公牒相通式'은 '中外奏狀及行移 公文式'의 구체적 내용이라고 볼 수 있다.

15)『高麗史節要』卷2, 성종 6년 8월 下敎, "置十二牧 經學醫學博士各一員 令牧宰知州 縣官 敦加訓誨 若有明經 孝悌醫方足用者 依漢家故事 具錄薦貢京師 以爲常式."

16)『高麗史』卷78, 食貨1 田制 踏驗損實 成宗 7年 2月判, "禾穀不實州縣近道限八月 中 道限九月十日 遠道限九月十五日申報戶部以爲恒式."

17)『高麗史節要』卷2, 성종 8년 4월 敎曰, "予方崇學校 寢興軫慮 近覽有司所進 擧人名 數 唯大學助敎宋承演 南海道羅州牧經學博士全輔仁 誘以能諄 合宣父 博文之意 誨而 不倦 副寡人勸學之心 宜加獎擢之恩 用示殊尤之寵 承演 可超九等 授國子博士 仍賜 緋公服一襲 輔仁可賜公服一襲 米五十碩 自今凡文官 有弟子十人以下者 有司於政滿 遷轉之時 具錄奏聞 以爲褒貶 其十二牧經學博士 無一箇門生赴試者 雖在考滿 復令留 任 責其成效 量授官階 以爲常式."

18)『高麗史』卷75, 選擧志3, 銓注 選法 成宗 8年 4月, "始令京官六品以下四考加資五品 以上必取旨以爲常式."

대상→금자흥록대부, 은청광록대부→은청흥록대부가 갖는 의미는 무엇일까? 성종 14년 이전에 문무관계의 구분을 두지 않고 고유식 관계와 중국식 관계를 병용하면서, 그 가운데에 문관 자삼(원윤) 이상의 경우 고유의 태봉식 관계를 병용하였다. 성종 14년에 문무관에게 正階 29계를 사용하였다. 이때 改文官大匡爲開府儀同三司 이하는 자삼 이상의 고유식 관계를 개부의동삼사(1등급, 종1품)-특진(2등급, 종2품)-광록대부(3등급, 종2품-금자광록대부(4등급, 정2품)-은청광록대부(5등급, 종3품)와의 개편을 언급하면서, 그 가운데 광종의 '光'을 避諱하여 대승→흥록대부(←광록대부), 대상→금자흥록대부(→금자광록대부), 은청광록대부→은청흥록대부로 고친 것을 언급하였을 뿐이라는 견해가 있지만[19] 고려시대에 선대 왕의 이름을 피휘한 것은 분명하지만 廟號까지도 피휘하였는지는 의문이다. 만약 묘호도 피휘하였다면 문종 때 개편에서는 왜 피휘하지 않고 다시 광록대부라고 고친 것인지 알 수 없다.

아울러 '賜紫衫以上正階'가 갖는 의미는 성종 14년의 령에 의해 문무관계 29계가 정해지면서 국초에 관계로 사용되었던 대광 이하의 고유 관계는 성종 14년에 관계로서의 생명력을 잃어버리고 향직화하였다고 보아야 한다.

그렇게 볼 경우 성종 14년의 '관품령'은 위의 문무산계와 같은 내용에 『高麗史』 권75, 選擧3, 銓注 鄕職條의 내용을 포함하여 다음과 같은 내용으로 이루어졌었다고 볼 수 있다.

⑤ 定文武官階 始分文武官階 賜紫衫以上正階 改文官大匡爲開府儀同三司 正匡爲特進 大丞爲興祿大夫 大相爲金紫興祿大夫 銀靑光祿大夫爲銀靑興祿大夫 定武散階 從一品曰驃騎大將軍 正二品曰輔國大將軍 從二品曰鎭國大將軍 正三品曰冠軍大將軍 從三品曰雲麾大將軍 正四品上曰中武

---

19) 박용운, 1981, 「고려시대의 문산계」 『진단학보』 52.

將軍下曰將武將軍　從四品上曰宣威將軍下曰明威將軍　正五品上曰定遠
將軍下曰寧遠將軍　從五品上曰遊騎將軍下曰遊擊將軍　正六品上曰耀武
將軍下曰耀武副尉　從六品上曰振威校尉下曰振武副尉　正七品上曰致果
校尉下曰致果副尉　從七品上曰翊威校尉下曰翊麾副尉　正八品上曰宣折
校尉下曰宣折副尉　從八品上曰禦侮校尉下曰禦侮副尉　正九品上曰仁勇
校尉下曰仁勇副尉　從九品上曰陪戎校尉下曰陪戎副尉　定鄕職　一品曰三
重大匡重大匡二品曰大匡正匡三品曰大丞佐丞四品曰大相元甫五品曰正
甫六品曰元尹佐尹七品曰正朝正位八品曰甫尹九品曰軍尹中尹.

　　고려의 경우 무산계 29계를 정하였지만 당나라, 그리고 조선과는 달리 무반은 무산계와 관련을 가지고 있었던 것이 아니라 문반과 동일한 문산계를 帶有하고 있었다. 무산계는 향리나 탐라의 왕족·여진의 추장·老兵·工匠·樂人들의 위계였다. 그렇기 때문에 무산계 말미에 "今以見於史冊者考之則武官皆無散階其沿革廢置未可考."라고 하였던 것이다. 아울러 高麗史에서 문산계와 무산계를 따로 구분하여 실은 것도 이 때문이다. 고려의 향직은 관인을 상대로 한 중국식 문산계와는 계통을 달리하는 고려적 질서체계로서 관인과 구별되는 특정 부류(장리나 무관의 노인·무산계를 가진 자·군인·양반·서리 및 추장)에게 수여되는 영예적 칭호로서 爵과 같은 의미를 갖고 있기 때문에 高麗史 선거지에 실리게 되었다.

　　성종조를 전후한 시기에 唐律令의 적용이 적극적으로 이루어지는 과정에서 '華風'과 '土風'의 衝突이 있었고, 양자의 절충이 이루어졌는데 그 편린을 관품령의 문산계와 무산계, 향직을 통해 확인할 수 있다. 성종조는 신라, 태봉, 당 등의 율령이 어우러져 임의적으로 적용되던 것을 당율에 근거하면서 절충을 하여 처음으로 일원적인 율령제를 확립하였다. 그렇기 때문에 성종조의 율령제 자료 가운데 '新定', '始令', '始分' 등의 표현은 그것의 반영이다.[20]

---

20) 韓容根은 『高麗律』(경인문화사, 1999)에서 고려초에는 고려율을 별도로 제정하지 않고 신라율을 사용했지만, 시대의 발전에 따라 새로운 법규정이 필요한 경우 국왕

그후 관품령은 문종 "更定兩班田柴科, 又改官制, 定百官班次, 及祿科"(『高麗史節要』권5, 文宗 30年 12月)의 기록에서 보다시피 문종 30년에 제도적으로 완성되었다고 볼 수 있다. 실제 백관지에서 '文宗 改官制 文散階凡二十九'라고 한 령을 반포한 시기는 문종 30년 12월이라고 볼 수 있을 것이다.

고려의 문산계와 당, 송의 관품령과 비교해보면 당과 비슷하다. 송의 문산계도 당제를 바탕으로 하여 개편한 것이지만 당제와 고려의 문산계와는 상당한 차이를 보이고 있다. 무산계의 경우 당의 경우 45계로 구성되어 있고, 송의 경우 31계로 구성되어 있는데 송의 무산계 31계 가운데 2계(회화대당군 정3품, 귀덕장군 종3품)을 제외하면 고려 무산계 29계와 거의 일치한다. 그런 점에서 고려 무산계는 송나라의 것을 수용했을 가능성도 있다. 문종 조에 확립된 관품령은 원간섭기에 충렬왕, 충선왕과 공민왕대에서 개령이 이루어졌다.[21]

2. 職員令

고려 태조 2년에 '立三省六尙書九寺六衛 略倣唐制'라고 한 것으로 보아 고려의 직원령에 관한 무편년의 규정은 당 직원령의 영향이 보인다. 일 예로 "大師大傅大保爲三師 大衛司徒司空爲三公 無其人則闕"(『高麗史』卷76, 百官志1, 三師三公)의 규정은 당직원령의 三師三公의 조와 부합한다. 고려의 관제가 당제의 3성6부제를 따랐으므로 직원령의 경우도

의 제·판·교의 형식으로 제정 보완했다는 점진적인 입장을 견지하고 있다. 그는 名例條를 보아도 성종연간에 고려율이 제정된 어떤 흔적도 찾아볼 수 없는 만큼 당율을 모방했다는 주장은 재고해야 한다며, 고려율은 신라율을 그대로 계승한 것이라고 주장하고 있다.

21) 영남대학교 민족문화연구소편, 2009,『고려시대 율령의 복원과 정리』, 경인문화사, 18~19쪽.

그것의 영향을 받을 수밖에 없다. 職員令은 고려 성종 대에 내외 관직을 제정한 이후 그 틀이 갖추어져 문종 대에 전반적으로 정비되었다고 볼 수 있다. "更定兩班, 田柴科, 又改官制. 定百官班次, 及祿科."(『高麗史節要』 권5, 文宗 30年 12月)의 기록은 그것을 드러내주고 있다. 실제 『高麗史』 백관지의 경우도 각 관부의 직원에 관해서 '文宗定', 혹은 '文宗置'라고 하여 문종 조를 기준으로 정리하고 있다. 그러나 『高麗史』 백관지는 고려 말의 관제의 명칭을 중심으로 三師 三公 이하 省, 部, 臺, 院, 司, 寺, 監, 署,局과 지방의 牧, 府, 州, 縣의 내직과 외직을 정리하였고, 그 직장과 직원을 명기하였다. 따라서 그 명칭만으로 본다면 당 직원령의 영향이 적은 것으로 언뜻 착오를 일으킬 수 있다.

당의 직원령은 三師三公臺省職員令, 寺監職員令, 衛府職員令, 東宮王府職員令, 州縣津戍嶽瀆關津職員令, 內外命婦職員令으로 구성되어 있다. 고려의 율령의 복원 정리 때 직원령은 당의 직원령을 근거로 하여 『高麗史』 백관지의 기록을 토대로 三師三公 이하 省, 部, 臺, 院, 寺, 司, 館, 局과 東宮官, 諸妃主府, 諸王子府, 諸司都監各色, 外官 등의 직장과 직원을 문종조를 기준으로 명기한 바가 있다. 당과는 달리 命婦에 대한 규정은 보이지 않는다. 직원령의 경우 '令'의 형태를 띄고 남아 있지 않고, '文宗定'이란 형태로 略化되어 있다. 따라서 문종조를 중심으로 정리하면서 그 관직명의 변경 및 직장을 언급하였다.

고려의 제도가 "法唐體宋"이라고 지적한 이곡의 표현처럼 당제를 바탕으로 송제를 채용하였고, 또 원간섭기의 경우 원의 제도의 영향을 많이 받았으므로 고려의 관품령과 직원령은 많이 있었겠지만 '령'의 형태로 남아 전하는 것이 별반 없다. 『高麗史』 백관지의 경우 고려 말의 관제의 명칭을 중심으로 '文宗定'에 초점을 두고 정리하는 기형적 모습을 보임으로써 직원령의 변화의 모습 추정이 더더욱 어렵다.[22]

3. 選舉令

당령 중에는 '選舉令'의 편목이 있다. 고려시기의 선거제도는 당대의 규정을 본받았다. 『高麗史』권73, 선거1에는 "三國以前未有科擧之法. 高麗太祖首建學校, 而科擧取士未遑焉. 光宗用雙冀言, 以科擧選士, 自此文風始興. 大抵其法, 頗用唐制"라고 한 것으로 보아 고려의 '선거령'은 『高麗史』선거지에 변형된 상태로 존재하였다고 보아야 한다. 唐令의 경우 銓注에 관한 령이 많다. 『高麗史』편찬자들이 選舉志에 銓注條를 마련하여 '選法', '凡薦擧之制', '凡考課之典', '凡選用守令', '凡選用監司', '凡宦寺之職', '限職'을 구체적 조목을 정리한 것을 보면 당령의 '銓注'를 모범으로 하면서 고려의 실정과 송, 원 제도를 채용하여 변화한 것을 볼 수 있다. '銓注'와 관련된 선거령의 경우 대개 성종조에 법제화되고, 예·인·문종조에 제도적 완성, 그리고 무신정권, 원간섭기의 령이 많은 것은 그것의 반영이라고 볼 수 있다. '凡考課之典'과 '銓注'條의 상당수 令文은 당의 고과령에 해당한다.

고려의 경우 광종 때 과거제도가 처음 실시되었기 때문에 과거의 운영과 관련된 選舉令이 唐의 選舉令보다 많았을 것이다. 『高麗史』選擧志에 科目條가 많은 것은 바로 그에 기인하는 것일 것이다. 특히 과목과 관련된 '各業監試許赴選上鄕貢式'[23]을 비롯하여 '明經孝悌醫方足用者具錄薦貢京師式,[24] '明經業試選式', '明法業式', '明書業式', '地理業式'이 마련되었고,[25] 과거의 운영과 관련된 '考官格式',[26] 試券의 이름에 종이를

---

22) 영남대학교 민족문화연구소편, 2009, 『고려시대 율령의 복원과 정리』, 경인문화사, 19~20쪽.

23) 『高麗史』卷73, 選舉志1, 科目1 睿宗 5年 9月 判, "製述明經諸業新擧者屬國子監三年仕滿三百日者各業監試許赴 西京則留守官選上鄕貢則東南京八牧三都護等界首官依前式試選申省."

24) 『高麗史節要』卷2, 성종 6년 8월 下敎, "置十二牧 經學醫學博士各一員 令牧宰知州縣官 敦加訓誨 若有明經 孝悌醫方足用者 依漢家故事 具錄薦貢京師 以爲常式."

붙이는 제도인 '糊名試式',[27] '封彌之法' 등의 科擧式의 제정, 選法條에
전주와 관련된 加資式[28]이 제정되었음을 알 수 있다. 또 공민왕 17년에
循資格,[29] 공양왕 3년 5월 京外官解由格[30]을 반포한 것으로 보아 고려
말 『통제조격』, 『지정조격』 등의 원율의 영향을 강하게 받았음을 알 수
있다. 이처럼 선거지를 통해 원간섭기 이후의 格式이 많이 반포되었음을
알 수 있다.

고려의 경우 『高麗史』 선거지 서문에서 언급한 바와 같이 과거 이외의
방법을 통해 관직에 나아가는 길이 여러 가지 있었기 때문에 '蔭敍', '添設
職', '役官之制', '鬻作之制'와 '事審官', '其人'에 관한 '令'을 『高麗史』 찬
자들은 선거지에 수록하였다.

4. 封爵令

당의 '봉작령'은 "公·侯·伯·子·男, 身存之內, 不爲立嫡."[31]이라고 규

---

25) 『高麗史』 권73, 選擧志1, 科目1 인종 14년 11월 判, "凡明法業式貼經二日內初日貼律
   十條翌日貼令十條兩日並全通. 第三日以後讀律破文兼義理通六机每義六問破文通四机.
   讀令破文兼義理通六机每義六問破文通四机. 凡明筭業式貼經二日內初日貼九章十條
   翌日貼綴術四條三開三條謝家三机兩日並全通. 讀九章十卷破文兼義理通六机每義六
   問破文通四机. 讀綴術四机內兼問義二机三開三卷兼問義二机謝家三机內兼問義二机."

26) 『高麗史』 卷74, 選擧2, 科目2 崇獎之典 成宗 6年 3月 放榜下敎, "省今所擧諸生詩賦
   策文辭蹐駮格律猥瑣皆不堪取 唯進士三人詩賦策及明經以下諸業通計六人對義名狀一
   如所奏 進士鄭又玄五夜方闌二篇已就雖非卓異之才亦是敏捷之手宜置前列用勸後來 明
   經以下諸業學生各勤本業方成厥志宜降優柔之澤俾升擢用之科其令有司准例敍用 自今
   進士諸生 不依考官格式 放縱違律者 勿許試取 永以爲式 放牓下敎始此."

27) 『高麗史』 卷73, 選擧志1, 科目1 顯宗 2年, "禮部侍郎周起奏 定糊名試式."

28) 『高麗史』 卷75, 選擧志3, 銓注 選法 成宗 8年 4月, "始令京官六品以下四考加資五品
   以上必取旨以爲常式."

29) 『高麗史』 권75, 選擧志3, 銓注 選法 恭愍王 17년 12월, "用循資格."

30) 『高麗史』 권75, 選擧志3, 銓注 選法 恭讓王 3년 5월, "頒京外官解由格."

31) 仁井田陞, 『唐令拾遺』 學令 第10(栗勁·霍存福 等譯, 1989, 長春出版社, 219쪽).

정하고, 그 食封의 封戶는 "諸食邑者 王一万戶 郡王五千戶 國公三千戶 郡公二千戶 縣公一千五百戶 縣侯一千戶 縣伯七百戶 縣子五百戶 縣男 三百戶"[32]이다. 『高麗史』 권77, 백관2 중에는 이에 상응하는 "爵五等: 有公·侯·伯·子·男 文宗定公·侯·國公食邑三千戶 正二品 郡公食邑 二千戶 從二品 縣侯食邑一千戶 縣伯七百戶 開國子五百戶 幷正五品 縣男三百戶 從五品."이라는 규정이 있으므로 봉작령이 있었으나 『高麗 史』 백관지에 실리다보니 '令'의 형태로 남지 않고 무편년의 형태로 남아 있다.

봉군제와 봉작제가 기록상으로 명확하게 나타나는 것은 고려시대이다. 그러나 조선시대의 경우 제후국을 자처하므로 봉작제가 존재하지 않는다. 봉작제의 경우 천자국에만 시행되는 것이다. 고려의 경우 황제국 체제를 지향하였기 때문에 조선과 달리 봉작제가 존재한다. 왕족 뿐만 아니라 일반 신하들도 작위를 받았다.

봉작과 봉군이 명확히 구별되면서 그 역사성을 갖게 되는 것은 고려 후기부터이다. 사서에서 단편적으로 봉작·봉군하는 것 외에 그것이 제도 화되는 것으로 봉작제는 고려 문종 때, 봉군제는 고려 충선왕 때이다.

고려시대의 封君은 宗室諸君과 異姓諸君으로 구분되어 있다. 고려시 대 봉작제도로 종실에 대한 봉군은 태조 대부터 등장하고, 이성에 대한 봉군은 경종 5년(980)에 최지몽이 東萊君侯 食邑 1000호를 받은 것이 최 초로 나타난다.

국초 이래 院君·大君·君 등 院이나 宮의 칭호와 관련된 봉군으로부터 현종 22년에 開城國公이라는 새로운 왕실의 봉작제가 등장하고, 그러한 봉작제가 정비되는 것은 문종 때라고 할 수 있다.

현종대 이후 문종 때 정비된 왕실의 봉작은 이전과는 달리 개성국공·

---

32) 仁井田陞, 1997, 『唐令拾遺補』 동경대학출판회, 1085쪽.

진한후 낙랑백·평양공 등 국명 내지 지명과 연관된 公·侯·伯으로 봉하고 元尹·正尹에 봉해진 예는 없다. 상서령·중서령을 겸하기도 하고, 또한 大尉·司徒·司空을 띄기도 하면서 제도화되어 갔지만 '令'을 통해 이를 확인하기는 어렵고 실제 개인에 대한 사례를 통해 추측할 뿐이다.

　고려시대의 봉작은 종실에게만 주어진 것이 아니라 이성제군에게도 수여되었다. 이성제군은 초기에 公·侯·伯·子·男으로 칭하였다고만 하고, 그 성립시기 정비에 대한 '령'은 남아 전하지 않는다. 그러나『高麗史』 백관지 爵條에 食封制가 문종 때 정비된 것으로 밝히고 있다. 이 기록에 의하면 봉작에는 公·侯·伯·子·男 의 5등으로 구분되어 있다. 문종 때 제정된 식봉제는 ① 公·侯·國公(식읍 3,000호, 정2품), ②郡公(식읍 2,000호, 종2품), ③縣侯(식읍 1,000호), ④縣伯(700호), ⑤開國子(500호, 모두 정5품), ⑥縣男(300호, 종5품) 등 모두 6등으로 구분하여 식읍의 지급에 차등을 두었다. 문종 때 정해진 식봉제 규정은 종실과 이성제군을 포함하여 봉작의 등급에 따라 기본적으로 6과등으로 구분하였고, 봉작은 5품 이상에게 주어졌다. 문종때 제정된 6과등의 식봉제는 당제 보다는 송의 봉작제와 거의 비슷하다. 고려의 봉작제와 식봉제는 국초이래의 봉군제를 송제에 근거하여 정비한 것이라고 볼 수 있다.봉작제는 그 뒤 1298년(충렬왕 24)에 충선왕이 대군·원군·제군·원윤·정윤의 封君制로 고쳤다가, 1356년(공민왕 5)에 다시 공·후·백·자·남을 다시 사용하고, 모두 정1품으로 하였다. 공민왕 11년에 이를 다시 혁파하였고, 18년에는 이를 복구하였다가 21년에 또 이를 파하는 등 많은 변화를 거듭하였다.[33] 당, 송의 봉작령은 그 작위에 세습에 관한 언급이 많이 있는 반면 고려의 봉작제는 본인 당대에만 그치므로 이에 관한 령이 없다는 점이 특색이다.

　그 외 성종 7년에 문무 常參官이상의 부모와 처에게 封爵하는 封贈之

---

33) 김기덕,「高麗時代 封爵制 硏究」.

制가 처음 마련된 이후 이에 관한 '령'으로 복원할 수 있는 것이 23조가 남아 있어 종실제군 및 이성제군에 대한 봉작제보다 많이 전한다. 봉중지제에는 祿의 지급은 없다.[34]

5. 祿令

'祿令'은 관원봉록제도에 관한 규정이다. 당의 "祿令"은 "諸百官每年祿, 正一品七百石, 從一品六百石, 正二品五百石, 從二品四百六十石, 正三品四百石. … 正九品五十七石, 從九品五十二石."[35]이라고 하여 관품에 따라 매년 祿을 지급하였다. 고려의 경우 당과 같이 관원에게 봉록을 지급하였다. 『高麗史』권80, 식화지에 고려시대 관원의 봉록제도에 대한 기록이 매우 상세하다. 그 중에 "文武班祿, 文宗三十年定制：四百石, 中書·尙書令, 門下侍中. 三百六十六石十斗, 中書門下侍郎, 三百五十三石五斗, 諸殿大學士·參知政事·中樞院使同知院事(下略)."라고 한 것을 통해 고려의 '祿令'은 문종조 30년에 반포되었음을 확인할 수 있다. "更定兩班, 田柴科, 又改官制, 定百官班次, 及祿科"(『高麗史節要』권5, 文宗 30年 12月)의 기록에서 보다시피 관제의 개편과 백관의 班次의 제정과 함께 祿科가 정해졌다고 하였으므로 祿令은 문종 30년 12월에 제정되었음이 분명하다. 실제『高麗史』백관지를 살펴보면 '妃主祿', '宗室祿', '文武班祿', '權務官祿', '東宮官祿', '致仕官祿', '西京官祿', '外官祿', '雜別賜', '諸衙門工匠別賜'의 규정에 '文宗 30年 定'이라고 기록하고 있으므로 관리의 봉록은 문종 30년에 제도적 완성을 보았다고 할 수 있다. 일부의 녹령은 인종조에 '改令'이 되었고, '外官吏邑祿'은 숙종 6년 2월에, '州鎭將相將

---

34) 영남대학교 민족문화연구소편, 2009, 『고려시대 율령의 복원과 정리』, 경인문화사, 23~25쪽.
35) 仁井田陞, 1997, 『唐令拾遺補』 동경대출판회, 1091쪽.

校祿'은 예종 16년 11월에 정해졌다. 그 외 '祿計算日數'와 祿折計法에
관한 령이 내려졌을 것이다.[36]

6. 考課令

考課令은 관리의 근무성적에 따라 고과를 매기는 令文이다. 고려의 고
과령은 고려율령의 복원과 정리 때 16조를 복원하였는데, 그 절반 이상인
10조가 『高麗史』선거지의 '考課之典'에 수록되어 있었다. 이 외의 令文
은 식화지 '農桑'에서 3조, 선거지 '選用守令'에서 2조, 병지 '鎭戍'에서 1
조 등 각 지에 분산 수록되어 있다.[37] 지금까지 남아 있는 사료를 통해
볼 때 고과령이 처음 마련된 것은 현종대였다. 현종 9년 정월초에서 12월
그믐까지 관리의 근무 및 휴가일수를 기록하여 '年終都錄'을 만들게 한
법령이 발해진 바 있다.[38] '年終都錄'은 관리의 근무성적을 매기는 자료
이다. 그러나 실제로 현종대까지 근무 성적의 고과는 서리에 한정된 것이
어서, 문종대 백관의 근무평점을 매기도록 고과령을 내린 후 정착된 듯하
다. 문종대는 근무시간을 계절에 따라 조절하는 명령을 내릴 정도로[39] 제
도적 미비점도 보완하고 있다.

당령이나 당령을 그대로 계수한 양로령에서는 고과의 등급을 4등급으
로 나누고, 각 기관에 따라 최고 등급 기준도 구체적으로 밝히고 있다.
그러나 고려의 경우 고과령이 시행된 것은 분명하나 당령처럼 구체적 등
급을 매길 수 있는 令文은 보이지 않는다. 원간섭기 이후 고과령이 내려

---

36) 영남대학교 민족문화연구소편, 2009, 『고려시대 율령의 복원과 정리』, 경인문화사,
   25~26쪽.
37) 영남대학교 민족문화연구소편, 2009, 『고려시대 율령의 복원과 정리』, 경인문화사,
   29~30쪽.
38) 『高麗史』권75, 선거지3, 銓注 凡考課之典 현종 9년 8월 判.
39) 『高麗史』권75, 선거지3, 銓注 凡考課之典 문종 2년 4월 制.

지기도 하는데, 원의 경우 『통제조격』에는 고과령이 없는 관계로 원과의 관련성을 살펴 볼 수는 없다.[40)

7. 衣服令

衣服令은 의복 비롯하여 冠, 犀帶, 모자 등과 관련된 令文이다. 대부분 『고려사』여복지에 수록되어 있다. 여복지의 의복은 왕의 冠服, 제사 때 입는 祭服, 조회를 받을 때 입는 視朝之服, 왕비의 冠服, 왕세자冠服의 규정이 있지만 백관이 입는 百官祭服, 조회할 때 입는 예복인 朝服, 관리들의 정복인 公服, 長吏들이 입는 公服, 冠服에 대한 일반적 규제인 冠服通制의 규정으로 구성되어 있다. 이 가운데 왕, 왕비, 왕세자의 관복에는 令文이 전혀 없는 점이 특징이다. 이는 고려의 대외관계 특성 때문이 아닌가 한다. 이를테면 왕의 冠服은 거란, 송, 금나라 등 사대관계를 맺고 있던 나라에서 관복을 보내오고 있다. 왕비의 경우는 명나라에서 관복을 보냈다는 기록이 있을 뿐 그 이전의 규정은 없다. 또 왕세자는 거란에서만 관복을 보냈다고 한다. 실제로 왕, 왕비, 세자가 이들 나라의 관복을 입었는지는 분명치 않다. 그러면 이들 나라에서 관복을 보내지 않았을 경우 왕, 왕비, 왕세자의 관복이 어떠했는지 의문이 아닐 수 없다. 기록에는 없지만 아마도 당령을 참조하여 만들었던 것이 아닐까 한다.

의복령의 제정은 고려전기의 경우 공복을 제정한 광종 성종, 현종대 거의 마련된 듯한데 令文은 별로 없다. 주목되는 것은 인종과 특히 의종대이다. 인종대 제정한 의복은 왕이 입는 祭服, 백관이 입는 祭服의 2종류이며 다른 의복은 모두 의종대 상세하게 규정한 것이다. 인종대 정해진 의복이 祭服인 점은 인종대 유교강화라는 정치적, 사상적 배경과 관련된

---

40) 영남대학교 민족문화연구소편, 2009, 『고려시대 율령의 복원과 정리』, 경인문화사, 26~27쪽.

것으로 짐작된다. 이외 모든 의복의 규정은 '毅宗朝詳定'인 점은 매우 특이하다.

고려가 원간섭을 받았던 만큼 胡服과의 관련은 매우 클 것으로 보이지만, 호복에 대한 폐지나 부활과 관계된 기사를 제외하고는 구체적인 관련을 보여주는 令文이 없다. 특히 고려 전기 왕, 왕비, 왕세자에게 관복을 보낸 것과 달리 원간섭기에는 아무런 기록이 없다. 아마도 원간섭기의 고려 의복은 아예 원의 관복 착용이 일상화되었기 때문인 듯하다. 하지만 고려 의복령에서 원과의 구체적 관련은 찾아볼 수가 없다. 왜냐하면 『통제조격』에 보이는 원의 의복에 관한 令文이 3조문에 지나지 않은데다, 그마저 하나는 娼妓와 관계된 조문이다. 고려와 송의 관련성도 특별한 것이 없다. 『천성령』이나 『경원조법사류』에는 喪服에 관한 令文이 두드러질 뿐 당령과 같은 구체적인 令文을 알 수가 없다. 따라서 고려 의복령은 당령의 영향을 가장 강하게 받은 듯한데, 후기의 경우 평양의 토관 관복, 着笠, 의복색상 관련 등의 令文이 내려지는 것을 보면 고려 실정에 맞는 세세한 부분이 규정되고 있음을 알 수 있다.[41]

8. 儀制令

儀制令은 수의 개황령에서 公式令, 假寧令과 함께 晉 이래의 違制律을 토대로 성립한 것으로 당령에 계승되었다. 그 내용은 관인의 규범이 주 내용을 이루고 있는데, 유교적 정치질서의 근본이념이념이라고 할 수 있는 예제와 밀접한 관련을 가지고 있다. 고려의 의제령의 대부분은 『高麗史』禮志 嘉禮에 수록되어 있는데, 관인들이 조정에 나아갔을 때 행하는 각종 의례들이다. 또한 관인들 상호간의 朝廷 내에서 뿐만 아니라 조

---

41) 영남대학교 민족문화연구소편, 2009, 『고려시대 율령의 복원과 정리』, 경인문화사, 28~29쪽.

정 밖에서의 서로간의 예의에 대한 규정도 포함된다.

儀制令의 경우 '朝野通行禮儀'의 경우 창왕 즉위 후 중국이 반포한 儀注와 우리나라에 전래하는 예법을 참고하여 관청이나 민간에서 통용할 예법을 마련하였다[42]고 하지만 현종 16년에 어사대신격, 즉 '조정의 관리가 조정과 거리 또는 공식장소에서 상관에게 사사로운 예절로 절하거나 엎드리는 자는 즉시 처벌하라'[43]고 한 규정에 대한 논란이 벌어진 것을 통해 의제령은 국초부터 존재하였고, 그것을 어긴 경우에 대한 처벌규정의 성격인 하위의 格式도 일찍 제정되었음을 알 수 있다. 『高麗史』의 儀制令을 살펴보면 예종과 인종, 숙종 조에 마련된 규정이 상대적으로 많은 것으로 보아 당의 의제령과 우리나라에 전래하는 의제령을 근간으로 하여 송의 의제령을 참작하여 마련되었음을 알 수 있다.

9. 假寧令

假寧令은 관리의 휴가와 관련된 令文이다. 가령령의 경우 오복제도, 官吏忌日, 절일이 포함된 관리급가 등에 관한 규정이 주로 보인다.

당의 경우 관리의 휴가와 관련된 假寧令이 존재하지만 고려의 경우 성종조에 '新定五服給暇式'이라고 한 것으로 보아 '令'의 형태라기보다는 '式'으로 제정되었고, 그것이 『高麗史』(권84, 지38)의 형법지 公式條와 『高麗史』(권64 禮6) 凶禮 五服制度에 흩어져 남아 전한다.

성종 4년에 제정된 '新定五服給暇式'[44]과 당령의 假寧令을 비교하면 상당한 차이가 있다. 당령에서는 참최와 자최 3년상에 대하여 解官을 전

---

42) 『高麗史』 권68, 禮志10, 朝野通行禮儀 辛禑 4년 창왕 즉위년 9월 계미일.
43) 『高麗史』 권85, 형법2, 禁令 顯宗 16년 4월.
44) 『高麗史節要』 권2, 成宗 4년 10月, "是歲 新定五服給暇式 斬衰齊衰三年 給百日 齊衰期年 給三十日 大功九月 給二十日 小功五月給十五日 緦麻三月 給七日."

제로 하여 그 상기를 다 마치지 못한 관료를 출사시키는 起復制를 운영하였지만,[45] 고려에서는 1백일 給暇를 전제로 하여 喪暇가 끝난 뒤 복직하는 기복제를 운영하였기 때문에[46] 관료제 운영상 양국 사이에 큰 차이가 있음을 보여준다. 이 차이는 송과도 다르다. 아마도 이것은 당·송과는 다른 전 왕조의 전통 관습에 바탕한 것이라고 보아야 할 것이다. 고려의 경우 관혼상제의 일상 예절이 불교식으로 이루어지다 보니 燃燈·八關會에 급가를 준 것 역시 제례행위를 위한 휴가로 간주할 수 있을 것이다. 이역시 당과는 다른 고려만의 휴가 규정이라고 할 수 있다.

또 官吏給暇式의 경우 고려에서 처부모의 상제례 때 부모의 경우와 같은 기간의 휴가를 받는 것으로 보아 고려사회가 부모양계적인 친속구조이고 중국의 親迎制와는 다르게 '男歸女家婚', 혹은 壻留婦家婚이다 보니본족 외에 중국과는 달리 모·처계에 대한 상대적 우대조항이 존재하는 것을 알 수 있다.[47]

오복제도는 성종 4년에 제정되는데, 휴가일수는 당령이나 송의 『천성령』 『경원조법사류』와 거의 유사하다. 관리기일에 대한 제정은 경종 6년 12월이지만, 성종 즉위년인 만큼 역시 성종대 제정된 令文이라 할 수 있다. 관리 기일의 부모 기일과 자매 기일 휴가는 당령과 연관 있었다. 관리급가는 총체적인 휴가제도를 담고 있지만 특히 節日 관련 급가식이 주목

45) 『天聖令』 권26, 假寧令 宋6·7·8·9·10條, "諸喪 斬衰三年 齊衰三年 齊衰杖朞 爲人後者 爲其父母並解官."(『唐令拾遺』 假寧令 第5條) ; "諸喪 斬哀(衰)三年 齊衰三年者並解官 齊哀(衰)杖朞及爲人後者爲其父母 若庶人(子)爲後爲其母 亦解官."

46) 『高麗史』 권84, 刑法志1, 公式 官吏給暇 成宗 4年, "新定五服給暇式 斬衰齊衰三年 給百日 齊衰期年給三十日 大功九月 給二十日 小功五月 給十五日 緦麻三月 給七日."

47) 『高麗史』 권64, 禮6, 凶禮 五服制度 文宗 30年 6月 制, "先亡有後之妻 及同居妻父母服制 依式給暇" ; 『高麗史』 권84, 刑法志1, 公式 官吏給暇 文宗 3年 9月 制, "外方官吏 遭兄弟姊妹喪者 若在遠州 除申請京官 直於外官 請暇 妻父母服 不計妻之先後 並許給暇." ; 『高麗史』 권84, 刑法志1, 公式 官吏給暇 仁宗 18年 判, "入流品以上者 妻父母服 給暇三十日 其忌日 依外祖父母例 給暇一日兩宵."

된다. 이는 令이 아니라 令의 시행세칙인 式의 형태로 남아 있다. 절일 관련 급가식은 역시 당령이나 송의 『천성령』『경원조법사류』와 관련이 깊었다. 가령령은 대체로 고려 전기에 규정된 令文이 적용된 탓인지 후기 에는 변동이 없어 그다지 새로운 令文이 없었다. 원의 경우도 가령령은 9조문에 지나지 않는데, 대체로 당송의 규정과 크게 다르지 않는 점과 무 관하지 않은 것 같다.[48)]

10. 公式令

당의 公式令의 경우 京外官의 相通과 관련된 위계질서와 관련된 영문 이다. 당의 경우 公式令의 경우 가장 큰 특징은 당령에서는 령에 포함되 어 있지만 고려에서는 式으로 남아있다. 『高麗史』(권84, 지38)의 형법지 公式條에 公牒相通式 외에 相避·官吏給暇·避馬式에 관한 公式이 정리 되어 있다. 그렇지만 형법지에 기록되었다보니 그 규정을 어긴 자에 대한 처벌의 조항이 많이 보인다. 원에서는 공식령이 없으므로 고려후기 공식 령과의 관련성은 살펴볼 수가 없다.

관리들이 공문서를 낼 때는 직위의 高下에 따라 문서를 내는 형식이나 격식 등을 달리한다. '公牒相通式'은 고려 시대 公文書를 주고받을 때의 격식이다. "命李夢游 詳定中外奏狀及行移公文式."[49)]이라고 한 것으로 보아 『高麗史』(권84, 형법1) 公式에 실려 있는 공문서 왕복양식인 '公牒 相通式'은 '中外奏狀及行移公文式'의 구체적 내용이라고 볼 수 있다.

공문식은 성종 6년에 처음 제정되었다. 단 경외관의 공첩상통식의 구 체적인 절차는 무편년 기사이다. 아마도 성종대 제정된 조문으로 보아도

---

48) 영남대학교 민족문화연구소편, 2009,『고려시대 율령의 복원과 정리』, 경인문화사, 37쪽.
49) 『高麗史節要』 卷2, 성종 6년 8월.

무방할 것 같다. 당시의 조문은 당령과 연관성이 있었다. 그 절차는 변동 없이 고려말까지 시행된 것 같다. 다만 명칭에서는 몇 차례 변동이 있었다. 고려 전기의 경우 예의상정소에서 표문, 장계, 서간의 칭호가 바르지 않다고 하여 새로운 칭호를 정하였다. 원간섭기에는 시기적 특성상 조정 간의 칭호가 예의에 어긋난다고 하여 새로 제정하였다.[50)

친척 사이에 같은 부서에서 벼슬하기를 피하는 것을 규정한 相避式의 경우 本族과 外族, 妻族으로 구분하여 상피의 대상을 적시하고 있다. 外族, 妻族에 대한 규정이 본족과 함께 있다는 것은 고려사회가 부모양계적인 친속구조와 男歸女家婚의 혼속에 따른 사회구조이기 때문이다.

官吏給暇式에 관한 설명은 假寧令에서 다루었기 때문에 생략한다. 신분에 따른 마필 규정은 구목령과 관련되지만, 관리에게 마필을 제공하는 규정이라는 점에서 당령과 양로령 모두 공식령에 마필을 지급하는 규정이 공식령에 있다. 그렇지만 그 고려에서는 그 규정이 '避馬式'이 공식령에 있는 외에 站驛條에 기재되어 있다.

11. 職制律

職制의 職이란 직무이며, 制란 제도이므로 唐律의 직제율 주요 규정은 국가기관의 관리 배치에 관한 것으로 관리를 과다하게 배치하거나 불필요하게 배치한 경우에 대한 처벌규정이 있다. 또 관원으로서 적합하지 않은 인물을 뽑은 경우에 대한 규정도 있다. 직무나 기율에서는 중대사의 비밀을 누설한 경우, 규제를 받고도 잘못해 잊은 경우, 상주해야 할 사안을 상주하지 않은 경우, 監臨主事가 뇌물을 받고 법을 어긴 경우 등에 관한

---

50) 公牒相通式에 관해서는 강은경, 2004, 「고려사 형법지 공첩상통식에 나타난 지방통치구조」(『동방학지』 123)와 윤경진, 「고려사 형법지 공첩상통식 외관조의 분석」(『역사문화연구』 27, 한국외대 역사문화연구소)의 연구가 있다.

처벌 규정을 담고 있다.

　고려율령의 복원과 정리 때 직제율의 복원문은 총 51조이다. 당률의 59조에 거의 버금가고, 전체적인 내용도 대체로 당률을 계수하고 있지만 동아시아 형벌사의 전개과정을 이해할 수 있는 자료도 다수 포함하고 있다. 그 가운데 대표적인 조문이 臨監自盜及受財枉法條이다.

　臨監自盜及受財枉法條는 형식과 내용(형량) 면에서 동아시아 형벌사의 전개양상을 이해할 수 있는 귀중한 자료이다. 우선 형식이다. 唐律에는 監主(監臨主守)의 自盜와 監臨 내에서의 受財枉法이 분리되어 있다. 그런데 宋律도 기본적으로 唐律 형식이 계승되고 있지만 監主의 自盜 규정과 受財枉法 규정은 南宋 말에 이르면 양자가 하나의 조문으로 결합하고 있다. 고려율도 自盜監臨自盜條, 受財枉法이 분리되어 있지만, 양자가 결합된 조문도 존재한다. 다음으로 내용(형량)이다. 唐律의 경우 監臨官이 自盜한 행위에 대한 처벌은 凡盜에서 2등을 가중하고 30疋이면 교수형에 처해졌고, 受財枉法한 경우 최고형은 교수형이고, 受財不枉法한 경우에만 加役流刑(유형+도형)에 처해졌다. 그러나 宋律의 경우 監臨官의 自盜와 受財枉法한 행위에 대한 처벌은 唐律과 동일한 규정도 있지만, 『慶元條法事類』에는 科刑으로서 교수형과 配本城刑·配本州刑, 除名이 출현하고 있다. 臨監自盜及受財枉法條에 규정된 除名과 本貫 유배라는 고려의 科刑은 『慶元條法事類』의 형률체계와 거의 유사하다고 할 수 있다. 이상을 종합하면, 臨監自盜及受財枉法條에 보이는 고려의 형률체계(형식과 내용)는 당→송으로의 추이 속에서 발생하는 중국의 형률체계의 변화와 동일선상에 있다. 요컨대 동아시아 형벌사의 일반적인 흐름이라고 할 수 있다. 다만, 고려의 경우 '勿計贓物多少'(監臨自盜)·'徒杖勿論'(臨監自盜及受財枉法) 이라는 규정에서 보듯이 등급을 나누지 않고 일괄 除名과 歸鄕刑이 부가되는 것이 唐宋과 다른 점이다. 한편 元律의 경우, 受財枉法 규정은 唐律을 기본으로 하고, '監主自盜法'도 존재하지만, 양자가 결합된 조문은 현재 보이지 않는다. 또한 元律에는 과형으로서 除名은 있지만 교수형과 配本城刑·配本州刑, 歸鄕刑 등은 보이지 않는다. 唐→宋과 宋→元으로의 역사전개에서 이러한 변화는 중국 및 동아시아 법제사의 전개에서 간과할 수 없는 부분이다.[51] 앞에서 언급한바와 같이 臨監自盜及受財枉法條에 규정된 除名과 본관 유배라는 고려의 형벌이 『경원조법사류』에 수록된 配本城刑, 配本州刑과 거의 유사하다고 하지만 그 운용은 전혀 다르다. 송대의 配本州, 配本城刑은 사형에서 1등 경감된 중죄인을 廂軍 즉, 지방의 잡역군인 牢城營에 배속시키고 노역시키는 형벌인데 비하여, 귀향형은 특정 범죄에 대하여 본형에 附加하여 본관으로 유배하여 편호시키는 형벌이다. 配本州와 配本貫이라는 글자상으로 유사하다고 느낄 수 있지만 형벌 내용은 이질적이었다. 그렇게 볼 경우 臨監自盜及受財枉法條에 보이는 歸鄕刑을 고려에서만 설정되어 있는 형벌적 기능으로서 고려 독자적인 형률체계이며 고려사회의 특수성을 반영하고 있는 법제라고 볼 수 있을 것이다.

또한 직제율에는 관리의 貿易官物 행위에 대한 처벌로서의 歸鄕刑 등 고려의 독자적인 형률체계도 보인다. 宋·元律에는 이와 관련된 조문이 보이지 않는다.[52] 이밖에 직제율에는 枉法贓條와 不枉法贓條 등에 보이듯이 당률의 監主受財枉法條文을 두 개의 조문으로 분리하고 거기에 以官當徒不盡條에 있는 留官收贖 규정을 결합시킨 것도 존재하고, 또한 分

---

51) 영남대학교 민족문화연구소편, 2009, 『고려시대 율령의 복원과 정리』, 경인문화사, 59~62쪽.

52) 官吏의 貿易官物 행위에 대한 처벌을 규정하고 있는 "貿易官物者 除歸鄕 依律科罪"의 貿易官物歸鄕條(『高麗史』 卷84, 刑法志1, 職制)는 唐律을 기본으로 하지만, 科刑으로서 歸鄕刑은 고려의 독자적인 형률체계이다(宋·元律에는 이와 관련된 조문이 보이지 않는다). 그런데 이 조문에는 '依律科罪'라 하고 있기 때문에 科刑에 해당하는 실정법이 존재하였음은 확실하지만, 그 구체적인 내용은 현재로서는 알 수가 없다(영남대학교 민족문화연구소편, 2009, 『고려시대 율령의 복원과 정리』, 경인문화사, 64쪽).

司西京求田殖貨·侵擾邊民聚歛財賄 등 독자적인 율문이 적지 않다. 이처럼 고려의 직제율은 중국율을 계수하면서도 고려의 실정에 맞는 편제를 하고 있다.

12. 格, 式

당 초기 무덕 원년에 수 왕조 대업 연간의 律·令을 폐하고 53조의 格을 제정했다. 이 시기의 격은 임시법전의 성격을 띠었다. 정관 이후를 총체적으로 보면 격은 황제의 각종 조칙을 한데 모은 것이다. 그리고 칙은 황제가 임시로 반포하고 국가기관에 보내 집행하는 단행 법규로, 내용이 복잡해 어떤 것은 율, 어떤 것은 영에 속했다. 그러나 그것이 격에 편입되기 전에는 모두 임시적인 것이었다. 격과 율·영이 서로 다른 점은 격은 내용이 자질구레하게 흐트러져 계통이 없기 때문에 율과 영을 보충했다는 점이다.[53]

신라의 경우 654년 율령을 詳酌해 '吏部方格' 60여 조를 책정하였다는 기록이 있고, 式에 대한 자료는 찾아볼 수 없지만 문무왕 遺詔에 율령격식의 용어가 있어 문무왕대에는 식의 형식을 갖춘 법률도 이미 완성된 것으로 보인다. 마찬가지로 신라와 당의 율령을 계수한 고려의 경우 格이 존재하였다.

⑥ 省今所擧諸生詩賦策文辭踳駁格律猥瑣皆不堪取 唯進士三人詩賦策及明經以下諸業通計六人對義名狀一如所奏 進士鄭又玄五夜方闋二篇已就雖非卓異之才亦是敏捷之手宜置前列用勸後來 明經以下諸業學生各勤本業方成厥志宜降優柔之澤俾升擢用之科其令有司准例敍用 自今進士諸生 不依考官格式 放縱違律者 勿許試取 永以爲式 放牓下敎始此(『高麗史』卷

---

53) 張晉藩 主編 ; 한기종·김선주·임대희·한상돈·윤진기 옮김, 2006, 『中國法制史』소나무, 379쪽.

74, 選擧2, 科目2 崇奬之典 成宗 6年 3月 放榜下敎)

⑦ 禮部奏 准御史臺格 兩班員吏於朝門街衢公處以私禮拜伏者隨卽斜罪 謹
按禮記 君子行禮不求變俗 又云 修其敎不易其俗齊其政不易其宜 况非禮
無以辨上下長幼之序. 如御史臺新格卑幼之於尊長何以致敬何以辨位 請
於朝廟禮會班行切禁私禮拜伏外任便爲宜 從之(『高麗史』권85, 형법2, 禁
令 顯宗 16년 4월)

⑧凡朝廷儀禮中外官司相接之節文書相通之格亦使删定頒行如有稽緩令憲司
斜之(『高麗史』권84, 刑法1, 公式 職制)

성종 6년 3월의 '考官格式'에 관한 자료를 통해 이미 성종조에 '格'이
존재하였음을 알 수 있다. 그리고 현종 16년에 어사대신격, 즉 '조정의 관
리가 조정과 거리 또는 공식장소에서 상관에게 사사로운 예절로 절하거나
엎드리는 자는 즉시 처벌하라'고 한 규정에 대한 논란이 벌어진 것을 통
해 현종 16년 이전에 이미 '어사대격'이 존재하였음을 알 수 있다.

공민왕 17년에 循資格,[54] 공양왕 3년 5월 京外官解由格[55]을 반포한
것으로 보아 고려 말 『통제조격』, 『지정조격』 등의 원율의 영향을 강하게
받았음을 알 수 있다. 이처럼 『高麗史』 선거지를 통해 원간섭기 이후의
格式이 많이 반포되었음을 알 수 있다.

앞에서 살펴본 바와 같이 '各業監試許赴選上鄕貢式'을 비롯하여 '明經
孝悌醫方足用者具錄薦貢京師式', '明經業試選式', '明法業式', '明書業式',
'地理業式'이 마련되었고, 과거의 운영과 관련된 '考官格式',[56] 試券의 이
름에 종이를 붙이는 제도인 '糊名試式', '封彌之法' 등의 科擧式의 제정,

54) 『高麗史』권75, 選擧志3, 銓注 選法 恭愍王 17년 12월, "用循資格."
55) 『高麗史』권75, 選擧志3, 銓注 選法 恭讓王 3년 5월, "頒京外官解由格."
56) 『高麗史』권74, 選擧志2, 科目2 崇奬之典 成宗 6年 3月 放榜下敎, "省今所擧諸生詩
賦策文辭踏駁格律猥瑣皆不堪取 唯進士三人詩賦策及明經以下諸業通計六人對義名狀
一如所奏 進士鄭又玄五夜方闌二篇已就雖非卓異之才亦是敏捷之手宜置前列用勸後來
明經以下諸業學生各勤本業方成厥志宜降優柔之澤俾升擢用之科其令有司准例敍用 自
今進士諸生 不依考官格式 放縱違律者 勿許試取 永以爲式 放牓下敎始此."

選法條에 전주와 관련된 加資式이 제정된 것을 통해 각 기관의 장부·서장·격식을 기재하는 형식에 관한 규정, 즉 일을 처리하는 세칙과 규격에 관한 규정인 式이 엄청나게 많았을 것이지만 『高麗史』 등의 사서류에는 별반 나타나지 않는다.

앞에서 언급한 바와 같이 당의 경우 公式令의 경우 가장 큰 특징은 당령에서는 령에 포함되어 있지만 고려에서는 式으로 남아있다. 『高麗史』 (권84, 지38)의 형법지에 公式條를 살펴보면 相避·官吏給暇·避馬式, 公牒相通式이 있다. 형법지에 기록되었다보니 그 규정을 어긴 자에 대한 처벌의 조항이 많이 보인다.

III. 맺음말

고려의 경우 독자적인 율령의 존재 유무를 갖고 많은 논란이 있었지만 고려의 경우 고대사회로부터 내려오는 법령에다가 당의 율령을 근간으로 하여 독자의 율령을 가졌음을 부인할 수 없다. 마땅히 관료조직과 운영에 관한 법령체계도 갖추어 官品令, 職員令, 選擧令, 封爵令, 祿令, 考課令 假寧令, 衣服令, 儀制令 등의 令과 職制律 등을 마련하여 행정입법 분야에서 법에 의해 관직의 권한과 책임을 규정하고, 중앙과 지방의 행정관할권을 구분했다. 또한 엄격한 관리의 임명과 정기적인 평가, 광범한 행정법규의 제정과 조정을 통해 행정의 규범성과 효율성을 보장했다.

고려의 관료체계의 조직과 운영에 관한 통치제도는 태봉과 신라의 제도를 이어받아 여러 차례 정비되었다. 고려말 '法唐體宋'이라고 지적한 이곡의 표현처럼 당제를 바탕으로 송제를 채용하였고, 또 원간섭기의 경우 원의 제도의 영향을 많이 받았다. 성종대에는 『唐六典』의 영향을 받아 중앙에는 3省과 6部를 바탕으로 관료제도를 갖추었고, 지방에는 12牧을 설치하였다. 그 이후 당대의 律令格式을 바탕으로 하면서도 송나라의 勅令格式과 條法事類, 원대의 條格과 斷例라는 형식상의 변화를 수용하면서 고려의 관료체계의 조직과 운영에 관한 법제를 반포하다 보니 500년간 변화된 율령의 모습을 밝혀내는 것은 쉽지 않다. 그렇지만 조선시대에 들어와 『高麗史』 백관지, 선거지, 형법지, 식화지 등에 흩어져 변형된 형태로 잔존하기 때문에 그 전모를 살피기 어렵다. 그간 법령을 통해 고려시대 관료체계의 조직과 운영에 대한 종합적 분석이 없었기 때문에 본고에서는 고려의 관료체계의 조직과 운영에 관한 법령에서의 당령의 영향이 끼친 점만을 정리하였을 뿐이다. 그 결과 이 논문에서는 관료체계의 조직과 운영에 관한 법령들을 다루면서 관련 법령의 편목 분류와 편목 존재 가능성에 초점을 맞추어 연구하여, 고려 관료체계의 행정원리 자체에 대한 심도 있는 연구로서 진척되지 못한 아쉬움이 있다.

【참고문헌】

1. 저서

김기덕, 1998, 『高麗時代 封爵制 研究』, 청년사

최정환, 2006, 『高麗史 백관지의 연구』, 경인문화사

한용근, 1999, 『高麗律』, 경인문화사

허홍식, 2005, 『고려의 과거제도』, 일조각

仁井田陞, 1997, 『唐令拾遺補』, 東京大學出版會

2. 논문

강은경, 2004, 「고려사 형법지 공첩상통식에 나타난 지방통치구조」, 『동방학지』
123

박용운, 1981, 「고려시대의 문산계」, 『진단학보』 52

영남대학교 민족문화연구소편, 2009, 『고려시대 율령의 복원과 정리』, 경인문화사

위은숙, 2007, 「원간섭기 원율령의 수용문제와 權貨令」, 『민족문화논총』 37

윤경진, 「고려사 형법지 공첩상통식 외관조의 분석」, 『역사문화연구』 27, 한국외대
역사문화연구소

윤훈표, 2002, 「고려시대 관인범죄의 행형 운영과 그 변화」, 『한국사론』 33, 국사편
찬위원회

이익주, 1996, 「고려, 원관계의 구조와 고려후기 정치체제」, 서울대학교 박사학위
논문

임용한, 2002, 「고려후기 수령의 사법권 및 행형범위의 확대와 그 성격」, 『한국사
론』 33, 국사편찬위원회

채웅석, 1983, 「高麗時代의 歸鄕刑과 充常戶刑」, 『韓國史論』 9

張晋藩 主編, 2006, 한기종·김선주·임대희·한상돈·윤진기 옮김, 『中國法制史』,
소나무

찾아보기

나...

바 ...

사 ...

김호동金晧東

경북 포항 출생
영남대학교 문과대학 국사학과
영남대학교 국사학과 문학박사
현 영남대학교 민족문화연구소 연구원

■ 저서 및 논문

『고려 무신정권시대 문인지식층의 현실대응』, 경인문화사, 2003.
『한국고중세 불교와 유교의 역할』, 경인문화사, 2007.
『안용복과 울릉도·독도』, 교우미디어, 2015.
『영원한 독도인 최종덕』, 경인문화사, 2012.
『독도·울릉도의 역사』, 경인문화사, 2007.
「『竹嶋紀事』 분석－안용복·박어둔 진술서 분석 및 '于山島' 기록을 중심으로－」
　　　『대구사학』 122, 2016.
「개항기 울도군수의 행적」 『독도연구』 19, 2015.
「정부기관 산하 독도 홍보사이트의 현황과 과제」 『독도연구』 18, 2015.
「安龍福이 살았던 시대」 『민족문화논총』 57, 2014.
「조선 숙종조 영토분쟁의 배경과 대응에 관한 검토－안용복 활동의 새로운 검토
　　　를 위해－」 『대구사학』 94, 2009 외 다수.
「「日露淸韓明細新圖」에 표기된 '日本海' 명칭의 역사적 의미」 『한국지도학회지』
　　　10-1, 2010 외 다수.